Freiburger literaturpsychologische Gespräche
Jahrbuch für Literatur und Psychoanalyse

FREIBURGER LITERATURPSYCHOLOGISCHE GESPRÄCHE
JAHRBUCH FÜR LITERATUR UND PSYCHOANALYSE

herausgegeben von

Johannes Cremerius (Freiburg) • **Gottfried Fischer** (Köln)
Ortrud Gutjahr (Hamburg) • **Astrid Lange-Kirchheim** (Freiburg)
Wolfram Mauser (Freiburg) • **Joachim Pfeiffer** (Freiburg)
Carl Pietzcker (Freiburg) • **Petra Strasser** (Freiburg)

(Arbeitskreis für Literatur und Psychoanalyse e.V.
Freiburg im Breisgau)

FREIBURGER LITERATURPSYCHOLOGISCHE GESPRÄCHE
JAHRBUCH FÜR LITERATUR UND PSYCHOANALYSE
BAND 20

FRANK WEDEKIND

herausgegeben von

Ortrud Gutjahr

Königshausen & Neumann

Die Deutsche Bibliothek – CIP-Einheitsaufnahme

Ein Titelsatz für diese Publikation
ist bei der Deutschen Bibliothek erhältlich.

© Verlag Königshausen & Neumann GmbH, Würzburg 2001
Gedruckt auf säurefreiem, alterungsbeständigen Papier
Umschlaggestaltung: Stefan Lange (Freiburg)
nach Jean Dominique Ingres: *Œdipe et le sphinx* (1808-1827), Musée de Louvre, Paris
Satz: Ingrid Ehlers, Hamburg
Bindung: Rimparer Industriebuchbinderei GmbH
Printed in Germany
ISBN 3-8260-2077-4

Die *Freiburger literaturpsychologischen Gespräche* sind ein Forum für diejenigen, welche die Literatur und den Umgang mit ihr psychoanalytisch untersuchen und die dazu geeigneten Verfahren wie auch deren Voraussetzungen reflektieren.

Der vorliegende zwanzigste Band enthält die Referate, die auf der psychoanalytisch-literaturwissenschaftlichen Tagung vom 1.-2. Juni 2000 in Freiburg i. Br. diskutiert wurden.

Zum erstenmal in der langen Geschichte der *Freiburger literaturpsychologischen Gespräche* wurde nicht ein Thema, sondern ein einzelner Autor ins Zentrum unserer interdisziplinären Diskussion gestellt. Mit Frank Wedekind haben wir uns einen der umstrittensten Autoren der literarischen Moderne gewählt, der mit seinem Drama *Frühlings Erwachen* und der sogenannten Lulu-Doppeltragödie, *Erdgeist* und *Die Büchse der Pandora,* Bühnengeschichte schrieb. Auch von der literaturwissenschaftlichen Forschung wurden verstärkt diese Schauspiele in den Blick genommen, wobei gerade die sogenannte Lulu-Doppeltragödie und die rekonstruierte ›Urfassung‹ des zweiten Teils, die »Monstretragödie«, als Lehrstücke literaturwissenschaftlicher Textinterpretation gelten können. Vor allem die Analyse der 1988 erstmals edierten »Monstretragödie« hat auch in unseren Gesprächen eine zentrale Rolle gespielt.

So wurden psychoanalytische Interpretationen unterschiedlicher Werke Wedekinds miteinander verglichen: zu *Erdgeist* und *Die Büchse der Pandora* (und deren Vertonung durch Alban Berg), zu den Schauspielen *Frühlings Erwachen* und *Die Zensur,* zu den Erzählungen *Liebe auf den ersten Blick, Die Schutzimpfung* und *Mine-Haha oder Über die körperliche Erziehung der jungen Mädchen* sowie zu den *Tagebüchern.* Erst durch diese vergleichenden Deutungen konnten werkerschließende psychodynamische Konstellationen in ihrer ganzen Spannweite ausgemacht und als Konstanten im Schaffen Wedekinds herausgearbeitet werden.

Der Stadt Freiburg i. Br. danken wir für die finanzielle Unterstützung der Veröffentlichung dieses Bandes, Ingrid Ehlers, Dr. Angelika Jacobs und Michaela Krug M.A. für ihre redaktionelle Mitarbeit, Judith Wilson für die Übersetzung der Abstracts.

Die Herausgeberin

Inhalt

BEITRÄGE

REZENSIONEN

Redaktion: **Astrid Lange-Kirchheim**

BIBLIOGRAPHIE

Joachim Pfeiffer
LITERATURPSYCHOLOGIE 1997–1999
Eine systematische und annotierte Bibliographie
Vierte Fortsetzung und Nachträge
Hg. in Verbindung mit Wolfram Mauser und Bernd Urban

Abstracts

Johannes Pankau
Prostitution, Tochtererziehung und männlicher Blick in Wedekinds Tage-
büchern

Im ersten Teil werden Wedekinds Verständnis der Eheinstitution und seine heteronome Sicht der Prostitution dargestellt und in den Zusammenhang mit zentralen
zeitgenössischen Prostitutionsdiskursen gestellt. Der Beitrag versucht, die von der
bisherigen Wedekind-Forschung kaum eingehender erfassten Tagebücher im Kontext der diaristischen Form zu verstehen und an ausgewählten Passagen Wedekinds
Weiblichkeitsverständnis als einer vom männlichen Ich zu restituierenden denatu-
ralisierten Seinsweise zu erfassen. In einem weiteren Schritt wird diese Sicht, wiederum durch die Analyse von Textpassagen aus den Tagebüchern, mit der Vorstellung
einer sexualisierten, die Inzestschranke imaginativ überspringenden Mädchen- bzw.
Töchtererziehung verbunden, die auch in anderen Werken Wedekinds (etwa *Mine
Haha*) an zentraler Stelle entfaltet wird. Thematisch wird hier auch der kritisch
analytische Zugriff des Autors im Sinne einer Aufdeckung prostitutiver Marktmechanismen. Durch die Textanalyse werden spezifische Merkmale der Textgestalt
sowie intrapsychisch motivierte Formen der für Wedekind charakteristischen Kodierung von Weiblichkeit erschlossen.

Prostitution, Daughters' Education and Male View in Wedekind's Diaries

In the first section of the article Wedekind's understanding of the institution of
marriage and his heteronomous view of prostitution are presented and located in
central contemporary discourses of prostitution. The diaries, which till now have
seldom received in-depth consideration in Wedekind research, are examined in the
context of the diary form, and selected passages are used to illustrate Wedekind's
view of femininity - a denaturalized form of being in need of restitution by the male
self. In a further step based on the analysis of passages from the diaries the
connection is made between this view and the notion of a sexualized girls', or
daughters' education which imaginatively surmounts the incest barrier, a notion
given central place in other works by Wedekind (e.g. *Mine Haha*). The critical,
analytical approach of the author, his exposure of the market mechanisms of prostitution, is also discussed. Through the textual analysis specific features of the text
form are established, as well as the psychologically motivated forms characteristic
of Wedekind's codification of femininity.

Andreas Hamburger
Zur Konstruktion der Pubertät in Wedekinds *Frühlings Erwachen*

Die schrittweise Lektüre von Wedekind *Frühlings Erwachen* dekonstruiert das heiter-tragische Spiel um die sexuelle Not der Jugend. Dahinter zeigt sich die Angst vor der mütterlichen Sexualität und ihre Abwehr durch die Konstruktion einer unschuldigen Mädchenerotik. Die Methode der psychoanalytischen Interpretation basiert auf einer Analyse des spezifischen Übertragungsangebots der Dramenform, das vor allem durch die szenische Anordnung und die Spannungsdramaturgie gekennzeichnet ist, und führt zur Rekonstruktion des Rezeptionsereignisses als Traum des Zuschauers. Hinweise auf andere Werke Wedekinds und biographische Daten, die im Lauf der Tagung zur Sprache kamen, zwingen zu einer Ergänzung der textimmanente Analyse. Unter diesem Aspekt erscheint *Frühlings Erwachen* als zensierte Version eines untergründig perversen Szenarios, das den Wunsch nach Verschmelzung und die mit ihm einhergehende Angst vor Identitätsverlust bannen soll.

The Construction of Puberty in Wedekind's *Frühlings Erwachen/Spring Awakening*

In a step by step reading of Wedekind's *Frühlings Erwachen* (*Spring Awakening*) the tragic-comic play about the sexual problems of adolescents is deconstructed. What emerges is the fear of the mother's sexuality and its denial through the construction of an erotics centred on the innocent girl child. The method of psychoanalytical interpretation used in the article is based on an analysis of the particular type of transference to which the form of the drama gives rise, the sequence of the scenes and the tension which this generates. This leads to a reconstruction of the process of reception as a viewer's dream. References to other works by Wedekind and to biographical details discussed in the course of the conference have made it necessary to go beyond the actual text itself. In this interpretation *Frühlings Erwachen* is seen as the censored version of an underlying perverse scenario which is designed to eliminate the desire for union and the fear of loss of identity which accompanies it.

Ortrud Gutjahr
Erziehung zur Schamlosigkeit. Frank Wedekinds *Mine-Haha oder Über die körperliche Erziehung der jungen Mädchen* und der intertextuelle Bezug zu *Frühlings Erwachen*

Wedekinds Drama *Frühlings Erwachen* wurde als prägnantes Zeugnis des um 1900 emphatisch formulierten Anspruchs auf sexuelle Selbstbestimmung der Jugendlichen kanonisiert. Bei dieser Betrachtung des Dramas als Epochenzeugnis geriet weitgehend aus dem Blick, dass Wedekind im Anschluß an das Drama mit seiner Erzählung *Mine-Haha oder Über die körperliche Erziehung der jungen Mädchen* einen Prosatext verfaßt hat, den er expressis verbis in den intertextuellen Bezug zu seiner »Kindertragödie« stellte. Während *Frühlings Erwachen* noch unter der Repressionshypothese gelesen werden kann, nach der Zucht und Bestrafung seitens der Erziehungsinstanzen eingesetzt werden, um Schamgrenzen aufzubauen, geht es in *Mine-Haha* um ein kontrastiv ergänzendes Erziehungsmodell, das nicht der sozialen Logik der bürgerlichen Gesellschaft folgt, sondern der des Bordells. Ziel der Erziehung, die sich durch Absenz von Elterninstanzen als primäre Liebesobjekte und triangulierende Dritte auszeichnet, ist es, im Prozeß der sexuellen Reifung dem Mädchenkörper Schamlosigkeit einzudressieren, um so das weibliche Geschlecht für den männlichen Blick als Kunstwerk inszenierbar machen zu können.

Education in Shamelessness. Frank Wedekind's *Mine-Haha or the Corporal Education of Young Girls* and the intertextual connection with *Spring Awakening*

Wedekind's drama, *Spring Awakening*, was canonized as a terse testimony to the demand for sexual self-determination of young people, a demand emphatically formulated around 1900. In this consideration of the drama as evidence of a new epoch Wedekind scholars lost sight of the fact that, following the drama, Wedekind wrote a prose text, the story *Mine-Haha or the Corporal Education of Young Girls*, which he expressly related to his »children's tragedy«. While *Spring Awakening* can still be read as a play about the repressive disciplinary and punishment strategies employed by educators to create shame barriers, *Mine-Haha* represents, as a contrast, an educational model which does not follow the social logic of middle-class society, but that of the brothel. The aim of an education, which is distinghished by the absence of parents as primary love objects and triangulating third parties, is to condition the body of the sexually maturing girl to be shameless and so to make the female sex performable as a work of art for the male gaze.

Sibylle Grüner
Liebe nach dem ersten Blick? Zu Frank Wedekinds Erzählung *Liebe auf den ersten Blick*

Bei einem Versuch psychoanalytischer Textinterpretation wird über eine Übertragungs-Gegenübertragungsanalyse versucht, die latente Wirkabsicht und einen möglichen latenten Sinn der Erzählung *Liebe auf den ersten Blick* von Wedekind zu erarbeiten. Obgleich auf eben diesen ersten Blick die Erzählung als humorvolle Sicht auf das erotische Werben eines Mannes um eine Frau erscheint, enthüllt die Analyse, daß hier vielmehr eine überaus angstvolle Annäherung beschrieben ist, die jedes Erkennen von Getrenntheit vermeiden muß und überspielen soll, daß es überaus bedrohlich ist, die Andersartigkeit des anderen Geschlechts wahrzunehmen. Über eine Verbindung zum Werkbezug dieser Erzählung und den biographischen Notizen zu Wedekind wird die Plausibilität der vorgestellten Ergebnisse vertieft.

First Sight then Love? Wedekind's *Liebe auf den ersten Blick / Love at First Sight*

In a psychoanalytical text interpretation an attempt is made through an analysis of the process of transference and counter-transference to establish the latent intention and a possible latent meaning of the Wedekind story *Liebe auf den ersten Blick* (*Love at First Sight*). What,on first reading,appears to be simply a humorous account of the erotic courtship of a woman by a man, is revealed to be the description of a much more tentative, anxiety-ridden approach in which any recognition of separation must be avoided and the threat posed by the perception of the difference of the other sex concealed. The plausiblity of the interpretation is supported by reference to biographical notes on Wedekind and Wedekind's other works.

Johanna Bossinade
Wedekinds »Monstretragödie« und die Frage der Separation (Lacan):

Der Sexualdiskurs von Wedekinds Drama »Die Büchse der Pandora. Eine Monstretragödie« (1894) wird unter dem Aspekt eines sprachästhetischen Experiments erschlossen. Demnach sind weibliche und männliche Sexualsymbole im Text zu einer komplexen dialogischen Struktur verflochten. Ein Problem für diese Deutung stellt der Schluss des Dramas dar, in dem die Protagonistin Lulu physisch und sexuell vernichtet wird. Um dem Problem einen angemessenen Rahmen zu geben, wird der von Lacan entwickelte Begriff der existentiellen Separation zur Vorstellung einer ›sexuellen Separation‹ erweitert. In diesem Feld hat auch die von Wedekind durch den Bezug auf den »Pandora«-Mythos angedeutete weibliche Sexualsymbolik einen Platz. Der Dramenschluss wird auf diesem Hintergrund als ein sowohl in sexualtheoretischer als auch in werkästhetischer Hinsicht problematischer Versuch gedeutet, die Frage der Separation durch reine Aktion und zu Lasten der Frauenfigur zu ›lösen‹.

Wedekind's »Monstretragödie« and the Question of Separation

The discourse of sexuality in Wedekind's play *Die Büchse der Pandora. Eine Monstretragödie* (*Pandora's Box. A Monster Tragedy*) is explored as an artistic and linguistic experiment in which female and male sexual symbols are interwoven in a complex dialogic structure. The conclusion, in which the protagonist, Lulu, is physically and sexually destroyed, poses a problem for this type of interpretation. To create an appropriate frame of reference for examining the problem Lacan's concept of existential separation is extended to include the notion of sexual separation. The female sexual symbolism alluded to by Wedekind through his reference to the Pandora myth can also be interpreted in this context. Against this background the conclusion of the play is seen to be a questionable attempt, both in terms of sexual theory and aesthetics, to solve the problem of separation through pure action, ultimately at the expense of the female character.

Ruth Florack
Aggression und Lust. Anmerkungen zur *Monstretragödie*

Die Erstfassung von Wedekinds *Büchse der Pandora*, Monstretragödie genannt, ist eine Nummernfolge um die Themen Liebe und Tod. Aber die Ansätze zu Moral führen ebenso wie Spuren von Psychologie demonstrativ ins Leere. Die Kunstfigur Lulu ist kein weiblicher Charakter, sondern verkörperte Männerphantasie.

Dramentechnisch läßt sich Wedekinds Stück als eine groteske Montage beschreiben, als eine radikale Absage ans Illusionstheater. Schock-Effekte verhindern, daß sich der Leser einfühlen kann. Es gibt keinen Fluchtpunkt, der ihm Orientierung und Halt bieten würde. Das führt zu Verstörung und einem Gefühl des Grauens. Nach dem Prinzip des »tendenziösen Witzes« (Freud) funktionieren die obszönen Elemente in der *Monstretragödie*. Sie stehen im Dienst aggressiver Lust gegen die Autorität bestehender Geschlechterverhältnisse, die sich im Umgang der Männer mit Lulu spiegeln.

Aggression and Desire. Comments on Wedekind's »Monstetragödie«

The first version of Wedekind's *Büchse der Pandora* (*Pandora's Box*), designated as a *Monstretragödie* (a monster tragedy), is a series of scenes based on the themes of love and death. But, as if intended, both its moral and psychological strands lead nowhere. Lulu, an artist's creation, is not a female character at all; she is simply the embodiment of male fantasies.

Technically Wedekind's play can be described as a grotesque montage, as a radical rejection of the theatre of illusion. Schock effects prevent the reader from empathising with the characters, and there is nothing to provide him/her with a sense of direction or security. This leads to feelings of disorientation and even horror. The obscene elements in the *Monstretragödie* function along the same lines as Freud's tendentious joke. They are the instruments through which aggression is directed against the authority of prevailing gender roles as they are reflected in the interaction of the male protagonists with Lulu.

Claudia Liebrand
Noch einmal: Das wilde, schöne Tier Lulu. Rezeptionsgeschichte und Text

Der Beitrag arbeitet textuelle Verweisstrukturen der ›Ausgabe letzter Hand‹ von »Erdgeist« und »Büchse der Pandora« heraus, die bislang von jenen Lektüren ausgespart wurden – seien es nun mythosaffirmierende (Lulu als ›Mythos Frau‹, als ›Prinzip Weiblichkeit‹) oder mythoskritische (Lulu als *screen* für männliche Phantasmagorien einer zauber- und zerstörungskräftigen ›mythischen‹ Frau) –, die immer schon wußten, daß Lulu als wildes, schönes Tier exponiert werde (ob nun vom Autor Wedekind oder den männlichen Protagonisten des Stücks). Gezeigt wird, daß die Dramentexte zwar auf das Ideologem von der Frau als Unglück bringendes Ungeheuer, als schönes, reflexionsloses, wildes und ganz durch seine Geschlechtlichkeit definiertes Ungeheuer bezogen sind, die Wedekindsche Textpraxis diese Behauptungen aber konterkariert.

One more time: The wild, beautiful animal Lulu. The text and the history of its reception.

This contribution explores the textual frames of references of »Erdgeist« (Earth Spirit) and »Büchse der Pandora«(Pandora's Box) that have been neglected thus far in critical readings which assume in advance that Lulu is represented as a wild, beautiful animal (either by the author Wedekind himself or the male protagonist)– be they readings which affirm Lulu as ›the myth of woman‹ and ›the female principle‹, or ones which revise this myth and portray Lulu as a screen for male fantasies in which Lulu appears as both enchantress and man destroyer. (The text version cited is the ›Ausgabe letzter Hand‹ (The Last Edition)).
I will show that the texts of the dramas do indeed refer to the ideologeme of woman as beautiful, but savage creature, a being defined solely through her sexuality and devoid of the capacity for reflection, a monster who brings disaster, but I will also demonstrate how Wedekind's textual practice caricatures and thus subverts the assumptions on which this construct is based.

Petra Strasser
»Lulu«-Dramen in der musikalischen Rezeption: Alban Bergs Oper »Lulu« – Text/Musik

Der Aufsatz beschäftigt sich mit der musikalischen Rezeption der Wedekind Dramen *Erdgeist* und *Büchse der Pandora* in der Oper *Lulu* Alban Bergs. Die Schwierigkeit, über Musik zu sprechen und nicht in einen ausschließlich musikwissenschaftlichen Diskurs zu kommen, der sich nur mehr oder weniger abstrakt der Komposition nähern kann, wird diskutiert. In der Rezeptionsgeschichte der Oper finden sich zwei Schwerpunkte, eine vor allem musikalisch-inhaltsbezogene Rezeption mit entsprechenden musikwissenschaftlichen Werkanalysen und eine eher am Text und der Psychologie der Protagonisten orientierte Betrachtung. Zwei Thesen werden formuliert und diskutiert. Die Bedeutungsvielfalt des Textes generiert zusammen mit der besonderen musikalischen Semantik von Alban Berg, die über das Diktum – Musik als affektive Sprache hinausgeht – und so auch die formalen Elemente mit einbezieht, eine andere Ausdrucksqualität, als allein mit Sprache oder nur durch Musik zu erreichen ist. Dadurch wird eine weitere Wahrnehmungsebene eröffnet. In der Textur der Musik lassen sich spezifische Modalitäten identifizieren, wie sie auch für unbewußte, vorsprachliche Denkabläufe des ›Primärprozesses‹ charakteristisch sind.

The Musical Reception of Lulu Plays: Alban Berg's Opera »Lulu« – Text and Music

The subject of this article is the musical reception of Wedekind's dramas *Erdgeist* (Earth Spirit) and *Büchse der Pandora* (Pandora's Box) in Alban Berg's opera *Lulu*. The difficulty of talking about music without slipping into an exclusively musico-logical discourse which can only approach the composition in an abstract way will be discussed. In the reception of the opera there are two main strands, one which focusses primarily on musical content and generates corresponding musicilogical analyses of the work, and one which is more concerned with the text and the psychology of the protagonist. In this article two new proposals are formulated and discussed. The text's plurality of meaning combines with Alban Berg's particular musical semantics, one which transcends the notion of music as affective language and includes its formal elements, to give rise to a new quality of expression which cannot be achieved through language or music alone. This opens up another dimension of the opera. In the texture of the music specific modalities can be identified which are also characteristic of primary unconscious, pre-linguistic thought processes.

Reimut Reiche
Der Anfang der Erzählung *Die Schutzimpfung* von Frank Wedekind. Rekonstruiert mit Hilfe der Bildung einer Strukturhomologie von Traumarbeit und Erzählarbeit

Die erste Seite der Erzählung *Die Schutzimpfung* wird, ohne Kenntnis des Fortgangs der Erzählung, mit der Methode der psychoanalytischen Traumdeutung zunächst wie ein manifester Traum behandelt. Im ersten Teil werden die Regeln dieses methodischen Vorgehens und ihre Grenzen dargelegt. In einem zweiten Teil werden die Ergebnisse der Rekonstruktion zu einer Prognose über den weiteren Verlauf der Geschichte und über die unbewusste dominante Objektbeziehung zusammengefasst, die der Text ausspielt. Nach der Lektüre der gesamten Erzählung wird in einem dritten Teil die Prognose korrigiert: Als dominante unbewußte Objektbeziehung konstelliert sich der Modus *Überbietung einer aggressiven Exhibition der Kastriertheit des Anderen*. Dabei wird der Schautrieb aktiv zur *Vorführung* ausgestaltet, in des Wortes doppelter Bedeutung.

The Beginning of Frank Wedekind's *Die Schutzimpfung / The Immunization*. Reconstructed using the structural homology between dream work and narration

The first page of the story *Die Schutzimpfung* (The Immunization) is analysed using the method of psychonanalytical dream interpretation. The text is treated as a manifest dream and, in the first instance, analysed with no fore-knowledge of how the story proceeds. In the first section of the anaysis the methodological approach and its limitations are presented. In the second the results of the attempted reconstruction are used to establish a prognosis about the progression of the story and the dominant object relation enacted in the text. The prognosis is corrected in the third section in the light of a reading of the whole text. Here the dominant unconscious object relation is shown to take the form of an *attempt to outdo an aggressive exhibition of the castration of the other*. The exhibitionist drive is not only represented, but acted out as a *performance*.

Harmut Vinçon
Schamlosigkeit. Frank Wedekinds Einakter *Die Zensur*: ein Vexierbild

Das narrative Zentrum des Einakters »Die Zensur«, eine *Theodizee der Kunst*, von Frank Wedekind bildet eine *Exhibitionsphantasie*: »Das Kostüm«. Sie ist in eine komplexe dramatische Struktur eingebettet, deren Konstruktion dem Prinzip szenischer und figuraler *Spiegelung* folgt und deren Mittelstück, die Debatte über öffentliche *Zensur*, das Pendant zu den Seitenstücken privater Zensur darstellt. Die Hauptfigur *Buridan* ist aus Bruchstücken sowohl eines idealen als auch eines realen Ichs, das an und in den dramatischen Ergänzungsfiguren sich spiegelt, komponiert. Der auf diese Weise hervorgerufene Effekt der *Rückkoppelung* verleiht dem Einakter einigmatischen Charakter. Der formalen *Rätselstruktur* entspricht das Rätsel der *Scham als Deckaffekt*. *Schamangst* und Angst vor der Scham verweisen auf einen gemeinsamen Ursprung, auf sexuelle Scham und *Sexualangst*, mächtige, die Instanz der Zensur bedingende Affekte.

Shamelessness. Frank Wedekind's one-act-play *Die Zensur/Censorship*: a Puzzle

The narrative centre of the one-act play »Censorship«, a theodicy of art, by Frank Wedekind, is an exhibitionist fantasy, »The Costume«. It is embedded in a comlplex dramatic structure based on the mirroring of scenes and figures. The centre-piece is the debate about public censorship which is flanked by scenes of private censorship. The main character, Buridan, is composed of fragments of an ideal and a real self which mirrors itself against and in the other dramatic figures which complement it. The resulting feedback effect gives the play an enigmatic character. The formal structure corresponds with the enigma of shame as a screen emotion. The fear generated by shame and the fear of shame can be traced back to a common origin, sexual shame and the fear of sex, powerful emotions which condition the agency of censorship.

Johannes G. Pankau

PROSTITUTION, TOCHTERERZIEHUNG UND MÄNNLICHER BLICK IN WEDEKINDS TAGEBÜCHERN

Die Ehe und das Andere – Freud und Wedekind: erste Annäherung

Wedekind und die Psychoanalyse? Die Psychoanalyse und Wedekind? Zu Beginn soll ein Blick auf die bisherigen Aussagen innerhalb der Forschungsliteratur und auf die Gemeinsamkeiten und Unterschiede bezüglich des Verständnisses von Ehe und Prostitution geworfen werden. Mögliche Einflüsse der frühen psychoanalytischen Theoriebildung auf Wedekind sind bisher ernsthaft nicht erforscht. Ich beschränke mich aus diesem Grunde auf die kurze Referierung markanter, aber im Allgemeinen nur unzureichend belegter Meinungen einiger mit Wedekind intensiver befaßter Forscher.

Kutscher schätzt im 3. Band seiner Darstellung die Wirkung Freuds auf Wedekind eher gering ein. Zwar befanden sich – Kutschers möglicherweise zu korrigierender Aussage zufolge – drei Werke Freuds in Wedekinds Bibliothek (*Der Witz und seine Beziehung zum Unterbewußten, Eine Kindheitserinnerung des Leonardo da Vinci, Die Traumdeutung*), aber – so Kutschers Hinweis – noch 1914 bat er seinen Neffen um die Angabe einer geeigneten Einführung.[1] In Rolf Kiesers Biographie ist Wedekind, der sich im Prolog zu *Die Ehe* ironisch als Entdecker »Experimenteller Menschenkunde / Und psychologischer Vivisektion«[2] bezeichnete, ein Vertreter der Freudschen Triebtheorie avant la lettre.[3] Hartmut Vinçon schreibt: »Nietzsche und schließlich Freud wurden zu Bezugspunkten in Wedekinds Koordinatensystem«.[4] Zu klären wäre freilich der widersprüchliche Zusammenhang vorfreudianischer sexualtheoretischer Theoriebildung (Krafft-Ebing, Mantegazza etc.), auf die Wedekind sich häufig beruft, mit dem neuen psychoanalytischen Paradigma. Vinçon weist auf grundlegende Gemeinsamkeiten wie Unterschiede in den Prämissen hin: Betrachten sich Freud wie Wedekind als Aufklärer im Kontext der kulturellen Ausprägungen von Sexualität, so akzeptiert Wedekind die für Freud kulturnotwendige partielle Unterdrückung der sexuellen Triebhaftigkeit keineswegs

---

[1] Arthur Kutscher: *Frank Wedekind. Sein Leben und seine Werke*, 3 Bde., München 1922–1927–1931, Bd. 3, S. 248f.

[2] Frank Wedekind: Die Ehe, in ders.: *Werke in drei Bänden*, hg. u. eingel. v. Manfred Hahn, Bd. 3, Berlin/Weimar 1969, S. 371–37, hier S. 373.

[3] Rolf Kieser: *Benjamin Franklin Wedekind. Biographie einer Jugend*, Zürich 1990, S. 146.

[4] Hartmut Vinçon: *Frank Wedekind*, Stuttgart 1987, S. 61, s. auch S. 138 f.

vorbehaltlos, wenn auch an Stellen seines Werkes von der Notwendigkeit der Ehe und den damit verbundenen Einschränkungen die Rede ist.[5] Betrachtet man etwa *Frühlings Erwachen* als einen Text zur Propagierung der sexuellen Aufklärung von Kindern und Jugendlichen – was er ist, auch wenn er in dieser Funktion nicht aufgeht – so könnte Freuds Offener Brief *Zur sexuellen Aufklärung der Kinder* von 1907, der von Schule und Elternhaus eine möglichst weitgehende sexuelle Aufklärung. fordert, als ein Paralleltext gelesen werden.[6] Gemeinsamkeiten wie Unterschiede zeigen sich insbesondere an der Frage der Ehe und Familie, die Wedekind lebenslang beschäftigt hat. Im Zusammenhang von *Elins Erweckung* meint Vinçon, »über die Beziehung von Ehe und Prostitution und über die Unterdrückung der Sexualität durch die Gesellschaft«[7] sei sich Wedekind schon vor Freud klar gewesen. Auch hier wird also eine partielle Übereinstimmung angenommen, die allerdings im Einzelnen und im Werkganzen nachzuverfolgen wäre.

Zusammenfassend läßt sich das Eheverständnis beider Autoren wie folgt beschreiben: Für Wedekind geht es theoretisch wie bei der literarischen Gestaltung um die bewußte, offensive Präsentation, Konstruktion und Modellierung von Reizen, die in der sexuellen ›Normalsituation‹ (Ehe, Beachtung von Schamschwellen etc.) nicht wahrzunehmen sind; die außereheliche Sexualität bildet eine enthemmende Vorrichtung, die wiederum die Institution der Ehe möglich, das meint: erträglich macht. Wedekinds Modell ist im Grunde, der Denkweise der frühen Sexualtheorie folgend, mechanistisch im Sinne eines kausal verknüpften Reiz-Reaktion-Schemas, zugleich triebenergetisch, insofern es sich mit Möglichkeiten der Abfuhr eines Triebüberschusses beschäftigt, die von der konventionellen Eheform nicht geboten werden. Bemerkenswert ist dabei, daß Wedekind, anders als die meisten Theoretiker, nicht von einer geringeren Sexualenergie der Frau ausgeht. Krafft-Ebing etwa meint, die Liebe habe zwar für die Gedanken- und Empfindungswelt der Frau eine größere Bedeutung als für die des Mannes, im Gegensatz zu diesem sei diese Liebe jedoch »eine mehr geistige, als sinnliche«[8], ausgerichtet auf die Mutterschaft und weniger auf sinnliche Befriedigung. Dies bedingt für Krafft-Ebing auch den höheren Wert der Ehe für die Frau, zugleich die weitaus größere moralische und juristische Verwerflichkeit des Ehebruches bei dieser.[9] Freud geht, wie Krafft-Ebing, wenn auch in den Prämissen unterschiedlich, von einer größeren Passivität der Frau im Bereich des Sexuellen aus. Die »Sexualitätshemmungen« werden von ihm als weiblich bestimmt, die Libido gewinnt, wie in den *Drei Abhandlungen zur Sexualtheorie* ausgeführt, ›männlichen Charakter‹.[10] Wedekind steht hier, indem er, etwa in der Lulu-Gestalt, versucht, eine die sexuelle Prävalenz der Frau als biologisch-anthropologisches Faktum freizulegen, konträr gegen beide

---

[5] Vgl. Vinçon: *Frank Wedekind*, S. 140.

[6] Vgl. Freud: *Studienausgabe*, hg. v. A. Mitscherlich et al., Frankfurt a. M. 1969–1975, Bd. 5, S. 167.

[7] Vinçon: *Frank Wedekind*, S. 186.

[8] Richard Krafft-Ebing: *Psychopathia sexualis* (ND der 14. Aufl.), München 1984, S. 13.

[9] Vgl. Krafft-Ebing: *Psychopathia sexualis*, S. 14.

[10] Vgl. Freud: Studienausgabe, Bd. 5, S. 123.

Theoretiker. Näher rückt er Freuds Annahmen jedoch in einem anderen Punkt, der damit eng verbunden ist. Bewegt sich Krafft-Ebing fest auf dem Boden der gesellschaftlich sanktionierten Moralvorstellungen, so führt Freuds prinzipiell kulturkritische Einstellung zu einer partiell gedachten Neubestimmung der sexuellen Bedürfnishaftigkeit der Frau. In seiner Schrift *Die kulturelle Sexualmoral und die moderne Nervosität* von 1908 erscheinen die Frauen als die »eigentlichen Trägerinnen der Sexualinteressen der Menschen«[11], die zur Sublimierung insgesamt weniger disponiert seien als die Männer und deshalb stärker zur Ausbildung nervöser Störungen neigten. Die den Frauen aufgenötigte prolongierte Abstinenz und die reduzierte eheliche Sexualität betrachtet Freud als pathogene Faktoren. Die kulturell notwendigen Moralprinzipien (Monogamie) und Institutionen (Ehe) erscheinen fragwürdig, Freuds Blick bleibt jedoch fatalistisch: Kulturisation wird zum Schicksal, der Ausbruch aus den Fesseln der Sexualmoral erweist sich als Illusion.

> Das Heilmittel gegen die aus der Ehe entspringende Nervosität wäre vielmehr die eheliche Untreue; je strenger eine Frau erzogen ist, je ernsthafter sie sich der Kulturforderung unterworfen hat, desto mehr fürchtet sie aber diesen Ausweg, und im Konflikte zwischen ihren Begierden und ihrem Pflichtgefühl sucht sie ihre Zuflucht wiederum – in der Neurose.[12]

Anders als bei Wedekind ist in Freuds psychodynamischem Modell die Vorstellung einer stimulierenden Inszenierung verschoben auf die Frage nach der Objektwahl des Mannes, die vom Neurotiker ausgeht, Merkmale dieses Verhaltens jedoch auch bei den »durchschnittlichen Gesunden«[13] entdeckt. Im Abschnitt *Über einen besonderen Typus der Objektwahl beim Manne* spricht Freud vom besonderen Reiz der »Dirnenliebe«. Für diesen Typus der Objektwahl sei entscheidend, »daß das keusche und unverdächtige Weib niemals den Reiz ausübt, der es zum Liebesobjekt erhebt, sondern nur das irgendwie sexuell anrüchige, an dessen Treue und Verläßlichkeit ein Zweifel gestattet ist«[14]. Wedekinds und Freuds Anschauungen konvergieren an diesem Punkt bezüglich des männlichen Sexualempfindens und -verhaltens, ohne in Begründung und Konsequenz übereinzustimmen. Für Freud ergibt sich ein Widerspruch zwischen dem moralischen Charakter der Frau, der vor allem in der sexuellen Integrität, d. h. in der Treue besteht, und einer den Mann stimulierenden devianten »Annäherung an den Charakter der Dirnenhaftigkeit«.[15] Seinem Ansatz entsprechend geht Freud von einem zunächst psychopathologischen Phänomen aus, der ›psychischen Impotenz‹ in der Ehe. Die Störung, die er beschreibt und auf eine inzestuöse Fixierung an die Mutter oder Schwester zurückführt, besteht in der Abtrennung von zärtlichen (emotionalen) und sinnlichen Strebungen. Sie manifestiert sich in der Spaltung in eine ›himmlische‹ und eine ›irdische‹ Liebe: »Wo sie

---

[11] Sigmund Freud: *Die kulturelle Sexualmoral und die moderne Nervosität*, Berlin 1908, S. 158.

[12] Freud: Die kulturelle Sexualmoral, S. 158.

[13] Sigmund Freud: »Beiträge zur Psychologie des Liebeslebens«, in: *Gesammelte Werke*, Bd. VIII, S. 65–91, hier S. 67.

[14] Freud: »Beiträge zur Psychologie des Liebeslebens«, S. 68.

[15] Ebd., S. 69.

lieben, begehren sie nicht, und wo sie begehren, können sie nicht lieben.«[16] Charakterisiert Freud die psychische Impotenz zunächst als eine spezielle neurotische Störung, so weitet er dies im folgenden auf das Liebesleben des Kulturmenschen insgesamt aus. Er findet jetzt auch eine weitere, allgemeinere Ursache für die psychische Impotenz, die auf den Charakter der Kulturentwicklung deutet, nämlich die Folgen »des langen Aufschubes zwischen Geschlechtsreife und Sexualbetätigung, den die Erziehung aus kulturellen Gründen fordert«[17]. Auch hier ist eine inhaltliche Übereinstimmung von Freud und Wedekind zu bemerken. Die Grenzlinie von Freud und Wedekind liegt allerdings dort, wo Freud, im Gegensatz zu diesem, die Wirksamkeit eines quasi biologischen Konstitutionselements annimmt, nämlich, »daß etwas in der Natur des Sexualtriebes selbst dem Zustandekommen der vollen Befriedigung nicht günstig ist«[18]. Freuds Aufsatz zeigt eine gewisse Unsicherheit angesichts des Phänomens der psychischen Impotenz, das im Kulturzusammenhang als ubiquitär gesehen wird. Er gibt individualpathologische, kulturelle und triebimmanente Ursachen an. Es zeigt sich, daß Freud und Wedekind partiell, d. h. in der Sicht der kulturellen Voraussetzungen und auch der kindlich-juvenilen Sexualität weitgehend übereinstimmen. Plausibel wird so, daß Freud Wedekind (bei der Diskussion von *Frühlings Erwachen)* »eine tiefe Kenntnis der sexuellen Verhältnisse«[19] bescheinigte, ohne ihn als Autor – d. h. auch in seiner literarisch-sexualutopischen Dimension – zu schätzen.

Prostitution als Thema

Prostitution, Liebesmarkt, Liebeshandel sind als Themen bei Wedekind durch das ganze Werk in vielfältiger Weise präsent, die Konstitutionsmerkmale der Hure, der Kokotte, der Hetäre sind zahlreichen weiblichen Figuren eingeschrieben. Von Ilse in *Frühlings Erwachen* bis zu Effie aus *Schloß Wetterstein* drücken weibliche Protagonisten eine die Männer faszinierende und in den Bannkreis des Destruktiven treibende Körperlichkeit aus. Lulu wird zur Vernichtungsikone, der die Männer sich ausliefern und mit denen sie in eine bis zur physischen Vernichtung reichende Kollision gelangen. In Lulu realisiert sich das inzwischen zum Trivialmythos abgesunkene Imago der männermordenden und prostitutiven Frau, die schließlich selbst an dem zugrunde geht, das sie für sich exploitieren kann: der Gewaltförmigkeit und Käuflichkeit der Liebe. Diese bekannteste der Wedekindschen Imaginationen von Weiblichkeit ist natürlich eine extreme Kunstfigur, in den Kollisionen zeigt sich eine Geschichte der Männer, die sie erschaffen und projektiv aufladen. Lulu ist, wie Eva Demski es ausdrückte, »ein Koordinatensystem, in das die

---

[16] Ebd., S. 82; vgl. auch S. 79.

[17] Ebd., S. 87; vgl. S. 84.

[18] Ebd., S. 89.

[19] Rudolf Reitler: »Über ›Frühlings Erwachen‹ von Frank Wedekind« (13. Vortragsabend am 13. Febr. 1907), in: Herman Nunberg und Ernst Federn (Hg.): *Protokolle der Wiener Psychoanalytischen Vereinigung*, Bd. I 1906–1908, Frankfurt a. M. 1976, S. 105–112, hier S. 106.

Fieberkurven verschiedener männlicher Defekte sich eintragen lassen«[20]. Und zugleich ist in diese Gestalt neben dem Zerstörerischen noch etwas anderes eingelassen: In der Frau, die das ›Kapital‹ von Weiblichkeit als gesellschaftlichen Verwertungsgegenstand repräsentiert, scheinen Möglichkeiten und Potenzen auf, die die herrschende Sexualordnung radikal in Frage stellen.

Die Käuflichkeit und Verkäuflichkeit der Liebe wird in Wedekinds ästhetischem Konzept zu einem komplexen Untersuchungsgegenstand, zusammengesetzt aus den Interessen des Autors, der sich als Frauenwissenschaftler, als kühlen Beobachter, aber auch als Konsumenten der erotischen Waren sieht, aus den Erkenntnissen der Psychologie und der entstehenden Sexualwissenschaft, aber auch den literarischen Diskursen, die das Phänomen der Prostitution idealisierend, verdammend, mitleidsethisch (wie im Naturalismus) umkreisen. Eine Flut an sexualwissenschaftlichen und kulturhistorischen Arbeiten und populären Schriften zum Thema erscheint im letzten Drittel des 19. Jahrhunderts, Pierre Dufours *Geschichte der Prostitution*, Alfred Blaschkos Studie *Die Prostitution im 19. Jahrhundert*, Iwan Blochs Werk *Die Prostitution*, Bücher von E. v. Düring, Heinrich Grün, natürlich vor allem Lombrosos und Ferreros Traktat *Das Weib als Verbrecherin und Prostituierte.*[21] Das Interesse männlicher Literaten beschränkt sich natürlich nicht auf den Frauenforscher Wedekind; die Literatur des späten 19. Jahrhunderts, des Expressionismus und noch der 20er Jahre ist gesättigt von der literarischen Behandlung des Sujets. Ein mythisierter Begriff des Hetärismus wird zur vielfältig und häufig kontradiktorisch besetzten Zauberformel des männlichen Begehrens und des Versuchs, zu einer Wesenserkenntnis des Weiblichen zu gelangen.

Hetärismus und Prostitutionskult der Jahrhundertwende bilden den Kulminationspunkt im Prozeß der Sexualisierung des Weiblichen. Die Prostituierte erscheint nicht ausschließlich als Antithese zur ›anständigen Frau‹, sie wird vielmehr zur extremen Ausprägung dessen, was im Weiblichen wesensmäßig angelegt ist. Neben der puritanischen Verdammung steht, besonders bei den Literaten, die Wunschprojektion einer Weiblichkeit, die sich dem auf sie gerichteten Begehren jederzeit passiv fügt, ein Bewältigungsversuch der Krise des Männlichen. Der Mann – so drückte Simone de Beauvoir es aus – sieht in der Prostituierten

> naturgemäß [...] eine Steigerung der Weiblichkeit, die durch keine Moral beeinträchtigt wird; er findet in ihrem körperlichen Sein jene magischen Kräfte wieder, auf Grund deren früher die Frau in nahe Beziehung zu den Gestirnen

---

[20] Eva Demski: »»To be Lulu««, in: Attila Csampai, Dietmar A. Holland (Hg.): *Alban Berg. Lulu. Texte, Materialien. Kommentare*, Reinbek 1985, S. 177–180, hier S. 177.

[21] Pierre Dufour: *Geschichte der Prostitution*, Berlin/Leipzig 1899; Alfred Blaschko: *Die Prostitution im 19. Jahrhundert*, Berlin 1902; Iwan Bloch: *Die Prostitution*, Berlin 1912; E. v. Düring: *Prostitution und Geschlechtskrankheiten*, Leipzig 1905; Heinrich Grün: *Prostitution in Theorie und Wirklichkeit*, Wien 1907; Wilhelm Hammer: *Die Tribadie Berlins. 10 Fälle weibweiblicher Geschlechtsliebe*, Berlin 1906; Cesare Lombroso und Guglielmo Ferrero: *Das Weib als Verbrecherin und Prostituierte. Anthropologische Studien, gegründet auf der Darstellung und Biologie und Psychologie des normalen Weibes*, Hamburg 1894. Zu den literarischen Behandlungen vgl. Nancy McCombs: *Earth Spirit, Victim, or Whore? The Prostitute in German Literature 1880–1925*, New York/Bern/Frankfurt a. M. 1986), S. 8.

und dem Meer gebracht wurde. Wenn ein Miller mit einer Prostituierten schläft, so glaubt er die tiefsten Urgründe des Lebens, des Todes, der Welt zu durchmessen. Er begegnet Gott in den feuchten Tiefen einer Vagina, die ihn aufnimmt.[22]

Für den von der bürgerlichen Eheform frustrierten Mann und Literaten des 19. Jahrhunderts sind die Prostituierten aus zwei Gründen faszinierend, die mit der angestrebten Schrankenlosigkeit seines Begehrens wie mit den literarischen Verarbeitungsmöglichkeiten zu tun haben. Simone de Beauvoir benennt sie in folgender Weise: »Von allen Frauen sind sie diejenigen, die dem Manne am meisten ergeben sind und ihm dennoch am meisten entgleiten; daher lassen sie so viele Deutungen zu.«[23] Ein Sein als Objekt männlichen Machtbegehrens sowie der projektiven Erkundung und literarischen Modellierung von Weiblichkeit, dies wäre die Funktion der Prostituierten im Kontext ästhetischer wie wissenschaftlicher Diskursströme um die Jahrhundertwende. Weitere Momente kommen hinzu: Im Stereotyp der realitätsenthobenen, ins Mythische entrückten, idealisierbaren Hetäre verschwindet die aktiv agierende, gesellschaftlich handelnde Frau. An der Schaffung dieses Bildes haben auch weibliche Autoren wie Franziska zu Reventlow teil.[24]

Die Einordnungsversuche der männlichen Autoren dienen der Abwehr von Angst und ermöglichen verschiedenartige Zuschreibungsverfahren. Die Vorstellung einer weiblichen Überpotenz, die in der Prostituierten gesucht wird, findet sich auch im Exotismus der Jahrhundertwende, der bereits in den Neger-Klischees seit dem 18. Jahrhundert angelegt und häufig mit der Vorstellung mysteriöser Weiblichkeit verbunden ist. Die Zentrierung auf das Sexuelle ist umfassend: Erotische Reize werden überall ausgemacht, vor allem an den Rändern der Gesellschaft, bei den ›Urningen‹ und bei den Prostituierten, die nun verstärkt zum Beobachtungsobjekt werden. Mit dem immer wieder beschworenen Phänomen der Großstadt entwickelt sich der Diskurs einer universalen Präsenz des Erotischen. Iwan Bloch schreibt:

> Wo die Sinne stärker in Anspruch genommen werden, dort wächst die erotische Begierde, verliert sie ihren periodischen Verlauf zugunsten eines beständigen Wachseins oder doch eines durch leisen Anstoß zu weckenden Scheinschlummers.[25]

Damit ist das Moment von Idolatrie benannt, das, aufscheinend in der Rückwendung auf eine idealisierte antike Hetärenkultur, Teile der männlich-künstlerischen Sicht der Prostituierten bestimmt. Deutlich ist in der Literatur und den sexualwissenschaftlichen Arbeiten seit Ende des 19. Jahrhunderts die Konzentration auf die

---

[22] Simone de Beauvoir: *Das andere Geschlecht. Sitte und Sexus der Frau*, Reinbek 1951, S. 202.

[23] de Beauvoir: Das andere Geschlecht, S. 202.

[24] Vgl. Franziska zu Reventlow: »Viragines oder Hetären«, in: *Zürcher Diskußionen* 22 (1899), S. 1–8; außerdem Christiane Krause: »»Hetärismus‹ und ›Freie Liebe‹ gegen ›Bürgerliche Verbesserung‹. Franziska zu Reventlow in den ›Zürcher Diskußionen‹«, in: Irmgard Roebling (Hg.): *Lulu, Lilith, Mona Lisa... Frauenbilder der Jahrhundertwende*, Pfaffenweiler 1988, S. 77–97.

[25] Iwan Bloch: *Das Sexualleben unserer Zeit in seinen Beziehungen zur modernen Kultur*, Berlin 1907, S. 315.

Prostitution in zweifacher Hinsicht: als reales soziales Phänomen sowie als utopisch antizipierende Vorstellung einer Neubegründung des Geschlechterverhältnisses.

Karl Kraus, der die sogenannte normale Sexualität immer wieder bissig karikierte, hält Hinwendung zur Prostitution für einen »Naturtrieb« der Frau, Erich Mühsam entdeckt als Theoretiker einer libertär-anarchistischen Bohème in den Randgestalten der Gesellschaft, auch den Huren, ein revolutionär-anarchisches Potential.[26] Die Weigerung, an der gesellschaftlichen Nutzarbeit teilzuhaben, fundiert für Mühsam eine revolutionäre Funktion der als Kerngruppen der Bohème betrachteten Verbrecher, Landstreicher, Huren und Künstler: Sie alle überschreiten die Grenzen einer von den herrschenden gesellschaftlichen Instanzen gesetzten ›Sittlichkeit‹. Ähnlich auch bei Wedekind: Hier kollidiert die durch verfestigte Machtverhältnisse provozierte Scham mit der entgegengesetzten Tendenz, dem Exhibitionismus, den Wedekind als bewußt vollzogene Regelverletzung definiert, ausgeführt von a-sozialen Charakteren, der Prostituierten, dem sexuell ›Perversen‹ oder dem Verbrecher.[27] Heinrich Manns Frühwerk exponiert die Gestalt der mächtigen, sich verströmenden, bannenden und verschlingenden Hetäre in der Gestalt der Herzogin von Assy.[28] Intensiv beschäftigt sich auch Oskar Panizza, wie vor allem die theoretischen Schriften zeigen, mit den gesellschaftlich abweichenden Formen der Sexualität und deren Verhältnis zur Norm in juristischer, moralisch-theologischer und psychopathologischer Hinsicht. Panizza verteidigt in seinem Aufsatz *Prostitution. Eine Gegenwartsstudie* von 1892 die Prostitution grundsätzlich als »eine natürliche und notwendige Einrichtung«[29]. Natürlich ist die Prostitution in seinen Augen, da in der bestehenden Gesellschaft nur durch sie die biologisch-physiologisch fundierte Triebintensität des Mannes ausgelebt werden könne, notwendig, da die mit der Eheinstitution gegebene Sexualunterdrückung negative Wirkungen für die Kollektiventwicklung habe:

> Die Ehe zwängt die Naturtriebe in eine Institution ein, wo sie notwendig mehr oder weniger verkümmern, verschlaffen müssen; sie führt die Naturtriebe sozusagen gezüchtet in der Manege vor. Für Staat, Gesellschaft und Civilisation ist die Ehe unentbehrlich. Aber die Geschädigte ist die Natur. Und sie rächt sich, im Gegensatz zu der glücklichen, harmonischen Veranlagung der sogenannten ›Kinder der Liebe‹, mit einer celebral-einseitigen, gemütlich verkümmerten Nachkommenschaft bei den sogenannten Vernunftehen.[30]

Die Fixierung auf das Phänomen der Prostitution prägt nicht nur die literarischen und wissenschaftlichen Diskurse. Nicht zuletzt bei den Debatten um Unzucht und Unsittlichkeit ging es im Zusammenhang mit Fragen der künstlerischen Freiheit und

---

[26] Vgl. Nike Wagner: *Geist und Geschlecht. Karl Kraus und die Erotik der Wiener Moderne.* Frankfurt a. M. 1987; vgl. Erich Mühsam: »Bohème«, in: *Die Fackel* (1906), Nr. 102, S. 4–10, hier S. 4.

[27] Vgl. Frank Wedekind: *Gesammelte Werke*, Bd. 9, S. 203.

[28] Vgl. Heinrich Mann: *Die Göttinnen. Die drei Romane der Herzogin von Assy*, Bd. III: *Venus*, Frankfurt a. M. 1987.

[29] Oskar Panizza: *Mama Venus. Texte zu Religion, Sexus und Wahn*, hg. von Michael Bauer, Hamburg/Zürich 1992, S. 220.

[30] Panizza: Mama Venus, S. 220.

der Zensur um diese Frage, die Anfang der 1890er Jahre im Zusammenhang mit dem Fall Heinze sehr kontrovers diskutiert wurde. Zugleich nimmt die Zahl der Publikationen zu diesem Thema zu, Panizza bemerkt eine ganze »Flut von Schriften, Vorschlägen, statistischen Abhandlungen«[31] und weist besonders auf die Masse der Neuauflagen zur Prostitution hin. Die Beschäftigung mit dem Phänomen impliziert fast stets die Positionierung der Frau als Prostituierte, die des Mannes als Konsument. Nur gelegentlich tauchen Bemerkungen zu einer Umkehrung dieses Verhältnisses auf, dann immer in negativem Sinne wie in Weiningers *Geschlecht und Charakter* oder in Krafft-Ebings *Psychopathia sexualis* – in beiden Fällen wird die männliche Prostitution als naturwidrig und besonders verdammenswert dargestellt.[32]

Wedekind und die Prostitution

Die heteronomen Behandlungsformen des Themas bei Wedekind sperren sich der Vereindeutigung, etwa im Sinne einer Hetärenromantik, wie sie in der zeitgenössischen Literatur häufig anzutreffen ist. Zunächst erscheint die Prostitution, herausgelöst aus ihrer Existenzform als Element der herrschenden Sexualordnung, als ubiquitäres Phänomen der modernen Gesellschaft. Es ist wichtig, diese Verallgemeinerungstendenz bei Wedekind zu beachten, denn die Prostitution wird hierdurch ihres Status' eines pathologisierbaren und marginalisierten Subsystems entkleidet, zugleich von einer ästhetisierten Erscheinung rückgeführt in konkrete Lebenszusammenhänge. Immer wieder taucht bei Wedekind der Gedanke einer gegenseitigen ›Nutzung‹ auf, dies bezieht sich auf den sexuellen Austausch ebenso wie auf den Bereich des Kommerzes. Um Nutzung, Ausnutzung, Ausbeutung geht es in den *Lulu*-Dramen ebenso wie im *Marquis von Keith* oder in den Erziehungsphantasie des Prosatextes *Mine Haha*. Für den Autor ist dies zunächst auch keineswegs nur negativ konnotiert, im Gegenteil: In das ›Merkbuch der Bekenntnisse‹ im Hause Maximilian Hardens trägt Wedekind als seine »Idee vom Glück« ein: »Seinen Anlagen gemäß verbraucht zu werden.« Und die Überzeugung, daß sich »jeder von uns in dieser oder jener Hinsicht prostituieren«[33] [TB, S. 231] müsse, geht, im Kontext des Finanziellen, aus einer Tagebucheintragung vom 5. Dezember 1892 hervor.

Wedekind wußte, wovon er schrieb, wenn er die Prostitution als Erscheinung des sexuellen Austausches thematisierte. In Paris und London bewegte er sich, wie die Tagebücher zeigen, bevorzugt im Dirnen- und Kokottenmilieu, studierte er die einschlägige sexualwissenschaftliche Literatur, die Schriften Krafft-Ebings, Molls, Dufours. Die literarischen Entwürfe behandeln in skizzenhafter Form immer wieder Bordellsituationen: *Ilse, Allbesiegerin der Liebe, Das Opfer, Der Brand eines*

---

[31] Ebd.

[32] Vgl. Otto Weininger: *Geschlecht und Charakter. Eine prinzipielle Untersuchung*, München 1980, S. 284; Krafft-Ebing: Psychopathia sexualis, S. 443.

[33] Zitiert wird nach folgender Ausgabe: Frank Wedekind: *Die Tagebücher. Ein erotisches Leben*, hg. v. Gerhard Hay, Frankfurt a. M. 1986. Angaben aus den Tagebüchern werden künftig im Text zitiert als TB mit Seitenzahl..

Bordells, Leiden eines Freudenmädchens, Die eiserne Jungfrau im Bordell, Das Aristokratenbordell. Die Arbeit am *Sonnenspektrum* geht bis in das Jahr 1894 zurück.[34] Irritierend wirkt, daß zeitgenössische Literaturkritik und spätere Literaturwissenschaft – wie häufig im Falle Wedekinds – auch bei diesem Thema von Beginn an zu Festschreibungen neigten, die häufig genug projektiven Charakter haben. Bereits Kutscher plagte sich mit dem Problem und versuchte, Wedekinds Gedanken zu systematisieren, indem er Prostitution und Ehe zivilisationstheoretisch als Komplementärphänomene darstellte und in der ihm mitunter eigenen eher skurrilen Begrifflichkeit formulierte:

> Die Hure ist älter als die Gattin, sie ist in der Schöpfung begründet. Die Gattin ist Produkt der Zivilisation und nur durch den Besitz des Hauses möglich [...]. Die Hure ist Bestandteil der sittlichen Weltordnung. [...] Die Hure schützt vor den Folgen angehäufter, entarteter Geilheit.[35]

Die Durchsetzung mit Vokabeln aus dem Repertoire des vulgären Idealismus wie zeitgenössischer Selektionsvorstellungen zeigt Kutschers Bestreben, Wedekinds Texte den eigenen Anschauungen anzugleichen. Auf diese Verarbeitungsform des Prostitutionsaspekts durch Wedekinds Interpreten kann hier nicht weiter eingegangen werden. Offensichtlich entfalten vor allem die männlichen Forscher gerade in diesem Bereich eine häufig relativ frei flottierende Phantasietätigkeit. Als eine Voraussetzung für Wedekinds Faszination durch das Phänomen der Prostitution nehme ich auf der Ebene des intentionalen Werkkonzepts an: Es enthüllt sich ihm hierin in grundsätzlicher Weise der Doppelcharakter der Sexualität in der Moderne. Prostitution als literarisch-imaginativ auszugestaltende sexuelle Praxisform ist Aufschein einer »Freiheit, worin sich die menschliche Natur ungehindert entfalten«[36] kann, Schwundstufe einer ›alten‹, hetäristisch geprägten Ordnung und schließlich Phänomen der modernen großstädtischen Zivilisation. Dieser dreifachen Bestimmung entsprechend gestaltet Wedekind die Prostitution als (gebrochene) Idylle (*Sonnenspektrum*), als Staatsutopie (*Eden*-Fragment, »*Große Liebe*«) und als Gesellschaftsdrama (*Erdgeist, Büchse der Pandora, Tod und Teufel, Schloß Wetterstein*). Negativer Bezugspunkt ist die bürgerliche Eheform. Wedekind sieht einen grundsätzlichen und unüberwindbaren Widerspruch von freier Liebe und konventioneller Ehe. Dieser Gegensatz wird vor allem aus einem Konkurrenzmodell abgeleitet, das eine Freisetzung der Sinnlichkeit über die Grenzen der Konventionalität und der Scham hinaus verhindert:

> Vorausgesetzt, daß in der Ehe jeder der beiden Gatten bestrebt ist, geschlechtlich der Überlegene zu sein, scheut sich jeder der beiden, die Geschlechtlichkeit des anderen unnötigerweise zu erregen. Denn unbefriedigte Sinnlichkeit des anderen läßt Untreue befürchten. Geschlechtliche Übermüdung und

---

[34] Vgl Hans-Jochen Irmer: *Der Theaterdichter Frank Wedekind. Werk und Wirkung*, Berlin 1975, S. 128; Kutscher: *Frank Wedekind. Sein Leben und seine Werke*, Bd. 1, S. 326–337.

[35] Kutscher: *Frank Wedekind*, Bd. 3, S. 92.

[36] So Höger zum »Sonnenspektrum«. Alfons Höger: »Das Parkleben. Darstellung und Analyse von Frank Wedekinds *Das Sonnenspektrum*«, in: *Text und Kontext* 11 (1983), I, S. 35–55, hier S. 52.

Abspannung dagegen gibt dem anderen das Gefühl der Sicherheit. – Wenn die Voraussetzung zutrifft, so wäre dadurch die Scheu vor Erwähnung geschlechtlicher Dinge, das Schamgefühl in vielen Fällen erklärt.[37]

Allerdings bleibt die Vorstellung eines utopisierten Modells ambivalent: Neben dem Aufscheinen hetärischer Zeiten steht, wie etwa das *Sonnenspektrum* zeigt, der stets gegenwärtige Aspekt des Zeitgenössischen, d. h. des Kommerziellen.[38] Der letztlich mißlingende Versuch einer positiven Utopisierung des Bordells hat Voraussetzungen, die in die Darstellung und insgesamt in Wedekinds Vorstellung eines Dramas der Moderne eingehen: Diese utopische Dimensionierung beruht auf der Trennung von Sinnlichkeit und Gefühl und damit auf der Überwindung der Scham, die für Wedekind eine kulturell produzierte affektive Reaktionsform ist.[39] Zweitens ist eine Trennung der Sphäre hetäristischer Liebespraxis vom Außen der gesellschaftlichen Verkehrsformen und Moralgesetze notwendig (Parkleben im *Sonnenspektrum* und *Mine Haha*). Immer dort, wo Wedekind den Zusammenhang von Prostitution und bürgerlicher Gesellschaft herstellt (bei Lulu, aber auch Ilse in *Frühlings Erwachen*), drängt die sozialanalytische Darstellungsform zur Dominanz der negativen, repressiven Momente. Drittens müssen für die utopische Fassung des Bordells die Marktmechanismen, die Wedekind in den Handlungsablauf integriert, der Konstruktion eines prinzipiell freien Liebesaustausches untergeordnet und in ihrem Machtcharakter zurückgedrängt werden. Dies freilich gerät notwendig in Konflikt mit dem zweiten, antiutopischen Antrieb von Wedekinds Schreiben: der Gesellschaftsanalyse, also einem dem Realismus der Moderne verpflichteten Kunstbegriff.

Die Wahrheit der Prostitution und des Liebesmarktes ist in Wedekinds Werk immer nur ein Teil der Wahrheit, sie wird gebrochen von etwas anderem, dem Scheitern, das die dramatische Handlung vorführt. In der *Büchse der Pandora* kollidiert die Mythe mit dem factum brutum der Prostitution, in *Tod und Teufel* verkündet Casti Piani ein Programm des hetäristischen ›freien Liebesmarktes‹, von dem auch sein Schöpfer fasziniert war, wird jedoch durch die Vorführung des trostlosen Freudenmädchens Lisiska am Schluß in den Selbstmord getrieben:

> Die Menschheit wird die Ehe so gut überwinden, wie sie die Sklaverei überwunden hat. Der freie Liebesmarkt , auf dem die Tigerin ihre Triumphe feiert, gründet sich auf ein urewiges Naturgesetz der unabänderlichen Schöpfung. Und wie stolz steht das Weib in der Welt, sobald es das Recht erkämpft hat, ohne gebrandmarkt zu werden, zum höchsten Preis, den der Mann ihm bietet, verkauft zu werden![40]

---

[37] Wedekind: *Gesammelte Werke*, Bd. 9, S. 200.

[38] Vgl. Irmer: Der Theaterdichter Frank Wedekind, S. 128.

[39] Vgl. »Sonnenspektrum« (Wedekind: *Gesammelte Werke*, Bd. 9, S. 150) und die entsprechenden Passagen zur »Großen Liebe« in den Notizbüchern.

[40] Wedekind: *Gesammelte Werke*, Bd. 5, S. 17.

Der Zugang

Nach dem Versuch einer thematischen Festlegung versuche ich, in einem weiteren Schritt die Zugangsform zu klären. Aus der Beschäftigung mit Wedekind, den Tagebüchern und dem hier entfalteten Weiblichkeits- und Prostitutionsthema ergeben sich zunächst mehr Fragen als Antworten, auch in diesem Text soll diese Frageposition nicht unterschlagen werden. Dabei geht es um die schon beschriebene Vieldeutigkeit der Texte ebenso wie um mögliche Zugänge. Eine von den Spezifika der historischen Situation und insbesondere der Diskursformationen unabhängige psychologische oder psychoanalytische Deutung kann nur zur Verzerrung führen. Notwendig ist es, im Kontext der Lektüre der Werke Frank Wedekinds sowie überhaupt der Literatur der Jahrhundertwende die Phänomene im Auge zu behalten, die mit den Voraussetzungen und ästhetischen Transformationen sexualtheoretischer, medizinisch-psychiatrischer oder auch psychoanalytischer Diskurse verbunden sind: die Krankheitsbilder der Nervosität und Hysterie, die Probleme der Scham und des Exhibitionismus. Wesentlich scheint mir insbesondere die von G. Fischer formulierte Differenz von Individualität und Sozialität: »Die geschichtliche Dimension, in der das Kunstwerk arbeitet, ist nicht nur die Lebensgeschichte des Künstlers.«[41] Beides müßte also beachtet werden, vor allem in seinen Interdependenzen. Es ginge, im Rahmen einer umfassenderen Studie als der hier vorgelegten, darum, die genannten Zentralthemen in ihrer zeitgenössischen Spezifik zu klären und die Behandlung durch den Autor Wedekind im Vergleich mit anderen Schriftstellern auf dem Hintergrund der Biographie zu klären.

Zugleich ist die Gegenübertragung zu beachten, die das Interesse an den Texten stimuliert und ihre Lektüre sowie bis zu einem gewissen Grade auch die Textinterpretation selbst steuert, die teilweise unbewußte Verstrickung des Interpreten mit seinem Gegenstand, das ›identity theme‹ im Sinne von Norman Holland.[42] Bezüglich der Rezeptionsvorgaben des Textes ergibt sich eine besondere Problematik aus dem Verhältnis von Intimität und Öffentlichkeit. Wesentlich ist zunächst die Fragmentierung der Tagebücher durch den Autor selbst. Es kann nicht davon ausgegangen werden, daß Wedekind seine Aufzeichnungen für die öffentliche Rezeption konzipierte. Damit fallen bestimmte Strukturierungselemente fort, die gerade für das Werk des Dramatikers konstitutiv sind: insbesondere die spezifische Behandlungsform des Sexuellen und im weiteren Sinne Erotischen, das im Falle Wedekinds changiert zwischen bewußtem Tabubruch und Skandalisierungsabsicht einerseits und Rücknahme, Glättung, partieller Anpassung andererseits, wie etwa die

---

[41] Gottfried Fischer: »Die beziehungstheoretische Revolution. Gedanken zur Methodik der modernen psychoanalytischen Literaturwissenschaft«, in: Johannes Cremerius et al. (Hg.): *Methoden in der Diskussion* (Freiburger literaturpsychologische Gespräche, Bd. 15), Würzburg 1996, S. 11–31, hier S. 19.

[42] Vgl. Marius Neukom: *Franz Kafkas Tagebucheintrag ›Verlockung im Dorf‹. Eine erzählanalytische Untersuchung mit dem Verfahren JAKOB*, Bern 1997, S. 16. Zur Gegenübertragungsanalyse vgl. Carl Pietzcker: *Lesend interpretieren. Zur psychoanalytischen Deutung literarischer Texte*, Würzburg 1992.

Geschichte der Auseinandersetzungen um die *Lulu*-Stücke zeigt.[43] Selbstverständlich konnte es aus den schon genannten theoretischen wie für den Autor spezifischen Gründen nicht darum gehen, einen primär psychopathographischen Zugang zu wählen, besonders im Falle der Werke Wedekinds, deren Heteronomie und Komplexität, deren Formbestimmtheit im Entstehungskontext der literarischen Moderne über eine lange Zeit durch die Fixierung auf die Person des Autors überdeckt waren. Ich will vielmehr versuchen, an einigen Textstellen, wie Günther Bittner es nennt, »psychoanalytische Interpretationsmuster im Dienst einer literaturwissenschaftlichen Fragestellung«[44] zu nutzen. Dabei wären u. a. die folgenden Grundbestimmungen zu beachten: Der Text wird als ein künstlerisch geformtes Phantasieprodukt gesehen, dessen narrative Strukturierung zu untersuchen ist; dies könnte in Beziehung gesetzt werden zur Biographie des Autors, aber auch zu den gesellschaftlichen Widersprüchen und diskursiven Formationen, die durch den Text scheinen. Innerhalb dieses Aufsatzes können die ausgewählten Texte nicht in einer solch umfassenden Weise befragt werden. Ich konzentriere mich insbesondere auf die immanente Bewegung der Texte und Bezüge zu Parallel- bzw. Gegendiskursen innerhalb des hier behandelten Themenbereichs. Dies impliziert die Integration über-individueller psychischer Dispositionen – etwa im Sinne zeittypischer männlicher Annäherungen an das Problem von Weiblichkeit.

Die Textgrundlage

Eine weitere Frage, die sich im Rahmen der Sexualitäts- und Prostitutionsthematik stellt, ist die nach dem zu untersuchenden Text. Texte sind vor allem dann spannend, wenn sie ihre Rätselhaftigkeit lange oder vielleicht sogar für immer bewahren, wenn sie sprechen, gleichzeitig aber auch Antworten verweigern, sich sperren gegen die bündige Interpretation. Fragwürdig blieb mir die Spezifik von Wedekinds Interesse an der Prostitution, das sich früh ausbildete und zu immer neuen literarischen Verarbeitungsversuchen drängte, denen es an Eindeutigkeit in der Perspektivierung und im formalen Zugriff mangelt. Die Tagebücher interessierten mich auf Grund ihrer Situierung in Wedekinds Entwicklung, wegen der spezifischen Wahrnehmungsspiegelung, auch wegen ihres Zwischencharakters: Kann man sie sicherlich nicht plan als Ausdruck von Wedekinds psychischer Verfassung während seiner Zeit in München, Berlin, London und Paris lesen, so beziehen sie sich sowohl auf die Biographie als auch auf die Werkentwürfe, deren Realisierung sie als Baukasten von Beobachtungen und Ideen dienen. Folgende Fragen sollen die Analyse leiten:

1. In welcher Weise situiert sich das männliche Autoren-Ich innerhalb der durch den Geldaustausch gegebenen Interaktion, welche Rückschlüsse lassen sich aus der

---

[43] Vgl. Johannes G. Pankau: »Polizeiliche Tugendlichkeit: Frank Wedekind«, in: *Schriftsteller vor Gericht. Verfolgte Literatur in vier Jahrhunderten*, hg. von Jörg-Dieter Kogel, Frankfurt a. M. 1996, S. 142–170.

[44] Günther Bittner: *Metaphern des Unbewußten. Eine kritische Einführung in die Psychoanalyse*, Stuttgart 1998, S. 308.

im nachhinein formulierten Wahrnehmung einer speziellen Form von Weiblichkeit auf dessen psychische Ausgangsposition ziehen?

2. Inwiefern ist der für Wedekinds Zugang konstitutive Aspekt der Modellierung des Weiblichen als eine Fortsetzung bzw. Zurücknahme oder Steigerung der zunächst im Kontext der Prostitution entwickelten Weiblichkeitsphantasie zu verstehen? Anders und vom Werkganzen gefragt: In welcher Weise bilden markt-förmige, d. h. auch zunächst dem Eingriff von außen nicht unterliegende Präsen-tationsformen des Weiblichen eine widersprüchliche imaginative Einheit mit der vom männlichen Ich phantasierten körperlichen Erziehung von Mädchen. Beide Themen werden separiert wie verbunden in Wedekinds dramatischen Texten als spielerischer ästhetischer Entwurf realisiert (*Frühlings Erwachen, Erdgeist, Sonnenspektrum, Mine Haha* etc.).

Das Tagebuch als Form: Entblößung und Verbergen

Die diaristische Aufzeichnungsform entwickelt sich als Medium des Monologi-schen, Subjektiven, Selbst-Dokumentarischen im Zusammenhang mit dem Prozeß der Individualisierung seit Ende des 17. Jahrhunderts. Ist das Genre zunächst weit-gehend regellos, so vollzieht sich im späten 19. Jahrhundert eine ›Literarisierung‹: Seit dem Tagebuchwerk der Brüder Goncourt werden solche Aufzeichnungen häufig mit dem Blick auf eine spätere Veröffentlichung, als genuin literarischer Text also, verfaßt.[45] Das Tagebuch als autobiographische Form zeichnet sich (wird es nicht für die Publikation noch einmal überformt) gewöhnlich durch das Fehlen einer retro-spektiv geplanten Kontinuität aus, es ist ›unmittelbar‹, setzt immer wieder neu ein, erlaubt den Ausdruck von Spontaneität wie die Fiktionalisierung des Ich in seinem Bezug zum Inneren wie zur Außenwelt.[46] War dem Genre seit Augustin bereits eine erotische Komponente immanent, so ist seit Anfang des 19. Jahrhunderts neben der Literarisierung, beginnend mit den *Journaux intimes* des Benjamin Constant, die Wendung in Richtung auf eine »erotische Selbstanalyse« wahrzunehmen[47]. Thematisiert werden erotische Hoffnungen und Ängste insbesondere des männlichen Ich. In den ›intimsten‹ Tagebüchern, schreibt Hocke in Anlehnung an die Termino-logie Krafft-Ebings, »erscheinen physischer Narzißmus und extreme Selbstanalyse, Auto-Sexualismus und egoistische Introspektion [...] eng verbunden.«[48] Dabei

---

[45] Vgl. Gustav René Hocke: *Europäische Tagebücher aus vier Jahrhunderten. Motive und Antho-logie,* 2. Aufl., Wiesbaden/München 1978; Michaela Holdenried: »Autobiographie«, in: Horst Brunner, Rainer Moritz (Hg.): *Literaturwissenschaftliches Lexikon. Grundbegriffe der Germanistik,* Berlin 1997, S. 30–33; Ralph-Rainer Wuthenow: *Europäische Tagebücher. Eigenart Formen Entwicklung,* Darmstadt 1990; Ralph-Rainer Wuthenow: »Moderne europäische Diaristik«, in: Hans Joachim Piechotta et al. (Hg.): *Die literarische Moderne in Europa.* Bd. III: *Aspekte der Moderne in der Literatur bis zur Gegenwart,* Opladen 1994, S. 393–407.

[46] Vgl. Manfred Jurgensen: *Das fiktionale Ich. Untersuchungen zum Tagebuch,* Bern/München 1979, S. 7; Ralph-Rainer Wuthenow: *Europäische Tagebücher,* S. 1 f.

[47] Hocke: *Europäische Tagebücher aus vier Jahrhunderten,* S. 130.

[48] Ebd., S. 151.

entwickelt sich ein Zusammenspiel von Enthüllung und dem Verbergen wirklicher Intimität.[49]

Tagebuchschreiben ist der Versuch, des eigenen Ich habhaft zu werden, es sich vertraut zu machen. Eben dadurch wird es jedoch in gewisser Weise auch objektiviert, ver-fremdet. Wo das Tagebuch über die bloße Registratur sinnlich-konkreter Eindrücke hinausgeht, sich dem eigenen Selbst wirklich zuwendet, dort erscheint dies dem Schreibenden mitunter fremd, den Konventionen der automatisierten Selbstwahrnehmung entzogen. Ein Zeugnis für solche Art der diaristischen Objektivierung zeigt Wedekind etwa in einer Aufzeichnung vom 21.6.1889, hier im Sinne einer doppelten Reflexion: Das bereits Geschriebene wird einer neuerlichen Prüfung unterzogen.

> Zwischendurch lese ich mit Wohlgefallen im ersten Heft meines Tagebuchs. Der Gesamteindruck scheint mir ein durchaus psychopathischer zu sein. Hätte ich nicht die Überzeugung, daß mein Seelenleben im großen und ganzen ein sehr diszipliniertes ist, so könnten mich jene Aufzeichnungen erschrecken. [TB, S. 61]

Der Schreibende erkennt, als imaginierter Leser, ohne es weiter auszuführen, die mögliche psychopathographische Lesart, entflieht jedoch gleich wieder in die Bequemlichkeit einer festen Selbstdefinition, die das ›Erschrecken‹ zurücknimmt. Dies scheint mir charakteristisch für Wedekinds Form des Tagebuchschreibens, das in gewisser Weise als impressionistisch oder episodisch bezeichnet werden könnte: Es geht um die Sammlung disparater, jeweils auf das eigene Selbst bezogener Bruchstücke der Realitätswahrnehmung und deren spontane Verarbeitungsform, nicht darum, die eigene Person in einem umfassenden Sinne zu analysieren. Die Tagebücher bestehen zu großen Teilen aus der distanzierten Beobachtung erotisch besetzter Geschehnisse und Personen (Frauen), auch aus Elementen der Selbstbeobachtung, die jedoch entweder oberflächlich bleibt oder sich schnell in eine Sicherheit versprechende Gewißheit zurückzieht. Die analytischen Barrieren des Autors werden gerade dort offenbar, wo er intime Begegnungen beschreibt und zum Teil einer Szene wird, die die eigene Bedürfnishaftigkeit und deren Scheitern thematisiert. Immer wieder erzählt dieses ›erotische Tagebuch‹ von Erfahrungen des Ungenügens, der Unsicherheit und der Depression. Dies zeigt sich in für den Zugang des Autors aufschlußreiche Weise etwa in der Notiz vom 30. Mai 1892 (Paris):

> Nachdem wir zwei Stunden geschwatzt, gehe ich zu Tisch und nachher auf die Suche nach einem zwölfjährigen Kinde. Nach langem Umherirren finde ich eins auf dem Boulevard Rochechouart, das aber leider schon achtzehn zählt. Ich führe sie in ein Hotel und befriedige sie sehr mangelhaft, obschon sie mir ganz gut gefällt und recht lieb ist. Ich bin aber zu zerrüttet. Nach dem ersten schwachen Versuch zerfließe ich in Schweiß. Ohne mich viel darum zu kümmern, pumpe ich mir soviel Bier wie möglich in den Magen und trolle mich nach Hause. [TB, S. 182]

---

[49] Vgl. Hocke: Europäische Tagebücher aus vier Jahrhunderten, S. 130, S. 162.

Das Tagebuch ist Instrument der Registrierung äußerer Ereignishaftigkeit, der Selbstbeobachtung, der Introspektion und der Selbstkontrolle. Es wird im selbstdiagnostischen und -therapeutischen Sinne »zur Aufzeichnung diskontinuierlicher, qualitativ oder quantitativ variierender innerer und äußerer Ereignisse verwendet«.[50] Die beobachtenden, registrierenden und auch die diagnostischen Elemente sind in Wedekinds Tagebuch ständig präsent, so auch in der eben zitierten Stelle. Das sexuelle Bedürfnis wird offen benannt, ebenso das Scheitern der Erfüllung aus äußeren wie inneren Gründen. Die Beobachtung des erotischen Gegenübers fehlt fast ganz, ebenso die nähere Beschreibung der eigenen sexuellen Bedürfnishaftigkeit. Stattdessen analysiert sich der Verfasser quasi medizinisch oder physiologisch hinsichtlich seiner (weitgehend fehlenden) Potenz und dem allgemeinen psychischen Zustand (zerrüttet). Zugleich zeigt die Stelle eine (später näher zu behandelnde) pädophil-inzestuöse Hintergrundposition, die Wedekind sich offen eingesteht. Deutlich wird auch der Zusammenhang von Wunsch/Attraktion und Zurückweisung, den Elizabeth Boa in Wedekinds Kokotten-Erlebnissen entdeckt: »[...] the aesthete-sensualist enjoys, then rejects, the girls he picks up in the Moulin Rouge or the Café de la Paix.«[51] Der Eintrag deckt also einerseits freizügig auf, um andererseits zu verhüllen. Nimmt man ihn als literarischen Text, so könnte die Camouflierung als Moment ästhetischer Kodierung betrachtet werden (etwa als Nucleus einer später auszugestaltenden Narration), liest man ihn direkt psychologisch, so verweist er auf eine deutliche Abwehrstrategie des Autors. Natürlich hat G. Fischer recht, wenn er mahnend feststellt: »Der literarische, fiktionale Text ist kein psychopathologisches Symptom und zumindest nicht nur ein solches. Der Dichter kein Patient, zumeist noch nicht einmal ein aktueller Gesprächspartner.«[52] Dennoch ergeben sich psychologische Fragen, zumal der Status des Textes, wie bereits gesagt, nicht eindeutig zu fixieren ist, Fragen etwa der folgenden Art: Was motiviert (auch unbewußt) die Suche nach einem (weiblichen) Kind? Was meint der Autor mit seinem Zustand der Zerrüttung, was steht dahinter? Wie ist die psychosomatische Reaktion (Schweißausbruch) erklärbar, wie die anschließende Selbst-Intoxikation (Biergenuß)? Der in einem (punktuell betont harmlosen, wie das Verb ›trollen‹ signalisiert) Berichtston gefaßte Text verweigert auf der Ebene der Aussagen Antworten, deutet an, verbirgt jedoch konsequent die Erlebnishaftigkeit des Autors, verweigert sich also zunächst dem psychologischen oder psychoanalytischen Zugriff. Erst aus der Hinzunahme von Parallelstellen, im Idealfalle der Analyse des Gesamtkontextes, ließen sich indirekt analytische Annahmen extrapolieren. Darauf werde ich später bei der Erklärung der Tochterphantasie zurückkommen.

---

[50] Gabriele Wilz, Elmar Brähler: *Tagebücher in Therapie und Forschung. Ein anwendungsorientierter Leitfaden*, Göttingen 1997, S. 17. Vgl. Karl Pestalozzi: »Das Tagebuch als Mittel der Introspektion«, in: Therese Wagner-Simon und Gaetano Benedetti (Hg.): *Sich selbst erkennen. Modelle der Introspektion*, Göttingen 1982, S. 154–174.
[51] Elizabeth Boa: »The Murder of the Muse, or the Wound and the Pen: Figures of Inspiration in Wedekind's Diaries and Kafka's Letters to Felice«, in: Rolf Kieser, Reinhold Grimm (Hg.): *Frank Wedekind Yearbook 1991*. Bern 1992, S. 81–100, hier S. 85.
[52] Fischer: »Die beziehungstheoretische Revolution«, S. 19.

Wedekinds Tagebücher: die Wahrnehmung

Ein erotisches Leben untertitelte Gerhard Hay publikumswirksam seine Ausgabe der
Tagebücher Frank Wedekinds, die mit dem Eintrag des 24jährigen auf Schloß
Lenzburg vom 9. Februar 1888 beginnen und am 23. Februar 1918 enden. Vorgestellt werden soll ein Connaisseur und Genießer. In Paris, schreibt der Herausgeber
im Vorwort, »erlebt er Sinnlichkeit und nimmt sie dankbar an« [TB, S. 13], entwickelt er eine »ethische Haltung« [ebd.] in Fragen der Liebe, auch die Spannung
von Eros und Ehe, die sich dann im »beglückenden Eros« [TB, S. 14] der Ehe mit
Tilly Newes auflöst. Das harmonische Bild, das Hay zu zeichnen geneigt ist, hält
weder der Wirklichkeit des Menschen Wedekind noch den Texten stand. Ironisch
fragte Horst Laube im *Spiegel*: »Das soll ein erotisches Leben gewesen sein? Ein
Hundeleben war es wohl eher, betrachtet man die Sinnesfreuden genauer, die dem
25jährigen Dramatiker beschieden waren.«[53] Die Wahrnehmung ist präzise: Nicht
von der Lust sprechen die Tagebücher, nicht einmal durchgängig vom Verlangen,
umso stärker jedoch von der Entwicklung des Künstlers und Frauenforschers
Wedekind, der sich noch mitten in der retrospektiv vergegenwärtigten sexuellen
Situation als Beobachter und Materialsammler sieht. »Une certaine froideur du
cœur.« Manfred Schneider betonte die Tradition der registrierenden Distanz, in der
Wedekinds Journal steht: die Statistik des erotischen Observatoriums zu poetischen
Zwecken.[54] Der Versuch, das ›Wesen‹ der Frau zu ergründen, zugleich jedoch auch
die eigene erotische Wahrnehmungs- und Reaktionsform, funktioniert qua Beobachtung, Aufzeichnungssystem, Tabelle, Wissenschaft. Wedekind befindet sich hier
in einer Linie des ›intimen Journals‹, das über das impressionistische Festhalten der
spontanen und subjektiven Eindrücke hinaus ein objektivierendes Moment enthält.
Es ist dies, was Michel Foucault als die ›Aufladung‹ der sexuellen Diskurse im 19.
Jahrhundert, als »Überlagerung zwischen beiden Modalitäten der Wahrheits-
produktion: den Prozeduren des Geständnisses und der wissenschaftlichen Diskursi-
vität«[55] beschreibt. Das Geständnis, die Exploration, die Beobachtung werden zu
einem zentralen Mittel der Wahrheitsfindung in der entstehenden Sexualwissenschaft (und natürlich vor allem der Psychoanalyse), aber auch in der modernen
Literatur, die in den Äußerungen und Verhaltensweisen der Figuren Formen des
sexuellen Begehrens darstellt und mit den neuen theoretischen Annahmen in
Beziehung setzt. Der zwanghafte Beobachter von Weiblichkeit, der in der
Objektivierung Faszinationskraft wie Bedrohlichkeit der Frau zu bannen versucht,
ist in Wedekinds Person wie in seinem Werk präsent, etwa in der Figur des Jack in
der *Büchse der Pandora*; dieser ist Vaginist und Präparator in einem fast buch-
halterischen Sinne; sein statistisches Observatorium registriert im Allgemeinen das
Besondere (und vice versa) wie der viktorianische Lüstling Walter, der seine
(allerdings unblutigen) sexuellen Abenteuer mit dem Blick des Protokollanten

---

[53] Horst Laube: »Eine gewisse Kühle des Herzens«, in: *Der Spiegel*, Nr. 49 v. 1.12.1986.
[54] Vgl. Manfred Schneider: »Erotische Buchhaltung im Fin de siècle. Über Walters ›Viktorianische
Ausschweifungen‹ und Frank Wedekinds ›Tagebücher‹«, in: *Merkur* 41 (1987), S. 432–437.
[55] Michel Foucault: *Der Wille zum Wissen. Sexualität und Wahrheit*, Bd. 1, Frankfurt a. M. 1977,
S. 83.

aufschreibt.[56] Die erotische Registratur als männliche Bewältigungs- und Herrschaftsstrategie hat eine ehrwürdige literarische Geschichte, im Aufzeichnungssystem des Marquis de Sade, dem erotischen Abenteurertum des Casanova und in den vielfältigen Gestaltungen der Don Juan-Figur. Die Figur des Abenteurers spielt in Wedekinds Leben wie Werk eine bedeutende Rolle, in der Selbststilisierung zum Zirkusmenschen, in der Bekanntschaft mit dem dänischen Bilderfälscher und Hochstapler Willy Grétor, in der Zentralfigur des Marquis von Keith. Daß der Abenteurer der Lust, Casanova, für Wedekind Vorbild war, stellte bereits Franz Blei fest, ebenso auch die Tendenz zur erotomanen Systembildung.[57]

Ulrike Prokop sah in ihrer Analyse der Tagebücher Ausprägungen kollektiv männlicher Psyche: Wedekinds Kontrollwut, die Angst, von der geliebten Frau beherrscht, manipuliert und ausgebeutet zu werden, die Muster von Idealisierung und Enttäuschung, von Verehrung und Haß, den Willen zu Klassifizierung und Verfügung.[58] Sie erblickte – für meine Begriffe ein wenig unvermittelt – im extrem polarisierten Frauenbild, von dem die Literatur der Zeit zeugt, die pathologische Charakterstruktur genialischer Männer der Jahrhundertwende, insbesondere in der Parallelisierung von Wedekind, Karl Kraus und Strindberg, wobei sie neben den Tagebüchern die – in ihrem Wahrheitsgehalt nicht immer zuverlässigen – Erinnerungen Tilly Wedekinds heranzog.[59] Diese Linie wurde schon früh gezogen, auch im Umkreis der Psychoanalyse, etwa bei Karen Horney, die in ihrem Vortrag *Das Mißtrauen zwischen den Geschlechtern* von 1930 Wedekind neben Strindberg, Nietzsche, Schopenhauer und Weininger als einen der großen »Frauenhasser unter den Philosophen und Dichtern«[60] betrachtet.

Bereits in der zeitgenössischen Rezeption kollidieren die Bilder des Frauenverehrers und -befreiers mit denen des problematischen Mannes. Der Konsument von Dirnen und Genießer von Erotika erscheint – wie der Vater – dann auch als besitzergreifender Ehemann und gestaltet dies gar dramatisch, wie etwa das Drama *Die Zensur* zeigt, zu dem der Autor anmerkte: »Hätte ich das Kind beim rechten

---

[56] Hier könnte man, mit Manfred Schneider, eine »abendländische Zwangsstruktur« konstatieren. (Schneider: »Erotische Buchhaltung im Fin de siècle«, S. 436); vgl. Steven Marcus: *Umkehrung der Moral. Sexualität und Pornographie im viktorianischen England*, Frankfurt a. M. 1979, S. 88 ff. – Zur Funktion der Jack the Ripper-Figur vgl. Boa: »The Murder of the Muse«, S. 82.

[57] Vgl. Franz Blei: »Der schüchterne Wedekind. Persönliche Erinnerungen«, in: *Der Querschnitt* (1929), H. 3, S. 169–176, hier S. 176; auch Helmut Koopmann: »Entgrenzung – Zu einem literarischen Phänomen um 1900«, in: Roger Bauer et al. (Hg.): *Fin de siècle. Zur Literatur und Kunst der Jahrhundertwende*, Frankfurt a. M. 1977, S. 73–92, bes. S. 89; Helmut Kreuzer: *Die Boheme. Beiträge zu ihrer Beschreibung*, Stuttgart 1968, S. 223.

[58] Ulrike Prokop: »Elemente der Moderne. Bilder des Weiblichen bei Strindberg und Wedekind«, in: Elke Austermühl et al. (Hg.): *Pharus I. Frank Wedekind. Texte, Interviews, Studien*, Darmstadt 1989, S. 187–214.

[59] Tilly Wedekind: *Lulu. Die Rolle meines Lebens*, München 1969.

[60] Karen Horney: »Das Mißtrauen zwischen den Geschlechtern«, in: *Die Psychologie der Frau*, München 1977, S. 77–95, hier S. 77. Nike Wagner meinte, Wedekind, Strindberg und Weininger verfügten über eine gemeinsame Theorie der Frau – von Weininger unterschieden sich Kraus und Wedekind in der Wertung und in der Lösung der Frauenfrage, die bei diesem letztlich in der »Mannwerdung des weiblichen Geschlechtes« besteht. Vgl. Wagner: Geist und Geschlecht, S. 156.

Namen nennen wollen, dann hätte ich den Einakter ›Exhibitionismus‹ nennen müssen oder Selbstporträt.« (GW 9, S. 434 f.)[61]. Wiederum entwickelte sich aus der eher ironischen Selbstaussage eine bündige Interpretationslinie: Die Texte gelten als Ausdruck einer zeittypischen männlichen Doppelmoral, und mehr als das: Sie scheinen Ausdruck des Willens zur Verfügung über die Frau, einem sado-masochistischen Umgang, der die realen Liebesbeziehungen qualvoll macht, aktualisieren Elemente der kindlichen Erlebnissituation, eine tiefe Angst vor Verletzung und Kränkung. Sind also die literarischen Frauenphantasien nichts anderes als Verschiebungen von elementaren, verdrängten Ängsten des Autors Wedekind? Spiegelt sich hierin allein das Paradox von Männlichkeit um die Jahrhundertwende: eine auf Vervollkommnung gestimmte Idolatrie, deren Tiefenstrukturen Negation, Abwertung, Destruktion offenbaren?[62] Die Analyse der Textpassagen soll zumindest in Ansätzen über solche Festschreibungen hinausführen.

Prostitution in den Tagebüchern

Wedekinds literarischer Zugang zur käuflichen Sexualität in den Tagebüchern ist vor allem durch folgende Merkmale gekennzeichnet: eine fast nie aufgegebene objektivierende Distanz in der Beschreibungsform, die weitgehende Abstraktion von den eigenen Gefühlen (man könnte auch sagen: deren Abwehr), die Konzentration auf Partialobjekte, die Fixierung auf den durch Tausch (Bezahlung) vermittelten Gebrauchsaspekt, der eine Reduzierung auf die Warenform, im Sinne kommensurabler Körperlichkeit, impliziert. In einer Eintragung aus der Berliner Zeit vom 24.5.1889 heißt es:

> Nachdem die Gesellschaft auseinandergegangen, führt mich Julius Hart ins Café Preinitz, wo das massenhaft zur Verfügung gestellte Mädchenfleisch anfangs etwas befangen auf mich wirkt. Café Preinitz und Café National, die Börse für diesen Artikel. Unter sämtlichen Objekten gefällt mir nur eine einzige von schlanker Figur und intelligentem Gesicht. Sie geht durch den Saal und wedelt mit dem spitzen Ende ihrer Taille: Mein Cul, mein Cul! das ist mein Cul! [TB, S. 35]

Der Ton ist sachlich, die Warenform des zur Schau gestellten Körpers wird betont. Wedekinds Aufzeichnungen sprechen von dem Versuch, sich den dargebotenen erotischen Reizen nur aus der Distanz des Beobachters auszusetzen, eine Verliebtheit wird nur selten vermerkt, und wenn sie sich doch ergibt, so erstaunt es den

---

[61] In einem Ende 1908/Anfang 1909 an Georg Brandes geschriebenen Brief erläutert er: »Das Thema, das ich in der ›Zensur‹ behandeln wollte, war der Exhibitionismus oder die Schamlosigkeit, natürlich nicht die Schamlosigkeit der Tänzerin sondern meine eigene.« (»Frank Wedekind und Georg Brandes. Unveröffentlichte Briefe«, hg. von Klaus Bohnen, in: *Euphorion* 72 (1978), S. 106–119, hier S. 113). Vgl. Johannes G. Pankau: »Exhibitionismus und Scham. Zur Problematik der Ich-Konstitution in Wedekinds ›Die Zensur‹«, in: Austermühl: Pharus 1. Kein Funke mehr, kein Stern aus früh'rer Welt, S. 289–310.

[62] Vgl. Prokop: »Elemente der Moderne«, S. 206.

Tagebuchschreiber [vgl. TB, S. 193]. Aber auch dann wird der Gestus des detailgenauen Beobachters nicht aufgegeben.

> Sie ist durchaus appetitlich, und ich bin ausnahmsweise ziemlich verliebt. Wir verbeißen uns ineinander, sie appliziert mir einige Liebesmale, und ich erreiche trotz meiner falschen Zähne auf ihrem Schenkel ebenfalls einen Anflug davon. Wie wir zu Bett gehen, zieht sie die Gardine so weit wie möglich vor. Es geschieht wegen ihrer Drüsennarben unter dem Kinn, die bedeutend größer geworden sind. Ob sie offen sind, weiß ich nicht. [TB, S. 250]

Der kühle Jargon zeigt den an körperlichen Auffälligkeiten interessierten Beobachter, der sich eher als Arzt denn als Liebhaber fühlt. Nicht das Angenehme der Situation, Schönheit, Wärme, Gegenseitigkeit der Aktion, steht im Mittelpunkt, sondern die Wahrnehmung von Häßlichkeit durch körperliche Anomalie, die sowohl am Selbst als auch am Gegenüber festgestellt wird. Bemerkenswert ist: Hier wie an anderen Stellen von Wedekinds Tagebuch verbindet sich die Suche nach Genuß mit einer fast naturalistischen Milieuschilderung, die auf die andere Seite des Liebesobjekts zentriert ist: das Häßliche und Unvollkommene.

Meistens ist die Frau der aktive Teil, und häufig mokiert sich der Liebhaber über die fehlende Reinlichkeit, Mängel der Figur oder das Verhalten der Partnerin. Über das Gespräch mit einer Kokotte namens Rachel im Café d'Harcourt vermerkt Wedekind: »Sie spricht von ihren Sentiments. Ich entgegne ihr, es sei sehr unklug, Sentiments zu hegen, man komme immer zu kurz damit.« [TB, S. 197]. Wie oft bei Wedekind tritt das Modell der Nutzung in den Blick; dazu werden bürgerliche Tugenden zitiert: Es ist nötig, einen klaren Kopf zu behalten, kühl zu registrieren und zu kalkulieren. Schon der 17jährige hatte das Eintauchen in den Liebestumult klarsichtig als einen Sehnsuchtspunkt gesehen, der einem entsprechenden charakterlichen Defizit korrespondiert: »[...] offen gestanden, ich liebe die brausende, zügellose Leidenschaft, die Tumulte des Herzens, über alles, vielleicht gerade darum, weil sie mir am meisten abgehen.«[63] Und auch der exploitative Aspekt erscheint bereits im Brief an den Jugendfreund Adolph Vögtlin, rationalisiert durch die bereits früh kultivierte private Egoismus-Theorie, die Wedekind in Anlehnung an Gedanken Schopenhauers und von Hartmanns, die über die Tante Olga Plümacher vermittelt wurden, entwickelte. Zweifelsfrei ist ihm »daß der Mensch nichts thue ohne angemessene Belohnung, daß er keine andere Liebe kennt, als Egoismus«.[64] Wie in der Korrespondenz so drängt sich auch bei der Lektüre der Tagebücher der Eindruck auf, hier versuche jemand in einer Probehandlung und in theoretisch rationalisierten Imaginationen das Sinnliche zugleich zu genießen wie abzuwehren, erotische Leidenschaft wie reizende Weiblichkeit in der genauen Benennung zu neutralisieren. Dies legen auch die zuweilen brutal wirkenden Metaphern und vulgärsprachlichen Benennungen nahe, die Wedekind zur Beschreibung der Kokotten benutzt. Er spricht vom »kleinen, ganz hübschen Tier« [TB, S. 206, ähnlich S. 182, 193, 174], nennt ein Mädchen (mehrfach) »das kleine

---

[63] Frank Wedekind: *Gesammelte Briefe*, hg. v. F. Strich, Bd. 1, München 1924, S. 28.
[64] Ebd., S. 29.

dicke, blaue Schwein« [TB, S. 200, ähnlich S. 214]; zwei »reizende Kokotten« [TB, S. 183] werden ›traktiert‹ oder Huren ›auf den Rücken gelegt‹ [TB, S. 228].

Die bisher auf der inhaltlichen Darstellungsebene festgestellten Spezifika können in mehrfacher Weise verstanden werden: intrapsychisch als Kompromiß-bildung zwischen dem Wunsch nach Vereinigung und dessen gleichzeitiger Abwehr, als Zusammenhang von Faszination und Abstoßung durch die Imagination von Störfaktoren, im Sinne eines modernen Schreibgestus als Versuch der literarischen Überwindung romantischer Fiktionen. Das Tagebuch ist Observatorium, es dient der Sammlung und Fixierung von dann sprachlich-literarisch umgestalteten Wahr-nehmungselementen aus der subjektiv selektierten Realität. Diese Selektion funktioniert noch auf einer anderen Ebene: durch bewußte nachträgliche Fragmen-tierung. Das Bild des Autors Wedekind enthüllt sich nicht aus einem kohärenten Gesamtzusammenhang, dieser wird durch den späteren Eingriff destruiert. Nicht nur die dürftige Edition der Tagebücher wirft in dieser Weise Probleme auf. Rolf Kieser merkte kritisch an: »Da ja eben jedes intime Bekenntnis getilgt ist, bietet ihr Inhalt wenig Aufschlußreiches über die Persönlichkeit und das Werk des Autors.«[65] Aussagen über eine etwaige Gesamtkonzeption oder ein mehr oder weniger kohä-rentes Selbstporträt sind also von dieser Materiallage her nicht zu machen, naive Rückschlüsse verbieten sich. Dennoch glaube ich, daß einzelne Passagen Aufschluß vermitteln über die psychische Disposition des Autors, daß sie aber vor allem als bewußt gestaltete Textelemente eine Brücke bilden zu thematischen, diskursiven und formalen Grundelementen des Werkes. Es kann hierbei nicht allein um den Prostitutionsaspekt im Sinne der persönlichen Wahrnehmung des Erlebnisgehaltes käuflicher Liebe gehen. Wedekind antizipiert Grundelemente eines größeren Zu-sammenhanges, der sich in den Einzelteilen des Werkes auf heteronome Weise realisiert. Dieser Zusammenhang könnte in folgender Weise umrissen werden:

1. als intentionaler Lösungsversuch mit dem Ziel, zu einer neuen Form der Ge-schlechterordnung zu gelangen, die für Wedekind nur in einer jedenfalls partiel-len Überwindung bzw. Relativierung der bürgerlichen Eheform bestehen kann,

2. als Überprüfung zeitgenössischer Diskurse über die Prostitution im Spannungs-feld von Hetärismus, Sexualpathologie, Ökonomie und Kriminalität,

3. als Ansatz, mittels der Imaginierung prostitutiver Mann-Frau-Situationen über den momentanen Anspruch auf erotische Stimulation hinaus zu einer neuen per-sonalen und künstlerischen Selbstdefinition zu gelangen.

Diese Zusammenhänge werden in bestimmten Passagen von Wedekinds Tagebü-chern besonders aussagekräftig, wenn auch verhüllend thematisiert, was sich nur dann erschließt, wenn über die konkreten Prostitutionsbeschreibungen hinaus weitere Darstellungsformen des Weiblichen herangezogen werden. Zwei Aspekte,

---

[65] Rolf Kieser: »Skandal oder nicht? Wedekinds Tagebücher«, in: *Monatshefte* 79 (1987), No. 3, S. 370.

die im folgenden näher betrachtet werden sollen, scheinen mir von besonderer Bedeutung:

- die Trennung von Gefühl und Sinnlichkeit, die für die radikal gesellschaftskritische Grundströmung in Wedekinds Gesamtwerk kennzeichnend ist und auf einer speziellen Formierung des männlichen Blicks basiert,

- der Zusammenhang des Sexuellen mit Familiarität, der sich vor allem im Erziehungs- und Dressurgedanken äußert.

Sexualität, Familiarität, Mädchenerziehung

Die Forderung, klaren Kopf zu behalten, ist nicht nur eine Lebensmaxime Wedekinds, sie bestimmt auch sein Selbstverständnis als Autor. Dies zeigt sich vor allem am Gegensatz von romantischer und sinnlicher Liebe, der in Wedekinds Werken von Beginn dominant ist und auch seine literarische Grundposition (etwa die Gegnerschaft zum Naturalismus) begründet. Die romantische Liebesform erfährt gegenüber der sinnlichen eine deutliche Abwertung. Das Scheitern der romantischen Liebessemantik führt Wedekind etwa in der Figur des Malers Schwarz in *Lulu* vor, aber auch in der vorkulturell-archaischen Anlage der Lulu-Figur selbst. Die Tagebücher zeigen diese Trennung in vielfacher Weise. Ich möchte dies an zwei Stellen zeigen, die sich von der Prostitutionsthematik wegbewegen, mit dieser jedoch in einem deutlichen Zusammenhang stehen. Ausgangspunkt ist Familiarität, speziell das imaginierte Vater-Tochter-Verhältnis in seiner Verbindung zur erotischen Modellierung von Weiblichkeit. Im Eintrag vom 10.8.1889 heißt es unvermittelt:

> Über Mittag beschäftigt mich die Idee, meiner Tochter, wenn sie achtzehn, neunzehn geworden, vor Bleichsucht etc. zu beschützen, indem ich ihr anrate, sich den oder jenen Knecht oder Hausdiener aufs Zimmer kommen zu lassen. Selbstverständlich rüste ich sie mit Präservativ aus. [TB, S. 110]

Die inzestuöse Schranke wird hier imaginativ übersprungen, indem der Vater sich als sexueller Lehrmeister der Tochter objektiviert, der sozusagen stellvertretend die sexuelle Initiation des Mädchens inszeniert.[66] In die Phantasie gehen Elemente des zeitgenössischen männlichen Weiblichkeitsdiskurses ein: die angenommenen pathogenen Wirkungen der verspäteten Sexualität, insbesondere bei Frauen (die hier im Sinne der psychiatrischen Forschungen mechanisch als Somatisierung gedacht ist), zum anderen die instrumentelle Handhabung der weiblichen Sexualität, die sich in der Ausschaltung einer personal-emotionalen Grundlage zeigt. Wedekind überträgt das traditionelle Modell der Einführung des männlichen Kindes in die Sexualität auf die Frau. (Entsprechendes versuchte er auch in *Frühlings Erwachen*, in diesem Fall als Parallelaktion wie Kollision von pubertärer Männlichkeit/Weiblichkeit.) Die

---

[66] Zwei Annahmen Freuds zur Erklärung der psychischen Impotenz, d. h. der Entfernung eines hohen Maßes an Sinnlichkeit aus der Liebe, werden hier angesprochen.

Koppelung von Weiblichkeit/Sexualität und manifesten Krankheitsmerkmalen zeigten bereits die Wahrnehmungen der Prostituiertenkörper in den zuvor zitierten Eintragungen. Die Bleichsucht tritt überdies als zeichenhafte Krankheit wiederum in *Frühlings Erwachen* auf, auch hier im Zusammenhang mit weiblich pubertärer Sexualität. Es ist interessant, daß die somatische Erkrankung in ihrer Symptomatologie der von Freud für die Hysterie angegebenen auffällig gleicht: Atemnot, Herzklopfen, Erschöpfung, Veränderung der Gesichtsfarbe. Für die Ätiologie dieser Art von Hysterie, die für Freud in der »determinierende(n) Kraft der Infantilszenen«[67] besteht, bezieht sich Wedekind implizit auf die psychiatrische und pädagogische Diskussion um die Verfrühung bzw. Verspätung der sexuellen Aktivität, die von Hellpach u. a. geführt wurde. In der Forderung, die Schranken zur Befriedigung genitaler Lust möglichst weit abzubauen, da hierdurch der Verkrampfung und Symptomentwicklung entgegengewirkt werden könne, und in der physiologischen Sicht des Coitus als Spannungsausgleich nähert sich etwa Hellpach den Positionen der sexualreformerischen Bewegungen an.[68] Wesentlich hierbei ist die entwicklungspsychologische Feststellung einer ›Verfrühung‹ der sexuellen Entwicklung durch die Intensivierung der Sinneseindrücke im öffentlichen Leben. Als Ursache der frühen Reizung fungiert bei Hellpach der »unheilvolle Einfluß der grosstädtischen Strasseneindrücke«[69], der in seiner liberal-modernistischen Gesamtsicht als nicht mehr revozierbar gilt. Deutet die Feststellung einer ›Verfrühung‹ des Auftretens von manifesten sexuellen Begierden auf die Annahme einer bereits vorhandenen sexuellen Triebsubstanz, so bewegt sich doch die gesamte Argumentation in die Richtung eines Versuchs, Sexualität als exklusive Qualität des Erwachsenenlebens festzuschreiben. Die Wendung erfolgt erst bei Freud, der annimmt, daß das Kind »lange vor der Pubertät ein bis auf die Fortpflanzungsfähigkeit fertiges Liebeswesen«[70] ist.

Zurück zu der zitierten Stelle aus den Tagebüchern. Eine – für das zeitgenössische Verständnis – frühe Einführung in die Sexualität wird zunächst in einer freizügigen, ›liberalen‹ Weise vorgestellt, zugleich in medizinischer bzw. pädagogischer Manier argumentativ untermauert. Die unpersönliche, ›bindungsfreie‹ Art der Begegnung durch den Kontakt zu einer sozial inferioren Person (Knecht, Hausdiener) wird ebenso imaginiert wie die Sorge um mögliche Folgen (Verhütung, Präservativ).

---

[67] Sigmund Freud: »Zur Ätiologie der Hysterie«, in: *Schriften zur Krankheitslehre der Psychoanalyse*, Frankfurt a. M. 1991, S. 53–84, hier S. 79.

[68] Die inner-orgiasmische Dynamik, die danach drängt, die durch einen Reiz entstandene Erregungsspannung aufzuheben, beschreibt Freud analog in den Vorlesungen: »Wir stellen ihn [den Trieb] vor als einen gewissen Energiebetrag, der nach einer bestimmten Richtung drängt. Das Ziel kann am eigenen Körper erreicht werden. In der Regel ist ein äußeres Objekt eingeschoben, an dem der Trieb sein äußeres Ziel erreicht; sein inneres bleibt jedesmal die als Befriedigung empfundene Körperveränderung.« (Freud: *Gesammelte Werke*, Bd. XV, S. 102 f.) – Forel konstatiert 1906 die ›ethische Indifferenz‹ des Geschlechtsaktes. Vgl. Auguste Forel: *Sexuelle Ethik. Ein Vortrag*, München 1906.

[69] Willy Hellpach: *Nervosität und Kultur*, in: Leo Berg (Hg.): *Kulturprobleme der Gegenwart*, 5. Bd., Berlin 1902, S. 172.

[70] Freud: *Studienausgabe*, Bd. 5, S. 163.

Ist hier eine gewissermaßen medizinische Einwirkung durch eine ebenso distanzierte wie in den Intimbereich der Tochter involvierte Vaterfigur fixiert, so bezieht sich die Weiterführung der Tochterphantasie vom 5.9.1889 nun direkt auf die Erziehung. Ich zitiere die Passage in voller Länge:

> Inzwischen beschäftige ich mich hin und wieder noch aufs angelegentlichste mit der Erziehung meiner Tochter. Soviel steht jetzt bei mir fest, so hoch ich in den letzten Jahren das Leben in einer großen Stadt anschlug, wenn ich mich einmal irgendwo festsetze, sei es mit Familie oder als Einsiedler oder als Ali Baba Pascha von Janina, so wird es auf dem Land geschehen, am liebsten in der Schweiz, am liebsten im schönen Aargau, am liebsten auf Lenzburg, aber da das nun doch höchst wahrscheinlich nicht gehen wird, Lenzburg gegenüber auf Wildenstein. Wildegg ist mir ein sehr unsympathisches Nest. Dagegen möchte ich leben und sterben auf Wildenstein, sterben speziell auf der breiten, mit Kies belegten Terrasse nach Westen hin angesichts der untergehenden Sonne, der blauen, duftigen Jurakette und der silbern aus dem Tal heraufschimmernden Aare. Da fände ich alles, was das Leben behaglich macht, und vor allen Dingen Raum, viel Raum und eine geradezu elysische Ruhe. Da könnten meine Kinder sich tummeln, wie wir es dereinst getan, im Feldheimer, im Kastler Tal, unten auf der breiten Wiese, wo wir mit den Drummond einst Fußball spielten, würden sie Drachen steigen lassen. Und im Winter ließe ich ihnen in einem der weiten Kemenaten des Schlosses eine Bühne errichten, auf der sie alles, was ihnen die Phantasie gebiert, verwirklichen könnten. Genaugenommen wünschte ich mir aber nur eine Tochter. Über ihren Namen habe ich schon nachgedacht, aber noch keinen gefunden. Ich für meinen Teil würde sie zweifelsohne Mati nennen. Daß sie klug ist, versteht sich. Vor allem aber muß sie schön sein, wie ihr Urbild, ihre Tante. Wenn diese Tante mal zu Besuch kommt, wird ihr die Ähnlichkeit nicht auffallen, aber das Kind wird nach ihrem Geschmack sein, und mich wird es so mit doppeltem Stolz erfüllen. Mati soll nicht aufwachsen wie eine Heiderose. Mati soll den Ernst des Lebens so früh als möglich kennenlernen, aber ohne die Frische der Jugend darüber im geringsten einbüßen zu müssen. Sie soll nicht ärmer, sondern reicher werden als andere Mädchen. Ich werde sie zu den Armen von Feldhein schicken, über deren Verhältnisse sie mir rapportieren muß, und ich werde ihr meine Habe zur Verteilung übergeben. Ich werde sie so früh als möglich daran gewöhnen, mir vorzulesen, gleichviel, ob sie das Gelesene versteht oder nicht. Sie muß sich durchaus nur als Mittel zum Zweck fühlen. Das eigene Interesse wird dadurch um so ernster geweckt werden. Ich werde sie nicht Klavier lernen lassen, wohl aber Mandoline, auf der sie an den langen Winterabenden ihrer Mutter Gesang oder auch ihren eigenen begleitet. Kurz, ich werde sie soviel als nur möglich dazu anhalten, ihren Mitmenschen zur Freude zu leben, so wird ihr die froheste Jugend beschert sein, die einem Menschenkinde zuteil werden kann, besonders reich und froh in der Erinnerung, und das ist doch schließlich die Hauptsache. Und vom ersten Erwachen ihres Bewußtseins wird sich, losgelöst von uns allen, selbständig wie ein Gott das eigene Seelenleben in ihr entfalten, selbstherrliche, kindlich phantastische Kombinationen aus den Elementen der Wirklichkeit, ein unschuldig harmloser Reichtum, der dennoch mit den Jahren nicht als eitler Märchen- und Flitter-

kram spurlos dahinfällt, denn aus einem Schoß wird sich, wenn der Körper zur
harmonischen Fülle heranreift, wenn die Ansprüche positiver werden, ein
mindestens ebenso harmonisch abgeschlossener Ideenkreis gestalten, der die
Nachtseite des Lebens sowohl wie seine Lichtseiten, in sich schließt, ohne
doch dadurch getrübt oder gar befleckt zu werden. – Einen geheimen Herzens-
wunsch hege ich dabei noch in der Tiefe meiner Seele; aber die Stimmung
scheint mir fast zu weihevoll, um ihn laut werden zu lassen. Und doch ist der
Wunsch so harmlos, wie das ganze Phantasiegebilde und hat ja vielleicht das
Verdienst, der Wanderung als Ausgangspunkt gedient zu haben. Es ist eben
die ewige Wiederholung des nämlichen alten Themas, aber dessenungeachtet:
Ehre, wem Ehre gebühret. Auf jener Terrasse nach Westen hin, auf der
Turmzinne, in den Korridoren, im Treppenturm, im Hof und Garten würde ich
Mati in schwarzem Pagenkostüm einhergehen lassen. Möglich, daß das nur
zur Folge hätte, daß sie Veranlassung fände, ein wenig mehr auf körperliche
Grazie zu halten, als das die Mädchen von heutzutage, dank ihren langen
Kleidern, durch die Bank weg zu tun gewohnt sind. Man muß ihnen nur auf
die Füße sehen, zumal wenn sie sitzen. Gleitet das schönheitsdurstige Auge
von einem hübschen Gesicht auf ein hübscheres Mieder herab und langt
schließlich wonnetrunken bei den Füßen an, so möchte es sich erbrechen,
wenn es könnte, beim Anblick der nach vorn und nach innen schief gestellten
Haxen, die den nämlichen Abscheu erregen wie ein altes Paar Schuhe, das ein
Betrunkener abends in den Winkel schleudert. [TB, S. 142–145]

Der Erzähler skizziert zunächst den für das spätere Leben projektierten Standort, der
sich auf dem Lande befinden soll, »am liebsten in der Schweiz, am liebsten im
schönen Aargau, am liebsten auf Lenzburg«. Beschworen wird das Bild einer in die
Jugendzeit zurückreichenden Idylle, die vor allem Freiheit und Ruhe bietet, Abgeschiedenheit von der Welt, wie das Setting in *Mine Haha* oder auch im *Sonnenspektrum*, hier aber direkt autobiographisch angeschlossen. Wedekind vergegenwärtigt harmonisierend Partialaspekte der eigenen Kindheit, bezeichnenderweise vor
allem den Freiraum, der sich in den Weiten der Umgebung von Schloß Lenzburg
fand und Möglichkeiten der körperlichen Entfaltung bot. Die Idealisierung der
Jugend durch Wedekind selbst (und auch seinen Bewunderer Kutscher) konfron-
tierte Rolf Kieser in seiner Biographie mit einer offensichtlich sehr andersartigen
Realität:

> Hier spielt sich keineswegs die sonnige Jugend eines privilegierten Bürger-
> sohnes ab. Hier geschieht ein gewaltsamer Eingriff. Hier wird ein Lebensstil
> verordnet, der aus der Zeit herausfällt, der mit Schmerz verbunden ist, mit
> Isolation, Absonderung, Fremdsein und Fremdbleiben. Schloß Lenzburg ist
> auch ein Gefängnis, nicht nur für die Kinder, die auf ihrer hohen Warte von
> den Spielen mit ihresgleichen abgesondert sind.[71]

Das retrospektiv vorherrschende Gefühl von Freiheit verbindet sich biographisch in
verschiedenartiger Weise mit den beiden Elterngestalten – im künstlerischen Sinne
eher mit der Mutter, als politischer Antrieb mit dem Vater. Diese jedoch treten als

---

[71] Kieser: Benjamin Franklin Wedekind, S. 72.

prospektive Paarphantasie bezeichnenderweise nicht auf; selektiv wird nur eine positiv besetzte, die hierin agierenden Figuren ausblendende Umgebung vorgeführt, die den Raum bietet für eine personale Neuinszenierung. Auch wenn der Autor die Möglichkeit einer Familienbildung erwähnt, so wird die Instanz der eingreifenden Mutter für die Tochter ausgespart. Die Phantasie zeigt den Vater als autonome, isolierte, auch von jedem personalen Zusammenhang abgespaltene Instanz, konstruiert in neuen implizit heterosexuellen Paarbildungen (Vater-Töchter) eine Sphäre des Eingriffs, die von der Symmetrie gleichrangiger Positionierungen abgespalten ist. Der Vater ist allein, ohne Frau, ist der Tochtermann. Die positiv besetzte Vergegenwärtigung der eigenen Jugend bezieht sich also zwar auf Realerlebnisse, entleert diese jedoch durch die Neuformierung eines ästhetischen Settings: Der Innenraum der elterlichen Kämpfe und Auseinandersetzungen nämlich, die Wedekind, wie seine Briefe zeigen, durchaus sensibel wahrgenommen hat, findet keine Spiegelung, er bleibt Leerstelle, wird ersetzt in der imaginativen Neukonstruktion. Deutlich spricht etwa ein Brief an die Mutter vom 8.2.1890 von der Disharmonie im Elternhaus: »Der beste Wille hat auch zwischen Dir und Papa fortwährend obgewaltet und dabei habt Ihr es in 25 Jahren zu keinem einigermaßen erträglichen Modus vivendi gebracht.«[72] Den konflikthaften Elementen der realen Beziehungserfahrung (Eltern) wird eine imaginative Neukonstruktion entgegengesetzt, deren Spezifik in einer latent inzestuösen Strukturierung liegt. In der erzählerischen Formulierung verschiebt sich der Gegensatz von Freiheit und Zwang als Erfahrung des Kindes zur Vorstellung eines Ineinanders von Freiheit und Eingriff des männlichen Vater-Ich. Identifikatorisch wird zunächst über die freie Entfaltungsmöglichkeit hinaus die ästhetische Ausrichtung dieser Entfaltung und die Fixierung derselben auf Weiblichkeit vorgenommen. Wo zu Beginn die zeitliche Entrückung (»dereinst«) betont und durch altertümelnde Bezeichnungen (»Kemenaten«) noch verstärkt, Männlichkeit vergegenwärtigt wird (Fußball, Drachen), da schiebt sich in diese Erinnerung eine ästhetische Projektion (Bühne) mit latent erotischer Phantasiebildung und, typisch für Wedekind, mit Weiblichkeit: Die zunächst retrospektiv gedachte Phantasie gerät in einen Zusammenhang mit der aktuellen: dem Wunsch nach der Tochter.

Die Kodierung des Erziehungsprozesses auf Weiblichkeit verbindet sich mit einer narzißtisch getönten Selbstdefinition, diese mit vorsichtiger Sexualisierung des Tochter-Körpers, diese wiederum mit Ästhetisierung. Damit ist die Trias hergestellt, die im Werk Wedekinds immer wiederkehrt: das Bild des Mannes als Dompteur oder Lehrmeister, formierte Weiblichkeit als Stilisierung des Mädchenhaften, Konnotierung der sexuellen Bestimmtheit des Frauenkörpers mit herzustellender Schönheit. Es geht auch um die Abwehr des naturalisierten Soseins weiblicher Körperlichkeit. Wie zahlreiche andere Stellen der Tagebücher (und insbesondere die Darstellungen der Prostitution) zeigen, nimmt der sachliche Blick des männlichen Beobachters, der sich dem sinnlichen Erlebnis nur partiell hingibt, die Frau vor allem als ein Mangelwesen wahr, dessen Perfektionierung vom männlichen Ich erst zu leisten ist. Dessen Rolle verschiebt sich immer wieder von der des Liebhabers in die des Lehrmeisters und des Körperkünstlers. Betrachtet man zeittypische männ-

---

[72] Wedekind: Gesammelte Briefe, Bd. 1, S. 209.

liche Diskurse über das Weibliche, so läßt sich auch hier eine über den konkreten Autor hinausweisende Linie ausmachen: Neben der positiven Ästhetisierung und Adorierung des weiblichen Körpers steht nämlich dessen Abwertung als in seinem ›Schönheitswert‹ inferior. Erich Mühsam etwa ist (wie gleichermaßen Weininger) unzweifelhaft, »dass nach rein künstlerischen Gesichtspunkten gewertet, der Knaben- und Manneskörper weitaus schöner ist als der des reifen Weibes«[73]. Ganz ähnlich findet sich auch in Oskar Panizzas Aufsatz *Die Kleidung der Frau, ein erotisches Problem* von 1897 die Tendenz zur ästhetischen Abwertung der Frau; es gelte »bekanntlich bei den meisten Künstlern der männliche Körper für schöner und als höherer Vorwurf für die künstlerische Wiedergabe«[74].Die männliche Wunsch-projektion der ästhetischen Stilisierung und Modellierung des weiblichen Körpers ist deshalb nicht Ausweis von positiver Wahrnehmung, sie verdeckt den abwertenden Blick.

Das Bedürfnis des reale Weiblichkeit abwehrenden Mannes nach Modellierung entsprechend den eigenen Phantasiewünschen findet sich – identifikatorisch wie kritisch abwehrend – in Wedekinds Frauenfiguren, es stellt sozusagen deren Basis dar. Das auch ästhetische Dilemma entsteht aus der Abspaltung divergierender Bilder des Weiblichen: Soll dieses einerseits aus den Zwängen der patriarchalisch-bürgerlichen Moralvorstellungen befreit werden, kann es als positive Realfigur dennoch nicht vorgestellt werden. Dies zeigt sich etwa in der zwiespältigen Haltung der Frauenemanzipationsbewegung gegenüber: Bejaht Wedekind das Moment der sexuellen Befreiung vorbehaltlos, so wehrt er sich doch gegen die Totalität der weiblichen Befreiungswünsche (etwa im Sinne beruflicher Selbständigkeit). Nimmt Wedekind die Pariser Kokotten sowohl in ihrer erotischen Reizfunktion als auch in ihrer körperlichen Unvollkommenheit aus der Beobachterposition wahr, so zeigt sich in der zitierten Stelle ein Zusammenhang von Freiheit und Dirigismus, der etwa auch für *Mine Haha* konstitutiv ist. Einerseits imaginiert er, es werde sich »selbständig wie ein Gott das eigene Seelenleben in ihr entfalten«, wobei die personal-intentionale Seite bereits ausgeblendet ist, gleichzeitig drückt sich die Modellierung auf den anderen, den Weiblichkeit produzierenden Mann aus: »Sie muß sich durchaus nur als Mittel zum Zweck fühlen.« Und: »Kurz, ich werde sie soviel als nur möglich dazu anhalten, ihren Mitmenschen zur Freude zu leben [...].« Die Verbindung von körperlicher Schönheit und Sinnlichkeit, die sich in der ästhetischen Modellierung zeigt, wird wenig später in der Vorstellung, Mati innerhalb und außerhalb des Schlosses »in schwarzem Pagenkostüm einhergehen [zu] lassen«, um damit die »körperliche Grazie« zu entwickeln, um dem männlichen Blick (»das schönheitsdurstige Auge«) Genüge zu tun.

Die Passage ist in Oppositionen strukturiert:

---

[73] Erich Mühsam: *Die Homosexualität. Ein Beitrag zur Sittengeschichte unserer Zeit*, Berlin 1903, S. 35 f.
[74] Panizza: Mama Venus, S. 159 f.

- Kleidungswechsel: Pagenkostüm / lange Kleider:
  Erotisierung / enterotisierende Verhüllung,

- Wonne / Abscheu,

- normalisierte Weiblichkeit / modellierte Weiblichkeit,

- körperliche Grazie / körperliche Unvollkommenheit.

Alle diese Oppositionen sind auf die Bewegung des männlichen Blicks bezogen. Dieser macht in seiner eindringenden, die sexuelle Phantasietätigkeit stimulierenden Bewegung zugleich die Deformation des Weiblichen (derb vorgestellt in den »schief gestellten Haxen«) rückgängig, die auf zivilisatorischem Eingriff beruht, stilisiert sich also in paradoxer Weise zum Neukonstrukteur erotischer Natürlichkeit. Dies bedingt die Wahrnehmung der Reizwirkung des weiblichen Körpers ebenso wie die Aufrechterhaltung einer erotischen Distanz. Auch hier muß über die individuell psychische Formierung hinaus die Bezogenheit auf zeitgenössische Phänomene der männlichen Weiblichkeitsspekulation in Betracht gezogen werden. Dies kann hier nur in andeutender Weise geschehen. Es ist deutlich, daß in den vielfältigen Diskursen zur Reizbarkeit, zur weiblichen Kleidung und Entkleidung, zur Koketterie immer wieder zwei Momente sichtbar werden: die Verunsicherung des männlichen Blicks angesichts realer weiblicher Körperlichkeit und der Versuch, durch eine Naturalisierung der Frau, d. h. ihrer Ausgrenzung aus dem Bereich der für den Mann exkludierten Kulturentwicklung, dieser Verunsicherung Herr zu werden, aber auch Einwirkungsmöglichkeiten zu entwerfen, das als defizitär erfahrene Objekt zu vervollkommnen. Erotisches und Ästhetisches erscheinen deshalb, bei Wedekind wie anderen Autoren, als eine widersprüchliche Einheit. Die Koppelung in der Bewegung des männlichen Blickes erfordert Identifikation wie Distanzierung, partielle Loslösung von Triebimpulsen wie Kontrolle (Arbeit / Anstrengung). Entscheidend ist, etwa bei Georg Simmel, im Zusammenhang mit der Koketterie ein »»Halbverhülltsein««[75], bei dem der männliche Blick als Richtmaß für die Bestimmung der Funktionalität dient. Ist die Frau im wesentlichen Naturwesen, so hat sie dennoch passiv Teil an der negativen zivilisatorischen Überformung, die – für Wedekind und andere – in die Richtung der Enterotisierung und Verhäßlichung geht, also zwei Aspekte des natürlich Weiblichen zerstört: Erotik und Schönheit. Auch für Freud führt die Kulturentwicklung bekanntlich zur Unterdrückung der ursprünglichen Triebhaftigkeit (beider Geschlechter); zugleich schließt er die Frau aus dem Prozeß der aktiven Partizipation an der Kulturisation weitgehend aus; nur an einem Punkt gesteht er ihr eine Kulturleistung zu, diese steht jedoch bezeichnenderweise in direkter Beziehung zu ›Natürlichkeit‹ und zur Ausbildung der Sexualfunktion:

> Man meint, daß die Frauen zu den Entdeckungen und Erfindungen der Kulturgeschichte wenig Beiträge geleistet haben, aber vielleicht haben sie doch eine Technik erfunden, die des Flechtens und Webens. Wenn dem so ist, so

---

[75] Georg Simmel: *Schriften zur Philosophie und Soziologie der Geschlechter*, hg. u. eingel. von Heinz-Jürgen Dahme u. Klaus Christian Köhnke, Frankfurt a. M. 1985, S. 196.

wäre man versucht, das unbewußte Motiv für diese Leistung zu erraten. Die Natur selbst hätte das Vorbild für diese Nachahmung gegeben, indem sie mit der Geschlechtsreife die Genitalbehaarung wachsen ließ, die das Genitale verhüllt.[76]

Auch in Freuds vorsichtig formulierten Annahmen also bleibt der Konnex Frau/ Natur erhalten, die Stellung des Mannes als Entdecker und Erfinder unangefochten. Entwickelt Freud eine (allerdings immer wieder revidierte) psychologische Konstruktion von Weiblichkeit, so ist Wedekinds Wieder- oder Neuerschaffung des Weiblichen ästhetisch bestimmt, auf der Basis allerdings von Wahrnehmungen realer Erscheinungen, die auch in den psychologischen Diskursen an zentraler Stelle Bedeutung gewinnen: Prostitution und Erziehung. Stellt sich also Weiblichkeit als eine vom männlich konstruktiven Blick in eine neue Form zu bringende, latent natürliche Qualität dar, so wird ein Fortschreiten von der Stufe der Prostitution zu der der Töchtererziehung plausibel. Scheint in der Dirne zwar das natürlich hetärische Prinzip noch auf, indem hier die kulturell-moralischen Hemmungen außer Kraft gesetzt sind (die Scham), so bleibt deren erotisch-stimulierende Darbietung für das männliche Auge dennoch unvollkommen, da dem männlichen Willen zur Veränderung, zur Modellierung weitgehend entzogen. Drei Positionen nimmt das Ich in den Tagebüchern ein: die des ›Gourmets‹, des ›Lusthylikers‹ [TB, S. 276], die des ›Forschers‹, der noch in seinen erotischen Phantasien Distanz hält [TB, S. 57], schließlich die des Konstrukteurs einer erotischen Vorführung, die in der Phantasie ausgelebt, real jedoch nicht hergestellt werden kann. Allerdings bleibt auch die Phantasiearbeit ambivalent. Deutlich wird dies etwa an einer Stelle des Pariser Tagebuchs (8. August 1889), wo die Elemente Prostitution, Artistik und Tochtererziehung in einem Zusammenhang erscheinen: Wedekind bezieht sich hier explizit auf eine »Anekdote aus Krafft-Ebing« [TB, S. 108], nämlich auf eine Stelle der *Psychopathia sexualis*, in der Fälle von Sodomie, der »Tierschändung (Bestialität)«[77] aufgeführt werden. Dort heißt es:

> Der Verkehr weiblicher Individuen mit Tieren beschränkt sich auf den mit Hunden. Ein monströses Beispiel von sittlicher Depravation in grossen Städten ist der [...] Fall einer Weibsperson in Paris, die in geschlossenen Kreisen gegen ein Eintrittsgeld vor Wüstlingen sich damit produzierte, dass sie sich von einem abgerichteten Bulldogg begatten ließ![78]

Der Fall fungiert als einer von vielen Belegen in Krafft-Ebings psychiatrischem Kuriositätenkabinett. Wedekind nutzt die kurze Darstellung des kasuistischen Beispiels in literarischem Sinne, was bereits in der Gattungsbezeichnung ›Anekdote‹ zum Ausdruck kommt, die er dem Bericht hinzufügt. Dieser wird dann zum Ausgangspunkt für eine Phantasiebildung:

---

[76] Freud: Studienausgabe, Bd. 1, S. 562.
[77] Krafft-Ebing: Psychopathia sexualis, S. 421.
[78] Ebd., S. 422.

Gestern abend im Bett dachte ich an die Anekdote aus Krafft-Ebing: Die Pariser Kokotte mit der Bulldogge. Ich male mir das aus, indem ich mir denke, daß das Mädchen auf den Händen hereinspaziert kommt und Geld einsammelt, indem es die Füße um weniges auseinanderhält. Dann läßt es sich durch Affen auskleiden, wobei die Hauptsache eine vollkommene Passivität ist. Dann kommen mindestens drei bis vier Doggen gehetzt und geprügelt. Das Mädchen wohnt und schläft mit einer Hündin zusammen von wegen des Seelenduftes. Den ganzen Nachmittag verwende ich auf die Zeichnung des Mädchens. [TB, S. 108]

Auch hier wird die Szene geprägt durch einen Zusammenhang von Ästhetisierung und Sexualisierung, von Andeutung der Wunschhaftigkeit des (männlichen) Ich und Rücknahme/Distanzierung, außerdem von der völligen Passivität der weiblichen Figur und der Inszenierung durch den Regisseur/Dompteur. Das artistische Element fehlt bei Krafft-Ebing völlig: Hier geht es klar um eine ›monströse‹ perverse Vorführung männlichen Voyeuren gegenüber, die zu reinen Profitzwecken durchgeführt wird. Bei Wedekind wird die Darstellerin von einer ›Weibsperson‹ zu einer mädchenhaften Artistin, die auf den Händen geht und die finanzielle Transaktion, deutlich sexuell konnotiert, in die künstlerische Vorführung integriert. Das zirkushafte Element (in der Figur des agierenden Affen) wird bei der von Wedekind eingeführten Entkleidungsaktion beibehalten. Eine Identifikation von (Menschen)affe und Frau wird assoziativ vorgestellt, das exotisch Sensationalistische in den exhibitionistischen Akt integriert. Wie in der Tochterphantasie [TB, S. 142], so wird auch hier die Bewegung der Frau gesteuert, in diesem Falle nicht vom Vater-Ich, sondern von einer äußerlich menschenähnlichen Gestalt, die gleichzeitig als Substitut für den Wunsch des Autoren-Ich fungiert. Ist also die sexuell wunschhafte Substanz der Phantasie im Sinne einer manipulativen Verfügung über den Mädchenkörper deutlich erkennbar, so wirkt das circensische Arrangement (wie im *Lulu*-Prolog) gleichzeitig verfremdend und distanzierend. Dies wird noch durch den letzten Satz verstärkt, in dem die Verben ›wohnen‹ und ›schlafen‹ durch die auf der Hand liegende Zusatzmöglichkeit durch das Präfix ›bei‹ eindeutig sexuell konnotiert sind, gleichzeitig durch das Wort ›zusammen‹ jedoch relativiert, in gewisser Weise entschärft und durch die Schlußwendung (›Seelenduft‹) ironisch gebrochen werden. Nimmt man den Ausgangspunkt der Phantasie – Nacht, Verfasser im Bett – hinzu, so wird der Bezug zum Traum offensichtlich. Es ist anzunehmen, daß hier das Prinzip der unbewußten Wunscherfüllung waltet, zugleich finden wir Elemente der Entstellung, also der Umwandlung latenter Gedanken und Wünsche. Es wäre also leicht möglich, den Text als Traum, ausgehend von den Veränderungen zum Ausgangstext Krafft-Ebings, analytisch zu behandeln und ihn im Hinblick auf dessen Spezifika (latenter, manifester Trauminhalt, Wunsch/Zensur, Verdichtung, Verschiebung, primärprozeßhafte/sekundäre Bearbeitung etc.) zu erschließen, worauf hier verzichtet wird. Wesentlicher erscheint mir der Zusammenhang zur dichterischen Produktion. Ist der Text einerseits ›traumhaft‹, d. h. egozentrisch auf Wunscherfüllung angelegt, so kann er – mit Rank – andererseits als geplante quasi-

poetische Schöpfung angesehen werden.[79] Hat das Tagebuch Notiz- und Entwurf-
charakter für Wedekinds spätere literarische Produktion, so können hier zentrale
Motive ausgemacht werden: Die Elemente des Zirkushaften, Artistischen, Prostitutiven, der dressierten Weiblichkeit und der Verbindung von Kommerziellem und
Sexuellen werden zu Konstitutionselementen der dramatischen Produktionen des
Autors. Die Phantasie schwankt zwischen Persönlich-Traumhaftem und Objekti-
viert-Literarischem.

Wiederkehrend ist auch die Tochter- und Erziehungsphantasie, denn im
Folgenden konkretisiert sich das in Kunst gefaßte Mädchenbild (Zeichnung), das
Tagebuch-Ich stellt die auch in der Aufzeichnung vom 5.9.1889 entwickelte Vater-
Tochter-Beziehung imaginativ her:

> Auf dem Weg nach dem HBK denke ich mir unter dem Mädchen meine
> eigene Tochter, wobei aber nur das Auf-den-Händen-Gehen in Betracht
> kommt, das ich ihr selber, überhaupt all meinen Kindern möglichst früh
> beibringen werde. Schade, daß eine Grenze da ist, schade, daß alles ins
> sexuelle Gebiet einschlägt, es wäre so hübsch, wenn sich das mit allem Ernst,
> mit Würde und Liebe ausführen ließe. [TB, S. 108]

Wiederum geht es um die Körperformierung von Weiblichkeit, deren inzestuös-
sexuelle Komponente hier benannt wird; der eigene Wunsch wird einer Disziplinie-
rung unterworfen, indem an die Stelle der Sexualisierung Werte gesetzt werden, die
innerhalb des öffentlich-diskursiven Rahmens akzeptabel erscheinen. Wedekinds
Tagebuch bleibt bei der Behandlung der Themen Körpererziehung, Sexualität,
Weiblichkeit, Dressur, Inzest etc. ambivalent. Es benutzt Elemente der (Tag-
)Traumprojektion, montiert in die Darstellung zugleich Elemente der partiellen
Rücknahme durch verschiedenartige Darstellungsformen und bindet dies ein in
einen Rahmen der Künstlichkeit und Artistik, so daß die Entwürfe Spielcharakter
erhalten.

Der Markt der Liebe

Beabsichtigt ist jeweils die Neuformierung des Geschlechterverhältnisses. Diese
Neuformierung vollzieht sich – für Wedekind – in der imaginativen Neuschöpfung
des Weiblichen – also in der Kunst – und in der Projektion eines Vater-Tochter-
Verhältnisses, das sich jedoch in die Erotisierung des Tochterkörpers verschieben
muß. Die Ambivalenz des Autors Wedekind zeigt sich deutlich im *Sonnenspektrum*
und immer dort, wo Wedekind die Prostitution thematisiert. Hier handelt es sich ja
keineswegs, wie Kutscher fälschlich annahm, um eine »Verherrlichung«[80] der Dirne
und des Freudenhauses (aber auch nicht dessen Pathologisierung wie bei Krafft-

---

[79] Vgl. Otto Rank: »Traum und Dichtung« (1914), in: Sigmund Freud: *Die Traumdeutung*, v. d.
4. Aufl. 1914 bis zur 7. Aufl. 1922 als Anhang zu Abschnitt VI: »Die Traumarbeit«.
[80] Kutscher: Frank Wedekind, Bd. 1, S. 334.

Ebing), sondern, wie neuere Interpretationen[81] nachweisen, um dessen Gegenteil, eine kritische Darstellung des gesellschaftlichen Charakters der Prostitution. Bei der Überprüfung der Brauchbarkeit der mythisierten Hetärismus-Vorstellung für die Geschlechterbeziehung der Gegenwart stellt Wedekind fest, daß hier ein nur romantisiert Natürliches an der Gewalt des Warencharakters der sexuellen Beziehung abprallt. Der Beobachter beschreibt diese Restitutionsversuche durchgängig aus einer sachlich-analytischen, in ihrer Objektivierungstendenz entlarvenden Position. Zum Beleg dafür will ich eine Passage aus der Berliner Zeit (29.5.1889) zitieren, in der Wedekind aus der Rolle des Wissenschaftlers der Natur und der Ökonomie redet:

> Ich gehe ins Café Bauer und von dort ins Elysium, wo die Kellnerinnen, einige hübsche Mädchen darunter, die Aufgabe haben, ihre Gäste zu unterhalten. Jede hat eine Reihe von sechs Tischen, der Tisch zu sechs Plätzen, macht sechsunddreißig Gäste oder zweiundsiebzig Hände, von denen sie sich ihre vier Gliedmaßen und speziell die von der Natur zum Geschlechtsgenuß, zum Gebären und Ernähren bestimmten Teile ihres Körpers von früh bis spät bereitwillig befühlen und drücken lassen müssen. Falls ein Gast nicht von selber damit beginnt, haben sie die Pflicht, ihn auf die ihm zustehenden Freiheiten aufmerksam zu machen, indem sie sich an seine Seite setzen, ein Gespräch einleiten und dasselbe so lange unterhalten, bis der Betreffende warm geworden. Es ist das zweifelsohne eine der gründlichsten Ausnutzungen, wie sie mit einem für einen bestimmten Zweck in Dienst genommenen Mittel überhaupt statthaben kann, indem diese Mädchen zur nämlichen Zeit aktiv sowohl wie passiv Geld einbringen. Sie bieten im Aufwarten ihre Arbeitsleistung und haben sich dabei zwischendurch zur Erhöhung der Frequenz selber bearbeiten zu lassen. Sie fördern das Geschäft durch die ihrem Körper innewohnende Kraft und zugleich durch die äußere seiner Gestaltung. Bei einem schön gebauten Equipagenpferd, gesetzt den Fall, daß dasselbe vermietet wird, trifft insofern nicht das nämliche Verhältnis zu, als die Schönheit des Pferdes zwar bezahlt, aber nicht systematisch aufgebraucht wird. Selbstverständlich halten die Mädchen bei dieser Lebensweise nicht lange aus. Doch kann das dem Geschäftsinhaber insofern gleichgültig sein, als er sie nicht zu kaufen, sondern nur zu mieten braucht. [TB, S. 41 f.]

Die registrierend-analysierende Funktion wird in dieser Passage bis zum Extrem getrieben. In Wedekinds Blick vollzieht sich die vollkommene Funktionalisierung des Ästhetischen und Sexuellen; beides wird als Voraussetzung für die ›Ausnutzung‹ in Betracht gezogen, die Mädchen sind nicht mehr als ›Mittel‹, das für die Profitmaximierung des Cafébesitzers eingesetzt werden kann. Es findet eigentlich eine Steigerung des Prosituiertenverhältnisses statt, insofern hier jedes Moment von freier Verfügung, das der Prostitution zumindest theoretisch inhärent ist, wegfällt. Die im Café arbeitenden Mädchen sind dem Willen des Besitzers und der

---

[81] Etwa Kammakshi P. Murti: »The Aesthetization of Wedekinds ›Natürlichkeitsbegriff‹ in His Early Play ›Das Sonnenspektrum‹‹, in: Rolf Kieser und Reinhold Grimm (Hg.): *Frank Wedekind Yearbook* 1991, S. 71–79.

männlichen Kunden absolut anheimgegeben, sie erscheinen verdinglicht als aufzubrauchende Sache.

Auch hier wird ein ›Dressurakt‹ vorgeführt, der auf der Anwendung direkten Zwangs beruht: Die Mädchen sind aus purer Überlebensnotwendigkeit genötigt, sich den Anweisungen des Besitzers zu fügen, da, wie wenig später gesagt wird, »in einer Stadt wie Berlin das Angebot die Nachfrage immer noch weit übersteigt.« [TB, S. 42]. Die ›Ausnutzung‹ führt – innerhalb des ökonomischen Modells gesehen – nicht nur zum partiellen Verkauf der Arbeitskraft (als ›Vermietung‹ bestimmter Körperteile und Funktionen), was den Weiterbestand des Individuums zuließe, sie führt vielmehr letztlich zu dessen existentieller Auslöschung. Nicht an eine solche Zurichtung für die kapitalistische Verwertung denkt Wedekind, wenn er Dressuren und Modellierungen des weiblichen Körpers und seiner Bewegungshaftigkeit vorführt. Hier sind vielmehr andere Bedingungen notwendig, wie sie in der Tochter-phantasie aufscheinen: die Außerkraftsetzung der gesellschaftlichen Zwangs-mechanismen (Arkanbereich) und die Sexualisierung eines zunächst biologisch und familiär gegebenen Verwandtschafts- und Erziehungsverhältnisses. Weitergehend könnte man spekulieren, daß die Frau, die in der Ehe sowohl in ein sexuelles als auch in ein personal-emotionales Verhältnis eintritt, durch die Tochter substituiert wird, die durch ihr Alter und den Charakter der Vater-Tochter-Beziehung für die Einwirkung des Mannes offen ist. Noch weiter gegangen, kann die sexualisierte Tochter (s. auch Dr. Goll/Lulu) als die vollkommene Hetäre imaginiert werden, die in der gesellschaftlichen Realität nicht herstellbar ist.

Literaturverzeichnis

de Beauvoir, Simone: *Das andere Geschlecht. Sitte und Sexus der Frau*, Reinbek 1951, S. 202.

Bittner, Günther: *Metaphern des Unbewußten. Eine kritische Einführung in die Psychoanalyse*, Stuttgart 1998.

Blaschko, Alfred: *Die Prostitution im 19. Jahrhundert*, Berlin 1902.

Blei, Franz: »Der schüchterne Wedekind. Persönliche Erinnerungen«, in: *Der Querschnitt* (1929), H. 3, S. 169–176.

Bloch, Iwan: *Das Sexualleben unserer Zeit in seinen Beziehungen zur modernen Kultur*, Berlin 1907

Bloch, Iwan: *Die Prostitution*, Berlin 1912.

Boa, Elizabeth: »The Murder of the Muse, or the Wound and the Pen: Figures of Inspiration in Wedekind's Diaries and Kafka's Letters to Felice«, in: Rolf Kieser und Reinhold Grimm (Hg.): *Frank Wedekind Yearbook* 1991. Bern 1992, S. 81–100.

Demski, Eva: »›To be Lulu‹«, in: Attila Csampai und Dietmar A. Holland (Hg.).: *Alban Berg. Lulu. Texte, Materialien. Kommentare*, Reinbek 1985, S. 177–180.

Düring, E. v.: *Prostitution und Geschlechtskrankheiten*, Leipzig 1905.

Dufour, Pierre: *Geschichte der Prostitution*, Berlin/Leipzig 1899.

Fischer, Gottfried: »Die beziehungstheoretische Revolution. Gedanken zur Methodik der modernen psychoanalytischen Literaturwissenschaft«, in: Johannes Cremerius et al. (Hg.): *Methoden in der Diskussion* (Freiburger literaturpsychologische Gespräche, Bd. 15), Würzburg 1996, S. 11–31.

Forel, Auguste: *Sexuelle Ethik. Ein Vortrag*, München 1906.

Foucault, Michel: *Der Wille zum Wissen. Sexualität und Wahrheit*, Bd. 1, Frankfurt a. M. 1977.

Freud, Sigmund: *Die kulturelle Sexualmoral und die moderne Nervosität*, Berlin 1908.

Freud, Sigmund: »Beiträge zur Psychologie des Liebeslebens«, in: *Gesammelte Werke*, Bd. VIII, 6. Aufl., Frankfurt a. M. 1973, S. 65–91.

Freud, Sigmund: *Gesammelte Werke*, Bd. XV, Frankfurt a. M. 1961.

Freud, Sigmund: *Studienausgabe*, hg. v. A. Mitscherlich et al., Frankfurt a. M. 1969–1975.

Freud, Sigmund: »Zur Ätiologie der Hysterie«, in: *Schriften zur Krankheitslehre der Psychoanalyse*, Frankfurt a. M. 1991, S. 53–84.

Grün, Heinrich: *Prostitution in Theorie und Wirklichkeit*, Wien 1907.

Hammer, Wilhelm: *Die Tribadie Berlins. 10 Fälle weibweiblicher Geschlechtsliebe*, Berlin 1906.

Hellpach, Willy: »Nervosität und Kultur«, in: Leo Berg (Hg.): Kulturprobleme der Gegenwart, 5. Bd., Berlin 1902, S. 172.

Hocke, Gustav René: *Europäische Tagebücher aus vier Jahrhunderten. Motive und Anthologie*, 2. Aufl., Wiesbaden/München 1978.

Höger, Alfons: »Das Parkleben. Darstellung und Analyse von Frank Wedekinds ›Das Sonnenspektrum‹«, in: *Text und Kontext* 11 (1983), I, S. 35–55.

Holdenried, Michaela: »Autobiographie«, in: Horst Brunner und Rainer Moritz (Hg.): *Literaturwissenschaftliches Lexikon. Grundbegriffe der Germanistik*, Berlin 1997, S. 30–33.

Horney, Karen: »Das Mißtrauen zwischen den Geschlechtern«, in: *Die Psychologie der Frau*, München 1977, S. 77–95.

Irmer, Hans-Jochen: *Der Theaterdichter Frank Wedekind. Werk und Wirkung*, Berlin 1975.

Jurgensen, Manfred: *Das fiktionale Ich. Untersuchungen zum Tagebuch*, Bern/München 1979.

Kieser, Rolf: »Skandal oder nicht? Wedekinds Tagebücher«, in: *Monatshefte* 79 (1987), No. 3, S. 370.

Kieser, Rolf: *Benjamin Franklin Wedekind. Biographie einer Jugend*, Zürich 1990.

Koopmann, Helmut: »Entgrenzung – Zu einem literarischen Phänomen um 1900«, in: Roger Bauer et al. (Hg.): *Fin de siècle. Zur Literatur und Kunst der Jahrhundertwende*, Frankfurt a. M. 1977, S. 73–92.

Krafft-Ebing, Richard: *Psychopathia sexualis* (ND der 14. Aufl.), München 1984.

Krause, Christiane: »›Hetärismus‹ und ›Freie Liebe‹ gegen ›Bürgerliche Verbesserung‹. Franziska zu Reventlow in den ›Zürcher Diskußionen‹«, in: Irmgard Roebling (Hg.): *Lulu, Lilith, Mona Lisa ... Frauenbilder der Jahrhundertwende*, Pfaffenweiler 1988, S. 77–97.

Kreuzer, Helmut: *Die Boheme. Beiträge zu ihrer Beschreibung*, Stuttgart 1968.

Kutscher, Arthur: *Frank Wedekind. Sein Leben und seine Werke*, 3 Bde., München 1922, 1927, 1931.

Laube, Horst: »Eine gewisse Kühle des Herzens«, in: *Der Spiegel*, Nr. 49 v. 1.12.1986.

Lombroso, Cesare und Ferrero, Guglielmo: *Das Weib als Verbrecherin und Prostituierte. Anthropologische Studien, gegründet auf der Darstellung und Biologie und Psychologie des normalen Weibes*, Hamburg 1894.

Mann, Heinrich: *Die Göttinnen. Die drei Romane der Herzogin von Assy*, Bd. III: *Venus*, Frankfurt a M. 1987.

Marcus, Steven: *Umkehrung der Moral. Sexualität und Pornographie im viktorianischen England*, Frankfurt a. M. 1979.

McCombs, Nancy: *Earth Spirit, Victim, or Whore? The Prostitute in German Literature 1880–1925*, New York/Bern/Frankfurt a. M. 1986.

Mühsam, Erich: *Die Homosexualität. Ein Beitrag zur Sittengeschichte unserer Zeit*, Berlin 1903.

Mühsam, Erich: »Bohème«, in: *Die Fackel* (1906), Nr. 102, S. 4–10.

Murti, Kammakshi P.: »The Aesthetization of Wedekind's ›Natürlichkeitsbegriff‹ in His Early Play ›Das Sonnenspektrum‹«, in: Rolf Kieser, Reinhold Grimm (Hg.): *Frank Wedekind Yearbook* 1991, S. 71–79.

Neukom, Marius: *Franz Kafkas Tagebucheintrag »Verlockung im Dorf. Eine erzählanalytische Untersuchung mit dem Verfahren JAKOB«*, Bern 1997.

Panizza, Oskar: *Mama Venus. Texte zu Religion, Sexus und Wahn*, hg. von Michael Bauer, Hamburg/Zürich 1992.

Pankau, Johannes G.: »Exhibitionismus und Scham. Zur Problematik der Ich-Konstitution in Wedekinds ›Die Zensur‹«, in: Elke Austermühl et al. (Hg.): *Pharus 1. Kein Funke mehr, kein Stern aus früh'rer Welt*, Darmstadt 1989, S. 289–310.

Pankau, Johannes G.: »Polizeiliche Tugendlichkeit: Frank Wedekind«, in: *Schriftsteller vor Gericht. Verfolgte Literatur in vier Jahrhunderten*, hg. von Jörg-Dieter Kogel, Frankfurt a. M. 1996, S. 142–170.

Pestalozzi, Karl: »Das Tagebuch als Mittel der Introspektion«, in: Therese Wagner-Simon, Gaetano Benedetti (Hg.): *Sich selbst erkennen. Modelle der Introspektion*, Göttingen 1982, S. 154–174.

Pietzcker, Carl: »Zum Verhältnis von Traum und literarischem Kunstwerk«, in: Johannes Cremerius (Hg.): *Psychoanalytische Textinterpretation*, Hamburg 1974, S. 57–68.

Pietzcker, Carl: *Lesend interpretieren. Zur psychoanalytischen Deutung literarischer Texte*, Würzburg 1992.

Prokop, Ulrike: »Elemente der Moderne. Bilder des Weiblichen bei Strindberg und Wedekind«, in: Elke Austermühl et al. (Hg.): *Pharus I. Frank Wedekind. Texte, Interviews, Studien*, Darmstadt 1989, S.187–214.

Rank, Otto: »Traum und Dichtung« (1914), in: Sigmund Freud: *Die Traumdeutung*, v. d. 4. Aufl. 1914 bis zur 7. Aufl. 1922 als Anhang zu Abschnitt VI: »Die Traumarbeit«.

Reitler, Rudolf: »Über ›Frühlings Erwachen‹ von Frank Wedekind« (13. Vortragsabend am 13. Febr. 1907), in: Herman Nunberg, Ernst Federn (Hg.): *Protokolle der Wiener Psychoanalytischen Vereinigung*, Bd. I 1906–1908, Frankfurt a. M. 1976, S. 105–112.

Reventlow, Franziska zu: »Viragines oder Hetären«, in: *Zürcher Diskußionen* 22 (1899), S. 1–8.

Schneider, Manfred: »Erotische Buchhaltung im Fin de siècle. Über Walters ›Viktorianische Ausschweifungen‹ und Frank Wedekinds ›Tagebücher‹«, in: *Merkur* 41 (1987), S. 432–437.

Simmel, Georg: *Schriften zur Philosophie und Soziologie der Geschlechter*, hg. u. eingel. von Heinz-Jürgen Dahme u. Klaus Christian Köhnke, Frankfurt a. M. 1985.

Vinçon, Hartmut: *Frank Wedekind*, Stuttgart 1987.

Wagner, Nike: *Geist und Geschlecht. Karl Kraus und die Erotik der Wiener Moderne.* Frankfurt a. M. 1987.

Wedekind, Frank: *Die Tagebücher. Ein erotisches Leben*, hg. v. Gerhard Hay, Frankfurt a. M. 1986.

Wedekind, Frank: *Gesammelte Briefe*, hg. v. F. Strich, Bd. 1, München 1924.

Wedekind, Frank: *Gesammelte Werke*, 9 Bde., München 1912–1921.

Wedekind, Frank: *Werke in drei Bänden*, hg. u. eingel. v. Manfred Hahn, Bd. 3, Berlin/Weimar 1969.

»Frank Wedekind und Georg Brandes. Unveröffentlichte Briefe«, hg. von Klaus Bohnen, in: *Euphorion* 72 (1978), S. 106–119.

Wedekind, Tilly: *Lulu. Die Rolle meines Lebens*, München 1969.

Weininger, Otto: *Geschlecht und Charakter. Eine prinzipielle Untersuchung*, München 1980.

Wilz, Gabriele, und Elmar Brähler: *Tagebücher in Therapie und Forschung. Ein anwendungsorientierter Leitfaden*, Göttingen 1997.

Wuthenow, Ralph-Rainer: *Europäische Tagebücher. Eigenart Formen Entwicklung*, Darmstadt 1990.

Wuthenow, Ralph-Rainer: »Moderne europäische Diaristik«, in: Hans Joachim Piechotta et al. (Hg.): *Die literarische Moderne in Europa*, Bd. III: *Aspekte der Moderne in der Literatur bis zur Gegenwart*, Opladen 1994, S. 393–407.

Andreas Hamburger

ZUR KONSTRUKTION DER PUBERTÄT IN WEDEKINDS *FRÜHLINGS ERWACHEN*

Die folgende Neulektüre eines mittlerweile kanonisierten Schulstückes wird einige Beruhigung in Frage stellen. Das gilt sowohl für den common sense, der *Frühlings Erwachen* inzwischen gerne als Dokument der emanzipatorischen Forderung versteht, Pubertierenden das Recht auf ihre eigene Sexualität zuzuerkennen. Zu revidieren sind auch einige ihrem Selbstverständnis nach psychoanalytische Einschätzungen von *Frühlings Erwachen*. So befand schon die würdige Mittwochs-gesellschaft am 13. Februar 1907, Wedekind habe bei der Anwendung der psycho-analytischen Theorie der Sexualität keine wesentlichen Fehler begangen – allerdings habe er doch zu wenig auf deren infantile Aspekte geachtet.[1] Nachfolger dieses Ansatzes finden sich auch in neuerer Zeit. So untersucht z. B. Bograd[2] die Frage, ob sich Freuds Kultur- und Entwicklungstheorie in Wedekinds Theater spiegelt. Das ist aber keine psychoanalytische, sondern eine motivgeschichtliche Fragestellung, die überdies Freuds eigene Zeitbedingtheit außer Ansatz läßt. Man kann solche Bezüge auch fruchtbarer herstellen, wie z. B. Kessler[3]; dann allerdings kommen die Gewißheiten in Bewegung und es entstehen Fragen.

Sicher geht es in *Frühlings Erwachen* um Sexualität. Aber was ist das? Wir können sie nicht einfach aus dem Text herauslesen und den Figuren als Motiv unterstellen.[4] Psychoanalyse der Literatur muß sich der Frage stellen, wie und wo im Stück die sexuelle Spannung entsteht, die der Zuschauer erlebt – denn erleben, fühlen, begehren kann nur der Leser bzw. Zuschauer, nicht der Text. Somit wäre also der ›psychoanalytischen‹ Motivgeschichte eine psychoanalytische Methode entgegenzusetzen, die sich auf den Vorgang der Textrezeption konzentriert. Dennoch hat die vorliegende Arbeit auch meine eigene bisherige Auffassung dieser Methode in Bewegung gebracht. Nicht im Prinzip – denn dieses zielt darauf ab, sich erschüttern zu lassen –, wohl aber in ihrer bislang gepflegten textimmanenten Beschränkung.

---

[1] Herman Nunberg u. Ernst Federn (Hg.): *Protokolle der Wiener Psychoanalytischen Vereinigung Bd. I, 1906–1908*, Frankfurt a. M.: S. Fischer 1962, Kap. 13.

[2] Angelika B. Bograd: *Eros und Sexualität im Werk Frank Wedekinds. Eine psychoanalytische Untersuchung*, Phil. Diss. Los Angeles 1990.

[3] Alfred Kessler: Eine Anmerkung zu Freud und *Frühlings Erwachen*, in: Elke Austermühl u. Herma Merten (Hg.): *Pharus*. Darmstadt: Verlag der Georg Büchner Buchhandlung 1989, S. 37–56.

[4] Wie z. B. Helmut Schmiedt: *Regression als Utopie: psychoanalytische Untersuchungen zur Form des Dramas*, Würzburg: Königshausen und Neumann 1987, S. 174.

1. Methode

Die relative Textimmanenz meines literaturpsychoanalytischen Ansatzes erklärt sich aus der Grundannahme, daß es in dem, was uns als Literatur vor Augen kommt, längst nicht mehr um den Autor geht,[5] sondern um den Text und darum, was er auslöst. Literaturpsychoanalyse ist demzufolge Selbstanalyse des Lesers eines bestimmten Textes – eine Prämisse, die kontextuelle und autorenbiographische Daten entbehrlich macht.[6] Psychoanalyse der Literatur will weder Autoren- noch Figurenpsychologie nacherleben, sondern das von den Strichen des Textes, zumal von seinen Weglassungen evozierte Bild, das erst gefüllt wird durch die eigene Teilhabe, in »szenischem Verstehen« reflektieren. Es geht nicht darum, den latenten Sinn eines Textes hervorzuziehen, sondern die Bewegung zu benennen, die er bewirkt.[7] Im einzelnen folgen daraus mehrere methodische Annahmen:

1.   Literarische Figuren sind virtuelle Personen, die der Leser aus der Intrapolation von Zeichenketten verfertigt. Das ›Unbewußte‹, das sie evozieren, ist also das Unbewußte des Lesers.

2.   Demzufolge basiert die Methode der Literaturpsychoanalyse auf der Selbstanalyse des Interpreten. Die Selbstanalyse des Interpreten basiert auf der Vermittlung seiner eigenen Lebenserfahrung an die vom Text in ihm erzeugte mögliche Welt. Die eigene Lebenserfahrung ist Resultat seiner Sozialisation als ›Leib in Gesellschaft‹.

3.   Die Lektüre wird als Reaktion auf den Text erst verständlich durch Rückvermittlung an die Binnenstruktur des Textes. Dieser Vermittlungsschritt erfordert eine präzise Strukturanalyse des Textes und eine Reflexion der historischen Differenz.

4.   Das Ergebnis dieses hermeneutischen Verfahrens ist eine strukturell und historisch reflektierte, aber immer noch persönliche Lektüre. Die psychoanalytische Leseerfahrung ist nicht zwingend verallgemeinerbar. Sie bildet einen weiteren Punkt im Netz der Rezeption. Ob sie attraktiv ist oder nicht, entscheidet sich daran, ob sie fruchtbar wird und weitere Leser anregt.

Dieser methodische Anspruch entstand vor allem aus der Abgrenzung gegen das ›Patientenmodell‹ der älteren Literaturpsychoanalyse.[8] Er will dem Einwand Rechnung tragen, den Adorno gültig formuliert hat: »(Der Psychoanalyse) gelten die

---

[5] Michel Foucault: »Was ist ein Autor?« (1969), in: ders.: *Schriften zur Literatur*, Frankfurt a. M.: Fischer 1988, S. 7–31.

[6] Andreas Hamburger: »Psychoanalyse und Literatur«, in: Wolfgang Mertens (Hg.): *Schlüsselbegriffe der Psychoanalyse*. Stuttgart: Verlag Internationale Psychoanalyse 1993, S. 391–400; – ders.: »Goldne Träume kommt ihr wieder. Bericht über eine Lektüre«, in: Johannes Cremerius/Gottfried Fischer/ Ortrud Gutjahr/Wolfram Mauser/Carl Pietzcker (Hg.): *Methoden in der Diskussion*, Würzburg: Königshausen & Neumann 1996 (= Freiburger literaturpsychologische Gespräche Bd. 15), S. 47–81.

[7] Alfred Lorenzer: *Sprachzerstörung und Rekonstruktion. Vorarbeiten zu einer Metatheorie der Psychoanalyse* (1970), Frankfurt a. M.: Suhrkamp 1973; – ders.: »Tiefenhermeneutische Kulturanalyse«, in: ders. (Hg.): *Kultur-Analysen*, Frankfurt a. M: Fischer S. 11–98.

[8] Vgl. auch Michael Rutschky: *Lektüre der Seele. Eine historische Studie über die Psychoanalyse der Literatur*, Frankfurt a. M.: Ullstein 1981.

Kunstwerke wesentlich als Projektionen des Unbewußten derer, die sie hervorgebracht haben, und sie vergißt die Formkategorien über der Hermeneutik der Stoffe, überträgt gleichsam die Banausie feinsinniger Ärzte auf das untauglichste Objekt.«[9] Ein literarisches Werk ist eben kein Tagtraum. Wenn die Analyse literarischer Texte der Traumanalyse analog ist, dann interpretiert sie den Traum des Lesers. Die psychoanalytische Methode ist nicht aus einer methodisch separierten Erkenntnisbasis ›auf‹ Kulturgegenstände anwendbar. Psychoanalyse selbst ist ein kulturelles Phänomen[10] und kann sich nur selbstreflexiv mit ihrer Kultur in Beziehung setzen. Was freilich nicht verhindert, daß sich Psychoanalytiker zu allen Zeiten in einer unausgewiesenen analytischen Situation mit der Literatur befaßt haben, latenten Sinn heraus- oder hineingedeutet und sich dann mit den Deutungen davongemacht.[11]

Die methodische Abgrenzung vom Patientenmodell ist wohlbegründet. Dennoch veranlaßt mich die Erfahrung der Freiburger Wedekind-Tagung, sie zu modifizieren, insoweit sie die Reduktion auf immanente Textanalyse impliziert. Die Beiziehung anderer Wedekind-Texte und biographischer Quellen bewirkt eine starke Veränderung der Lektüre.

Ergebnis der immanenten Textanalyse war, grob gesagt, die Annahme, es gehe in *Frühlings Erwachen* um die Inszenierung des männlichen Blicks auf unbenennbare sexuelle Erregung, die als weiblich gesetzt wird und Todesangst auslöst; ein Szenario, in dem Sexualität nicht als real befriedigende Interaktion aufscheinen kann. Dennoch fuhr ich mit diesem Ergebnis in der Tasche zur Tagung mit dem Empfinden, die Analyse sei nicht abgeschlossen. Mir war nicht klar: Was ist das Andere dieses eingeschränkten männlichen Blicks? Welche Angst bewirkt seine Verengung? Welcher Wunsch treibt diese Angst?

Erst die Analysen anderer Wedekind-Texte im Rahmen der Arbeitstagung, vor allem aber ihrer Verknüpfung mit den Tagebüchern ermöglichten neue Hypothesen über diese Leerstelle. Alle diese Texte werden von einem rigiden Schema regiert, in dem weibliche Sexualität ausschließlich einem männlichen Dressurakt unterliegt, der auf die Zurschaustellung der unbewußten Erregung pubertierender Mädchen abzielt. Die Parallele zu dem gleichzeitig mit *Frühlings Erwachen* entstandenen *Mine Haha* (vgl. den Beitrag von Ortrud Gutjahr in diesem Band) machte deutlich, daß die Unabgeschlossenheit der textimmanenten Analyse kein Zufall, sondern Methode ist: *Mine Haha*, die erotischen Tagebücher und der Entwurf *Eden* (vgl. die Beiträge von Johannes G. Pankau und Hartmut Vinçon in diesem Band) liefern den Schlüssel zu *Frühlings Erwachen* – sie formulieren das dort Zensierte zu schneidender Deutlichkeit aus. Auch die Analyse anderer Werke von Wedekind, in diesem Band vertreten durch *Lulu* (Johanna Bossinade, Ruth Florack, Claudia Liebrand, Petra Strasser) und einige Erzählungen (vgl. die Beiträge von Reimut Reiche und Sibylle Grüner in diesem Band) zeigen ähnliche Bruchlinien auf, die vor allem von

---

[9] Theodor W. Adorno: *Ästhetische Theorie* (1970), Frankfurt a. M.: Suhrkamp 1973, S. 19.

[10] Giuseppe Fara u. P. Cundo: *Psychoanalyse, ein bürgerlicher Roman* (1981), Basel/Frankfurt a. M.: Stroemfeld / Roter Stern 1983; – Riccardo Steiner: »In Vienna Veritas«, in: *The International Journal of Psycho-Analysis* 7 (1994), S. 511–573.

[11] Lorenzer, Kulturanalyse, S. 58.

Sibylle Grüner in einer meinem methodischen Ansatz widersprechenden, aber nichtsdestoweniger unter die Haut gehenden Diagnose zusammengefaßt werden: Sehnsucht nach Verschmelzung, unlösbar verbunden mit der Angst vor dem Verlust der eigenen Identität.

Diese Einsicht kann nun nicht darauf hinauslaufen, wieder Autorenpsychologie zu treiben. Literatur ist nach wie vor nicht das unbewußte Produkt eines Autors – selbst wenn der individuelle Text, der später zur Literatur wird, das sein sollte. Sie ist Resultat eines vielfältigen gesellschaftlichen Selektionsprozesses. Sie wird rezipiert, nicht weil sie etwas über den Autor sagt, sondern über seine Leser. Der Schluß ist allerdings erlaubt, daß man Literaturpsychoanalyse nicht alleine treiben kann, daß sie des interdisziplinären Diskurses bedarf.[12] Die lange Tradition der Freiburger Literaturpsychoanalyse steht für diesen fruchtbaren Diskurs.

2. Erste Schritte zur Analyse: Das Übertragungsangebot des Dramas

> »Du ahnst nicht, was mit Ort und Stunde zusammenhängt ...«
> Moritz, III.7 (129)[13]

Die folgende Darstellung der Analyse von *Frühlings Erwachen* ist in etwa chronologisch. Das heißt nicht, daß die vielfachen Schleifen und Volten, die den Gang jeder Analyse begleiten, hier ausgebreitet werden könnten; erkennbar sollten aber die prinzipiellen Schritte bleiben, vor, während und nach dem eigentlichen Prozeß der Untersuchung des Textes.

Entsprechend meiner selbstanalytischen Methode notiere ich meine Phantasien vor der Lektüre und unternehme dann, ohne explizite Fragestellung, einen ersten Lektüregang.

Phantasien vorab

Ein Stück auch aus meiner Jugend. Ich habe es lang nicht gesehen oder gelesen. Die Erinnerung an frühere Aufführungen ist eher peinlich: Schauspielerinnen und Schauspieler, deren kurze Kleidchen und Hosenbeine, die einwärts gedrehten Knie und die hochgezogen nach vorne gebeugten Schultern nicht darüber hinwegtäuschen, daß sie durchaus ausgewachsen genug sind, um die Liebe zu kennen.

---

[12] wie das z. B. von Hoff und Leuzinger-Bohleber vorgeschlagen und vorgeführt haben (Marianne Leuzinger-Bohleber: »Psychoanalytische Überlegungen zu Elfriede Jelineks Roman ›LUST‹ « (1989), in: Cremerius u. a., *Methoden in der Diskussion*, S. 211–231; – Dagmar von Hoff und Marianne Leuzinger-Bohleber: »Versuch einer Begegnung. Psychoanalytische und textanalytische Verständigungen zu Elfriede Jelineks ›Lust««, in: *Psyche* 51 (1997), H. 8, S. 763–800).

[13] *Frühlings Erwachen* wird im folgenden immer mit einfachen Szenen- und Seitenzahlen zitiert nach dem Nachdruck der Erstausgabe von 1891 bei dtv: Frank Wedekind: *Frühlings Erwachen. Eine Kindertragödie*, Zürich 1891. Hg. v. Joseph Kiermeier-Debre, München 1997 (Bibliothek der Erstausgaben).

Fruchtlose erste Lektüre

Eine möglichst unvoreingenommene Lektüre von *Frühlings Erwachen* bringt nur einige Notizen, Gedanken, die ich selbst als zu reflektiert empfinde. Die Kinder kommen mir in ihrer gespielten Naivität durchtrieben vor, die Erwachsenen plakativ. Außer einer merklichen Erotisierung an der Stelle mit Wendla und Melchior im Wald und einigem Amüsement im Lehrerzimmer empfinde ich eher distanziert. An ein Mädchen wie Ilse hätte ich mich als Vierzehnjähriger auch nicht herangetraut.

Warum aber bleibt dieser erste Eindruck so relativ unergiebig? Ich reagiere mit Schuldgefühlen auf diese Leere. Wird es mir möglich sein, die Analyse dieses Textes zu leisten? Habe ich zuviel versprochen?

Die Arbeit bleibt nun liegen, aber die Stapel der Sekundärliteratur wachsen. Ich verspüre den Wunsch, mich da einzulesen, verbiete es mir aber noch, will meine Naivität nicht zerstören. Ich muß doch erst einmal einen ersten Eindruck vom Text selbst gewinnen, denke ich, bevor ich mich dem Diskurs der Fachinterpretationen öffne. Aber die Zeit beginnt zu drängen. Ich beschließe, mein Stocken zu reflektieren.

Methode: Ein Hindernis taucht auf. Ich muß einen Weg finden, daran vorbeizukommen. Einen Umweg. Sind es die spezifischen Formbedingungen, das Lesen eines Dramas, die mir den Einstieg erschweren? *Frühlings Erwachen* ist ein Drama, freilich – jedenfalls war es das lange Zeit – ein Lesedrama.

Meine eigene Erfahrung ist auch ans Theater gebunden. Daher auch meine erste Phantasie: die etwas peinliche Präsentation erwachsener Schauspieler als Kinder. Ich war selbst noch ein Kind, und mir war das nicht recht glaubhaft, diese großen, fleischigen Kollegen auf der Bühne. Ich glaube, ich war nicht der einzige, dem es so ging. – Nicht der einzige? In meiner Rezeptions-Erinnerung bin ich Teil eines (pädagogisch bearbeiteten) Publikums. Ich sitze in einem Zuschauerraum. Die Lektüre des Dramentextes hat mich ins Theater versetzt.

Muß ich hier beginnen? Ist es doch etwas anderes, ein Drama zu interpretieren, als einen epischen oder lyrischen Text? Ist die Grundsituation ›Leseerfahrung‹, von der ich in meiner Interpretationsmethode bisher immer ausgegangen bin, hier nicht fruchtbar?

Die Psychoanalyse hat sich mit den besonderen Rezeptionsbedingungen der dramatischen Form und ihren methodischen Konsequenzen für die Literaturanalyse wenig beschäftigt. In keiner der Arbeiten zur Psychoanalyse der Rezeption und der Dramenform, die ich durchsuche, wird ausgeführt, daß die Rezeption des Dramas ein Gruppenphänomen ist.[14] Pietzcker[15] weist auf das Rezeptionsmuster ›Zirkus‹

---

[14] David Werman: »Methodological problems in the psychoanalytic interpretation of literature: a review of studies on Sophocles' ›Antigone‹«, in: *Journal of the American Psychoanalytic Association* 27 (1979), S. 451; – Carl Pietzcker: »Zur Psychoanalyse der literarischen Form«, wiederabgedruckt in: ders.: *Trauma, Wunsch und Abwehr. Psychoanalytische Studien zu Goethe, Jean Paul, Brecht, zur Atomliteratur und zur literarischen Form*, Würzburg: Königshausen & Neumann 1978, S. 191–215; – ders.: *Lesend interpretieren. Zur psychoanalytischen Deutung literarischer Texte*, Würzburg: Königshausen & Neumann 1992; – ders.: »Überblick über die psychoanalytische Forschung zur literarischen Form«, in: Johannes Cremerius/Wolfram Mauser/Carl Pietzcker/Frederick Wyatt (Hg.): *Zur Psychoanalyse der literarischen Form(en)*, Würzburg: Königshausen & Neumann 1990 (= Freiburger literaturpsychologische Gespräche Bd. 9), S. 9–32; – Fritz Gesing: »Annäherungen an eine psychoanalytische Theorie der

hin, Deppermann[16] erwähnt das »Kollektiv der Zuschauer«. Hier also gilt es, weiter auszuholen. Wenn ich mir nicht klarmache, in welcher Szene ich mich als Interpret bewege, komme ich nicht an den Text heran. Welche Einladung gibt das Drama an mich als Zuschauer/Leser heraus, in welchen Raum versetzt es mich?

Rezeption von Literatur wird mitbedingt durch die Möglichkeiten des Rezipienten, mit dem Text bzw. dem Stück umzugehen. Beim Lesen spielt die Wiederholbarkeit eine gewichtige Rolle. Der Text ist in der Hand des Lesers. Im Theater ist der Zuschauer in der Hand des Textes. Er kann den Ablauf nicht stoppen, kann nicht zurück- und erst recht nicht vorblättern. Er ist der Zeitregie ausgesetzt.[17] Ich werde also zunächst einmal zu klären haben, was das Geschehen auf der Bühne mit den Vorgängen im Zuschauer zu tun hat.

Kennzeichnend für die dramatische Gattung ist zum einen: Der Rezipient ist nicht allein. Was auf der Bühne geschieht, wirkt auf die Zuschauer als Gruppe.[18] Im Parkett wird an Ort und Stelle entschieden, wie das Stück ankommt. Zum anderen sind aber nicht nur die (synchronen) Szenen für die Dramaturgie von Bedeutung. Erst ihre sukzessive Aktualisierung schafft einen dramatischen Bogen, erzeugt Spannung; ohne sie springt kein Funke über.[19] Der Zuschauer kann sich nicht

---

literarischen Form«, ebd., S. 33–63; – Joachim Pfeiffer: »Form als Provokation. Kleists ›Penthesilea‹«, ebd., S. 200–225; – Schmiedt, *Regression als Utopie.*

[15] »Literarische Form – eine durchlässige Grenze«, in: Cremerius u. a., *Zur Psychoanalyse der literarischen Form(en),* S. 64–91.

[16] Deppermann, Maria (1990): »»Durch die Freudsche Tiefenlinse‹. Zum Verhältnis von Ideologie und Psychoanalyse im Filmstil Sergej Eisensteins – Psychologische Aspekte der ästhetischen Kommunikation im Film«, in: Cremerius u. a., *Zur Psychoanalyse der literarischen Form(en).* S. 178–199, hier S. 182.

[17] Vgl. Volker Klotz: *Dramaturgie des Publikums. Wie Bühne und Publikum aufeinander eingehen: insbesondere bei Raimund, Büchner, Wedekind, Horváth, Gatti und im politischen Agitationstheater,* Würzburg: Königshausen & Neumann ²1998. Die folgenden Überlegungen zur Logik des Dramas sind notwendig skizzenhaft und können auf die umfangreiche Diskussion zu diesem Thema nur am Rande eingehen. Vielfach betont wurde die raumzeitliche Präsenz des Dramas im Gegensatz imaginativen und distanzierbaren Vermittlung der Epik (»Wem ein Buch nicht gefällt, der kann's weglegen«, Georg Wilhelm Friedrich Hegel: *Vorlesungen über die Ästhetik III* (1835/42), in: ders.: *Werke in zwanzig Bänden,* Bd. 15, Frankfurt a. M.: Suhrkamp 1970, S. 496). Im folgenden lege ich das Augenmerk auf zwei seltener betonte Besonderheiten: Die Rezeption des Dramas in der Gruppe und die daraus sich ergebende Spezifität der Spannungsdramaturgie.

[18] In der Regel wird in der Dramenästhetik nur ›der‹ Zuschauer diskutiert. Klotz, *Dramaturgie des Publikums,* geht dagegen davon aus, daß Theaterstücke immer vor einer Vielzahl von Menschen sich ereignen und ihren Ursprung – älter als Literatur – im Fest haben. Auch Hegel weist darauf hin, das Publikum habe »das Recht zum Beifall wie zum Mißfallen, da ihm in gegenwärtiger Gesamtheit ein Werk vorgeführt wird, das es an diesem Orte, zu dieser Zeit mit lebendiger Teilnahme genießen soll. Ein solches Publikum nun, wie es sich als Kollektivum zum Richterspruche versammelt, ist höchst gemischter Art; verschieden an Bildung, Interessen, Gewohnheiten des Geschmacks« (Hegel, *Ästhetik III,* S. 496).

[19] Vgl. Schmiedt, *Regression als Utopie,* Kap. 8. Dort wird allerdings die Zeitdramaturgie als Wissens- und Handlungssukzession untersucht; das Moment von Spannungsdramaturgie, das mich in diesem Zusammenhang beschäftigt (wie auch im Zusammenhang der Traumanalyse, vgl. Andreas Hamburger: »Traumerzählung und interaktives Gedächtnis. Zur Psychoanalyse der Identität«, in: Neumann, Michael (Hg.): *Erzählte Identitäten.* München: Fink 2000; – ders.: »Traumnarrative.

dagegen wehren, von einer Illusion in die nächste versetzt zu werden. Die ästhetische Illusion im Theater bindet den Zuschauer in einen Rhythmus ein. Nur dann funktioniert die Aufführung. Dieses Funktionieren steht aber unter der vorhin genannten Bedingung der Gruppenpräsenz. Es ist etwas anderes, ob ich alleine vor dem Fernseher oder im Kino einen Film ansehe; und noch anders ist die Präsenz der Theateraufführung, wo die Stimmung des Publikums, maßgeblich geprägt von den rhythmischen Eigenschaften des Stückes und seiner Interpretation, auf die Schauspieler zurückwirkt.

Die Reflexion der dramatischen Form hat meine Leseblockade gelöst: Ich brauche Gesellschaft. Die Sekundärliteratur, längst gesammelt und noch nicht zu Rate gezogen, ersetzt mir nun das benachbarte Publikum.

Aber ach. Das Auditorium ist voll von Lehrern und solchen, die es werden bzw. nicht werden wollen. Vieles, was ich über *Frühlings Erwachen* lese, ist erfüllt vom pädagogischen oder antipädagogischen Impetus. Dabei, und das ist eine notwendige Folge, werden die Figuren oft so gesehen, als hätten sie eine Psyche. Daß literarische Figuren keine Menschen sind, sondern Zeichenketten, scheint in Vergessenheit geraten zu sein.

Freilich stoße ich auch auf Fragen und Zusammenhänge. Sie nisten sich in meinem Gedächtnis ein, begleiten mich auf die erneute Lektüre.

3. *Frühlings Erwachen*. Eine Lektüre

Diesen zweiten, ausführlichen Gang der Textanalyse kann man am besten als mäandrischen Forschungsprozeß bezeichnen. Ihn in Form eines Arbeitsjournals zu präsentieren, wäre zu verwirrend. Der Text wird in vielfachen Iterationen analysiert, Hypothesen zu verschiedenen Themenkreisen kommen auf, ohne sich aber wie in der realen Interaktion der psychoanalytischen Sitzung zu einer jeweils neuen Gestalt schließen zu können. Im Gegensatz zum Analysanden antwortet der Text nicht, und er verändert sich nicht.[20] Einsam schreibt der Textanalytiker seine Analyse an vielen Stellen gleichzeitig fort, prüft die entstehende Gestalt immer wieder am Textganzen, dessen sperrige Unveränderlichkeit ihn dazu zwingt, sich zu entwickeln.

Noch die Niederschrift ist Bestandteil der Analyse. Die Notwendigkeit zu kürzen, wesentliche Stränge herauszutrennen schafft neue Zusammenhänge, wirft neue Fragen auf. Die folgende Darstellung ist von daher ebenso ausschnitthaft wie unabgeschlossen.

Interdisziplinäre Perspektiven einer modernen Traumtheorie«, in: Jürgen Körner u. Sebastian Krutzenbichler (Hg.): *Der Traum in der Psychoanalyse*. Göttingen: Vandenhoeck & Ruprecht 2000, S. 29–48), findet sich eher in den Arbeiten von Patrice Pavis (»Die Bedeutung des Rhythmus in der Inszenierung«, in: Herta Schmid u. Hedwig Krâl (Hg.): *Drama und Theater. Theorie – Methode – Geschichte*, München: Sagner 1991, S. 201–213); – Barbara Schweizerhof (»Jede Zeit hat ihren Ort – Timing und Chronotopos«, in: Theresia Birkenhauer u. Annette Storr (Hg.): *Zeitlichkeiten – zur Realität der Künste*, Berlin: Vorwerk 1998, S. 145–157); – Theo Girshausen (»Ereignis Theater«, in: Birkenhauer u. Storr, *Zeitlichkeiten*, S. 34–49).
[20] Lorenzer, *Kulturanalyse*.

La storia dell buon vecchio e della bella fanciulla

Dennoch läßt sich der bisherige Gang der Analyse im Überblick nacherzählen. Der erste Anlauf bestand darin, entsprechend den oben vorgetragenen Überlegungen zum Übertragungsangebot des Dramas die Szenen- und Zeitstruktur zu erarbeiten. Übersichten entstanden, Strukturen wurden verglichen, Personal-, Lokal- und Temporaldeiktika isoliert und vernetzt. Ich fand mich zunehmend verwirrt und unglücklich in einem Dschungel von immer toteren Strukturen. Die Analyse drohte daran zu scheitern, daß ich die Lust verlor. Wieder wurde es nötig, das drohende Scheitern zu reflektieren.

Was hatte mich dazu gebracht, in zwanghafter Kleinarbeit ein dichtes Netz um den Text zu schlingen? Ich bemerkte im Rechtfertigungszwang ein Schuldgefühl. Wofür wollte ich mich rechtfertigen?

Das Naheliegende erkennt man nicht sofort. Es geht um die Verhüllung einer Vierzehnjährigen, das jedenfalls sagt der Anfang. Und hier liegt das Problem: Den analytischen Blick unter diese Hülle zu werfen geht nicht ohne ›Teilnahme‹, d. h. die Ausgestaltung einer eigenen Szene. Der Blick des sechsundvierzigjährigen Interpreten fällt in der Phantasie auf den vierzehnjährigen Körper. Das war der Grund des Stockens, der zwanghaften Abwehr. Ich bin es nicht gewesen, sagen meine Listen. Es war der Text.

Die Benennung des eigenen, begehrenden Blicks erlaubt es, die analytische Rolle wieder einzunehmen. Die Listen verloren an Dringlichkeit – wenn auch nicht an Bedeutung, denn auch was aus der Übertragungsreaktion agierend entsteht, läßt sich in den Dialog mit dem Text einbringen. Erst die Analyse der Übertragung freilich liefert den Schlüssel zur Szene.

3.1. Erster Akt

Jeder Anfang – eines literarischen Werkes, einer Zusammenarbeit, einer Beziehung – enthält einen Problemaufriß.

I.1 In *Frühlings Erwachen* lautet die Exposition: »Warum hast du mir das Kleid so lang gemacht, Mutter?« – Frau Bergmann: »Du wirst vierzehn Jahr heute!« (9). Wenn man genau liest, enthält schon dieser Wortwechsel ein ganzes Drama. Die Mutter will den Körper der Tochter verhüllen, die Tochter fragt nach dem Grund, die Mutter antwortet mit einer Altersangabe. Eine rasche Exposition, die nun behende in die erste Komplikation führt. Denn Wendla gibt nicht etwa zurück: Das ist doch kein Grund, sondern sie antwortet: »Ich wäre lieber nicht vierzehn geworden.« Vierzehn zu werden erscheint hier als intendierte Aktivität, die auch unterlassen werden kann. Ein Scherz vielleicht, eine façon de parler? – die aber strenggenommen doch besagt, daß es in der Hand des Einzelnen ist, wie alt er werden will, und die insofern schon in den ersten Sekunden des Stückes den Selbstmord als Thema einführt.

Wenn man literaturpsychoanalytische Lektüre als Rekonstruktion des Leser- bzw. Zuschauertraums auffaßt, so beginnt dieser Traum also mit einem vierzehn werdenden Mädchen, das sich dadurch irgendwie unbenennbar verändert und das an den Tod denkt.

Zwischen Wendla und ihrer Mutter entspinnt sich nach dieser rasanten Exposition ein charakteristischer Kreisgang der Argumente. Verhandelt wird eine wortlose Konvention, die Veränderung mit Verlust gleichsetzt: »Ich würde dich ja gerne behalten Kind, wie du gerade bist.« Am Ende wird der ungewissen Zukunft, in die diese namenlose Veränderung führt (»Wer weiß wie du sein wirst«) noch einmal, und schärfer, der Tod entgegengesetzt: »Wer weiß – vielleicht werde ich nicht mehr sein.«

Damit ist aber ein drittes Element eingeführt. Was anfangs nur implizit angedeutet war, wird nun explizit auf die Ebene des Denkens abgebildet. Wendla hat Gedanken, und Denken ist sündhaft Was nicht verhindern kann, daß Wendlas Hinweis aufs Denken höchst wirkungsvoll ist: Er bewirkt eine körperliche Geste, den mütterlichen Kuß, und ein Nachgeben: »Geh denn und häng' das Bußgewand in den Schrank! [...] Ich werde dir gelegentlich eine Handbreit Volants unten ansetzen« (11 f.).

Bisher war von Sexualität nicht die Rede, nur von einer unbegriffenen Veränderung. Nun aber, den Sieg in der Tasche, sagt Wendla etwas hoch Merkwürdiges: »O Mutter, in den Kniekehlen bekommt man auch als Kind keine Diphteritis! Wer wird denn so kleinmüthig sein. In meinen Jahren friert man noch nicht – am wenigsten an die Beine. Wär's etwa besser, wenn ich zu heiß hätte, Mutter?« Da erscheinen die Kniekehlen als Körperöffnung, in der sich gefährliche Abszesse bilden können[21] – oder eben nicht: Wendla behandelt die Opposition Erwachsener – Kind in zwei Vergleichen. Sie weiß, wo »auch« Erwachsene etwas bekommen oder nicht bekommen können. Auch der zweite Altersvergleich signalisiert nicht Unbedarftheit. Schon der Grammatikfehler »an die Beine« wirkt, wenn man ihn als Zitat von Straßenjargon versteht, etwas lasziv. Deutlich im sexuellen Sinn »zu heiß« wird es im Folgesatz: »Dank' es dem lieben Gott, wenn sich dein Herzblatt nicht eines Morgens die Ärmel wegstutzt und dir so zwischen Licht Abends ohne Schuhe und Strümpfe entgegentritt!« Ein Kurzroman in einem Tag: Das Herzblatt hat sich im Lauf eines einzigen katastrophalen Tages – das besagen Kleidungshinweise – zur Dirne verwandelt.

Vor den Augen des Zuschauers bzw. Lesers wird der gescheiterte Versuch einer Mutter gezeigt, eine sich verändernde Tochter zu verhüllen, und einer Tochter, die Mutter zu verhören. Beider Rede signalisiert Wissen um die Veränderung, unaussprechlich ist deren Name. Der Zuschauer aber weiß diesen Namen. Er wird mit seiner Phantasie vom sexuellen Körper der Vierzehnjährigen konfrontiert. Wendlas Schlußbemerkungen geben dieser Phantasie eine Gestalt. Sie führen die Gestalt der Mädchen-Prostituierten in den Zuschauertraum ein.

I.2 Die zweite Szene wiederholt strukturell und thematisch den weiblichen Anfangsdialog, jedoch mit bemerkenswerten Abweichungen: Sie spielt auf der Altersebene der Jugendlichen, und sie spielt unter Männern. Der Auftritt der männlichen Jugendlichen ist als Gruppenszene gestaltet – sechs Gymnasiasten, von denen sich Moritz und Melchior als Dialogpaar erst absondern.

Auch in diesem Dialog wird Sexualität thematisiert, und wie vorhin wird eine Opposition von Handeln und Denken eröffnet. Melchiors philosophische Gesprächseröffnung wird von Moritz mit Auswanderungsplänen beantwortet, und schon kommt die Sexualität ins Spiel: Moritz zeigt auf »die schwarze Katze dort mit dem emporgereckten Schweif.« Melchior übergeht das anatomische Detail und antwortet

---

[21] Nicht umsonst spielt die Diphterie auch in Freuds ›Irma-Traum‹ eine Rolle.

mit Ausführungen über den »religiösen Irrwahn«,[22] doch mündet auch dieser theoretische Anlauf in einen Körperentwurf – interessanterweise einen weiblich konnotierten: Er will eine »Dryade sein, die sich die ganze lange Nacht in den höchsten Wipfeln wiegen und schaukeln läßt«. Melchior präsentiert sich als sexuell erregte Frau – seine Antwort auf den emporgereckten Schweif.

Ein Entwurf, der zum Handeln beflügelt. Moritz schlägt vor, sich zu enthüllen, betont die Dunkelheit, tastet nach Melchior (»wo bist du eigentlich?«), fragt nach dem Schamgefühl und erhält eine Antwort, die das Handlungsansinnen erneut in einen Denkentwurf transformiert: »Denke dir, du sollst dich vollständig entkleiden vor deinem besten Freund. Du wirst es nicht thun, wenn er es nicht zugleich auch thut« (15).

Diese Intellektualisierung reduziert den Handlungsdruck und ermöglicht die Rückkehr zum heterosexuellen[23] Szenario. Es wird präsentiert in der Form eines Erziehungsmodells, das darauf hinausläuft, »Knaben und Mädchen[...] von früh auf [...] auf ein und demselben Lager zusammenschlafen« zu lassen in der Erwartung, »sie müßten [...] später ruhiger sein, als wir es in der Regel sind« (15). Melchior zeigt das Problem dieses Modells auf: Wenn die Mädchen Kinder bekommen, was dann? (16). Die Frage enthüllt zusammen mit Moritz' Gegenfrage: »Wieso Kinder bekommen?« eine Wissensdifferenz. Dabei geht es nicht nur um das Wissen über den Zeugungsvorgang, sondern vor allem über die Spontaneität der sexuellen Entwicklung: »Ich glaube in dieser Hinsicht nämlich an einen gewissen Instinkt« (16). Aus der gegenseitigen körperlichen Annäherung und phantasierten Enthüllung ist also inzwischen die kollegiale Bearbeitung einer heterosexuellen Phantasie geworden. Nach einem ironischen Zwischenspiel, das Moritz' Ausweichen vor der expliziten Benennung der Sexualität vermittelt, wird nun als Drittes zwischen Handeln und Denken, als gedachte Handlung, der Traum eingeführt: »Vergangenen Winter träumte mir einmal, ich hätte unseren Lolo so lange gepeitscht, bis er kein Glied mehr rührte.« (18).

Auch Moritz hat diese Regungen, vor drei Wochen (20) kennengelernt, ebenfalls in Gestalt eines Traums. Er träumte »von Beinen im himmelblauem Tricot, die über das Katheder steigen – um aufrichtig zu sein, ich dachte, sie wollten hinüber. – Ich habe sie nur flüchtig gesehen« (19). Der Text verbindet das Traumbild mit dem Platz des Lehrers[24] und mit Kindlichkeit[25].

---

[22] Ein scheinbar rein denkerisches Problem, das aber vorverweist auf einen handfest sexuellen Kern. Wenig später wird Melchior nämlich berichten, wann und warum er sich »aus der Scylla religiösen Irrwahns emporgerungen« hat: Es war genau der Zeitpunkt, an dem er das Geheimnis der Fortpflanzung gelüftet hatte: »ich wurde seinerzeit Atheist« (22). Vorderhand können die Zuschauer aber diese Privatbedeutung nicht entziffern, und das Thema läuft metaphorisch weiter.

[23] Wenn hier von heterosexuellen bzw. homosexuellen Szenarien de Rede ist, so ist damit nicht gemeint die reife, gegenseitige Form der hetero- oder homosexuellen Liebe, sondern lediglich die Anordnung der Geschlechter in einer wie auch immer idiosynkratischen sexuellen Phantasie.

[24] Aus dem Text nicht zu belegen, vielleicht aber Erfahrungswissen zeitgenössischer Zuschauer, könnte das Katheder auch der Ort der Prügelstrafe gewesen sein.

[25] »Tricot« wird später im Text als Kleidung für einen kleinen Jungen genannt (III.5, 118).

Wir haben es also mit Regungen zu tun, mit einem emporgereckten Schweif, und dieses ganze Zeug gibt offenbar zu Handlungen Anlaß. Geht es darum, jemanden zu schlagen? Ums Drübersteigen? Um den Lehrer? Wir sind noch nicht auf der richtigen Spur, wenn auch andererseits doch. Nur gesagt kann es noch nicht recht werden. Es fehlt noch der entscheidende Zusammenhang der Regungen mit der Frau, und den stellt Melchior nun recht unvermittelt her.

»Georg Zirschnitz träumte von seiner Mutter« (19). Melchior, so erfahren wir nun, verfügt über ein Bild der Mutter als Frau. Während für Moritz die erwachende Männlichkeit ein »Gethsemane« ist (20), also der Ort der Vorbereitung auf den Tod im Ringen mit einer väterlichen Autorität, kann Melchior gelassen sagen: »Mama braut uns wieder eine Limonade und wir plaudern gemüthlich über die Fortpflanzung« (23). Gegen Ende der Szene, es geht um die Anatomie des weiblichen Körpers, deutet Melchior an, er habe diese am Modell der Mutter studiert (25) – eine Andeutung, die zum abrupten Abgang von Moritz führt.

Wissen und Benennen, vordem nur im Zuschauer vereint, werden nun auf der Bühne durch Melchior vertreten. Im Gegensatz zu Frau Bergmann, der schweigend Wissenden, die Aufklärung durch Berührung ersetzt, ist Melchior ein sprechend Wissender. Er bietet verbale Aufklärung an, transformiert aber sprachgewandt das körperliche Kontaktangebot in einen Diskurs: statt der Enthüllung der Körper eine Enthüllung des Wissens.

Als Zuschauer bin ich zunächst identifiziert mit Melchior, werde aber durch Moritz' Angebot, sexuelle Spannung hier und jetzt durch Berühren handelnd umzusetzen, herausgefordert. Die Zuschauergruppe wird nun mit sexueller Präsenz infiziert; doch sitzen wir alle auf unseren Stühlen, sehen uns nicht und – obwohl es auch hier »stockfinster« ist – berühren uns nicht.

In diesem Zustand hüpft uns in der dritten Szene ein Mädchentrio entgegen.

I.3 Drei Mädchen thematisieren übereinstimmende körperliche Erfahrungen, und zwar passive: Martha: »Wie Einem das Wasser in's Schuhwerk dringt!«; Wendla: »Wie Einem der Wind um die Wangen saust!«; Thea: »Wie Einem das Herz hämmert!« (25f.). Wendlas Vorschlag, die Jungs aufzusuchen (26), führt zur Schilderung einer inzestuösen Prügelszene im Hause Bessel (Martha: »Ich lag auf der Erde und schrie und heulte. Da kommt Papa. Ritsch – das Hemd herunter«, 28), eine Praxis, für die sich Wendla interessiert (»Womit schlägt man dich, Martha?«, 29). Das führt weiter zur Frage nach dem eigenen phantasierten Kind und der eigenen Geschlechtsidentität. Die Szene entfaltet weibliche Identitätsentwürfe, übereinstimmend als passiv bestimmt, in der Opposition zwischen Unterwerfung unter väterliche sexuelle Gewalt und Bewunderung männlichen Stolzes – und schon kommt Melchior daher, dessen radikales Wissen Wendla bewundert: »Denke dir, Melchi Gabor sagte mir damals, er glaube an gar nichts mehr ...« (34).

Wohin ist der Zuschauer, eben noch in der Klemme zwischen Handeln und Wissen, geraten? Mädchen, denen Naturgewalten und Väter Erregendes antun, und auch ein stolzer Mann kommt schon des Weges. Im Gegensatz zu Wendla weiß der Zuschauer: Melchiors Atheismus ist die Chiffre für sein sexuelles Wissen (I.2, 22). Melchior hat erforscht, daß und wie

Mädchen Kinder bekommen können. Durch dieses vom Text aufgerufene privilegierte Wissen des Zuschauers wird sein sexueller Blick zum sexuellen Akt.

Befangen in dieser Phantasie, sehe ich mich mit der nächsten Szene unversehens wieder in eine männliche Welt versetzt.

I.4 Eine Gruppenszene, wieder sechs Buben. Es geht um eine Interaktion unter Männern: Moritz ist ins Conferenzzimmer gedrungen (35). Es entspinnt sich ein Streit darum, ob Moritz sich wirklich erschießen würde, wenn er durchfiele. Eine Ohrfeige fällt. Melchior fordert Moritz auf, mit ihm zum Försterhaus zu gehen.

Oberflächlich scheint die Szene nur die Exposition der Schulprobleme zu leisten;[26] es fällt aber die Wiederholung eines formalen, sozusagen choreographischen Moments auf: Sechs Buben eröffnen die Szene, zwei sondern sich ab, gespiegelt von den zwei Professoren, die dazukommen. Diese Wiederholung[27] signalisiert das Auftreten des Publikums auf der Bühne. Die Sechsergruppe vertritt die Gruppe schlechthin, und die ist männlich.

I.5 Die nächste Szene, die erste außerhalb der Stadt, bildet das erste erotische Zentrum des Stückes. Hier treffen sich die Geschlechter, die einander bisher nur phantasiert hatten, zum ersten Mal. Melchior, der »seit drei Stunden die Kreuz und Quer den Wald« durchstreift, hält Wendla für eine »Dryade«, bekannt als Chiffre für seine erotische Phantasie (I.2). Wendla hingegen sucht »Waldmeister. Mama will Maitrank bereiten«. Das heißt zunächst: Ich bin eine brave Tochter und gehöre meiner Mutter. Als Gegenfigur taucht aber sogleich Tante Bauer auf: Die war bekanntlich dreimal verheiratet (I.3) und »sie steigt nicht gern«. Unter diesen Aspekten läßt Melchiors Gegenfrage »Hast du deinen Waldmeister schon?« (42) die Ahnung aufkeimen, es könne dem Wortsinn nach auch ein anderer Meister gemeint sein, einer, der seit drei Stunden die Kreuz und Quer den Wald durchstreift.

So entwickelt sich auch die Szene. Wendla gesteht, sie habe geträumt. Melchiors moraltheologisches Problem – ob nämlich Nächstenliebe, wenn sie Befriedigung bedeutet, noch uneigennützig sei – enthält die Frage des bekennenden Atheisten, welche nichtmoralischen, biologisch-sinnlichen Motive Wendla zu ihren Opfergängen bewegen. Melchior denkt über Wendlas Sexualität nach: »Was hast du vorhin geträumt, Wendla, als du am Goldbach im Grase lagst?« (46).

Wendla offenbart ihm, was der Zuschauer schon weiß. Handelnd inszeniert sie die in I.3 mit Martha ausphantasierte masochistische Szene, dieselbe, die Melchior redend in moraltheologischen Anspielungen und im Traum skizziert hatte.

Melchior flüchtet »jammervoll aufschluchzend in den Wald«, der Zuschauer wird in den Aktwechsel entlassen. Diese Szene, die erste Begegnung zwischen den Geschlechtern zeigt einen aufgeheizten und verwirrten Abbruch – und so hinterläßt sie auch den Zuschauer.

Kann das Publikum sich in dieser Szene als gemischte Gruppe erleben? Angesichts der sadomasochistischen Szene auf der Bühne wäre dann jedenfalls für einige Spannung gesorgt. In meiner Leserphantasie empfinde ich mich eher vereinzelt.

---

[26] Horst Spittler: *Frank Wedekind: Frühlings Erwachen*, München: Oldenbourg 1999.
[27] Im Lauf des Stückes werden wir der männlichen Sechsergruppe noch oft begegnen.

Sexualität ist am Schluß des ersten Aktes von *Frühlings Erwachen* weder genital noch gegenseitig, sondern gleichgesetzt mit Schlagen. Schon Freud[28] hat diese Schlagephantasie beschrieben und mit der Entwicklung der Perversion in Beziehung gesetzt, wobei er sie als Abwehr und zugleich regressive Belebung der genitalen Urszene verstand. Es ist allerdings alles andere als gewiß, daß dies die latente Bedeutung des mit *Frühlings Erwachen* verbundenen Rezeptionsereignisses ist. Zwar scheinen die Signalebenen des Textes, die auf Enthüllung des weiblichen Körpers und Entwicklung der männlichen Regungen verweisen, in die gleiche ödipale Richtung zu deuten. Es gibt aber Elemente im Zuschauertraum, die sich nicht in dieses Szenario fügen wollen. Wie ein roter Faden durchzieht den Text die Gleichsetzung von erwachender weiblicher Sexualität und Tod, von erwachender männlicher Sexualität und Ausschluß aus der Gruppe – Verhältnisse, die eher an die moderne Adoleszenztheorie gemahnen.[29] Diese geht davon aus, daß in den Inszenierungen der Adoleszenz, allen voran der klassischen Hysterie, nicht nur die abgewehrte Genitalität schlummert, sondern daß diese selbst eine weit frühere Thematik deckelt.[30] Mehr als eine Ahnung von dieser anderen Thematik kann uns aber die Lektüre des ersten Aktes noch nicht vermitteln, und wir wollen abwarten, was die weiteren Akte bringen.

3.2. Zweiter Akt

Der zweite Akt beginnt mit einer Reprise des ersten: Wieder ein Zimmer, wieder zwei Personen, wieder ein Thema: Veränderung.
II.1 Das Szenario freilich ist spezifisch verändert. Jetzt sind es zwei Buben, die miteinander sprechen, und der Innenraum hat einen expliziten Außenbezug: »Melchior's Studierzimmer. Das Fenster steht offen, die Lampe brennt auf dem Tisch. – Melchior und Moritz auf dem Kanapee« (51).

Der Rückzug ins Innen, der Zeitsprung zwischen den Akten (die Szenen des ersten Aktes spielten alle im Mai und vor dem Examen, nun haben wir es mit einem Tag nach den Ferien zu tun), der Umstieg vom heterosexuellen Sadomasochismus zur homosexuellen Zärtlichkeit wirken zunächst wie eine Distanzierung von der Aufregung, in der der 1. Akt endete. Es ist aber etwas im Busch.

Moritz' Rede im ersten Teil des Dialogs wird von einer Metapher des verletzten Auges regiert (»Poliphem [...] grün vor Augen [51], [...] zum Kopf herausplatzen« (52)) und formuliert unterschwellig homosexuelle[31] Handlungsangebote (53). Aber Melchior stellt ihm wie schon in I.2 einen Entwurf entgegen, der die Mutter als Komplizin enthält.

---

[28] Sigmund Freud: »>Ein Kind wird geschlagen‹. Beitrag zur Kenntnis der Entstehung sexueller Perversionen« (1919), in: ders.: *Gesammelte Werke* Bd. 12, London: Imago ⁴1972, S. 127–226.

[29] Vera King: *Die Urszene der Psychoanalyse. Adoleszenz und Geschlechterspannung im Fall Dora*, Stuttgart: Verlag Internationale Psychoanalyse 1995.

[30] Ute Rupprecht-Schampera: »Das Konzept der ›frühen Triangulierung‹ als Schlüssel zu einem einheitlichen Modell der Hysterie« (1995), in: *Psyche* 51 (1997), S. 637–664.

[31] S. Anm. 23.

Moritz führt dagegen eine Frau ohne Blick ein, die »Königin ohne Kopf« (53). Der Körper der Frau ist gespalten in Verständigung stiftende »weiche Hände« und »Kriegserklärungen und Todesurtheile (strampelnde) Füße« (pars pro toto für die »Beine« in Moritz' Traum). Der König, der diese sektorisierte Frau besiegt, hat einen Kopf zuviel und liegt infolgedessen ständig im Streit mit sich selbst. Zauberisch vereinigt, lagen »die Beiden [...] einander nun nicht mehr in den Haaren, sondern küßten einander auf Stirn, auf Wangen und Mund...« (54). Wohlgemerkt: die beiden Köpfe des Königs! Moritz' Traum von der Vereinigung spielt zwischen Männerköpfen – enthält aber auch Beunruhigung hinsichtlich des anderen Geschlechts: »Wenn ich ein schönes Mädchen sehe, seh' ich es ohne Kopf« (54). Körperlichkeit wird mit Kopflosigkeit und Weiblichkeit gleichgesetzt; auch Moritz selbst sieht sich als Frau ohne Kopf.

Genau an dieser Stelle öffnet sich die Tür, und Frau Gabor kommt mit dem dampfenden Tee. Dieses scheinbar beiläufige Dazwischentreten ändert die Szene radikal.

Schon ihre Einführung ist von einer lasziven Komik gezeichnet: Moritz hat soeben seine Selbstmordabsicht beteuert, falls er durchfallen sollte, und Melchior antwortet lässig: »Das Leben ist von einer ungeahnten Gemeinheit. Ich hätte nicht übel Lust, mich in die Zweige zu hängen. – Wo Mama mit dem Thee nur bleibt!« (52). Dieser Satz zitiert nicht nur die in I.2 angekündigte Funktion der Frau Gabor als Aufklärungskomplizin, sondern unterschwellig auch ihre zweite Funktion als Sexualobjekt. »Mich in die Zweige zu hängen« ist ein Topos, den Melchior auch mit dem androgynen Bild der Dryade und im Zusammenhang mit Wendla gebraucht.

Die Dreieckskonstellation entwickelt sich an Frau Gabors Frage: »Was hast du da für ein Buch, Melchior?«; Melchior: »›Faust.‹«; Frau Gabor: »Hast du es schon gelesen?«; Melchior: »Noch nicht zu Ende« (56). Moritz fragt sich nach Frau Gabors Abgang, worauf sich ihre Frage bezog: » -- Deine Mama meinte die Geschichte mit Gretchen.«; Melchior: »Haben wir uns auch nur einen Moment dabei aufgehalten!«; Moritz: »Faust kann sich nicht kaltblütiger darüber hinweggesetzt haben.« Der Satz bringt zwar eine zuverlässige und mehrstufige komische Wirkung, denn Faust hat sich über Gretchen ja nun nicht so kaltblütig hinweggesetzt; doch ist die Sequenz mit dieser Selbstinterpretation nicht abschließend geklärt. Denn im Gespräch mit Frau Gabor hatte Moritz noch angefügt: »Wir sind gerade in der Walpurgisnacht.«.

Man darf sich fragen, was dieser differenzierende Hinweis auf eine bestimmte Stelle der Faust-Tragödie heißen soll. Wie weit haben die beiden jungen Herren die Geschichte zwischen Faust und Gretchen mitbekommen? Sie haben von Gretchens Schande gelesen und erlebt, wie Faust deren Bruder tötet und flieht – und zwar eben zur Walpurgisnacht, prallvoll mit sexuellen Andeutungen, für Pubertierende eine wahre Fundgrube[32] (Moritz: »Wir lesen immer zu zweit; das erleichtert das Ver-

---

[32] Es wimmelt von »jungen Hexchen, nackt und bloß, [...] man tanzt, man schwatzt, man kocht, man trinkt, man liebt« (Johann Wolfgang von Goethe: *Faust*, Hamburger Ausgabe Bd. 3, S. 127), eine Lilith tritt auf (»nimm dich in acht vor ihren schönen Haaren / Vor diesem Schmuck, mit dem sie einzig

ständniß außerordentlich!«). Was die beiden noch nicht wissen, ist, daß Gretchen ihr Kind getötet hat und im Kerker sitzt. Angedeutet ist zwar, daß Gretchens Mutter tot ist,[33] doch wird auch das erst später explizit ausgesprochen. Die Walpurgisnacht ist die Schaltstelle, in der sich das Bild der Mutter wandelt. Während bis dahin Gretchens Mutter als christliche Bewahrerin der Moral eingeführt ist und Gretchen selbst allenfalls passiv von Schande bedroht erscheint, ist nach der Walpurgisnacht das Bild radikal gewendet: Gretchen ist eine zweifache Mörderin[34], und selbst ihre Mutter wird zur mörderischen Hure.[35] Was ist geschehen? – In der Walpurgisnacht wird Sexualität ausdrücklich (auch) an Mutterfiguren gebunden.[36]

Moritz' Antwort auf die Frage nach dem 'Faust' (»Wir sind gerade in der Walpurgisnacht«) organisiert einen Umschwung in der sexuellen Konstellation. Frau Gabors Warnung, »daß auch das Beste nachtheilig wirken kann, wenn man noch die Reife nicht besitzt« (57), deutet das Wissen um das sexuelle Begehren der Mütter an, mit einem lockenden Unterton: »Wenn ihr noch etwas braucht, Kinder, dann komm herüber Melchior, und rufe mich. Ich bin in meinem Schlafzimmer« (ebd.).

Nach ihrem Abgang greift der Text die Augenmetapher wieder auf und enthüllt nun erst ihren Referenzpunkt, einen Punkt, der genau zum Walpurgisnacht-Thema paßt. Moritz hat gesehen – nämlich in Melchiors Aufklärungsschrift die weibliche Sexualität. »Ich [...] durchflog die flimmernden Zeilen, wie eine aufgeschreckte Eule den brennenden Wald durchfliegt – ich glaube, ich habe das meiste mit geschlossenen Augen gelesen«. Sein Fazit ist eine Apotheose der Passivität. »Das Mädchen, Melchior, genießt wie die seligen Götter. [...] Es hält sich bis zum letzten Augenblick von jeder Bitterniß frei, um mit einem Mal alle Himmel über sich hereinbrechen zu sehen« (59). Männliche Sexualität erscheint dagegen als Angriff, als »Bitterniß«, die auch Melchior nicht ausmalen will: »Ich denke sie mir nicht gern...«.

Der Zuschauer, der der (scheinbar?) ödipalen Einführung der sexuellen Mutter beiwohnt, könnte ja nun die Position des Erwachsenen einnehmen und sich etwa für Frau Gabor interessieren – bzw. die erwachsene Zuschauerin sich in ihr wiederfinden. Die Szene funktioniert aber nicht so. Die Identifizierung ist, ähnlich wie in I.2, auf die beiden Bubenfiguren verteilt. Vor dem Hintergrund der bedrohlich sexuellen Mutterfigur ist die präsente Abwehrspannung eine männlich homosexuelle. Der Zuschauer, der dazu paßt, ist ein Mann.

Ein Mann, dem nun wieder, wie zu Beginn des Stückes, ein Mutter-Tochter-Dialog vorgeführt wird.

---

prangt«, ebd., S. 129) und Faust tanzt mit einer Jungen (»Der Äpfelchen begehrt ihr sehr, / und schon vom Paradiese her«), der aber ein rotes Mäuschen aus dem Mund springt (ebd.).

[33] »Bet'st du für deiner Mutter Seele, die / durch dich zur langen. langen Pein hinüberschlief?« (Goethe, *Faust*, S. 120).

[34] »Meine Mutter hab ich umgebracht / Mein Kind hab ich ertränkt.« (Goethe, *Faust*, S. 142).

[35] »Mein Mutter, die Hur', / die mich umgebracht hat!« (Goethe, *Faust*, S. 139).

[36] Zitate wie: »Die alte Baubo kommt allein / sie reitet auf einem Mutterschwein [...] Ein tüchtig Schwein und Mutter drauf / da folgt der ganze Hexenhauf« (Goethe, *Faust*, S. 125) und »Die Gabel sticht, der Besen kratzt / Das Kind erstickt, die Mutter platzt« (ebd.) sind Hinweise auf die Verbindung von Sexualität und Mütterlichkeit.

II.2 Die Szene ist in vielen Details eine Wiederholung von I.1, nur sind Wendlas Beiträge inzwischen raffiniert und überlegen. Sie droht sogar mit dem Schornsteinfeger. Auch hier wird die Benennung der weiblichen (Hetero-)Sexualität durch Körperkontakt ersetzt (»Aber das ist ja zum Närrischwerden! Komm' Kind, komm' her, ich sag' es dir! Ich sage dir Alles ... O du grundgütige Allmacht! – nur heute nicht, Wendla!«). Den Kopf unter der Schürze in den Schoß der Mutter gepreßt, erlebt Wendla, was sie nicht denken darf. Unter allen Zeichen der beiderseitigen sexuellen Erregung stammelt die Mutter bedeutungslose Worte. »Um ein Kind zu bekommen – muß man den Mann – mit dem man verheirathet ist ... lieben – lieben sag' ich dir – wie man nur einen Mann lieben kann! Man muß ihn so sehr von ganzem Herzen lieben, wie – wie sich's nicht sagen läßt! Man muß ihn lieben, Wendla, wie du in deinen Jahren noch gar nicht lieben kannst... Jetzt weißt du's« (66). Wendla darf fühlen, aber wissen darf nur Gott, der von beiden als unsichtbarer Dritter immer wieder angerufen wird. Beziehung, die zwischen den beiden Frauen sich ereignen darf, ist gekennzeichnet durch Verhüllung und Selbstverhüllung im Namen des Vaters. Berührung, die zwischen beiden die Verständigung ersetzt, muß wortlos bleiben.

Der Zuschauer sieht, was Moritz in der Szene zuvor gepriesen hatte: wie über Wendla »alle Himmel hereinbrechen«. Und auch über ihn brechen sie herein: Die Szene ist spannungsgeladen, Wendlas fiebriges Drängen (»Jetzt! Jetzt gleich!«, 65) steht gegen die retardierende Tendenz der Mutter, der Dialog gipfelt in einer »ekstatischen Aufklärung, erduldet wie eine Strafe oder ein Sexualakt: »Ich will nicht zucken; ich will nicht schreien«.

Was er hier miterlebt, ist die Paarung zweier Frauen im Namen des Mannes – in der Pornographie verbreiteter Topos einer Männerphantasie, die dazu dient, die mit dem Wunsch nach sexueller Vereinigung verbundene Angst und Schuld abzuwehren. Die in der ersten Szene dieses Aktes evozierte Phantasie der sexuell erregten Frau, der »brennende Wald«, durch den Hinweis auf die Walpurgisnacht kryptisch auf die Mütter bezogen, wird hier an einer weiteren Mutterfigur vorgeführt – mit der tröstlichen Einschränkung: Ich bin nicht dabei, die beiden Frauen machen es selbst.

Ist der Zuschauer nun also zum Ödipus geworden, der das Begehren nach der sexuellen Mutter aus Angst vor dem strafenden Vater verdrängen muß? Der Text gibt keine Hinweise darauf. Vielmehr erscheinen die Mütter selbst als gefährlich.

II.3 Der Kontrast zwischen der vorigen Szene, die mit einer (komischen) Segensformel endete, und der folgenden, die mit einer (ebenso komischen) Morddrohung beginnt, könnte schärfer nicht sein.

Der Spannungsverlauf der Szene setzt die Erregungskurve des vorangegangenen Dialoges fort, in ironischer Brechung. Wendla und ihre Mutter hatten sich in ekstatischer Erregung vereinigt, Hänschen onaniert und übersetzt damit auch für den Zuschauer die keusche Erkenntnishandlung seiner Vorgängerinnen ins Sexuelle. Sexualität erscheint in seiner Version als bewußte Erregung des eigenen Körpers (Masturbation) und als Verfügung über die eigene Phantasie (Bild). Seine Lösung des Problems, daß Frauen nicht frei verfügbar sind (»Mädchen, Mädchen, warum preß'st du deine Kniee zusammen? – warum auch jetzt noch?« 69), besteht darin, sie zu beseitigen: »Auch die heilige Agnes starb um ihrer Zurückhaltung willen und war nicht halb so nackt wie du!« (70).

Sollte der Zuschauer sich nicht angesprochen fühlen? Auch er saß gerade noch eben als Betrachter vor einer Ekstase. In Hänschen findet er sich wieder. Das befreiende Lachen über Hänschens Witz vertritt die Spannung, die sich im seinem Körper löst. Es sieht so aus, als werde der männliche Körper erst dann lustvoll erfahrbar, wenn die Frau zum verfügbaren Bild wird. Nach der ›homosexuellen‹ ist die autoerotische Szene die zweite Variante der Abwehr bedrohlicher weiblicher Sexualität. Die Frage einer realen Interaktion mit einer realen Frau stellt sich nicht.

II.4 Die allerdings stellt sich in der folgenden Spätsommerszene. Erregungskurve und szenisches Arrangement treffen im sexuellen Zentrum des Stückes zusammen. Allerdings nicht gleich – denn auf Wendlas freudigen Ausruf, als sie ihn auf dem Heuboden (ein Außenraum, aber nicht ungeschützt: kein Wald) findet, kommt eine extrem distanzierende Antwort: Er schickt sie weg.

Diese ruppige Zurückweisung wirft für den Zuschauer die Frage auf, was seit ihrer letzten Begegnung im Mai (I.5) geschehen sein mag. Wir wissen nicht, wie die Beziehung zwischen den beiden weitergegangen sein kann. Melchior reagiert so, als hätte er Wendla seit der Zuspitzung in I.5 nicht mehr gesehen, als ob wenig Zeit vergangen wäre. Von den Temporaldeiktika her (»im frischen Heu«, (...), »ein Gewitter im Anzug«, (70), »Mohn an deiner Brust« (71) ist aber klar, daß die Szene Monate später liegt.

Wendla beharrt gegen Melchiors Abweisung (»Nun geh’ ich erst recht nicht«, 71) und zitiert damit ein Motiv des ersten Dialoges. Dort hatte mit den gleichen Worten und in erkennbar masochistischer Absicht darauf beharrt, zu den Arbeitern zu gehen: »Ich würde erst recht hingehn« (I.5, 44). Durch dieses Selbstzitat wird ihr Wunsch wieder aufgerufen, geschlagen zu werden. So ähnlich entfaltet sich die Szene auch. Es gibt Signale von Abweisung und Implikationen von Unterwerfung: »Nicht küssen, Melchior! Nicht küssen! [...] – – – – – Nicht, nicht! – – « (71). Außen- und Innenraum rücken nahe aneinander. Wendla lädt Melchior ein, »mit auf die Matte hinaus« zu kommen, »hier [sc. auf dem Heuboden] ist es schwül und düster« (71). Melchior entgegnet: »Der Himmel draußen muß schwarz wie ein Bahrtuch sein« und verknüpft damit den Außenraum mit dem Grab, einem engen, geschlossenen Raum. Auch die Metaphern der sexuellen Vereinigung verknüpfen Innen und Außen: »Ich sehe nur noch den leuchtenden Mohn an deiner Brust – und dein Herz hör’ ich schlagen« (71). Der Mohn ist zugleich Repräsentant des Außen, der »Matte«, und Verweis auf Wendlas begehrte Brust; das »Herz« schlägt in Wendlas Innerem. Nicht ausgesprochen, wohl aber auf der Bühne gezeigt, wird Melchiors Eindringen in Wendlas Körper.

Auch der Zuschauer spürt das Gewitter, das die Spannungsdramaturgie auf ihn überträgt. Eben noch mit Hänschen in ironischer Distanz, ist in ihm nun ein Eindringen evoziert. Schwarz ist auch der Zuschauerraum, wie das Grab, das Innere, in das Melchior nun eindringt. Gedankenstriche, abgerissene Sätze, gestammelte Namen übertragen hoch ansteigende Erregung.

Das im Zuschauer evozierte Bild der Sexualität hat sich gewandelt. War es im ersten Akt als Schlagephantasie bestimmt, so geht es nun um Eindringen in einen Innenraum, in dem ein rhythmischer Herzschlag regiert.

Aber schon kommt ein rasanter Wechsel des Traumbildes: Ehe er sich's versieht, sitzt ihm eine Mutter gegenüber. Möglicherweise ist die Szene dem abgewehrten Bild der Vereinigung mit der sexuellen Mutter zu nahe gekommen. Welche Bedeutung kann es haben, welche Manipulation am Zuschauer wird vorgenommen, welche Szene wird erzeugt, wenn nun, unmittelbar auf die sexuelle Vereinigung ihres Sohnes mit Wendla folgend, in der nächsten Szene »Frau Gabor sitzt, schreibt« (72).

II.5 Der Raum ist auf ein Innen zusammengezogen. Die vordergründige Statik der Szene enthält eine untergründige, abgewehrte Erregung. »Fanny G.« – so unterzeichnet sie – fürchtet, kopflos zu werden wie Moritz' Königin und in diesem Zustand ihren »Impulsen« nachzugeben. Obwohl ihre beherrschte Sprache Zugehörigkeit zur Elterngruppe signalisiert, verweigert der Brief als Sprechhandlung Moritz die Lebensrettung. »Mit den zierlichen Füssen strampelte sie Kriegserklärungen und Todesurtheile« (53).

Aus den ekstatischen Initiationen der vorhergehenden Szenen ist der Zuschauer nun mit einem Mal vor den Tod gestellt, verborgen hinter einer Mauer aus Sprache. Peter Zadek hat 1965 in Bremen diese Szene ins Zentrum des Stückes gestellt: In einer quälend in die Länge gezogenen Inszenierung dieser Passage[37] testet er die Befindlichkeit des Publikums.[38] Es gab Buhrufe. Die Szene zeigt, daß es nicht um die vordergründige adoleszente Heterosexualität geht, sondern die in ihr verborgene Phantasie über die mörderische sexuelle Mutter. Frau Gabors Brief enthüllt in der gezielten Desexualisierung des Verhältnisses zu Moritz dessen sexuelle Aufladung.

II.6 Im Anschluß an den widersprüchlichen, untergründig erregten Monolog der Frau Gabor, der zum ersten Mal handelnd den Weg ins Nichts eröffnet, kommt ein zweiter Frauenmonolog, das Liebesglück der zur Frau gewordenen Wendla betreffend. Das liebende Mädchen folgt der mörderischen Königin auf dem Fuß.

Diese krasse, in mancher Hinsicht an Schillers *Maria Stuart* gemahnende Opposition bewirkt ein spezifisches Schwanken beim Zuschauer. Den Text umgibt die Aura des geschlechtlich gewordenen Mädchens. »Ich will mein Bußgewand anzieh'n«, heißt: Ich *will* mich jetzt den Blicken der anderen Männer entziehen. Auch dem Blick des Interpreten. Wendlas Liebesmonolog ist so zart, daß man ihn, statt ihn zu analysieren, am liebsten in seiner ganzen, winzigen Länge zitieren möchte.

Nimmt man Wendlas Auftritt an dieser Stelle als Traumfigur, so wird deutlich, daß gerade in ihrer Unberührbarkeit ein Moment von Abwehr liegt. Die mörderisch-sexuelle Mutter wird durch das unschuldig-sexuelle Kind ersetzt. Der Drache wird zur Prinzessin.

---

[37] Frau Gabor liest nicht den fertigen Brief vor, sondern schreibt ihn (so verlangt es auch die Regieanweisung, 72) auf der Bühne, und zwar mit langen Unterbrechungen, die längste genau in der Zäsur des entscheidenden Satzes: » ... wollte ich mich durch Ihre momentane Fassungslosigkeit dazu bestimmen lassen... «. »Die Stimme bleibt erhoben, der angefangene Satz als die unausgesprochene Frage: Wozu? im Raume stehen, während sie die Tinte trocknet, das beschriebene Blatt umdreht und beiseite-, das neue bereitlegt; sie setzt zu schreiben an, unterbricht und vergewissert sich, wie der Satz begonnen, der das letzte Blatt beendet hatte, indem sie stimmlos liest.« (Rudolf Mast: »Das schwere Herz. Eine Szene aus *Frühlings Erwachen*«, Bremen 1965, in: Birkenhauer u. Storr (Hg.): *Zeitlichkeiten*, S. 85–92, hier S. 88). Erst hier, während schon Unruhe im Parkett entsteht, der negative Erwartungsdruck ansteigt, fährt sie fort: » ... nun auch meinerseits den Kopf zu verlieren« (72 f.).

[38] Mast, *Das schwere Herz*.

Diese Deutung läßt sich auch am Text erweisen, wenn man sich die Mühe macht, ihn Wort für Wort zu lesen.

Vordergründig scheint in Wendlas Liebesmonolog das Identitätsproblem gelöst. Es gibt keinen Hinweis mehr auf Gewalt und Masochismus; das Glück erscheint als religiöse Erfüllung. Der Text aber birgt im Untergrund einen Konflikt – auch hier spielt *Frühlings Erwachen* wieder auf den *Faust* an. In den romantischen Duktus sind Signale von Zölibat und Defloration eingebettet. Eine Schlüsselstelle ist Wendlas Satz: »Mir wird ernsthaft wie einer Nonne beim Abendmahl« (75). Sie zitiert damit Melchiors Aussage: »Ich sehe die Guten sich ihres Herzens freu'n, sehe die Schlechten beben und stöhnen – ich sehe dich, Wendla Bergmann deine Locken schütteln und mir wird so ernst dabei wie einem Geächteten« (46).

Freilich dürfen wir bei Wedekind mit ironischer Brechung rechnen, auch und gerade wenn vom »Ernst« die Rede ist. In diesem Ernst ist eben nicht das Spiel aufgehoben; vielmehr verbindet der Ernst spielerisch die Reden, ebenso wie die Sexualität die Körper verbindet. Als Sprachgelenk verknüpft der Ernst den beim Jungen mit einer Blickrelation (»ich sehe...«) verknüpften Ausschluß (»Geächteter«) mit der beim Mädchen mit einer Einverleibungs-relation (»Abendmahl«) verknüpften Einschluß (»Nonne«). Die ironische Brechung dabei besagt, daß eben gerade nicht vom Ernst, sondern von der Lust die Rede ist – Geächtete sind prima vista nicht durch würdige Beschränkung charakterisiert. Und die Nonne? Liest man das Abendmahl als Vereinigung mit dem göttlichen Ehemann,[39] so scheint auch hier ekstatische Verzückung den tieferen Sinn der frommen Übung auszumachen. Der Ernst also, in dem Wendla und Melchior sich mit der Nonne bzw. dem Geächteten verwandt fühlen, ist für beide ein durchaus doppelbödiger, der auf untergründige Lust verweist. Das tertium comparationis jedoch ist geschlechterspezifisch. Was Wendla mit der Nonne verbindet, ist der Akt der Einverleibung des Mannes (Melchior/Jesus), während Melchior mit dem Geächteten ein Verbrechen gemeinsam hat, von dem nichts weiter bekannt ist, als daß es mit dem Sehen zu tun hat.

Im Untergrund schwelt im Traum des Zuschauers also weiter der brennende Wald, dessen Gefahr im Verschlingen liegt und den anzusehen Ächtung bewirkt.

Wendlas abschließende Phantasie einer kommunikativen Lösung (»um den Hals fallen und erzählen«) erscheint dagegen als utopischer Entwurf. Wendla ist initiiert ins gefährliche Schweigen der Mütter.

Defloration und Schwangerschaft. Der Zuschauer steht bestürzt vor den Folgen seiner Tat. Es ist nur folgerichtig, daß er in der nächsten Szene seines Traums zur Hinrichtung geführt wird.

II.7 Das Motiv des Geächteten greift die letzte Szene dieses Aktes bruchlos auf. Wieder ein Monolog, diesmal der Monolog eines verzweifelten Jungen. Moritz geht zum Sterben. »Besser ist besser. – Ich passe nicht hinein. Mögen sie einander auf die Köpfe steigen – ich ziehe die Thür hinter mir zu und trete in's Freie« (75).

---

[39] »Und wie du jetzt dich in dem irdschen Leib / geheimnisvoll mit deinem Gott verbunden, / So wirst du dort in seinem Freudenreich, / Wo keine Schuld mehr sein wird, und kein Weinen, / Ein schön verklärter Engel, dich / Auf ewig mit dem Göttlichen vereinen« (Schiller, *Maria Stuart*, V. 9, in: ders.: *Sämtliche Werke*, hg. von Gerhard Fricke und Herbert G. Göpfert, München: Hanser ³1962, Bd. 2, S. 675.

Um die Angst vor der sexuellen Mutter zu bannen, hat der Träumer sie in ein zartes Mädchen verwandelt, das ihn aber nichtsdestoweniger an sein Verbrechen erinnert. Folgerichtig wird in der Folgeszene noch ein Geächteter vorgeführt. Hier steigt die Angst wieder. Das Tempo ist merklich verlangsamt. Das sinnende Briefschreiben, das selbstvergessene Liebesgemurmel – jetzt Moritz' Selbstgespräch. Es ist, als dränge etwas untergründig nach vorne, werde aber gebremst. Frau Gabor schon war erregter als ihr Amtsdeutsch es abbilden wollte; Wendlas Glück hatte etwas von Vergessenwollen, und Moritz in der vorliegenden Szene kämpft deutlich gegen jeden Schritt an, der ihn dem Fluß näher bringt. Er redet gegen den eigenen Tod.

Moritz redet viel, weist die Verantwortung für seine Zeugung korrekterweise den Eltern zu (»Sie waren alt genug, um zu wissen, was sie thaten«, 75) und kommt schnell auf den Punkt: Sein Bedauern, ohne sexuelle Erfahrung sterben zu müssen. Die Metaphern dieser Klagerede sind nicht beliebig: »Sie kommen aus Aegypten, verehrter Herr, und haben die Pyramiden nicht geseh'n?!« (77). Sexuelle Erfahrung wird als Gegenstand eines Verhörs gesehen, mit einem spöttischen imaginären Jenseits-Publikum. Und sie wird, nicht zufällig, mit einem Grabmal verknüpft, das an eine geometrische Brust erinnert.[40]

Moritz bleibt aber nicht allein. Die Szene wird schlagartig verändert durch den Auftritt eines weiblichen Wesens – seit dem Zusammensein von Wendla und Melchior (II.4) die erste Begegnung der Geschlechter. Ilse, das Freudenmädchen, tänzelt über Moritz' Kreuzweg.

Diese heterosexuelle Konstellation hatte der Zuschauer-Träumer in den letzten Bildern zu sistieren versucht, und das hatte das Ritardando der letzten Szenen bewirkt. Jetzt sind wieder ein Junge und ein Mädchen zusammen auf der Bühne, und das bringt einen rasanten Tempowechsel.

Ilse skizziert Sexualität als Jagdvergnügen und schafft damit, unwirklich wie eine Fata Morgana, einen Entwurf weiblicher Sexualität, die nicht dem Schweigen verfällt. Im Gegensatz zur sexuellen Mutter repräsentiert sie die Prostituierte, die – wie Hänschens Bilder – verfügbare Frau, die im »Kehricht« landet (84).

Warum greift Moritz – und mit ihm der Zuschauer/Träumer – nicht nach diesem Bild? Wieder bietet sich ein Mädchen an, wieder ist es ein Ort in der Nähe des Flusses, wie schon in der ersten Begegnung zwischen Wendla und Melchior (I.5), und wieder bleibt sie unberührbar. In Moritz' Fall ist der Abbruch weder wie bei Melchior (50) mit Schuldgefühlen konnotiert[41] noch mit Todeswünschen, Angst[42] oder Unverstand[43]. Er greift nicht zu – das sagt der Text – nicht weil er Ilse nicht begehrt, sondern sich mit ihr identifiziert: »Du sein, Ilse!« (85).

Auch Moritz' Monolog ist mit sexuellen Signalen gespickt. »Ich passe nicht hinein [...] auf die Köpfe steigen«. Entsinnen wir uns des Zusammenhangs. Im Traum des Zuschauers war

---

[40] Wir werden noch Gelegenheit haben, die Neigung zur Geometrie in Moritz' Rede zu diskutieren.

[41] vgl. Bograd, *Eros und Sexualität*, S. 113 ff.

[42] Spittler, *Wedekind*, S. 52.

[43] Gerhardt Pickerodt: *Frank Wedekind: Frühlings Erwachen*, Frankfurt a. M.: Diesterweg ⁴1998, S. 21.

auf die sexuelle Vereinigung das Todesurteil durch die (sexuelle) Mutter erfolgt, dann die zölibatäre Trennung der (sexuellen) Kinder und jetzt die Hinrichtung dessen, der nicht begehren konnte. Ilse, das lebende Bild, erscheint als verführerische Identifikationsmöglichkeit, aber seltsam unwirklich.

Der zweite Akt von *Frühlings Erwachen* endet also wie der erste mit der Flucht aus einer heterosexuellen Begegnung. Zu beiden Aktschlüssen tritt im Wald oder einer anderen wilden Landschaft in der Nähe des Flusses ein verführerisches Mädchen auf. Ein Junge schlägt zu und flieht, der andere bringt sich um. Wir könnten beginnen, uns für diese von einem Wasserlauf durchzogene Wildnis zu interessieren, die eine offenbar so gefährliche Erregung birgt – insbesondere, wenn wir verstanden haben, daß die betonte Jugendlichkeit des weiblichen Personals möglicherweise Camouflage ist.

3.3. Dritter Akt

Der dritte Akt spielt in zeitlichem Anschluß an den zweiten. Er wird wiederum von einer Männergruppe eröffnet.

Unwirklich wie die Abziehbild-Ilse, die wir vor der Pause verlassen hatten, wirkt auch das Männergericht, das den Zuschauer im dritten Akt empfängt; ein Akt, der insgesamt von einer hohen Präsenz der Erwachsenen geprägt ist. Daß das famose Lehrersextett in diesem Stück etwas anderes übermitteln soll als Kritik am Schulsystem, wie es allenthalben zu lesen ist, daß es auch mehr ist als eine Vaudeville-Einlage, erschließt sich vor allem unter der methodischen Prämisse, daß jedes Detail eines Stückes, wenn und soweit es in einem Rezeptionsvorgang funktioniert, Teil eines Traums ist. Mit dieser Prämisse begeben wir uns in den dritten Traumanlauf.

III.1 Wie ein Uhrwerk verhandelt eine Männergruppe – sechs und zwei, und es geht um einen Ausschluß[44] – das Zumauern. Im Ritual scheint die Zeit stillzustehen; vielfache Wiederholungen, endlos geschraubte Sätze vertreten das Prinzip der Stagnation.

In seiner Exposition kritisiert der Rektor Sonnenstich den Selbstmord als infektiöse Erkrankung des Schulkörpers, eine Bedrohung für dessen Ziel, »den Gymnasiasten an seine durch seine Heranbildung zum Gebildeten gebildeten Existenzbedingungen zu fesseln« (88). Dieses Feuerwerk der Perseveration gipfelt in der rhetorischen Frage: »Sollte einer der Herren Collegen noch etwas zu bemerken haben?«. Knüppeldick antwortet mit der ebenso komischen Replik: »Ich kann mich nicht länger der Überzeugung verschließen, daß es endlich an der Zeit wäre – irgendwo ein Fenster zu öffnen.«

Die Oberflächenkomik besteht natürlich in dem Widerspruch zwischen Sprachebene und Anliegen. Liest man genauer, so zeigt sich, daß die Wirkung dieses Satzes wesentlich mit den

---

[44] Schuß und Schlag lassen sich in dieser Szene nicht finden, wenn auch ein seltsames, in seiner unvermittelten Grobheit signifikantes Element der Auseinandersetzung, nämlich die Drainage, die Fliegentod »unserem lieben Collega Zungenschlag ... in die Stirnhöhle appliciren« lassen will (92), die Stelle des Schlages – ja vielleicht, bildlich vorgestellt als Metallrohr im Schädel, auch des Schusses vertritt.

Inhalten zusammenhängt, die zum Erzielen des komischen Effekts verwendet werden. Dies wird deutlich an einer Ersetzungsprobe. Hätte Knüppeldick etwa gesagt: ›Ich habe immer schon betont, daß man die Türe zusperren sollte‹, so hätte das zwar ebenfalls absurd gewirkt; die spezifische Wirkung ergibt sich aber daraus, daß in der rhetorischen Einleitung ein zu überfälliger Veränderung drängendes Moment evoziert wird (»kann mich nicht länger der Überzeugung verschließen [...] endlich«), das dann in dem vordergründig läppischen Anliegen, ein Fenster zu öffnen, nur scheinbar ad absurdum geführt wird, symbolisch aber noch betont. Herrn Professor Knüppeldick, das sagt dieser Wunsch, ist es zu heiß. Er will frische Luft.

Formal greift die Szene damit eine Anordnung auf, die wir auch in den bisherigen männlichen Gruppenszenen beobachten konnten. Die Opposition von Innen und Außen, die in dieser Szene thematisiert wird, regiert auch in den anderen Sechsergruppenszenen. In I.4 ebenso wie in III.4 wählt die Mehrheit das Innen (Lernen / Anstalt), während Melchior das Außen vorzieht (Spaziergang / Flucht). Es ist von daher nicht ganz beliebig, daß ausgerechnet an dieser Opposition auch die Lehrergruppe zerfällt.

Dem Bedürfnis nach Frischluft schließen sich zwei weitere Kollegen an, Knochenbruch und Zungenschlag, welch letzterer die Atmosphäre im Conferenzzimmer mit den römischen Katakomben, den Bleidächern Venedigs und den »A-Aktensälen des weiland Wetzlarer Ka-Ka-Ka-Ka-Kammergerichts« vergleicht (88).

Ein interessanter Vergleich, selbst wenn man nicht weiß, daß das Wetzlarer Kammergericht Vorbild der Bürokratie war, an der Goethes Werther verzweifelte.[45] Der Vergleich setzt das Kammergericht mit Institutionen gleich, die für die willkürliche Verfolgung Unschuldiger sprichwörtlich waren. Zungenschlag bedient sich einer revolutionären Rhetorik.

Dieses revolutionäre Moment wird nun in einem rituellen Kreisgang verhandelt. Obwohl gerade dieser bewegte Stillstand eben der Grund für die eingangs artikulierte Fluchttendenz ist, stellt Rektor Sonnenstich doppelsinnig fest: Die »Atmosphäre läßt wenig oder nichts zu wünschen übrig«. Wünsche kommen hier nicht vor. Alle sechs Gruppenmitglieder bleiben im Raum, die Ausgänge bleiben geschlossen.

Auch hier zeigt sich also der näheren Betrachtung, daß es sechs und zwei Männer sind und daß ein Ausschluß verhandelt wird. Der Schlag ist in dieser Szene repräsentiert in der unvermittelten Grobheit der »Drainage«, die Fliegentod »unserem lieben Collega Zungenschlag ... in die Stirnhöhle appliciren« lassen will (92). Sie vertritt, bildlich vorgestellt als Metallrohr im Schädel, auch die Stelle des Schusses.

Welche Funktion hat dieses Männer-Klaustrum? Wohin versetzt es den Zuschauer an dieser Stelle des Stückes? Der emanzipatorische Impuls, hier repräsentiert durch den Wunsch, ein Fenster zu öffnen, wird in einem anankastischen Kreisgang gefangen, in eine rituelle Iteration. Sonnenstichs Frage »Sollte einer der Herren Collegen noch etwas zu bemerken haben?« wird insgesamt fünfmal wiederholt. Zwischen diesen Iterationen ereignet sich wie in einem Uhrwerk ein Antrags- und Bewilligungsritual, das schließlich in der Feststellung der absoluten Stagnation gipfelt.

Der zweite Teil der Szene, zwischen den Organisatoren »Führen Sie ihn herauf!« (91) und »Führen Sie ihn hinunter!« (98) trägt ebenso iterative Züge, organisiert durch die

---

[45] Hans Wagener: *Frank Wedekind, ›Frühlings Erwachen‹. Erläuterungen und Dokumente* (1980), Stuttgart: Reclam 1996, S. 33–34.

sechsmalige Wiederholung von »Sie haben [...]« (dreimal mit der Fortsetzung »[...] sich ruhig zu verhalten!«, zweimal mit der Fortsetzung »[...] die genau präzisierten Fragen [...]«, einmal mit einer anderen, grammatikalisch und kognitiv wirren Fortsetzung).

Der zweite Teil der Szene, das Verhör, ist von dyadischen Interaktionen bestimmt. Als neunte Person kommt Melchior hinzu, interagiert jedoch nicht mit der Sechsergruppe der Lehrer, sondern nur mit Sonnenstich bzw. Habebald. Seine Dialogbeiträge zitieren die Aufklärerdyade Pestalozzi / Rousseau, deren Porträts an der Wand hängen.

III.2 Das Prinzip der unfruchtbaren Männergruppe wird fortgeführt in der Beerdigungsszene. Erwachsenenriege und Gymnasiastengruppe, jeweils sechs Personen,[46] treten nacheinander auf und kommentieren Moritz' Tod in auffallend paralleler Weise.[47] Hier wie dort spielen falsche Angaben eine Rolle. So bramarbasiert Freund Ziegenmelker von den »zwanzig Jahren«, die sich Rentier Stiefel um seinen fünfzehnjährigen Sohn gesorgt habe (99), leugnet Rentier Stiefel die Vaterschaft (99f.), zitiert der Pastor eine falsche Bibelstelle, und zwar sinnentstellend (100).[48] Die Sprüche der Gymnasiasten sind auf ganz ähnliche Weise verdreht. Robert behauptet, er »habe den Strick in Händen gehabt« (102), mit dem Moritz sich erhängt habe – später werden wir von Ilse erfahren, daß er sich erschossen hat, und zum Beweis die Pistole sehen (105) –, und Otto klagt gar einen Wettgewinn ein, obwohl wir wissen, daß Moritz gerade diese Wette ausgeschlagen hatte (»Du hast ja nichts. Ich will dich nicht ausrauben«, 39).

Wie wir wissen, muß nun, dem Ritual der Männergruppe folgend, ein Männerpaar auftreten. Das ist auch der Fall – doch schlüpft vor dem Auftritt der obligatorischen Männerdyade (»Rasch, rasch! – Dort hinten kommen die Todtengräber«, 104) unversehens ein Mädchenpaar dazwischen. Ihre zyklisch wiederkehrenden Blumen (»Wir bringen neue. Immer neue und neue!«) repräsentieren ein Angebot sexueller Versöhnung. Sei es als unablässige Ersetzungskette wie Hänschens Bilder, sei es als generativer Zyklus: »Es wachsen genug.« Was aber ist

---

[46] Im Falle der Gymnasiasten der tote Moritz mitgerechnet.

[47] Spittlers Auffassung (Spittler, *Wedekind*, S. 35 f.), das Stück präsentiere einen Gegensatz der beiden Gruppen, kann ich nicht folgen. Auch die Bemerkungen der Gymnasiasten sind durchaus zynisch (ähnlich Pickerodt, *Wedekind*, S. 21). Spittlers Lesart, die »scheinbar kaltschnäuzigen Äußerungen« seien »Versuche der Jungen, ihre Betroffenheit mit Schnoddrigkeit zu kaschieren«, unterstellt eine vom Text nicht eingeführte zweite Ebene »eigentlicher« Bedeutung, schreibt den Figuren eine Psyche zu. Die Parallelen zwischen Erwachsenen- und Schülergruppe sind allerdings unbequem, und der Leser ist versucht, sie wegzuinterpretieren.

[48] »Wir wissen, daß denen, die Gott lieben, alle Dinge zum besten dienen. I. Corinth. 12,15.«. Im ersten Korintherbrief steht an dieser Stelle etwas ganz anderes, nämlich – im Zusammenhang mit der Leib-Christi-Lehre –: »Wenn aber der Fuß spräche: Ich bin keine Hand, darum bin ich nicht Glied des Leibes, sollte er deshalb nicht Glied des Leibes sein?«. Der von Pastor Kahlbauch zitierte Text steht dagegen tatsächlich im Römerbrief (Röm. 8,28) und besagt dort ziemlich genau das Gegenteil. Es geht dabei um die Gotteskindschaft, die unbedingte Hoffnung auf Erlösung: »Wir [...] seufzen in uns selbst und sehnen uns nach der Kindschaft, der Erlösung unseres Leibes. (Röm. 8,24) Denn wir sind zwar gerettet, doch auf Hoffnung.«

Sexualität? Ist sie innen (»Epheu«, »Rosen«) oder außen (»Kornblumen«, »Vergiß-
meinnicht vom Goldbach«, »Lilien von Hause«[49])? Ist sie ein Schuß (»Brrrr – die
Kugel wäre mir durch's Rückgrat gegangen«, 82 f.) – oder ein Sarg (»Parallelepipedon! – Aber sag' es Niemandem«, 105).[50]

Sexuelle Versöhnung im Zuschauertraum? Aber auch diese Stelle, die einzige, in der
Mädchen aufrichtig miteinander zu sprechen scheinen, muß nicht authentisch sein. Die
sexuellen Phantasien – Schuß und Schlag – kennen wir aus den Männergruppen. Dennoch
bedient der Text nicht ausschließlich die Männerphantasie. Schläge werden erwähnt, doch
ohne Begeisterung: »Ich grabe unsere Rosen aus – Schläge bekomme ich ja doch! – Hier
werden sie gedeihen«. (104).

Selbst wenn dieses Aufblitzen weiblicher Kommunikation an die Utopie des Stückes
rührte – die Handlung geht schnell darüber hinweg. Der Frühling ist kurz. Der Traum wendet
sich beharrlich wieder dem Thema der heterosexuellen Beziehung zu, er präsentiert uns zum
zweiten und letzten Mal ein Paar. Dieses Paar allerdings befindet sich im Krieg.

III.3 »Schläge bekomme ich ja doch« – diesen Seufzer aus der vorhergehenden
Szene könnte man sehr wohl als Überschrift über das folgende Ehetableau setzen.
Herr Gabor überführt seine Frau in drei taktisch geplanten Schritten sukzessiver
Informationspreisgabe. Melchiors Aufklärungsschrift ist beiden bekannt, seinen
Brief an Wendla hält Herr Gabor zurück, bis seine Frau ihm die Scheidung androht,
und erst als er ihre Zustimmung hat, ihn in die Correctionsanstalt zu schicken, gibt
er auch das aktuelle Telegramm seines Bruders preis.

Im ersten Teil des Dialogs hatte Frau Gabor noch ihre eigene weibliche
Perspektive reklamiert: »Man muß ein Mann sein, um so sprechen zu können! Man
muß ein Mann sein, um sich so von todten Buchstaben verblenden lassen zu können!
Man muß ein Mann sein, um so blind das in's Auge Springende nicht zu seh'n!«
(109). Als weibliche Eigenschaft wird dagegen die Fähigkeit postuliert, die Beziehung zum eigenen Kind über die moralische Konvention zu stellen. Während der
Vater als »entseelter Bureaukrat« den Sohn an der Konvention mißt, mißt sie die
Konvention an dem »rechtlichen Charakter« und der »edlen Denkungsweise«, die
sie in ihrem Sohn »wecken« konnte (107).

Da zeigt sich freilich schon die Sollbruchstelle der Solidarität: Der rechtliche
Charakter ist geweckt, also Produkt der mütterlichen Erziehung. Wenn Melchior
gegen die Konvention verstößt, dann kann das auch für die Mutter nichts anderes
sein als »der stupendeste Beweis für seine Harmlosigkeit, für seine Dummheit, für

---

[49] Wir wissen bereits aus II.7, daß Ilses Zuhause in der freien Natur und in der Nähe des Flusses
liegt.

[50] Das »Parallelepipedon« klingt wie ein Scherz und wird auch von den Interpreten lediglich als
Chiffre für einen hochgestochenen Bildungsinhalt verstanden (Wagener, *Wedekind*, S. 38). Meist wird auf
die stereometrische Form hingewiesen, ein Raum aus Paaren paralleler Flächen, aus der wir immerhin
einen Hinweis auf Homosexualität ableiten könnten; 1860 wurde jedoch darunter einfach ein »Lang-
würfel« verstanden (J. F. Heigelin: *Allgemeines Handbuch der Fremdwörter. Nebst gedrängter Sacherklärung. Ein gemeinnütziges Handbuch für alle Stände*, Tübingen: Verlag der Osiander'schen
Buchhandlung 1860, S. 474). Was hier von Ilse als Geheimnis des Moritz kolportiert wird, ist die
geometrische Kennzeichnung eines Sarges.

seine kindliche Unberührtheit« (109). In der Rede des Vaters als Geächteter vorgeführt (»moralischer Irrsinn«, 108), erscheint der Sohn im Diskurs der Mutter als
Kind: »Dieses frühlingsfrohe Herz – sein helles Lachen – alles, alles – seine
kindliche Entschlossenheit [...]« (110). Freilich ein – kraft seiner Beziehung zu ihr –
besonderes Kind, das fern von ihr, in der Correctionsanstalt, sterben wird, denn »er
erträgt das Gemeine nicht«.

Ihre Bereitschaft, ihn nun doch »gewaltsam in den Tod jagen (zu) lassen«
(107), tritt in dem Augenblick ein, als sie erfährt, daß Melchior kein Kind mehr ist,
daß er mit Wendla geschlafen hat. Dieser Umschwung wird von den Interpreten
meist als Beweis dafür genommen, daß Frau Gabors liberale Pädagogik eben nur
vordergründig sei und sie ›eigentlich‹ doch immer nur den elterlichen Machtan-
spruch vertreten habe.[51] Nach dieser Auffassung ist das Verhältnis zwischen Frau
Gabor und ihrem Sohn lediglich ein Besitzverhältnis. Die bisher vorgetragenen
Texthinweise, die Melchiors Mutterbeziehung mit sexuellen Motiven verbinden,
legen darüber hinaus die Deutung nahe, daß eine Disjunktion zwischen dieser ero-
tisierten Mutterbeziehung und eigenem sexuellem Handlungskontakt mit Gleich-
altrigen besteht. Die Figur der Frau Gabor ist so angelegt, daß die Gewißheit der
sexuellen Außenbeziehung des Sohnes zusammenfällt mit dem Ende der mütterli-
chen Solidarität. Es trifft zwar zu, daß analog dem Verhältnis Frau Bergmanns zu
Wendla auch diese Mutter als Besitzerin ihres Sohnes erscheint. Liest man aber die
Rede der Frau Gabor genau, so erweist sich, worin dieser Besitz besteht. Welche
Folgen befürchtet sie von einem möglichen Aufenthalt in der Correctionsanstalt?
»Ich sehe ihn nicht wieder. Er erträgt das Gemeine nicht. Er zerbricht den Zwang;
das entsetzlichste Beispiel [sc. Moritz' Selbstmord] schwebt ihm vor Augen!« (110).
Die erste mögliche Folge ist also der Selbstmord – und der ist ein Verlust für die
Mutter: »Ich sehe ihn nicht wieder«. Was aber, wenn Melchior sich wider Erwarten
doch nicht umbringt? »Und sehe ich ihn wieder – Gott, Gott, dieses frühlingsfrohe
Herz – sein helles Lachen [...] o dieser Morgenhimmel, wie ich ihn licht und rein in
seiner Seele gehegt als mein höchstes Gut...« (110). Die Wortwahl charakterisiert
das Besitzverhältnis: als »mein« höchstes Gut. Das Überleben wird mit der elliptisch
formulierten Befürchtung verbunden, der von der Mutter »in seiner Seele« gehegte
»Morgenhimmel« könnte seine Reinheit und Helligkeit verlieren, unrein und dunkel
werden.

Genau an dieser Stelle ereignet sich auch der Meinungsumschwung der Frau
Gabor. Mit dem zweiten Hieb ihres Mannes, der Nachricht von der sexuellen Beziehung zwischen Melchior und Wendla (»Er hat sich vergangen«, 110), ist bewiesen:
Der Morgenhimmel ist bereits verdunkelt. Ironisch greift Herr Gabor den Schlüssel-
begriff auf: »sein frühlingsfrohes Herz gewöhnt sich nachgerade daran« (112). Das
heißt: Melchior wird die Schwelle zur sexuellen Handlung wieder überschreiten.
Daß Frau Gabor nun übergangslos Melchiors Einweisung in die Correctionsanstalt
fordert, präzisiert das Besitzverhältnis als Besitz der Mutter an den Geschlechts-
eigenschaften des Sohnes.

---

[51] Spittler, *Wedekind*, S. 33–34.

Eben standen wir noch am Grab des kopflosen Moritz, eine Ahnung wollte aufkeimen, daß weibliche Sexualität im Diskurs der Mädchen ansatzweise faßbar sei, und damit nicht unbedingt gefährdet oder gefährlich, da wechselt die Szene. Wir wohnen einer Schlacht bei und einem Verrat. Die kopflose Königin tritt wieder auf, ein Männerkopf denkt für beide, das Ergebnis ist die Vernichtung des Sohnes. Im einzigen heterosexuellen Erwachsenendialog des Stückes wohnen wir einer Aufklärung bei, die eher einer Überführung gleicht, zugleich der Vernichtung der Mutter-Sohn-Dyade. Der Angriff des Vaters auf den Sohn folgt dem Muster der Ödipustragödie; der Verrat der Mutter jedoch widerspricht diesem Muster. Er inszeniert die mörderische, sexuell begehrliche und beherrschende Mutter, die den Sohn zur Hinrichtung freigibt, wenn er ihr nicht ganz und ausschließlich gehört.

III.4 Die folgende Szene konfrontiert uns wieder mit einer männlichen Gruppe, und wir sind nicht verwundert, auch hier genau die Anordnung aller bisherigen männlichen Gruppen vorzufinden: Sechsergruppe, Ausschluß, Schuß (wer trifft beim Zielonanieren die Münze?) und Schlag.

Hatte sich dort ein männliches Paar (Melchior – Moritz) aus der Szene gelöst (»Fort, nur fort, zur Stadt hinaus!«, 40), so bleibt hier ein Einzelner zurück: »Allein, gegen das Fenster gewandt« (115) sinniert er über die Flucht: »Das geht den Blitzableiter hinunter. – Man muß ein Taschentuch drumwickeln«. Zwischendurch sinniert Melchior über die Beziehung zu Wendla; die Hoffnung auf Wiedergutmachung taucht auf: »Ich darf einzig hoffen, im Lauf der Jahre allmählig...« (116). Der Fluchtplan wird präzisiert: »ein Schwung – ein Griff – aber man muß ein Taschentuch drumwickeln« (116).

In Melchiors Worten hallt ein zuvor von Moritz gebrauchtes Bild nach: »Aber nun ich die Stange erfaßt, werde ich mich auch hinaufschwingen« (52). Durch den metaphorischen Rahmen der Onanieszene wird auch der Blitzableiter zum Onaniesymbol. Selbstbefriedigung und Homosexualität bieten Auswege aus dem Konflikt zwischen heterosexuellem Wunsch (»Wenn ich an sie denke schießt mir das Blut in den Kopf«) und Abwehr (»Moritz liegt mir wie Blei in den Füßen«, 115), in der sich Todesangst, Schußphantasma und sektorisierte Weiblichkeit mischt.

III.5 Dennoch macht das Stück noch einen Anlauf, die Frauen auftreten zu lassen. Die Szene knüpft formal an I.3 an, die einzige Szene, in der drei Frauen zusammen auf der Bühne waren. Damals hätte noch alles gutgehen können; es ging um Körperempfindungen, Identität, Wünsche, Jungs. Seither aber war dieses Konsilium nie mehr einberufen worden; im Gegenteil: In der zähen Desinformationskampagne der Frau Bergmann war Ina, die ältere Tochter, ausdrücklich als falsche Zeugin aufgerufen worden. Nun kommen für einen Augenblick alle drei zusammen – und alle drei sind inzwischen Mütter. Die Chance wird aber verpaßt, Ina geht ab, ohne daß die Wahrheit über die Flugbahn des Storches, die jetzt alle kennen, benannt worden wäre. Zwar ringt auch hier Wendla ihrer Mutter schließlich eine Aufklärung ab: »Du hast ein Kind, Mädchen!« (121), doch folgt ihr umgehend der von ahnungsvoll verleugnetem Klopfen angekündigte Auftritt der Engelmacherin, Mutter Schmiedin. Damit endet die Szene. Die Frauentriade ist wieder hergestellt, aber sie ist, wie sich bald herausstellen wird, tödlich. Damit verschwinden die Frauen von der Bühne.

In der Sukzession des Zuschauertraums war dies der letzte Versuch, ein versöhnliches Bild von Weiblichkeit zu bewerkstelligen. Frauen, die miteinander über Sexualität kommunizieren könnten, also einen Kopf hätten, wären weniger gefährlich. Der Versuch scheitert im Ansatz. In der nächsten Szene zieht sich der Zuschauertraum auf die bereits mehrfach anvisierte homosexuelle Lösungsvariante zurück.

III.6 Die Szene mit Ernst Röbel und Hänschen Rilow im Weinberg liefert den genauen Gegenentwurf zum Schweigen der Frauen. Hier wird benannt und genossen. Die bisher in der Latenz verbliebene Ebene der homosexuellen Berührung verknüpft sich mit der Ebene der Benennung. Gegenwärtiger Genuß (»diese leuchtende Muskateller!«) fällt mit Zukunftserwartung zusammen: »Ich verspreche mir wenig mehr von der Zukunft« (124). Die sexuelle Phantasie, ausgestaltet als orale Versorgung (»und durch die Gartenthür bringen die Mädchen Äpfel herein«) oder als genitale Verführung (»Ich denke mir halbgeschlossene Wimpern, halbgeöffnete Lippen und türkische Draperien«, 125) erfüllt sich in der gegenwärtigen Befriedigung: »Schöpfen wir ab, Hänschen! – Warum lachst du?« – Hänschen: »Fängst du schon wieder an?« – Ernst: »Einer muß ja doch anfangen« (125).

Deutlicher noch als in den Andeutungen der vorhergehenden Szenen wird männliche Homosexualität hier als Lösung propagiert. Sie gestattet Lust und Abfuhr, ohne, wie die weibliche Sexualität, tödlich zu enden. Dennoch ist die homosexuelle Idylle nicht als Lösung zu nehmen. Zu deutlich ist ihr das Scheitern der vorangehenden Szenen eingeschrieben. Sie bleibt aber als Handlungsentwurf auch für die folgende Szene des Stückes bestehen.

III.7 In der Schlußszene von *Frühlings Erwachen* versucht Moritz' Geist, mit dem Kopf unter dem Arm, Melchior zum Leben in einem sexuell konnotierten Jenseits zu bewegen (»auf Kirchtürmen [...], im Kamin und hinter den Bettvorhängen«, 130). Melchior ist drauf und dran, das Angebot anzunehmen, da tritt ein weiterer Geist auf, der vermummte Herr: zum ersten Mal eine männliche Dreiergruppe.

Der vermummte Herr wird von Melchior als »Vater« angesprochen (135), was er jedoch zurückweist, indem er zugleich ausspricht, was das ganze Stück über unaussprechlich war: »Dein Herr Vater sucht Trost zur Stunde in den kräftigen Armen deiner Mutter.« Wäre er eine Vaterfigur, dann entstünde hier ein Bogen zum Anfang: Dem Dialog des Verschweigens zwischen Mutter und Tochter entspricht der Dialog des Benennens zwischen »Vater« und Sohn.

Freilich ist die Vaterfunktion des vermummten Herrn mindestens gebrochen. Als Mephistopheles vertritt er Melchiors Atheismus, könnte also auch Melchiors eigene Zukunft sein: »Du lernst mich nicht kennen, ohne dich mir anzuvertrauen« erhielte dann einen präzisen Sinn – und das Stück endete nicht mit einer Vater-Sohn-Beziehung, sondern mit Melchior forever.

Allerdings ist der vermummte Herr keine handelnde Person des Stückes. Er kommt als deus ex machina[52] von außen in die Handlung hinein, seine Kommentare sind metasprachlich aufzufassen. Ebenso wie das Auftreten von Moritz als Geist signalisiert diese Szene in der

---

[52] Irmer, Hans-Jochen: *Der Theaterdichter Frank Wedekind* (1975), Berlin/DDR: Henschelverlag ⁹2000.

Rezeptionssituation das Eingreifen eines Erzählers;[53] die ästhetische Illusion wird gebrochen, der Zuschauer / Leser findet sich auf der Bühne.

Der 3. Akt beginnt und endet mit einer Männergruppe. Dazwischen blitzt mehrmals die Möglichkeit auf, daß Frauen Sexualität denken und also nicht lebensgefährlich sein könnten. Sie wird jedoch jeweils nicht eingelöst. Im Räderwerk der Macht-maschine, im Lügenwerk der Beerdigungsszene, im vergewaltigenden Elterndialog und im endgültigen Scheitern des Frauentrios werden Streich um Streich die »Folgen« des Sexualakts vorgeführt. Moritz ist gestorben, weil er eine Frau war. Auch über ihn sind alle Himmel hereingebrochen. Melchior soll sterben, weil er nicht mehr seiner Mutter gehört, Wendla ist geschwängert worden, daran wird sie sterben. Die abschließenden Männerszenen, in denen keine Frau mehr vorkommt, erscheinen nach diesem Abräumen von Hoffnung als aufgesetzte, unwirkliche Lösung. Der vermummte Herr als Inkarnation von Melchiors Zukunft vertritt diese nur um ihrer selbst willen, nicht mehr im Namen einer möglichen Beziehung zu einem anderen. Er ist und bleibt vermummt. »Nach Freud und Wedekind ist Sexualität ohne Vermummung nicht mehr zu haben.«[54] Wenn man die Sexualität in *Frühlings Erwachen* sucht, so wird man sie nicht hinter, sondern allenfalls in der angewachsenen Maske selbst finden können, mit der das Individuum, das sich erst durch die Maske als solches konstituiert, ungetröstet durchs Leben geht.

4. Szene und Spannung

Nach diesem Durchgang durch die Lektüre von *Frühlings Erwachen* bleibt noch zusammenzufassen, wie das Stück unter den eingangs erläuterten, formspezifischen Aspekten von Szene und Spannung die Einbindung des Zuschauers bewältigt.

4.1. Szenen der Pubertät

Frühlings Erwachen präsentiert eine Folge szenischer Tableaus: Männergruppe, Männerpaar, Frauengrüppchen, Mutter-Tochter und ein utopisches Schwesternpaar.

Frauen treten im Gegensatz zu den Männern nie in der Gruppe auf – lediglich passager als Trio mit hoher Zerfallstendenz und tödlichem Ausgang. Aus diesem gefährdeten Grüppchen geht, im Gegensatz zur Männergruppe, kein Paar hervor. Mädchen treten überhaupt nicht paarweise auf, mit einer signifikanten Ausnahme: Als Utopie der weiblichen Solidarität erscheint das Paar Ilse – Martha an Moritz' Grab (III.2). Das Auftreten dieses Paares hat auch in Bezug auf die umgebende Männergruppe den Charakter einer passageren sexuellen Utopie. In Bezug auf die weibliche Paardyade zitiert es die Utopie der Schwesterlichkeit.[55]

---

[53] Wedekind pflegte nicht umsonst diese Rolle selbst zu spielen.

[54] Kessler, Anmerkung, S. 43.

[55] Die Figur der Ilse freilich zeigt starke Parallelen zum vermummten Herrn. Sie ist das leibgewordene Abziehbild des männlichen Begehrens.

Männer treten in *Frühlings Erwachen* in Gruppen und Paaren auf. Die Gruppen bestehen durchweg aus sechs Personen.[56] Diese männlichen Sechsergruppen werden in der Regel durch ein männliches Paar ergänzt. In den Sechsergruppen wird gestritten, ein Ohrfeige fällt und es geht um einen Schuß. Jungenpaare werden dadurch hergestellt, daß sie sich aus Gruppen lösen. Verhandelt werden sexuelle Wissensdifferenzen und männliche Regungen, in der Regel mit homosexuellen Signalen versehen. Gefährlich werden diese vor allem nach der Einführung der sexuellen Mutterfigur. Als alternatives Modell männlicher Sexualität schiebt sich – analog dem Schwesterdialog Ilse – Martha (III.2) der Dialog von Ernst Röbel und Hänschen Rilow im Weinberg (III.6) dazwischen, der eine homosexuelle Lösung des Triebproblems präsentiert. Hänschen Rilow erscheint an der Oberfläche als der eigentliche Gewinner des Stückes; bei aller Ähnlichkeit mit Ilse hat diese doch nicht seine Zukunft vor sich: »Bis es an euch kommt, lieg' ich im Kehricht« (84).

Männer kommen in *Frühlings Erwachen* in mehreren Hinsichten – wenn auch nur scheinbar – besser weg als Frauen: Es gibt männliche, aber keine weibliche Homosexualität; und es gibt männliche, aber keine weibliche Aufklärung. Es fällt auf, daß Aktivität grundsätzlich den männlichen Figuren zugeschrieben wird; sie haben Schulprobleme[57], und sie können Selbstmord begehen (während Frauen wie Wendla passiv durch Abtreibung getötet werden). Heterosexuelle Beziehungen werden in *Frühlings Erwachen* als stark asymmetrische Gewaltbeziehungen repräsentiert.[58]

Im Hier und Jetzt der Aufführung (bzw. in der vom Leser imaginierten Aufführung) wird auch das Publikum inszeniert. Als einzelner mag sich der Zuschauer, als einzelne auch die Zuschauerin mit den Protagonisten wechselnd identifizieren. Als Ganzes freilich erscheint das Publikum auf der Bühne nur in einer Form: als männliches Sextett. Am deutlichsten ist das in der Beerdigungsszene (III.1). Zwei Männergruppen scharen sich um das Grab des toten Moritz. Das nimmt exakt die Schlußszene des Stückes vorweg. Nachdem Melchior und der vermummte Herr abgegangen sind, sitzt im Blickfeld des Publikums nur noch der tote Moritz auf der Bühne: »Da sitze ich nun mit meinem Kopf im Arm« (141).

Nun besteht aber das Personal der Beerdigungsszene nicht nur aus Männern. Auch ein Mädchenpaar ist zugegen, Ilse und Martha, die »in einiger Entfernung vor einem halbverfallenen Grabmonument« stehen (98). Ihr Auftreten ist transitorisch, ein Aufblitzen zwischen dem Abgang der Gymnasiastengruppe und dem angekündigten Auftritt der Totengräber.

Inszeniert also das Stück im Publikum den Blick einer Männergruppe auf einen toten Jungen? Vom Ende her betrachtet, sieht es so aus. Da ist aber noch der Anfang, und der führt ein Frauenpaar vor und zugleich das Problem der Betrach-

---

[56] Das geht so weit, daß sogar die Künstlergruppe, die Ilse aufzählt (II.7, 79 f.), aus sechs Namen besteht.

[57] Obwohl auch Thea (33) die ganze griechische Geschichte durcheinanderbringt, wird dies nie als ihr Problem thematisiert.

[58] Carol Diethe: *Aspects of distorted sexual attitudes in German expressionist drama, with particular reference to Wedekind, Kokoschka and Kaiser*, New York u. a.: Peter Lang 1988.

tung: Wendlas Knie sollen verhüllt werden. Zu diesem Anfang schlägt Moritz' Schlußmonolog den Bogen: »Da sitze ich nun mit meinem Kopf im Arm.« Der abgetrennte Kopf – Chiffre des weiblichen Körpers (Wendlas Knie) und des männlichen Blicks (Georg: Hing »die Zunge heraus?«; Robert: »Die Augen!« (...); Ernst: »Man sagt, er habe gar keinen Kopf mehr«, 101f.).

Die vom Stück im Publikum inszenierte Szene erscheint als Blick einer Männergruppe auf einen toten Jungen, der den Kopf verloren hat, weil er einen Mädchenkörper betrachten wollte. In beiden Blickrelationen liegt auch eine Identifizierung: In der Betrachtung des Mädchenkörpers ist auch der eigene Körper aktualisiert: »Wenn ich ein schönes Mädchen sehe, seh' ich es ohne Kopf – und erscheine mir dann plötzlich selbst als kopflose Königin« (54). *Frühlings Erwachen* inszeniert den männlichen Blick und die Identitätsverwirrung durch das Begehren.

Genau an dieser Stelle greifen meine eigene primäre Leseerfahrung und die verschiedenen Arbeitsblockaden, die den Gang der Analyse begleiteten, ein. Langeweile, Desinteresse und Distanz erscheinen als Abwehr eigener Reaktionen, die an einigen Stellen bewußt werden. Stellvertretend für ein erwachsenes Publikum verhandelt das Stück eine pubertäre Sexualität, die für dieses Publikum nicht mehr erreichbar ist. Das vorgeführte Paar bedient ein unbewußtes Bedürfnis der Zuschauergruppe. In meiner imaginierten Zuschauerrolle bin ich, der Erwachsene, angesichts eines Stücks über pubertäre Erotik Teil einer Gemeinde von Spannern.

Wenn zum Schluß der vermummte Herr Melchior »ins Leben« führt, als dessen kundiger Experte er sich vorstellt, so versichert der Betrachter sich auch in dieser Figur seiner eigenen Lebenskundigkeit. Die Interpreten haben sich meist an dieser Pointe erfreut; der vermummte Herr wurde als Ausdruck von »Lebenswillen«[59] und erwachsener Sexualität[60] apostrophiert, als ob dieses Leben denn doch schlechthin ein gelingendes sei. Daß das Stück dennoch mit Moritz' pessimistischem Satz endet: »[...] und wenn alles in Ordnung, lege ich mich wieder hin, wärme mich an der Verwesung und lächle...« (141), empfand man als »dramaturgisch verfehlt«.[61]

4.2. Spannung, Entladung, Gestalt:
Das Drama der Pubertät in *Frühlings Erwachen*

Wie steuert das Stück die Intensität, die in dieser Konfiguration entsteht? *Frühlings Erwachen* suggeriert durch ein enges Netz von Hinweisen ein Zeitgerüst, in dem der Zuschauer sich teilnehmend bewegt. Die Spannung, die den Zuschauer mit erfaßt, lebt aus der unterschwelligen Thematisierung einer vorwärtslaufenden Entwicklung.

Spannung vermittelt das Stück auch durch die zeitliche Markierung einzelner Szenen. So weist z. B. die drängende Thematisierung des unaufschiebbaren Augenblicks »Jetzt! Jetzt gleich« im Aufklärungsdialog (II.2) Wendlas Aufklärung als ekstatischen Akt aus (65). Auch der Dialog der Mädchen in der Beerdigungsszene (III.1) ist durch das Motiv der drängenden Zeit gekennzeichnet, etabliert aber auch

---

[59] Irmer: *Theaterdichter*, S. 115–116; Anna K. Kuhn: *Der Dialog bei Frank Wedekind*, Ann Arbor, 1980; Heidelberg, 1981, S. 77; Spittler, *Wedekind*, S. 41.

[60] Vgl. Reitlers Beitrag in: Nunberg & Federn: *Protokolle*, S. 106.

[61] Spittler, *Wedekind*, S. 41.

ein Moment von zyklischer Zeit – im Gegensatz zum zyklischen Stillstand der Männergruppen. Die Zuspitzung auf einen gegenwärtigen Zeitpunkt erzeugt im Zuschauer das Spannungsmoment, suspense, das ihn in die Szene verwickelt.

Es fällt auf, daß dieses Drängen meist von Mädchenfiguren ausgeht oder zumindest berichtet wird. Wendla verliert sich im Augenblick (»die Zeit verging mir so rasch«, 42), bedrängt ihre Mutter, sie aufzuklären und Melchior, sie zu schlagen; auch ihre Traumschilderung ist eine rasante Erzählung (45), ebenso wie Ilses Berichte (80, 83). Martha schildert packend, wie sie geprügelt wird (»Da kommt Papa. Ritsch – das Hemd herunter«, 28). Noch in der Liebesszene wird der Rhythmus von der Frau vorgegeben: »Dein Herz hör' ich schlagen« (71), während die homosexuelle Liebesszene von einer eher bedächtigen Wiederholung gekennzeichnet ist: »Fängst du schon wieder an?« (125).

4.3. Die Szene des Spanners

Wie lassen sich diese Befunde zu Szene und Spannung zusammenfassen? Der Rezeptionsraum, in dem Pubertät in *Frühlings Erwachen* sich aktualisiert, ist ein Männerpublikum. Vor dem männlichen Blick entsteht das Bild der passiven und sektorisierten, aber sexuell rhythmisierenden Frau als Projektion von Körperlichkeit schlechthin. Weibliche Sexualität, passiv und namenlos, erscheint durchweg masochistisch, gibt jedoch den Rhythmus vor. Männliche Sexualität erscheint aktiv und benennbar. Ihr Problem ist der Aufschub. Sie ist einem Schuß gleichzusetzen und insofern gefährlich, während weibliche Sexualität einer Entzündung gleichzusetzen und insofern gefährdet ist. Die einzige (Schein-)Lösung, die vorgeführt wird, ist die narzißtische, erweitert als männliche Homosexualität.

Das Dilemma der männlichen Sexualität, das in diesem Stück verhandelt wird, ist weder auf ödipaler noch auf homosexuell-narzißtischer Ebene lösbar. Es besteht darin, daß die Phantasie der sexuellen Mutter archaische Angst auslöst und daß alle Bewältigungsversuche, insbesondere der Versuch, die weibliche Sexualität durch Benennungsentzug und radikale Verfügung zu entschärfen, in der Isolation enden. Die einzige Möglichkeit, wie der ursprüngliche Wunsch nach Kontakt mit dem sexuellen Körper der Mutter realisierbar wäre, nämlich die Erfahrung der realen Interaktion mit der sexuell selbstbewußten Frau, kann *Frühlings Erwachen* nicht darstellen.

5. Nachtrag: *Frühlings Erwachen* und Perversion

Was aber ist der Grund für diese Unmöglichkeit? Aus der immanenten Analyse des Textes ließ sich nicht ableiten, warum an keiner Stelle des Textes die Brücke zwischen den Geschlechtern tragfähig werden darf. Erst die Erfahrung der interdisziplinären Diskussion, erst der Vergleich verschiedener, auch biographischer Quellen verdeutlicht die Figur, die hinter dem Dilemma steht.

Frühlings Erwachen verhält sich zum etwa gleichzeitig geschriebenen *Mine Haha* wie der zensierte manifeste Traum zum latenten. Die Fragen, die in *Frühlings Erwachen* offen bleiben, finden Entsprechungen in der *Mine Haha*-Szene bzw. den parallelen Tagebucheintragungen.

Im einzelnen: In *Frühlings Erwachen* war die Erregung auf seiten der Mädchen, das Denken jedoch auf Seiten der Buben lokalisiert. Diese Verteilung entspricht genau dem Arrangement der Mädchenerziehung: Die Mädchen in *Mine Haha* werden bewußt dazu erzogen, unbewußt sexuell zu sein. Auch die Bezogenheit auf ein Männerpublikum in *Frühlings Erwachen* wiederholt sich in *Mine Haha*: Die Schlüsselszene der Theateraufführung zeigt den sexuell erregenden, ›unschuldigen‹ Tanz der Mädchen vor einem Männerpublikum.

Die untergründige Unmöglichkeit der sexuellen Erfüllung, die in *Frühlings Erwachen* spürbar (und nachweisbar) war, wird in *Sonnenspektrum* (vgl. den Beitrag von Ortrud Gutjahr in diesem Band) bestialisch klar. Mädchen und Buben bezahlen den Übergang zur Sexualität mit dem Tod. Die Einführung des Todes durch Koitieren wirft ein grelles Schlaglicht auf die Gleichsetzung von Sexualität und Tod, die die gesamte Metaphorik von *Frühlings Erwachen* durchzieht. Dieses Motiv ist freilich nicht selten in der Literatur, zumal in der Literatur der Jahrhundertwende. Spezifischer schon erscheint der Versuch, der Sexualangst, die es ausdrückt, Herr zu werden durch das Arrangement von Schlagen und Zeigen sowie durch die Bedingung der anbrechenden sexuellen Reife.

Wedekinds Werk ist durchzogen von einem Klischee der verrenkten Frau, das, wie die Tagebücher zeigen (vgl. Pankau in diesem Band), auch Wedekinds private Phantasie beherrschte. Auffallend ist, daß solche Klischees in *Frühlings Erwachen* nur sehr verdeckt auftauchen. Wir sehen hier keine Verrenkung, keine Dressur, keine Exhibition. Lediglich die Gerte taucht auf. Gemessen an den Vergleichstexten ist *Frühlings Erwachen* bis zur Unkenntlichkeit zensiert. Das Perversions- und Mißbrauchsszenario erscheint nur in Chiffren: Der vermummte Herr, den wir in der immanenten Analyse als Inkarnation nicht nur von Melchiors eigener Zukunft, sondern auch des Publikums verstanden hatten, ist tatsächlich der Theaterzuschauer, der stumme Genießer der feilgebotenen Genitalien.

Die Obsessionen, die *Mine Haha* und die Tagebücher zum Ausdruck bringen, und deren Ausläufer in *Frühlings Erwachen* spürbar sind, lassen sich schlüssig erklären als Schutzformeln gegen eine als übermächtig und bedrohlich erlebte weibliche Sexualität. Die Mädchen müssen noch halbe Kinder sein, um die Angst zu reduzieren, die die Koitusphantasie auslöst, und sie müssen eindeutig in der gehorchenden Rolle verbleiben. Die Gerte, die in *Mine Haha* zwar von Frauen geschwungen wird, bleibt dennoch Symbol der männlichen Herrschaft. Das Vorzeigen der Vagina, am drastischsten geschildert im Tagebuch (vgl. Gutjahr in diesem Band), wo die Mädchen mit gespreizten Beinen auf den Händen gehen müssen, damit die Männer ihnen Geldstücke in die Vagina einführen können, bewirkt vor allem die Möglichkeit der permanenten Kontrolle. Ihre Darbietung schiebt die Schuld an der sexuellen Lust den zur Provokation erzogenen Mädchen zu. Als Männerphantasie verstanden, bringt die ganze Inszenierung die Angst vor dem eigenen, auf das sich entziehende und gleichzeitig bedrohliche Geschlecht der Mutter gerichtete Begehren zu Ausdruck und den Versuch, dieses durch Verkindlichung und Unterwerfung zu neutralisieren. Wie jeder Abwehrversuch muß diese Inszenierung mißlingen. Das Begehren, durch solche Schachzüge nicht stillzustellen, erscheint wieder, in projektiver Identifizierung nun auf seiten der Mädchen als sexuelle Provokation. Festzuhalten bleibt aber, daß dies nicht die emanzipatorische Darstellung der sexuellen Wünsche ist, weder von Mädchen noch von Jungen, sondern der Versuch der Abwehr von sexueller Angst vor der Frau.

Auch diese gefährliche Frau hat ihren Platz in *Frühlings Erwachen*, und zwar aufgeteilt auf mehrere Figuren. Als Phantasma der kopflosen Königin vereint sie Zärtlichkeit und mörderische Gewalt. Frau Bergmann, die das Stück eröffnet, repräsentiert die sich entziehende Mutter. Ihr Geschlecht ist durch Verhüllung präsent. Unter ihrer Schürze spielt sich alles ab, nämlich nichts. Ihre Tochter wird, und zwar durch ihre Schuld, am Koitus sterben. Frau Gabor dagegen vertritt die verführerische Mutter. Sie stellt sich als sexuelles Anschauungsobjekt zur Verfügung, spricht über Sexualität oder deutet zumindest an, daß sie ein überlegenes Wissen besitzt. Sie kennt die heißen Stellen der Literatur. Auch sie tötet ihre Kinder, zwei sogar, nämlich Moritz durch Verweigerung der Hilfe und Melchior durch Einweisung in die Correctionsanstalt.

Nehmen wir alle diese Komponenten als Teil einer männlichen Phantasie, so ist auch hier die von Sibylle Grüner (in diesemBand) aufgewiesene Dynamik ablesbar. Nicht nur *Frühlings Erwachen*, sondern viele Stellen in Wedekinds literarischem Werk und in seinen privaten Aufzeichnungen kreisen um ein Szenario, das von dem Wunsch nach Verschmelzung und der Angst vor Verlust der eigenen Identität geprägt ist. Die Abwehr dieses Dilemmas führt zu immer neu aufgelegten Ritualisierungen, die die Struktur einer Perversion haben. Sie dienen alle dazu, die Übermacht des faszinierenden und angsterregenden weiblichen Geschlechts zu bannen.

Gibt uns dieses Zusammentreffen von Werk und Leben das Recht, nun doch zur Autorenpsychologie zurückzukehren? Oder verstellt uns der Kunstcharakter auf immer den Blick auf das Seelenleben des Autors? Die Frage ist falsch gestellt. Wenn wir den Auftrag hätten – den uns Wedekind nicht mehr erteilen kann –, seine sexuellen Obsessionen zu analysieren, so könnten wir ihn annehmen. Nun ist aber Wedekind verstorben, ohne einem Psychoanalytiker in die Hände gefallen zu sein. Den Auftrag, sein Werk zu analysieren, haben wir selbst uns erteilt. Die reading community, die Wedekind nicht vergessen hat, die Theaterzuschauer, die sich immer wieder an seinen Stücken ergötzen, sie stellen sich selbst die Frage, was sie daran eigentlich genießen.

Die textimmanente Analyse von *Frühlings Erwachen* konnte zwar manche Bestimmung zutage fördern, die vielleicht auch Folgerungen für die Aktualität dieses Stückes zuläßt, Folgerungen für eine Sozialpsychologie der Bezogenheit im ausgehenden 20. Jahrhundert. Erst der Schreck aber, den das Aufscheinen von Wedekinds persönlicher Obsession hinter der Kunstgestaltung auslöst, eröffnet die Tragweite dieser Thematik. Mit dem Ausgreifen auf außertextuelle Bezüge, auf den Werkkontext und auf biographische Quellen verläßt auch der Interpret seinen Sitz im imaginären Theater, wo er sich scheinbar naiv dem verschleierten Genuß der Inszenierung von Wunsch und Abwehr hingeben konnte. Er muß auf dem Weg nach draußen an der Garderobe vorbei, wo er seinen eigenen Schrecken abgegeben hat, und sich klarmachen, wie stark die Sehnsucht nach Verschmelzung, wie übermächtig die Angst vor dem Verlust der eigenen Identität in ihm selbst und in seiner eigenen Gesellschaft ist. Er muß sich klarmachen, daß die sexuelle Verfügung über Kinder, in vielen Gesellschaften bis heute und in unserer eigenen noch bis vor nicht allzulanger Zeit legitim ausgeübt, noch heute als magisches Ritual und als Lustfigur nicht weit unter der Oberfläche liegt. Ein Ritual, das solange nötig ist, wie in der psychosexuellen Entwicklung beider Geschlechter die Angst um und vor dem Körper nicht überwunden ist. Ob das je möglich sein wird, ist eine andere Frage. Bis dahin hätten wir die Augen offen zu halten und uns die Wahrnehmung auch dessen zu gestatten, was uns Angst macht.

Literatur

Adorno, Theodor W.: *Ästhetische Theorie* (1970), Frankfurt a. M.: Suhrkamp 1973 (= stw 2).

Bograd, Angelika B.: *Eros und Sexualität im Werk Frank Wedekinds. Eine psychoanalytische Untersuchung*, Phil. Diss. Los Angeles 1990.

Deppermann, Maria: »»Durch die Freudsche Tiefenlinse‹. Zum Verhältnis von Ideologie und Psychoanalyse im Filmstil Sergej Eisensteins – Psychologische Aspekte der ästhetischen Kommunikation im Film«, in: Johannes Cremerius/ Wolfram Mauser/Carl Pietzcker/Frederick Wyatt (Hg.): *Zur Psychoanalyse der literarischen Form(en)*. Würzburg: Königshausen & Neumann 1990 (= Freiburger literaturpsychologische Gespräche Band 9), S. 178–199.

Diethe, Carol: *Aspects of distorted sexual attitudes in German expressionist drama, with particular reference to Wedekind, Kokoschka and Kaiser*, New York u. a.: Peter Lang 1988.

Fara, Giuseppe & P. Cundo: *Psychoanalyse, ein bürgerlicher Roman* (1981), Basel und Frankfurt a. M.: Stroemfeld / Roter Stern 1983.

Foucault, Michel: »Was ist ein Autor?« (1969), in: ders.: *Schriften zur Literatur*, Frankfurt a. M.: Fischer 1988, S. 7–31.

Freud, Sigmund: »»Ein Kind wird geschlagen‹. Beitrag zur Kenntnis der Entstehung sexueller Perversionen« (1919), in: ders.: *Gesammelte Werke*, Bd. 12, London: Imago [4]1972, S. 127–226.

Gesing, Fritz: »Annäherungen an eine psychoanalytische Theorie der literarischen Form«, in: Johannes Cremerius/Wolfram Mauser/Carl Pietzcker/Frederick Wyatt (Hg.): *Zur Psychoanalyse der literarischen Form(en)*, Würzburg: Königshausen & Neumann 1990 (= Freiburger literaturpsychologische Gespräche Band 9), S. 33–63.

Girshausen, Theo: »Ereignis Theater«, in: Theresia Birkenhauer u. Annette Storr (Hg.): *Zeitlichkeiten – zur Realität der Künste*, Berlin: Vorwerk 1998, S. 34–49.

Hamburger, Andreas: »Traumerzählung und interaktives Gedächtnis. Zur Psychoanalyse der Identität«, in: Michael Neumann (Hg.): *Erzählte Identitäten*, München: Fink 2000, (im Druck).

Hamburger, Andreas: »Goldne Träume kommt ihr wieder. Bericht über eine Lektüre«, in: Johannes Cremerius/Gottfried Fischer/Ortrud Gutjahr/Wolfram Mauser/Carl Pietzcker (Hg.): *Methoden in der Diskussion* (Freiburger literaturpsychologische Gespräche Bd. 15), Würzburg: Königshausen & Neumann 1996, S. 47–81.

Hamburger, Andreas: »Psychoanalyse und Literatur«, in: Wolfgang Mertens (Hg.): *Schlüsselbegriffe der Psychoanalyse*, Stuttgart: Verlag Internationale Psychoanalyse 1993, S. 391–400.

Hamburger, Andreas: »Traumnarrative. Interdisziplinäre Perspektiven einer modernen Traumtheorie«, in: Jürgen Körner u. Sebastian Krutzenbichler (Hg.): *Der Traum in der Psychoanalyse*, Göttingen: Vandenhoeck & Ruprecht 2000, S. 29–48.

Hegel, Georg Wilhelm Friedrich: *Vorlesungen über die Ästhetik* III (1835/42), in: ders.: *Werke in zwanzig Bänden*, Bd. 15, Frankfurt a. M.: Suhrkamp 1970.

Heigelin, J. F.: *Allgemeines Handbuch der Fremdwörter. Nebst gedrängter Sacherklärung. Ein gemeinnütziges Handbuch für alle Stände*, Tübingen: Verlag der Osiander'schen Buchhandlung 1860.

Hoff, Dagmar von, und Marianne Leuzinger-Bohleber: »Versuch einer Begegnung. Psychoanalytische und textanalytische Verständigungen zu Elfriede Jelineks ›Lust‹«, in: *Psyche* 51(1997), H. 8, S. 763–800.

Irmer, Hans-Jochen: *Der Theaterdichter Frank Wedekind* (1975), Berlin/DDR: Henschelverlag [2]1979.

Kessler, Alfred: »Eine Anmerkung zu Freud und *Frühlings Erwachen*«, in: Elke Austermühl u. Herma Merten (Hg.): *Pharus*, Darmstadt: Verlag der Georg Büchner Buchhandlung 1989, S. 37–56.

King, Vera: *Die Urszene der Psychoanalyse. Adoleszenz und Geschlechterspannung im Fall Dora*, Stuttgart: Verlag Internationale Psychoanalyse 1995.

Klotz, Volker: *Dramaturgie des Publikums. Wie Bühne und Publikum aufeinander eingehen: insbesondere bei Raimund, Büchner, Wedekind, Horváth, Gatti und im politischen Agitationstheater*, Würzburg: Königshausen & Neumann [2]1998.

Kuhn, Anna K.: *Der Dialog bei Frank Wedekind*, Ann Arbor 1980; Heidelberg, 1981.

Leuzinger-Bohleber, Marianne: »Psychoanalytische Überlegungen zu Elfriede Jelineks Roman ›LUST‹« (1989), in: Johannes Cremerius/Gottfried Fischer/ Ortrud Gutjahr/Wolfram Mauser/Carl Pietzcker (Hg.): *Methoden in der Diskussion* (= Freiburger Literaturpsychologische Gespräche Bd. 15), Würzburg: Königshausen & Neumann 1996, S. 211–231.

Lorenzer, Alfred: *Sprachzerstörung und Rekonstruktion. Vorarbeiten zu einer Metatheorie der Psychoanalyse* (1970), Frankfurt a. M.: Suhrkamp 1973 (= stw 31).

Lorenzer, Alfred: »Tiefenhermeneutische Kulturanalyse«, in: ders. (Hg.): *Kultur-Analysen,* Frankfurt a: M.: Fischer S. 11–98.

Mast, Rudolf: »Das schwere Herz. Eine Szene aus ›Frühlings Erwachen‹«, Bremen 1965, in: Theresia Birkenhauer u. Annette Storr (Hg.): *Zeitlichkeiten – zur Realität der Künste.* Berlin: Vorwerk 1998, S. 85–92.

Nunberg, Herman, u. Ernst Federn (Hg.): *Protokolle der Wiener Psychoanalytischen Vereinigung Bd. I, 1906–1908,* Frankfurt a. M.: S. Fischer 1962.

Pavis, Patrice: »Die Bedeutung des Rhythmus in der Inszenierung«, in: Herta Schmid u. Hedwig Krâl (Hg.): *Drama und Theater. Theorie – Methode – Geschichte*, München: Sagner 1991 (= Slavistische Beiträge 270), S. 201–213.

Pfeiffer, Joachim: »Form als Provokation. Kleists ›Penthesilea‹«, in: Johannes Cremerius/Wolfram Mauser/Carl Pietzcker/Frederick Wyatt (Hg.): *Zur Psychoanalyse der literarischen Form(en)*, Würzburg: Königshausen & Neumann 1990 (= Freiburger literaturpsychologische Gespräche Band 9), S. 200–225.

Pickerodt, Gerhart: *Frank Wedekind: ›Frühlings Erwachen‹*, Frankfurt a. M.: Diesterweg [4]1998.

Pietzcker, Carl: *Lesend interpretieren. Zur psychoanalytischen Deutung literarischer Texte,* Würzburg: Königshausen & Neumann 1992.

Pietzcker, Carl: »Literarische Form – eine durchlässige Grenze«, in: Johannes Cremerius/Wolfram Mauser/Carl Pietzcker/Frederick Wyatt (Hg.): *Zur Psychoanalyse der literarischen Form(en)*, Würzburg: Königshausen & Neumann 1990 (= Freiburger literaturpsychologische Gespräche Band 9), S. 64–91.

Pietzcker, Carl: »Überblick über die psychoanalytische Forschung zur literarischen Form«, in: Johannes Cremerius/Wolfram Mauser/Carl Pietzcker/Frederick Wyatt (Hg.): *Zur Psychoanalyse der literarischen Form(en)*, Würzburg: Königshausen & Neumann 1990 (= Freiburger literaturpsychologische Gespräche Band 9), 9–32.

Pietzcker, Carl: »Zur Psychoanalyse der literarischen Form«, wiederabgedruckt in: ders.: *Trauma, Wunsch und Abwehr. Psychoanalytische Studien zu Goethe, Jean Paul, Brecht, zur Atomliteratur und zur literarischen Form*, Würzburg: Königshausen & Neumann 1978, 191–215.

Rupprecht-Schampera, Ute: »Das Konzept der ›frühen Triangulierung‹ als Schlüssel zu einem einheitlichen Modell der Hysterie« (1995), in: *Psyche* 51 (1997), S. 637–664.

Rutschky, Michael: *Lektüre der Seele. Eine historische Studie über die Psychoanalyse der Literatur*, Frankfurt a. M.: Ullstein 1981.

Schmiedt, Helmut: *Regression als Utopie: psychoanalytische Untersuchungen zur Form des Dramas*, Würzburg: Königshausen u. Neumann 1987.

Schweizerhof, Barbara: »Jede Zeit hat ihren Ort – Timing und Chronotopos«, in: Theresia Birkenhauer u. Annette Storr (Hg.): *Zeitlichkeiten – zur Realität der Künste*, Berlin: Vorwerk 1998, S. 145–157.

Spittler, Horst: *Frank Wedekind: ›Frühlings Erwachen‹*, München: Oldenbourg 1999 (= Oldenbourg Interpretationen: Bd. 94).

Steiner, Riccardo: »In Vienna Veritas«, in: *The International Journal of Psycho-Analysis* 7 (1994), S. 511–573.

Wagener, Hans: *Frank Wedekind, ›Frühlings Erwachen‹. Erläuterungen und Dokumente* (1980), Bibliographisch ergänzte Ausgabe Stuttgart: Reclam 1996 (= Reclams Universal-Bibliothek 8151).

Wedekind, Frank: *Frühlings Erwachen. Eine Kindertragödie*, Zürich (1891). Nachdruck hg. von Joseph Kiermeier-Debre, München: dtv 1997.

Werman, David: »Methodological problems in the psychoanalytic interpretation of literature: a review of studies on Sophocles' ›Antigone‹«, in: *Journal of the American Psychoanalytic Association* 27 (1979), S. 451.

Ortrud Gutjahr

ERZIEHUNG ZUR SCHAMLOSIGKEIT

Frank Wedekinds *Mine-Haha oder Über die körperliche Erziehung der jungen Mädchen* und der intertextuelle Bezug zu *Frühlings Erwachen*

> Kehre nicht, liebliches Kind, die Beinchen hinauf zu dem Himmel!
> Jupiter sieht dich, der Schalk, und Ganymed ist besorgt.
>
> (J. W. von Goethe)

Das 1891 erschienene und 1906 an den Berliner Kammerspielen durch Max Reinhardt uraufgeführte Drama *Frühlings Erwachen* verhalf, wenn auch im Kampf gegen die Zensur und mit Verzögerung, seinem Autor Frank Wedekind als Theaterdichter zum Durchbruch. Die »Kindertragödie«[1] wurde von der zeitgenössischen Rezeption ob ihrer sprachlichen Thematisierung und szenischen Darstellung sexueller Verhaltensweisen zwischen Pubertierenden als pornographisches Skandalstück oder als »moderne Klapperstorchtragödie«[2] im Sinne eines kritischen Reflexes auf die repressive Pädagogik des ausgehenden 19. Jahrhunderts verstanden. Seit seinem Erscheinen wurde das Drama über den »erwachenden Trieb der Geschlechter«[3] im Zusammenhang sexualaufklärerischer Emanzipationsbestrebungen gesehen und die Literatur- und Theaterkritik generierte – je nach Standpunkt in diesem Kontext – einen gesellschaftskritischen oder moralzersetzenden Impetus des Stückes. Durch die Literaturwissenschaft wurde das Schauspiel vor allem im Rahmen der um 1900 populären Jugenddramen und Schülergeschichten als prägnantes Zeugnis des emphatisch formulierten Appells zur Reformierung der Sexualerziehung kanonisiert.[4] Bei dieser Betrachtung der »Kindertragödie« als diskursiv verortbares und genretypisches Epochenzeugnis ist weitgehend aus dem Blick geraten, daß Wedekind mit seiner Erzählung *Mine-Haha oder Über die körperliche Erziehung der*

---

[1] Wedekind schuf mit *Frühlings Erwachen*, das 1891 erschien, den als Untertitel angegebenen Typus der »Kindertragödie«, der Max Halbes *Jugend* mit dem Untertitel »Ein Liebesdrama in drei Aufzügen« im Jahre 1893 folgte sowie Gerhart Hauptmanns *Hannele* aus dem Jahre 1894 und Kurt Martens *Wie ein Stahl verglimmt* aus dem Jahr 1895.

[2] Karl Henckell: *Moderne Dichterabende*, Leipzig u. Zürich 1895, S. 95.

[3] Lou Andreas-Salomé: »Frühlings Erwachen«, in: *Die Zukunft* 58 (1907), S. 97–100, hier S. 97.

[4] So etwa: Wolfdietrich Rasch: *Zur deutschen Literatur der Jahrhundertwende*, Stuttgart 1967, S. 31: »Wedekinds Lebenspathos [...] entzündet sich im Protest gegen die Unterdrückung und Verdächtigung der Sexualität gegen die konventionelle Moral.«

jungen Mädchen in jenem Zeitraum einen Prosatext verfaßt hat, den er expressis verbis in den intertextuellen Bezug zu *Frühlings Erwachen* gestellt hat.[5]

Der zunächst als Teil eines umfänglichen Romans geplante, noch als Fragment verstandene Text *Mine-Haha* wurde erstmals 1901 in der Zeitschrift *Die Insel* publiziert und erschien dann 1903 – um den vierten Abschnitt, Einleitung und Nachschrift ergänzt – als selbständige Publikation unter dem erweiterten Titel *Mine-Haha oder Über die körperliche Erziehung der jungen Mädchen*. In dieser vom Fragment kumulativ zu einem in sich geschlossenen Text promovierten Erzählung, wird der Ich-Erzähler der Rahmenhandlung als Autor des Buches »Frühlings Erwachen«[6] bezeichnet,[7] die umfängliche Binnenerzählung aus der Perspektive einer weiblichen Ich-Erzählerin als »etwas Ähnliches«[8] eingestuft. Mithin schreibt sich Wedekind als Autor der »Kindertragödie« in seine Erzählung ein, die als thematischer Vergleichstext und gattungstypologisches Gegenstück zu *Frühlings Erwachen* profiliert wird.

Für die Bewertung des Prosatextes *Mine-Haha*[9] ist seit seinem Erscheinen kennzeichnend, daß sich die Rezipienten selbst bei kurzen Essays häufig bemüßigt fühlen, moralisch Stellung zu beziehen. So wird die Erzählung ob ihrer Thematik als Entgleisung getadelt[10] oder abgetan,[11] wegen formaler Inkonsistenz disqualifi-

---

[5] Wedekind hatte *Frühlings Erwachen* von Oktober 1890 bis Frühjahr 1891 verfaßt und wollte darin laut eigenem Bekunden seine eigenen Jugenderlebnisse verarbeiten. Die erste Fassung des damals noch als Roman (unter dem Titel *Hidalla. Das Leben einer Schneiderin*) geplanten Textes *Mine-Haha* entstand von Juli bis Oktober 1895. Vgl.: Hartmut Vinçon: *Frank Wedekind*, Stuttgart 1987, S. 55. Schon Medicus hat den Zusammenhang zwischen *Frühlings Erwachen* und *Mine-Haha* in 3. Kapitel mit dem Titel »Der Körper im Schnittpunkt von Macht und Lust oder Die Utopie der glücklichen Körper« in seiner umfänglichen Studie herausgearbeitet: Thomas Medicus: *»Die große Liebe«. Ökonomie und Konstruktion der Körper im Werk von Frank Wedekind*, Marburg 1982, S. 106–193.

[6] Frank Wedekind: *Mine-Haha oder Über die körperliche Erziehung der jungen Mädchen*, in: ders.: *Die Liebe auf den ersten Blick. Erzählende Prosa*, München 1984, S.139–204, hier S. 139.

[7] Die 1903 erschienene Fassung der Erzählung hatte den Zusatz: »Aus Helene Engels schriftlichem Nachlaß herausgegeben von Frank Wedekind.« Artur Kutscher: *Frank Wedekind. Sein Leben und seine Werke*, 3 Bde., München 1922–1927–1931, Bd. 2, S. 126.

[8] Wedekind: Mine-Haha, S. 139.

[9] Der Titel *Mine-Haha* steht im Folgenden verkürzend für den vollständigen Titel *Mine-Haha oder Über die körperliche Erziehung der jungen Mädchen*.

[10] So verwahrt sich Julius Kapp gegen eine Disqualifizierung der Erzählung als Pornographie, meint aber, daß Wedekind bei einigen Schilderungen »zu weit gegangen ist« wie etwa bei den »Anspielungen auf Sadismus, Masochismus und Tribadie« oder bei der Schilderung der Theateraufführung mit »Schamlosigkeiten schlimmster Art«. (Julius Kapp: *Frank Wedekind. Seine Eigenart und seine Werke*, Berlin 1909, S. 39). Kutscher meint: »Im Text der Mine Haha wirken die Pantomimenspiele der nichtsahnenden Zöglinge zur Belustigung einer besinnungslosen, wollusttrunkenen, brutalen Menge als unerträglicher Zynismus.« (Kutscher: Wedekind, Bd. 2, S. 131).

[11] Friedrich Gundolf geht in seiner Werk-Monographie zu Wedekind auf die Erzählung gar nicht weiter ein, sondern tut sie als »Pubertätsträume eines tapferen Gymnasiasten ab, die er als erwachsener Mann in eine genußreligiöse Ordnung bringen will«. (Friedrich Gundolf: *Frank Wedekind*, München 1954, S. 42). Karl Ude ist befremdet über die »merkwürdigen Auftritte der Halbwüchsigen« (Karl Ude: *Frank Wedekind*, Mühlacker 1966, S. 73).

ziert,[12] in die Gattung der Utopie verwiesen,[13] zur männlichen Wunschprojektion,[14] voyeuristischen und sado-masochistischen Phantasie[15] oder zum obszönen Machwerk erklärt.[16] Während also die Provokation, die von *Frühlings Erwachen* bei seinem Erscheinen und seiner Erstaufführung durchaus noch ausging, durch die historische Distanz und eine produktive Rezeptionsgeschichte weitgehend verschwand, blieb bei *Mine-Haha* das unter verschiedenen Aspekten formulierte ›Unbehagen am Text‹ als konstitutives Element der Rezeption weitgehend bestehen.[17] Als literarhistorischer Befund bleibt deshalb festzuhalten, daß *Frühlings Erwachen* zu den vielinterpretierten (und häufig aufgeführten) kanonisierten Dramen der literarischen Moderne zählt, während *Mine-Haha* bisher nur sporadisch und oft mit deutlicher Abwehrhaltung untersucht wurde.[18] Trotz der in der Rahmen-

---

[12] Paul Fechter empfindet die Erzählung als »eine seltsame Mischung von Utopie und Satire, Wunschtraumgestaltung und pädagogischer Propagandaschrift«. (Paul Fechter: *Frank Wedekind. Der Mensch und das Werk*, Jena 1920, S. 151). Leo Trotzkij bezeichnet die Erzählung als »Mittelding zwischen Jungmädchenerziehung und Muskeltraining« (Leo Trotzkij: »Frank Wedekind«, in: ders.: *Literatur und Revolution*, Berlin 1968, S. 376–381, hier S. 377).

[13] Otto Best liest die Erzählung als Utopie und »Schule des Unbewußten.« Otto F. Best: »Zwei mal Schule der Körperbeherrschung und drei Schriftsteller«, in: *Modern Language Notes* 85 (1970) H. 5, S. 727–741, hier S. 735.

[14] Die Erzählung sei »pädagogisches Traktat, männliche Wunschprojektion, negative Utopie«, schreibt Libuše Moníková: »Das totalitäre Glück«, in: *Neue Rundschau* 96 (1985) H. 1, S. 118–125, hier S. 125.

[15] Elisabeth Boa urteilt über den Bericht Helene Engels: »The narrator is indeed an angel in the sense of a non-existent, impossible being; while the utopia is a voyeuristic and sado-masochistic fantasy.« (Elisabeth Boa: *The Sexual Circus. Wedekind's Theatre of Subversion*, Oxford / New York 1987, S. 196).

[16] In seiner nur zweieinhalb Seiten langen Besprechung meint Adolf Muschg, der sich selbst als der »widerwillig geneigte Leser« bezeichnet, daß nicht »die solide Fleischlichkeit dieser Mädchenpuppen« obszön sei, sondern »die fast voyeurhafte Gegenwärtigkeit des Geistes« und »das sittliche Prinzip«, nach dem die Mädchenerziehung organisiert sei. Adolf Muschg: »Frank Wedekind: ›Mine Haha‹ (1969)«, in: ders.: *Besprechungen 1961–1979*, Basel u. a. 1980, S. 43–45, hier S. 44 u. 45.

[17] Einen ersten Versuch, mir die Erzählung zu erschließen, habe ich in meinem Beitrag »Mit den Hüften denken lernen? Körperrituale und Kulturordnung in Frank Wedekinds *Mine-Haha oder Über die körperliche Erziehung der jungen Mädchen*« für die durch Hartmut Vinçon veranstaltete Tagung *Kontinuität und Diskontinuität im Werk Wedekinds* im September 1999 in Darmstadt unternommen, in dem ich den in der Binnenerzählung insistierend wiederkehrenden Beschreibungen von Körperdressuren und den rituellen Formen der geschilderten Entwicklung der Protagonistin als textkonstitutiver Struktur nachgegangen bin. Dabei lese ich den Text als ethnographische »dichte Beschreibung«, bei der ein Netz von Bezügen aufgebaut wird, mit dem kulturelle Wahrnehmungsmuster zur Kenntlichkeit entstellt werden. In meinem Darmstädter Beitrag gehe ich auch auf das Verhältnis von Rahmen- und Binnenerzählung und gattungstypologische Fragen ein, was nun im vorliegenden Aufsatz nicht mehr eigens thematisiert wird. Dennoch greift das hier Dargelegte in zentralen Aspekten auch auf meinen zuerst geschriebenen umfänglichen Aufsatz zurück. (Die Beiträge der Darmstädter Tagung erscheinen ebenfalls 2001 im Verlag Königshausen und Neumann in Würzburg.)

[18] Die Erzählung wurde bereits durch Artur Kutscher behandelt (*Frank Wedekind. Sein Leben und seine Werke*, 3 Bde., München 1922–1931. Zur Erzählung *Mine Haha oder Über die körperliche Erziehung der jungen Mädchen* und ihrer Einordnung vgl. vor allem Bd. 1, S. 355f.), später von Alfons Höger (*Hetärismus und bürgerliche Gesellschaft im Frühwerk Frank Wedekinds*, Kopenhagen u. München 1981, insbesondere S. 77ff. und 149ff.) und Thomas Medicus (»Die große Liebe«, v. a. S. 123–174) nach

erzählung von *Mine-Haha* behaupteten Ähnlichkeit zwischen der Binnenerzählung und *Frühlings Erwachen* überwiegt also ganz offensichtlich die signifikante Differenz, denn das umfangreichste Prosawerk Wedekinds knüpft in der Thematisierung der Geschlechtsreife und der damit einhergehenden Ausbildung von Schamgrenzen im Dispositiv eines spezifischen Erziehungsmodells zwar unmittelbar an *Frühlings Erwachen* an, aber die Erziehungskonstellation und ihre Effekte für die Protagonisten sind im Drama und in der Erzählung gänzlich unterschiedlich ausgestaltet.

Geschlechtsreife und Scham

In *Frühlings Erwachen* entwirft Wedekind das Szenario einer psychosozialen Übergangspassage, bei der jugendliche Protagonisten in der Pubertätsphase vor dem Hintergrund repressiver Erziehungsvorstellungen und körperlicher Züchtigungen seitens der Erziehungsinstanzen untereinander erotische Phantasien und sexuelle Praktiken explorieren. Dabei werden die Pubertierenden als geschlechterdistinkte Gruppen profiliert: Einer Gruppe von Jungen mit Melchior Gabor[19] und Moritz Stiefel als sich kontrastiv ergänzendes Freundespaar an der Spitze, steht eine Mädchengruppe mit der 14jährigen Wendla Bergmann als Zentralfigur gegenüber. In der szenischen Abfolge des Dramas treten Vertreter der beiden Gruppen sowie Vertreter der familiären und Repräsentanten der schulischen Erziehung mit- und gegeneinander in Aktion. Unter dem Aspekt der Sexualerziehung wird dabei zentral die Frage verhandelt, wie sich der mit der Pubertät bis zur Geschlechtsreife entwickelte Sexualtrieb in sozial kompatibles Verhalten überführen läßt, wenn für diese Adoleszenzsphase keine gesellschaftlich akzeptierten Formen sexueller Praxis zur Verfügung stehen. Dem Handlungsszenarium des Dramas ist also zum einen der Rekurs auf das Enthaltsamkeitsgebot der bürgerlichen Formierung vorehelicher Geschlechterkonstruktion eingeschrieben, zum anderen der Reflex auf ein Triebmodell, wie es die frühe Sexualtheorie entwickelt hatte, wonach die Sexualenergie, die nicht abgeführt werden kann, pathogen wirkt. Wie die »Kindertragödie« in Szene setzt, erweist sich unter den durch die Erziehungsinstanzen eingeforderten und durch die Pubertierenden in unterschiedlichem Ausmaß internalisierten Verhaltensnormierungen (der bürgerlichen Gesellschaft des ausgehenden 19. Jahrhunderts) die Pubertät als äußerst prekäre Übergangssituation, da Triebenergien und sexuelle

---

Einsicht des Nachlasses in den Arbeitskomplex »Die große Liebe« gestellt, ein großangelegtes Romanprojekt (ursprünglich unter dem Titel »Hidalla oder das Leben einer Schneiderin« geplant), zu dem die 1901 publizierten Teile lediglich die Anfangskapitel sein sollten. So urteilte Audrone Willeke: »He contemplated a theocratic, hierarchical state, in which sex is strictly regulated and placed in the service of religious ritual.« (Audrone B. Willeke: »Frank Wedekind and the ›Frauenfrage‹, in: *Women in and on Literature. Monatshefte* 72 (1980) H. 1, S. 26–38, hier S. 29).

[19] Melchior Gabor erhält innerhalb der dreier Figurenkonstellation zwischen Moritz Stiefel und Wendla Bergmann in Bezug auf seine familiäre Sozialisation eine zentrale Position, insofern bei ihm die Position der mütterlichen als auch der väterlichen Sozialisationsinstanz besetzt ist und damit die trianguläre Situation gegeben ist. Demgegenüber befinden sich Moritz und Wendla jeweils in vernichtender Kollusion mit einem gleichgeschlechtlichen Elternteil.

Wünsche in gravierende psychosoziale Konflikte oder gar zur Selbstzerstörung führen.

Vor dem Hintergrund epochenspezifischer Erziehungsvorstellungen, die sich in der Frage nach der Sexualität seitens der Erwachsenen in einer weitreichenden Tabuisierung des Themas erschöpfen, werden in Wedekinds Drama Jungen- und Mädchenfiguren unter geschlechtsspezifischen Sozialisationsbedingungen gegeneinander profiliert. Die Mädchen sind unaufgeklärt und über ihren eigenen Körper unwissend und als »süßes Engelsgeschöpf«[20] oder »schlecht geartete[r] Balg«[21] Objekte geschlechtsspezifischer Zuschreibungspraxis seitens der Eltern. Die Jungen hingegen sprechen über ihre Geschlechtsreife, suchen körperlichen Kontakt miteinander und tauschen sich über ihre Kenntnisse in Fragen der Sexualität aus, die sie durch den Zugang zum weiblichen Körper erworben haben: »Hänschen Rilow hat als Kind schon alles von seiner Gouvernante erfahren«[22], Moritz war während »des Schützenfestes in Leilichs anatomischem Museum«[23] und Melchior erklärt diesbezüglich nur vielsagend, daß er »letzten Sommer mit Mama in Frankfurt«[24] gewesen sei.

Da das Sprechen über Sexualität im Beisein Erwachsener verpönt ist, können Melchior und Moritz nur im Dunkeln, wo sie niemand »hört und sieht«[25] über erste »Männliche Regungen«[26] und ihre sexuellen Träume sprechen. Dabei erweist sich Melchior als überlegen, denn er ist »teils aus Büchern, teils aus Illustrationen, teils aus Beobachtungen« bestens aufgeklärt und lädt seinen Freund zu sich nach Hause ein mit der Versprechung: »wir plaudern gemütlich über die Fortpflanzung.«[27] Was diesem zwanglosen Gespräch über das tabuisierte Thema aber entgegensteht, ist: »O dieses Schamgefühl!«[28], von dem Moritz bis zur »Todesangst«[29] gepeinigt wird. Er vermag seine Ängste zwar zu rationalisieren, indem er die Sozialisationshypothese vertritt, daß nämlich »das Schamgefühl im Menschen nur ein Produkt seiner Erziehung ist«, kann aber seine verinnerlichte Scham nicht überwinden. Auch Melchior stimmt zu, daß das Schamgefühl »tief eingewurzelt in der menschlichen Natur« sei, nimmt aber mit seiner Vermutung, daß es auch »mehr oder weniger Modesache«[30] sein könnte, einen relativierenden Standpunkt ein. Er domestiziert sein Schamgefühl durch Beschäftigung mit Sexualität und bringt das ihm vorenthaltene Wissen in

---

[20] Die Ich-Erzählerin Helene Engel in *Mine-Haha* ist buchstäblich ein Engel, der wie Wendla zur Naivität erzogen wurde und dabei eine graziöse Körperlichkeit ausgebildet hat.

[21] Frank Wedekind: *Frühlings Erwachen*, in: ders.: *Werke* in zwei Bänden, hg. mit Nachwort und Anmerkungen von Eberhard Weidl, München 1990, S. 473–548, hier S. 484.

[22] Ebd., S. 482.

[23] Ebd., S. 483.

[24] Ebd., S. 483.

[25] Ebd., S. 479.

[26] Ebd., S. 480.

[27] Ebd., S. 482.

[28] Ebd., S. 482.

[29] Ebd., S. 480.

[30] Ebd., S. 478.

Schrift und Bild selbst hervor, indem er eine »mit lebensgroßen Abbildungen versehene« Abhandlung zum Thema »Der Beischlaf«[31] verfaßt.

Nach der geschlechtsspezifischen Konstellation in *Frühlings Erwachen* wird die Schaulust der Jungen an der Scham des anderen Geschlechts gebrochen, wie Hänschen Rilow dies im onanistischen Setting mit dem Bild der »Venus von Palma Vecchio« beklagt: »Mädchen, Mädchen, warum preßt Du deine Knie zusammen?«[32] Damit ist aber für die Scham zwischen den Geschlechtern eine Konstellation entfaltet, nach der die männliche Scham Effekt der weiblichen Scham als Entzug und Verweigerung ist. Die männliche Schaulust ist mit Scham belegt, weil sie sich auf die weibliche ›Scham‹ richtet, deren Angeblickt-Werden durch die Stellung der Beine schamhaft verweigert wird. Hatte Freud in seinen *Drei Abhandlungen zur Sexualtheorie* lapidar formuliert: »Die Macht, welche der Schaulust entgegensteht und eventuell durch sie aufgehoben wird, ist die *Scham*«[33], so wird in *Frühlings Erwachen* gerade die Macht der Schaulust gegenüber der Scham verhandelt.

Mit der Frage Wendlas: »Warum hast du mir das Kleid so lang gemacht, Mutter?«[34], setzt die »Kindertragödie« ein. Aber Frau Bergmann kann auf die implizite Bitte nach Aufklärung nicht reagieren, weil es ihr nicht nur um eine Verlängerung des Kleides, sondern vor allem der Kindlichkeit ihrer Tochter geht. Entsprechend der geschlechtsspezifischen Erziehung des vorigen Jahrhunderts, in der Mädchen des Bürgertums keine Adoleszenzsphase zugestanden wurde, sondern der kindlich-naive Zustand bis zum Eintritt in die Ehe beibehalten werden sollte, umgeht die Mutter den Sinn der Frage, indem sie selbstverleugnerisch eine naive Position vortäuscht, um die Naivität der Tochter zu bewahren.[35] Weibliche Scham und Naivität/Unwissenheit aber sind unvereinbar, wie der Dialog zwischen Mutter und Tochter offenbart, denn da sie um die Bedeutung der sexuellen Reife ihres Körpers nicht weiß, empfindet Wendla auch keine Scham, wie dies an ihrer Weigerung, die Beine zu verhüllen, verhandelt wird. Die Deck-Rede der Mutter: »Du darfst doch als ausgewachsenes Mädchen nicht in Prinzeßkleidchen einhergehen«[36], die auf das Bedecken der Scham zielt, wird von Wendla auf der Ebene der manifesten Aussage schamlos (naiv) beantwortet: »In meinen Jahren friert man noch nicht – am wenigsten an die Beine«[37] und erhält dadurch seinen latent schamlosen (auf das Geschlecht deutenden) Sinn.

Im Gegensatz zur körperlichen ›Schamlosigkeit‹ steht bei Wendla das tiefe Schamgefühl, das durch das Sprechen über Körperlichkeit und Sexualität ausgelöst

---

[31] Ebd., S. 521.

[32] Ebd., S. 506.

[33] Sigmund Freud: »Drei Abhandlungen zur Sexualtheorie«, in ders.: *Studienausgabe* Bd. V, hg. von Alexander Mitscherlich u. a., Frankfurt a. M. 1972, S. 37–146, hier S. 67.

[34] Wedekind: Frühlings Erwachen, S. 475.

[35] »In der Pädagogik der Neuzeit kann man seit J.-J. Rousseau von einer ›Schamerziehung‹, also einer Erziehung zur Schamhaftigkeit sprechen.« Giselher Spitzer: *Der Deutsche Nutrismus. Idee und Entwicklung einer volkserzieherischen Bewegung im Schnittfeld von Lebensreform, Sport und Politik,* Ahrensburg bei Hamburg 1983, S.18.

[36] Wedekind: Frühlings Erwachen, S. 475.

[37] Ebd., S. 476.

wird: »Ich schäme mich vor mir selber.«[38] Als die 14jährige ihre Mutter um Aufklärung bittet, »wie das alles zugeht«[39] zwischen den Geschlechtern, steht ihr keine Sprache zur Verfügung, um die Dinge beim Namen zu nennen. Scham löst bei Wendla also der Entzug von Wissen aus, löst die Erkenntnis aus, daß sie begehrt, was die Mutter ihr systematisch vorenthält. Selbst in der (symbiotische Nähe figurierenden) Szene, in der Wendla der Mutter ihren Kopf unter der Schürze in den Schoß legt, ist Aufklärung nicht möglich. Zwischen Kopf und Schoß kann keine erklärende Verbindung hergestellt werden. Die Mutter agiert als verschämte, sprachohnmächtige Komplizin eines männlichen Diskurses über Sexualität, dessen Objekt die Tochter gerade deshalb werden kann, weil ihr das Wissen über diesen Diskurs versagt wird.[40]

In Wedekinds *Frühlings Erwachen* wird Scham also den Figuren geschlechtsspezifisch zugeschrieben: während männliche Scham mit der Schaulust verknüpft wird, ist weibliche Scham ein Effekt des Diskurses über Sexualität. Kann das Drama demnach noch unter der Repressionshypothese[41] gelesen werden, nach der Verhaltensmaßregeln und Bestrafungen seitens der Erziehungsinstanzen eingesetzt werden, um Schamgrenzen aufzubauen, so geht es in *Mine-Haha* um ein Erziehungsmodell, bei dem der erzieherisch forcierte Aufbau von Schamgrenzen im Prozeß der sexuellen Reifung unterbleibt.

Erziehung jenseits bürgerlicher Moral

Das Drama *Frühlings Erwachen* setzt am 14. Geburtstag der weiblichen Protagonistin Wendla ein, der Erinnerungsbericht der weiblichen Ich-Erzählerin in *Mine-Haha oder Über die körperliche Erziehung der jungen Mädchen* bricht mit dem 14. Lebensjahr ab.[42] Eingeholt wird mit der Erzählung eine jenseits der bürgerlichen

---

[38] Ebd., S. 502.

[39] Ebd., S. 502.

[40] Die sexuell erfahrenen Frauen des Stückes, wie etwa auch die ältere Schwester Wendlas, verweigern Aufklärung. Selbst Ilse, die mit den Jungen am Fluß Indianer spielte (vgl. den indianischen Titel *Mine-Haha* = Lachendes Wasser), als »Glückskind« und »Sonnenkind« bezeichnet wurde und von der Schulbank in die Prostitution wechselte, spricht nur in Andeutungen, die von den übrigen Mädchen nicht verstanden werden können.

[41] Elias vertritt die These, daß Prozesse der Rationalisierung mit der Erhöhung von Schamgrenzen einhergehen: »Beide gleichermaßen, die Rationalisierung nicht weniger als das Vorrücken der Scham- und Peinlichkeitsgrenze, sind ein Ausdruck für eine Verringerung der direkten Ängste vor der Bedrohung oder Überwältigung durch andere Wesen und für eine Verstärkung der automatischen, inneren Ängste, der Zwänge, die der Einzelne nun auf sich selbst ausübt.« Norbert Elias: *Der Prozeß der Zivilisation. Soziogenetische und psychogenetische Untersuchungen*, 2 Bde., Frankfurt a. M. 1977, Bd. 2, S. 399f. Vgl. hierzu auch die Replik: Hans Peter Duerr: *Nacktheit und Scham. Der Mythos vom Zivilisationsprozeß*, Bd. 1, Frankfurt a. M. 1994.

[42] Bei Kutscher findet sich der Hinweis, daß Wedekind zur Zeit der Niederschrift von *Frühlings Erwachen* Kindernamen notierte. Unter ihnen der von Helene Ekdal aus Ibsens *Wildente* mit der Bemerkung: »[...] die männlichen sowohl wie die weiblichen stehen sämtlich im Alter von beiläufig vierzehn Jahren. Der schmächtige Halm ist emporgeschossen, die schwere kraftstrotzende Knospe droht ihn zu

Moral situierte Erziehung, deren Effekt im 14. Lebensjahr dann mit der im Drama vorgestellten in vergleichende Konstellation gebracht werden kann. Die umfängliche Erzählung ist in eine knappe Rahmenhandlung und eine ausführliche Binnenerzählung untergliedert. In der Rahmenhandlung stellt sich ein Ich-Erzähler als Herausgeber eines autobiographischen Manuskriptes vor, das der Feder einer alten Frau entstamme, nämlich der 84jährigen pensionierten Lehrerin Helene Engel, die sich wenige Tage zuvor durch Sturz aus dem Fenster eines Hinterhauses umbrachte. Der knappen Erläuterung zur ebenso kolportagehaft biederen wie abenteuerlichen Lebensgeschichte der Autorin und der konventionellen Einlassung des Erzählers zu seiner Herausgebermotivation folgt als ausführliche Binnenerzählung der unkonventionelle autobiographische Bericht der Ich-Erzählerin, in dem sie aus der Altersperspektive in chronologischer Reihenfolge beschreibt, was ihr aus der Zeit vom 2. bis zum 14. Lebensjahr in Erinnerung geblieben ist. Die Ich-Erzählerin Helene Engel, deren erzähltes Ich im Erinnerungsbericht Hidalla genannt wird, berichtet in weitgehend personaler Perspektive über ihr Heranwachsen in Gemeinschaft mit anderen Kindern in einem von Mauern umgebenen Park bei gymnastischem, tänzerischem und musischem Unterricht.

Hidalla wird zunächst in Koedukation mit Knaben und Mädchen im Gehen, Laufen, Springen, Auf-einer-Kugel-Gehen, Seilspringen und Ballspiel unterrichtet. Mit sieben Jahren werden die Mädchen von den Knaben getrennt. In Gruppen zu sieben Mädchen aufgeteilt, lernen sie nun Auf-den-Händen-Gehen, Schwimmen, Musik, pathetische Tänze und schnelle Holzschuhtänze. Gleich einem fortwährenden selbstversunkenen Spiel wechseln sich in gleichförmigem Rhythmus die Betätigungen der Mädchen ab: nacktes Schwimmen im Teich und Gehen im Park, Musizieren und Turnen in Festtagskleidern. Die Lebensphasen werden nicht durch geistig-emotionale Entwicklungsfortschritte, sondern durch körperliche Reifung angezeigt. Jeder Phase kommen spezifische Kleidungsstücke, Turngeräte, Musikinstrumente und körperliche Übungen zu, wobei der Übergang zur nächsten Gruppe jeweils in völliger Nacktheit vollzogen werden muß. Der Wechsel von der gemischtgeschlechtlichen Gruppe zur reinen Mädchengruppe im siebten Jahr wird durch einen symbolischen Tod und eine Wiedergeburt als deutliche Zäsur markiert: Hidalla wird nachts nackt aus dem Bett gehoben, in eine sargartige Kiste gelegt und in ein neues Haus als einem neuen Lebensabschnitt überführt, wo sie neu eingekleidet wird. Mit der Pubertät beginnt die Theaterzeit, bei der die Mädchen durch einen langen Gang ins Innere des Theaters geführt werden, um auch dort wieder neu eingekleidet zu werden. Die Menarche bildet den entscheidenden Einschnitt im Leben der Mädchen und die Theaterzeit ist damit beendet. Die geschlechtsreifen Mädchen werden durch einen langen unterirdischen Gang in eine Welt außerhalb des Parks und des Theaters gebracht und zur Paarbildung einer Reihe von Knaben zugeführt.[43] In Wedekinds Erzählung werden Entwicklungsphasen der sexuellen

---

knicken, die Blätter haben sich noch nicht entfaltet, aber der Kelch steht geöffnet und gestattet [...]«. (Kutscher: Frank Wedekind, Bd. 1, S. 235).

[43] Zu Wedekinds ursprünglichen Plänen, die Paare zu Koitalritualen auf einem öffentlichen Schauplatz zusammenzuführen, vgl. Medicus: »Die große Liebe«, S. 174ff.

Reifung dargelegt, wie sie Freud nur wenige Jahre später mit infantiler Sexualität, Latenzperiode und Pubertät gefaßt hat.[44] Im Unterschied zu Freuds Vorstellungen aber vollzieht sich diese Reifung nicht im Kontext einer historischen Epoche der bürgerlichen Gesellschaft und ihrer spezifischen Formierung des Geschlechterverhältnisses.

Dabei nimmt die Erzählung durchaus Erziehungsvorstellungen auf, wie sie die Jugendlichen in *Frühlings Erwachen* als Teil eines Zukunftsprojektes für ihre eigenen Kinder entwerfen. Ziel dieser neuen Erziehung soll dezidiert die Verhinderung der Scham zwischen den Geschlechtern sein. So erträumt sich Moritz Stiefel unter dem quälenden Eindruck seiner eigenen Schamgefühle eine koedukative Situation, bei der sich die Kinder wechselseitig beim »An- und Auskleiden« einfacher Gewänder behilflich sein sollen, um keine Scham voreinander zu entwickeln. Die Kinder sollen sich außerdem »durch Spiele zerstreuen, die mit körperlicher Anstrengung verbunden sind«[45], damit auf diese Weise Triebenergien abgeleitet werden können. Auch die Mädchen entwickeln Phantasien, wie die repressive Erziehung überwunden werden kann. Martha erträumt sich, daß ihre Kinder einmal aufwachsen »wie das Unkraut in unserem Blumengarten«[46]. Thea entwickelt Bekleidungsphantasien, bei denen die Mädchenbeine in ihrem die bürgerliche Moral subvertierenden Potential markiert werden: »Rosahüte, Rosakleidchen, Rosaschuhe. Nur die Strümpfe – die Strümpfe schwarz wie die Nacht!«[47]

Im Sinne dieser Gegenvorstellungen zur bürgerlichen Erziehungspraxis scheint Wedekinds *Mine-Haha oder Über die körperliche Erziehung der jungen Mädchen* wie kein anderer Text der Jahrhundertwende im Schnittpunkt von körperorientierten Reformmodellen, Gesellschaftsutopien, Alternativbewegungen und Emanzipationsbestrebungen verortet zu sein oder sie, mehr noch, vorwegzunehmen. Mit der Lebensreform teilt das bei Wedekind vorgestellte Modell eines Mädchenphilanthropins den Versuch, abseits der zivilisatorischen Verdichtung im Zuge der Urbanisierungsprozesse Enklaven und Kolonien der naturverbundenen Lebensführung zu errichten. Aus der Freikörperkulturbewegung sind zentrale Elemente wie Nacktbaden, Sonnengebet, Sich-in-der-frischen-Luft-Bewegen[48], die Gleichbehand-

---

[44] Freud: Drei Abhandlungen zur Sexualtheorie, S. 81ff.

[45] Wedekind: Frühlings Erwachen, S. 479.

[46] Ebd., S. 485.

[47] Ebd., S. 485.

[48] Ab Mitte der 1890er Jahre setzten sich vor allem die Naturheil- und Vegetariervereine für die Einrichtung öffentlicher Luftbäder ein. Ergänzt durch die Sport- und Gymnastikbewegung wurde der trainierte Körper zum neuen Ideal. Im Zuge dieser körperorientierten Bewegungen wurde auch die Nacktgymnastik populär. »Auffällig ist die starke ideologische Überhöhung des neuen naturistischen Körper- und Schönheitsgefühls, das der bisherigen ›Entartung‹ entgegengehalten wird und sich mit den rassebiologischen Degenerationsängsten der Jahrhundertwende verbindet.« (Ulrich Linse: »Zeitbild Jahrhundertwende«, in: Michael Andritzky und Thomas Rautenberg (Hg.): *»Wir sind nackt und nennen uns Du«. Von Lichtfreunden und Sonnenkämpfern. Eine Geschichte der Freikörperkultur*, Gießen 1989, S. 10–49, hier S. 19).

lung aller Mitglieder und die Abgeschlossenheit des Gebietes[49] übernommen.[50] Wie in der Reformpädagogik[51] wird ein neuartiges Schulmodell[52] jenseits der Paukschule exponiert, bei der die Erziehung nicht nur vom Kinde ausgeht, sondern auch von den Kindern selbst durchgeführt wird.[53] Die Grundannahme der Gymnastikbewegung, daß nämlich die Schönheit des Körpers (insbesondere des weiblichen) durch Leibesübungen allererst herausgebildet werde, gewinnt auch für das Körper-Erziehungsprogramm des Philantropins zentrale Bedeutung. Wie der sich zu jener Zeit herausbildende freie Tanz opponiert die im Text minutiös beschriebene Tanzausbildung gegen das kodifizierte Bewegungsvokabular des akademischen Tanzes[54] und plädiert statt dessen für die freie Körperbewegung als eigentliches Ausdrucksmittel.[55] Aber ebenso wie der Text all diese (teilweise erst entstehenden) körperbezogenen Epochendiskurse aufruft, widerspricht er auch jedem einzelnen: der Idee der Lebensreform durch die hermetische Abgeschiedenheit der Enklave zur Außenwelt und dem fehlenden Bewußtsein von Protest oder alternativer Lebensführung; der Reformpädagogik durch die uniforme Behandlung der Schülerinnen, bei der

---

[49] Auch die Nacktkulturbewegung organisierte sich in abgeschlossenen Gebieten zu Logen oder Bünden.

[50] Das Kinderheim weist viele Parallelen zu Freikörperkultur-Vereinen und insbesondere zu den »Sonnenanbetern« auf. So ist der Sonnenglanz ein durchgängiges Motiv. Die Erinnerung der Erzählerin geht auf »sonnendurchleutete Blätter« zurück, sie interessiert sich für einen der älteren Knaben wegen seiner Augen »voll Sonnenglanz und Herrlichkeit«. Die Kinder des Philantropins sind im Sommer nackt und ziehen sich nur zu den Mahlzeiten an. Als Hidalla aus dem Heim in das andere Haus gebracht wird, scheint die Abendsonne und sie vermutet, daß das Heim bei der untergehenden Sonne sein müsse. Freikörperkulturvereine hießen »Freisonnland« oder »Neusonnland«, die Mitglieder nannten sich »Sonnenkinder« und die Zeitschriften der Vereine hatten Namen wie »Sonniges Land« oder »Lachendes Leben«, »Licht-Land« oder »Leben und Sonne«.

[51] Die deutsche Reformpädagogik ist durch die gesellschaftlichen Modernisierungsprozesse seit 1870 geprägt. Die Reformierungsversuche unterschiedlichster Ausprägung wurden nicht nur als Erneuerung der Pädagogik, sondern als Beitrag zur Modernisierung der Gesellschaft verstanden. Ihren Konzepten liegen also politische Utopien zugrunde, auch dort, wo rein pädagogisch argumentiert wird. Viele Erziehungs- und Unterrichtskonzeptionen sehen ein zentrales Anliegen darin, Gemeinschaft erlebbar zu machen und dadurch die Bindung an die Gesellschaft zu stabilisieren.

[52] Im Zuge der Schulreformbewegung wurden neue Gesamt- oder Einheitsschulen und Landerziehungsheime gegründet. Ludwig Gurlitt und Ellen Key forderten beispielsweise eine Schule, die nicht nur zur Gemeinschaft erziehen, sondern selbst Gemeinschaft sein sollte.

[53] Wedekind radikalisiert in seiner Erzählung die pädagogische Anthropologie, die seit Rousseau die Natur des Kindes in den Mittelpunkt der Erziehung stellt.

[54] Die Tänzerinnen, die um 1900 einen Paradigmenwechsel hin zum freien Tanz initiierten, erteilten traditionellen Bedeutungskonzepten und Sinnangeboten eine Absage und suchten »eine Rehabilitation der Gesten und Bewegungen des menschlichen Körpers als Ausdrucksträger gegenüber der Wort- und Schriftkultur.« Susanne Marschall: *TextTanzTheater. Eine Untersuchung des dramatischen Motivs und theatralischen Ereignisses »Tanz« am Beispiel von Frank Wedekinds ›Büchse der Pandora‹ und Hugo von Hofmannsthals ›Elektra‹*, Frankfurt a. M. u. a. 1996, S. 29.

[55] Isadora Duncan formulierte in einer Vorlesung zur modernen Tanzkunst: »Die Tänzerin der Zukunft wird ein Weib sein müssen, deren Körper und Seele so harmonisch entwickelt sind, daß die Bewegung des Körpers die natürliche Sprache des Körpers sein wird.« Isadora Duncan: *Der Tanz der Zukunft*, Leipzig 1903, S. 43f.

gerade nicht individuelle Fähigkeiten gefördert werden; der Nacktkörperkultur durch die artifizielle Kostümierung und Verkleidung der Körper; der Gymnastikbewegung durch die strenge Körperdressur, die sogar mit Schlägen unterstützt wird; dem freien Tanz durch die Entindividualisierung der Tänzerinnen und die Vorgabe genauer Bewegungsabläufe.

Der Text verweigert sich also einer Verortung in epochenspezifische Diskurse, denn die punktuell kolportageartige Einspielungen von körperzentrierten Debatten und Bewegungen in den Text können nicht als Zitationen eines Kontextes verstanden werden, durch den sich der Aussagegehalt der Erzählung im Sinne eines erziehungskritischen Standpunktes generieren ließe. Auch wenn *Mine-Haha* sich im Hinblick auf die Erziehungsthematik teilweise als reformorientierte Fortsetzung und zugleich utopisches Gegenmodell zu *Frühlings Erwachen* verstehen läßt, kann die irritierende Provokation, die von der Erzählung ausgeht, durch strukturelle und thematische Vergleiche nicht hinreichend geklärt werden.

Unter psychoanalytischer Perspektive besteht jedoch zwischen den Konfigurationen der dramatis personae in der »Kindertragödie« und der Figurenkonstellation in der Erzählung ein signifikanter Unterschied. Die ausführlich dargestellte Entwicklung der Ich-Erzählerin von der frühen Kindheit bis zur Geschlechtsreife ist durch eine signifikante Leerstelle gekennzeichnet, nämlich die völlige Absenz von Elterninstanzen. Effekt dieser Sozialisation ohne Erwachsene als primäre Liebesobjekte und triangulierende Dritte ist nicht nur, daß die geistige und emotionale Entwicklung unerheblich bleibt, sondern vor allem, daß im Zuge der körperlich-sexuellen Reifung die Entwicklung von Scham und Schamgrenzen unterbleibt. So werden die Mädchen des Philantropins auch auf kein spezifisch weibliches, bürgerliches Fertigkeitsrepertoire verpflichtet, sondern ausschließlich auf das vorbereitet, was als latenter Code weibliche Erziehung in patriarchal organisierten Gesellschaften begleitet: die Bildung des Körpers zur Erweckung der Lust.

Erziehung zur Schamlosigkeit

Kann in *Frühlings Erwachen* im Zuge der weiblichen Erziehung die Verbindung zwischen Kopf und Schoß, zwischen Verstand und Triebstruktur, zwischen Diskurs und der Konstruktion des Körpers im Diskurs nicht vermittelt werden, so geht es in *Mine Haha* nicht um ein Modell der Vermittlung und damit Aufklärung, sondern um die völlige Ausblendung des Kognitiven und die alleinige Präferenz des Körperlichen. Der Bereich, in dem Hidalla zunächst noch in Gemeinschaft mit kleinen Knaben, dann aber ausschließlich mit anderen Mädchen aufwächst, ist jenseits der bürgerlichen Welt situiert und untersteht eigenen Normen und Regeln.[56]

Innerhalb der Enklave gibt es außer den für immer gefangenen alten Aufwärterinnen nur junge Tanzlehrerinnen und Kinder verschiedener Altersgruppen, die in

---

[56] Zur Analyse der Prostitution um 1900: Havelock Ellis: »Ursprung und Entwicklung der Prostitution«, in: *Mutterschutz. Zeitschrift zur Reform der sexuellen Ethik* 3 (1907). Sowie: Iwan Bloch: *Die Prostitution*, Berlin 1912. Zur Funktion des Prostitutionsthemas in der modernen Literatur: Dietmar Schmidt: *Geschlecht unter Kontrolle. Prostitution und moderne Literatur*, Freiburg i. Br. 1998.

ebenso friedlicher wie paramilitärischer Weise untereinander agieren und zu einer fraglos gehorchenden Gruppe verbündet sind. Die Lebensführung innerhalb des Parks wird durch einen genauen Tagesplan und die strenge Einteilung in Lebensphasen gewährleistet. Im hermetischen Raum des Philantropins gelten nur körperbezogene Verhaltensregeln, die nicht argumentativ-diskursiv abgestützt,[57] sondern lediglich über das mimetische Prinzip vermittelt werden. In einem sich durch körperliche Reifungsprozesse generierenden Kreislauf werden die jüngeren Kinder durch ältere Mädchen in der gleichen Weise ausgebildet, wie sie zuvor selbst ausgebildet wurden.[58] Geschlechtsidentität wird ohne sprachliche Symbolisierung ausschließlich über Körper-Vergleiche und sensomotorische Codierung erworben.[59]

Die Erziehungspraxis des Philantropins besteht in einer Körperdressur, die auf Verinnerlichung von Bewegungsabläufen und Posen abzielt. So ist das Trainieren der Beine und die Einübung von Bewegungsabläufen aus der Hüfte oberstes Erziehungsprinzip des Mädchenphilantropins. Ziel der Erziehung ist die Situierung eines neuen »Mittelpunkt[s]« im Unterkörper durch die Einübung von Bewegungen, die »von den Hüften ausgehen und von ihnen aus gewollt und dirigiert werden«, damit es schließlich selbstverständlich wird, »mit den Hüften«[60] zu denken. Wedekind stellt mit dem Erinnerungsbericht Helene Engels somit ein Erziehungsmodell vor, das nicht der sozialen Logik der bürgerlichen Gesellschaft folgt, sondern der des Bordells.

Die Mädchen des Bewegungsphilantropins werden nicht durch Familiennamen, soziale Herkunft und individuelle Lebensgeschichte gekennzeichnet, sondern sind lediglich mit Vornamen belegt. Wie eine gleichförmige Kaskade durchziehen die Namen, die nicht Individualität, sondern vielmehr einen Typus benennen, den Text: Naema, Filissa, Wera, Irene, Ella, Pamela, Aspasia, Lora, Heidi, Melusine, Amalie, Moilena, Melanie, Arabella, Iris, Selma, Barbara, Lydia, Betty, Diotima, Fanny, Olympia, Selma und Blanka. Individualität gewinnen die Mädchen auch nicht durch Charaktermerkmale oder emotionale Kompetenzen, sondern sie werden durch den Stand ihrer sexuellen Reifung in Gruppen eingeteilt, nach körperlichen Merkmalen und Fertigkeiten beurteilt und durch verschiedenfarbige Wäschestücke, Strümpfe und Schuhe, voneinander unterschieden.[61]

---

[57] Zur diskursiven Herstellung des geschlechtlich markierten Körpers vgl.: Judith Butler: *Körper von Gewicht. Die diskursiven Grenzen des Geschlechts*, Frankfurt a. M. 1995.

[58] So war beispielsweise die »Kinderrepublik« Seekamp von der Selbstverwaltung der Kinder getragen. Vgl. Tobias Rülcker: »Die Einschätzung gesellschaftlicher Modernisierungsprozesse in der Reformpädagogik und ihre Konsequenzen für die Erziehung«, in: ders. und Jürgen Oelkers (Hg): *Politische Reformpädagogik*, Bern u. a. 1998, S. 59–84, hier: S. 75.

[59] Über das Lernen von Geschlechtsrollen: Wolfgang Mertens: *Entwicklung der Psychosexualität und der Geschlechtsidentität*, 2 Bde., Berlin u. a. 1994, Bd. 1, S. 38f.

[60] Wedekind: Mine-Haha, S. 146.

[61] Über die Thematik des hermetischen Parklebens, der Ausbildung der Frauen zu Prostituierten sowie die Einbindung der Sexualität in kultische Ordnungen lassen die sich von *Mine-Haha* zu weiteren Texten Wedekinds Bezüge herstellen. »Zum Umfeld von dessen Thematik zählen im engeren Sinn auch die Prosaentwürfe ›Eden‹ (aus dem Jahr 1890), ›Leiden eines Freudenmädchens‹ (1892), ›Der Brand eines Bordells‹ (1894), ›Simba‹ und ›Mylitta‹, die Entwürfe ›Die eiserne Jungfrau im Bordell‹ (1894),

Die Kinder des Bewegungsphilantropins sprechen kaum untereinander und nehmen sich nur aufgrund ihrer körperlichen Unterschiede wahr. Durch den beobachtenden Blick der Erzählerin werden zunächst Mädchen und Knaben, dann nur noch Mädchen in ihrer körperlichen Unterschiedlichkeit ohne Scham wahrgenommen und miteinander verglichen. Vor allem ist Hidalla fasziniert und zunehmend auch erregt von der Körperlichkeit ihrer Lehrmeisterinnen. Sie bewundert bei der Vortänzerin Simba »die Lust, mit der sie selbst sich ihres Körpers bewußt zu werden schien«[62]. Vorbild für ideale Körperschönheit wird jedoch die Tanzlehrerin Gertrud, die für Hidalla »der Inbegriff der Schönheit«[63] und »ein Meisterwerk der Natur«[64] ist. Durch die fortwährenden Körperübungen, die alle von der Hüfte ausgehen sollen, hat sie ihren Körper perfekt modelliert:

> Wenn man sie auf sich zukommen sah hatte man gar nicht mehr die Empfindung, daß sie einen Körper von einer gewissen Schwere hatte. Man sah nur Formen. Und auch die Formen vergaß man beinahe über der Schönheit der Bewegung. Anderen Menschen gegenüber erschien sie mir immer wie etwas, was ich mir nur in meiner Phantasie gedacht und was in Wirklichkeit gar nicht existierte.[65]

Der schöne Mädchenkörper wird hier nicht als Wirklichkeit beschrieben, sondern als Phantasma, das erst durch die Phantasie hergestellt wird und erst dadurch seine Perfektibilität erreicht. Mit Gertrud wird also eine Spiegelfunktion verknüpft, wie sie Lacan als konstitutiv für die Herausbildung von Subjektivität beschrieben hat. Durch das eigene Spiegelbild als »Aufnahme eines Bildes« schlage sich das Ich »bevor ihm die Sprache im Allgemeinen die Funktion eines Subjekts wiedergibt« in einer »symbolischen Matrix«[66] nieder:

> Die totale Form des Körpers, kraft der das Subjekt in einer Fata Morgana die Reifung seiner Macht vorwegnimmt, ist ihm nur als »Gestalt« gegeben, in einem Außerhalb, wo zwar diese Form eher bestimmend als bestimmt ist, wo sie ihm aber als Relief in Lebensgröße erscheint, das sie erstarren läßt, und einer Symmetrie unterworfen wird, die ihre Seiten verkehrt – und dies im Gegensatz zu der Bewegungsfülle, mit der es sie auszustatten meint. [...] Für die *Imagines* – wir haben das Vorrecht zu sehen, wie ihre verschleierten Gesichter in unserer alltäglichen Erfahrung und im Halbschatten der symboli-

---

›Eva‹ (auch betitelt ›Parthenon, ein Universalhandbuch der Frauenkunde‹ 1897 und ›Das Aristokraten-bordell‹ wie auch die dramatische Skizze ›Schloß Wildenstein‹ (1889 u. 1897), welche über die moderne Erziehung junger Mädchen handelt, [...] und ›Das Sonnenspektrum‹«. Vinçon: Frank Wedekind, S. 55f. Vgl. hierzu auch Alfons Höger: »Das Parkleben. Darstellung und Analyse von Frank Wedekinds Fragment *Das Sonnenspektrum*«, in: *Text und Kontext. Zeitschrift für germanistische Literaturforschung in Skandinavien*, hg. von Klaus Bohnen u. a., 11 (1983) H. 1, S. 35–55.

[62] Wedekind: Mine-Haha, S. 159.

[63] Ebd., S. 144.

[64] Ebd., S. 152.

[65] Ebd., S. 146.

[66] Jacques Lacan: »Das Spiegelstadium als Bildner der Ich-Funktion wie sie uns in der psychoanalytischen Erfahrung erscheint«, in: ders.: *Schriften 1*, Frankfurt a. M. 1975, S. 61–70, hier S. 64.

schen Wirksamkeit Konturen gewinnen – scheint das Spiegelbild die Schwelle
der sichtbaren Welt zu sein, falls wir uns der spiegelartigen Anordnung überlassen, welche die *Imago des eigenen Körpers* in der Halluzination und im
Traum darbietet [...].[67]

In diesem Sinne werden Gertruds zur geschlossenen Form verdichteten Bewegungen
für Hidalla zum Vor-Bild, zur Körper-Imago vom eigenen Selbst. Aus der zunächst
den Körper fragmentierenden Wahrnehmung der unteren Körperhälfte mit Hüften,
Beinen und Füßen kann durch die Spiegelfunktion die verlorene Ganzheit des
Körpers wieder hergestellt werden. So verknüpft sich mit dem auf die Beine
dressierten voyeuristischen Blick die ganzheitliche Körper-Imago: »Noch in meinem
letzten Jahr stieg ich ihr oft bis unter den Dachboden hinauf nach, nur um das
Vergnügen zu haben, sie die Treppe herunterkommen zu sehen.«[68]

Der Anblick eines Pferdekörpers wird für Hidalla zur unheimlichen Wiederkehr
des zweigeteilten Körpers. Sie wird durch den Blick auf das Pferd »ganz beklom-
men« weil sie nicht weiß, wie das grazile Vorderteil und das mächtige Hinterteil des
Tieres zusammengehören können, aber gerade diese Zweiteilung erinnert sie an
Gertrud: »Und doch, abgesehen von den Augen und der ganzen Haltung, war es das
Hinterteil, was am meisten an Gertrud erinnerte. Sie hatte die nämlich einfache,
ruhige Bewegung in den Hüften, diese ruhige sichere Kraft, und auch die Art und
Weise, wie sich die Schenkel aneinander rieben.«[69] Das ob seiner eindressierten
Bewegungen schöne Pferd wird in bildliche Analogie zum Mädchenkörper gesetzt,
weil dessen Schönheit ebenfalls nur durch körperliche Dressur hervorgebracht
werden kann. So stehen den präpubertären Mädchen als »Wunderwerke von Schönheit und Sinnenreiz« diejenigen Frauen im Park entgegen, die nicht oder nicht mehr
in die körperliche Erziehung eingebunden sind, wie die Musiklehrerin Kairula, vor
allem aber die Aufwärterinnen Irma und Margareta, die als die »alten Ungeheuer«,
in den Augen der Ich-Erzählerin »einen fürchterlichen Anblick bieten«, da ihre
»Gesichter wie Eichenrinde, aus der man die Äste losgebrochen«[70] hat, aussehen.
Hidalla hat die Körper-Imago des durchtrainierten, kindlichen Mädchenkörpers
bereits so verinnerlicht, daß der Anblick der alten Frauen Ekel und Verachtung bei
ihr auslösen: «Man kam nicht mehr dazu, sie für Menschen zu nehmen.«[71]

Das Körperschema, dem im Philantropin alleinige Daseinsberechtigung zugesprochen wird und das phobisch gegenüber anderen körperlichen Ausdrucksweisen
und Entwicklungsstadien abgegrenzt wird, ist das Schema des durchtrainierten,
biegsamen Mädchenkörpers vor der Geschlechtsreife: »Übrigens habe ich derartige
Wunderwerke von Schönheit und Sinnenreiz aus meinen reiferen Lebensjahren nicht
mehr zu notieren. Sie hören auf in meiner Erinnerung mit dem Augenblick, wo ich
aufhörte, Kind zu sein.«[72] Die Schönheit des weiblichen Körpers ist nach dem

---

[67] Lacan: Das Spiegelstadium, S. 64f.

[68] Wedekind: Mine-Haha, S. 144.

[69] Ebd., S. 170.

[70] Ebd., S. 166.

[71] Ebd., S. 166.

[72] Ebd., S. 159

Setting des Philantropins keine körperliche Gegebenheit, die einem natürlichen Reifungs- und Entwicklungsprozeß unterliegt, sondern lediglich eine Anlage. Dabei steht die Dressur der Beine stellvertretend für die ästhetische Form, in die der Körper überführt werden muß, damit er zum Objekt der Schaulust werden kann.

Die Dressur der Beine

In einem sado-masochistischen Setting zwischen der Vortänzerin Gertrud und den Elevinnen vermischen sich Strafritual und onanistische Flagellationspraxis: »Gertrud zog die Weidenrute, die sie in der Rechten hielt, durch die linke Hand und sah uns eines nach dem andern lächelnd an.«[73] Als Symbol der Macht, welche dem weiblichen Körper ein ästhetische Muster einschreibt, steht die phallische Rute, welche die Beine als Lustorgan codiert. [74] Jede Abweichung von der Vorgabe des Bewegungsmusters wird körperlich sanktioniert: »Dabei hatte sie ihre Rute fortwährend auf unseren Fußspitzen, unter unseren Knien oder unter den Waden, wenn eins den Fuß zu rasch sinken lassen wollte.«[75] Selbst das Seilspringen muß einer genauen Bewegungsabfolge gehorchen und darf individuell nicht modifiziert werden: »Tat man nur einen kleinen Schritt, so gab es eins an die Beine, daß es einem zum Nacken hinauffrieselte. Gertrud lächelte immer, wenn sie zuschlug.«[76] Die körperliche Sanktion wird nicht eingesetzt, um Verbotenes zu bestrafen, sondern um die Lust an der Bewegung hervorzutreiben und der Lust die Erinnerung an die Schläge körperlich einzuschreiben. Daß dieses Schlagen auch masturbatorisch-masochistische Funktion hat, zeigt sich an der Selbstkasteiung Gertruds: »Manchmal schlug sie sich selbst mit der Rute über die gestreckten Beine hinunter, daß es nur so klatschte.«[77] Auch Hidalla schlägt sich, als sie geschlechtsreif wird und ihre kindliche Körperform verliert: »Nachts im Bett schlug ich mich vor Wut, wenn ich mich mit meinen dicken Gliedern nicht zurechtfinden konnte«[78]. Der Verlust der körperlichen Idealform erzeugt Wut, weil nun keine Übungen mehr zur Verfügung stehen, die den Körper der Imago angleichen können. Das Schlagen wird in *Mine-Haha* also dann eingesetzt, wenn die Beine der Kinder nicht dem vorgeschriebenen Bewegungsmuster folgen, oder aber wenn der weibliche Körper seine kindliche Form verliert. Somit ist das Schlagen sowohl Ausdruck von äußerer Sanktion bei Abweichung vom Bewegungsschema als auch innerer Sanktion bei Abweichung von der Körper-Imago. Zugleich aber erweckt das Schlagen Lust, weil es den Körper auto-

---

[73] Ebd., S. 144.

[74] Die Verschiebung vom Koitalwunsch zum Wunsch, geschlagen zu werden, hat Freud hat in seiner Analyse des »Wolfsmannes« dargelegt. Sigmund Freud: »Aus der Geschichte einer infantilen Neurose. [»Der Wolfsmann«]«, in: ders: *Studienausgabe* Bd.VIII, hg. von Alexander Mischerlich u. a., Frankfurt a. M. 1969, S. 125–232, hier: S. 164f.

[75] Wedekind: Mine-Haha, S. 145.

[76] Ebd., S. 151.

[77] Ebd., S. 151.

[78] Ebd., S. 198.

erotisch fühlbar macht. Mithin wird durch das Schlagen die Abweichung als Mangel spürbar wie auch zugleich erotisch besetzbar.

Die Koppelung von Beinen, Schlägen und Lust bei der Erziehungsdressur junger Mädchen ist eine Werkkonstante bei Wedekind[79] und auch in *Frühlings Erwachen* zentral. Die erotischen Träume, die sich die Pubertierenden wechselseitig erzählen, sind von Beinen und Schlagephantasien obsessiv besetzt. So erzählt Melchior, daß seine erste Ejakulation mit einem Traum verbunden gewesen sei: »... von Beinen im himmelblauen Trikot, die über das Katheder steigen«[80]. In dieser Traumszenerie entzündet sich die Schaulust an den Beinen, die den nach oben gerichteten Blick zum bildlich ausgesparten weiblichen Genitale leiten. Melchior erzählt hingegen über »das Grauenhafteste«, das er je geträumt habe: »Vergangenen Winter träumte mir einmal, ich hätte unsern Lolo so lange gepeitscht, bis er kein Glied mehr rührte.«[81] Die doppeldeutige Verschiebung von Glied/Penis zu Glied/ Beine, mit der Wedekind hier spielt, markiert den Wunsch, der Erregung Herr zu werden. Diese Disposition von Lustempfinden, Ermächtigungswunsch und Schlagen wird für das sexuelle Setting zwischen Melchior und Wendla bestimmend. Als Melchior nämlich mit Wendla allein im Wald zusammentrifft und sie nach ihrem Tagtraum fragt, erzählt sie die Geschichte eines Mädchens, das sich für den Vater verdingen muß:

> Mir träumte, ich wäre ein armes, armes Bettelkind, ich würde früh fünf schon auf die Straße geschickt, ich müßte betteln den ganzen langen Tag in Sturm und Wetter, unter hartherzigen, rohen Menschen. Und käm ich abends nach Hause, zitternd vor Hunger und Kälte, und hätte so viel Geld nicht, wie mein Vater verlangt, dann würd ich geschlagen – geschlagen –[82]

Dieser Tagtraum[83] nimmt wiederum direkt Bezug auf Marthas Erzählung über das Geschlagen-Werden durch den Vater.[84] Wendlas insistierende Nachfrage: »Womit schlägt er dich, Martha?«[85] und im Verlauf des Gesprächs in der Mädchengruppe noch einmal: »Womit schlägt man dich, Martha?«[86] wird von dieser auf indirekte Weise beantwortet, indem sie über die Folgen des Geschlagen-Werdens berichtet: »Ich lag auf der Erde und schrie und heulte. Da kommt Papa. Ritsch – das Hemd herunter. Ich zur Türe hinaus. Da habe man's! Ich wolle nun wohl so auf die Straße

---

[79] Vgl. hierzu etwa Lulu im Gespräch mit Schön: »Schlagen Sie mich! Wo haben Sie ihre Reitpeitsche! Schlagen Sie mich an die Beine ...« Frank Wedekind: *Erdgeist*, in: ders.: *Werke* in zwei Bänden, hg. mit Nachwort und Anmerkungen von Eberhard Weidl, München 1990, Bd. 1, S. 549–636, hier S. 616.

[80] Wedekind: Frühlings Erwachen, S. 480.

[81] Ebd., S. 479.

[82] Ebd., S. 492f.

[83] Auch Hidalla kommmen die ersten sieben Jahre im Philantropin vor wie der »Traum einer einzigen Nacht«. Wedekind: Mine-Haha, S. 174.

[84] Vgl. hierzu: Sigmund Freud: »›Ein Kind wird geschlagen‹ (Beitrag zur Kenntnis der Entstehung sexueller Perversionen)«, in: ders: *Studienausgabe* Bd.VII, hg. von Alexander Mitscherlich u. a., Frankfurt a. M. 1973, S. 229–254.

[85] Wedekind: Frühlings Erwachen, S. 484

[86] Ebd., S. 485.

hinunter ...«.[87] Der mit dem Schlagen konnotierte Mißbrauch der Tochter durch den Vater führt die Tochter auf die Straße/in die Prostitution. Dadurch erhält Wendlas Tagtraum vom Bettlermädchen das vom Vater geschlagen wird, die Funktion einer spiegelbildlichen Phantasie. Die Tochter, die sich für den Vater prostituiert, wird von diesem geschlagen, da sie nicht genügend Geld einbringt. In einer Double-bind-Formulierung nimmt Wendla gegenüber Melchior auf Marthas Erzählung vom Geschlagen-Werden Bezug: »Siedendheiß wird es einem, wenn sie erzählt. Ich bedaure sie so furchtbar [...]. Ich wollte mit Freude einmal acht Tage an ihrer Stelle sein.«[88] Diese Überlagerung von Opferstatus und masochistischer Disposition, wie sie die Schlage-Phantasie auszeichnet, nimmt wiederum das Setting des Zusammenseins mit Melchior bereits voraus. Dabei ist die körperliche Form Wendlas von besonderer Bedeutung.

Wendla hebt sich von den übrigen Mädchen ab, weil ihr Körper trotz Pubertät nicht »plump« geworden ist, sondern eine Form bewahrt hat, die von den anderen Mädchen als stolze Körperhaltung wahrgenommen wird: »wie sie die Füße setzt – wie sie geradeaus schaut – wie sie sich hält«[89]. Die nackten Beine, die sie nicht verhüllen will, werden von Wendla schamlos-naiv zum Spiel angeboten. Da sie das Gefühl des Geschlagenwerdens nicht kennt, fordert sie Melchior auf: »So schlag mich doch an die Beine«.[90] Doch die spielerische Erprobung Wendlas schlägt in eine sexuell aggressive Szene um. Melchior wird so gereizt, daß er das naiv-schamlose Mädchen zunächst verprügelt und später vergewaltigt. Wurde in den erotischen Träumen der Jugendlichen die Sprache der Verschiebung und Verdichtung eingesetzt, um das Begehrte zu formulieren, so wird mit dem Schlagen auf die Beine das sado-masochistische Setting der sexuellen Begegnung bildlich in Szene gesetzt. Nach dieser szenischen Anordnung reizt die als Schamlosigkeit verstandene Aufforderung zum Schlagen das männliche Begehren, das in Bemächtigung/Sadismus umschlägt. Mit der sado-masochistische Disposition bei den Schlagephantasien in *Mine-Haha* findet demnach die Konstellation der sexuellen Szene am Körper der Mädchen ihren Schauplatz.

In der Körperdressur des Bewegungsphilantropins wird über den Schmerz der körperlichen Bestrafung der Leib als Lustorgan kodiert.[91] Wie Foucault darlegte, generieren Verbote nicht nur Diskurse, sondern die Formen der Sexualität selbst.[92] Der Leib wird Quelle von Lustmöglichkeiten und zum Ausgangspunkt von Selbstthematisierungen. Im Zentrum des Schuldbewußtseins steht die Sexualität, die ihrerseits zum Schlüssel für die Körperlichkeit wird, was zu einer Dramatisierung der Sexualität überhaupt führt. Die Dramatisierung der Sexualität aber ist das den

---

[87] Ebd., S. 484
[88] Ebd., S. 493
[89] Ebd., S. 486.
[90] Ebd., S. 494.
[91] Der Unterkörper mit den Beinen wird gegenüber anderen Körperbereichen, wie etwa die Brust, eindeutig präferiert. Zur Reizwirkung des weiblichen Oberkörpers vgl. Hans Peter Duerr: *Der erotische Leib. Der Mythos vom Zivilisationsprozeß*, Bd. 4, Frankfurt a. M. 1999.
[92] Michel Foucault: *Sexualität und Wahrheit. Der Wille zum Wissen*, Bd. 1, Frankfurt a. M. 1983, S. 50ff.

Mädchen geheime Telos der gesamten Körperdressur, denn die scheinbare Selbst-
genügsamkeit und Autoreferentialität der Körpererziehung ist unbewußte Einübung
für die Zurschaustellung der Körperbewegung in der Theateraufführung.

Vorbedingung für den theatralisch erwünschten Effekt der Aufführung ist die
erfolgreiche Körperdressur bei gleichzeitiger Tabuisierung des Körpers. Die Mädchen sprechen untereinander nicht über körperliche Veränderungen und die Menarche, so daß sie in einem Zustand vollkommener Unwissenheit über ihren Körper
bleiben, obwohl sie sich ausschließlich mit diesem beschäftigen. Dabei werden im
Zuge der detailgenauen Darstellung der Körperdressur ausführlich Körperbau,
Haare, Beine und die Maskerade des Körpers beschrieben,[93] aber aufgrund des
Verbotes, zusammen in einem Bett zu schlafen, kommt es zu keiner Berührung. Das
Tabu der auf das eigene Geschlecht gerichteten Sexualität muß im Zusammenleben
der Mädchen aufrechterhalten werden, damit der Tabubruch als sinnliches Ereignis
für das männliche Publikum inszeniert werden kann: Die Berührung unter einer
gemeinsamen Decke darf erst auf der Bühne des Theaters stattfinden.

Theatralische Inszenierung des weiblichen Geschlechts

Kurz vor der Geschlechtsreife wird Hidalla in einem nahe dem Park gelegenen
Theater als pantomimische Tänzerin eingesetzt. Die selbstgenügsame, auf die
Herausbildung körperlicher Geschmeidigkeit ausgerichtete Lebensweise enthüllt erst
hier ihr Telos, nämlich die theatralische Inszenierung des weiblichen Körpers im
Übergang vom Kind zur Frau vor einem männlichen Publikum. Unmittelbar vor der
Geschlechtsreife wird der Mädchenkörper zur kostbaren Ware für ein zahlendes
Publikum. Erst mit diesem Übergang zum Theater wird nun auch die Familienszene
eingeholt, bei der sich die ›Mutter‹ in den Dienst des väterlichen Begehrens stellt.
Die pubertären Mädchen, in ihrer Körperlichkeit für die männliche Nachfrage herangezogen, werden nun in ihrem Warenwert taxiert. Als Darstellerinnen von sexuell
konnotierten Tanzstücken eigens von zwei Damen ausgewählt, müssen die Kindfrauen nackt tanzen und sich einer genauen körperlichen Inspektion unterziehen. Bei
diesem taxierenden Bewerten und Vergleichen empfinden die Mädchen nun auch
zum erstenmal Scham:

> Wir mußten uns entkleiden; welch ein sonderbares Gefühl! So sehr wir es
> unter uns gewohnt waren, einander nackt zu sehen, so hatte sich doch keine,
> seitdem sie im Park war, je vor Erwachsenen ohne Kleidung gezeigt. Viel
> machte es ja nicht aus, da beim Tanzen immer die Röcke in die Höhe flogen
> und wir, ohne uns zu genieren, auf den Händen gingen. Aber das sah man
> selber nicht, und es blieb immer das Empfinden der Kleidung zurück. Jetzt sah
> ich bei einer wie der anderen, während wir uns mitten im Saal entkleideten,

---

[93] Vgl. zur konstituierenden Funktion der Maskerade für die Repräsentanz von Weiblichkeit die
Beiträge in: Liliane Weissberg (Hg.): *Weiblichkeit als Maskerade*, Frankfurt a. M. 1994.

wie sie rot im Gesicht wurde, mit den Augen zwinkerte und sich auf die Lippen biß.[94]

Die Scham stellt sich bei den Mädchen nun ein, weil sie fürchten, in ihren körperlichen Attributen und Fertigkeiten nicht vor dem prüfenden Blick der Frauen bestehen zu können. Mithin wird also Scham durch die Zuschreibung von Mangel und die Abwertung im Vergleich mit anderen Mädchen evoziert. Die Mädchen werden durch das prüfende Abwägen der Frauen zu Konkurrentinnen auf einem Markt, bei dem sie als Ware nichts als ihren Körper zu bieten haben. Mit der Untersuchung durch die unbekannten und anonym bleibenden Frauen wird abgeprüft, ob die Mädchen ihre Lektion gelernt haben, ob ihr Körper die für die Theateraufführung gewünschte Perfektibilität erreicht hat. Die Beurteilung der Mädchen durch die Prüferinnen zeigt deutliche Parallelen zu Weiningers Ausführungen über die Bewertung von weiblicher Schönheit durch kupplerische Frauen: »Je schöner eine Jungfrau ist, eine desto zuverlässigere Promesse ist sie den anderen Frauen, desto wertvoller ist sie dem Weibe als Kupplerin, seiner Bestimmung als Hüterin der Gemeinschaft nach; nur dieser unbewußte Gedanke ist es, der eine Frau an einem schönen Mädchen Freude finden läßt.«[95] Im Theater wird Hidalla nicht nur von den übrigen Tänzerinnen ob ihrer Beine begutachtet: »Mir warfen sie Seitenblicke zu und sprachen über meine Beine«[96], sondern auch durch die ersten anonymen Männerstimmen, die sie in ihrem Leben hört: »Zwei tiefe, rauhe Stimmen [...] kritisierten meine Waden.«[97] Der männliche Blick auf die typisierten Darstellerinnen ist mit Bewertung und Kontrolle verbunden.

Das Theater erweist sich als ökonomische und phantasmatische Schnittstelle zwischen der Bewegungswelt der präpubertären und pubertären Mädchen und der Welt außerhalb, denn das zahlungskräftige Publikum des Theaters finanziert das gesamte Bewegungsphilantropin. Mithin existiert die gesamte, von der Außenwelt hermetisch abgeschirmte Enklave der tänzerischen Ausbildung und akrobatischen Ertüchtigung nur durch das Theater und um des Theaters willen. Zugleich aber wird die Bordellsituation des Parks, bei der die Mädchen mit ihren jugendlichen Betreuerinnen unter sich waren, nun in die Situation der Begutachtung durch die Freier überführt. Während die Mädchen zuvor durch den Blick auf die Lehrmeisterinnen ihre Körperbewegungen lernten und durch Blicke untereinander orientiert waren, werden sie in der Theatersituation geblendet und nur noch zum Objekt der Schaulust. Der Blick des männlichen Publikums, der die Mädchenkörper sexuell kodiert, bleibt den Darstellerinnen verborgen, da sie auf der kreisrunden Drehbühne mit grellen Scheinwerfern so angeleuchtet sind, daß sie selbst niemanden im Publikum

---

[94] Wedekind: Mine-Haha, S. 178.

[95] Otto Weininger: *Geschlecht und Charakter. Eine prinzipielle Untersuchung* [1903], München 1980, S. 445. Vgl. hierzu auch: Richard von Krafft-Ebing: *Psychopathia sexualis. Mit besonderer Berücksichtigung der konträren Sexualempfindung*, hg. von Alfred Fuchs, München 1984.

[96] Wedekind: Mine-Haha, S.181.

[97] Ebd., S. 186.

erkennen können:[98] »Nie hat eine von uns Mädchen auch nur eine einzige Physiognomie aus dem Publikum erkennen können.«[99]

Im Innern ist das Theater mit kreisrunder Sitzanordnung und ohne Rampe wie ein Amphitheater aufgebaut. Zugleich aber sind Zuschauer und Darstellerinnen wie bei der Raubtiernummer im Zirkus durch ein Gitter getrennt. Überlagert wird also die Reminiszenz an das kultische Theater der Antike durch die Zirkusmetapher, die Körperbewegungen der pubertären Darstellerinnen changieren zwischen dem Bedeutungskontext des dionysischen Tanzes[100] und der Akrobatik des Zirkus.[101] Damit treffen zwei unterschiedliche Modelle von Theatralität in den Blick: das Spiel im Bedeutungskontext, wie es durch die Tradition des antiken Theaters verbürgt ist, bei dem jede Bewegung eine symbolische Qualität besitzt und auf einen Handlungs- und Sinnzusammenhang verweist, und das artistische Spiel der Zirkuswelt, das in keine inszenierte Geschichte und damit in keinen Bedeutungskontext integriert ist, sondern die Körperbewegung selbst als Kunstwerk profiliert. Aus dem Aufeinander- treffen dieser beiden Muster von Theatralität entbindet die Bewegunspantomime ihre sexuelle Spannung. Die kindlich schamlosen Mädchen agieren nach dem theatralischen Muster der Zirkuswelt und verstehen ihre Körperbewegungen als Darbietung artistischer Fertigkeiten, während die Choreographie des Stückes mit seiner geschlossenen Handlung vom Publikum als schamlose Zurschaustellung sexueller Handlungen und Aktionen rezipiert wird.

Da sexuelle Kommunikation mit zu den elaboriertesten Codes innerhalb einer Kulturgemeinschaft gehört, Verständigung über doppelbödige Rede, vor allem aber nonverbal über Blicke, Gesten, Zeichen und Berührung organisiert wird, ist die ästhetisch anerkannte tänzerische Pantomime die ideale Form für die Visualisierung der Sexualität. Mit der gestisch-körperlichen Darstellung sexueller Handlungen wird der pubertäre Mädchenkörper in ein semantisch vielschichtig aufgeladenes Feld initiiert, bei dem er durch den männlichen Blick in seiner diskursiven Bedeutung kodiert wird. Das Verhältnis von kindlicher Bühnendarstellerin und männlichem Zuschauer ruft die Konstellation sexuellen Mißbrauchs auf,[102] der zum Kollektiv- ereignis gemacht wird.[103]

---

[98] Wedekind, der die Drehbühne, eine technische Errungenschaft des späten 19. Jahrhunderts, bereits während seines ersten Pariser Aufenthalts im Cirque Nouveau kennengelernt hatte, nimmt hier die Konstellation der Peep-Shows des 20. Jahrhunderts vorweg.

[99] Wedekind: Mine-Haha, S.184.

[100] Die Mädchen sind Teil eines dithyrambischen Chores, wie ihn Nietzsche beschrieben hatte: »der dithyrambische Chor ist ein Chor von Verwandelten, bei denen ihre bürgerliche Vergangenheit, ihre soziale Stellung völlig vergessen ist: sie sind die zeitlosen, außerhalb aller Gesellschaftssphären lebenden Diener ihres Gottes geworden.« Friedrich Nietzsche: »Die Geburt der Tragödie«, in: ders.: *Werke in drei Bänden*, hg. von Karl Schlechta, München 1966, S. 7–134, hier S. 52. Für Nietzsche ist der »Chor der griechischen Tragödie, das Symbol der gesamten dionysisch erregten Masse«. Ebd., S. 53.

[101] Vgl. hierzu auch: Volker Klotz: »Wedekinds Circus mundi«, in: Karl Pestalozzi u. Martin Stern (Hg.): *Viermal Wedekind. Methoden der Literaturanalyse am Beispiel von Frank Wedekinds Schauspiel »Hidalla«*, Stuttgart 1975, S. 22–47.

[102] In seinem 1906 erschienenen Kompendium zum Sexualleben hatte Iwan Bloch den Mißbrauch von Kindern noch als Zeichen primitiver Kulturen herausgestellt: »Unzucht mit Kindern als Volkssitte ist

Hidalla wird eines Abends unvermutet und ohne Vorbereitung auf die Bühne geholt und in ein Kostüm gesteckt. Sie agiert in einem Tanzstück, dessen Choreographie sie nicht kennt und dessen Sinn sie nicht erschließen kann.[104] Lediglich mit einer Nebenrolle betraut, beobachtet sie das Bühnengeschehen zunächst aus einer Randposition und gleicht sich den Bewegungen der anderen Tänzerinnen mimetisch an. Als teilnehmende Beobachterin ist sie sowohl Darstellerin innerhalb der Inszenierung als auch Zuschauerin der körperlichen Darbietungen. Sie ist also wie die männlichen Zuschauer Beobachterin der Urszene. Sie ist aber auch Teil der sexuellen Aktion, bei welcher der Mann ausgeschlossen ist, denn sein Part wird von den weiblichen Darstellerinnen fingiert. Damit aber wird auch der voyeuristische Blick auf den kindlichen Blick der phantasmatischen Konstruktion umgelenkt. Wie Lacan dargelegt hatte, ist das, was sich dem Sehen zeigt »die Präexistenz eines Blicks«[105], denn »Auge und Blick, dies ist für uns die Spaltung, in der sich der Trieb auf der Ebene des Sehfeldes manifestiert.«[106] So werden die auf der Bühne dargestellten erotischen Pantomimen aus dem Blickwinkel des unwissenden Kindes zur mise en scène des Begehrens: »Die Sexualität liegt weniger im Inhalt des Gesehenen als in der Subjektivität des Sehenden, im Verhältnis zwischen dem Angesehenen und dem sich entwickelnden sexuellen Wissen des Kindes.«[107] Als Theater im Theater wird hinter dem Gitter, das die Darstellerinnen vom Publikum trennt, nochmals ein Käfig auf die Bühne gestellt, mit dem die Zwanghaftigkeit des männlichen Blicks inszeniert wird. Denn nun befindet sich die Darstellerin des »Mückenmännchens« hinter Gitter und wird gerade durch den Blick-Zwang auf wechselnde sexuelle Paarungen gefoltert.

---

ein Symptom primitiver Kultur, daher noch heute anzutreffen«. Iwan Bloch: *Das Sexualleben unserer Zeit in seiner Beziehung zur modernen Kultur*, Berlin 1919, S. 655. Innerhalb der modernen Kultur sieht Bloch den Mißbrauch von Kindern als Zeichen sexueller Dekadenz: »Das Unschuldige, Natürliche und Reine im Wesen des Kindes und der unberührten Jungfrau wirkt auf solche verderbten Inividuen erregend, als Kontrast zu ihrer eignen sexuellen Schamlosigkeit und Raffiniertheit. Dieser Kontrast wirkt als intensiver Reiz.« Ebd., S. 657.

[103] Sexualität wird damit dem intimen Dispositiv von Paarungen oder Gruppierungen entrissen und einer bewertenden Betrachtung unterzogen. So kann auch nur in einem historisch-sozial angebbaren Setting definiert werden, was obszön ist: »Ohne die vom Beobachter hinzugefügte Phantasie ist eine Darstellung nicht pornographisch, denn nichts ist pornographisch per se.« Robert J. Stoller: *Perversion*, Reinbek 1979, S. 93.

[104] Paul Fechter sieht den engen Zusammenhang zwischen der Tanzkunst Nijinskys und der Erzählung Wedekinds: »Vor dem Hintergrund Nijinsky begriff man, daß der Tanz seit den Tagen des jungen Wedekind und seiner ›Minehaha‹ begonnen hatte, die bisherige einseitige Ausbildung des Geistig-Seelischen abzulösen, daß das Zeitalter des Expressionismus viel mehr von dem, was es suchte, in dem wortlos-sensuellen Sichauswirken des Körpers fand als in den versinkenden Bereichen des Geistes, die dem Wort unterstellt waren.« Paul Fechter: *An der Wende der Zeit. Menschen und Begegnungen*, Berlin u. Hamburg 1950, S. 445–446.

[105] Jacques Lacan: »Vom Blick als Objekt klein a«, in: Das Seminar von Jacques Lacan Buch XI (1964): *Die vier Grundbegriffe der* Psychoanalyse, Weinheim u. Berlin 1987, S. 73–84, hier: S. 78.

[106] Ebd., S. 79.

[107] Jacqueline Rose: *Sexualität im Feld der Anschauung*, Wien 1996, S. 231.

Mithin präsentieren sich dem männlichen Blick also nicht nur wechselnde Konstellationen der Urszene, sondern auch die traumatische Struktur dieses Erlebens, das zwanghaft reinszeniert werden muß. Die sexuelle Pantomime wiederholt, was bereits erlebt, aber erst in der inszenatorischen Vergegenwärtigung erneut durchlebt und zur Anschauung gebracht werden kann. Der Blick des Mannes wird auf den Anderen, die Kindfrau, als den Schauplatz des Körpers verwiesen.[108] Die Blickkonstellation, die Wedekind hier entwirft, ist vielfältig gebrochen und entwirft in dieser Gebrochenheit das Szenario einer sexuellen Phantasie.

Der Körper der pubertären Mädchen spricht damit aus, was nicht der Artikulation eines Subjekts entspricht, denn der weibliche Körper befindet sich im Diskurs des Anderen. Abgelöst vom eigenen Ausdruckswillen wird damit die Artikulation des Körpers als kulturelle Inschrift lesbar. In der körperlich-pantomimischen Darstellung werden Körpereinschreibungen zum Ausdruck gebracht, die, wie es Freud für die hysterischen Symptome herausgestellt hatte, »nicht affektlos geworden sind und deren Erinnerung eine lebhafte geblieben ist.«[109] Wie in der hysterischen Inszenierung, bei der die Einschreibung des Traumas im körperlichen Symptom ausagiert wird, werden die geschlagenen Beine der Mädchen so in der Ballettpantomime eingesetzt, daß ihre Inschrift lesbar wird. Der Mädchenkörper wird zum Symptom des Mannes, zur Vorstellung eines Subjekts, das sich selbst als gespaltenes erkennt und zugleich verkennt.

Sexualität im repressiven Modus der Verständigung

In der tänzerisch-gestischen Darstellung von Verführung, Beischlaf und Schwangerschaft wird der vorbewußte pubertäre Mädchenkörper in eine Geschlechterchoreographie eingebunden, die nach dem repressiven Modus sexueller Verständigung aufgebaut ist. »Alles, was wir wußten, war, daß das Zubettgehen zu zweien verboten war. Das erklärte uns das Hallo im Publikum«[110]. Die zur Aufführung gebrachte Tanzpantomime »Der Mückenprinz«, deren Verfasser Wedekind ist,[111] schließt an die Choreographie der erotischen Tänze und Pantomimen des 19. Jahrhunderts an.[112] Vergleichbar ist er dem sogenannten Bienentanz, einer künstlerisch ambitionierten Form des Striptease als Abfolge temperamentvoller Tanzeinlagen, Schleier-

---

[108] Dies eine Parenthese zu Lacans Rede vom Anderen als dem Schauplatz der Sprache.

[109] Sigmund Freud: »Über den psychischen Mechanismus hysterischer Phänomene«, in: ders.: *Studienausgabe* Bd. VI, hg. von Alexander Mitscherlich u. a., Frankfurt a. M. 1971, S. 9–24, hier S. 23.

[110] Wedekind: Mine-Haha, S. 189.

[111] Nach Vinçon bleibt offen, »ob der ›Mückenprinz‹ im Jahr 1895 oder spätestens Anfang 1897, sei es als selbständiges Werk oder integraler Bestandteil des Romanprojekts ›Mine-Haha‹, das damals noch nicht diesen Titel trug, entstanden ist.« Hartmut Vinçon: »Kommentar zu ›Der Mückenprinz‹«, in: ders. (Hg.): *Frank Wedekind: Werke*. Kritische Studienausgabe Band 3/II, Darmstadt 1993, S. 769–776, hier S. 769. Die Pantomime ist auch erzählerisch integraler Bestandteil des Prosatextes von Hidallas Gang zum Theater bis zu ihrer Rückkehr nach der Vorstellung. In der Pantomime heißt ihre Begleiterin allerdings Pamela, in der Erzählung Filissa.

[112] Vgl. zur Popularisierung des erotischen Tanzes um 1900 ausführlich: Gabriele Brandstetter: *Tanz-Lektüren. Körperbilder und Raumfiguren der Avantgarde*, Frankfurt a. M. 1995, S. 207–245.

und Enthüllungsdarstellungen mit pantomimischen Elementen, bei der eine Tänzerin den Schmerz ausdrückt, von einer Biene gestochen worden zu sein. Auf wilde mänadische Gebärden folgt das oft mit Entkleidung des Körpers gepaarte verzweifelte Suchen der Biene und schließlich das erschöpfte Niederfallen.

Indem die tänzerische Pantomime der Mädchen Elemente des um die Jahrhundertwende populären Bienentanzes aufgreift, wird unmittelbar auf die festgelegte Geschlechterchoreographie verwiesen, in welche die Mädchen eingebunden sind. Die im Text erzählte Pantomime aber setzt Leerstellen in der Beschreibung der Kindfrauen, so daß damit zugleich deren Konstruktion als Phantasma deutlich wird. Die Mädchen tragen Kostüme, die ihren Körper nur teilweise verhüllen: »Die Hofdamen trugen weiße Atlasschuhe und weiße Musselinröckchen von der Taille bis auf die Füße, mit zwei breiten Trägern aus Musselin über die Schultern weg, im Haar einen weißen Federbusch.«[113] Später auf der Bühne erscheinen sie »vorn und hinten bis auf die Taille ausgeschnitten, was nicht hinderte, daß durch den weißen Musselin der ganze Körper sichtbar wurde.«[114] Die als Mücken verkleideten Hauptdarstellerinnen tragen ein dem männliche Genitale nachgebildetes Kostüm: »Ebenso durchsichtig wie die Flügel war ihr Kostüm aus schwarzem Tüll, aus dem unten nur die nackten Füße hervorsahen. Es war eine Art Sack, um die Knöchel geschlossen, so daß sie nur ganz kleine Schritte machen konnten. Um Kopf und Stirn trugen sie einen goldenen Ring mit einem langen, biegsamen, blutroten Stachel.«[115] Die als Bäuerinnen verkleideten Mädchen zeigen zunächst ihre nackten Oberkörper und nackten Waden und gehen dann, wie sie dies während ihrer Ausbildung im Philantropin gelernt haben, auf Händen. Dabei erweisen sich die Kostümröcke als Vorhänge, die erst das eigentliche Spektakel der Vorstellung freigeben. Auf das Zeichen des Zauberers hin nehmen die Mädchen eine während der Körperdressur oft geübte Stellung ein:

> Darauf stürzten wir vornüber und gingen im ganzen Umkreis der Bühne, der Rampe entlang, auf den Händen einher. Den Hofdamen fielen ihre Musselinröckchen dabei über die Taille bis auf den Boden, und sie streckten nur noch die Atlasschuhe in die Luft. Den Mädchen, die die Kammerherrn spielten baumelten die Frackschöße vor dem Kopf. Uns Bäuerinnen fielen die Holzschuhe von den Füßen, während unsere Zöpfe auf dem Boden schleiften.«[116]

Das Auf-den-Händen-Gehen der Mädchen, das während der gesamten Ausbildung geübt wurde,[117] ist Höhepunkt der Theatervorstellung. Durch ihre Bekleidung und

---

[113] Wedekind: Mine-Haha, S. 182.

[114] Ebd., S. 187.

[115] Ebd., S. 184.

[116] Ebd., S. 191.

[117] Unter dem Datum vom 8. August 1889 findet sich in Wedekinds Tagebuch als Einfall zu Goethes venezianischem Zweizeiler (dem Aufsatz als Zitat vorangestellt) und einem bei Krafft-Ebing geschilderten Beispiel von einer Pariser Kokotte, die sich vor zahlendem Publikum »von einem abgerichteten Bulldogg begatten liess!« (Krafft-Ebing: Psychopathia, S. 422) folgende Eintragung Wedekinds: »Ich male mir das aus, indem ich mir denke, daß das Mädchen auf den Händen hereinspaziert kommt und Geld einsammelt, indem es die Füße um weniges aueinanderhält. [...] Den ganzen Nachmittag verwende

Körperbewegung werden die Mädchen zu Exhibitionistinnen, die unvermittelt die zuvor verhüllten Körperteile den Blicken des männlichen Publikums preisgeben. Die Beine offenbaren im akrobatischen Tanz, bei dem das Geschlecht buchstäblich auf den Kopf gestellt wird, ihren Fetischcharakter, denn die durchtrainierten, in die Höhe erigierten Gliedmaßen leiten den Blick zum Genitale der ›geblendeten‹ Mädchen. Freud hatte den Fetisch als »Ersatz für den Phallus des Weibes (der Mutter)« gefaßt, als »Zeichen des Triumphes gegen die Kastrationsdrohung.«[118] Die Fetischisierung von Wäsche sah er in unmittelbaren Zusammenhang mit dem Phantasma der phallischen Frau: »die so häufig zum Fetisch erkorenen Wäschestücke halten den Moment der Entkleidung fest, den letzten, in dem man das Weib noch für phallisch halten durfte.«[119] Der Blick des Mannes auf die Beine, die zum Geschlecht leiten, sieht demnach, um die Kastration nicht sehen zu müssen. So hört Hidalla an einem Theaterabend, als sie nur mit Frack bekleidet ist, eine Männerstimme zu ihr sagen: »Dir fehlt das Beste«[120], aber sie kann sich nicht erklären, was damit gemeint sein könnte. Inszeniert wird also ein männlicher Voyeurismus, der auf das Geschlecht der Kindfrau als Lustzentrum fixiert ist und dort seinen Schauplatz findet. Das weibliche Genitale wird zum Zentrum der symbolischen Inszenierung und damit auch zum symbolischen Geschlechtszeichen, zum Phallus, dem Macht zugesprochen wird.

»Kindertragödie« und die Theatralisierung der Sexualität

Kann das Drama *Frühlings Erwachen* als kritischer Beitrag zur Sexualdebatte um 1900 verstanden werden, so formuliert die Erzählung *Mine-Haha oder Über die körperliche Erziehung der jungen Mädchen* kein moralisches Korrektiv im Sinne eines fixierbaren Standpunkt außerhalb des Erzählten. Vielmehr weist die Erzählung den Rezipienten selbst eine voyeuristische Position zu. Zunächst erinnert die Beschreibung der nackten oder leicht bekleideten Mädchen bei Spiel, Gymnastik und Tanz an die Ikonographie jener Darstellungen in der bildenden Kunst, bei der Mädchen und Frauen im intimen Raum gezeigt werden, wie etwa bei der morgendlichen Toilette, beim Bad oder beim An- und Auskleiden.[121] Bei der Theateraufführung werden Szenen von sexueller Deutlichkeit geschildert, die Wedekind bei einem Theaterstück sofortige Zensur eingebracht hätten. Mit exhibitionistischem Gestus läßt er in seiner Erzählung ›sehen‹, was (anders als bei den erotisch/pornographischen Romanen des 19. Jahrhunderts) selbst nicht in Sprache gefaßt ist. Als

---

ich auf die Zeichnung des Mädchens. Auf dem Weg nach dem HBK denke ich mir unter dem Mädchen meine eigene Tochter, wobei nur das Auf-den-Händen-Gehen in Betracht kommt, das ich ihr selber, überhaupt all meinen Kindern möglichst früh beibringen werde.« Frank Wedekind: *Die Tagebücher. Ein erotisches Leben*, hg. von Gerhard Hay, Frankfurt a. M. 1986, S. 108.

[118] Sigmund Freud: »Fetischismus«, in: ders.: *Studienausgabe* Bd. III, hg. von Alexander Mitscherlich u. a., Frankfurt a. M. 1975, S. 380–388, hier S. 383f.

[119] Freud: Fetischismus, S. 386.

[120] Wedekind: Mine-Haha, S. 192.

[121] Vgl. hierzu auch die Abbildungen in Duerr: Nacktheit und Scham, S. 150f.

Objekt der Schaulust vor dem männlichen Publikum auf Augenhöhe gehoben, wird das auch sprachlich unberührte weibliche Genitale zum Phantasma des Obszönen, des Tabubruchs.[122] Erzählerisch gestaltet Wedekind diesen Tabubruch, indem er die doppeldeutige Rede, Kolportage, Ironie, Verweisungsbezüge und Latenz, mit der Sexualität in der Erzählung thematisiert wird, wie die Röcke der Mädchen für einen Moment fallen läßt. Er verfolgt mit solcher Direktheit die ästhetische Form des indirekten Sprechens, daß das Indirekte in aller Deutlichkeit entblößt wird.

In der Kunst wurde in früheren Epochen Nacktheit immer dann toleriert, wenn sie der »Doktrin der Distanz« folgte: »In der Praxis bedeutet das, den Akt der intimen Erfahrungswelt den Zeitgenossen zu entziehen und ihn mit dem fremden Glanz der Geschichte, der Mythologie, der Religion oder des Esoterischen auszustatten.«[123] In idealer Weise kam diese künstlerische Auffassung der Nacktheit um 1900 bei den Bildern des Malers Hugo Höppner, genannt Fidus, mit ihrer mythisch-sakralen Aura zum Ausdruck. Sein berühmtes Nacktbild »Lichtgebet«, der Rücken-akt eines sonnenanbetenden Jünglings, ist exemplarisch für diese Kombination .von Erotik und Esoterik. Seine Bilder und Zeichnungen, die das Sujet des nackten Kindes im Übergang zur Pubertät in tänzerischer oder gymnastischer Pose bevorzugen, erscheinen, wie auch zahlreiche Bildeinlagen der Zeitschrift *Jugend* oder die Zeichnungen von Klimt und Schiele, bei denen das entblößte weibliche Genitale ins Zentrum der Betrachtung rückt, wie eine nachträgliche Illustrierung zu Wedekinds Erzählung.[124]

Das Skandalöse, das Tabuisierte, das Aus-dem-öffentlichen-Diskurs-Verbann-te, das um 1900 zum bevorzugten Thema wird, findet in der ästhetischen Darstel-lung von Sexualität sein Magnetfeld. Hatte Wedekind in *Mine-Haha* seinen als Verfasser von *Frühlings Erwachen* bezeichneten Ich-Erzähler der Rahmenhandlung bekunden lassen, daß er das Manuskript Helene Engels, wegen »seiner stilistischen Eigenart«[125] der Öffentlichkeit übergeben wolle, so weist dieser Hinweis gerade in seiner ironischen Brechung auf das Skandalon der Form. Der Tabubruch gibt sich in der Form zu erkennen, mit der das Sexuelle sich nun unverhüllt zu verstehen gibt:

> Alle Gegenstände, welche die vorgeschriebene Subtilität sexueller Signale durchbrechen, werden hochgradig wahrscheinlich als pornographisch defi-niert. Nicht nur Texte und Bilder, sondern auch Gebärden, Geräusche und Reden werden ja als obszön bezeichnet. Dies geschieht überall, wo Sexuelles

---

[122] Die Darstellung von Nacktheit wurde besonders bei den Kolonialschauen populär, in denen Menschen indigener Kulturen oft nur mit einem Lendengürtel bekleidet in den Zoologischen Gärten zu besichtigen waren.

[123] Peter Gay: *Erziehung der Sinne. Sexualität im bürgerlichen Zeitalter*, München 1986, S. 390.

[124] Vgl. hierzu u. a. die Fidus-Bilder: »Frühlingslust« (1891), »Sommerwonne« (1913), »Tempel-tanz der Seele« Blätter I–V (1894) oder »Ausgeschlossen« (1900) in: Wolfgang de Bruyn: *Fidus. Künstler alles Lichtbaren.* Berlin 1998, S. 27 u. 36 u. 67. Abbildungen von »Lichtgebet« (1913) und »Ballspielerinnen« (1892) in: Janos Frecot, Johann Friedrich Geist u. Diethart Krebs: *Fidus 1868–1948. Zur ästhetischen Praxis bürgerlicher Fluchtbewegungen*, Hamburg 1997, S. 469 u. 473. Vgl. zu dieser Thematik auch: *Frühlings Erwachen in der Kunst um 1900*. Katalog zur Ausstellung im Hessischen Landesmuseum Darmstadt vom 21.3.1997 – 19.5.1997, bearbeitet von Franziska Windt, Darmstadt 1997.

[125] Wedekind: Mine-Haha, S. 141.

unmittelbar zum Vorschein kommt, wo kein Übersehen mehr möglich ist, wo
die Freiheit genommen ist, den sexuellen Bezug zu ignorieren.[126]

Wedekind findet eine Form des szenischen Erzählens, bei der die Phantasie stimuliert wird, das obszöne Objekt herzustellen. Er arbeitet mit Verfahren der Verschiebung, des Denkfehlers und des Widersinns sowie mit den technischen Mitteln der
Darstellung durchs Gegenteil, durch Ähnliches oder Verwandtes, wie sie Freud als
konstitutive Elemente des Witzes ausgemacht hatte:[127] »Beim obszönen Witz,
welcher aus der Zote hervorgegangen ist, macht er aus dem ursprünglich die sexuelle Situation störenden Dritten einen Bundesgenossen, vor dem das Weib sich
schämen muß, indem er ihn durch Mitteilung seines Lustgewinns besticht.«[128] So
wird in der erzählerischen Inszenierung des Sexuellen bei Wedekind auch die
Anschauung/Rezeption als sexuelle ins Spiel gebracht:

> Die Zote ist wie eine Entblößung der sexuell differenten Person, an die sie
> gerichtet ist. Durch das Aussprechen der obszönen Worte zwingt sie die
> angegriffene Person zur Vorstellung des betreffenden Körperteiles oder der
> Verrichtung und zeigt ihr, daß der Angreifer selbst sich solches vorstellt. Es
> ist nicht zu bezweifeln, daß die Lust, das Sexuelle entblößt zu sehen, das
> ursprüngliche Motiv der Zote ist.[129]

Wedekinds Erzählung folgt diesem ursprünglichen »Motiv der Zote«, indem er
durch das erzählte szenische Arrangement zur »Vorstellung des betreffenden
Körperteiles« zwingt. Die Erzählung hebt damit jene Scham auf, die in *Frühlings
Erwachen* Hänschen Rilow beim Anblick der »Venus von Palma Vecchio« beklagt
hatte: »Mädchen, Mädchen, warum preßt Du deine Knie zusammen?«[130] Daß sich
hier das Begehren nicht an einer realen Frau, sondern an einer künstlerischen
Darstellung entzündet, ist dabei entscheidend. Das weibliche Genitale wird damit
nicht nur zum phantasmatischen Bezugspunkt des männlichen Blicks, sondern auch
zum symbolischen Ort der Kunst. Hatte Freud in der Scham eine von den »die
Richtung des Sexualtriebes einschränkenden Mächten«[131] gesehen, so geht es bei
Wedekind um ein Schreiben gegen die Scham, wie dies mit der Figur Melchior
Gabors entfaltet wird.

Melchior versteht sich als Sexualaufklärer innerhalb eines repressiven Erzie-
hungsumfeldes und verfaßt eine mit Zeichnungen illustrierte Schrift über Sexualität,
über die seitens der Lehrer geurteilt wird: »es handelt sich um eine in Gesprächs-
form abgefaßte, ›Der Beischlaf‹ betitelte, mit lebensgroßen Abbildungen versehene,
von den schamlosesten Unflätereien strotzende, zwanzig Seiten lange Abhandlung,

---

[126] Rüdiger Lautmann: »Das pornographische Dilemma«, in: Alexander Schuller und Nikolaus
Heim (Hg.): *Vermessene Sexualität*, Berlin u. a. 1987, S. 99–121, hier S. 102.
[127] Sigmund Freud: »Der Witz und seine Beziehung zum Unbewußten«, in: ders.: *Studienausgabe*
Bd. IV, hg. von Alexander Mitscherlich u.a., Frankfurt a. M. 1970, S. 9–220, hier S. 59ff. u. S. 72ff.
[128] Freud: Der Witz, S. 126.
[129] Ebd., S. 93.
[130] Wedekind: Frühlings Erwachen, S. 506.
[131] Freud: Drei Abhandlungen, S. 134.

die den geschraubtesten Anforderungen, die ein verworfener Lüstling an eine
unzüchtige Lektüre zu stellen vermöchte, entsprechen dürfte. – «[132] Er widersetzt
sich der väterlichen Doktrin, wonach er »nicht sein Naturell, sondern das Gesetz«[133]
befolgen soll und flieht vor der »Korrektionsanstalt« bürgerliche Gesellschaft, die
ihm lediglich in Aussicht stellt: »eherne Disziplin, Grundsätze, und einen moralischen Zwang, dem er sich unter allen Umständen zu fügen hat«[134]. Statt dessen
entwickelt er Zukunftspläne und will »zur Redaktion« gehen: »ich kolportiere! –
sammle Tagesneuigkeiten – schreibe – lokal – – ethisch – –psychophysisch«[135].
Über das zu schreiben, was er mit Moritz Stiefel nur im Dunkeln verhandeln konnte,
sieht er als seine künstlerische Herausforderung. Fluchtpunkt des pubertären Dilemmas ist demnach die Kunst: »Wir ignorieren die Maske des Komödianten und sehen
den Dichter im Dunkeln die Maske vornehmen.«.[136] Am Ende läßt Wedekind eine
vermummte Gestalt mit Maske auftreten,[137] die Melchior aus der familiär-ödipalen
Konstellation befreit: »Dein Herr Vater sucht Trost zur Stunde in den kräftigen
Armen deiner Mutter. – Ich erschließe dir die Welt.«[138] An die Stelle der ödipalen
Besetzung der Mutter tritt das Versprechen des vermummten Herrn/der Kunst, die
Welt nicht nach Gesetz und Moral, sondern nach dem zu gestalten, was das Interesse
des Sohnes findet: »Ich mache dich ausnahmslos mit allem bekannt, was die Welt
Interessantes bietet.«[139]

Von der durch Melchior Gabor figurierten ›amoralischen‹ Aufbruchsphantasie
her kann Wedekinds *Frühlings Erwachen* auch als Sohnesphantasie verstanden
werden, bei der eine Triangulierung durch die Kunst versucht wird. In dieser Kunst
aber wird das Schamlose, das idealtypisch in der Figur der Prostituierten inkarniert
wird, zum eigenen Produkt, zur imaginären Tochter gemacht, wie dies in *Mine-
Haha* ausgestaltet wird. Was Wedekind in seiner Erzählung erschreibt, ist ein Arte-
fakt von Weiblichkeit, das den Gesetzen der Imago-Bildung folgt. Die Theateraufführung konstelliert einen imaginären Schauplatz, bei dem nicht abgebildet, sondern
die Wunschprojektion inszeniert wird. Das Mädchen im Entwicklungsstadium
unmittelbar vor der Geschlechtsreife wird zum Symptom des Mannes, zu seiner
phantasmatischen Inszenierung des Begehrens nach Ganzheit. Entscheidend ist hier,

---

[132] Wedekind: Frühlings Erwachen, S. 521.
[133] Ebd., S. 531.
[134] Ebd., S. 531.
[135] Ebd., S. 533.
[136] Ebd., S. 543.
[137] »Dem vermummten Herrn« ist *Frühlings Erwachen* auch gewidmet, unterschrieben mit »der
Verfasser«. Wedekind spielte in zahlreichen Aufführungen die Rolle des vermummten Herrn selbst.
Alfred Kerr schrieb in der Rezension vom 23. November 1906 über Wedekinds schauspielerische
Leistung: »Wedekind selber machte den vermummten Herrn, will sagen: einen Teufel im Zylinderhut.
Zwar mit einer Neigung nach dem Stadttheater – Intriganten, die er ... wohl nicht annimmt, sondern hat.
Doch er war in dieser Rolle etwas, das einem Teil seiner Dichtung, die selber zwischen Schrecken und
Parodie schwebt, entsprochen hat.« Alfred Kerr: *Mit Schleuder und Harfe. Theaterkritiken aus 3
Jahrzehnten*, hg. von Hugo Fetting, Berlin 1981, S. 29.
[138] Wedekind: Frühlings Erwachen, S. 545.
[139] Ebd., S. 545.

»ob sich die Männerphantasien an der primären, ödipal überschatteten Liebe zur Mutter abarbeiten, oder an der sekundären, kulturellen Geburt aus dem Geiste des Väterlichen, aus deren Fixierung all die schon seit der Antike zirkulierenden Mythen von der mutterlos geborenen Tochter als narzißtischer Spiegel des Mannes hervorgehen.«[140] Die Kindfrau wird in der Inszenierung durch den männlichen Blick konstruiert und ist deshalb auch nicht konkret oder ›realistisch‹, sondern nur wie in der Theateraufführung durch szenische Konfiguration als symbolischer Ort des Begehrens sichtbar. Der voyeuristische Blick auf den Mädchenkörper ist somit auch als Versuch zu verstehen, das Spiegelstadium wiederzubeleben, ein Bild wiederherzustellen, das Reife in seiner Idealität darstellt: als Antizipation. Bei dieser szenischen Anordnung wird der Blick des Sohnes auf die Mutter im Blick des Vaters auf die Tochter reinszeniert. Wenn der Sohn dem Vater die Kastration der Mutter zuschreibt, wie Freud es darlegte, so wird diese Kastration durch die Fetischisierung der Beine geleugnet und in der Imagination der Ganzheit Kindfrau rückgängig gemacht. Der Sohn versichert sich nun der väterlichen Position, indem er die frühe phallische Mutter vor dem Zugriff durch den Vater phantasiert, um sich ihrer in der ästhetisch-phantasmatischen Modellierung einer Tochter bemächtigen zu können.

Literatur

Andreas-Salomé, Lou: »Frühlings Erwachen«, in: *Die Zukunft* 58 (1907), S. 97–100.

Best, Otto F.: »Zwei mal Schule der Körperbeherrschung und drei Schriftsteller«, in: *Modern Language Notes* 85 (1970) H. 5, S. 727–741.

Bloch, Iwan: *Das Sexualleben unserer Zeit in seiner Beziehung zur modernen Kultur*, Berlin 1919.

Bloch, Iwan: *Die Prostitution*, Berlin 1912.

Boa, Elisabeth: *The Sexual Circus. Wedekind's Theatre of Subversion*, Oxford u. New York 1987.

Brandstetter, Gabriele: *Tanz-Lektüren. Körperbilder und Raumfiguren der Avantgarde*, Frankfurt a. M. 1995.

Bruyn, Wolfgang de: *Fidus. Künstler alles Lichtbaren.* Berlin 1998.

Butler, Judith: *Körper von Gewicht. Die diskursiven Grenzen des Geschlechts*, Frankfurt a. M. 1995.

---

[140] Michael Wetzel: *Mignon. Die Kindsbraut als Phantasma der Goethezeit.* München 1999, S. 15.

Duerr, Hans Peter: *Der erotische Leib. Der Mythos vom Zivilisationsprozeß*, Bd. 4, Frankfurt a. M. 1999.

Duerr, Hans Peter: *Nacktheit und Scham. Der Mythos vom Zivilisationsprozeß*, Bd. 1, Frankfurt a. M. 1994.

Duncan, Isadora: *Der Tanz der Zukunft*, Leipzig 1903.

Elias, Norbert: *Der Prozeß der Zivilisation. Soziogenetische und psychogenetische Untersuchungen*, 2 Bde., Frankfurt a. M. 1977.

Ellis, Havelock: »Ursprung und Entwicklung der Prostitution«, in: *Mutterschutz. Zeitschrift zur Reform der sexuellen Ethik*. Jg. 3 (1907).

Fechter, Paul: *An der Wende der Zeit. Menschen und Begegnungen*, Berlin u. Hamburg 1950.

Fechter, Paul: *Frank Wedekind. Der Mensch und das Werk*, Jena 1920.

Foucault, Michel: *Sexualität und Wahrheit. Der Wille zum Wissen*, Bd. 1, Frankfurt a. M. 1983.

Frecot, Janos / Johann Friedrich Geist / Diethart Krebs: *Fidus 1868–1948. Zur ästhetischen Praxis bürgerlicher Fluchtbewegungen*, Hamburg 1997.

Freud, Sigmund: »»Ein Kind wird geschlagen‹ (Beitrag zur Kenntnis der Entstehung sexueller Perversionen)«, in: ders: *Studienausgabe* Bd. VII, hg. von Alexander Mitscherlich u. a., Frankfurt a. M. 1973, S. 229–254.

Freud, Sigmund: »Aus der Geschichte einer infantilen Neurose. [»Der Wolfsmann«]«, in: ders.: *Studienausgabe* Bd. VIII, hg. von Alexander Mischerlich u. a., Frankfurt a. M. 1969, S.125–232.

Freud, Sigmund: »Der Witz und seine Beziehung zum Unbewußten«, in: ders.: *Studienausgabe* Bd. IV., hg. von Alexander Mitscherlich u. a., Frankfurt a. M. 1970, S. 9–220.

Freud, Sigmund: »Drei Abhandlungen zur Sexualtheorie«, in: ders.: *Studienausgabe* Bd. V, hg. von Alexander Mitscherlich u. a., Frankfurt a. M. 1972, S. 37–145.

Freud, Sigmund: »Fetischismus«, in: ders.: *Studienausgabe* Bd. III, hg. von Alexander Mitscherlich u.a., Frankfurt a. M. 1975, S. 380–388.

Freud, Sigmund: »Über den psychischen Mechanismus hysterischer Phänomene«, in: ders.: *Studienausgabe* Bd VI, hg. von Alexander Mitscherlich u. a., Frankfurt a. M. 1971, S. 9–24.

Frühlings Erwachen in der Kunst um 1900. Katalog zur Ausstellung im Hessischen Landesmuseum Darmstadt vom 21.3.1997 – 19.5.1997, bearbeitet von Franziska Windt, Darmstadt 1997.

Gay, Peter: *Erziehung der Sinne. Sexualität im bürgerlichen Zeitalter*, München 1986.

Gundolf, Friedrich: *Frank Wedekind*, München 1954.

Henckell, Karl: *Moderne Dichterabende*, Leipzig u. Zürich 1895.

Höger, Alfons: »Das Parkleben. Darstellung und Analyse von Frank Wedekinds Fragment *Das Sonnenspektrum*«, in: *Text und Kontext. Zeitschrift für germanistische Literaturforschung in Skandinavien*, hg. von Klaus Bohnen u. a., Jg. 11 (1983) H. 1, S. 35–55.

Höger, Alfons: *Hetärismus und bürgerliche Gesellschaft im Frühwerk Frank Wedekinds*, Kopenhagen u. München 1981.

Kapp, Julius: *Frank Wedekind. Seine Eigenart und seine Werke*, Berlin 1909.

Kerr, Alfred: *Mit Schleuder und Harfe. Theaterkritiken aus 3 Jahrzehnten*, hg. von Hugo Fetting, Berlin 1981.

Klotz, Volker: »Wedekinds Circus mundi«, in: Karl Pestalozzi u. Martin Stern (Hg.): *Viermal Wedekind. Methoden der Literaturanalyse am Beispiel von Frank Wedekinds Schauspiel »Hidalla«*, Stuttgart 1975, S. 22–47.

Krafft-Ebing, Richard von: *Psychopathia sexualis. Mit besonderer Berücksichtigung der konträren Sexualempfindung*, hg. von Alfred Fuchs, München 1984.

Kutscher, Artur: *Frank Wedekind. Sein Leben und seine Werke*, 3 Bde., München 1922/1927/1931.

Lacan, Jacques: »Das Spiegelstadium als Bildner der Ich-Funktion wie sie uns in der psychoanalytischen Erfahrung erscheint«, in: ders.: *Schriften 1*, Frankfurt a. M. 1975, S. 61–70.

Lacan, Jacques: »Vom Blick als Objekt klein a«, in: Das Seminar von Jacques Lacan Buch XI (1964): *Die vier Grundbegriffe der Psychoanalyse*, Weinheim u. Berlin 1987, S. 73–84.

Lautmann, Rüdiger: »Das pornographische Dilemma«, in: Alexander Schuller und Nikolaus Heim (Hg.): *Vermessene Sexualität*, Berlin u. a. 1987, S. 99–121.

Linse, Ulrich: »Zeitbild Jahrhundertwende«, in: Michael Andritzky und Thomas Rautenberg (Hg.): *»Wir sind nackt und nennen uns Du«. Von Lichtfreunden und Sonnenkämpfern. Eine Geschichte der Freikörperkultur*, Gießen 1989, S. 10–49.

Marschall, Susanne: *TextTanzTheater. Eine Untersuchung des dramatischen Motivs und theatralischen Ereignisses »Tanz« am Beispiel von Frank Wedekinds ›Büchse der Pandora‹ und Hugo von Hofmannsthals ›Elektra‹*, Frankfurt a. M. u. a. 1996.

Medicus, Thomas: »Die große Liebe«. *Ökonomie und Konstruktion der Körper im Werk von Frank Wedekind*, Marburg 1982.

Mertens, Wolfgang: *Entwicklung der Psychosexualität und der Geschlechtsidentität*, 2 Bde., Berlin u. a. 1994.

Moníková, Libuše: »Das totalitäre Glück«, in: *Neue Rundschau* 96 (1985) H. 1, S. 118–125.

Muschg, Adolf: »Frank Wedekind: ›Mine Haha‹ (1969)«, in: ders.: *Besprechungen 1961–1979*, Basel u. a. 1980, S. 43–45.

Nietzsche, Friedrich: »Die Geburt der Tragödie«, in: ders.: *Werke in drei Bänden*, hg. von Karl Schlechta, München 1966, S. 7–134.

Rasch, Wolfdietrich: *Zur deutschen Literatur der Jahrhundertwende*, Stuttgart 1967.

Rose, Jacqueline: *Sexualität im Feld der Anschauung*, Wien 1996.

Rülcker, Tobias: »Die Einschätzung gesellschaftlicher Modernisierungsprozesse in der Reformpädagogik und ihre Konsequenzen für die Erziehung«, in: ders. und Jürgen Oelkers (Hg.): *Politische Reformpädagogik*, Bern u. a. 1998, S. 59–84.

Schmidt, Dietmar: *Geschlecht unter Kontrolle. Prostitution und moderne Literatur*, Freiburg i. Br. 1998.

Spitzer, Giselher: *Der Deutsche Nutrismus. Idee und Entwicklung einer volkserzieherischen Bewegung im Schnittfeld von Lebensreform, Sport und Politik*, Ahrensburg bei Hamburg 1983.

Stoller, Robert J.: *Perversion*, Reinbek 1979.

Trotzkij, Leo: »Frank Wedekind«, in: ders.: *Literatur und Revolution*, Berlin 1968, S. 376–381.

Ude, Karl: *Frank Wedekind*, Mühlacker 1966.

Vinçon, Hartmut: »Kommentar zu ›Der Mückenprinz‹«, in: ders. (Hg.): *Frank Wedekind Werke*. Kritische Studienausgabe Band 3/II, Darmstadt 1993, S. 769–776.

Vinçon, Hartmut: *Frank Wedekind*, Stuttgart 1987.

Wedekind, Frank: *Die Tagebücher. Ein erotisches Leben*, hg. von Gerhard Hay, Frankfurt a. M. 1986.

Wedekind, Frank: *Erdgeist*, in: ders.: *Werke* in zwei Bänden, hg. mit Nachwort und Anmerkungen von Eberhard Weidl, München 1990, Bd. 1, S. 549–636.

Wedekind, Frank: *Frühlings Erwachen*, in: ders.: *Werke* in zwei Bänden, hg. mit Nachwort und Anmerkungen von Eberhard Weidl, München 1990, S. 473–548.

Wedekind, Frank: *Mine-Haha oder Über die körperliche Erziehung der jungen Mädchen*, in: ders.: *Die Liebe auf den ersten Blick. Erzählende Prosa*, München 1984, S. 139–204.

Weininger, Otto: *Geschlecht und Charakter. Eine prinzipielle Untersuchung*, München 1980.

Weissberg, Liliane (Hg.): *Weiblichkeit als Maskerade*, Frankfurt a. M. 1994.

Wetzel, Michael: *Mignon. Die Kindsbraut als Phantasma der Goethezeit.* München 1999.

Willeke, Audrone B.: »Frank Wedekind and the ›Frauenfrage‹, in: *Women in and on Literature. Monatshefte* 72 (1980) H. 1, S. 26–38.

Sibylle Grüner

LIEBE NACH DEM ERSTEN BLICK?
Zu Frank Wedekinds Erzählung *Liebe auf den ersten Blick*

Auf den ersten Blick kann man diese Erzählung kaum lieben. Sie verwirrt, sie erzeugt Abwehr und in ihrer Absurdität gar Abscheu. Es ist eine Geschichte, mit deren Inhalt ich mich zunächst nicht ernsthaft befassen wollte, sie erschien mir künstlich, aber auch originell, und schließlich wieder wenig aussagekräftig. Und doch blieb sie mir im Hals stecken, lag wie eine Gräte quer und vermochte schließlich, mit der Zeit, sogar meine Phantasie eindringlicher zu beschäftigen. Allmählich fand ich es zumindest wahrscheinlich und möglich, dass die Werbung eines Mannes um eine Frau in der dort dargestellten Art etwas Grandioses hat, indem sie überaus kurze Wege verspricht und mit einer Verheißung endet – dem (Haupt-)Gewinn auf beiden Seiten.

Zur Rezeptionsgeschichte

Artur Kutscher datiert die Entstehung der Erzählung *Liebe auf den ersten Blick* zwischen November 1895 und März 1896. Erstmals ist sie 1897 im Sammelband *Die Fürstin Russalka* erschienen. Kutscher schreibt dazu:

> Ohne eigentlichen künstlerischen Wert, bloß eine leicht stilisierte Darstellung seiner Anschauungen ist »Die Liebe auf den ersten Blick«, eine Erzählung, die allerdings ihrem Trend nach die wichtigste des Bandes ist. [...] Ein Mann, der ein junges Mädchen nur ganz kurz in Gesellschaft gesehen, bittet um ihre Hand und erklärt, sie völlig zu kennen; sie sei das, was er seit Jahren auf dieser Welt suche. Daß sie alle Eigenschaften besitze, die ein feinerer Egoismus vom Weibe verlange, das Herrlichste, was das Leben hervorbringen kann, wisse er aus ihrer Gangart, aus der Rhythmik und Einheitlichkeit ihrer Bewegungen, die eben ein untrügliches Zeichen von Rasse seien. Seele und Leib, Kopf und Glieder erscheinen wie Kunstwerke aus einem Gedanken heraus geschaffen. Er suche keine Frau, die zu ihm in förderlicher Beziehung stehe, sondern eine, die selber etwas ist: Entfaltung, Pracht, Größe, große Ansprüche und große Empfindungen, die Fähigkeit, in hohem Maße glücklich zu sein. So sei er seines eigenen Glückes gewiß. – Und die Überzeugte ergibt sich ihm.

> Der Zusammenhang mit Wedekinds früheren Äußerungen über sein Ideal
> des Leibes ist klar. Ich verweise [...] nur darauf, daß schon Jack in der Büchse
> der Pandora Lulus Natur von rückwärts an der Art ihres Ganges erkennt.[1]

Weitere Erwähnung finden die Erzählungen von Wedekind allenfalls summarisch.[2]
Diese spezielle Geschichte fand bisher keinerlei nähere literaturkritische Beachtung.

Methodische Überlegungen

»Die Psychoanalyse«, so definiert es Walter Schönau, »sieht das literarische Werk
als psychisches Produkt eines Individuums in einer spezifischen, gesellschaftlich-
kulturellen Situation, das sich als Kompromißbildung aus Phantasie und Abwehr
erweist«.[3]

Das literarische Produkt kommuniziert in überdeterminierter Weise mit dem
Leser. Die Psychoanalyse sucht einen Weg, um latente Sinnstrukturen herauszufinden und besser zu verstehen. Wir fragen also, welche Gesetze des Unbewussten in
dem Text gefunden werden können und mit welchen Methoden sie erkannt und
reflektiert werden.

In der psychoanalytischen Situation richten wir unsere Aufmerksamkeit auf
unser eigenes Unbewusstes, indem wir unsere Wahrnehmung auf die Beziehungs-
gestaltung zwischen dem Patienten und dem Analytiker lenken. Daraus leiten wir
Hypothesen über die unbewußten Prozesse im Analysanden ab. In der analytischen
Situation gibt es die Möglichkeit, unsere Wahrnehmung des Übertragungs-Gegen-
übertragungsgeschehens dadurch zu verifizieren oder zu korrigieren, dass wir über
eine Deutung dem Anderen von unseren Schlüssen Mitteilung machen. Dessen
bewusste, vorbewusste und unbewusste Reaktion darauf wiederum macht erste
Annäherungen an eine Überprüfung der Hypothesen zu unserer Wahrnehmung,
Interpretation oder/und Konstruktion latenter Strukturen möglich.

Diese Art des Dialogs ist bei einer Textanalyse nicht möglich. Abgesehen
davon, dass der Text zwar das Produkt eines Menschen ist, repräsentiert er aber
diesen Menschen nicht als Ganzes. Außerdem – siehe Hartmut Raguse[4] – ist der
Text in dem Sinne feststehend, als sich seine konkrete Gestalt durch die Interpretation nicht ändert. Gleichzeitig ist der Text in dem Sinne nicht feststehend, als
verschiedene Leser ihn jeweils anders interpretieren und sein möglicher Sinn sich
durch eine Interpretation für den Leser verändert. Weiter interpretiert der Text den

---

[1] Artur Kutscher: *Frank Wedekind: Sein Leben und seine Werke*, Bd. 2, München 1927, S. 35f.

[2] Siehe Hartmut Vinçon: *Frank Wedekind*, Stuttgart 1987, passim., und Günter Seehaus: *Wedekind*,
Hamburg 1974.

[3] Walter Schönau: *Einführung in die psychoanalytische Literaturwissenschaft*, Stuttgart 1991,
S. 82, 1991, zit. n. Dagmar v. Hoff und Marianne Leuzinger-Bohleber, »Versuch einer Begegnung:
Psychoanalytische und textanalytische Verständigung zu Elfriede Jelineks ›Lust‹«, in: *Psyche* 51 (1997),
S. 763–800, hier S. 763.

[4] Hartmut Raguse: »Leserlenkung und Übertragungsentwicklung: Hermeneutische Erwägungen zur
psychoanalytischen Interpretation von Texten«, in: *Zeitschrift für psychoanalytische Theorie und Praxis*
VI (1991), H. 1, S. 106–120.

auf seine Weise interpretierenden Leser.[5] In diesem Sinne entspricht ein literarischer Text einer Art Deutung, und die Antwort des Lesers – in Analogie zur analytischen Situation zwischen Patient und Therapeut – entspricht dann der Reaktion eines Patienten auf die Deutung seines Therapeuten. Das Dilemma psychoanalytischer Textinterpretation ist wissenschaftstheoretisch also wenigstens zweiseitig: Deutet der psychoanalytisch denkende Leser den Text mithilfe seiner Gegenübertragungsreaktion auf den Text und auf die Figuren im Text, könnte das mißverstanden werden als Anthropomorphisierung eines Kunstproduktes. Deutet er aber seine Übertragung auf den Text und die Figuren im Text, so geht er ebenfalls von einem »Deuter«, einem Produzenten des Textes aus, der die Deutung für den Leser geschaffen hat.

Im psychoanalytischen Prozess findet man für beide Denkrichtungen eine Entsprechung. Analytiker und Analysand konstruieren gemeinsam eine (im analytischen Prozeß immer wieder sich verändernde) psychische Wirklichkeit. Die Übertragung des Patienten auf den Analytiker verändert diesen durchaus, indem sie ihm Zugang zu bislang nicht bewußten Bereichen seiner Person auf dem Weg über das Erkennen der Gegenübertragung erschließen kann.[6] Und die Deutung des Analytikers kann zwar nicht immer den Patienten verändern, aber sie kann ein tieferreichendes Verstehen des Gesagten erreichen.

In diesem Sinne erscheint es möglich und sinnvoll für die Textanalyse, die psychoanalytisch-hermeneutische Methode heranzuziehen, die auf dem Boden der Erforschung von Übertragung (des Textes auf den Leser) und Gegenübertragung arbeitet als zunächst unreflektierte emotionale Antwort des Lesers auf die Wirkung, die der Text bei ihm erzielt. Die umgekehrte Konzeptualisierung – daß der Leser seine unbewußten Wünsche auf den Text überträgt und entsprechend seine Übertragung auf den Text deutet – führt am Ende zu vergleichbaren Ergebnissen.

Marianne Leuzinger-Bohleber empfiehlt einen interdisziplinären Dialog, um die Gefahr zu vermeiden, als deutender Analytiker im Text allenfalls die eigenen Projektionen wiederzufinden.[7] Vom Analytiker-Textinterpreten aus gesehen, schlägt sie vor, daß dieser seine Voreinstellung zum Text wahrnehmen und vergleichen soll mit den ersten, vorwiegend emotionalen Reaktionen auf den Text. Beides kann analog der Gegenübertragungsreaktion (oder eben auch: der Übertragung des Interpreten auf den Text) verstanden und gedeutet werden. Leuzinger-Bohleber strukturiert ihre Arbeit so, daß sie psychodynamische Hypothesen zu unbewußten Sinnstrukturen anhand auffallender Gegenübertragungsreaktionen auf den Text aufstellt.[8] Die daraus abgeleiteten Schlussfolgerungen werden schließlich denen gegenübergestellt, die eine literaturkritische Bearbeitung desselben Textes zu Tage fördern.

---

[5] André Green: »Absent meaning and double representation«, in: The British Psycho-Analytical Society and the Institute of Psycho-Analysis: *Scientific Bull.* No. 74 (1974), S. 19–28, zit. n. Raguse: Leserlenkung, S. 108; ebenfalls: mündliche Mitteilung von Gottfried Fischer.

[6] Merton M. Gill: *Psychoanalyse im Übergang*, Stuttgart 1997.

[7] Marianne Leuzinger-Bohleber (in: v. Hoff/Leuzinger-Bohleber: Versuch einer Begegnung), erster Teil.

[8] Ebd., S. 770.

Carl Pietzcker, der ebenfalls die Notwendigkeit einer »literarisch entfalteten« Gegenübertragungsanalyse postuliert, weist auf die Gefahr hin, dass die Gegenübertragung auch Erkenntnis behindern kann.[9] Das geschieht dort, wo die Möglichkeit nicht mehr gegeben ist, die Gegenübertragung zu deuten – weil sie als solche nicht erkannt wird oder z.B. der emotionale Gehalt so schmerzlich und störend ist, dass er verworfen werden muß. Objektivierendes Erkennen kann, ganz analog zum psychoanalytischen Erkenntnisprozess, dort gelingen, wo die Gegenübertragungsreaktion als solche entdeckt und unterschieden und getrennt werden kann von eigenen Übertragungen auf den Text.

Raguse systematisiert den psychoanalytischen Zugang zu einem Text noch weiter, indem er ausführt, daß sich der Inhalt eines Textes von seiner Wirkabsicht unterscheiden läßt.[10] Weniger die Semantik als vielmehr die pragmatische »Absicht« des Textes, die gleichwohl dem Autor nicht bewusst sein muss, lässt Rückschlüsse auf den latenten Sinn der Geschichte zu, der erspürt und erschlossen werden kann durch den Leser.

Unterstützend für diese Konstruktion kann die empirische Leserreaktion auf einen Text (wie hat dieser Text auf verschiedene Leser bislang gewirkt?) herangezogen werden, die es erlaubt, Hypothesen über die im Text angelegten Strategien zur Leserlenkung zu bilden.

Der psychoanalytisch-hermeneutische Weg des Verstehens geht davon aus, dass ein Text eine latente Wirkabsicht hat. Die Wirkung auf den Leser ist vergleichbar der Übertragung eines unbewussten Inhalts durch einen Erzähler auf einen Hörer. Die Wirkung zu erfassen wird möglich über eine Übertragungs-Gegenübertragungsanalyse dessen, wie der Text auf den Leser wirkt, was er in ihm auslöst und was das schließlich über den latenten Sinn des Textes aussagen kann.[11] Wenn ich als Analytikerin also einen Text wie die Äußerungen eines Analysanden verstehe, dann auf der Basis, dass ich Rollenzuweisungen des Textes gegenüber dem Leser als Übertragung interpretiere. Wenn ich dann die mir zugewiesene Rolle, erfahrbar durch meine Gegenübertragungsreaktion auf den Text, reflektiere und sie als Teil einer Interaktion verstehe, vollziehe ich eine Wahrnehmung und Schlussfolgerung, die der Erkenntnis von Übertragung und Gegenübertragung in der analytischen Situation entspricht .

Im folgenden werde ich meine Gegenübertragungsreaktionen auf den Text und dessen mögliche Wirkabsicht untersuchen. Meine Phantasien zum Text möchte ich zur Diskussion stellen, und schließlich werde ich die aus der Analyse latenter Sinnstrukturen gewonnenen Ergebnisse zu verbinden suchen mit einer auch psychoanalytisch orientierten, theoriegeleiteten Beziehungsanalyse der Handlungsfiguren der Erzählung.

---

[9] Carl Pietzcker: *Lesend interpretieren. Zur psychoanalytischen Deutung literarischer Texte,* Würzburg 1992, S. 7.

[10] Raguse: Leserlenkung, S. 110.

[11] Siehe Leuzinger-Bohleber (v. Hoff / Leuzinger-Bohleber: Versuch einer Begegnung), S. 763–772.

Anfänge einer Interpretation

Ich unternahm die Lektüre dieser Erzählung, ohne genauere Vorstellung vom Werk und der literarischen Bedeutung dieses Autors zu haben, geschweige denn von dieser Erzählung. Der Titel weckte eher angenehme Assoziationen, und ich begann das Lesen halb in der Erwartung einer amüsanten Geschichte, halb in der Hoffnung auf eine schöne Romanze. Stattdessen blieb nach der Lektüre Verwirrung zurück, Ratlosigkeit und Unsicherheit, ob ich die Absicht, diese Geschichte zu bearbeiten, überhaupt weiterverfolgen wollte. Jede neuerliche Lektüre vertiefte den Graben zwischen Lust und Unlust an der Erzählung, zwischen Wertschätzung und Anerkennung ihrer Originalität und der Frage, ob diese Geschichte überhaupt irgendetwas auszusagen habe oder eher ein gekünsteltes Produkt ohne Ernsthaftigkeit sei.

Einer meiner Interpetationsrahmen tat die Geschichte ab als die Schilderung eines raffinierten Junggesellen, der lange gesucht und nun endlich die Tochter eines Millionärs gefunden hat, die es zu verführen gilt. Sie träumt in unendlicher Naivität den Traum, durch diesen Betrüger zutiefst erkannt zu sein, und ergibt sich ihm. Dann wäre er es, dessen Spiel gewonnen ist am Ende, denn er hätte das Geld und die Frau, und das alles auch noch über einen so kurzen Weg und scheinbar ohne Anstrengung. Aber mit dieser Erklärung des Textsinnes wollte ich mich nicht zufrieden geben. Sie ließ auch außer Acht, dass ich diese Geschichte als Ganze entwertete, sie mich also enttäuscht hatte, ich sie deswegen loswerden wollte, weil sie und ihre Bearbeitung mir nicht genügend Befriedigung versprach.

Bei näherem Eingehen auf die Erzählung erschienen mir einige Wendungen allerdings auch verblüffend und originell. Ich fand die bisweilen unerwarteten Fragen des Fräuleins überraschend und belustigend. Merk-würdig und auch etwas spöttisch war und blieb mir der Schlusssatz – »Das Spiel des Lebens war gewonnen«. Als ich schließlich glauben wollte und/oder konnte, dass Wedekind vielleicht eine Groteske auf das Liebeswerben geschrieben habe, begann ich, mich mit dem Text mehr anzufreunden. Dann aber, beim Wieder- und Wiederlesen, verlor ich diesen Gesichtspunkt wieder aus dem Blick. Die direkte Interpretation versperrte sich mir immer neu, und so versuchte ich, verschiedene Verstehensebenen zu bearbeiten.

Der psychoanalytische Zugang

Zurückkommend auf die bei Raguse erwähnte Leserlenkung eines Textes, wirkt gerade dieser Text auf die Leser offenbar so, dass sie kaum tieferes Interesse an dieser Erzählung gewinnen. Dazu führt, wie erwähnt, schon Kutscher aus, dass diese Erzählung von geringem literarischen Wert sei.[12] Das erzählerische Werk Wedekinds wurde allgemein von der Literaturkritik kaum beachtet.[13] Sind die Erzählungen also einfach nicht gut, sagen sie nichts aus, sind sie platt und banal?

---

[12] Kutscher: *Frank Wedekind*, S. 535 f.
[13] Siehe Vinçon: *Frank Wedekind*, passim.

Oder sind sie so schwer erträglich, dass es einem leicht gemacht wird, sich ihrer Wirkung zu entziehen, indem man sie abwertet?

Welche *Übertragungs-Gegenübertragungsprozesse* sind es denn nun, die sich mir erschließen?

Ich finde den Gesichtspunkt, der es mir erlaubt, mich weiterhin mit der Geschichte zu befassen, indem ich mich glauben machen kann, dass in ihr auch Heiteres steckt. Ich bekomme die für mich notwendige Distanz zu der Erzählung, indem sich für mich das Komische des Textes in den Vordergrund schiebt. Falls der Autor selbst diese Geschichte nicht so ernst nimmt, kann ich mir auch fröhliche Gefühle erlauben, und das ist nicht nur mit Lust verbunden, sondern auch mit Abstand.

Erträglich und lustig ist sie aber lediglich auf der Oberfläche. Ich ertrage sie, wenn ich draußen bleibe oder mir wenigstens vorstellen kann, dass ich mit einiger Distanz auf das Geschehen blicken kann. In psychoanalytischer Terminologie ausgedrückt: Wenn ich den Standpunkt des Dritten bewahren kann und nicht in die Dualität hineingezogen werde, wenn ich also von der Warte der ödipalen Triangulierung her schauen kann, fühle ich mich sicherer.

Wenn ich diesen Vorgang deute, verstehe ich ihn so, dass der Text von Anfang an ein Ausmaß an schwer erträglicher Nähe enthält, eine Einladung zur Identifizierung mit einer großartigen Einheit von zwei Menschen, die sich genau kennen und total verstehen, ein Textangebot, welches das Erleben von Differenz und Abgrenzung schwer macht. Gegenüber der Verführung zur Unabgegrenztheit und Verschmelzung bauen sich beim Leser Abwehr, Ambivalenz, Abscheu auf. Er antwortet mit Angst und Unbehagen auf diesen Text und mit dem Wunsch, sich gegen ihn und seine Latenz (der Einladung, die Individualität aufzugeben, zugunsten einer großartigen Zweiheit) abzuschotten. Es ist wie ein Zwang, die Ebene der Idealität (des Paares) und der Entwertung (aller anderen erwähnten Personen) einnehmen zu müssen, wobei ich als Leserin aber gleichwohl mehr zu den Ausgeschlossenen gehöre, also den Entwerteten, und mich dagegen wehre, indem ich meinerseits die Handlungsfiguren entwerte. Das entspricht einer überwiegend präödipalen Kontaktaufnahme.

Bei einem Patienten, der mir eine solche Beziehungsgeschichte erzählen würde, würde ich spüren, dass jede mögliche Deutung von mir in ihm Angst oder großen Hass gegen mich hervorrufen würde. Ein Deutung, die für diesen Patienten etwas Fremdes, Neues beinhalten würde, die eine Art Außenstandpunkt einnehmen würde, wird auf diesem Beziehungsniveau oft wie eine Verweigerung von Nähe empfunden. Getrenntheit ist auf diesem Beziehungsniveau so heftig schmerzlich, dass sie als zerstörerisch erfahren wird, und gegen Zerstörung muss Zerstörung gestellt werden. Es ist ein dualer Beziehungsraum: Alles Dritte muss weggehalten, verleugnet, ignoriert oder zerstört werden.

Hinsichtlich der Wirkung des Textes auf mich bedeutet das, dass ich mich ihm zuwenden kann, wenn ich einen dritten Punkt finden kann, einen Außenstandpunkt, auf dem ich nicht mit dem Text verschmolzen bin und er mich nicht so zu vereinnahmen droht, dass ich nicht mehr aus der zerstörerischen Verwirrung finde, aus der Suggestion dieser Art der Beziehung, die hier idealisiert wird. Da, wo ich mich in der Lage sehe, den Text zu deuten, ohne dass er oder ich dabei bedroht sind, wo ich also wieder arbeits- und denkfähig bin, kann ich mich ihm zuwenden. Gleichzeitig bin ich dann aber nicht wirklich dabei – ich bin und bleibe draußen und an der Oberfläche.

Dass ich also eine Hilfskonstruktion brauche (es handle sich um ein Groteske, was ich im Verlauf meiner Deutung als These nicht halten kann), um mich weiter mit dem Text zu befassen, scheint mir ein Hinweis darauf zu sein, dass diese Erzählung eine zerstörerische Nähe beschreibt, die gleichzeitig so anziehend und soghaft wirkt, dass es wichtig ist, sich der Distanzierungsmöglichkeit ständig zu versichern – und baue sie auch nur auf einer Illusion auf.

Analyse der Beziehungen und der Handlungsfiguren im Text

Für die genauere Analyse der Wirkung des Textes auf mich übernehme ich zunächst die Rolle, bei der ich mich mit der Frau identifiziere. Ich empfinde die Vereinnahmung durch diesen raumgreifenden, alles verschlingenden Mann als unverschämt: Immer dort, wo das Fräulein Fragen stellt, die glauben machen, dass sie ihm gegenüber skeptisch ist, bin ich froh und erleichtert, weil sie sich ein Stück Identität zu bewahren scheint. Denn unter der Maske der höchsten Vollkommenheit existiert sie nur als Phantasiebild dieses Mannes, sie ist entmenschlicht und entindividualisiert.

Wenn ich diese Identifizierung wieder zurücknehme, entdecke ich, dass die Fragen des Fräuleins in ihrem Affektgehalt dem Mann gegenüber spöttisch sind. Er wiederum antwortet auf den Spott mit gesteigerter Anstrengung und weiteren Argumenten, die die Ungetrenntheit postulieren, ja beschwören und die Frau vereinnahmen können. Der Mann wünscht sich, die Frau solle ihm als Spiegel dienen, so wie er sich als solcher für sie anbietet, als ein Spiegel, der die Beziehung ins Großartige, Ideale, Erhabene, Überlegene erhebt. Die Beziehung bzw. die gegenseitige Idealisierung wird zum Idol, zum Fetisch.

Der Versuch, mich mit dem Mann zu identifizieren, ist verbunden mit dem Erahnen seiner Angst, diese Frau könnte sich abwenden und/oder ihn kränken, was sie mit ihren Fragen und Infragestellungen auch tut. Mit ihren Fragen stachelt sie ihn zu argumentativen Höchstleistungen an. Seine Art, sie zu umwerben, ist atemlos, in manischer Abwehr aller möglicher Getrenntheiten macht er aus gar allem Trennenden (ihren Zweifeln und Fragen) etwas, was sie miteinander verbindet. Er muss so endgültig ausschließen, dass sie auch anders sein könnte als er sie sich phantasiert, dass keine äußere Realität mehr zugelassen ist. Alles Fremde, Äußere wird verleugnet, alle Unterschiede, die eventuell gefährlich und im weiteren Sinne depotenzierend und zerstörend sein könnten, werden panisch nivelliert.

(Zur manischen Abwehr: Charakteristisch für die manische Abwehr, die sich gegen den mit der depressiven Position verbundenen Schmerz richtet, sind die Omnipotenz, das Allmachtsgefühl also, und die Verleugnung. Die Fähigkeit, depressive Angst zu ertragen, ist das entscheidende Element reifer Beziehungen. Dies beinhaltet den Verzicht auf Vollkommenheit eines Objekts. Gelingt dieser Verzicht, enthält das Objekt böse und gute Anteile, und die Angst, die toleriert werden muss (und kann), ist die, dass dieses Objekt doch kontaminiert ist, beschädigt und überwiegend schlecht. Das heißt, die Mischung von gut und schlecht gelingt günstigenfalls so, dass das Schlechte das Gute nicht auflöst. Ist das gute Objekt jedoch kontaminiert durch das böse Objekt, wird es überwiegend böse. Ein böses Objekt wird vom Subjekt auch deshalb als unerträglich ängstigend erfahren, weil ein solches Objekt intensive Gefühle von Verantwortlichkeit hervorruft, selbst Schuld zu haben an der Bösartigkeit dieses Objekts. Und es ruft Kummer hervor, weil in diesem bösen Objekt das gute aufgelöst ist, das gute Objekt, das sich sorgt und hilft und nährt. Dieses gute Objekt ist im günstigen Fall und wenn es als überwiegend gut erhalten bleiben kann, gleichzeitig das, das geliebt und gehasst wird, und welches gut und böse ist.

Die depressive Angst bezieht sich darauf, dass ein gutes Objekt in der oben beschriebenen Weise als kontaminiert erfahren wird, bezieht sich, anders gesagt, auf den drohenden Verlust des guten Objekts. Die manische Abwehr der depressiven Ängste besteht nun in der Verleugnung der psychischen Realität des Schmerzes, der mit möglichen Verlusterfahrungen verbunden ist (in dem Sinne, dass jemand davon überzeugt ist, dass ihm Verluste nichts ausmachen und nichts schmerzt). Entsprechend geht es um die Verleugnung der Bedeutung von guten Objekten. In der Manie besteht dann einerseits die Neigung, das gute Objekt herabzusetzen und zu verachten. Gleichzeitig wird versucht, das gute Objekt zu meistern und zu beherrschen. Die Abwendung vom guten Objekt, das Schmerz zufügen kann allein schon durch seine Abwesenheit, wird dadurch erträglich, dass per Spaltung das Objekt aufgeteilt wird in ein böses Objekt, das entwertet und verachtet wird, und in ein idealisiertes Objekt. Dadurch entstehen ein ideales und ein verfolgendes Objekt.

Die manischen Abwehrmechanismen wie Verleugnung, Verächtlichmachung, Kontrolle und Idealisierung schützen das Subjekt vor dem Erleben der schmerzvollen Konsequenzen, die seine Abhängigkeit vom guten, geliebten Objekt mit sich bringen. Die Wahrscheinlichkeit, dass ein solches gutes Objekt zum Verfolger wird, ist sehr groß. Die Idealisierung ist der Versuch, die gute frühe Objektbeziehung wiederherzustellen. Das ist eine Art Ungeschehenmachen der unerträglichen Trennung von der Hoffnung auf ein allein gutes Objekt. Beim Verlust des guten äußeren Objekts droht stets der Verlust des guten inneren Objekts (da auf dieser Entwicklungsstufe das Innere und das Äußere nicht sicher voneinander unterschieden sind). Die depressive Angst also entspricht nicht nur der Furcht vor der Trennung vom guten äußeren Objekt, sondern auch vor den eigenen aggressiven Triebregungen, die das gute Objekt zerstören können. Bei der depressiven Angst geht es auch um die Angst, dem realen oder dem inneren Objekt Schaden zuzufügen.[14])

---

[14] Siehe Robert D. Hinshelwood: *Wörterbuch der kleinianischen Psychoanalyse*, Stuttgart 1993, S. 494 ff. u. 370 ff..

Es wäre zu erwarten, dass ein zur Einfühlung fähiger Mann auf eine Frau, die ihm sagt, dass andere Männer sie nur wegen des reichen Vaters umwarben, mitfühlend, vielleicht auch etwas traurig oder empört wegen ihrer verletzenden Erfahrungen reagieren würde. Statt zu trauern, lädt der Protagonist die weibliche Figur dazu ein (was sie sehr gerne mitzumachen scheint), sich mit ihm zusammen in unanfechtbarer Omnipotenz zu vereinen, einer Omnipotenz, in der es keinerlei Demütigung, Traurigkeit, Getrenntheit mehr gibt. In Variationen desselben Themas (wie und woran er sie erkannte und sie dadurch sicher sein könne, dass er der einzige für sie, sie die einzige für ihn sei) wiederholt er seine Hymnen an die Frau und sich selbst. Sogar ihre Eigenständigkeit vermag er zu vereinnahmen: indem er ihre Glücksfähigkeit und ihre Persönlichkeit lobt und daraus gleichzeitig sie beide untrennbar vereinende Eigenschaften macht.

Selbst als der Mann dem Fräulein sagen muss, dass er vor ihr verschiedene andere Frauen gekannt habe, kann oder muss er das so wenden, dass ihn das ihr näher bringe, dass ihn das umso deutlicher versichert habe, dass er nur auf. sie gewartet, sie gesucht habe, die Einzige, die Ergänzung, den Spiegel. Und ständig muss er fast beschwörend betonen zu wissen, wie sie fühle, wie sie sei, wer sie sei, und ihr damit sagen, dass sie dadurch auch wisse, wer er sei. Er hinterlässt in mir den Eindruck eines Mannes, dessen Tun keinesfalls in Frage gestellt werden darf, der eine schreckliche Angst davor hat zu entdecken, dass ein Anderer/eine Andere separat und anders ist. Das Fremde ist bedrohlich, und so macht er aus der Frau nicht nur *ein* Selbstobjekt, sondern *das einzige* Selbstobjekt, den Spiegel seiner selbst, seines Seins. Er tut das sogar dort, wo er ihre Besonderheit und Eigenständigkeit hervorhebt, indem er diese zu dem macht, was er braucht, um glücklich und zufrieden zu sein. Die Angst, ausgelöst durch das Erleben der Getrenntheit vom ersehnten Objekt, ist Vernichtungsangst. Gleichzeitig steht der Wunsch, ein Spiegelbild zu finden, das einen Menschen vollkommen widerspiegelt, im Konflikt mit dem Wunsch, jemand anderen zu treffen und zu lieben, die Identität des anderen anzuerkennen, die Menschlichkeit im anderen zu finden, etwas zu finden, das sowohl ähnlich als auch anders ist. Sexualität und Begehren kommen in der Hymne des Protagonisten nicht vor. Das Begehren verlangt ja auch das Empfinden der Differenz, eben das, was in der hier erzählten Werbung nicht erträglich zu sein scheint.

Umso schrecklicher und abstruser der Irrtum, der in dem Schlusssatz liegt: Das Spiel des Lebens war gewonnen. Denn bei soviel Angst vor einer Beziehung zu einer Frau ist es sehr wahrscheinlich, dass das Leben sich als überaus ernst erweist und schwierig und bedrohlich.

Der Mann wirbt nicht um sie, er zeigt ihr von Anfang an, dass er ihr verfallen ist, bzw. seiner Phantasie über das, was sie sein könnte. Von hinten (wo die Geschlechtsmerkmale nicht eindeutig zu unterscheiden sind) hat er sie gesehen und wusste schon, dass sie es ist, die er immer geliebt hat – und diejenige, die man immer geliebt hat, ist die (Phantasie der) ideale(n) Mutter.

Er kann den Druck nicht aushalten, den die Ungewissheit in ihm auslösen würde, die Ungewissheit darüber, wer sie ist, nämlich die, die er erst kennenlernen muss. Er macht sie sich gleich, gerade darin liegt für ihn die Unausweichlichkeit, der Zwang, sie »sein eigen« nennen zu müssen, denn sie ist schon Teil von ihm.

Enthält das nicht auch Träume vom paradiesischen Eins-Sein? Trauern wir nicht alle auch darum, wenn wir unseren Partner nicht (mehr) hemmungslos idealisieren können? Die krude Lebenswirklichkeit hat uns alle immer wieder dazu gezwungen, Enttäuschungen hinzunehmen, Abstriche bezüglich der eigenen Größe und der unseres Partners machen zu müssen. Wir müssen uns mit Getrenntheit oder konkreten Trennungen auseinandersetzen, was der Protagonist schlicht verweigert, was das »Fräulein« wiederum deutlich genießt.

Dieses Paar führt uns eine Art der Einigkeit vor, die in die frühe Säuglingszeit gehört. In der hier dargestellten Kontaktaufnahme handelt es sich um eine präödipale Beziehung, in der es überwiegend um die Erfüllung von Wünschen nach Vereinigung und Verschmelzung geht, um die gleichzeitige Abwehr von Trennung und den Wunsch nach ausschließlichem Besitz des anderen, der nicht als Anderer wahrgenommen werden kann und darf, sondern als gleichartig. Es handelt sich um eine narzisstische Objektwahl, bei der dieser Liebhaber darin Befriedigung findet und anbietet, dass er die Frau »sein eigen« nennen kann, dass er stolz auf sie ist, dass sie sich ineinander spiegeln können und eine Person das Echo der anderen ist. Es gibt scheinbar keinen Geschlechtsunterschied (beide sind füreinander gleich großartig, sind besonders, erkennen sich absolut und total, es gibt keine Getrenntheit zwischen ihnen) und keinen Generationsunterschied: Er hat sie schon immer geliebt und gesucht und nun gefunden, sie, die, realistisch betrachtet, vor allem seine Projektion und er ihre zu sein scheint, Projektion alter, uralter Wünsche an einen Partner, entsprechend der frühen Ungetrenntheit, also der mit dem mütterlichen Objekt. Freud beschreibt das Elend der präödipalen Liebe so, dass diese kindliche Liebe maßlos sei und Ausschließlichkeit verlange, sie sei ziellos und ohne Chance, wirklich befriedigt zu werden, weshalb sie in eine Enttäuschung münde und Feindseligkeit (gegen die Mutter bzw. die Frau, der die Mutterübertragung gilt) Raum greife.[15]

Entsprechend ist es mehr als unwahrscheinlich, dass durch das Eingehen einer solchen Beziehung das »Spiel des Lebens« gewonnen werden kann. Ungetrenntheit beinhaltet Selbstauflösung, letztlich den Tod, den eigenen Tod oder zumindest den Tod der Beziehung. Die massiv geweckte Feindseligkeit kann auch als Mord am frustrierenden Objekt ihre tragische Erfüllung finden.

Es ist zu vermuten, dass Wedekind ahnte, dass auf diese Weise, wie in der Erzählung beschrieben, das Spiel des Lebens nicht zu gewinnen ist. Das kann aus dem Aufbau der Erzählung abgeleitet werden.

Der überwiegende Teil der Geschichte ist dem Dialog zwischen dem Mann und dem Fräulein gewidmet, die sich mehr und mehr verbinden. Der Erzähler schafft aber auch Distanz: einmal, ziemlich am Anfang, als er die inneren Motive des Fräuleins beschreibt, und am Ende, als das Fräulein einen Namen erhält, Fräulein Elli, und er sie erstmals handeln lässt, indem sie sich erhebt und den Mann küsst.

---

[15] Sigmund Freud: *Über die weibliche Sexualität* (1931), in: ders.: Gesammelte Werke Bd. XIV, S. 515–537.

Der Vorhang fällt, und der Erzähler sagt: »Das Spiel des Lebens war gewonnen«. Damit gewinnt der Leser Abstand von den handelnden Personen und von den Identifizierungen mit ihnen: Er ist überrascht, fühlt sich vielleicht verlacht und getäuscht, wenn er zuvor die Geschichte ernst nahm und nun hören muss, dass alles ein Spiel war. War es zuvor noch möglich, sich in den Traum hineinziehen zu lassen, der die Hoffnung enthält, dass die Beziehung zwischen zwei Menschen auf sehr kurzem Weg und ohne Enttäuschung persönlich und intim gestaltet werden könnte, dass sich zwei Menschen so perfekt ineinander erkennen und so ideal zusammenpassen können, ist der Leser vom Erzähler nun aus dem weichen Bett der Behaglichkeit geworfen und ärgert sich, weil er das (auch gerne?) geglaubt hätte.

Gerade in der entfremdenden Wirkung durch die veränderte Erzählhaltung liegt ein kritisches Moment dieser Geschichte, die nicht dabei bleibt, uns vorzumachen, eine solche Beziehung hätte glücklichen Bestand. Und das, obgleich konkret gerade das Gegenteil ausgesagt – ein gutes Ende beschrieben ist. Aber angesichts der Art der Beschreibung ist es beinahe unmöglich zu »glauben«, dass das so stimmen kann.

Der Werkbezug der Erzählung

Die beschriebene Art der Beziehungsaufnahme eines Mannes zu einer Frau kommt bei Wedekind – darauf weist Kutscher hin – später noch einmal in der *Büchse der Pandora* vor.[16] Jack (der Lulu ermordet) sagt zu Lulu: » Ich beurteile dich nach der Art, wie du gehst. Ich sagte mir, die muss einen gutgebauten Körper haben.«[17] Es bleibt allerdings unklar, zu welchem Urteil Jack kommt. Die Folge seiner Beurteilung ist, dass er Lulu umbringt, was weit über den Inhalt der hier bearbeiteten Erzählung hinausweist. Im selben Theaterstück (*Die Büchse der Pandora*) findet sich an anderer Stelle der Vergleich des Frauenkörpers mit der Musik. Alwa Schön, der Schriftsteller, sagt zu Lulu:

> Durch dieses Kleid empfinde ich deinen Wuchs wie eine Symphonie. Diese schmalen Knöchel, dieses Cantabile; dieses entzückende Anschwellen; und diese Knie, dieses Capriccio; und das gewaltige Andante der Wollust. – Wie friedlich sich die beiden Rivalen in dem Bewusstsein aneinanderschmiegen, daß keiner dem andern an Schönheit gleichkommt – bis die launige Gebieterin erwacht und die beiden Nebenbuhler wie zwei feindliche Pole auseinanderweichen. Ich werde dein Lob singen, daß dir die Sinne vergehn![18]

Die Frau wird beschrieben, als sei sie wie Musik, und ihre Musikalität wird in Bezug gesetzt zu Wollust und Sexualität. Klaus Theweleit führt hinsichtlich der Bearbeitung des Textes durch Alban Berg aus, dass Alwa in Lulu nicht diese spezielle Frau, sondern eben Musik sieht, sie ist sein Spiegel (wie Fräulein Elli der des Protagoni-

---

[16] Kutscher: *Frank Wedekind*, S. 36.
[17] Frank Wedekind: *Werke*, 2 Bde., München 1996, Bd. 1, S. 718.
[18] Wedekind: *Werke* Bd. 1, S. 670.

sten in der Erzählung).[19] In der Erzählung *Liebe auf den ersten Blick* individuiert sich das Fräulein scheinbar durch diesen spiegelnden Blick ihres Verehrers, indem sie am Ende der Geschichte selbst handelt (aufsteht, ihn umarmt und küsst) und auch einen Namen erhält. Aber bedeutet der Schlusssatz »Das Spiel des Lebens war gewonnen« nicht vielmehr, dass sie nun ihrerseits von seiner Sichtweise überzeugt ist und deshalb seine Wünsche anerkennt, weil er ihre Person so spiegelt, wie sie sich sehen will? Er ist ihr Spiegel, sie ist sein Spiegel. Und in dieser versunkenen Gleichheit steckt einerseits Harmonie und andererseits der Tod der Individualität, der Person und des Geschlechts. In den Dramen um Lulu ist die Folge einer solchen Beziehungsaufnahme stets der Tod. Ist das Spiel des Lebens das Aufgehen im Tod?

Zeitbezogenheit des Frauenbildes in der Erzählung *Liebe auf den ersten Blick*

Freud vermutet, dass die narzisstische Objektwahl die sei, die in der Regel die schöne Frau treffe, denn für die Entwicklung einer »ordentlichen, mit Sexualüberschätzung ausgestatteten Objektliebe« sei ihre Pubertätsentwicklung in der Regel ungünstig:

> Es stellt sich besonders im Falle der Entwicklung zur Schönheit reine Selbstgenügsamkeit des Weibes her, welche das Weib für die ihm sozial verkümmerte Freiheit der Objektwahl entschädigt. Solche Frauen lieben, streng genommen, nur sich selbst mit ähnlicher Intensität, wie der Mann sie liebt. Ihr Bedürfnis geht auch nicht dahin zu lieben, sondern geliebt zu werden, und sie lassen sich den Mann gefallen, welcher diese Bedingung erfüllt.[20]

Und, so vermutet Freud, solche Frauen üben den größten Reiz auf Männer aus, weil sie selbstgenügsam und unzugänglich seien, sich um nichts zu kümmern scheinen »wie die Katzen und die großen Raubtiere«[21]. Es sei, als beneideten die Männer diese Frauen um die Erhaltung eines seligen psychischen Zustandes, einer unangreifbaren Libidoposition, die sie selbst aufgegeben hätten. Die Kehrseite davon sei der ständige Zweifel dieser Männer an der Liebe ihrer Frauen.

Lilli Gast, die sich u. a. auf die Studie von Nike Wagner[22] bezieht, beschreibt jene Teile des Frauenbildes der Wiener Belle Epoque, welche in der Frau dieses Narzisstische, Raubtierhafte erkennen lassen: Das Weib (der Typus, nicht die »empirische Frau«) sei in jener Zeit als ideale Folie für die verschiedensten phantasmatischen Wunscherfüllungen der Männer benutzt worden.[23] Das Motiv der dionysischen Frau, des amoralischen Kindweibes als wildes Tier, in dessen Natur es

---

[19] Klaus Theweleit: *buch der könige*, Bd. 1: *orpheus und eurydike*, Basel u. Frankfurt a. M. 1989, S. 756–759.

[20] Sigmund Freud: *Zur Einführung des Narzißmus* (1914), Gesammelte Werke Bd. X, S. 137–170, hier S. 155.

[21] Ebd.

[22] Nike Wagner: *Geist und Geschlecht: Karl Kraus und die Erotik der Wiener Moderne* ([1]1981), Frankfurt a. M. 1987, S. 132–146.

[23] Lilli Gast: *Libido und Narzissmus*, Tübingen 1992, S. 87.

zu liegen scheint, den Mann zu zerstören, kehrt vielfach wieder. Unter anderem auch bei Friedrich Nietzsche, der 1886 klagt:

> Das, was am Weibe Respekt und oft genug Furcht einflößt, ist seine Natur, die ›natürlicher‹ ist als die des Mannes, seine echte, raubtierhafte, listige Geschmeidigkeit, seine Tigerkralle unter dem Handschuh, seine Naivität im Egoismus, seine Unerziehbarkeit und innerliche Wildheit; das Unfaßliche, Weite, Schweifende seiner Begierden und Tugenden [...].[24]

Hartmut Vinçon führt aus (bezogen auf einen Kritiker Wedekinds, dessen »Resümee ... ihm wie anderen Programm [war]«), dass zur Zeit Wedekinds folgende Begriffe eine nahezu identische Reihe bilden: »Natürlichkeit = Sinnlichkeit = Weiblichkeit = Lebenstrieb = kulturelle Anarchie«.[25]

Sofern die hier besprochene Erzählung in Verbindung mit dem Frauenbild gesehen wird, das in Wedekinds Figur Lulu seine deutlichere Ausarbeitung findet, spiegelt diese Geschichte eine Vorstellung vom Wesen der Frau wider, das zeittypisch zu sein scheint. Dem entspricht, dass ein »Urweib« beschrieben wird, das allein durch seine Bewegungen Geschlechtliches und Leben als solches symbolisiert, ebenso Sinnlichkeit und Natur, jenes also, was der Mann besitzen und sein eigen nennen muss und möchte. Der Mann ist wie von einem Magneten angezogen: unausweichlich, unvermeidbar, heillos. Dieser erste Blick auf die Geschichte lässt es plausibel erscheinen, dass »das Spiel des Lebens gewonnen« ist, wenn die Frau sich überzeugen lässt und sich dem Mann (dem Übermenschen?) ergibt. Der zweite Blick aber offenbart – nicht nur beim Leser, sondern deutlich auch bei Wedekind selbst, der in seinen Dramen das Tragisch-Tödliche-Mörderische in den Mann-Frau-Beziehungen betont hat – einen anderen, einen latenten Sinn. Der besagt, dass eine solche Art der Unabgegrenztheit und ein solcher Sog Abwehr, Abscheu, Abkehr hervorrufen, weil diese Nähe verwirrend, erschreckend, grenzverletzend und letztlich für die eigene Identität tödlich sein wird. Das entspricht dem, was präödipale Beziehungen charakterisiert, nämlich der Ambivalenz, in der die Liebesgefühle nur schwer von den Hassgefühlen getrennt werden können. Diese Empfindungen wiederum sind es, die diese Erzählung Wedekinds beim Leser hinterlässt.

Es ist eine Illusion für einen Mann (die damalige Männerwelt?) zu glauben, dass er eine Frau so genau erkennen könne, weil sie dieses Ewig-Weiblich-Gleiche sei, weil sie nicht eine Frau, sondern »das« Weib ist. Diese Illusion entspricht einer Idealisierung, nicht nur der eigenen Person, sondern auch der eigenen Männernatur, die scheinbar genau erkennen und dann vielleicht auch unter Kontrolle bekommen kann, was Frauen sind. Diese Illusion soll Sicherheit schaffen und offenbart durch ihr Wesen als Illusion die schreckliche Verunsicherung des Mannes, besonders dann, wenn in der Verliebtheit die »Sexualüberschätzung des Objekts«[26] den Liebenden fesselt.

---

[24] Friedrich Nietzsche: *Jenseits von Gut und Böse. Zur Genealogie der Moral* [1886], Stuttgart 1976, S. 168.

[25] Vinçon: *Wedekind*, S. 105.

[26] Freud: *Narzißmus*, S. 161.

Zur Persönlichkeit des Autors

Artur Kutscher schreibt über Wedekinds Person:

> Die Sinnlichkeit war wohl das primäre Element in Wedekind. [...]. [Er] war ...
> ein ausgesprochener und sehr genießerischer Erotiker, wenn gleich er unter
> Hemmungen litt. [...] Weichere Stimmungen, fast krankhaft sentimentale
> Regungen überkamen ihn häufig, er gab sich ihnen aber nur selten und am
> liebsten ohne Zeugen hin. [...] Vom Temperament war er Melancholiker [...].
> er litt an plötzlichen Verdüsterungen. Manchmal stellten sich Weinkrämpfe
> ein. [...] Gefühl war ihm nicht nur peinlich, schmerzhaft, weil es seine
> Klarheit, Sicherheit, Haltung bedrohte: er sah in ihm überhaupt ein minderes
> Stadium des Innenlebens und flüchtete in die Arme der Vernunft.[27]

Kutscher zitiert Wedekind (mit einem Brief an B. Heine vom 26.8.1900), der sich zu
seinen Qualen äußert, die vermutlich in Zusammenhang mit der oben beschriebenen
Sinnlichkeit und der ihm notwendig erscheinenden Kontrolle über seine Traurigkeit
und seine Depressivität stehen könnten:

> Das Leben hat es nicht gern und ist einem nicht gnädig und günstig, wenn
> man es zu ernst nimmt. Das weiß niemand besser als ich, der vor lauter
> Begriffen, Ideen, Ansichten, Prinzipien, Absichten, Vorsätzen, Befürchtungen
> und Hoffnungen keinen Augenblick zur Besinnung kommt, nirgends die
> nötige Unbefangenheit findet und die schönsten Gelegenheiten, sein Glück zu
> machen, darüber verpaßt.[28]

Für Wedekind, so Kutscher, seien die Sinnlichkeit und das Diesseits, also Lebens-
genuss und Weltfreude, Ziele des Lebens gewesen..[29] Wedekind habe eine Lehre aus
dem Zusammenhang von Körperbau und geistiger Konstitution konstruiert, bei der
die Mächte des Leibes und der Rhythmus der Bewegungen zu einem Kult der
großen Liebe vereint wurden. Als er aber Ehe und Familie als neues Ideal fand, das
neben der herausgehobenen Bedeutung der Prostitution für ihn wichtig wurde, war
die vorherige Utopie gestört. Kutscher meint weiter, dass Wedekind sein Selbst-Sein
über alles gestellt und vertreten habe, dass er statt der konventionellen Sittlichkeit
die schrankenlose Aufrichtigkeit gegen sich selbst und in zweiter Linie gegen andere
idealisiert habe. Er habe das Schamgefühl verleugnet, weil es mehr als alles andere
der Wahrheit im Wege stehe. Entsprechend habe auch der Egoismus ethische
Bedeutung. Nächstenliebe sei die höchste Entwicklungsform der Eigenliebe.[30]

Kutscher sieht in Wedekinds Werk in hohem Maße den Autor selbst. Das genau
mache das Wahrhaftige seiner Kunst aus. Seine Stärke – die Treue zu sich selbst –
sei gleichzeitig seine Schwäche gewesen. So sei er an der »Kette« der Liebes- und
Ehethemen hängengeblieben.

---

[27] Artur Kutscher: *Wedekind. Leben und Werk*, hg. v. Karl Ude, München 1964, S. 342 ff.
[28] Ebd., S. 345.
[29] Ebd., S. 345.
[30] Ebd., S. 347.

> Der Urkonflikt steckt für ihn einfach in der Liebe. Schicksalhaft, unergründlich, mystisch ist für ihn der Kampf zwischen Mann und Weib, zwischen Geist und Fleisch. Die Fesselung an die Erde ist tragisch, tragisch der Trieb zum Einssein und die ewige Zweisamkeit.[31]

Zuletzt beklagt Kutscher, dass Wedekind in seinem Werk seinem »Dämon Zweifel«[32] erlegen sei und dadurch immer nur Tragikomödien geschrieben habe.

Diese wenigen biographischen Notizen bezeugen, wieviel *Programmatisches* in der hier besprochenen kleinen Erzählung enthalten ist: sowohl das Thema des Egoismus, der die wahre Liebe repräsentiert, als auch die rhythmisch-erdhafte Frauengestalt, die durch ihren Körper ihre Natur, auch die geistige Natur, enthüllt, ebenso die Suche nach der großen, einzigen Liebe und das Verfallensein des Mannes an die Erdhaftigkeit und Ganzheitlichkeit der Frau.

Von daher ist zu vermuten, dass Wedekind dieser Erzählung durchaus einige Bedeutung beigemessen und er sie zumindest mit vielen Aspekten seiner Lebensvorstellungen, Hoffnungen und Wahrheiten ausgestattet hat. Vielleicht sogar enthüllt die Analyse der latenten Bedeutungen einen Teil des Leids, das sich für den Schriftsteller Wedekind mit seinem Leben verknüpft hat.

Schluss

Am Ende, nachdem eine vage Vorstellung darüber entstehen konnte, was der Text für den Autor bedeutet haben mag, fragt sich: Was sagt heutigen Lesern dieser Text? Und wie sagt er es? Für mich bleibt, was von Anfang an dominant war: Mein heftiges Hin- und Hergerissensein, meine Ambivalenz dem Text gegenüber weisen auf seine Substanz. Die Leseerfahrung selbst, die den Leser hin- und herrüttelt – die eben keine Eindeutigkeiten zulässt, wie sie der manifeste Text suggeriert, in dem alles glatt zu gehen scheint und problemlos, leichtfüßig im Dialog und fast schwerelos – enthält die Latenz, das Schwere, das Ängstigende, das Abstoßende. Sie enthält den latenten Subtext, demgemäß ein solches »Lebensspiel« nicht gewonnen werden kann.

Sie enthält gleichzeitig die humorige Pointe, dass eine solche heftige Anziehung zwischen Mann und Frau, die sich eines so großen und sehr ernsten Aufgebots an Überredung, Geist und Psychologie bedient, letztlich doch »nur« etwas Naturhaftes »will«: das Spiel des Lebens soll gewonnen werden.

Wedekind notiert zum Thema Humor, dass

> der Humor die Extreme der menschlichen Anschauungsweisen einander gegenüber [stellt] [...] Er (der Humor) mißt das Ideale mit dem Maße des Realen, das Pathetische mit dem Maß des Nüchternen, das Außerordentliche mit dem alltäglichen und umgekehrt; und indem er so die Relativität, die

---

[31] Ebd., S. 352.
[32] Ebd., S. 353.

Nichtigkeit alles Irdischen ad oculos demonstriert, hebt er die Menschen über
die Welt empor auf die erhabene Warte einer beschaulichen Objektivität.[33]

Das jedoch – die von ihm beschriebene beschauliche Objektivität – gelingt in dieser
Erzählung nicht, auch nicht auf den zweiten oder dritten Blick. Selbst wenn es im
Text einige Stellen gibt, die in anderen Sinnzusammenhängen auf Ironie deuten
könnten, siegt hier eher die bittere, unterschwellige Angst, maskiert und gewürzt
durch Humor.

Wedekinds Erzählung berührt vermutlich nur den, der etwas von dieser Sehnsucht nach Verschmelzung und zugleich von der endlosen Angst vor dem Verlust
der eigenen Identität weiß. Und eine solche Person kann dann vielleicht auch das
beschriebene Spiel amüsant finden, wenigstens solange sie zu glauben vermag, dass
es vielleicht zu gewinnen ist.

Literatur

Freud, Sigmund: *Zur Einführung des Narzißmus* (1914), in: ders.: *Gesammelte Werke* X, S. 137–170.

Freud, Sigmund: *Über die weibliche Sexualität* (1931), in: ders.: *Gesammelte Werke* XIV, 515–537.

Gast, Lilli: *Libido und Narzissmus*, Tübingen 1992.

Gill, Merton M.: *Psychoanalyse im Übergang*, Stuttgart 1997.

Hinshelwood, Robert D.: *Wörterbuch der kleinianischen Psychoanalyse*, Stuttgart 1993.

Hoff, Dagmar von, und Marianne Leuzinger-Bohleber: »Versuch einer Begegnung: Psychoanalytische und textanalytische Verständigung zu Elfriede Jelineks ›Lust‹«, in: *Psyche* 51 (1997), S. 763–800.

Kutscher, Artur: *Frank Wedekind: Sein Leben und seine Werke*, Bd. 2, München 1927.

Kutscher, Artur.: *Wedekind: Leben und Werk*, hg. v. Karl Ude, München 1964.

Nietzsche, Friedrich: *Jenseits von Gut und Böse. Zur Genealogie der Moral* [1886], Stuttgart 1976.

Pietzcker, Carl: *Lesend interpretieren. Zur psychoanalytischen Deutung literarischer Texte*, Würzburg 1992.

---

[33] Wedekind: *Werke* Bd. 1, S. 341.

Raguse, Hartmut: »Leserlenkung und Übertragungsentwicklung: Hermeneutische Erwägungen zur psychoanalytischen Interpretation von Texten«, in: *Zeitschrift für psychoanalytische Theorie und Praxis* VI (1991), H. 1, S. 106–120.

Seehaus, Günter: *Wedekind*, Hamburg 1974.

Theweleit, Klaus: *buch der könige*, Bd. 1: *orpheus und eurydike*, Basel u. Frankfurt a. M. 1989.

Vinçon, Hartmut: *Frank Wedekind*, Stuttgart 1987.

Wagner, Nike: *Geist und Geschlecht: Karl Kraus und die Erotik der Wiener Moderne* ([1]1981), Frankfurt a. M. 1987.

Wedekind, Frank: *Werke*, 2 Bde., hg. v. Erhard Weidl, München 1996.

Johanna Bossinade

WEDEKINDS »MONSTRETRAGÖDIE« UND DIE FRAGE DER SEPARATION (LACAN)

Seit 1988 liegt eine rekonstruierte ›Urfassung‹ von *Die Büchse der Pandora. Eine Monstretragödie* (1892–1894) von Frank Wedekind vor. Sie hat der Diskussion um Wedekinds »Lulu«-Dramen neue Impulse gegeben und das Problem der ästhetischen Wertung verschärft. Der frühe Textentwurf des Autors erscheint im Vergleich zu den späteren Bearbeitungen als die radikalere und modernere Version. Wedekind arbeite in der *Monstretragödie* mit Zitat, Montage, Konstruktion, Verfremdung, wohingegen er in den folgenden Fassungen, beginnend mit dem *Erdgeist* (1895), eine stärkere Psychologisierung der Figuren betreibe. Die Protagonistin und ihre Gegenspieler würden in das Realismuskonzept des bürgerlichen Dramas zurückgedrängt, was sich aufseiten der Forschung in entsprechend konventionellen Deutungen niederschlage. Lulu stelle entweder ein ganzheitliches Urweib oder eine bloße Projektion von Männern dar, während sie in der *Monstretragödie* als vielfach gebrochene Kunstfigur agiere.

Es gibt viel, das für diese Sicht spricht, wenngleich das Pendel zu weit nach der anderen Seite auszuschlagen droht. Eine gewisse Gespaltenheit des Konzepts ist auch in den späten Fassungen zu beobachten, zudem muss nicht ausnahmslos jede Umgestaltung eine ästhetische Zurücknahme sein. Die Wedekind-Forschung wird weiterhin Gelegenheit zu Auseinandersetzung und vielfältiger Differenzierung haben.

Die vorliegende Darstellung ist ganz der *Monstretragödie* gewidmet. Sie setzt die sprachkritische Lesart fort, die ich für *Erdgeist* und *Büchse der Pandora* vorgelegt habe[1], und ist darüber hinaus um neue Problemaspekte bemüht. Ich gehe von der Beobachtung aus, dass die Sprache der *Monstretragödie* einen freizügigeren, stärker experimentellen Charakter hat als es in den folgenden Fassungen der »Lulu«-Dramen und im späteren Oeuvre des Autors generell der Fall ist. Ohne auf das Thema der Sprachkrise um 1900 einzugehen, was eigentlich nötig wäre, soll Wedekinds dramatische Rede über Geschlecht und Sexualität, kurz der ›Sexualdiskurs‹ des Stücks durchleuchtet werden. Die Frage ist, wie dieser Diskurs interpretiert werden kann, ohne dass konventionelle Deutungsmuster den Blick auf das sprachexperimentelle Moment des Stücks und seine Konsequenzen für das sexuelle Motiv verstellen.

---

[1] Siehe Johanna Bossinade: »Prolegomena zu einer geschlechtsdifferenzierten Literaturbetrachtung. Am Beispiel von Wedekinds ›Lulu‹-Dramen«, in: *Jahrbuch für Internationale Germanistik* 1 (1990), S. 97–120.

Mit der Sexualität kommt die Psychoanalyse ins Spiel, die des gewählten Schwerpunkts halber auf den sprachstrukturellen Ansatz von Jacques Lacan begrenzt sei. Die Bezugnahme darauf ermöglicht es mir, die Frage nach Wedekinds Sprachform mit der Reflexion auf ein Deutungsmodell zu verbinden, das seinerseits die Rolle der Sprache betont. Die Überlegung ist, wie Lacans Modell aussehen müsste, damit es den Sexualdiskurs der *Monstretragödie* in möglichst vielseitiger Weise erschließt. Zwei Annahmen sind darin schon vorausgesetzt. Die erste besagt, dass es nicht ergiebig wäre, den psychoanalytischen Begriffsrahmen unverändert zu übernehmen, die zweite lautet, dass im Stück selbst Hinweise enthalten sind, wie der Rahmen erweitert werden könnte. Die Hinweise betreffen die Motive von ›Schnitt‹ und ›Schneiden‹, die infolge von Wedekinds exzessivem Gebrauch von Gedankenstrichen und Auslassungszeichen in der graphischen Gestalt des Dialogs gespiegelt sind. Der Text der *Monstretragödie* vermittelt das Bild einer durchgängigen Fraktur. Die Schnitt- und Schneidemotive des Werks sollen in den Begriff der ›Separation‹ übersetzt werden, mit dessen Hilfe Lacan die grundlegende Trennungserfahrung des Subjekts beschreibt. Die Separation ist mit der Sprachlichkeit des Menschen verwoben und strukturiert seine Beziehung zu sich, zur Welt und zu anderen.

»Ich stehe vor einem Räthsel«. Eine exemplarische Szene

In der *Monstretragödie* kommt eine Szene vor, die sich um ein »Rätsel« dreht und den Sexualdiskurs des Stücks in exemplarischer Weise eröffnet. Sie spielt sich zwischen der Dramenheldin Lulu und ihrem zweiten Ehemann, dem Kunstmaler Schwarz ab. Schwarz versucht zu benennen, was Lulu für ihn anziehend macht. Er stützt sich auf eine der Partnerin unterstellte Einschätzung, wenn er sagt: »Ich begreife nicht, was mich so schrecklich macht«[2] (180). Mit dem Wort »schrecklich« deutet er die Gewalt seiner sexuellen Antriebe an, denen er in seiner neuen Rolle als Lulus Ehemann nachgeben kann, die er aber zugleich als etwas vorstellt, das er nicht begreift. Demnach geht es nicht um die Frage, die Freud Jahre später formuliert: Was will das Weib? Da scheint die Antwort klar zu sein, denn Lulu will ihn, den Mann. Es geht um eine Frage, die im psychoanalytischen Diskurs als längst beantwortet gilt: Was will der Mann? Was löst sein Verlangen aus? »Ich stehe«, so Schwarz, »vor einem Räthsel« (181).

Als eine Triebnatur tritt Schwarz im Stück nun allerdings gerade nicht in Erscheinung. Seine Selbstcharakterisierung als »schrecklich« ist in tragikomischer Weise zweideutig. Lulu setzt ihn kurze Zeit später gegenüber ihrem Liebhaber Schön als »banal« (190) herab. Schwarz ist als eine Figur mit einer wahnhaften Fixierung auf die Virginität der Frau gezeichnet. Es ist ihm buchstäblich von lebenswichtiger Bedeutung, glauben zu können, daß Lulu zum Zeitpunkt der Heirat mit ihm eine Jungfrau war. Als der Glaube zusammenbricht, bringt er sich um. Zunächst jedoch hat es den Anschein, dass Lulu ihn von seinem Wahn heilen kann; sie weiht

---

[2] Ich zitiere die *Monstretragödie* nach: Frank Wedekind: *Werke. Kritische Studienausgabe*, Bd. 3/I, hg. von Hartmut Vinçon, Darmstadt 1996, S. 145–311. Die Seitenzahl folgt dem Zitat in einfachen Klammern.

ihn in das Sexualleben ein. »Ja – du bist ein Weib!« (180). So bestätigt er ihr auf die Aussage hin, dass sie nichts anderes sein könne als »Weib«, wobei sie ein wenig kryptisch hinzugefügt hatte: » – wenn du da bist« (180).

» – Es kann nur etwas sein...« (182). So vermutet Schwarz bei seiner Anstrengung, das »Räthsel« zu lösen. Er nähert sich dem »etwas« an, indem er zunächst aufzählt, was »es« nicht ist. Es ist nicht, erfahren wir, Lulus »Fleisch«, es sind nicht bloß ihre »Küsse«, es ist nicht ihre Art, sich »zu bewegen«, es ist nicht ihre »Schönheit«, nicht ihr »Körperbau«. Es ist auch nicht, wie Lulu mit maliziösem Doppelsinn suggeriert, ihr »Unterzeug« (181). Dies Wort zeigt allerdings die Richtung an. Denn Schwarz führt motivische Bereiche auf, die in der bürgerlichen Kunst seit dem 18. Jahrhundert dazu dienen, die erotische Attraktivität von Frauen auszumalen und gleichzeitig zu verdecken, was Schwarz durch seine Salonmalerei anschaulich bestätigt. Es sind die Motivbereiche Körper, Kleidung und Bewegung. Ihre Darstellungsästhetik unterliegt der Regel, dass direktere Hinweise auf das Sexualgeschlecht des weiblichen Körpers auszublenden sind.

Diese Regel bzw. diese Ausblendung dürfte das eigentliche Thema der Szene sein. Während Schwarz nach einer Benennung für das weibliche Sexualgeschlecht sucht, führt er ein scheinbares oder wirkliches Nichtwissen vor, das mit dem »Räthsel« seiner sexuellen Antriebe in Verbindung steht. Worte sind demnach wesentlich. Lulu macht das Ratespiel mit, trägt zu seiner Lösung aber nicht unmittelbar bei. Sie hindert Schwarz spielerisch daran, das Wort, das ihm auf der Zunge schwebt, auszusprechen.

> Schwarz: – Es kann nur etwas sein....
> Lulu *(ihn küssend)*: Still....
> Schwarz: Es liegt....
> Lulu *(ihm den Mund schließend):* Nein! – Nein!
> Schwarz: Es liegt...
> Lulu *(überschüttet ihn mit Küssen)*: A-da-da-da-da-da....
> Schwarz: Du weißt es.... (182)

Mit der Wendung »Du weißt es« spricht Schwarz seiner Frau ein Wissen zu, das sie, wie der weitere Dialog zeigt, annimmt. Allerdings geschieht es indirekt. Lulu flicht das gesuchte Rätselwort unter der schon von Schwarz gebrauchten Form »es« in ihren Antwortsatz ein: » – Dann habe ich es jedenfalls nicht in meiner Gewalt und kann es nicht ändern« (182). Was sie als ihr zugehörig anerkennt: »Dann habe ich es...« steht nicht zu ihrer beliebigen Verfügung; die Ergänzung »...nicht in meiner Gewalt« würde sich sonst erübrigen. Sie hat »es« nicht in ihrer »Gewalt«, auch in sprachlicher Hinsicht nicht. Der Satz könnte so gedeutet werden, dass der wiederholte Anspruch Lulus auf den Status eines »Weibes« (vgl. 228: »ich bin Weib – ich bin Weib – «) den akzeptierten Verlust jener imaginierten weiblichen Unberührtheit voraussetzt, auf die Schwarz noch und gerade als verheirateter Mann fixiert ist.

Nachdem der Maler mit Bezug auf das von Lulu zitierte »es« ausgerufen hat: »Es ist ja dein Alles!« (182), macht Lulu mittels Gebärden deutlich, dass sie von diesem »Alles« praktischen Gebrauch machen will. Sie hält die Hände zwischen den

Knien, mit denen sie zuvor durch das Kreuzen der Füße eine Art Ring gebildet hat, und fordert in dieser suggestiven Pose ihren Mann auf, die Tür zu schließen: »Dreh den Schlüssel....« (182).

Nach dieser Wende, die durch ein Türklingeln wieder abgebrochen wird, scheint es nicht mehr nötig zu sein, dass das Paar nach Worten forscht. Für die Rezipienten gibt es ohnehin wenig zu forschen, denn das Wort ist bereits vor jedem Dialog im Text vorhanden. Es steht im Titel des Werks und folglich an exponierter Stelle: »Die Büchse der Pandora«. Wedekind hat diese Überschrift während der fast anderthalb Jahrzehnte (1895–1913) dauernden Umarbeitungen des »Lulu«-Komplexes konsequent beibehalten, zumindest für den zweiten Teil des Stücks. Die Ellipse im Dialog der Eheleute wirkt als ein Appell, das »Pandora«-Motiv des Titels dorthin zu rücken, wo es am Platz ist, nämlich im Spielraum des Dramas als solchem. Das, wonach gefragt wird, ist zugleich das, wovon das Werk handeln soll. Die »Büchse der Pandora« unterliegt dem Gattungsgesetz einer »Monstretragödie«, so dass die Zuschauer erwarten dürfen, dass ihnen das Thema schauerlich übertrieben, in ›Schwarz‹ gemalter Weise begegnen wird.

Die für das bürgerliche Drama des 18. und 19. Jahrhunderts kennzeichnende strategische Ausblendung oder umständliche Verblümung, im ganzen also forcierte Verrätselung des weiblichen Sexualgeschlechts wird im Rahmen der *Monstretragödie* entmystifiziert, oder doch wenigstens zu einem Thema gemacht. Die Auslassung erweist sich als Konvention, Zensur, gesellschaftliche Praxis. Die Figuren machen davon Gebrauch, d. h. sie nutzen die erotisierende Wirkung des elliptischen oder anspielungsreichen Sprechens, bevor sie eine sexuelle Handlung in Erwägung ziehen. In der Dinnerszene mit dem Schriftsteller Alwa, in der dieser an »den letzten Zuckungen eines Verhungernden« leiden will, ohne genauer zu sagen, welchen Hunger er meint, ruft Lulu anerkennend aus: »Es ist herrlich, dich so zu hören!« (216).

Neben der Ellipse gibt es ein zweites Mittel, mit dessen Hilfe Wedekind den Sexualdiskurs etabliert. Es ist die auffällige Häufung von geschlechtsassoziativen Bildern, die rhetorische Gegenfigur mithin. Die Bilder widerstreben nicht allein ihrer schieren Menge wegen den Anstandsregeln der Zeit, die idealtypische ›gute Gesellschaft‹ als Maß genommen, sie tun es mehr noch dadurch, dass sie relativ deutlich formuliert sind. *Der Reigen* (1900) von Arthur Schnitzler ist in dem Punkt viel diskreter. Bemerkenswert ist überdies, dass die Weiblichkeits- und Männlichkeitsbilder der *Monstretragödie* in kunstvoll durchgehaltenen Sequenzen aufeinander bezogen sind. Vermutlich gibt es keinen zweiten Werktext Wedekinds, in dem die Serien von weiblicher und männlicher Geschlechtsmetaphorik so systematisch verschränkt sind wie hier. Das zu Beginn des Stücks geäußerte Aperçu Lulus: »Es hat Jeder sein Theil« (153) kündigt die Technik der Parallel- und Reihenführung an. Wie als bestätigendes Echo sagt ihr Liebhaber Schöning im gleichen Akt: »Es hat alles seine zwei Seiten« (155).

Diese von zwei Seiten behauptete zweifache Ausstattung eines »Jeden« oder von »allem« sei zu der These erweitert, dass Wedekind mit der *Monstretragödie* ein besonderes ästhetisches und gedankliches Experiment wagt. Er erprobt die Sprach-

und Bildposition eines weiblichen Sexualsubjekts im zitierenden Rekurs auf den »Mythos von Pandora«[3] und in der konsequenten Eng- und Gegenführung mit dem Ausdrucksrepertoire der Männlichkeit, das in quantitativer Hinsicht dominiert. Einen harten Kontrast zu diesem Neuansatz – und ein Problem für die Interpretation – stellt der Ausgang des Stücks dar, in dem Lulu ihrer Genitalien beraubt und getötet wird. Ist das Experiment damit beendet oder gehört der Mord ›irgendwie‹ dazu? Um der Frage mehr Gewicht zu geben, sei zuerst ein Streiflicht auf den historischen Kontext geworfen.

Der Kampf um die symbolische Praxis

Zum Verständnis von Wedekinds »Lulu«-Komplex wird häufig auf kultur- und sexualkundliche Schriften der Zeit, etwa von Bachofen und Engels, Krafft-Ebing, Havelock Ellis, Freud verwiesen. Wirklich einsichtsfördernd sind diese Bezüge freilich erst, wenn sie, was nicht immer der Fall ist, in einen Interpretationsrahmen eingebettet sind, der die Formgestalt der Dramen mit bedenkt. Die Forschungsliteratur zu Wedekind wirkt gelegentlich wie ein Sammelbecken von an und für sich höchst interessanten Verweisen, deren näherer Sinn für das Werk zu erraten bleibt.

Andererseits ist klar, dass Interpretationen der Stütze durch kontextgeschichtliche Bezüge bedürfen, zu denen hier die Emanzipationsbewegung von Frauen um 1900 zählt. Die besondere Herausforderung dieser Bewegung sehe ich darin, dass sie ihre Fühler auf ein Gebiet ausstreckt, das bis heute einen Schlüsselposten im Kampf um die Gleichberechtigung darstellt. Es sind Bildung, Beruf, politische Rechte, institutionell gesicherte geistige Arbeit, ›symbolische Praxis‹ mit einem Wort gesagt. An dieser Praxis teilzuhaben heißt dort zu sein, wo der Kampf um anschlussfähige Positionen, wirkungsmächtige Definitionen, Interpretationen, Beziehungen, Namen und Repräsentationen, kurz die Ordnungsmodelle der Gesellschaft ausgefochten wird.

Es ist oft bemerkt worden, dass Wedekind die sexuelle Repräsentation der Lulu betont und ihr gesellschaftliches Sein dahinter zurücktreten lässt. Die Herkunft der Figur bleibt im Dunkel, die Mittel für ein eigenständiges soziales Dasein gibt ihr das Werk nicht. Die Abhängigkeit Lulus, ebenso ihr Tod, entsprechen dem Ansatz der Kurtisanenliteratur des 19. Jahrhunderts, erinnert sei an *Die Kameliendame* (1848) von Alexandre Dumas d. J. Einen Schritt weiter geht freilich schon die Heldin des *Sappho*-Romans (1884) von Alphonse Daudet, die sich als Pensionsvorsteherin zeitweise selbst durchzubringen sucht. Wedekind verlegt den Wunsch der Heldin nach Teilnahme vom Terrain des Sozialen auf das Sexuelle, wo er dann gleichsam mit doppelter ästhetischer Kraft fokussiert wird. Die Männerfiguren sind in einem vergleichsweise breiteren symbolischen Milieu angesiedelt. Als Schriftsteller, Zeitungsredakteur, Maler, Medizinalrat, Zuhälter oder Akrobat stellen sie soziale Existenzen dar, die mehr oder weniger erfolgreich sind, ohne dass sie darum

---

[3] Für einen motiv- und literaturgeschichtlichen Überblick siehe Gerhard Vogel: *Der Mythos von Pandora. Die Rezeption eines griechischen Sinnbildes in der deutschen Literatur*, Hamburg 1972.

als Sexualsubjekte ausgelöscht wären. Jack ist hier wie auch sonst die Ausnahme, die Gestalt der Gräfin Geschwitz ebenfalls.

Die Fokussierung auf das Sexualleben der Lulu hat einen Vorteil, und sie hat ihren Preis. Der Preis ist, dass die Sexualität der Determinierung durch zeitliche Kontexte entzogen zu sein scheint, was sie miteins dem aktiven Einfluss der Protagonistin entzieht. Lulu reagiert mehr auf den Wechsel ihrer Partner als dass sie selbständig handelt. Die sozialen Faktoren, die aus ihrem Entwurf getilgt sind, sind über den Dialog indirekt rekonstruierbar. Geld zum Beispiel ist nur für die Männerfiguren und für die Geschwitz ein Thema. Lulu besitzt keinen Zugang zu den materiellen Gütern und symbolischen Werten der Gesellschaft, in der sie lebt, und kann über diese Dinge ›nicht mitreden‹. Der Topos vom gesellschaftskritischen Autor Wedekind findet an dem Punkt seine Grenze. Der Vorteil seines Ansatzes hinwiederum ist, dass die sexuelle Thematik so stark verdichtet werden kann, dass Tabubrüche nahezu unvermeidlich sind.

Diese Tabubrüche betreffen weniger die erotischen Phantasien der Figuren, die nicht sonderlich kühn anmuten und anhand konventioneller psychologischer Muster auslegbar sind. Für andere Arbeiten Wedekinds, Lyrik, Drama oder Prosa, ließe sich Ähnliches behaupten. Die Ebene des Tabus wird erst durch die ausgefeilte dialogische Doppelstruktur des Sexualdiskurses berührt. Weibliche Geschlechtssymbole sind in der *Monstretragödie* ein integraler Teil der Dramensprache und operieren auf der Ebene der Namens- und Benennungsdifferenzen. Als Folge dieser experimentellen Konzeption kann sich ein mehrstimmiger Diskurs über das Geschlechterthema entfalten.

Es ist eine gängige Einsicht der Wedekind-Forschung, dass der Autor mit Mustern der Matriarchats-, Patriarchats- und Hetärenmythologie und der bürgerlichen Ideologie der Geschlechtscharaktere arbeitet, die um 1900 allgemein verbreitet waren. Ihnen liegt ein widerspruchsvolles Weiblichkeitsideal zugrunde. Es ist das Ideal einer erotischen Ganzheitlichkeit der Frau, das auf der Grundlage eingeschränkter geistiger, sozialer und, was zunächst überraschen mag, sexueller Autonomieansprüche zustande kommt. Einer der leidenschaftlichsten Befürworter des Ideals war Karl Kraus, doch wurde es auch von Frauen wie Lou Andreas-Salomé und Franziska zu Reventlow vertreten.[4] Die ganzheitliche Frau wird der Welt der Männer gegenübergestellt, um gegen deren behauptete Geistverfallenheit ein verdrängtes weibliches Urprinzip als heilsame Ergänzung in Anschlag zu bringen. Die als zeittypisch beklagte Teilung nach Geist und Fleisch hat die idealisierte ›Urfrau‹ allerdings nur deshalb nicht mit vollzogen, weil sie zur Höhe des Geistes nie aufgestiegen war. Aus der Sicht dieses Modells stellt ›Geist‹ eine unüberwindbare

---

[4] Allerdings gibt es hier Übergänge zur Selbstironie. Reventlow beispielsweise lässt das weibliche Erzählich ihres satirischen Romans *Der Geldkomplex* (1916) sagen: »Es gibt doch so etwas wie Gehirnwindungen, und ich fühle tatsächlich bei jeder geistigen Anstrengung, wie mein Gehirn sich darunter windet. Nein – ich glaube unbedingt an den Schwachsinn des Weibes, und zwar aus eigener schmerzlicher Erfahrung«. In: dies.: *Romane*, hg. von Else Reventlow, München/Wien 1976, S. 251–356, hier S. 267.

Krankheit für Frauen dar, woraus sich erklärt, dass eine heilsame Ergänzung durch den Mann für die weibliche Seite nicht erwogen wird.

Eine seltsame Paradoxie tritt ans Licht. Denn ›ganzheitlich‹ kann ein Mensch im Grunde nur dann sein, wenn er oder sie über das Recht verfügt, an einem sexuellen Symbolsystem zu partizipieren. Der Kampf von Frauen um Zugang zur symbolischen Praxis der Zeit scheint um so sicherer verloren, je stärker die Frau zu einem gegenzivilisatorischen Erosmodell ›aufgewertet‹ wird. An die Stelle eines bestimmbaren weiblichen Sexualgeschlechts tritt eine Körperganzheit, die notwendig abstrakt bleibt

Gegen dies abstrakte Weiblichkeitsideal und die schon seit der Antike damit verbundene Absurdität eines ontologischen Sonderstatus der Frau kann nun versuchsweise die starke sprachliche und szenische Präsenz der Lulu ins Feld geführt werden. Die Heldin der *Monstretragödie* ist ihren Mitspielern moralisch nicht überlegen, und die ›männlichen‹ Vorstellungen von Sexualität lehnt sie nur dort ab, wo sie ihre Möglichkeit der Partnerwahl einengen. In der Casti-Piani-Szene des vierten Aufzugs weist Lulu die Prostitution als Eingriff in ihre Entscheidungsfreiheit ab: »Der Eine kommt behaart wie ein Orang-Utang – der Andere riecht aus dem Mund – pfui Teufel, pfui Teufel (...)« (244). Andererseits gibt sie der Erpressung ihres Ziehvaters Schigolch zum Beischlaf: »Wann bringst du dich?« (260) nach, ohne andere Lösungen ihres Konflikts mit dem Athleten Rodrigo erprobt zu haben. Vorher hatte schon ihr duldsamer Umgang mit dem Ehemann nahe gelegt, dass sie ihren Anspruch auf selbstbestimmtes sexuelles Handeln nicht immer umsetzen kann oder will.

Die »Büchse der Pandora« ist im westlichen Kulturraum mit ambivalenten Werten besetzt. Unstreitig ist nur, dass sie als Bild, Bezeichnung oder Symbol für das weibliche Sexualgeschlecht dient. Mit Hilfe rhetorischer Kriterien läßt sich der Bezug wie folgt aufschlüsseln. Die ›Büchse‹ fungiert im Hinblick auf die Frauengestalt als Trope, genauer als Synekdoche, lateinisch pars pro toto, und so als Kern eines literarischen Symbols. Ein Symbol repräsentiert ein Allgemeines mittels eines Besonderen, das zu dem Allgemeinen im Verhältnis einer begrenzten Stellvertretung steht. Ein analoges Verhältnis läßt sich für Lulu konstatieren. ›Büchse‹ und ›Frau‹ erscheinen als Beziehung von Teil und Ganzem, aber weniger so, dass sich im Teil das Ganze spiegelte oder dieses in jenem, viel mehr so, dass das Ganze ohne das Teil undenkbar wäre. Da das Teil nicht umstandslos verfügbar ist, siehe den entrückten Platz der »Büchse« im Titel, stellt es kein Komplement dar, durch das die Heldin in unangreifbarer Weise ›ganz‹ würde. Dem epochentypischen Idealbild wird so widersprochen, denn von einem ›Weib‹ könnte ohne die Idee eines offenen und verletzbaren Sexualgeschlechts bzw. ohne einen entsprechenden symbolischen Entwurf nicht die Rede sein.

Die ›phallische‹ Symbolsprache der *Monstretragödie* ist als differentielles Pendant zum Pandora-Motiv angelegt, dabei aber stärker auf die soziale Biografie der Figuren bezogen. Der Maler Schwarz tritt mit dem Pinsel, der Zeitungsredakteur Schöning mit Morphiumspritze und Revolver, der Athlet Rodrigo mit markanten Muskeln und Jack schließlich, als problematische Apotheose der Waffensymbolik, mit dem Messer auf. Die beiden geschlechtsspezifisch markierten Bildreihen ergeben kein Gleichgewicht der Kräfte. Sie stellen ein dialogisches Spannungsfeld dar, in dem sie sich gegenseitig zu ermächtigen oder zu entmächtigen trachten. Das Stück schließt mit der Entmächtigung des weiblichen ›Teils‹. Die »Büchse« wird zerstört.

Im Rahmen der neuzeitlichen Moderne hat sich die Literatur in bedingten Maßen das Recht erworben, das kulturell zensierte Geschlechtliche, namentlich der Frau, aus den Spezialdiskursen herauszulösen, in die es verdrängt wurde. Spezialdiskurse in dem Sinn sind Pornographie, Medizin, speziell Gynäkologie, und Justiz. In ihnen hat die Rede über das weibliche Sexualgeschlecht einen verhältnismäßig engen, dafür geschützten Platz, eine Art symbolisches Reservat mit je eigenen Terminologien und Ikonografien gefunden. Die der Zweckkommunikation enthobene Literatur verfügt über die Lizenz, den Rücktransfer verdrängter Elemente in eine breitere Diskursöffentlichkeit zu leisten. Dies, so meine These, ist die Lizenz, die Wedekind für seine »sexuelle Poetik«[5] in Anspruch nimmt, wobei er freilich auf die Zensurpraxis des Wilhelminismus und, der Dramenschluss lässt es ahnen, auch auf Grenzen des eigenen Denkens stieß.

Sexuelle Separation

Wie hilfreich ist ein Referenzmodell, in dem die »Büchse der Pandora« zwar auf der Ebene der Fallstudien und Einzelfalldeutungen, nicht jedoch auf der Ebene der Theoriebildung von Bedeutung ist? In den ausdrücklichen Formulierungen der psychoanalytischen Theorie herrscht eine am männlichen Körper orientierte Bildsprache vor. Bei Lacan wird folgerichtig die Nichtrepräsentierbarkeit der Frau als Geschlechtssubjekt im Symbolischen postuliert. Das Unbehagen an dieser Einseitigkeit hat zu Kritik, nur selten jedoch zu einer Erweiterung des sexualtheoretischen Begriffsrahmens geführt.[6]

Von Seiten der Literaturwissenschaft stellt sich das Problem so: Die literarische Praxis hat ein historisch weit zurückreichendes sprach- und bildsymbolisches Gedächtnis geschaffen, hinter dessen vielseitige Formen die wissenschaftliche Textinterpretation zurückzufallen droht, wenn sie die Wirkungen des sprachlich vermittelten Unbewussten lediglich in den psychoanalytischen Begriffen einer phantasierten Eingeschlechtlichkeit beschreiben würde. Die Ansätze zur deutenden Erschließung des Textes blieben auf eine Reihe infantiler Muster der Wahrnehmung

---

[5] Vgl. in diesem thematischen Kontext die Analysen von Ina Hartwig: *Sexuelle Poetik. Proust, Musil, Genet, Jelinek*, Frankfurt a. M. 1998.

[6] Dieser Punkt wäre in einem breiteren begriffskritischen Rahmen aufzuarbeiten. Ich erwähne hier nur folgenden Essayband, der sich mit dem Problem befasst: *Widerspenstige Wechselwirkungen. Feministische Perspektiven in Psychoanalyse, Philosophie, Literaturwissenschaft und Gesellschaftskritik*, hg. von Ita-Maria Grosz-Ganzoni, Tübingen 1996, daraus besonders die psychoanalytischen Beiträge von Eva S. Poluda und Lilli Gast. Weiter sei auf meine Studie *Moderne Textpoetik. Entfaltung eines Verfahrens. Mit dem Beispiel Peter Handke*, Würzburg 1999, dort insb. das Kapitel: Poetik des Geschlechts, S. 108–136, verwiesen.

begrenzt, die der psychoanalytische Diskurs missverständlicherweise für eine Theorie des Geschlechts nimmt.

Phantasien der Kastration fehlen in Wedekinds *Monstretragödie* durchaus nicht. Es fehlt nicht einmal das direktere Wort, zu einem Zeitpunkt, da Freud seine sexualkundlichen Arbeiten noch schreiben musste. Als Lulu den Athleten Rodrigo mit der Gräfin Geschwitz verkuppeln will, sträubt er sich mit dem Satz: »Sagen Sie ihr, ich wäre castriert« (264). Daneben tauchen nun aber Bilder auf, nach denen man in den Theorien zur Psychosexualität länger suchen müsste. Die Phantasie der Entfernung innerer und äußerer weiblicher Sexualorgane wird im Stück nach dem Beispiel der realgeschichtlichen Mörderfigur »Jack the Ripper« konkretisiert. Der Name »The Ripper« deutet eine Bezeichnung für die Tat an, deren Zielpunkt von Lulu tendenziell verengt wird, wenn sie von Bauchaufschlitzen (309) spricht. Die Eliminierung der Sexualorgane wird durch das Herausschneiden (288) von Lulus Bild aus dem Rahmen antizipiert. Schigolch sucht Lulu wie folgt zur Prostitution zu bewegen: »Du bist ja mit allem versehen, was du brauchst« (278). Damit ist ein Anspruch auf weibliche Verfügbarkeit gesetzt, der zurücknimmt, was Lulu gegenüber Schwarz mit dem Satz »Dann habe ich es jedenfalls nicht in meiner Gewalt« bekundet hatte. Wollte man solche Äußerungen lediglich mit gängigen analytischen Begriffen deuten, gäbe es zwar einen starken Wiedererkennungseffekt, aber es bliebe die Frage unbeantwortet, was für Komplikationen das sind, deren Wahrnehmung das Stück uns zumuten will. Mit welchem Fachwort wäre, was an Lulu geschieht, überhaupt zu benennen?

Wenn der existentielle und sexuelle Mangel des Subjekts nicht anerkannt wird, ist nach der Theorie Jacques Lacans kein Begehren, und, so wäre zu ergänzen, auch kein Lieben möglich. Der Mangel besitzt produktive Aspekte. Er ist wahrhaft ›Grund legend‹. Statt nur vorzuenthalten, zu rauben oder leiden zu lassen, bringt er Orte der Scheidung hervor, die zugleich Orte der Anziehung sind. ›Begehren‹ wäre gemäß dieser Perspektive nur dort möglich, wo ein Positionsunterschied anerkannt wird.

Lacan beschreibt den Mangel anhand der Begriffe ›Kastration‹ und ›Separation‹, die er in unterschiedlichen Zusammenhängen gebraucht. Die Separation wird in dem Vortrag »Die Stellung des Unbewussten« (1960/1964) und in dem Seminar über »Die vier Grundbegriffe der Psychoanalyse« (1964) vorgestellt. Von der dichten Argumentation des Autors, die im weiteren Umfeld auch die Frage des ›Urobjekts‹ berührt, sei hier nur angeführt, was für mein Thema unmittelbar relevant ist. Es ist die Hervorbringung des Subjekts auf der existentiellen Ebene, die im Übertragungserleben gespiegelt sein kann. Lacan erklärt, »daß das Subjekt von Signifikanten abhängig ist und der Signifikant zuerst auf dem Feld des Andern erscheint«.[7] In dem Augenblick, da ein Subjekt auf das sprechende Gegenüber stößt, den »Anderen«, wie der Autor sagt, erfährt es eine Entfremdung, die den Beginn einer inneren Spaltung und mit ihr die Heraufkunft des Unbewussten anzeigt. Die Spaltung ist vollzogen, sobald das Subjekt dem Anderen gegenüber einen Platz

---

[7] Jacques Lacan: *Die vier Grundbegriffe der Psychoanalyse. Seminar XI* (1964), Weinheim/Berlin 1987, S. 213–226, hier S. 215.

errungen hat, an dem es, statt der »Sprachwirkung« nur hilflos ausgeliefert zu sein, sie in einem zeitlich und räumlich markierten Koordinatensystem entfalten kann. Das Subjekt hat nach Lacans Diktion zu »begehren« begonnen.

Wiewohl der Autor im selben Kontext betont, dass es im Unbewussten keine Repräsentation für die Geschlechtlichkeit als solche gebe, setzt er den Kastrationsbegriff in anderen Teilen seiner Arbeit dazu ein, um das Subjekt auf der sexuellen Ebene zu situieren, wobei ihm der Phallus als Allsymbol des geschlechtlichen Mangels dient.

Im Hinblick auf diese Annahmen sind zwei Verschiebungen möglich, die teils auseinander hervorgehen, teils wie Rädchen in einandergreifen. Die erste erfordert, die Sexuierung des Subjekts nach dem Modell der existentiellen Separation zu denken und als ›sexuelle Separation‹ zu benennen. Die zweite Verschiebung besteht darin, auf den Tisch des Mangels, den Lacan mit nur einem Symbol deckt, ein zweites Gedeck aufzulegen. Es ist die »Büchse der Pandora«, mitunter auch als Krug oder Kästchen benannt[8], jener altüberlieferte geschlechtsssymbolische ›Signifikant‹, den die *Monstretragödie* zitiert. Er erweitert die Tischordnung auf eine so einfache wie effektive Weise, ohne einem starren Ergänzungsmuster zu verfallen. Die Schlüsselbegriffe der analytischen Theorie können in diesem erweiterten Feld präziser eingegrenzt werden. Die sexuelle Separation des Subjekts erweist sich als jener Moment im unbewussten Erleben, dessen Deutung bzw. Bewältigungsversuch die Kastration darstellt. Als grundlegend hätte die Dynamik der Separation zu gelten, denn ohne ihren Schnitt vermöchte das Schreckbild eines unvollständigen Körpers nicht aufzukommen.

Das Zentrum der Separationsszene ist die Wahrnehmung eines geschlechtlichen Mangels, der sich am Körper der Mutter offenbart, und zwar vordergründig als Mangel eines Phallus und hintergründig als Mangel eines All- oder Nichtgeschlechts. Das klingt abstrakt, liegt aber sozusagen in der Natur der Sache. Insofern der Mensch als geschlechtlich geteiltes Wesen existiert, verfügt er weder über eine allgeschlechtliche Synthese noch über die Option, nicht geschlechtlich zu sein. Wenn das Subjekt diesen Mangel als Fehlen eines zweiten, die Mutter quasi vervollständigen Geschlechts, konkret des Phallus deutet, bewegt es sich bereits dort, wo es seinsmäßig immer ist, im Rahmen der sexuellen Zweiheit nämlich. Da, wo das Etwas der Mutter ist, fehlt der Phallus. So die Grunderkenntnis, die zu schwer zu bewältigen und scheinbar leicht zu ignorieren ist. Auf einmal soll über zwei Orte verteilt sein oder überhaupt einen Ort haben, was vorher überall und nirgends war und von den Zwängen einer Beziehung befreit zu sein schien. Gleichlaufend zu dieser Entdeckung prägt sich die Angst des Subjekts aus, außer aller Beziehung, keinem Zwang ausgesetzt, nicht separiert zu sein.

Der Vater erscheint in dieser Situation als derjenige, der hat, was der Mutter fehlt. Damit ist die Szene aber nicht geschlossen, obwohl sich der traumatische Schock in der Konfrontation mit der Mutter gleichsam verbraucht hat. Zur Bewäl-

---

[8] Für eine kulturgeschichtliche Erörterung und für Abbildungen siehe Dora und Erwin Panofsky: *Die Büchse der Pandora. Bedeutungswandel eines mythischen Symbols* (1956), Frankfurt/New York 1992.

tigung steht nun die Erkenntnis an, dass der Vater darum, dass er den Phallus hat, als geschlechtliches Wesen nicht schon vollkommen ist. Solange er im Vergleich zur Mutter als ohne Mangel gedacht wird, ist es nicht möglich, ihn als begehrenden Mann, d. h. als Teil eines Paars anzuerkennen. Das Subjekt hat die gedankliche Einsicht zu erbringen, daß der Phallus nicht als solcher fehlt. Er ist durchaus da, auf der anderen Seite der Separationslinie jedoch, eben beim Vater, und also dort, wo nun das Hymen der Mutter fehlt. Dieses zweite Fehlen ist schwer begreifbar, weil es sich grundsätzlich als implikatives Verhältnis, also mit Verspätungseffekten und scheinbar geringerer Evidenz enthüllt. Es wäre leichter, wenn der Prozess der Sexuierung über zwei komplementäre Serien verteilt wäre, aber leider ... Der Prozess unterliegt einem, mit Luhmann gesprochen, komplexen Nacheinander mit wechselnden Relationierungen[9], einer Asymmetrie kurzum, die es schwer macht ihn zu bewältigen bzw. theoretisch abzubilden.

Wenn angesichts dieser Schwierigkeiten der Phallus definitiv in die Position des mangelnden Allgeschlechts gerückt wird, bildet sich statt einer intersexuellen eine innerphallische Dialektik aus. Sie schützt das Subjekt gegen die Wahrnehmung des grundlegenden Mangels, dessen symbolische Anerkennung dadurch erschwert wird. Das Fehlen des Phallus aufseiten der Frau wird als Entferntwordensein, als Kastration gedeutet, der aufseiten des Mannes der drohende Verlust seines Geschlechts entsprechen soll. Wenn das Subjekt die sexuelle Separation mit Hilfe dieser Deutung ›bewältigt‹, statt durch sie hindurch eine komplexere Schicht der Wahrnehmung zu erreichen, droht eine Fixierung. Beide Geschlechter verharren in einem Diskurs, den Lacan in einem anderen Zusammenhang mit dem Wort ›Anspruch‹ belegt. Der Anspruch lautet jedesmal auf Rückerstattung eines nun als primär gedachten Phallischen. Die Frau fordert vom Mann den Phallus zurück, der ihr geraubt worden sein soll, der Mann verlangt von der Frau die verlorene Sicherheit seines Phallusbesitzes zurück und kann im selben Zug das Eingeständnis umgehen, dass ihm die mütterliche Geschlechtsausstattung fehlt. Da es aufgrund dieser einfachen Dialektik gelingt, das Sexualgeschlecht der Mutter zu leugnen, nachdem es sich der Wahrnehmung bereits aufgedrängt hat, kann die volle Konsequenz der sexuellen Teilung gemieden werden. Die Teilung hat sich im Vorstellungsraum nur eines Geschlechts vollzogen, was den sexualgeschlechtlichen Ort der Frau ohne anerkannten Unterschied lässt.

Letzthin wird so aber auch die Anerkennung des Phallus bzw. der väterlichen Rolle verhindert. Etwas anderes als eine ›vaterlose Gesellschaft‹ kann es unter den referierten Umständen nicht geben. Es existiert dem Anschein nach kein anderes Genital, im Hinblick worauf der Phallus seinen spezifischen Platz einnehmen könnte. Der Phallus scheint im Rahmen der Kastrationsdeutung kein Produkt der Separation mehr zu sein, sondern ihrem traumatisierenden Schnitt vorauszuliegen. Er avanciert zu einem Fetisch, dem seit der Zeit um 1900 der Idealbegriff »die Weiblichkeit« korrespondiert.

---

[9] Niklas Luhmann: *Gesellschaftsstruktur und Semantik. Studien zur Wissenssoziologie der modernen Gesellschaft*, Frankfurt a. M. 1980, Bd. 1, S. 256–261.

Und doch: Jedes sprechende Wesen ist durch den schlichten Umstand, dass es auf einen von zwei Plätzen zitiert wird, um eine Sicherheit gebracht, die es nie gab und nie geben wird. Nur wo kein Platz und folglich auch kein Geschlecht ist, muss kein Verlust an körperlicher Substanz befürchtet werden. Das kann eigentlich nur in himmlischen Gefilden sein. Tatsächlich wird die Pandora, auf die Wedekind anspielt, ja auch zu den Menschen gesandt. Die Götter haben von ihr nichts zu fürchten. Die Anerkennung des grundlegenden Mangels ist offensichtlich nur dann möglich, wenn die irdischen Geschlechter einen doppelten Anspruch aufgeben, oder, nuancierter formuliert, wenn sie ihn zu streichen versuchen, was bedeutet, dass er lesbar bleibt. Sie müssten den Anspruch streichen, das je andere Geschlecht zu besitzen, und sie dürften über das eigene Geschlecht nicht wie über einen sicheren, ja, nicht einmal wie über einen komplettierbaren Besitz verfügen wollen. Die »Suche des Subjekts«, meint Lacan unter Berufung auf die analytische Situation, gehe »nicht nach dem Geschlechtskomplement«, sondern »nach jenem auf immer verlorenen Teil seiner selbst, der darin besteht, dass das Subjekt Geschlechtswesen, also nicht länger unsterblich ist«.[10]

Eine Frau hätte den Anspruch zu streichen, die von vornherein verlorene Intaktheit ihres Geschlechts als Verlust eines ursprünglichen Phallusbesitzes imaginieren zu können. Hält sie an der Kastrationsdeutung fest, kann die Verletzbarkeit, ja, die pure Existenz ihres Geschlechts mit Hilfe eines übernommenen Verlustbilds geleugnet werden. Verletzbar und verlierbar, oder wäre es passender zu sagen: vergewaltigbar ist das Hymen aber schlicht deshalb, weil es situiert ist und an seinem Platz bedroht werden kann. Die Psychoanalyse spricht viel von der *castratio,* wenig von der *violatio,* und dank dieses Arrangements wahrscheinlich von keinem von beiden ›so recht‹.[11] Das Hymen partizipiert an einer sexualsymbolischen Dialektik, in der es seine fiktive Geschlossenheit außer an das Gegengeschlecht immer schon an sich selbst verloren hat. Das ewig unzerstörbare Hymen ist so irreal und ›fetischanfällig‹ wie der ideale Phallus. Im Anschluß an die Jungfräulichkeitsthematik der *Monstretragödie* könnte von einer symbolischen Defloration gesprochen werden, die eine Frau anzunehmen hätte, um den sie auszeichnenden Geschlechtsmangel anerkennen zu können.

Ein Mann hätte den Anspruch zu streichen, die immer schon verlorene Intaktheit seines Geschlechts von einem Kastrationsbild der Frau her imaginieren zu können. Er muss, wenn man bei dem Bild denn bleiben will, die eigene Kastration akzeptieren, die im Rahmen der erweiterten Tischordnung den Anspruch auf Deutungstotalität verliert. Das Bild der Kastration – gemeint ist: Kastrierbarkeit, und letzthin ganz unpathetisch männliche Genitalität – kann jetzt zur Bezeichnung eines differenten Ortes dienen. Verletzbar und verlierbar ist nur, was da ist. Andernfalls

---

[10] Lacan: Die vier Grundbegriffe, S. 215.

[11] Dies Problem könnte ebenfalls sprachkritisch verhandelt werden. Im Diskurs der Psychoanalyse kommt die Vergewaltigung als Psychotrauma offenbar deshalb nicht vor, weil seit Freud der Begriff der Verführung dominiert. Siehe für den Ansatz zu einer Problemreflexion John Forrester: »Rape, seduction, psychoanalysis«, in: ders.: *The seductions of psychoanalysis. Freud, Lacan, Derrida*, Cambridge 1990, S. 62–89.

entsteht eine Art Logik des Kessels: Passiert ist nichts, weil ich ja gar nichts angenommen habe. Das männliche Sexualgeschlecht ist bedroht, nicht weil es auf Seiten der Frau verloren ging, sondern weil es dort nie war. Dort, wo der Phallus nie war, ist immer schon jenes »etwas« gewesen, das Schwarz und Lulu in ihrem Dialog umkreisen. Prompt fällt nun auch der zweite Anspruch dahin. Denn in der Position eines männlichen Subjekts ist es nicht möglich, ein Hymen einzubringen, wie es die Mutter in der Beziehung zum Vater vermag.

Das vielzitierte Diktum Lacans »Es gibt keine geschlechtliche Beziehung« (Il n'y a pas de rapport sexuel), läßt sich auf diesem Hintergrund umdrehen. Der Satz lautet dann: »Es gibt nur geschlechtliche Beziehung«. Geschlechtlichkeit und die mit ihr verwobene sexuelle Orientierung des Subjekts, deren Problematik ich hier aus Raumgründen auslassen muss, existiert grundsätzlich als Relationsfigur, d. h. als eine folgenreiche, an sich aber ungreifbare und symbolisch nicht fixierbare Beziehung in einem differentiellen System. Was »Beziehung« unter formalem Akzent sein kann, mag folgende Definition verdeutlichen:

> *Die Beziehung erscheint als das Trennende schlechthin. Zwar ist offensichtlich, daß die Beziehung wenigstens zwei Elemente (Relata) miteinander verbindet; aber indem sie weder das eine noch das andere ist, zudem weder das eine noch das andere für sich bestehen läßt, sondern beide aufeinander verweist, öffnet sich zwischen den Elementen ein Zwischenraum der Trennung.*
>
> *Andererseits erscheint die Beziehung als das Einigende schlechthin. Kein Element kann für sich bestehen, ist vielmehr nur Element, weil und indem es in Beziehungen steht. Die Grenzen des Begriffs werden von Beziehungen überwuchert, die nunmehr nach den Gesetzen eines methodisch disziplinierten ›Beziehungswahns‹ alles mit allem in Beziehung setzen: Denken als ein Herstellen von Beziehungen mit dem Resultat ununterscheidbarer Einheit.[12]*

Wenn »Beziehung« wie hier ein sowohl trennendes als auch vereinigendes, auf jeden Fall bewegliches Gefüge von Elementen ist, muss sie auf das Erlebnisfeld ehelicher, freundschaftlicher oder anderer Formen der partnerschaftlichen Auseinandersetzung nicht beschränkt sein. Geschlechtlichkeit ist eine dynamische Überkreuzungsstruktur von Sprach- und Körperzeichen, die als solche nicht festlegbar sind. Eine Frage an die *Monstretragödie* schließt sich an. Sie lautet, inwiefern das Stück es trotz oder gerade wegen seiner drastischen Schnitt- und Schneidemotive als notwendig erscheinen lässt, die Geschlechterzweiheit anzuerkennen. Scheinlösungen der Separation müssten dann als solche lesbar sein, als Muster nämlich, die auf Gewalt oder Gewaltandrohung, auf Ignoranz, Verleugnung und Vermeidung, kurz, phobischen Konstruktionen basieren.

---

[12] Uwe Japp: *Beziehungssinn. Ein Konzept der Literaturgeschichte*, Frankfurt a. M. 1980, S. 223f. (Kursivierung vom Autor).

Die Büchse der Pandora

Die Sexualsymbole des »Lulu«-Komplexes bilden keine in sich geschlossene Einheit. Sie sind nach den Bildgruppen ›Schlund‹ und ›Schleier‹ unterscheidbar. Das Schlund-Motiv folgt der ikonographischen Vorgabe der ›Büchse‹ und den damit assoziierbaren Hohl- und Klammerformen. Das Schleier-Motiv lässt sich auf die Gewandsymbolik der griechischen Pandora rückbeziehen und als Repräsentation des Hymen deuten. »Gürtel und Schmuck verlieh ihr die augenhelle Athene dann zu dem Silbergewand«, heißt es in der *Theogonie* (um 700 v. Chr.) Hesiods, »und ließ vom Haupt einen Schleier wallen, bunt und kunstreich gewirkt, ein Wunder zu schauen«.[13] In den genannten Serien herrscht mal die Bildordnung des Gefäßes, mal die Bewegungsfunktion von Öffnen, Schließen oder Schlingen vor. Alle Bilder stehen zu der phallischen Symbolik in jener »Beziehung«, die oben als doppeltes Gefüge von Trennung und Einheit skizziert wurde, und sind, das Beispiel Jack ausgenommen, um die Idee der Kopulation zentriert.

Wedekind siedelt die Sexualbezüge in mehreren Bildbereichen, vor allem aber in Körper, Gegenstandswelt, Vegetation und Kleidung an. Achselhöhle, Mund und Auge der Frau sind Körperbilder, wobei die gewohnte Deutung des Auges als ›phallisch‹ überschritten wird. Lulus Auge wird als tief, groß, dunkel, feucht und kostbar markiert. Schigolch vertieft diese Assoziation, als er zu Lulu über »deine zwei großen Augen und das breite Maul darunterher« spricht (186). Die Gegenstandswelt stellt pandorische Attribute wie »Honigtöpfchen« (185), »Schraubstock«, »Abzugskanal« (222) und »murderhole« (295) bereit. In diesem Umfeld ist auch das Spiel mit den mythologischen Frauennamen bedeutsam, mit deren Hilfe Lulus Geschlecht verschlüsselt wird. »Schigolch: Wie heißt es jetzt? Lulu: E v a «. (185) Die Vegetation liefert Pflanzen-, Duft- und Blumenmetaphern, die an Lulus Zeit als »Blumenmädchen« (196) erinnern und den Komplex von Virginität und Defloration assoziieren. Schigolchs Mitteilung, er habe »durch die Blume gelebt« (257), und sein ›joke‹ über Lulus Sehnsucht nach einem »Myrthenkranz« (280) gehören ebenfalls hierher. Seltener sind Hinweise auf Früchte, z. B. »geschälter Apfel« (186), der Name »Madelaine de Marelle« (248) oder die »bursting cherries« (303), mit denen Jack Lulus Lippen vergleicht.

Die Kleidung stellt in Wedekinds Oeuvre ein außerordentlich reichhaltiges Gebiet für Sexualanspielungen dar. In den Kostümen der Lulu, ihren Taschen, Dessous, Strümpfen, Hemden, Tüchern, jeder Form von stofflicher Hülle ist das Hymen gleichsam nach außen gewandt und zur theatralischen Sichtbarkeit gebracht. Die Stoffe und Webarten werden als Atlas, Seide, Pelz, Leinen, Spitze und Wollstoff benannt, farblich dominiert Weiß. In Verführungssituationen kommen sie auch als Gesprächs-›Stoff‹ vor. In der Atelierszene mit Schwarz malt Lulu wortreich ihre Tanzkostüme aus (164–166).

An der Kleidung ist die doppelte Reihung der Geschlechtssymbole anschaulich ablesbar. Die Figuren erkennen die ›Ausstattung‹ der anderen an, idealisieren sie

---

[13] Hesiod: *Theogonie. Werke und Tage*, hg. von Albert v. Schirnding, München und Zürich 1991, S. 49.

durch Komplimente oder setzen sie scharfzüngig herab. Das ›schärfste‹ Urteil trifft das weibliche Geschlecht, und es mutet wie ein den Symbolgehalt der Worte verwerfendes Sprechen an, wenn Lulu am Ende durch ein Messer ›wirklich‹ zerstört wird.

Auf dem Gebiet der Kleidung kommt es ferner zu Überkreuzungen. Alwa bedient sich einer weiblichen Draperie, um seine erotische Ausstrahlung zu erhöhen. Als er in *»blendender Gesellschaftstoilette«* (215) zum Rendezvous erscheint, ist ihm der Erfolg gewiss. Lulu, laut Regietext *»in seinen Anblick versunken«*, findet ihn »schön« (216) und erklärt: » – Ich könnte einen Mann nicht lieben, der nicht mit aller Sorgfalt gekleidet wäre« (219). Der Abscheu vor »Jägerhemden« (219) schmiedet das Paar zusammen. Lulu tritt in maskuline Bezüge ein. Sie tauscht die Kleider mit Bob, dem Groom. Sie posiert in ihrem Pierrotkostüm auf dem Malerpodest, »Presentirteller« sagt Schöning (156), als ein von den Männern bewunderter verkleideter Phallus. Freilich wird das Bild durch den Hinweis auf weibliche Attribute sexuell ›re-territorialisiert‹. Es gibt »Taschen«, in denen Lulu kramt (156), eine »Achselhöhle« zeigt sich (151), »deine Zuckerschnute« (157) wird erwähnt. Die Hochzeitsfunktion des Hymen klingt indirekt an. Als Schöning überlegt, wie Lulu denn in das Pierrotgewand hineinkomme, und Schwarz ihm sagt: »Von oben!« nimmt er das richtungsverkehrte Bild an: »Natürlich« (150). In der Dinnerszene zwischen Alwa und Lulu werden erotische Komplimente getauscht:

> Alwa *(mit ihr anstoßend)*: Es flimmert in deinen Augen wie – wie in einem
>   schwarzen Brunnen – wenn man einen Stein hinunter wirft ...
> Lulu *(das Glas an den Lippen)*: Du hast dir den Schnurrbart hinaufdrehen
>   lassen?
> Alwa *(nickt; füllt die Gläser; darauf essen Beide schweigend in sich hinein.)*
>   (219)

Der Umschlag läßt nicht auf sich warten. Als Alwa die Spannung nicht aushält, schiebt er der Partnerin die Verantwortung zu. Er beschimpft sie im Bild ihrer Genitalien: »Du Cloake! – Du Spucknapf! – Du Rotzlappen!« (222), und pointiert das Genre der Frauenschelte. Lulu ist ungleich verhaltener in ihrem Ausdruck, wertet aber gleichwohl Schwarz ab. »Er kennt keinen Unterschied« (191) und »Ich bin ihm nur ein Preservativ« (192). Was Schöning so zusammenfasst: »Er langweilt dich« (190). Den zunächst so bewunderten Alwa belegt Lulu in der Schlussszene mit dem Wort »Waschlappen« (278). Zwischen Lulu und Schigolch ist die Auf- und Abwertung zur Kunst eines polemischen Flirts erhoben. Schigolch hält Lulu auf dem Höhepunkt ihres Erfolgs das Drohbild ihres alternden Hymen vor Augen. »Das ist schöne Helena, solang es elastisch bleibt. – Nachher? Ein altes Paar Zugstiefel! – « (186). Lulu hatte ihm seinen Attraktivitätsverlust vorher so ausgemalt, dass an ihm nur wenig zu goutieren bleibe: »An dir werden sich die Würmer keine guten Tage machen« (186). Einen sinisteren Anstrich bekommt das Spiel in der Begegnung zwischen Jack und Lulu. Jack bewundert ihren Mund: »Your mouth is the best part of you« (304). Lulu gibt ihm, freilich in Verkennung seiner Absichten, das Lob

zurück, als sie seine Erektion bemerkt: »...what you want more« (308). Jacks
mörderischer Raub an »the best part of you« beendet das Spiel.

Doch bevor es so weit ist, stellt der Akt der sexuellen Vereinigung ein Mittel
dar, den Schmerz der Separation kurzzeitig zu überwinden. Erfolg ist nicht garan-
tiert. Bedingung scheint aber zu sein, dass Lulus Anspruch, ein »Weib« zu sein,
ernst genommen wird. In der Figurendramaturgie schlägt sich das darin nieder, dass
Lulu weder im ›bürgerlichen‹ Bild der asexuellen Mutter (von der Mutterschafts-
behauptung gegenüber Schwarz einmal abgesehen) noch im Bild der reinen Jungfrau
auftritt. Die Mutter wird nur per Zitat aufgerufen, das allerdings in jedem Aufzug
mindestens einmal. Der Kult der Jungfrau wird ironisiert. Rodrigo teilt über seine
Verlobte mit: »Sie hegt keine jungfräulichen Ideale mehr«. Darauf Lulu: »Danken
Sie das dem Himmel!« (251). Der Spott erreicht seinen Gipfel beim Kurssturz der
erst so hoch gehandelten Wertpapiere der »Funiculaire de la Jung-Frau« (270).
Ludmilla Steinherz, die wohl auch nicht zufällig so heißt, quittiert den Sturz mit
dem lakonischen Satz: »Warum speculiren Sie auf die Jungfrau!« (271).

Die Entweibung des Weibes. Der Dramenschluss

Jack ist die einzige Figur des Stücks, deren Auftritt ausschließlich im Zeichen der
Gewalt steht. Jack nimmt die ›Defloration‹ der Frau beim Wort, nicht im Sinne der
sexuellen Initiation jedoch, sondern real, als Raub am Fleisch nach dem Modell des
Shylock. Es ist nicht leicht, dies Finale in die Sprachexperiment-These einzubinden.
Das liegt nicht einfach daran, dass Lulu getötet wird, denn das passt zum Gattungsgesetz des Werks. Alwa hatte es prophezeit: »Blut – Blut – Blut – es ist schauerlich!« (206). Das Problem ist, dass etwas Neues ins Spiel kommt, das unterschwellig
als etwas sehr Altes wirkt.

Die Schlussszene der *Monstretragödie* ist entschieden »schauerlicher« angelegt
als es die späterhin geglätteten Fassungen sind; das frühe Stück steht der Tradition
des Grand Guignol nahe. Doch welche Fassung auch immer, der Schluss setzt einen
qualitativen ›Schnitt‹. Der Angriff auf Lulu wird mit einer Grausamkeit und einer
Vergeblichkeit des Widerstands des Opfers betrieben, die in den Sterbeszenen ihrer
Partner kein Pendant hat. Am Dramenende fehlt die relativierende Komik, die noch
beim Selbstmordversuch der Geschwitz ihre Wirkung tut. Als die Gräfin sich aus
Verzweiflung erhängen will, wird es damit nichts: Der Nagel fällt ihr aus der Wand.
»Verfluchtes Leben!« (302). Als Schwarz mit durchschnittener Kehle röchelnd in
seinem Blut liegt, was der Zuschauer nach und nach erfährt, rüttelt der noch
unwissende Schöning verärgert an der verschlossenen Tür: »Das jubilirt in den Tag
hinein – kümmert sich um nichts – und läßt es Andere ausbaden!« (202). Gegenüber
Lulu sind solche Wortspiele nicht mehr möglich. Auch Lulu selbst bringt keine
ungewollt komischen Sätze mehr zustande, wie es ihr noch nach dem gescheiterten
Treffen mit dem Freier Kungu Poti gelingt. Dort denkt sie über eine Verbesserung
ihrer kommunikativen Strategie nach: »Man muß nach der Uhr fragen – what
o'clock is it, please?« (295).

Dem historischen Jack the Ripper wird eine Verstümmelung seiner toten Opfer nachgesagt, Lulu erleidet die Entgenitalisierung lebendigen Leibes. Laut Regietext hört das Publikum sie in der Kammer wimmern, während der Täter mit dem »Packet« (311) ihres herausgetrennten Geschlechts auf der Bühne agiert. Was in dem Päckchen genau ist, erfahren wir nicht. Der Text arbeitet mit einer Ellipse, die zum Rückschluss auf das reale Beispiel zwingt. Beruhigender macht das die Lage nicht. Der Schnitt separiert nicht zwei Geschlechtssubjekte, wie es im *Tristan*-Epos Gottfried von Straßburgs suggeriert wird, als Held und Heldin das Schwert zwischen sich auf die Bettstatt legen. Der Schnitt separiert die Frau von ihrem Sexualsystem, und nur sie, denn Jack kommt aus der Schlächterei heil heraus. Und mehr noch: Er kommt mit einem doppelten Geschlecht heraus, da er außer dem eigenen nun auch die Organe der Frau in seinem Besitz hat.

Eine Interpretation, die den experimentellen Aspekt des Werks zu behaupten sucht, könnte wie folgt lauten. Die Sanktion für den Normverstoß einer sexuell aktiven Figur wie Lulu liegt nicht mehr, wie in der Literatur des 19. Jahrhunderts, im Tod an sich, sondern in der Drastik seines Erleidens. Der Schluss stellt eine logische Überbietung des Schauerkonzepts dar, die, vermutlich ohne bewusste Absicht des Autors, das zeitgenössische Ideal der ganzheitlichen Frau als Trug entlarvt. Während das schöne, allseits bewunderte Bild Lulus von der Höhe der Bühnenwand herabblickt, wird auf der unteren Ebene die sexualpolitische Bedingung enthüllt, auf die das Bild gestützt ist: Die konkrete Geschlechtlichkeit der Frau muss ignoriert werden. Ironischerweise ist Lulu qua Geschlechtssubjekt an keiner Stelle des Stücks so präsent wie gegen Ende, als sie, ihr Verlangen indirekt eingestehend, um Jack wirbt: »You are excited, too!« (307). Dem Werk wäre nach dieser Lesart eine Kritik an Schein- und Gewaltlösungen abzulesen, deren Grausamkeit sich als Spiegel einer fundamental ›verkehrten‹ Praxis erwiese.

Da das erotische Ganzheitsideal der Frau nicht allein von Männern bejaht wurde, schließt sich eine weitere Erwägung an. Es wäre denkbar, dass die Szene der physischen Vernichtung Lulus unbewusste, durch die Erfahrung gesellschaftlicher Diskriminierung verstärkte Ängste von Frauen reflektiert. In einer psychohistorischen Untersuchung könnte gefragt werden, inwiefern Schriftstellerinnen, Künstlerinnen, Analytikerinnen der Zeit um 1900 aus unerkannter Sexualangst heraus zum Phantasiebild eines unverletzbaren Weiblichen beigetragen haben. Vielleicht wäre so auch der realgeschichtliche Erfolg des analytischen Begriffsrahmens zu einem Teil erklärbar. Frauen brauchen sich im Schutz eines unterdifferenzierten Vokabulars dem Trauma ihrer sexuellen Vulnerabilität nicht wirklich zu stellen (Männer letzthin auch nicht).

Die Pseudolösung durch Gewalt wird schon von Schwarz enthüllt, der das Messer gegen sich selbst richtet. Er gibt sich den Tod, als er erfährt, dass er in Lulu keine Jungfrau besessen hat. Schöning trifft das richtige Wort, als er Schwarz versichert, dass er auch so Rechte auf ›seine‹ Frau habe: »Sie ist dein Eigenthum - « (200). Anscheinend wünscht Schwarz etwas zu besitzen, das nicht zu haben er nicht verwinden kann. »Sie sind kein Mann«, hatte Lulu ihm an den Kopf geworfen (174), ein Motiv, das Thomas Mann in der Künstlernovelle *Tonio Kröger* (1903) aufgreifen wird. Schwarz sieht es ähnlich und ähnlich undurchdacht wie Lulu, aber aus anderen Gründen. Als er, in sich selbst redend, mit dem toten Medizinalrat beschäftigt ist, legt er ein zweideutiges Bekenntnis ab. »Ich bin – *(er kniet nieder und bindet Goll sein Taschentuch um den Kopf)* – eine alte Jungfer!« (176). In der Konsequenz dieses Satzes ließe sich der Selbstmord des Malers als Versuch einer Selbstdefloration deuten. Als Lulu empört ausruft: »Sich mit dem Rasiermesser den Hals durchzuschneiden!«, fasst Alwa die Umstände ins Auge: »Sehen Sie die Bettücher – den Fußboden –.« Die Unterredung geht wie folgt weiter: »Lulu: Eine Schweinerei! Alwa: Es trieft alles.« (206).

Blutige Betttücher sind traditionell ein Beweis dafür, dass eine Entjungferung stattgefunden hat. Schwarz hat sich von seinem Wahn erlöst und ihn zugleich verewigt. Statt seinen Besitzanspruch symbolisch aufzugeben, vermochte er ihn nur real zu opfern. Wenn es sich bei Jack ähnlich verhält, dann mit dem gravierenden Unterschied, dass Jack die »Schweinerei« nicht am eigenen Leib, sondern an dem der Frau veranstaltet. Ab dem Punkt an wird es schwer, die sprachexperimentelle Deutung des Werks durchzuhalten. Die Aktion siegt über die Sprache, die die Aktion nur noch kommentieren kann. Der Text wechselt das dramaturgische Konzept, was für die Rezipienten insofern nicht ganz leicht einsehbar ist, als das graphisch vielseitig ›geschnittene‹ Bild der Sprache beibehalten wird. Statt das Hymen zur Hochzeit zu verführen, wünscht Jack es als seinen persönlichen Besitz zu haben. Die Frage nach dem ›Wozu‹ beantwortet er selbst: Um anderen Männern damit zu imponieren. »The professors and the students will say: That ist astonishing! – – « (311). Jack ringt darum, die körperlichen Zeichen der Frau, die er nicht sein kann, dennoch vorzuweisen, als leide er unter etwas, das dann wohl Cunnus-Uterus-Neid heißen müsste. Das ›Weib‹ ist ihm eine Rivalin, deren Sprechen es auszuschalten gilt. »I will make you quiet!« (310) ruft Jack, als Lulu um Hilfe schreit. Ein ödipaler Mord an der Mutter, drängt sich als Deutung auf. Die Hure ist tot, es lebe die männerbündische Gemeinschaft, in der es Beziehungen ohne Mangel gibt.[14]

Im Begriffshorizont der Separation ist es möglich, dem Dramenschluss auch in dem Fall Erkenntnisse abzugewinnen, dass sich die Lesenden der von Wedekind gewählten Darstellung gegenüber als nicht einverständig erklären. Von einer bewusst eingenommenen Abstandsposition her wird Jack als eine Figur sichtbar, die die Frage der sexuellen Separation auf Kosten des geschlechtlichen Anderen, konkret der Frauen ›löst‹, ohne dass eine gesellschaftliche Sanktion folgt. Wedekind zitiert einen Mörder, der nicht gefasst wird.[15] Jack besitzt in seiner Vorstellung, und dann auch faktisch, ein zweites, ihn vervollkommnendes Sexualsystem. Er bezeichnet seine Errungenschaft als »curiosity« oder »prodigy« (311), »ein Wunder zu schauen«, wie es bei Hesiod heißt. Jack nimmt der Frau, was sie gemäß der Logik

---

[14] Zum Zusammenhang von Prostitution und Männerbund vgl. Dietmar Schmidt: *Geschlecht unter Kontrolle. Prostitution und moderne Literatur*, Freiburg i. Br. 1998.

[15] Zu den Hintergründen s. Judith R. Walkowitz: »Jack the Ripper und der Mythos von der männlichen Gewalt«, in: *Die sexuelle Gewalt in der Geschichte*, hg. von Alain Corbin, Berlin 1992, S. 107–135.

der verweigerten Anerkennung nicht haben kann, und sie kann es nicht haben, weil wenn es das gäbe, es ihm zustünde.

Wer Jack ausschließlich im Rahmen konventioneller Geschlechtsbegriffe deuten wollte, hätte Mühe, die Begriffe nicht ad absurdum zu führen. Die auf die Tat hinleitende Phantasie lässt sich folgendermaßen rekapitulieren: Wenn bei der Frau nicht mehr da ist, was just darum beim Mann bedroht ist, der es aus demselben Grund von ihr zurückhaben will, der Phallus also, dann kann eine Frau kein Geschlecht haben. Sollte unerwartet der Anschein des Gegenteils auftreten, muss man korrigierend eingreifen, selbst wenn das eigene Urteil über das Nichtvorhandensein weiblicher Organe dadurch ungewollt widerlegt wird. Entfernt werden kann nur was »da« war. Die Korrektur bringt die all- oder nichtgeschlechtliche Welt wieder ins Lot. Das Ergebnis des Eingriffs sollte den Herren vom »Medical Club« (311) unterbreitet werden, schließlich sind die für die Symbolpraxis der Gesellschaft in hohem Grad mit verantwortlich. Sie werden zufrieden sein. Der Schrecken der Geschlechtlichkeit ist gebannt. Leicht hat man es mit der ganzen Entfernungs- und Verleugnungsoperation ohnehin nicht. Sie stellt eine schweißtreibende Arbeit dar, ›Lustmord‹ wäre ein Euphemismus. Jack: »That is a hard piece of work« (310).

Literatur

Bossinade, Johanna: »Prolegomena zu einer geschlechtsdifferenzierten Literaturbetrachtung. Am Beispiel von Wedekinds *Lulu*-Dramen«, in: *Jahrbuch für Internationale Germanistik* 1 (1993), S. 97–120.

Bossinade, Johanna: »Poetik des Geschlechts«. In: *Moderne Textpoetik. Entfaltung eines Verfahrens. Mit dem Beispiel Peter Handke*, Würzburg 1999, S. 108–136.

Forrester, John: »Rape, seduction, psychoanalysis« (1985), in: ders.: *The seductions of psychoanalysis. Freud, Lacan, Derrida*, Cambridge 1990, S. 62–89.

Grosz-Ganzoni, Ita-Maria (Hg.): *Widerspenstige Wechselwirkungen. Feministische Perspektiven in Psychoanalyse, Philosophie, Literaturwissenschaft und Gesellschaftskritik*, Tübingen 1996.

Hartwig, Ina: *Sexuelle Poetik. Proust, Musil, Genet, Jelinek*, Frankfurt a. M. 1998.

Hesiod: *Theogonie. Werke und Tage*. Griechisch und deutsch, hg. von Albert v. Schirnding, München und Zürich 1991.

Japp, Uwe: *Beziehungssinn. Ein Konzept der Literaturgeschichte*, Frankfurt a. M. 1980.

Lacan, Jacques: *Die vier Grundbegriffe der Psychoanalyse. Das Seminar Buch XI* (1964), Weinheim und Berlin 1987, S. 213–226.

Lacan, Jacques: »Die Stellung des Unbewußten« (1960/1964), in: *Schriften II,* hg. von Norbert Haas, Weinheim/Berlin, 3. korr. Auflage 1991, S. 205–230.

Luhmann, Niklas: *Gesellschaftsstruktur und Semantik. Studien zur Wissenssoziologie der modernen Gesellschaft,* Bd. 1, Frankfurt a. M. 1980.

Panofsky, Dora, und Panofsky, Erwin: *Die Büchse der Pandora. Bedeutungswandel eines mythischen Symbols* (1956), Frankfurt/New York 1992.

Reventlow, Franziska Gräfin zu: *Der Geldkomplex* (1916), in: dies.: *Romane,* hg. von Else Reventlow, München/Wien 1976, S. 251–356.

Schmidt, Dietmar: *Geschlecht unter Kontrolle. Prostitution und moderne Literatur,* Freiburg i. Br. 1998.

Vogel, Gerhard: *Der Mythos von Pandora. Die Rezeption eines griechischen Sinnbildes in der deutschen Literatur,* Hamburg 1972.

Walkowitz, Judith R.: »Jack the Ripper und der Mythos von der männlichen Gewalt«, in: *Die sexuelle Gewalt in der Geschichte,* hg. von Alain Corbin, Berlin 1992, S. 107–135.

Wedekind, Frank: *Die Büchse der Pandora. Eine Monstretragödie. Buchdrama* (1894), in: ders.: *Werke. Kritische Studienausgabe in acht Bänden,* Bd. 3/I, hg. von Hartmut Vinçon, Darmstadt 1996, S. 145–311.

Ruth Florack

AGGRESSION UND LUST

Anmerkungen zur *Monstretragödie*

Wie paßt das zusammen: Wedekind und Psychoanalyse? Auf den ersten Blick scheint es keine Brücke zu geben. Denn einem unmittelbaren Anschluß an Wissenschaftsgeschichte verweigert sich Wedekinds Werk ganz offensichtlich. So liegt es näher, die Problemstellung der Arbeitstagung »Literatur & Psychoanalyse« auf die höchst unterschiedlichen, aber in Ablehnung wie Zustimmung meist recht heftigen Reaktionen der Rezipienten zu beziehen: Während sich die einen – Leser, Zuschauer und Theatermacher – von Wedekind mitreißen lassen, bleibt er für die anderen unzugänglich und taugt bestenfalls als Dokument obsessiver Fin de siècle-Erotik.

Faszination war seinerzeit der Anstoß für meine eigene Arbeit zu Wedekinds *Lulu* – neben der philologischen Neugier auf die mit einem Jahrhundert Verspätung erschienene Erstfassung eines Dramas, das zu den bekanntesten der Jahrhundertwende 1900 gehört. Faszination durch eine ungewöhnliche Ästhetik und Faszination durch eine ungewöhnliche weibliche Hauptfigur, deren Schamlosigkeit Generationen von Interpreten – und neuerdings nicht von ungefähr eine wachsende Zahl von Interpretinnen – in ihren Bann gezogen hat. Anders als in den späteren Fassungen *Erdgeist* und *Pandora* in drei Akten ist Lulu in der Erstfassung, der in Paris entstandenen fünfaktigen *Büchse der Pandora*, eine Kunstfigur ohne jede Charakterzeichnung, ist gleichzeitig Motor und Gravitationszentrum eines turbulenten, höchst unwahrscheinlichen Spektakels. Diese Erstfassung, auch *Monstretragödie* genannt, geht auf ein heterogenes Material meist französischer Provenienz zurück, dessen gemeinsamer Nenner die anzügliche Beschwörung des Sexuellen ist. Wedekinds gewollt obszönes Stück läßt sich – wie ich in meiner Studie zu den *Lulu*-Stücken zu zeigen versucht habe – als eine Grotesk-Montage[1] beschreiben, die auf den zeitgenössischen Sexualdiskurs selbst – und keineswegs auf irgendeine vermeintlich repressive Sexualmoral – abhebt und dessen Instrumentalisierung von Eros und Sexus ins Bewußtsein rückt.

Im Licht des Freiburger Tagungsthemas gesehen, erscheint mir allerdings eine meiner damaligen Thesen suspekt. »Durch die Verknüpfung von Kindlichkeit als integrativem Moment von Lulus Sinnlichkeit [...] mit Elementen affektiver Bezogenheit verweist Wedekinds Figur«, so schrieb ich über die *Monstretragödie*, »auf die Utopie einer Lebensintensität in zweckfreier, ganz und gar augenblickserfüllter, totaler sinnlicher Begegnung [...]. Lulu ist das Negativ dieser Utopie«[2] – und eben

---

[1] Siehe: Ruth Florack: *Wedekinds ›Lulu‹. Zerrbild der Sinnlichkeit*, Tübingen 1995, S. 132–140.
[2] Florack: Ebd., S. 92f.

keine »Inkarnation eines hetärischen Lebensprinzips«[3]. Lulu als Negativ einer Utopie: diese These ist dem Rückgriff auf Adornos *Ästhetische Theorie* geschuldet. Auf deren Werkbegriff wollte ich seinerzeit aus philologischen Gründen nicht verzichten, ging es mir doch darum, die Textfassungen vergleichend werten zu können, um so das ästhetisch Besondere der Erstfassung herauszustellen. Nun sollte zwar auf die scharfe Trennung zwischen den einzelnen Fassungen in der Tat nicht verzichtet werden. Denn diese ist, wie die neue Darmstädter Werk-Ausgabe überzeugend dokumentiert[4], gerade im Fall des von Zensur und Selbstzensur entstellten Werkes von Frank Wedekind die Conditio sine qua non jeder adäquaten Rezeption. Nach Jahren der Distanz zur eigenen Interpretation scheint mir aber mein – durch den Bezug auf Adorno bedingter – methodischer Sprung aus der Diskursanalyse in die Kritische Hermeneutik fragwürdig. Indem ich von Utopie gesprochen habe, von Liebe in einem umfassenden physisch-psychischen Sinn, an die Lulu ex negativo erinnern soll, habe ich einen impliziten Fluchtpunkt im Stück unterstellt, in dem sich positiv verstandene Sinnlichkeit vitalistischer Prägung und Rudimente eines empfindsam-romantischen Liebeskonzepts verbinden sollen. Widerspricht aber eine derartige Lektüre, die der Hauptfigur ein so eindeutig benennbares kritisches Potential zuschreibt, nicht der Einsicht in den Montagecharakter von Wedekinds Text? Werden so nicht die unterschiedlichen Fluchtlinien im Drama gewaltsam zusammengezwungen und stillgestellt? Unter psychoanalytischem Vorzeichen drängt sich mir jetzt der Verdacht auf, daß es sich bei meiner Deutung der zentralen Frauenfigur möglicherweise um eine Form der Abwehr gehandelt hat, wie sie Anna Freud unter anderem beschreibt[5]: um Abwehr als Aufwand intellektueller Aktivität gegen etwas, das Angst auslöst. Daher ist zu prüfen, inwiefern wir Wedekinds monströse Tragödie als Verstörung, als Zumutung empfinden, auf die wir mit Abwehr reagieren.

Geht man, der Tradition der Freiburger Gespräche getreu, einen Schritt zurück zur Rezeption, die dem analytischen Akt der Interpretation vorausliegt, so stellt sich zunächst die Frage, welche Textmomente dazu (ver)führen, von Wedekinds Dramentext aus detailliert nach dem Sexualdiskurs der Epoche in seinen unterschiedlichen – populären bis wissenschaftlichen – Spielarten zu forschen. Sexualität wird auch bei anderen Autoren, zumal um 1900, thematisiert, so daß Wedekinds Sujetwahl allein den Impuls für solch eine Schwerpunktverlagerung vom Text zum Kontext nicht zu erklären vermag. Auffällig ist, daß es in der Pariser *Pandora* zwar pausenlos und sehr konkret um Eros geht, daß aber schon das Tempo der Dialoge

---

[3] Hartmut Vinçon: »Lulus Maske: ›Sie tanzt den Übermenschen.‹«, in: Frank Wedekind: *Die Büchse der Pandora. Eine Monstretragödie. Historisch-kritische Ausgabe der Urfassung von 1894*, herausgegeben, kommentiert und mit einem Essay von Hartmut Vinçon, Darmstadt 1990, S. 221–232, hier S. 227.

[4] Siehe: Frank Wedekind: *Werke. Kritische Studienausgabe*, Bd. 3/I, hg. von Hartmut Vinçon, Darmstadt 1996, S. 145–650. (*Die Büchse der Pandora. Eine Monstretragoedie [1894]. Buchdrama* [S. 145–311] wird im folgenden nach dieser Ausgabe zitiert unter Angabe von Akt und Szene.) Siehe außerdem den Kommentar zu den Stücken *Monstretragödie*, *Erdgeist* und *Pandora* in drei Akten u. a. in: Frank Wedekind: *Werke. Kritische Studienausgabe*, Bd. 3/II, hg. von Hartmut Vinçon, Darmstadt 1996, S. 833–1324.

[5] Siehe: Anna Freud und Joseph Sandler: *Die Analyse der Abwehr*, Stuttgart 1989.

jede erotische Wirkung unterbindet. Wedekind arbeitet demonstrativ anti-illusioni-
stisch, er stellt nicht dar, sondern er stellt aus. Irritierend wirkt die Handlungsführung, die Melodramatisches auf Vaudeville-Elemente prallen läßt, um grell
unwahrscheinlich zu enden. Ungewöhnlich ist auch die Konzeption von Figuren, die
sich weder als Charaktere noch als Typen beschreiben lassen. Es lohnt sich also, das
Interesse auf die dramatische Technik zu konzentrieren. Weil aber notwendig jede
Umsetzung des Textes auf der Bühne immer schon Interpretation ist, mithin der
Zuschauer die je besondere »Aufführung als Text« rezipiert[6], kommen im folgenden
die Inszenierungen der *Monstretragödie* seit Zadeks Hamburger Uraufführung von
1988 nicht in Betracht. Statt dessen soll Wedekinds Etikett »Buchdrama«[7] ernstge-
nommen werden. Nur auf das gelesene, nicht auf das gespielte Stück läßt sich
nämlich beziehen, was Carl Pietzcker über die »psychoanalytische Deutung literarischer Texte« formuliert hat: Im »Leseakt« »weckt« der Text durch seine »Leerstellen« »unbewußte Phantasien und läßt Interpretierende womöglich dem begegnen,
was sie bisher verdrängten. Er verführt sie, im Übergangsobjekt straflos eigene
Szenen zu spielen, ja vielleicht mehr noch: auszuspielen, was ihnen in den Szenen
ihres wirklichen Lebens von früh an nicht möglich war. Durch den Sog solcher
Verführung können literarische Texte Ängste steigern. Auch erproben sie Neues und
locken in ängstigend ungesicherte Bereiche«.[8] Von hier aus bietet sich eine Verbindung an zur Schock-Dramaturgie der Pariser *Pandora*, wo zum Schluß Jack the
Ripper, ein berüchtigter und tatsächlich fieberhaft gesuchter Lustmörder, auf der
Bühne erscheint und Lulus vitale Sinnlichkeit zu einem schieren Objekt mit
Sammlerwert verstümmelt.

In »ungesicherte Bereiche« führt Wedekinds Text schon dadurch, daß er auf
Figurenpsychologie (mithin auf Illusionierung) ebenso verzichtet wie auf eine lehr-
haft vermittelte Moral. Als eine Nummernfolge um Liebe und Tod zitiert die
Monstretragödie ein zentrales Motiv der Epoche. Doch während die Gegenpole der
literarischen Avantgarde um 1900, Ästhetizismus und Naturalismus, das Eros-
Thanatos-Motiv mit einem emphatischen Lebens-Begriff verknüpfen – sei er nun
quasi-metaphysisch oder biologistisch gewendet –, wird daraus bei Wedekind ein
schieres Spektakel um Sex and Crime. Von allen begehrt, stolpert Lulu von einem
Mann zum nächsten und provoziert seinen Tod – ohne jede Absicht, das macht
Wedekinds Figur zur Kontrafaktur einer Femme fatale. Lulus ersten Gatten trifft der
Schlag, der zweite schneidet sich den Hals ab, den dritten erschießt sie zufällig.
Dabei ist der Raum, in dem sich dies Treiben vollzieht, das eher an Jahrmarkts-
unterhaltung denn an Tragödienkonvention erinnert, sozial eindeutig konturiert: Auf
Facetten bürgerlicher Ehemodelle in den ersten drei Akten – Lulu alias Nellie, Eva,
Mignon ist Kindfrau, Luxusweib, Geliebte und (untreue, da vernachlässigte) Gattin
– folgen in den letzten beiden Aufzügen Bilder der Prostitution in edler und elender
Variante. Mit Ehe und Prostitution ruft Wedekinds Text demonstrativ die beiden

---

[6] Erika Fischer-Lichte: *Semiotik des Theaters*, Bd. 3: *Die Aufführung als Text*, Tübingen ²1988.
[7] Wedekind: Pandora, S. 145.
[8] Carl Pietzcker: *Lesend interpretieren. Zur psychoanalytischen Deutung literarischer Texte*, Würzburg 1992, S. 27.

Seiten bürgerlicher Geschlechtsmoral um 1900 ab, so, wie er Pietät und Anstand bemüht, wenn auf offener Bühne gestorben wird. Daß derart schlaglichtartig herrschende Moralvorstellungen evoziert werden, ist eine Voraussetzung dafür, daß die Reaktionen der Figuren auf die je unverhofft-unmögliche Situation inadäquat komisch erscheinen. Das gilt für Liebes- wie für Sterbeszenen. Etwa in der Reaktion auf Schwarz' Selbstmord, wenn Vater und Sohn darum feilschen, wer die – als Geliebte begehrte, als Ehefrau lästige – Witwe nehmen muß[9], wenn der Künstler das Blutbad zur Inspirationsquelle umfunktioniert[10] und wenn die Hinterbliebenen sich angesichts der von ihnen immerhin verursachten Katastrophe verhalten, als kommentierten sie ein Fait divers aus der Tagespresse:

> ALWA Ein verrückter Kerl!
> LULU Wie kann man das nur!
> ALWA Mit dem Rasiermesser!
> LULU Er hält es noch in der Hand!
> SCHÖNING Das ist wenigstens ein Gutes.
> ALWA Es muß ein grauenvolles Gefühl sein.
> LULU Sich mit dem Rasiermesser den Hals durchzuschneiden!
> ALWA Sehen Sie die Betttücher – den Fußboden –
> LULU Eine Schweinerei!
> ALWA Es trieft alles.
> LULU Und die Hände!
> ALWA – Er war zu zart besaitet.
> SCHÖNING Er zeigt uns den Weg.
> LULU Er hatte keine Erziehung!
> ALWA Er war hinter seiner Zeit zurück.
> SCHÖNING Er hat auf Pump gelebt. (II, 8)

Ein ähnlich komisch-unsinniger Eindruck entsteht etwa dort, wo Lulu, noch ganz in der Rolle des von Goll dressierten Püppchens, auf die konventionelle Rhetorik des Liebesspiels widersinnig plappernd und nur vermeintlich verschämt antwortet:

---

[9] »ALWA Heirate deine Geliebte ... [...] Sie ist ja jetzt glücklich wieder auf offener See. [...] Wenn denn durchaus geheiratet werden muß! [...] Sie ist mir eine sichere Garantie gegen Familienzuwachs ... LULU Wer sagt das! ALWA Sie versprechen es mir. SCHÖNING (*sich halb umwendend*) Eine Hure ... LULU (*stürzt mit erhobenem Sonnenschirm auf ihn los*). ALWA (wirft sich dazwischen) Kinder, Kinder! Beruhigt euch ... (*Lulu nach links führend*) – Er muß sich irgendwie Luft machen. – Er ist verliebt wie ein Secundaner ... SCHÖNING Heirate du sie. – Du triffst es doch nicht besser! – Laß deine Dramen mit ihrem Geld aufführen. – Bezahl deine Weiber davon ... ALWA Ich danke dir, lieber Vater. SCHÖNING Ich habe genug von ihr! ALWA Ich befinde mich noch nicht in der traurigen Nothwendigkeit ...« (II, 8)
[10] »ALWA Mir kehrt sich das Frühstück im Magen um! – Mir wird übel! – Ich verwinde es nicht! [...] Schauderhaft! – Grauenhaft! [...] Ich muß ihn noch einmal sehen ... SCHÖNING (*wendet sich in der Thüre um*) [...] Du gefällst mir nicht. – Laß dich gehen, soviel du willst, aber nicht – wo es nicht hinpaßt – [...] ALWA (*starr vor sich hinglotzend*) Dabei ist der Unglücksmensch noch kaum recht kalt! LULU (*weinend*) Er erwärmt sich nicht wieder! ALWA Das ist wahr. – Wir sind unter uns. (*Er sinkt in einen Sessel.*) [...] Ich denke darüber nach, wie sich die Geschichte auf die Bühne bringen läßt.« (II, 8)

SCHWARZ Ich liebe dich ...
LULU *(schaudernd)* – Oh ...
SCHWARZ *(ihr die Beinkleider hinaufstreifend)* Süße ...
LULU *(seine Hand zurückhaltend)* Laß ...
SCHWARZ *(sie küssend)* Dann komm ...
LULU Lieber hier ...
SCHWARZ Hier ...
LULU Wenn du willst ...
SCHWARZ Dann laß dich entkleiden ...
LULU Wozu ...
SCHWARZ Daß ich dich liebe ...
LULU Ich bin dein!
SCHWARZ Ich bitte dich ...
LULU Ich bin dein!
SCHWARZ O Gott ...
LULU Wenn du willst ...
SCHWARZ Du bist grausam ...
LULU Warum willst du mich nicht ...
SCHWARZ Bitte, Kind ...
LULU Ich bin dein!
SCHWARZ Sei lieb...
LULU Ich will ja lieb sein ...
SCHWARZ Dann entkleide dich ...
LULU Wozu denn ... (I, 4)

Diejenigen, die den Tod anderer auf dem Gewissen haben, zeigen kein Schuldgefühl, und auch die Liebe ist nur Mechanik ohne Affekt. Reflexion fehlt überhaupt. Wedekinds Figuren agieren bloß als wechselseitige Stichwortgeber. Und doch: Ebenso wie Situationen vorgeführt werden, die Moralvorstellungen aufrufen – die dann gerade *nicht* eingelöst werden –, lassen einzelne Textsignale auf Figurenpsychologie schließen. Weil Schwarz beispielsweise so ganz unerfahren ist im Umgang mit Frauen, packt er bei erstbester Gelegenheit zu, läßt sich von seiner Eva, einer Witwe immerhin, vorlügen, sie sei noch Jungfrau, und erweist sich als untalentierter und übertrieben eifersüchtiger Liebhaber. Oder Alwa, der Nietzscheaner: Er stilisiert sich zum Raubmenschen und Lulu zu einer zweiten Katharina der Großen. Sobald sein Wunschbild an der Wirklichkeit scheitert und er den großartig inszenierten Liebesakt verpatzt[11], macht er seiner Frustration ersatzweise Luft in einem verbalen Erguß gegen das Objekt seiner Begierde: »Du Abzugskanal! – Du Reibeisen! – Du Cloake! – [...] Du Schraubstock! – Du Kothabfuhr! – Du Misthöhle

---

[11] »Bring mich nicht außer Rand und Band, Kleine! – [...] Du glaubst nicht in welcher Enervation *ich* mich befinde! Die Droschke holperte so entsetzlich – ich lechze! [...] – ich muß meiner Schwärmerei Ausdruck geben, wenn sie mich nicht zum Lustmörder machen soll! [...] Wie appetitlich du dich angerichtet hast für mich, Katja! – Ich brauche das.« Derart prahlerisch begrüßt Alwa die Geliebte. Beim raffinierten kulinarischen Vorspiel verliert er dann aber die Beherrschung: »Dein Leib, wie er athmet – so keusch – die Wollust zersetzt sich – wie mich das schüttelt – kein Weib – eine lauwarme Seidenschleife – – –« (III, 6).

...« (III, 6) Solche Rudimente psychologischer Motivation aber laufen ins Leere, modellieren in keinem einzigen Fall einen Charakter. Deshalb wäre es übertrieben, davon zu sprechen, daß die Männer verschiedenen Alters und Standes und mit ihnen die lesbische Gräfin – dem Verständnis der Zeit entsprechend eine pervertierte Frau – regelrechte *Opfer* der Projektionen würden, mit denen sie je verschieden auf Lulu reagieren. Vielmehr sind sie einsinnig konzipiert, bloß auf eine Haltung festgelegt – auf Besitzanspruch beispielsweise, Bevormundung, Eifersucht oder Hörigkeit. Nach dieser Festlegung agieren sie wie Spielfiguren, bis sie buchstäblich aus dem Feld geschlagen sind. Mit solchen Marionetten kann sich ein Leser nicht identifizieren.

Charakteristisch für Wedekinds Stück sind eine übersteigerte Sprache, deren Pathos ins Komische umschlägt, scheinbar widersinnige Dialoge und eine Handlungsführung, die Tragik bloß zitiert und mit Klamauk konterkariert, etwa wenn der Artist, einer von Lulus Liebhabern, dem tödlich verwundeten Schöning Champagner reicht und sich vorstellt: »Römische Ringe – hauptsächlich« (III, 6). All diese Elemente verhindern Einfühlung, indem sie auf den unterschiedlichsten Ebenen des Dramas den Witz zu einer Grundfigur der *Monstretragödie* machen. In psychoanalytischer Perspektive bietet sich hier ein Seitenblick auf Freud an, der in seiner Studie *Der Witz und seine Beziehung zum Unbewußten* aus dem Jahr 1905 nach der Wirkung des Witzes auf den Rezipienten gefragt hat. Auf Wedekinds monströses Spektakel um Sexualität paßt trefflich, was Freud als »tendenziösen Witz« beschrieben hat[12]. Dieser stelle sich – unabhängig von den mannigfaltigen technischen Spielarten als Wort- oder Gedankenwitz – entweder in den Dienst einer obszönen oder aber einer aggressiven Tendenz. Sexuelle wie feindselige Impulse sind nach Freud durch die Zwänge der Kultur der »Verdrängungsarbeit« unterworfen, und das bedeutet für die menschliche Psyche einen schwer aushaltbaren Verzicht »primärer [...] Genußmöglichkeiten«. Unter diesen Umständen werde der tendenziöse Witz zum »Mittel«, den »Verzicht« vorübergehend »rückgängig zu machen, das Verlorene wieder zu gewinnen«[13]: Der tendenziöse Witz »ermöglicht die Befriedigung eines Triebes (des lüsternen und feindseligen) gegen ein im Wege stehendes Hindernis, er umgeht dieses Hindernis und schöpft somit Lust aus einer durch das Hindernis unzugänglich gewordenen Lustquelle.«[14] Liest man in diesem Licht die vielen obszönen Wendungen und Passagen der *Monstretragödie* – zu denen schon der Titel »Die Büchse der Pandora« zählt, der in der Erstfassung unmißverständlich zweideutig gemeint ist –, so drängt sich bei oberflächlicher Betrachtung der Eindruck auf, jene hätten selbstverständlich die Freisetzung sexueller Lust zum Ziel. Vor dem Hintergrund der repressiven Maßstäbe wilhelminischer Kunstauffassung gesehen, scheint diese Lektüre freilich plausibel. Bei genauerem Hinsehen erweisen sich solche Textstellen aber durchweg als doppelbödig, weil sich die Überwindung der »Hemmungen der Scham und der Wohlanständigkeit«[15] mit

---

[12] Sigmund Freud: *Der Witz und seine Beziehung zum Unbewußten*, in: ders.: *Gesammelte Werke*, hg. von Anna Freud u. a., Bd. 6, London 1948, S. 97–128.

[13] Ebd., S. 111.

[14] Ebd., S. 110.

[15] Ebd., S. 149.

dem Angriff auf die machtgeschützten Autoritäten von »Satzungen der Moral«,
»Institutionen« oder »Lebensanschauungen« verbindet, »die ein solches Ansehen
genießen, daß der Einspruch gegen sie nicht anders als in der Maske eines Witzes,
und zwar eines durch seine Fassade gedeckten Witzes auftreten kann.«[16] Bei
Wedekind verbirgt sich also hinter der obszönen eine aggressive Tendenz. Wenn
beispielsweise Lulu sich über Schwarz beklagt, er wisse ihre Verführungskünste
nicht zu schätzen und verwechsle Lust- mit Schmerzensschreien, so erschöpft sich
der Witz nicht darin, daß eine weibliche Figur, hier gar als bürgerliche Ehefrau,
derart unverblümt Sexuelles ausspricht, sondern in Sätzen wie »Ich bin ihm nur ein
Preservativ.« (II, 5) steckt auch eine unverkennbar aggressive Komponente. Dabei
geht es um mehr, um Grundsätzlicheres als die Ehe, über die »zynische Witze«, eine
Spielart des Tendenz-Witzes, um 1900 stark verbreitet waren[17]. Angegriffen wird
hier die schiere, rein egoistische Triebbefriedigung des Mannes, bei der die Sexual-
partnerin zum Objekt verkommt.

   Es ist naheliegend, all die Witze im Freudschen Verständnis, die sich in der
Monstretragödie aufzeigen lassen, in Beziehung zu setzen zu dem, was ich mit Blick
auf das literarische Material, auf das der Text verweist, als Verfremdungsstrategie[18]
beschrieben habe. Vom Leser wird die Verfremdung als solche erkannt und goutiert,
weil sie aggressiv-witzig ist – etwa, wenn das frivole Spiel um den Ehebruch, das
aus dem Vaudeville bekannt ist, bei Wedekind übersteigert wird: Als Thema in
Variationen wiederholt es sich – mit einer je wachsenden Zahl von Liebhabern – in
drei aufeinanderfolgenden Akten. Aber es endet auch, ganz im Gegensatz zur
Vaudeville-Tradition, mit Zerstörung am Ende eines jeden Aufzugs: vom natürlichen Tod über Selbstmord bis hin zu Mord und damit endgültiger Auflösung der
gesicherten bürgerlichen Ordnung. Auf der Konstruktionsebene montiert Wedekinds
Drama Versatzstücke aus der an Katastrophen reichen Handlung des Melodramas
mit frivolen Elementen aus dem Vaudeville und krude naturalistischen Motiven, so
daß sich scheinbar Unpassendes, regelrecht Entgegengesetztes zu einer spannungs-
reichen Konstellation fügt – zu einer Groteske im Sinne eines »gespannten
Gleichgewichts« von »Zerstörung und Erhaltung des Erwartungshorizontes«. So hat
es Carl Pietzcker benannt[19], auf dessen allgemeine Definition die These von
Wedekinds ›Grotesk-Montage‹ zurückgeht. »Zum Grotesken gehören Lachen und
Grauen zugleich«, schreibt Pietzcker. »Lachen, weil das Ich sich in der Diskrepanz
zwischen Erwartung und dem sich ihr Widersetzenden von dem Sinn befreit, der mit
der Erwartung gegeben ist. Es greift ihn an und löst sich, indem es ihm eine Nieder-
lage beibringt, in anarchischer Lust von einer Autorität, die es bisher zumindest
teilweise noch anerkannte. Es entlarvt den vorgegebenen Sinn als Schein und befreit
sich damit von den mit ihm verbundenen moralischen Forderungen. Das Lachen

---

[16] Ebd., S. 119.
[17] Ebd., S. 121f.
[18] Siehe: Florack: Wedekinds ›Lulu‹, S. 15–140, passim.
[19] Carl Pietzcker: »Das Groteske« [1971], in: Otto F. Best (Hg.): *Das Groteske in der Dichtung*,
Darmstadt 1980, S. 85–102, hier S. 88.

kommt aus der Freude an der Vernichtung verhaßter Vorstellungen«.[20] Die Nähe dieser Beobachtungen zu Freuds Ausführungen über den ›Witz und seine Beziehung zum Unbewußten‹ liegt auf der Hand, auch wenn Pietzcker sich in diesem Zusammenhang nicht explizit auf Freud beruft. Auf Wedekinds *Monstretragödie* paßt unmittelbar auch die folgende Beobachtung: »Die anarchische Komponente des Grotesken bringt es mit sich, daß die grotesken Werke in unserer patriarchalisch strukturierten Gesellschaft häufig von Sexualität und Verbrechen bestimmt sind; denn das in einer Gesellschaft von der Autorität Verdrängte ist, wenn es ins Bewußtsein tritt, am besten geeignet, den von jener Autorität getragenen Entwurf in Frage zu stellen.«[21] Ein Beispiel zur Illustration: Jack the Ripper trägt Lulus Geschlechtsteil als Trophäe davon, um wissenschaftlichen Ruhm für seine Arbeit zu ernten:

> That is a phenomenon, what would not happen every two hundred years. – –
> I am a lucky dog, to find this curiosity. [...] When I am dead and my collection
> is put up to auction, the London Medical Club will pay a sum of threehundred
> pounds for that prodigy, I have conquered this night. The professors and the
> students will say: That is astonishing! (V, 15)

Über diese verfremdende Darstellung des Lust-Mörders als eines wissenschaftlich ambitionierten Arbeiters[22] treibt Wedekind mit der Radikalisierung von Sexualität und Verbrechen zugleich die Kritik an der zeitgenössischen Autorität schlechthin, der Medizin, auf die Spitze. Zum Textverständnis ist hier die Rekonstruktion des epochenspezifischen Sexualdiskurses unverzichtbar. Denn Wedekinds Seitenhieb auf den ›wissenschaftlichen‹ Umgang mit weiblicher Sexualität wird nur erkennen, wer über anthropometrische Vermessungen des weiblichen Körpers, über Präparatesammlungen mit sogenannten ›Hottentottenschürzen‹ und über Klitorisentfernungen als Mittel gegen vermeintliche Anomalien Bescheid weiß und somit Jacks Rede vom »London Medical Club« zu dechiffrieren versteht.

Über eine mögliche zeitgenössische Rezeption der *Büchse der Pandora* kann man nur spekulieren. Als fünfaktige Tragödie mit vermeintlichem Bezug auf antike Mythologie und demonstrativ ›klassischem‹ Spannungsbogen – man lese nur einmal den vierten, oft als langatmig gescholtenen Akt in seiner dramatischen Funktion: welch überdeutliche Retardation! – hätte sie wohl, wie andere Wedekind-Stücke, Kunstgewohnheiten und Moralvorstellungen des Bildungsbürgers durcheinandergewirbelt. Vorausgesetzt, dieser hätte sich von dem Modemotiv der verführerischen Frau[23] in die Lektüre bannen lassen. Daß Wedekind tatsächlich, erst spät freilich und

---

[20] Ebd., S. 96.

[21] Ebd., S. 96.

[22] »That is a hard piece of work ...«, stöhnt Jack auf der Jagd nach seinem Opfer (V, 16).

[23] Siehe dazu: Ortrud Gutjahr: »Lulu als Prinzip. Verführte und Verführerin in der Literatur um 1900«, in: Irmgard Roebling (Hg.): *Lulu, Lilith, Mona Lisa ... Frauenbilder der Jahrhundertwende*, Pfaffenweiler 1989, S. 45–76. Aufgrund der Editionslage mußte sich Gutjahr noch auf die Fassungen *Erdgeist* und *Pandora* in drei Akten beziehen, die in der Literaturwissenschaft als ›Doppeltragödie‹ rezipiert worden sind. Meines Erachtens treffen die Beobachtungen, die Figur Lulu sei als »unbestimmbare Leerstelle« (S. 69) angelegt und in Wedekinds Text werde der »Verführungsmythos« von der Frau »entlarvt« (S. 71), allerdings weit eher auf die *Monstretragödie* zu.

nicht ohne Zugeständnisse, ein (bürgerliches) Publikum finden sollte, das, ganz wie im Kabarett, die aggressive Zertrümmerung seiner Konventionen am Vorabend des Ersten Weltkriegs lustvoll genoß, ist bekannt. Doch diese Rezeption ist historisch erledigt. Wenn aber »Einverständnis mit der Zerstörung« die Voraussetzung dafür ist, daß der Leser sich von einem grotesken Text faszinieren läßt[24], so bleibt zu fragen, worin denn für den heutigen Leser die Faszination der *Monstretragödie* bestehen kann, die eben nicht nur »Lachen«, sondern auch »Grauen« provoziert – durch ihren Schluß vor allem. Dieses Grauen, das die Ebene des Freudschen Witzes übersteigt, soll sich nach Pietzcker ebenso wie das Lachen aus dem »Angriff auf die Kategorien der eigenen Weltorientierung« speisen: »Zum Grotesken gehört das Grauen, weil es dem Ich die Möglichkeit nimmt, etwas, was es für wirklich hält, durch bestimmte Vorstellungen zu beherrschen, und sich dadurch vor und mit ihm zu sichern: das bisher durch Autorität gestützte Ich entwickelt Grauen, weil es sich ungewohnt darauf verwiesen sieht, die Wirklichkeit ohne Schutz durch eine Autorität zu bewältigen«.[25] Welche Autorität(en) aber stellt Wedekinds Groteske für uns heute überhaupt noch in Frage?

Daß sich der Witz als Grundfigur der *Monstretragödie* nicht in eine satirische, sondern in eine groteske Dramenkonzeption fügt, verhindert beim Leser die volle Entfaltung der Aggressionslust. Zu groß ist die Irritation: Themenwahl, dramatisches Personal und Handlungsführung bauen einen Erwartungshorizont auf, der Psychologie und Moral als Fluchtpunkte traditioneller Dramatik zwar suggeriert, aber zum bloßen Schema entleert. Nur dem Anschein nach rufen Lulus Aufstieg und ihr Ende das bekannte Muster von Hybris und Fall, Normverstoß und Sühne ab. Auch ergeben die biographischen Versatzstücke keine Biographie. So ist Lulus Mutterschaft (II, 1) ein auffälliges blindes Motiv. Und was Schigolch über die Vergangenheit seines Schützlings sagt (II, 4; IV, 14), unterliegt derselben Stilisierung wie bei Schöning (II, 6), so daß Lulus Herkunft ungeklärt bleibt. Der ›eigentliche‹ Name, »Lulu«, ist jedenfalls bloß eine Fremdzuschreibung unter anderen (II, 4). Damit führt die Suche nach Psychologie und Moral, die das Stück immerhin anregt, buchstäblich zu nichts. So bestätigt sich an der Pariser *Pandora* Pietzckers These vom Grotesken als der »Struktur, in der die Erwartung, ein Sachverhalt werde in einer bereits bekannten Weise gedeutet, enttäuscht wird, ohne daß eine weitere, angemessene Deutungsweise bereitsteht«[26]. Denn in der *Monstretragödie* erlauben die »übertriebene Häufung« von »Mord und Totschlag«, »das Sujet der entstellten Sinnlichkeit drastisch zu vergegenwärtigen ohne Anspruch auf psychologische Wahrscheinlichkeit in naturalistischem Verständnis; legitime Ehen und Formen der Prostitution verbinden sich derart zu einer Abstraktion von konkreten gesellschaftlichen Verhältnissen, daß die Grenzen der Sozial- oder Sittenkritik überschritten sind; die gegenseitige Relativierung von melodramatischer Tragik und komischem Spiel unterbindet zugleich die Frage nach dem unheimlichen und doch analysierbaren Trieb; das ungeheuerlich naturalistische Ende zerschlägt endgültig jeden

---

[24] Pietzcker: Groteske, S. 97.
[25] Ebd., S. 97.
[26] Pietzcker: Groteske, S. 87.

Gedanken an eine Moral, sei es die einer gerechten Ordnung der Welt (wie im Melo-
drama) oder die einer geretteten Ordnung im Rahmen bestehender gesellschaftlicher
Verhältnisse (wie im Vaudeville).«[27] In Wedekinds grotesker ›Tragödie‹ fehlt
jeglicher Fluchtpunkt, in dem die angerissenen Perspektiven zusammenschießen
würden. Wenn zutrifft, was Ortrud Gutjahr in der Diskussion zur *Psychoanalyse der
literarischen Form(en)* entwickelt hat: daß die anziehende oder abstoßende
Wirkung, die ein Text auf uns ausübt, jeweils davon abhängt, »ob der Dichter es
geschafft hat, eine Stimme in diesen Text zu bringen, die für uns tröstend ist, die uns
in einen Zustand zurückversetzt, der uns beruhigt, auch wenn der Inhalt vielleicht
schrecklich ist«[28], dann gilt für Wedekinds Text, daß solch eine »Stimme« fehlt. Das
ist so in der Pariser *Pandora*, aber auch in anderen verstörenden Stücken, in *Tod und
Teufel* zum Beispiel oder in *Schloß Wetterstein*. Bildlich gesprochen, gibt es zwar
einen geheimen Spielleiter, der die Figuren ins Feld führt, aber er gibt sich nicht zu
erkennen – nur in *Frühlings Erwachen* erscheint mit dem vermummten Herrn so
etwas wie eine moralische Instanz, aber als Theatergott bloß, als Deus ex machina,
dessen Botschaft ›Schluß mit dem Spuk und weg von hier!‹ nur die radikale Absage
an die gezeigten Verhältnisse darstellt.

Daß es in der ersten Fassung von *Lulu* keinen Fluchtpunkt gibt, ist ein wesentlicher Effekt der strukturoffenen Machart von Wedekinds Groteske, deren Material
auf verschiedene prominente Diskurse der Epoche zurückgeht[29], auf den Sexualdiskurs vor allem. Jene Strukturoffenheit ernstzunehmen muß heißen, das Gewaltsame der Erstfassung auszuhalten[30] und nicht auszuweichen in die Beschwörung
einer »umfassenden« und nicht länger »zweckrational vereinnahmten Sinnlichkeit«,
an die Lulu gemahne[31]. Wenn neuerliche Abwehr vermieden werden soll, ist
vielmehr zu klären, wie Wedekinds berühmte Kunstfigur als Spielelement im
grotesken Dramengefüge verstanden werden kann. Silvia Bovenschen hat in ihrer
grundlegenden Studie zur »imaginierten Weiblichkeit« Ende der siebziger Jahre

---

[27] Florack: Wedekinds ›Lulu‹, S. 134.

[28] Aus der Diskussion zu Frederick Wyatt: »Über die Eigenart des Formbegriffs. Erkenntniskritische und psychoanalytische Erwägungen«, in: Johannes Cremerius u. a. (Hg.): *Freiburger
literaturpsychologische Gespräche*, Bd. 9: *Die Psychoanalyse der literarischen Form(en)*, Würzburg
1990, S. 104–123 (Diskussion S. 118–123, hier S. 121). Gutjahrs Vorstellung von der »Stimme« darf
wohl mit Gesings Begriff der »kognitiven Organisation« des Textes gleichgesetzt werden, die »im Leser«
das »Gefühl einer souveränen Ich-Synthese« weckt (Fritz Gesing: »Annäherungen an eine psychoanalytische Theorie der literarischen Form«, in: Johannes Cremerius u. a. [Hg.].: *Freiburger literaturpsychologische Gespräche*, Bd. 9, S. 33–63, hier S. 52).

[29] Siehe in diesem Zusammenhang auch Elke Austermühl und Hartmut Vinçon: »Frank Wedekinds
Dramen«, in: Hans Joachim Piechotta u. a. (Hg.): *Die literarische Moderne in Europa*, Bd. 2: *Formationen der literarischen Avantgarde*, Opladen 1994, S. 304–321.

[30] Dieses – durch die Dramenkonstruktion bedingte – Gewaltsame ist entschieden radikaler, als es
bei Utz gemeint ist, der die »manifeste Gewalt der Urfassung« von der »diskursiven Form der Gewalt« in
der »Endfassung« unterscheidet (Peter Utz: »Was steckt in Lulus Kleid? Eine oberflächliche Lektüre von
Wedekinds Schauerdrama«, in: Wolfram Malte Fues und Wolfram Mauser (Hg.): »*Verbergendes Enthüllen*«. *Zu Theorie und Kunst dichterischen Verkleidens. Festschrift für Martin Stern*, Würzburg 1995,
S. 265–276, hier S. 271).

[31] Florack: Wedekinds ›Lulu‹, S. 169.

Lulu als Projektionsfläche männlicher Entwürfe interpretiert, und diese These bleibt gültiger Maßstab für jede Wedekind-Lektüre. Daß Bovenschen allerdings in *Lulu* zugleich eine »Substantialisierung des Weiblichen zu einem Natürlichen und Ursprünglichen« aufgespürt hat[32], liegt an der (seinerzeit unvermeidbaren) Orientierung am *Erdgeist* und dessen berühmtem Prolog über »das wilde Tier, das schöne, wahre Tier«[33] und kann nicht auf die *Monstretragödie* übertragen werden. Dort ist Lulu einsinnig konzipiert: Gegenüber der epochenüblichen bürgerlichen Alternative zwischen der Ehe, die Sexualität in den Dienst der Fortpflanzung stellt, und Prostitution, die Sexualität als Ware handelt, stellt Lulu das Bild einer Frau vor, die, ganz und gar Verführung, ausschließlich auf das Begehren des Mannes fixiert ist. Mithin verkörpert Lulu eine Männerphantasie (nicht nur) der Zeit um 1900, die Frau und Geschlecht ineinssetzt[34]. Sei es als Kindfrau (I. Akt) oder als Luxusweib (II. Akt), als souveräne Gattin und Vamp (III. Akt), als Verbrecherin (IV. Akt) oder als schutzbedürftiger Underdog (V. Akt): Wedekinds Lulu ruft, in je passendem Kostüm, die unterschiedlichen Spielarten dieser Wunschvorstellung ab, so daß jeder Rezipient auf seine Kosten kommt – zumal, wenn es, dem »Buchdrama« entsprechend, bei der Lektüre bleibt, und es der Phantasietätigkeit des Lesers und nicht der des Regisseurs überlassen ist, wie man sich konkret auszumalen hat, was der Text bloß suggeriert.

Lulu geht nicht auf in den zeitüblichen Vorstellungen von weiblicher ›Bestimmung‹ im Sinne des Geschlechtscharakterkonzepts[35]: Sie ist gerade keine treusorgende, aufopferungsvolle und hingebungsvoll liebende Tochter, Ehefrau und Mutter. Das zeigt das Stück ausdrücklich. Die wenigen Spuren affektiver Bindung, durch die sich Lulu von den anderen Figuren in der *Monstretragödie* unterscheidet – und die meine frühere Lesart vom ›Negativ einer Utopie‹ motiviert haben –, widersprechen einer solchen Lektüre keineswegs, denn sie tauchen vor allem gegenüber den Ersatz-Vätern Schigolch und Schöning auf, bleiben demnach mit dem Kindheitsmotiv vermittelt. Die (durchaus auch sexuellen) Verbindungen zu den eher väterlichen, vermeintlich fürsorglichen älteren Männern Schigolch, Schöning und Goll gehören aber zu Beginn der Handlung bereits der Vergangenheit an. *Gezeigt* wird, daß Lulu permanent zum Koitus bereit ist, vorausgesetzt, es geht um erotisches Spiel und nicht (wie bei Schwarz und Kungu Poti) um schiere Triebbefriedigung, vorausgesetzt auch, der Sexualakt ist Zweck an sich und nicht, wie Casti-Piani etwa verlangt, Mittel zum Gelderwerb. Auf jeder Station der dramatischen Entwicklung

---

[32] Silvia Bovenschen: *Die imaginierte Weiblichkeit. Exemplarische Untersuchungen zu kulturgeschichtlichen und literarischen Präsentationsformen des Weiblichen*, Frankfurt a. M. 1979, S. 43–59: »Inszenierung der inszenierten Weiblichkeit: Wedekinds ›Lulu‹ – paradigmatisch«, hier S. 44.

[33] Frank Wedekind: *Prolog. (Zu Der Erdgeist,. 1898)*, in: ders.: *Werke*, Bd. 3/I, S. 313–317, Zitat S. 316.

[34] Daß trotz unterschiedlicher Bewertung dieses Frauenbildes Frank Wedekind und Karl Kraus hier in unmittelbarer Nähe zu Otto Weiningers *Geschlecht und Charakter* stehen, hat Nike Wagner überzeugend nachgewiesen. Siehe Nike Wagner: *Geist und Geschlecht. Karl Kraus und die Erotik der Wiener Moderne*, Frankfurt a. M. 1981.

[35] Siehe hierzu grundsätzlich Ute Frevert: *»Mann und Weib, und Weib und Mann«. Geschlechter-Differenzen in der Moderne*, München 1995, bes. S. 13–60.

ist Lulu auf den Mann als Geschlechtswesen fixiert, durch dessen Begehren sie sich überhaupt erst leben fühlt – eine Männerphantasie par excellence. Bis in ihre Selbstwahrnehmung bleibt Lulu das Andere des Mannes, ohne den sie nicht(s) ist, nicht sein kann: »Ich hätte mir mögen zwischen den Beinen durchschlupfen. Ich begriff die Geschwitz, als ich in den Spiegel sah. Ich hätte ein Mann sein mögen, nur ganz für mich allein, nur einmal! – Wenn ich mich so zwischen den Kissen hätte ...« (III, 6). Den je bestmöglichen Sexualpartner will Lulu – und so verführt sie Schwarz, als sie alleingelassen wird, bestellt einen Körpermenschen, weil ihr Gatte Dr. Schöning sich durch Arbeit und Drogen entzieht, vertröstet den bezahlten Liebesdiener, sobald der vitale ›Raubmensch‹ Alwa erscheint, verfällt dem Machtmenschen Casti-Piani und wirft sich schließlich Jack an den Hals. Der ist nicht viehisch wie Kungu-Poti, nicht bigott oder verklemmt fortpflanzungsorientiert wie die beiden anderen Londoner Freier und auch nicht schmarotzerhaft und larmoyant wie Alwa und Schigolch am Ende: Im Kreis solcher Männer, die nach dem Maßstab des Geschlechtscharakterkonzepts als ausgesprochen unmännlich gelten müssen, ist Jack der einzig ›richtige‹ Mann, der übrigbleibt. Daß Lulu seine Nähe sucht, ist nur konsequent in der Logik dieser Figur, die ganz als Kontrast zur Geschwitz entworfen ist, der männerfeindlichen »verstümmelten« Frau (V, 10), diesem »monster«, vor dem selbst der Perverse zurückschreckt (V, 15).

Die Modellierung der männlichen Figuren im Stück folgt der Vorstellung von der ›Natur‹ des Mannes: Unabhängig von Alter und sozialem Status stehen sie für Leistungsdenken und Zweckrationalität, verkörpern den Kampf um berufliche Anerkennung und gesellschaftlichen Erfolg und stellen in der Konkurrenz um die Frau ein aggressives Sexualverhalten sowie Besitz- und Führungsanspruch unter Beweis. Für Goll ist Lulu ein appetitliches Tanzpüppchen, für Schöning ist sie bequeme Geliebte, für Schwarz Naturweib und Muse, Alwa dient sie als Instrument zur Selbststilisierung in Kunst und Leben. All diese Beziehungen spiegeln, wenn auch überspitzt, reale patriarchalische Verhältnisse, in denen der Frau eine bloß passive, angepaßte Rolle zugedacht ist. Der Führungsanspruch des Mannes dagegen tarnt sich als Rettung des schwachen Geschlechts (Schigolch, Schöning), als Arbeit zur Sicherung einer gemeinsamen Existenz (Schwarz, Schöning) oder als künstlerische Produktion zur Apotheose der Geliebten (Schwarz). Indem die Kunstfigur Lulu, die Inkarnation der Männerphantasie von der allzeit verführerischen und sexuell verfügbaren Frau, von ›dem Geschlecht‹ in einem absoluten Sinn, sich in diese Ordnung nicht fügt, läßt Wedekind männliches Phantasma und patriarchalische Wirklichkeit im grotesken Spiel aufeinanderprallen. Wenn nun Jack, in dessen Kontrafaktur der heroischen Tat ein extremer Individualismus, Rationalität, unbedingter Wille, sexuelle Aggression, Selbstbehauptung, Machtbewußtsein und das Streben nach öffentlicher Anerkennung zum Ausdruck kommen, am Ende jener Männerriege erscheint, wird dem Leser deutlich, daß der Lust-Mörder nicht kategorial unterschieden ist von vertrauteren Verhältnissen. Vielmehr wird so die konkrete Verdinglichung durch den Verbrecher vergleichbar mit der abstrakteren und (noch immer ?) undurchschauten Verdinglichung der Frau in tradierten patriarchalischen Strukturen. Das ist mehr als bloß ein ›Witz‹ im Freudschen Sinn, ist in der Tat ein Angriff auf ›Kategorien der gewohnten Weltorientierung‹.

»Frauen verkörperten zu Freuds Zeiten männliche Setzungen: eine Mischung aus Wunschphantasien und projizierten Selbstanteilen«, so lehrt uns die Psychologie heute. »Mittlerweile wissen wir auch zur Genüge, was von Männern als nicht zu ihrem Selbstkonzept passend abgelehnt und entsprechend projiziert wurde und vielleicht immer noch wird: das eigene sexuell Verführerische, das dionysisch Lustvolle, das regressiv Chaotische, die Lust am Sich-Gehenlassen, das Aufbrausende des Gefühls, das Irrationale, die Nacht- und Traumseite des Lebens, das genußvoll Entspannende, das rhythmisch Natürliche und anderes mehr. Und in der Wahrnehmung der Frau taucht das Abgewehrte dann wieder auf als das hysterisch Vamphafte und Kastrierende, als Unvernunft und Mangel an Logik, als Infantilität und Sprunghaftes, als Nicht-Sublimieren-Können, als Mangel an Planung und kultureller Produktion.«[36] Lulu ist genau so entworfen: als kindlich, lustbetont, verspielt, irrational, spontan, leicht erregbar usw. Und Goll, Schwarz, Alwa Schöning und sein Vater, Schigolch, Rodrigo, Casti-Piani, Jack und die Freier: sie alle, die Lulu im eigenen Interesse – sei es zum Erwerb von Reichtum, Ruhm oder Macht – zu domestizieren versuchen, stehen für ›männliche‹ Haltungen im Kampf um die ›Büchse‹, die Frau als Objekt. Als Mensch in biologischer, kultureller, sozialer und historischer Bedingtheit kommt die Frau in Wedekinds Stück überhaupt nicht in den Blick. Insofern spiegelt die *Monstretragödie* den »phallischen Monismus«[37] jener Epoche.

Nimmt man die Technik der Grotesk-Montage ernst, ohne eine tröstende ›Stimme‹ in den Text hineinzuprojizieren, so ist die Pariser *Pandora* als ein zotig-aggressives Experiment zu lesen, in dem männliche Phantasien von Lustversprechen (in Gestalt von Lulu) und das Gewaltverhältnis realer Geschlechterbeziehung gegeneinandergeführt sind. Es hängt gewiß von der Disposition des jeweiligen Lesers und der jeweiligen Leserin ab und davon, inwieweit das »Prinzip Männlichkeit«[38] noch zu den Grundfesten seiner bzw. ihrer ›Weltorientierung‹ gehört, ob solche Entlarvung patriarchalischer Verhaltensmuster nun Abwehr hervorruft oder ein befreites, vielleicht auch zynisches Lachen. Dasselbe gilt für Wedekinds lustvoll spielerische Darstellung von erotischen Phantasmen, die vorübergehend Genuß gewähren mag in der Weise, die Freud als »ästhetische Lust« beschrieben hat: Der »eigentliche Genuß des Dichtwerkes« geht demnach aus der »Befreiung von Spannungen in unserer Seele« hervor, denn es »setzt« uns »in den Stand [...], unsere eigenen Phantasien nunmehr ohne jeden Vorwurf und ohne Schämen zu genießen«[39]. Das gilt durchaus für beide Geschlechter. Schwer erträglich aber bleibt wohl

---

[36] Wolfgang Mertens: »Widersprüche männlicher Geschlechtsidentität aus psychoanalytischer Sicht«, in: Johannes Cremerius u. a. (Hg.): *Freiburger literaturpsychologische Gespräche*, Bd. 17: *Widersprüche geschlechtlicher Identität*, Würzburg 1998, S. 35–57, hier S. 41.

[37] Ebd., S. 41.

[38] Ebd., S. 53.

[39] Sigmund Freud: *Der Dichter und das Phantasieren*, in: ders.: *Gesammelte Werke*, hg. von Anna Freud u. a., Bd. 7, Frankfurt a. M. [4]1966, S. 213–223, hier S. 223.

das gewaltsame Ende: In Jacks Tat – und in der Zukunftsvision vom medizinischen Präparat – fallen Frau und Geschlecht endgültig zusammen. In der Logik der Handlung hat nun die ›Büchse‹ tatsächlich einen Besitzer. Auf der Konstruktionsebene des Dramas gesprochen, ist die Männerphantasie damit kraß beendet: stillgestellt, dingfest und wertlos. Das bedeutet allerdings weder Katharsis noch poetische Gerechtigkeit. Denn anders als in *Frühlings Erwachen* hat nicht ein Theatergott das letzte Wort, sondern ein berüchtigter Verbrecher, der zur Entstehungszeit des Stücks ganz real Angst und Schrecken verbreitete – und im übrigen nie aufgespürt werden konnte. Wedekinds plakativer Verweis auf das theatralisch Gemachte seines Stücks – ist doch das naturalistisch-wahrscheinlichste Textelement zugleich auch das unwahrscheinlichste überhaupt – thematisiert die Grenzen der Fiktionalität: In der Wirklichkeit gibt es zwar keine Frauen wie Lulu, wohl aber Männer wie Jack the Ripper. So ist mit dem effektvollen Schluß der *Monstretragödie* die Angst, die der Leser bei der Lektüre verspüren mag, eben nicht zu Ende. Real ist die Gewalt – diese Erkenntnis ist unausweichlich. *Daß* sie für den Leser schmerzhaft unausweichlich ist, liegt an dem Aggressionspotential von Wedekinds strukturoffener und grotesker Dramentechnik. Manche freilich reagieren darauf mit Abwehr.

Literatur

Austermühl, Elke, und Hartmut Vinçon: »Frank Wedekinds Dramen«, in: Hans Joachim Piechotta u. a. (Hg.): *Die literarische Moderne in Europa*, Bd. 2: *Formationen der literarischen Avantgarde*, Opladen 1994, S. 304–321.

Bovenschen, Silvia: *Die imaginierte Weiblichkeit. Exemplarische Untersuchungen zu kulturgeschichtlichen und literarischen Präsentationsformen des Weiblichen*, Frankfurt a. M. 1979.

Fischer-Lichte, Erika: *Semiotik des Theaters*, Bd. 3: *Die Aufführung als Text*, Tübingen [2]1988.

Florack, Ruth: *Wedekinds ›Lulu‹. Zerrbild der Sinnlichkeit*, Tübingen 1995.

Freud, Anna, und Joseph Sandler: *Die Analyse der Abwehr*, Stuttgart 1989.

Freud, Sigmund: *Der Dichter und das Phantasieren*, in: ders.: *Gesammelte Werke*, hg. von Anna Freud u. a., Bd. 7, Frankfurt a. M. [4]1966, S. 213–223.

Freud, Sigmund: *Der Witz und seine Beziehung zum Unbewußten*, in: ders.: *Gesammelte Werke*, hg. von Anna Freud u. a., Bd. 6, London 1948, S. 97–128.

Frevert, Ute: »*Mann und Weib, und Weib und Mann*«. *Geschlechter-Differenzen in der Moderne*, München 1995.

Gesing, Fritz: »Annäherungen an eine psychoanalytische Theorie der literarischen Form«, in: Johannes Cremerius u. a. (Hg.).: *Freiburger literaturpsychologische Gespräche*, Bd. 9: *Die Psychoanalyse der literarischen Form(en)*, Würzburg 1990, S. 33–63.

Gutjahr, Ortrud: »Lulu als Prinzip. Verführte und Verführerin in der Literatur um 1900«, in: Irmgard Roebling (Hg.): *Lulu, Lilith, Mona Lisa ... Frauenbilder der Jahrhundertwende*, Pfaffenweiler 1989, S. 45–76.

Mertens, Wolfgang: »Widersprüche männlicher Geschlechtsidentität aus psychoanalytischer Sicht«, in: Johannes Cremerius u. a. (Hg.): *Freiburger literaturpsychologische Gespräche*, Bd. 17: *Widersprüche geschlechtlicher Identität*, Würzburg 1998, S. 35–57.

Pietzcker, Carl: »Das Groteske« [1971], in: Otto F. Best (Hg.): *Das Groteske in der Dichtung*, Darmstadt 1980, S. 85–102.

Pietzcker, Carl: *Lesend interpretieren. Zur psychoanalytischen Deutung literarischer Texte*, Würzburg 1992.

Utz, Peter: »Was steckt in Lulus Kleid? Eine oberflächliche Lektüre von Wedekinds Schauerdrama«, in: Wolfram Malte Fues und Wolfram Mauser (Hg.): *»Verbergendes Enthüllen«. Zur Theorie und Kunst dichterischen Verkleidens. Festschrift für Martin Stern*, Würzburg 1995, S. 265–276.

Vinçon, Hartmut: »Lulus Maske: ›Sie tanzt den Übermenschen.‹«, in: Frank Wedekind: *Die Büchse der Pandora. Eine Monstretragödie. Historisch-kritische Ausgabe der Urfassung von 1894*, herausgegeben, kommentiert und mit einem Essay von Hartmut Vinçon, Darmstadt 1990, S. 221–232.

Wagner, Nike: *Geist und Geschlecht. Karl Kraus und die Erotik der Wiener Moderne*, Frankfurt a. M. 1981.

Wedekind, Frank: *Werke. Kritische Studienausgabe*, Bd. 3/I und Bd. 3/II, hg. von Hartmut Vinçon, Darmstadt 1996.

Wyatt, Frederick: »Über die Eigenart des Formbegriffs. Erkenntniskritische und psychoanalytische Erwägungen«, in: Johannes Cremerius u. a. (Hg.): *Freiburger literaturpsychologische Gespräche*, Bd. 9: *Die Psychoanalyse der literarischen Form(en)*, Würzburg 1990, S. 104–123.

Claudia Liebrand

NOCH EINMAL: DAS WILDE, SCHÖNE TIER LULU
Rezeptionsgeschichte und Text

Bei der Textgeschichte des ›Lulu-Komplexes‹ handelt es sich – das hat die
Wedekindphilologie in den letzten Jahren detailliert herausgearbeitet – um ein
Editionsdrama eigener Art. Die ›Urfassung‹ mit dem Titel *Die Büchse der Pandora.
Eine Monstretragödie* geht auf das Jahr 1894 zurück. Noch im selben Jahr beginnt
Wedekind mit einer Überarbeitung. Er löst die ersten drei Akte aus der *Monstre-
tragödie* und arbeitet sie zur 1895 publizierten Tragödie *Der Erdgeist* um. Versehen
wird *Der Erdgeist* mit einem neuen III. Akt; der ursprünglich III. wird zum IV. Akt.
Erst 1898 schreibt Wedekind den Prolog zum *Erdgeist*.[1] Der Text der Ausgabe
letzter Hand (in den *Gesammelten Werken* von 1913) ist identisch mit der überarbeiteten Auflage des *Erdgeists* von 1910.

> Der Tragödie zweiter Teil, *Die Büchse der Pandora*, entsteht, ergänzt um
> einen neuen I. Akt und basierend auf dem IV. und V. Akt der Urfassung, erst
> zwischen Oktober 1900 und Januar 1901. Der Erstdruck erfolgt 1902. [...] Der
> Text der Ausgabe letzter Hand (*GW* 3, 1913) fußt auf dem der Ausgabe von
> 1911 [...].[2]

Im dritten Band der *Gesammelten Werke*, »jener über zwei Generationen lang für die
Forschung einzig maßgeblichen Ausgabe, folgt das Stück *Die Büchse der Pandora*
auf *Erdgeist. Tragödie in vier Aufzügen*«[3]. Die Werkausgabe, die Erhard Weidl 1990
herausgab, präsentiert das ›Doppeldrama‹ nach dieser Ausgabe letzter Hand.[4] Erst
seit 1990 liegt auch die ›Ur-*Lulu*‹ (die bereits Zadek 1988 am Hamburger Schauspielhaus inszenierte) in der von Hartmut Vinçon besorgten Historisch-kritischen

---

[1] Erst von der zweiten Auflage an ist der Prolog dem *Erdgeist* vorangestellt.
[2] Hartmut Vinçon: *Kommentar*, in: Frank Wedekind: *Die Büchse der Pandora. Eine Monstretragödie*, historisch-kritische Ausgabe der Urfassung von 1894, herausgegeben, kommentiert und mit einem
Essay von Hartmut Vinçon, mit 10 Lithographien vom [!] Emil Orlik, Editions- und Forschungsstelle
Frank Wedekind, Darmstadt 1990, S. 136. – Eine umfassende Darstellung der komplizierten Textgeschichte liefert Harmut Vinçon: »*Lulu*. Dramatische Dichtung in zwei Teilen. Eine philologische
Revision«, in: *Frank Wedekind. Texte, Interviews, Studien*, hg. v. Elke Austermühl u. a., Darmstadt 1989,
S. 77–128.
[3] Ruth Florack: *Wedekinds ›Lulu‹. Zerrbild der Sinnlichkeit*, Tübingen 1995, S. 5.
[4] Frank Wedekind: *Werke*, Bd. 1 und 2, hg. mit Nachwort und Anmerkungen v. Erhard Weidl,
München 1990.

Ausgabe vor.[5] Die germanistische Kritik reagierte überschwenglich. So schrieb Jörg
Schönert:

> Diese *Monstretragödie* ist ein ungefüges, drastisches und spannungsreiches
> Stück, das die späteren Bearbeitungen im ›Doppeldrama‹ *Erdgeist* und *Die
> Büchse der Pandora* als ›Domestizierungen‹ erscheinen läßt. [...] Der ›wahre‹,
> der ›wilde, schöne Text‹ – so könnte man in der Sprache des Tierbändigers
> aus dem *Erdgeist*-Prolog von 1898 formulieren – ist die *Monstretragödie* von
> 1894.[6]

Ruth Florack erklärte in ihrer umfassenden Monographie zur *Büchse der Pandora*
von 1894 die *Monstretragödie* zum *Meisterwerk der Moderne*.[7] Florack kritisiert
Editionen des ›Doppeldramas‹, die sich am Wortlaut der *Gesammelten Werke* von
1913 orientieren:

> Der Ausgabe letzter Hand soll, quasi als dem ›Vermächtnis‹ des Autors, die
> höchste Autorität gebühren. Eine qualitative Veränderung hin zum ästhetisch
> Vollendeten wird dabei stillschweigend vorausgesetzt, fraglos dient der Text-
> befund dann nur mehr der Bestätigung solch unausgesprochener Prämisse. Ist
> die dogmatische Ausrichtung an einer Ausgabe letzter Hand schon grundsätz-
> lich fragwürdig, da sie Autorintention, externe Bedingungen der jeweiligen
> Edition und künstlerische Qualität der Texte nicht voneinander zu trennen
> vermag, so ist sie im Falle Wedekinds und insbesondere in Anwendung auf
> die sogenannten ›*Lulu*-Stücke‹ besonders irreführend. Denn – und dies ist seit
> langem allgemein bekannt – *Erdgeist* und *Pandora* der *Gesammelten Werke*
> sind Produkte eines langwierigen, von Zensur und Selbstzensur gesteuerten
> Anpassungsprozesses, einer Anpassung angesichts der geringen verlegeri-
> schen Risikobereitschaft, der mangelnden Experimentierfreude der Bühnen
> sowie der unzulänglichen Kreativität ihrer Schauspieler. [...] Die ›straffere
> Organisation‹ und die ›durchschaubarer aufgebaute Handlungsführung‹ [der
> Ausgabe letzter Hand – C. L.], von denen die Forschung zu sprechen pflegt,
> stellen sich aus einer differenzierteren Perspektive als das bloße Wieder-
> erkennen von Altbekanntem heraus, und zwar von eben jenen konventionellen
> dramatischen Regeln, auf die der Autor und Theatermacher Wedekind sein
> Werk zuschneiden mußte, um ihm die Rezeption allererst zu sichern.[8]

---

[5] Frank Wedekind: *Die Büchse der Pandora. Eine Monstretragödie*, historisch-kritische Ausgabe
der Urfassung von 1894, herausgegeben, kommentiert und mit einem Essay von Hartmut Vinçon, mit 10
Lithographien vom [!] Emil Orlik, Editions- und Forschungsstelle Frank Wedekind, Darmstadt 1990.

[6] Jörg Schönert: »›*Lulu* Regained‹. Überlegungen zur Lektüre von Frank Wedekinds *Monstretragödie* (1894)«, in: Frank-Rutger Hausmann u. a. (Hg.): *Literatur in der Gesellschaft. Festschrift für
Theo Buck zum 60. Geburtstag*, Tübingen 1990, S. 183–193, hier S. 183.

[7] Florack: Wedekinds *Lulu*, S. 13.

[8] Florack: Wedekinds *Lulu*, S. 183f. Die These, *Erdgeist* und *Die Büchse der Pandora* seien
Produkte eines Anpassungsprozesses von Zensur und Selbstzensur, ist wohl zu differenzieren. So schreibt
Hartmut Vinçon: »Bei den z. T. von Auflage zu Auflage vorgenommenen Bearbeitungen der Tragödie
Erdgeist handelt es sich vor allem um Änderungen, die auf Wedekinds Bühnenerfahrungen – er avanciert
allmählich zum erfolgreichen Theaterautor – beruhen« (Vinçon, Kommentar, S. 137). Vinçon sieht nur

Floracks Begeisterung über einen wiedergewonnenen Text kann sich jede Philologin/jeder Philologe nur anschließen: erst recht, wenn es sich um einen so vitalen, so widerständigen und so ›kantigen‹ Text wie den der *Monstretragödie* handelt. Und natürlich ist auch mehr als verständlich, wenn eine neue (zuvor unterdrückte, ›verlorene‹) Textfassung jene interpretatorische Energie anzieht, die vorher durch die ›alten‹ Textfassungen gebunden war: wie fruchtbar sich solche Energie erweisen kann, zeigt zweifellos nicht zuletzt die exzellente Untersuchung der *Monstretragödie*, die Ruth Florack vorgenommen hat. Dennoch ist ihre Privilegierung der Urfassung nicht unproblematisch. Auch Floracks Textbegriff ist eng an den der Autorintention gebunden. Wirft sie Weidl vor, daß dieser der Ausgabe letzter Hand als dem Vermächtnis des Autors die höchste Autorität zuspreche und »eine qualitative Veränderung hin zum ästhetisch Vollendeten« stillschweigend voraussetze, ist ihr eigenes Plädoyer für die Urfassung darin begründet, daß in der *Monstretragödie* der ›eigentliche‹ Wedekind zu uns spricht,[9] der, der sich noch nicht zu (faulen) Kompromissen habe verführen lassen, der, der noch nicht durch die Gasse von Zensur und Selbstzensur Spießruten habe laufen müssen, dessen intendierter Text noch ›unverderbt‹ und unbeeinflußt von äußeren ›Kontaminationen‹ sei, der sich noch nicht dem Publikumsgeschmack an den Hals geworfen habe. Florack ist mithin einem Konzept von Autorschaft verpflichtet, das ›genieästhetisch‹ anmutet – in seiner Hypostasierung von originaler, (von bürgerlichen Bedenken) unbeeinflußter, radikaler ästhetischer Modernität. Dem von Florack so scharf kritisierten Weidl dagegen ist es mehr um Kriterien ästhetischer Ökonomie zu tun (nach denen er die Fassungen letzter Hand organisiert sieht[10]). Beide Kritiker, Weidl und Florack, nehmen also das Kunstargument zum Ins-Licht-Setzen der von ihnen privilegierten Fassung in Anspruch – sie sind nur nicht darüber einig, wie die ästhetische Qualität zu messen ist.

So einzigartig und so stupend die Textgeschichte des ›*Lulu*-Komplexes‹ auch ist, so ist der neueren deutschen Philologie die Konstellation, daß mehrere Textfassungen vorliegen, daß Erstfassungen ›verloren‹ gehen und nach Jahrzehnten oder Jahrhunderten wieder auftauchen, nicht fremd. Blickt man nur auf Goethes Werk (um einen der Autoren in den Elick zu nehmen, deren Œuvre immer schon im Zentrum der neueren Germanistik stand), lassen sich einige Texte anführen, deren ›Erstfassungen‹ in der Versenkung verschwanden und wieder auftauchten: das gilt etwa für den *Urfaust* und für die *Theatralische Sendung* (letztere wurde bekanntlich mehr als 100 Jahre nach der Publikation der *Lehrjahre* von einem Schweizer Deutschlehrer wiederentdeckt). Das Verhältnis nun von *Urfaust* und *Faust. Der Tragödie erster Teil*, von *Theatralischer Sendung* und den *Lehrjahren* oder auch von der Erstfassung und der Zweitfassung des *Werther* wurde und wird von der Forschung in der Regel in Argumentationsfiguren gefaßt, die die Florack-Weidl-

---

die Überarbeitungen der *Büchse der Pandora* und die Realisierung der Fassung *Lulu* in erster Linie als ›zensurgesteuert‹.

[9] Florack: Wedekinds *Lulu*, S. 262 und öfter.

[10] Vgl. z. B. Erhard Weidl: »Lulu's Pierrot-Kostüm und die Lüftung eines zentralen Kunstgeheimnisses«, in: *editio. Internationales Jahrbuch für Editionswissenschaften* 2 (1988), S. 90–110, hier S. 96.

Kontroverse wiederaufzugreifen scheinen. Immer gibt es diejenigen, die die größere Radikalität, Originalität, das Ungeschliffenere, Vitalere und Gewagtere der ›Erstfassungen‹ loben – und es gibt jene, die die stärkere ästhetische Integration und Durchformung, das ›Abschleifen‹ der ›Kanten‹, in den überarbeiteten Fassungen würdigen. In der Goethephilologie wird die Diskussion verschiedener Fassungen inzwischen aber sine ira et studio geführt – und ohne Ausschließlichkeitsanspruch. Man kann gleichzeitig die Erste Fassung des *Werther* für die kühnere, suggestivere, ungebändigtere Version halten, ohne die Augen davor zu verschließen, daß die *Werther*-Zweitfassung ›kunstmäßiger‹ angelegt ist: Die Neufassung des *Werther* von 1787 operiert mit doppelter Leseanweisung und komplexerer Perspektivierung. Der ›neue‹ *Werther* macht es dem Leser leichter, nicht nur der Textstrategie zu folgen, die auf Unmittelbarkeit, Präsenz und Empathie zielt, sondern auch die Verweise auf die literarische und ikonographische Zeichenhaftigkeit, den ›Kunstcharakter‹ des Dargestellten in der Lektüre zu entdecken. Goethe setzt in der Zweitfassung des *Werther* eine (schon in der Erstfassung vorhandene) Textdynamik endgültig frei – eine Textdynamik, die die Werthersche Perspektive aufbaut und sie gleichzeitig durchquert und durchkreuzt.

Es sei also vorgeschlagen – darum der kleine Ausflug in die Goethephilologie – , die verschiedenen Textstufen des ›*Lulu*-Komplexes‹ nicht gegeneinander auszuspielen: nicht mit der Defizit-, sondern mit der Differenzhypothese zu arbeiten. Anders als Ruth Florack betrachte ich die Wedekindschen Überarbeitungen der ›Ur-Fassung‹ nicht als Geschichte der Korruption (eines Textes und seines Autors), sondern als produktiven Prozeß. Florack interpretiert den Sexualitätsdiskurs der Jahrhundertwende mit dem Foucaultschen Argumentationsmuster der Repression als produktiver Diskurserzeugungsmaschinerie. Ich plädiere dafür, – analog dazu – zögerliche Verlagschefs, einschreitende Zensoren, konservatives Publikum in ihrer produktiven Funktion als Text-Generatoren zu sehen. Diesen ›Textgeneratoren‹ haben wir den *Lulu*-Komplex zu verdanken. Und der ist – wie Jörg Schönert schreibt – »[a]ls Zeugnis einer ›Anpassungsgeschichte‹, des Ineinanders von Textproduktion und Textrezeption als ›*work in progress*‹, als dynamischer Text ohne ›Werkgrenze‹ [...] der Mühe der Literaturwissenschaftler wert.«[11]

Ich werde mich im folgenden auf die ›Endfassung‹ dieses Wedekindschen *work in progress* beziehen; nicht weil ich diese ›Ausgabe letzter Hand‹ als ästhetischen Schlußstein des ›*Lulu*-Komplexes‹ auffasse, sondern weil die Textfassung von 1913 für den Rezeptionsprozeß, um dessen kritische Kommentierung mir es auch geht, entscheidend war.

Vom *gender*-Gesichtspunkt aus, auf den im folgenden der Fokus gerichtet werden soll, scheint alles Wesentliche über die *Lulu*-Dramen und ihre Protagonistin, das *wilde, schöne Tier* Lulu, gesagt zu sein. Beschreiben läßt sich der Prozeß der literaturwissenschaftlichen Auseinandersetzung mit dem ›Doppeldrama‹ (aus *Erdgeist* und *Die Büchse der Pandora*) und seiner Protagonistin als Demythisie-

---

[11] Schönert: *Lulu* Regained, S. 193.

rung.[12] Feierten die Interpreten bis in die 70er Jahre die Wedekindsche Protagonistin als Inkorporation autonomer weiblicher Sexualität, als naturhafte (von den Zumutungen und Deformationen der Kultur ganz unberührte) weibliche Urgestalt, arbeiteten feministische Literaturwissenschaftlerinnen im Anschluß an Bovenschens *Die imaginierte Weiblichkeit*[13] heraus, daß Wedekind in seinen *Lulu*-Dramen nicht den Mythos, das ›Urbild‹ Frau gestalte. In *Erdgeist* und *Die Büchse der Pandora* würden vielmehr jene Mechanismen dramatisch vorgeführt, die zur Konstruktion des *Mythos Frau* führten: es werde gezeigt, daß Lulu nicht das wilde Tier sei, sondern wie sie in einem Projektionsvorgang als *screen* mißbraucht, zum wilden, schönen Tier *gemacht* werde. Ortrud Gutjahrs Interpretation des ›Doppeldramas‹ führt diesen Zusammenhang folgendermaßen aus: Wedekind lasse »durch die ständig wechselnde Namensgebung, bei der Lulu im gleitenden Wechsel ›Schlange‹, ›süßes Tier‹, ›Engelskind‹, ›Teufelsschönheit‹, ›Nelli‹, ›Eva‹, ›Mignon‹, ›Schätzchen‹, ›Teufelchen‹, ›Melusine‹, ›Bestie‹, ›Teufel‹, ›Engel‹, ›Würgeengel‹, ›Henkersstrick‹ usw. je nach Bedarf genannt wird, noch einmal die Frauenmythen der Jahrhundertwende in ihrer angst- und lustvollen Ambivalenz aufrufen. Lulu erscheint in diesem Spiegelkabinett männlicher Phantasien jedoch nicht als ›Urgestalt des Weibes‹, sondern als Urgestalt eines Projektionsprinzips, das sie selbst formuliert: ›Ich habe nie in der Welt etwas anderes scheinen wollen, als wofür man mich genommen hat, und man hat mich nie in der Welt für etwas anderes genommen, als was ich bin.‹ Was Wedekind durch seine Lulu-Figur als tautologische Schlußfolgerung aussprechen läßt, benennt die Struktur der Mythenbildung über die Frau.«[14]

Daß eine solche Lektüre des ›Doppeldramas‹ eine zentrale Struktur beschreibt, ist sicher richtig – und so wird es mir auch nicht um die Revision dieser (sie sei verkürzt so genannt) *screen*-Theorie (die die Frau als Projektionsfläche männlicher Phantasmagorien exponiert) zu tun sein. Ich werde aber – und insofern verstehe ich

---

[12] Wichtige Studien zum ›*Lulu*-Komplex‹: Elizabeth Boa: *The Sexual Circus. Wedekind's Theatre of Subversion*, Oxford 1987; Johanna Bossinade: »Prolegomena zu einer geschlechtsdifferenzierten Literaturbetrachtung. Am Beispiel von Wedekinds *Lulu*-Dramen«, in: *Jahrbuch für Internationale Germanistik* 24 (1993), S. 97–120; Silvia Bovenschen: *Die imaginierte Weiblichkeit. Exemplarische Untersuchungen zu kulturgeschichtlichen und literarischen Präsentationsformen des Weiblichen*, Frankfurt 1979, S. 43–59; Florack: Wedekinds *Lulu*; Ortrud Gutjahr: »*Lulu* als Prinzip. Verführte und Verführerin in der Literatur um 1900«, in: Irmgard Roebling (Hg.): *Lulu, Lilith, Mona Lisa ... Frauenbilder der Jahrhundertwende*, Pfaffenweiler 1989, S. 45–76; R. John Rice: » ›...bist im Leib deiner Mutter nicht fertig geworden‹. The Lesbian Figure in Wedekind's *Lulu*-Plays«, in: Marianne Henn und Britta Hufeisen (Hg.): *Frauen: MitSprechen. MitSchreiben. Beiträge zur literatur- und sprachwissenschaftlichen Frauenforschung*, Stuttgart 1997, S. 441–454; Peter Utz: »Was steckt in Lulus Kleid? Eine oberflächliche Lektüre von Wedekinds Schauerdrama«, in: Wolfram Malte Fues und Wolfram Mauser (Hg.): ›*Verbergendes Enthüllen‹. Zur Theorie und Kunst dichterischen Verkleidens. Festschrift für Martin Stern*, Würzburg 1995, S. 265–276; Schönert: *Lulu* Regained; Hauke Stroszeck: » ›Ein Bild vor dem die Kunst verzweifeln muß‹. Zur Gestaltung der Allegorie in Frank Wedekinds *Lulu*-Tragödie«, in: Hans-Peter Bayerdörfer, Karl-Otto Conrady, Helmut Schanze (Hg.): *Literatur und Theater im Wilhelminischen Zeitalter*, Tübingen 1978, S: 217–237; Weidl: Lulu's Pierrot-Kostüm.

[13] Bovenschen: Die imaginierte Weiblichkeit.

[14] Gutjahr: Lulu als Prinzip, S. 65.

auch meine *lecture dramatique* als demythisierende – den Blick auf textuelle Verweisstrukturen richten, die bislang von jenen Lektüren ausgespart wurden – seien es
nun mythosaffirmierende oder mythoskritische –, die immer schon wußten, daß Lulu
als wildes, schönes Tier exponiert werde (ob nun vom Autor Wedekind oder den
männlichen Protagonisten des Stücks). Mir geht es darum, aufzuzeigen, daß (um ein
Begriffspaar Paul de Mans zu verwenden) der Text nicht das praktiziert, was er
predigt. Zwar ist das Ideologem, auf das er bezogen ist, das von der Frau als
Unglück bringendes Ungeheuer, als schönes, reflexionsloses, wildes und ganz auf
seine Geschlechtlichkeit bezogenes Tier (ganz in Übereinstimmung mit der Weib-
lichkeitsdefinition, die Weininger 1903 in *Geschlecht und Charakter*[15] vorlegte):
Die Textpraxis löst diese Behauptungen aber nicht ein. Bereits ein kurzer Blick auf
den Prolog[16] (warum mir ein solcher legitim scheint, werde ich ausführen) macht
deutlich, daß die Metapher des wilden, schönen Tieres eine *sich verschiebende* ist,
die über die Protagonistin hinweggleitet, aber sich nicht bei ihr arretiert. Das
Ungeheuer, als das männliches Personal und männliche Interpreten Lulu dingfest
machen, verändert im Laufe des ›Doppeldramas‹ sein Gesicht – die letzte Szene
präsentiert das wirkliche Monster: Und das hat nicht Lulus Gesicht, auch nicht das
der zweiten Frau von Bedeutung im *Lulu*zyklus, der Gräfin Geschwitz, sondern das
Antlitz eines Mannes: Jack the Rippers. Allein in bezug auf die Tiermetaphorik
dekonstruiert das ›Doppeldrama‹ also mit großer Persistenz jenen Weiblichkeitsdiskurs, dem die Progatonisten und Interpreten gleichermaßen verpflichtet scheinen.

Beginnen wir mit einem Blick auf den Prolog des ersten Teils des ›Doppeldramas‹, auf den Prolog zum *Erdgeist*. Den beziehe ich ausdrücklich in meine
Lektüre der ›Ausgabe letzter Hand‹ ein;[17] die Textkonstellation, wie sie im Band 3
der *Gesammelten Werke* vorliegt, legt sowohl nahe, *Erdgeist* und *Die Büchse der
Pandora* als zusammenhängenden Komplex aufzufassen, als auch den Prolog, der
diesen Komplex einleitet, auf dessen beide Teile zu beziehen. Und selbst wenn es so
wäre, daß der Prolog nach Wedekinds Absicht, nach der Autorintention,[18] nur für

---

[15] Otto Weininger: *Geschlecht und Charakter. Eine prinzipielle Untersuchung*, München 1997.

[16] Es ist richtig, daß der 1898 geschriebene Prolog, darauf weist Jörg Schönert hin, keine so enge
Verbindung zum Haupttext, wie etwa Goethes Prolog zum *Faust* hat (Schönert: *Lulu* Regained, S. 192).
Dennoch proponiert der Prolog ›Lektüreanweisungen‹, Deutungsvorgaben zum Drama, an der sich auch
die Rezeption der *Lulu*stücke orientiert hat.

[17] Ruth Florack hält diese integrative Bezugnahme auf den Prolog für nicht legitim. Dieser sei erst
»Bestandteil der zweiten Auflage [des *Erdgeists*] von 1903, die im übrigen – gleich der Ausgabe von
1910, aber im Unterschied zum Abdruck des Dramas in den *Gesammelten Werken* – den Titel führt: *Lulu.
Dramatische Dichtung in vier Aufzügen*. Weil der Prolog nur zum Drama *Erdgeist* gehört, verbietet es
sich, die Tradition der Forschung fortzuschreiben, die ihn ebenso auf Lulus Ende in *Pandora* bezieht.
Zudem sei ausführlich daran erinnert, daß es nirgends einen ausgewiesenen ›zweiten Teil‹ gibt; sowohl
der Erstdruck der *Pandora* in der Zeitschrift *Die Insel* aus dem Jahr 1902 als auch die inkriminierte
Buchausgabe von 1903 sind nicht als ›Fortsetzung‹ eines Stückes mit dem Titel *Lulu* erschienen«
(Florack, Wedekinds *Lulu*, S. 184f.).

[18] Von der hat sich die Literaturwissenschaft inzwischen ja mit gutem Grund verabschiedet. Geht
es doch nicht mehr darum, herauszufinden, was der Autor gemeint haben könnte, was er uns ›sagen‹ will.
Der Autor will uns nichts ›sagen‹, sondern er konfrontiert uns mit einem Text, der uns ein Angebot für
ein Lektürespiel macht.

den *Erdgeist* Geltung beanspruchen sollte, impliziert das ja noch nicht, daß eine intertextuelle ›Verschaltung‹ von Prolog und *Der Büchse der Pandora* keinen Lektüre-Sinn macht. Mir geht es darum einen Bezug herzustellen; ich beabsichtige *nicht*, den Prolog in den ›Haupttext‹ rückhaltlos zu integrieren – und ich gehe auch nicht davon aus, daß der Prolog ein Deutungsszenario für den ›Haupttext‹ fixiert.[19] Der Prolog operiert allerdings spielerisch mit ›Lektüreanweisungen‹,[20] die sich auf die Dramen applizieren lassen; eine solche Applikation scheint mir produktiv.[21] Gleich zu Beginn des Prologs tritt (»nachdem der aufgezogene Vorhang einen Zelt-eingang hat sichtbar werden lassen«, S. 7[22]) ein Tierbändiger in die Zirkusmenagerie und begrüßt das Publikum, das gekommen sei, Raubtiere zu betrachten: »Das *wahre* Tier, das *wilde, schöne* Tier, Das – meine Damen! – sehn Sie nur bei mir« (S. 8). Der Kontext ergibt, daß es sich bei diesem *wilden, schönen* Tier um einen Tiger handelt.[23] Wenig später läßt der Direktor »die Darstellerin der *Lulu* in ihrem Pierrotkostüm« von einem Arbeiter vor das Publikum tragen – er befiehlt: »He, Aujust! Bring mir unsre *Schlange* her! [...] Sie ward geschaffen, Unheil anzustiften, Zu locken, zu verführen, zu vergiften – Zu morden, ohne daß es einer spürt. (Lulu am Kinn kraulend.) Mein süßes Tier« (S. 9). Das *wilde, schöne* Tier, das der Tierbändiger den Damen zuvor annonciert hat, wandelt sich in ein *süßes* Tier, das kein Tier ist, sondern »die Darstellerin der Lulu in ihrem Pierrotkostüm«, aber irgendwie doch – und hier wird auf topische, schon in der Genesis nachlesbare Weiblichkeitszuschreibungen rekurriert – eine Schlange, die alles vorstellbare Unheil über den Mann/Menschen bringen kann und bringen wird. Dieses *süße* Tier sieht der Tierbändiger in einem künftigen Kampf mit dem Tiger involviert – zum Publikum sagt er: »Es ist jetzt nichts Besondres dran zu sehn, Doch warten Sie, was später wird geschehen: Mit starkem Druck umringelt sie den Tiger; Er heult und stöhnt! – Wer bleibt am Ende Sieger?« (S. 9). Der Kampf zwischen Schlange und Tiger, *süßem* und *wildem, schönen* Tier, maskiert offensichtlich den Geschlechter-kampf. Aber der Prolog endet nicht mit dieser Konfiguration, sondern mit dem Versprechen des Tierbändigers, er werde seinen Schädel zwischen die Zähne des

---

[19] Zum Prolog vgl. Schönert: *Lulu* Regained, S. 192. Schönert weist auf den » ›Nummern‹-Charakter der einzelnen Aufzüge und des Prologs« hin. »Wie die Aufzüge als Einakter verstanden werden könnten, so ist auch der Prolog als selbständiger Spielzusammenhang zu begreifen (wofür auch der gesonderte Textabdruck von 1901 spricht). Es wäre nahezu unmöglich, Goethes *Faust* ohne den Prolog im Himmel zu geben. Wedekinds Prolog des Tierbändigers spielt jedoch eher mit den Deutungsangeboten für das folgende szenische Geschehen als daß er unauflösliche Verbindungen herstellt.«

[20] Ich schreibe mich also durchaus in die allegorisierende Deutungstradition in bezug auf den Prolog ein – und schreibe sie um: Es geht mir nicht um fixierende Allegorese, sondern um ein Spiel mit Verschiebungen.

[21] Es geht mir also nicht um das Ausloten von einzelnen Werken (deren Grenze zuvor genau zu markieren sind); sondern es geht mir um ein konstellatives Lektürekonzept; das Texte auf andere Texte bezieht, wenn das produktiv zu sein verspricht.

[22] Ich zitiere (auch im folgenden) nach der dem Wortlaut der *Gesammelten Werke* von 1913 folgenden Reclam-Ausgabe. Frank Wedekind: *Lulu. Erdgeist. Die Büchse der Pandora*, hg. v. Erhard Weidl, Stuttgart 1989.

[23] Nach dem Tiger tauchen dann noch Bär und Affe auf.

Raubtiers legen: »Mein Leben setz' ich gegen einen Witz; Die Peitsche werf' ich fort und diese Waffen und geb' mich harmlos, wie mich Gott geschaffen. Wißt ihr den Namen, den dies Raubtier führt? – Verehrtes Publikum. – Hereinspaziert!!« (S. 10). Dem Publikum, das doch dasitzt, ein Spektakel von und mit dem *wilden, schönen Tier* vorgeführt zu bekommen – dem Publikum dürfte klar sein, daß es selbst das Raubtier ist, von dem der Tierbändiger spricht. Der Topos des *wilden, schönen Tieres* erweist sich also als gleitender, proteischer: Die Formulierung kennzeichnet Darsteller wie Zuschauer – und Frauen wie Männer. Jedenfalls läßt sich vom Prolog ausgehend jene – doch allgemein als ausgemacht geltende – klare Identifizierung, daß Lulu das *wilde, schöne Tier* sei[24] (eine Identifizierung, die einmal mehr das animalisch Triebhafte bei der Frau zu verorten sucht), *nicht* halten. Bereits in ihm wird jener auch psychoanalytisch verbürgte Weiblichkeitsdiskurs dekonstruiert, für den Wedekinds *Lulu*-Stücke so lange (auch von der kritischen feministischen Psychoanalyse etwa Christa Rohde-Dachsers[25]) als Beleg herangezogen wurden.

Auffällig ist die Tiermetaphorik auch in der letzten Szene des ›Doppeldramas‹. Lulu, die als ganz heruntergekommene Prostituierte in London lebt, hat sich ihren letzten Kunden in die Kammer, in der sich auch Gräfin Geschwitz aufhält, geholt: Jack the Ripper. Der streicht »der Geschwitz wie einem Hunde den Kopf« – bedauernd nennt er sie »Armes Tier!«. Später, nachdem Jack the Ripper beide Frauen niedergestochen hat, sagt er über die Gräfin: »Dies Ungeheuer ist ganz sicher vor mir!« (S. 179). *Tier* und *Ungeheuer* nennt Jack die Geschwitz, weil er ihre lesbische Disposition erkannt hat. Was Wedekinds Stück hier so provozierend macht, ist, daß es einen der bestialischsten und pathologischsten Frauenmörder der Geschichte (der auf seine Weise ›heterosexuell‹ agiert: Er ›penetriert‹ weibliche Opfer mit einem Messer und weidet sie wie Schlachttiere aus), den es zu seinen *personae dramatis* zählt, Mitleid und Abscheu vor einer Person ausdrücken läßt, deren einziges ›Vergehen‹ es ist, nicht heterosexuell zu sein (und die ansonsten fast die einzige Figur im Stück ist, deren Liebe auch einen Beisinn von *agape* hat; in einem emphatisch humanistischen Sinne ist die Geschwitz einer der wenigen *Menschen* im Drama – es erscheint ein bißchen so, als verfüge sie über dieses ›humanistische‹ Reservoir, weil sie von den kruden Jäger-und-Beute-Spielen der Zwangsheterosexualität freigesetzt ist[26]).

Das Biest, das *wilde Tier*, das nach der *communis opinio* der Forschung bezogen auf das ganze Drama die Protagonistin Lulu ist (und als das in dieser letzten Szene Gräfin Geschwitz bezeichnet wird), ist aber offensichtlich keine Frau, sondern ein Mann: Jack the Ripper. Lulu als wildes, schönes Tier, oder die Gräfin als armes Tier und Ungeheuer, stellen also allenfalls die *screen* dar, hinter der sich das wahre

---

[24] Vgl. z. B. Erhard Weidl, Nachwort zu: Frank Wedekind: *Lulu. Erdgeist. Die Büchse der Pandora*, hg. v. Erhard Weidl, Stuttgart 1989, S. 183–206, hier S. 194.

[25] Christa Rohde-Dachser: *Expedition in den dunklen Kontinent. Weiblichkeit im Diskurs der Psychoanalyse*, Berlin 1991, S. 108–117.

[26] Vgl. auch Boa: The Sexual Circus, S. 114.

Raubtier und die wahre Bestie verbirgt. Der Inhalt der Büchse der Pandora ist – ein Mann.

In diese Rolle, in die Rolle Jack the Rippers schlüpfte Wedekind selbst als Schauspieler. Am 29. Mai 1905 gab er im Wiener Trianon-Theater den Frauen-mörder in seinem Stück. Meines Erachtens nun ist diese Rollenwahl nicht kontin-gent, keine biographische Quisquilie, sondern ästhetisch selbstreflexiv: Sie verweist auf den ganz und gar *gender*-spezifizierten mortifizierenden Aspekt der künstleri-schen Arbeit, wie ihn vor einigen Jahren ausführlich Elisabeth Bronfen in *Nur über ihre Leiche*[27] beschrieben hat. In ihrer dickleibigen Studie weist Bronfen an zahllo-sen literarischen Texten, Gemälden, Filmen der ›Moderne‹ seit 1750 eine stupende Gleichsetzung von Weiblichkeit und Tod nach und erklärt die weibliche Leiche zum zentralen kulturellen Paradigma, zum »Grund und Fluchtpunkt unseres kulturellen Repräsentationssystems«[28]. Schöne Frauen – so ihre These – würden vom Künstler-Mann getötet, um ein Kunstwerk hervorzubringen, die weibliche Leiche werde in der kulturellen Narration als Kunstwerk behandelt. Was Jacques Lacan als Grund-axiom jeder Kultur, jeder symbolischen Ordnung formuliert: *La femme n'existe pas*, wird von Bronfen damit im Kunstwerk als poetologisches, als produktions-ästhetisches, als kulturtheoretisches Prinzip veranschaulicht: die Tötung des Weib-lichen, die Konstituierung der symbolischen, der kulturellen Ordnung durch den Ausschluß der (lebendigen) Frau, die Transformation eines »als belebte Natur wahrgenommenen oder kulturell konstruierten (weiblichen) Körpers in unbelebte ästhetische Gestalt«[29]. Etwas reißerischer ausgedrückt: Männer machen Kunst ›nur über Frauenleichen‹; Texten, künstlerischer Arbeit *en général*, liegen mithin ›Mord-geschichten‹ zugrunde. Strukturell bildet also die Lustmörder-Opfer-Konstellation, mit der *Die Büchse der Pandora* endet, die Maler/Modell-Konstellation ab, mit der Wedekinds *Erdgeist* beginnt.

Frank Wedekind also spielt Jack the Ripper – und Georg Grosz (um auf ein Beispiel aus der bildenden Kunst zu verweisen, das ganz ähnlich organisiert ist) schlüpft in einer Photographie von 1918 (Abb.), die betitelt ist mit *Selbstbildnis mit Eva Peter im Studio des Künstlers*, in die Rolle des brutalen englischen Frauen-mörders.

---

[27] Elisabeth Bronfen: *Nur über ihre Leiche. Tod, Weiblichkeit und Ästhetik*, München 1994 (Originalausgabe: *Over Her Dead Body. Death, Femininity and the Asthetic*, Manchester 1992).

[28] Bronfen: Nur Über ihre Leiche, S. 623.

[29] Ebd.

aus: Maria Tatar: *Lustmord. Sexual Murder in Weimar Germany*,
       Princeton, NJ 1995, S. 5.

Maria Tatar führt in *Lustmord* dazu aus:

> George Grosz, who painted more than his share of what he called ›ladykillers‹
> (in the literal sense of the term) and of their mutilated victims, once had
> himself photographed in the pose of Jack the Ripper. Menacing his victim
> with a knife pointed at her genitals, he transforms himself from the creative

artist who frames, contains, and appropriates the seductive appeal of his
model into a murderer prepared to destroy the source of male heterosexual
desire and of artistic inspiration. The female model – absorbed in the
contemplation of her own image (note the redundant presence of both a hand
mirror and a near full-length mirror) – puts herself on display in a gesture of
serene self-sufficiency.[30]

She [the female model – C. L.] has, in a sense, made the artist superfluous by
creating herself as a work of art, as the target of the male connoisseur's gaze.
And that reason alone may be sufficient to account for the artist's impersona-
tion of a man prepared to assault, disfigure, and mutilate the body before
him.[31]

Letzteres kann man anders sehen. Der Künstler wird auf der Photographie, die Grosz
von sich anfertigen ließ, nicht zu Jack the Ripper, weil ihm sein Modell den Tort
antut, mit ihm artistisch zu rivalisieren – das tut sie nämlich gerade nicht: inszeniert
sie sich doch nach dem Muster der fetischisierenden Blicke, die sie zum Kunst*objekt*
machen (sie okkupiert also die passive, nicht die aktive, künstlerisch gestaltende und
kulturell als männlich semantisierte Position). Der Künstler wird zu Jack the Ripper,
weil er so das mortifizierende, das stillstellende, Lebendiges in unbelebte ästhetische
Gestalt verwandelnde Prinzip ästhetischer Produktion ganz buchstäblich umsetzen
kann – es geht um Literalisierung. Grosz' Photo stellt also auf stupende Weise nach,
was Bronfen als figuratives *und* literales Prinzip des Kunstschaffens herausgestellt
hat:[32] die Mortifikation der Frau – und im Groszschen Fall nicht irgendeiner Frau:
Es geht um die Mortifikation von Eva Peter, die Grosz zwei Jahre später, 1920,
heiraten sollte. Und auch – um zu Wedekind zurückzukommen – Jack the Rippers
alias Wedekinds Bühnenopfer ist nicht irgendeines. Spielte doch Wedekinds Braut
Tilly Newes in jener Aufführung im Wiener Trianon-Theater die Rolle der zu
Ermordenden.

Wedekind schreibt das von Bronfen beschriebene Mortifikationstheorem
gewissermaßen in die ›Rahmenszenen‹ des ›Doppeldramas‹ ein. *Erdgeist* beginnt
mit einer Ateliersituation (die Bezug nimmt auf Maler Conti und das Kunstgespräch
in Lessings *Emilia Galotti*): Lulu, die schöne junge Frau des alten Doktor Goll, wird
vom Maler Schwarz porträtiert; die quirlige Kind-Frau wird in der ästhetischen
Konfiguration stillgestellt – kein Stilleben, dennoch eine *nature morte*. Der Pinsel
des Malers substituiert, in Wedekinds Stück so trivial wie schlüssig, das männliche
Genitale. Sogar Lulu bemerkt das – und formuliert scharfsinnig: »Ein Maler ist doch
auch eigentlich gar kein Mann« (S. 18); damit argumentiert die Wedekindsche
Protagonistin ganz ›sublimationstheoretisch‹: sie definiert als Maler jemanden, der
seine sexuelle Energie in bildkünstlerische umwandelt – und deshalb »eigentlich gar
kein Mann« mehr ist. Jack the Ripper in der Schlußszene wird dann keine figurative

---

[30] Maria Tatar: *Sexual Murder in Weimar Germany*, Princeton 1995, S. 4f.
[31] Tatar: *Lustmord*, S. 5.
[32] Bereits Hauke Stroszeck, der eine Lektüre Lulus als Allegorie der Kunst versucht, spricht von
Lulus ›Stillegung‹ durch Jack the Ripper (Stroszeck: Ein Bild vor dem die Kunst verzweifeln muß,
S. 235).

Mortifikationsarbeit mehr leisten, sondern literale.[33] Statt eines Pinsels verfügt er über ein Messer (die Kette phallischer Substitutionen geht also weiter) – und penetriert damit Lulus Leib. Jacks sexuelle Energie ist nurmehr zerstörerisch: seine Lust ist das Morden. Und er ist der einzige unter den zahlreichen männlichen Protagonisten im Stück, der Lulus Büchse der Pandora[34] schließen kann [resp. der sie zerstört]. Männliche Mordlust gegen Frauen erscheint so auch ein wenig als letztmögliche Reaktion auf den Bazillus Frau, der so gefährlich und so vernichtend ist und der nahezu alle Männer affiziert: einige so sehr, daß sie im Tode selbst weiblich werden – so stirbt der Maler Schwarz, indem er sich die Kehle durchschneidet, eine Todesart, die ich als Selbstkastration i. e. Feminisierung lese.

Wer aber ist jene Frau, von der alle überzeugt sind, daß sie ihnen so viel Unglück bringe, jene mythische Über-Frau, die alle Männer vernichtet – jenes Superweib, dem kein Mann widerstehen kann? Was die Beantwortung dieser Fragen angeht, ist Wedekinds Stück sehr genau – und auf die feministische Forschung, die das herausgearbeitet hat, habe ich ja schon hingewiesen. Das Superweib, dem kein Mann widerstehen kann, ist eines, das sich die Männer im Stück sämtlich selbst konstruieren – Lulu figuriert als die vielen Galatheas, die jeder ihrer Ehemann-Liebhaber-Pygmalions aus ihr macht (sie kostümieren sie, lassen sie tanzen, Modell stehen usw.): Und weil es viele Ehemänner und Liebhaber sind, hat Lulu ja auch so viele Namen. Jene Männer, die sich zu Lulus Opfern zählen, gehen mithin an einer Konstruktion zugrunde, die sie selbst errichtet haben. Lulu ist also alles andere als jenes autonome Naturweib, das die Männer planlos vernichtet. Um es mit den

---

[33] Ortrud Gutjahr liest den Schluß des ›Doppeldramas‹ als utopischen Entwurf Wedekinds. Sie schreibt: »Indem Wedekind in seiner *Lulu*-Doppeltragödie die Struktur der Mythenbildung offenlegt und damit eine kritische Perspektive auf Kultur und Gesellschaft seiner Zeit eröffnet, läßt er durch die Vernichtung der Frau als Projektionsfläche deutlich werden, daß der männliche Blick nicht mehr über dieses *Urprinzip* zurückgespiegelt und bestätigt werden kann. Lulus Tod im Text, die literarisch insze-nierte Vernichtung einer eingespielten Wahrnehmungsstruktur, verweist jenseits des Textes auf die letzten Tage dieses männlichen Blicks. [...] In Wedekinds Text wird Lulu als Prinzip männlicher Selbst-reflexion vernichtet, geht ein Bild der Frau, als Mythos entlarvt, zugrunde. Was sich mit dieser literarisch inszenierten Befreiung der Frau aus dem Verführungsmythos als Perspektive aber eröffnet, ist die Not-wendigkeit sowohl geschichtlicher als auch wechselseitig orientierter Selbstreflexion von Mann *und* Frau« (Gutjahr: Lulu als Prinzip, S. 70f.).

Johanna Bossinade bemerkt dazu – m. E. mit Recht: »Weil Lulu als Trägerin des Prinzips des Weiblichen mit dem Prinzip identisch sein soll, wird übersehen, daß mit dem Prinzip auch ein weiblicher Körper stirbt. Und dabei vermag einzig das gemalte Porträt Lulus den Tragödienablauf halbwegs unbeschädigt zu überstehen! Die scheinbar widerspruchsfreie Stimmigkeit von Gutjahrs Deutung über-deckt eine fatale Schwierigkeit. Denn wie und wo könnte die aus dem Mythos entlassene Frau existieren, wenn sie körperlich ausgelöscht wird? Wie soll eine Wahrnehmungsstruktur untergehen, wenn nur deren ›Objekt‹ und nicht zugleich auch ihr Träger beseitigt wird? Der Mörder überlebt, die Frau nicht, und da soll gerade sie befreit sein? Ich könnte sogar behaupten, daß Jacks Tat den tödlichen Blick des Mannes auf die Frau bis zum nächsten Mord perpetuiert. Was die Interpretin als eine kritische Perspektive des Stücks ausmacht, wirkt so gesehen eher als unfreiwilliger Zynismus« (Bossinade: Prolegomena, S. 109).

[34] Daß es sich um ein männerverschlingendes und männermordendes Weib handle, darin sind sich alle Ehemänner und Liebhaber Lulus einig (und eigentlich werden *alle* Männer entweder ihre Ehemänner oder ihre Liebhaber).

Worten Zadeks zu sagen (der Ende der achtziger Jahre mit Susanne Lothar in der Titelrolle eine der beachtlichsten Wedekind-Inszenierungen überhaupt präsentierte: auf die Bretter brachte der Regisseur die *Monstretragödie* von 1894): »1900 war Lulu ein Killer. Heute ein Opfer.«[35] Warum Lulu ein Opfer ist, das schreibt Zadek mit äußerster Präzision in seine Inszenierung ein, zeichnet er doch Lulu als mißbrauchtes kleines Mädchen.[36] Daß das *sujet* ›sexueller Mißbrauch‹ in der *Monstretragödie* angelegt ist, läßt sich zeigen: in ihrem Gespräch mit der Geschwitz (18. Auftritt), in dem Lulu diese zu überreden versucht, mit Rodrigo zu schlafen, heißt es – in wünschenswerter Deutlichkeit: »DIE GESCHWITZ: – Verlangen Sie – verlangen Sie alles von mir – alles – verlangen Sie – jede – Gräßlichkeit – alles – alles – LULU: Ich mußte es, als ich noch keine Drei zählen konnte. – Das war auch keine Freude.«[37] Sicher ist richtig, daß die *Monstretragödie* nicht mit psychologisch ›geschlossenen‹ Charakteren operiert, insofern läßt sich für den frühen Wedekindschen Text nur konstatieren, daß *sujet* ›sexueller Mißbrauch‹ werde sehr klar benannt, aber nicht behaupten, er schildere etwa ›das Drama des mißbrauchten Kindes‹. *Erdgeist* und *Die Büchse der Pandora* der Ausgabe letzter Hand operieren schon eher mit fixierbaren, psychologisch erklärbaren Charakteren – und einem ›Mißbrauchsdrama‹. Nahegelegt wird, daß Lulu durch ihren sozialen Vater (der Text suggeriert durchaus, daß es sich auch um ihren natürlichen Vater handelt[38]) Schigolch sexuell ausgebeutet wurde – und weil das das Muster ist, das sie prägt, sucht sie sich immer wieder Väter, Goll und all die anderen,[39] die mit diesem sexuellen Mißbrauch fortfahren. In *Erdgeist* und *Büchse der Pandora* steht – ich vereinfache nur unwesentlich – einer patriarchalen Welt von ›Vätern‹ die (töchterlich konnotierte) Lulu gegenüber (mit der fast alle diese Väter schlafen); das Drama setzt die Figur des sexuellen Mißbrauches in Szene – ganz unabhängig davon, ob

---

[35] Peter Zadek u. Johannes Grützke: *Lulu: eine deutsche Frau, frei nach Wedekind*, Frankfurt 1988, S. 16f.

[36] In den Interviews, die Zadek zu seiner Inszenierung der ›Ur-*Lulu*‹ gegeben hat; geht er allerdings auf die mise-en-scène des Mißbrauchs nicht ein. Nach seinem Verständnis präsentiert seine Inszenierung paradiesische Unschuld, natürliche Sinnlichkeit, Schamlosigkeit – im nicht pejorativen Sinne des Wortes.

[37] Wedekind: Monstretragödie, S. 98.

[38] In der Sekundärliteratur wird durchgängig angenommen, bei Schigolch handele es sich nicht um Lulus ›biologischen‹ Vater – meist mit Verweis auf das kleine Gespräch zwischen Schigolch, Hugenberg und Rodrigo (auch Lulu kommt noch hinzu) in *Erdgeist* IV, 6. Nun läßt dieses Gespräch eher vermuten, daß Schigolch *doch* der Vater Lulus ist, vermeidet er doch ein klares Nein auf die diesbezügliche Frage. Rodrigo zu Schigolch: »Sie [Lulu – C. L.] ist also nicht dein Kind?« Schigolch antwortet äußerst vieldeutig: »Fällt ihr nicht ein.« (Was etwa auch heißen könnte, ja sicher ist sie das, sie verhält sich aber undankbar und unfreundlich, als sei sie nicht mein Kind.) Auch der weitere Fortgang des Gesprächs läßt eher vermuten, daß Schigolch der Vater Lulus ist (aber vermeidet, seine Vaterschaft zu bekennen). »HUGENBERG: Wie heißt denn ihr Vater? SCHIGOLCH: Sie hat mit mir renommiert! HUGENBERG: Wie heißt denn ihr Vater? [...] SCHIGOLCH: Sie hat nie einen gehabt« (S. 81). Damit hat Schigolch gar nicht einmal Unrecht, Lulu hatte wohl tatsächlich keinen Vater, sondern seit frühester Kindheit einen wenig väterlichen Zuhälter und Liebhaber.

[39] Das insbesondere Goll und Lulu kein einigermaßen ›egalitäres‹ Paar darstellen, sondern »Schmerbauch« und »Engelskind« (S. 12), »süßes Geschöpf« und »Alte[r]« (S. 13) postfigurieren, wird schon in *Erdgeist* I, 1 überaus deutlich herausgestellt.

sich nachweisen läßt, daß Schigolch mit seiner (›biologischen‹ oder ›nur‹ ›sozialen‹) Tochter Lulu geschlafen hat – oder ob sich das nicht nachweisen läßt. Dafür, daß das Drama nahelegt, Schigolch sei Zuhälter und Liebhaber seiner kleinen Tochter gewesen, können Argumente angeführt werden. Offenbar ließ Schigolch die kleine Lulu als ›Blumenmädchen‹ (das nicht nur literale Blumen, sondern auch ihr eigenes ›Blümchen‹ zu verkaufen hatte) arbeiten. In *Erdgeist* II, 4 erzählt Schön dem Maler Schwarz, daß er Lulu seit ihrem zwölften Lebensjahr kenne. »SCHÖN: Sie verkaufte Blumen vor dem Alhambra-Café. Sie drückte sich barfuß zwischen den Gästen durch, jeden Abend zwischen zwölf und zwei. [...] Ich sage es dir, damit du siehst, daß du es nicht mit moralischer Verworfenheit zu tun hast« (S.46f.). Natürlich sagt ›es‹ Schön, gerade deshalb, um Schwarz auf die Vergangenheit Lulus als Prostitu-ierte hinzuweisen. Und Geld kassiert Schigolch zu Beginn des Dramas *immer noch* von der sich *immer noch* (nur nicht mehr auf der Straße) prostituierenden Lulu. Kaum ist Schigolch in II, 2 bei Lulu aufgetaucht, fragt sie ihn: »LULU: [...] Wieviel brauchst Du? SCHIGOLCH: Zweihundert, wenn du soviel flüssig hast; meinetwegen dreihundert [...]« (S. 35). Schigolch ist mit Lulu aber nicht nur finanziell verstrickt; zwischen beiden Protagonisten steht nicht nur eine Geld-, sondern auch eine Bett-geschichte: Im zweiten Aufzug der *Büchse der Pandora* tröstet Schigolch die weinende Lulu. »SCHIGOLCH: Hm – du übernimmst dich, mein Kind. – Du mußt dich ausnahmsweise mal mit einem Roman zu Bett legen. – Weine nur; weine dich nur recht aus. – So hat es dich auch schon vor fünfzehn Jahren geschüttelt. Es hat seitdem kein Mensch mehr so geschrien, wie du damals hast schreien können. – Damals trugst du noch keinen weißen Federbusch auf dem Kopf und hattest auch keine durchsichtigen Strümpfe an. Du hattest weder Stiefel noch Strümpfe an deinen Beinen. LULU: (*heulend*) Nimm mich mit dir nach Haus! Nimm mich diese Nacht mit zu dir! Ich bitte dich! Wir finden unten Wagen genug!« (S. 147f.). Der 14. Auftritt der *Monstretragödie* formuliert(e) noch ein wenig deutlicher: »LULU: Ich bitte dich – nimm mich mit! Nimm mich mit – mit dir! Ich bitte dich – erbarm dich mein! – Nimm mich wieder zu dir!«[40] Schigolchs Auslassungen über die nackten Beine der kindlichen Lulu haben eine deutlich sexualisierte Färbung; man kann vermuten, daß er seine Tochter damals auf eine ganz bestimmte Art und Weise ›tröstete‹, indem er sie ›zu sich‹ nahm – und so bittet Lulu ihn ganz folgerichtig, *wieder* ›mitgenommen‹ zu werden. Daß es nicht einfach darum geht, bei Schigolch zu wohnen, macht der Kontext deutlich. Lulu, die ganz und gar kein Interesse daran hat »mit einem Roman zu Bett« zu gehen, fürchtet, in einem Bordell arbeiten zu müssen, und versucht, mit der Wiederaufnahme einer Liaison mit Schigolch das kleinere Übel zu wählen.

Zadeks Inszenierung der *Monstretragödie* (die – und damit arbeitet sie dem *Lulu*-Urtext entgegen – durchaus auf ›Psychologisierung‹ setzt), führt(e) die Traumatisierung Lulus mit großer Konsequenz vor, die Lulu-Darstellerin Susanne Lothar verhält sich wie eine Fünfjährige, die altersunangemessenes sexuelles, ja hypersexualisiertes Verhalten zeigt, zwanghaft promisk ist, Liebe, Fürsorge und Sexualität verwechselt – mithin jene Störungen reproduziert, die – wie etwa in

---

[40] Wedekind: Monstretragödie, S. 92.

Fischers *Lehrbuch der Psychotraumatologie*[41] oder auch in Alice Millers *Du sollst nicht merken*[42] nachzulesen ist – für frühen Mißbrauch kennzeichnend sind. Hinweise auf die eigenartig anmutende sexualisierte ›Kindlichkeit‹ Lulus finden sich aber nicht nur in der *Monstretragödie*, sondern auch in der Ausgabe letzter Hand. So führt Alwa im dritten Aufzug der *Büchse der Pandora* über die *Erdgeist*-Lulu aus, daß diese »damals, obgleich sie als Weib schon vollkommen entwickelt war, den Ausdruck eine[r] [F]ünfjährigen« gehabt habe (S. 162).[43] Eine demythisierende Lektüre von Wedekinds *Lulu* zeigt mithin nicht nur, daß die Protagonistin kein *wildes, schönes Tier* ist; sie zeigt auch, daß die autonome ›natürliche‹ weibliche Sexualität, das ›Urweibliche‹, das Lulu angeblich verkörpert, bloß ein Phantasma der Protagonisten und Interpreten ist – ein Phantasma, das sie daran hindert, wahrzunehmen, daß der Wedekindsche Dramentext mit einer *backstorywound* operiert: ein Verweisspiel auf Trauma und Mißbrauch in Szene setzt.

Literatur

Boa, Elizabeth: *The Sexual Circus. Wedekind's Theatre of Subversion*, Oxford 1987.

Bossinade, Johanna: »Prolegomena zu einer geschlechtsdifferenzierten Literaturbetrachtung. Am Beispiel von Wedekinds Lulu-Dramen«, in: *Jahrbuch für Internationale Germanistik* 24 (1993), S. 97–120.

Bovenschen, Silvia: *Die imaginierte Weiblichkeit. Exemplarische Untersuchungen zu kulturgeschichtlichen und literarischen Präsentationsformen des Weiblichen*, Frankfurt 1979.

Bronfen, Elisabeth: *Nur über ihre Leiche. Tod, Weiblichkeit und Ästhetik*, München 1994 (Originalausgabe: *Over Her Dead Body. Death, Femininity and the Asthetic*, Manchester 1992).

Fischer, Gottfried: *Lehrbuch der Psychotraumatologie*, Frankfurt 1998.

Florack, Ruth: *Wedekinds ›Lulu‹. Zerrbild der Sinnlichkeit*, Tübingen 1995.

Gutjahr, Ortrud: »Lulu als Prinzip. Verführte und Verführerin in der Literatur um 1900«, in: Irmgard Roebling (Hg.): *Lulu, Lilith, Mona Lisa ... Frauenbilder der Jahrhundertwende*, Pfaffenweiler 1989, S. 45–76.

Miller, Alice: *Du sollst nicht merken*, Frankfurt 1981.

---

[41] Gottfried Fischer: *Lehrbuch der Psychotraumatologie*, Frankfurt 1998.

[42] Alice Miller: *Du sollst nicht merken*, Frankfurt 1981.

[43] Daß Alwa dieses Kind für ›kerngesund‹ und ›munter‹ hält (S. 162), sagt wohl nur etwas über seine Gefangenheit in Projektionen und seine Blindheit aus.

Rice, John R.: » ›...bist im Leib deiner Mutter nicht fertig geworden‹. The Lesbian Figure in Wedekind's Lulu-Plays«, in: Marianne Henn und Britta Hufeisen (Hg.): *Frauen: MitSprechen. MitSchreiben. Beiträge zur literatur- und sprachwissenschaftlichen Frauenforschung*, Stuttgart 1997, S. 441–454.

Rohde-Dachser, Christa: *Expedition in den dunklen Kontinent. Weiblichkeit im Diskurs der Psychoanalyse*, Berlin 1991.

Schönert, Jörg: » ›Lulu Regained‹. Überlegungen zur Lektüre von Frank Wedekinds Monstretragödie (1894)«, in: Frank-Rutger Hausmann [u. a.] (Hg.): *Literatur in der Gesellschaft. Festschrift für Theo Buck zum 60. Geburtstag*, Tübingen 1990, S. 183–193.

Stroszeck, Hauke: » ›Ein Bild vor dem die Kunst verzweifeln muß‹. Zur Gestaltung der Allegorie in Frank Wedekinds Lulu-Tragödie«, in: Hans-Peter Bayerdörfer, Karl-Otto Conrady, Helmut Schanze (Hg.): *Literatur und Theater im Wilhelminischen Zeitalter*, Tübingen 1978, S. 217–237.

Tatar, Maria: *Sexual Murder in Weimar Germany*, Princeton 1995.

Utz, Peter: »Was steckt in Lulus Kleid? Eine oberflächliche Lektüre von Wedekinds Schauerdrama«, in: Wolfram Malte Fues und Wolfram Mauser (Hg.): *›Verbergendes Enthüllen‹. Zur Theorie und Kunst dichterischen Verkleidens. Festschrift für Martin Stern*, Würzburg 1995, S. 265–276.

Vinçon, Harmut: »Lulu. Dramatische Dichtung in zwei Teilen. Eine philologische Revision«, in: *Frank Wedekind. Texte, Interviews, Studien*, hg. v. Elke Austermühl [u. a.], Darmstadt 1989, S. 77–128.

Wedekind, Frank: *Die Büchse der Pandora. Eine Monstretragödie*, historisch-kritische Ausgabe der Urfassung von 1894, herausgegeben, kommentiert und mit einem Essay von Hartmut Vinçon, Editions- und Forschungsstelle Frank Wedekind, Darmstadt 1990.

Wedekind, Frank: *Lulu. Erdgeist. Die Büchse der Pandora*, hg. v. Erhard Weidl, Stuttgart 1989.

Wedekind, Frank: *Werke*, Bd. 1 und 2, hg. mit Nachwort und Anmerkungen v. Erhard Weidl, München 1990.

Weidl, Erhard: »Lulu's Pierrot-Kostüm und die Lüftung eines zentralen Kunstgeheimnisses«, in: *editio. Internationales Jahrbuch für Editionswissenschaften* 2 (1988), S. 90–110.

Weininger, Otto: *Geschlecht und Charakter. Eine prinzipielle Untersuchung*, München 1997.

Zadek, Peter, und Grützke, Johannes: *Lulu: eine deutsche Frau. Frei nach Wedekind*, Frankfurt 1988.

Petra Strasser

»LUL«-DRAMEN IN DER MUSIKALISCHEN REZEPTION: ALBAN BERGS OPER »LULU« – TEXT / MUSIK

> [...] daß die musikalische Signifikanz viel deutlicher als die linguistische Bedeutung von Begierde durchdrungen ist. [...] Durch die Musik verstehen wir den Text besser als Signifikanz.[1]

Vor dem Bild Lulus stehend, beginnt Alwa ein Rezitativ:
»Ü-ber die lie-ße sich freilich ei-ne in-te-res-sante O – per schreiben.«[2]

Alban – Alwa komponierte nach der Textvorlage der beiden Lulu-Dramen Wedekinds – ›*Erdgeist*‹ und ›*Büchse der Pandora*‹ – seine zweite Oper. Den Text kannte er schon seit langer Zeit. Als Zwanzigjähriger hat er 1905 an der von Karl Kraus initiierten Aufführung in Wien teilgenommen. Die Arbeit von Alban Bergs letzten acht Lebensjahren war durch die Komposition dieser Oper geprägt. *Lulu* wurde im April 1934 als Particell vollendet. Nach dem ›Überarbeiten‹ des Particells der ganzen Oper begann Berg mit der Ausarbeitung der Instrumentation. Zuerst werden die fünf symphonischen Stücke aus der Oper *Lulu*, – heute sind sie als *Lulu-Suite* bekannt – zusammengestellt. Am 30. November 1934 dirigierte Erich Kleiber in Berlin die Uraufführung, die für ihn ein politisches Wagnis war, – er mußte kurz danach emigrieren! In der Presse kam es zu heftigen Angriffen gegen Werk und Aufführung, es hieß, Bergs Musik sei dem Machwerk Wedekinds ebenbürtig und eine Schande für die deutschen Ohren. Als Alban Berg am 23.12.1935 starb, waren die ersten beiden Akte der Oper abgeschlossen, der dritte Akt war bis Takt 268 fertig instrumentiert, und es lagen die beiden letzten Sätze der Symphonischen Stücke (Variationen, Adagio), des dritten Akts vor. Die Welturaufführung fand im Juni 1937 unter der Leitung von Robert F. Denzler in Zürich statt, die Erstaufführung, mit dem von Friedrich Cerha fertiggestellten dritten Akt, im Februar 1979, unter der Leitung von Pierre Boulez in Paris.

Am 11.12.1935 wurde die *Lulu-Suite* zum ersten Mal in Wien aufgeführt, »Berg, der die Todeskrankheit damals schon in sich trug, nahm eifrig an der Vorbereitung der Aufführung teil und konnte sich im Konzert noch dankend zeigen; es war

---

[1] Roland Barthes: *Was singt mir, der ich höre in meinem Körper das Lied*, Berlin 1979, S. 67/68.
[2] Alban Berg: *Lulu. Partitur I. und II. Akt*, hg. v. H. E. Apostel, 1963, rev. Friedrich Cerha, Wien 1985, hier 1. Akt, 3. Szene, T 1095–1098.

das erste Mal, daß er den Orchesterklang seiner Lulu hörte und gleichzeitig das letzte Mal, daß Musik zu ihm drang[3].

Nach dem musikalischen und finanziellen Erfolg von *Wozzeck* entstanden bei Berg Pläne für eine neue Oper. Auf Anregung des Freundes, Soma Morgenstern, studiert er den Text von Hauptmanns *Glashüttenmärchen: Und Pippa tanzt*.[4] Erste szenische und musikalische Aufzeichnungen werden gemacht.[5] Gleichzeitig beschäftigt sich Berg auch mit den Texten der Wedekind-Dramen. Theodor W. Adorno spricht sich »mit allen Argumenten für den Lulu-Stoff«[6] aus. Nachdem sich die Verhandlungen über die Aufführungsrechte und Tantiemenbeteiligung mit Gerhart Hauptmann und dem S. Fischer Verlag als schwierig und unannehmbar erweisen, entscheidet sich Berg für den Text von Wedekind und teilt dieses seinem Lehrer und Freund A. Schönberg in einem Brief am 1.9.1928 mit: »Obwohl ich über 300 Takte komponiert habe, ist das ja nur ein Anfang von den 3000 und mehr Takten, die so eine Oper hat. Und welche Schicksale mögen auch meine diesbezüglichen Pläne – trotz strengster Disposition – im Lauf der Arbeits-Jahre erleiden«[7]! (Es wurden 3837 Takte.)

Der Prolog (T 1–85) eignet sich sehr gut, um daran aufzuzeigen, wie Berg Text und Musik gestaltet: Die Musik setzt ›Attacca‹ ein, ›Schmetternd‹ spielen 1. und 2. Posaune, ein Signal, welches von den Hörnern übernommen wird: die ›Erdgeist-quarten‹, die als Naturtonintervall im Gegensatz zum atonalen Kontext wie eine zeitlose Konstante immer wieder im Verlauf der Oper erscheinen.[8] In T 6 beginnt der ›Tierbändiger‹ in ungebundener Rede, geht von sprachhöhenfixiertem Sprechen über in halbgesungene Diktion, begleitet von einem melodischen Motiv der Violinen (von Berg jeweils als ›Hauptstimme‹ notiert) und dem charakteristischen Rhythmus in der Instrumentalgruppe (1./2. Fagott, Kontrafagott und Kontrabass) .

Musikalisch gliedert sich der Prolog in *Einleitung* T 1–8, ›*Zirkusmusik*‹ T 9–16, *Allegorie* T 17–43, *Auftritt Lulus* T 44–72, *Coda* mit Reprise der Zirkusmusik T 73–80 und *Reprise der Einleitung* T 80–85.[9] Bevor Lulu im T 46 erscheint, erklingt in T 42 der Todesrhythmus (Triangel, Klavier, Harfe). Bereits in diesen 85 Takten zeigt sich Bergs Fähigkeit, Elemente traditioneller Kompositionstechnik mit neuen Techniken (›freier Atonalität‹ und ›Zwölftonmethode‹) zu verbinden. Die musikwissenschaftliche Rezeption spricht von »essentieller Ambiguität« und »eigentümlicher Mehrdeutigkeit«, »seine Musik [hat] – und vornehmlich seine Harmonik – die Tendenz, Klänge anzuvisieren, die immer noch die alte, romantische Welt von Kon-

---

[3] Willi Reich: *Alban Berg*, Wien 1937, S. 126.

[4] Soma Morgenstern: *Alban Berg und seine Idole. Erinnerungen und Briefe*, Berlin 1999, S. 194.

[5] Dietmar Holland und Attila Csampai: *Alban Berg. Lulu. Texte, Materialien, Kommentare*, Reinbek 1985, S. 10.

[6] Thomas F. Ertelt: *Alban Bergs »Lulu« Quellenstudium und Beiträge zur Analyse*, Wien 1993, S. 19.

[7] Ertelt: Alban Bergs »Lulu«, S. 21.

[8] Albrecht von Massow: *Halbwelt, Kultur und Natur in Aban Bergs »Lulu«*, Stuttgart 1992.

[9] Manfred Reiter: *Die Zwölftontechnik in Alban Bergs Oper ›Lulu‹*, Regensburg 1973.

sonanz und Dissonanz heraufbeschwören, seine Fortschrittlichkeit einschränken und sein expressives Vokabular bereichern«[10].

In der Stimmgestaltung des Tierbändigers, führt Berg schon im Prolog den differenzierten, vielgestaltigen Umgang mit der Stimme vor: Der Tierbändiger beginnt in ungebundener Rede, geht in rhythmisiertes Sprechen über, dann in sprachhöhenfixiertes Sprechen (gebundenes Melodram), in Halbgesang, in Parlandogesang, beim Auftritt Lulus ins Cantabile, bis zur ironischen Überspitzung des ›Falsetts‹ in T 55, um dann wieder, wie in einer Umkehrung, halb sprechend, parlando seinen Monolog zu beenden. Schon im Prolog bezieht sich Berg (Hauptstimme: T 73–74) auf den dritten Akt (T 1–2), wobei er ein unterschiedliches Metrum einsetzt, von 3/4 zu 2/4, das Tempo wird verkürzt und schneller (MM 70 zu MM 90) vom ›Aufstieg‹ bis zum ›Niedergang‹ und gibt Hinweis auf die formale Struktur der Symmetrie, die sich in der Gestaltung der drei Akte der Oper aufzeigen läßt. Auch in den Tempi des Prologs läßt sich eine symmetrische Gestaltung erkennen: Beginnend mit MM 80–90, zur Mitte (T 46), bei der Stimmgebung ›cantabile‹ abnehmend auf MM 50–40 und zum Ende (T 80) wieder zunehmend MM 90–80.[11]

Den Prolog von Wedekind (99 Zeilen) hat Berg auf 40 Zeilen gestrichen. In der ersten Fassung teilt er den Text in sieben Abschnitte mit je fünf Versen, in der zweiten Fassung finden sich acht fünfzeilige Einheiten.[12] Ins Zentrum setzt er die allegorische Vorführung des Bestiariums, welches gleichzeitig oder davor in der Musik leitmotivisch identifiziert wird: Tiger – Dr. Schön (das Hauptthema ›seiner‹ Sonate klingt an), Bär – Athlet, Affe – Marquis, Kamel – Maler (Monoritmica), Gewürm – Schigolch (Akkord aus chromatischer Reihe), Krokodil – Geschwitz (Pentatonik), Schlange – Lulu (Lulu-Reihe, die mit Klavier durch die Schigolch-Akkorde T 43, begleitet wird).

Bereits im Prolog läßt sich aufzeigen, wie Berg mit der ›Dimension des Komponierens‹ einen Übertragungsprozeß vornimmt, indem er entweder Bestandteile des Textes, die er gestrichen hat, in anderer Form zum Ausdruck bringt oder die eigene Gestaltung des Textes mit seinem musikalischen Idiom ausgestaltet.

In der Rezeptionsgeschichte der Oper *Lulu* lassen sich zwei Schwerpunkte unterscheiden: eine mehr musikalisch-inhaltsbezogene Rezeption zusammen mit einer musikwissenschaftlichen Werkanalyse und die eher am Text und der Psychologie der Protagonisten orientierte Rezeption.

Mit meinem Beitrag soll der Versuch unternommen werden, die inhärenten Zusammenhänge von Text und Musik aufzuzeigen. Die Musik deutet nicht nur den

---

[10] Arnold Whittall: *Berg und das 20.Jahrhundert*, in: Anthony Pople (Hg.): *Alban Berg und seine Zeit*, Laaber 2000, S. 310–322, hier S. 321

[11] Hans-Ulrich Fuß: *Musikalisch-dramatische Prozesse in den Opern Alban Bergs*, Hamburg/ Eisenach 1991.

[12] Rosemary Hilmar: »Die Bedeutung der Textvorlagen für die Komposition der Oper ›Lulu‹ von Alban Berg«, in: Manfred Angerer u. a. (Hg.): *Festschrift Othmar Wessely zum 60. Geburtstag,*, Tutzing 1982, S. 265–294.

Text, aus dem Blickwinkel der Dramen, Berg hat auch die eigene musikalische Tradition reflektiert.[13]

Der Betrachtung möchte ich zwei Thesen voranstellen:

1. Die Bedeutungsvielfalt des Textes generiert zusammen mit der besonderen musikalischen Semantik von Berg, die über das Diktum – Musik als affektive Sprache hinausgeht – und so auch die formalen Elemente mit einbezieht, eine andere Ausdrucksqualität, als allein mit Sprache oder nur durch Musik zu erreichen ist. Dadurch wird eine weitere Wahrnehmungsebene eröffnet.

2. In der Textur der Musik lassen sich spezifische Modalitäten identifizieren, wie sie auch für unbewußte, vorsprachliche Denkabläufe des ›Primärprozesses‹ [14] charakteristisch sind.

Musik hat eine ästhetisch autonome Zeitgestaltung und symbolische Ladung.[15] Die Strukturen sind in ihrer Vielschichtigkeit nicht immer zu hören. In der musikalischen Wahrnehmung kann man das Phänomen des einfachen Hörens, welches an den primären auditiven Cortex gebunden ist, eine Art Kurzzeit-Erinnerung, die es ermöglicht, Details in einen Zusammenhang zu bringen, d. h. Einzeltöne einer einfachen Melodie als zusammenhängend zu hören, unterscheiden von dem Phänomen des komplexeren Hörens; im sekundären Cortex lokalisiert, umfaßt diese Form des Hörens vor allem zeitliche Phänomene, rhythmische Muster, Motive, Entwicklungsdynamik und verschiedene Aspekte eines Klanges.[16] Durch wiederholtes Hören kann die Vielschichtigkeit, ähnlich wie bei einem Text, immer deutlicher werden. Neben dieser auditiven Wahrnehmung gibt es eine bildhafte Wahrnehmung, die sich in der Graphik der Partitur ausdrückt, sie zeigt über Noten-Schrift Zusammenhänge auf, die möglicherweise wegen ihrer Differenziertheit nicht immer zu hören sind, aber wahrgenommen werden. In der Poesie, die Klang und Sprache verbindet, ist uns dieses vertrauter. Peter von Matt [17] spricht von einem »archaischen Überschuß« der Poesie, welche ein Element der Unverständlichkeit, von Evidenz und Verschlossenheit in einem, beinhaltet. Dieses, ich möchte es als ein ›Kipp-Phänomen‹ der Wahrnehmung bezeichnen, erzeugt einen ästhetischen Genuß oder, weniger romantisch ausgedrückt, eine Stimulierung der Aufmerksamkeit bei einem gleichzeitigen Fehlen reflexiver Bewußtheit.[18] Nicht alles in Musikstrukturen ist semantisch, der Reiz der Musik beruht darin, daß sie von zeichenhaftem Hören befreit. Ästhetisch fruchtbar ist die Unbestimmtheit, die produktive Phantasie erzeugt.[19]

---

[13] Vgl. Massow: Halbwelt, Kultur und Natur in Alban Bergs »Lulu«.

[14] Sigmund Freud: *Die Traumdeutung* (1900), in: ders.: *Gesammelte Werke (GW)* Bd. 2/3, Frankfurt a. M. ³961.

[15] Vladimir Karbusicky: *Grundriß der musikalischen Semantik*, Darmstadt 1986.

[16] Konrad Boehmer: *Wie die Zeit vergeht*, in: Manuskript: *Vom Innen und Außen der Klänge. Die Hörgeschichte der Musik des 20. Jahrhunderts*, SWR 2 »Musik spezial«, Baden-Baden 1999.

[17] Peter von Matt: *Die verdächtige Pracht. Über Dichter und Gedichte*, München/Wien 1998.

[18] Ulrich Moser: »Heftklammern und schwarze Kühe. Zu Poesie und Traum«, in: *Psyche* 54 (2000), H. 1, S. 28–50, hier S. 29

[19] Vgl. Karbusicky: Grundriß der musikalischen Semantik.

Die verschiedenen Handlungsebenen eines dramatischen Textes bilden mit den divergierenden psychischen Antrieben der Personen eine Gestalt, die einer musikalischen Bearbeitung die Möglichkeit eröffnen, kontrastierende Elemente der Handlung und entsprechende oder divergierende Erlebnisschichten der Personen auf der Ebene der musikalischen Gestaltung in einer Metasprache – Musiksprache – auszudrücken. So besitzt Musiksprache adäquate Mittel zur Umsetzung der Dramaturgie, die wiederum die Expressivität der Musik selbst steigern kann.[20] Die Sprachintonation ist nur eine der Quellen zur Semantisierung musikalischer Strukturen. Durch die verschiedenen musikalischen Formelemente werden im Handlungsablauf und in den Personen andere Schichten sichtbar bzw. musikalisch deutbar. Die musikalischen Vorgänge haben neben dem Text ihre eigene Semantik, die sich direkt auf die Szene beziehen kann, sich von der Szene löst oder Hinweise auf spätere Handlungsabläufe gibt. Im prozeßhaften Ablauf (Rhythmik und Tempo/ Metrum) entwickelt sich eine Gestalt, die sich eher an ein symbolisches Verstehen mit einem erlebnishaften Hören wendet. Das musikalische Idiom kann einen symbolischen Sinngehalt entwickeln, der sich in Sprache, auch wenn es ›erklingende‹ Sprache ist, nicht darstellen kann. Roland Barthes[21] spricht von einem »Körper der Musik«.

In Referenz zur psychoanalytischen Theorie, die ich in meine zweite These einbeziehe, generiert die musikalische Bearbeitung Modalitäten in die interaktive und intrasubjektive Struktur des dramatischen Textes (Handlungsverlauf, Persönlichkeitsstruktur der Personen), wie sie auch bei unbewußten und vorbewußten Denkabläufen als angenommen typisch beschrieben werden[22]: Verdichtung, Verschiebung, Verkehrung, Abspaltung, Translokation, Vergrößerung, Verkleinerung, Veränderung der Zeitstruktur. Unter diesem Aspekt kann sich auch eine andere Rezeption von musikalischer Gestaltung – Komposition – entwickeln, da sie sich gerade an eine andere als die bewußte Wahrnehmungsstruktur wendet. »Das Zuhören ist somit (unter tausend verschiedenen, indirekten Formen) mit einer Hermeneutik verbunden: Zuhören heißt die Stellung einnehmen, in der das Dunkle, Verschwommene oder Stumme dekodiert wird, um das ›Dahinter‹ des Sinns (was als verborgen erlebt, postuliert oder anvisiert wird) im Bewußtsein erscheinen zu lassen«[23].

Wie verwendet Berg den Text und welche musikalische Textur hat er entwickelt? Umgang mit der Textvorlage:

Die Unterlagen, die Berg für die Bearbeitung der Textgrundlage für *Lulu* verwendet, sind nur zum Teil in seinem Nachlaß erhalten geblieben.[24] Vorhanden sind zwei Ausgaben von *Erdgeist* (Ausgabe 1920 und Ausgabe 1921) und zwei Ausgaben der *Büchse der Pandora* (Ausgabe 1921 und eine Ausgabe ohne Titelblatt).

---

[20] Mateo Taibon: *Luigi Nono und sein Musiktheater*, Wien/Köln/Weimar 1993.

[21] Roland Barthes: *Der entgegenkommende und der stumpfe Sinn*, Frankfurt a. M. 1990, S. 11.

[22] Ludwig Haesler: *Psychoanalyse – Therapeutische Methode und Wissenschaft vom Menschen*, Stuttgart/Berlin/Köln 1994.

[23] Vgl. Barthes: Der entgegenkommende und der stumpfe Sinn, S. 253.

[24] Vgl. Hilmar: Die Bedeutung der Textvorlagen.

Es gibt verschiedene eigenhändige Entwürfe, die Berg vor der endgültigen Fassung des Textbuches konzipiert hat, sowie maschinenschriftliche Fassungen. Das Quellenmaterial gibt Einblick in die Arbeitsweise, es lassen sich vier Arbeitsgänge unterscheiden: Kürzungen, Änderungen in der Charakterisierung der Hauptrollen, Eintragung der musikalischen Formen im Text und musikalische Skizzen, die mit Textfragmenten versehen werden.

Die Vorlage wurde um vier Fünftel gekürzt. Berg setzte seinen Text in eckige Klammern, hatte also zur Imagination den Orginaltext vor Augen. Der Text diente so auch zur Inspiration für rhythmische, formale und melodische Einfälle. Manche Dialoge wurden in sich verändert, manches anderen Personen zugeordnet. Alles was nicht direkt mit der dramatischen Handlung in Verbindung steht, ist gestrichen. Details der Bühnenhandlung finden sich in der Instrumentierung und in reiner Orchestermusik wieder.

Bergs Oper gliedert sich in einen Prolog und sieben Bilder. Die erste Szene des ersten Akts der Oper – »Geräumiges, aber dürftig eingerichtetes Atelier« – faßt den dritten bis neunten Auftritt des ersten Aufzugs *Erdgeist* zusammen (der erste und zweite Auftritt wird gestrichen). Die zweite Szene – »Sehr eleganter Salon« – umfaßt den ersten bis fünften Auftritt des zweiten Aufzugs *Erdgeist* (der siebte Auftritt wird gestrichen). Die dritte Szene – »Garderobe im Theater« – nimmt den ersten bis dritten, dann den fünften und siebten bis zehnten Auftritt des dritten Aufzugs *Erdgeist* auf (der vierte, sechste, bis auf einen Satz der siebte und achte wird gestrichen). Die erste Szene (zweiter Akt) – »Prachtvoller Saal in deutscher Renaissance« – faßt die acht Auftritte des vierten Aufzugs *Erdgeist* zusammen. Die drei Aufzüge der *Büchse der Pandora* hat Berg für die zweite Szene (zweiter Akt) – »Saal wie früher« – und die beiden Szenen des dritten Akts – »Ein geräumiger Salon in weißer Stukkatur« und »Eine Londoner Dachkammer ohne Mansarden« – verwendet. Im dritten Akt ändert sich die Textgrundlage ganz entscheidend, im Sinne der musikdramatischen Konzeption des Komponisten. Durch diese Veränderungen werden eine finale Entwicklung und eine Symmetrieebene sichtbar, die ich später noch erläutern werde.

Die Personen wurden von Berg mehr typisiert, sie werden nicht als individuelle Charaktere dargestellt, sondern erscheinen eher als Repräsentanten gesellschaftlicher Mechanismen. Nur die Hauptpersonen tragen Namen, Lulu und Alwa Vornamen, Schön und Geschwitz Nachnamen, der Name von Schigolch bleibt unbestimmt. Für die Nebenrollen werden Titel oder Berufsbezeichnungen gewählt. (Wohl eher aus Versehen wird die Geschwitz einmal mit dem Vornamen Martha (III./1) und der Maler mit Walter (I./2) angesprochen) Als Orientierung notierte sich Berg »statt Bilder, Personen durch abgeschlossene Ideen (zu) charakterisieren (ev. Instrumen.)«[25]. Lulu, ist nicht nur als reale Person, sondern auch als Prinzip, als Projektionsfigur und als Bild angelegt. Dazu entwickelte Berg innerhalb des zweiten Aktes, 2. Szene, eine »Er-Liste« und eine »Sie-Liste«[26], die jeweils die Projektion

---

[25] Susanne Rode: *Alban Berg und Karl Kraus: zur geistigen Biographie der Komponisten der »Lulu«*, Frankfurt a. M. 1988, S. 263.

[26] Vgl. Hilmar: Die Bedeutung der Textvorlagen, S. 287.

und die Selbstwahrnehmung deutlich machen. Das ›Bild‹ der Lulu spielt eine zentrale Rolle in der musikalischen Dramaturgie und Ausgestaltung des ganzen Werkes. Berg gibt in seinen Arbeitstexten genaue Anmerkungen über die Bühnenpräsenz des Bildes. Ein musikalisches Thema von Lulu ist aus den sogenannten »Bildharmonien«, die aus vier dreistimmigen Akkorden abgeleitet wurden, entstanden. In den Lulu-Dramen sind u. a. die Mythen des Weiblichen verarbeitet, Bergs Interesse zielte auf diese mythische Figur ab: »Aber es gibt noch einen anderen, viel wesentlicheren Grund, warum Berg gerade jenes Doppeldrama wählte. Nur Einmaligkeit und Allgemeingültigkeit von im weitesten Sinne mythischen Figuren rechtfertigt den gesteigerten Ton des gesungenen Wortes ...«[27].

Auch die Person Alwas erfährt in der Bearbeitung des Textes eine besondere Aufmerksamkeit. In der Klangassoziation des Vornamens Alwa – Alban und der Veränderung des Berufs – aus dem Dichter wird ein Komponist – sind Hinweise für eine Identifizierung mit dieser Person zu sehen. Berg hat den ersten und zweiten Auftritt *Erdgeist* gestrichen; die Oper setzt beim dritten Auftritt ein: Alwa beginnt sprechend: »Darf ich eintreten«. Die Beziehung zwischen Lulu und Alwa wird eindeutig thematisiert. In der dritten Szene übernimmt Alwa Text von Dr. Schön und es wird neuer Text eingefügt (T 1009–1019); danach entwickelt sich das ›Alwa-Thema‹ und das Geständnis seiner Verehrung, um dann mit Beginn des Rezitativs (»Über die ließe sich... T 1095–1112) im Orchester (T 1095–1098) als Zitat die Anfangsakkorde aus der Oper *Wozzeck* zu bringen. Ein weiteres Zitat (aus *Wozzeck*) findet sich im zweiten Akt (T 277) im Sinne einer Textassoziation (»ich habe auch nur Fleisch und Blut ...«).

»Die Rolle des Mordes in Verbindung mit einer Studie des allmählichen Verfalls stellt sich als formbildendes Kriterium für die Oper heraus«[28]. Zwei Tote im ersten Akt (Medizinalrat, Maler), einer im zweiten Akt (Dr. Schön, die zentrale Männerfigur) und drei im dritten Akt (Alwa, Lulu, Geschwitz). Schigolch bleibt als einzige Hauptfigur übrig. Alle Personen, die mit ihrem sexuellen Begehren in Konflikt kamen, sind vernichtet. Vor allem in der Gestaltung des dritten Akts hat Berg entscheidende Veränderungen vorgenommen: Die ›Konfession‹ von Alwa (er erkennt seine Situation, seinen Ruin) und Geschwitz (nur die Entscheidung für die Frauenrechte zu kämpfen bleibt übrig) werden von Berg, der die beiden Personen anders als Wedekind charakterisiert, gestrichen. Musikalisch finden sich immer wieder ›Rekapitulationen‹ aus den vorhergehenden Akten. »Jedes von Lulus drei Opfern in der ersten Hälfte der Oper – der Medizinalrat, der Maler, Dr. Schön – wird in Parallele gesetzt mit einem der drei letzten Besucher in der Londoner Dachkammer, symbolischen Rächern derjenigen, die wegen ihrer Liebe für sie ihr Leben verloren: der Professor, der Neger und Jack the Ripper«[29]. Diese ›Parallelität‹, die Berg auch musikalisch herstellt und entwickelt, findet sich bei Wedekind nicht.

---

[27] Willi Reich: »Zur Oper ›Lulu‹«, in: *Österreichische Musikzeitschrift* 17 (1962), S. 49.

[28] Vgl. Hilmar: Die Bedeutung der Textvorlagen, S. 267.

[29] George Perle: »Inhaltliche und formale Strukturen in Alban Bergs Oper ›Lulu‹«, in: *Österreichische Musikzeitschrift*, 32 (1977), H.10.

Die Veränderung der Textvorlage wird in der Rezeptionsliteratur als »kongeniale Bearbeitung ihrer dichterischen Vorlage« angesehen.[30] Adorno sah in den Lulu-Dramen Elemente, die der Oper näher stehen als dem Sprechtheater, »Lulu stilisiert sich nach dem Zirkus hin, im Sinne Wedekinds, in dem selber etwas von der Oper, nämlich das Bewußtsein der Stummheit des gesprochenen Wortes lebte«[31]; die musikalische Sprache Bergs charakterisierte er als »in sich selber unendlich gegliedert, gefügt, reich an Kontrasten, Übergängen, Verdichtungen und Auflösungen, durch die Genauigkeit, mit der sie dem Text nachhorcht«[32]. Nach Reiter[33] »hat Berg mit seiner musikalischen Leitthematik reichere Möglichkeiten als Wedekind, dramatische Bezüge herzustellen und unterschwellige Andeutungen zu machen. So kann er z. B. den mythischen Hintergrund des Erdgeist-Dramas mit nicht-verbalen Symbolen viel tiefgründiger ausleuchten als Wedekind, bei dem die prosaischen Andeutungen an der Oberfläche bleiben müssen.«

Innerhalb des Textes finden sich zwei Arten von Eintragungen, aus denen musikalische Formen ableitbar sind: eine Verseinteilung, in der Berg seine ›Zahlensymbolik‹ (7 Abschnitte, fünf Verse) einarbeitet, und musikalische Formabschnitte, wie Exposition, Durchführung, Thema usw. Die ›Zahlensymbolik‹, die für Bergs Kompositionen eine wichtige Rolle spielt, findet sich auch bei den Themen wieder: 27 für Schön, 23 für Alwa, 17 für Lulu, 6 für Schigolch, 5 für Geschwitz.[34] Der Hauptrhythmus, wie ihn Berg in der Partitur verzeichnet, gibt ebenfalls Hinweis auf die Zahl 5, er ist »synkopisch konstruiert, weist vier Schläge auf und ist in ein latentes 5/4 – oder 5/8 Metrum eingespannt«[35]. Die ersten musikalischen Skizzen enthalten eine rhythmische Struktur, die in der Regel auf die Vokallinie bezogen ist.

In die Skizzen für den Prolog, fügt Berg das Datum 23.6.1928 ein. Bis Herbst 1928 sind 300 Takte komponiert, d. h. erster Akt, erste Szene (Tod des Medizinalrats). Berg überarbeitet seine *Sieben frühen Lieder*, im Mai 1929 wird die Auftragskomposition der Arie *Der Wein* fertig. Ab August 1929 widmet er sich wieder der Komposition der Oper. Die längste Arbeitsphase findet im Sommer 1930 statt. Juli 1931 ist das Particell des ersten Akts fertig, September 1933 das des zweiten Akts. Im Winter 1933/1934 zieht er sich ins ›Waldhaus‹ zurück, der dritte Akt wird im April 1934 als Particell (skizzenhaft) beendet. Er beginnt mit der Instrumentation, stellt die fünf symphonischen Stücke (*Lulu-Suite*) zusammen, die im November 1934 aufgeführt werden. In ihnen sind Teile des dritten Akts enthalten: die Variationen (T 663–740) und das Adagio (T 1146–1186 und T 1294–1326). Die politische Entwicklung in Deutschland – Berg stand auf der Liste der »Musik-

---

[30] Dietmar Holland: »Lulu: Opfer der Männergesellschaft. Wedekinds Lulu als Opernfigur«, in: *Programm der Salzburger Festspiele*, Wien/Salzburg 1995, S. 116.

[31] Theodor W. Adorno: *Die musikalischen Monographien*, Frankfurt a. M. 1986, S. 483.

[32] Theodor W. Adorno: *Musikalische Schriften* V, Band 18, Frankfurt a. M.1984.

[33] Vgl. Reiter: Die Zwölftontechnik in Alban Bergs Oper »Lulu«, S. 61.

[34] Jürg Stenzl: »Lulus ›Welt‹«, in: *Alban Berg Studien*, Wien 1981.

[35] Constantin Floros: *Alban Berg. Musik als Autobiographie*, Wiesbaden/Leipzig/Paris 1992, S. 313.

Bolschewisten«[36] – führte dazu, daß Bergs Oper *Wozzeck* immer seltener aufgeführt wurde (1932 letzte Aufführung auf einer deutschen Bühne – bis zum Jahr 1951), und so zwingt ihn seine finanzielle Situation, erneut eine Auftragskomposition anzunehmen.[37] Im April 1935 erhält er von dem amerikanischen Geiger Louis Krasner den Auftrag für ein Violinkonzert, welches im August fertiggestellt wurde und ihm ein Honorar von 1500 Dollar brachte. Erst danach arbeitet er wieder am dritten Akt; bis zu seinem Tod steht die Instrumentation bis T 268.

In diesen Daten zeigen sich Bezüge, die sich auch in dem musikalischen Material der verschiedenen genannten Werke finden lassen, d. h. hier entwickelte Berg die für die Komposition der Oper spezifische Technik und ihre Ausgestaltung.

Nach Manfred Reiter »befolgt [Berg] in der Oper Lulu Schönbergs Methode streng, indem er die Einheit des thematischen Materials wahrt: Die Zwölftongestalten sind alle von einer Grundreihe abgeleitet. Frei hingegen wird die Methode im Hinblick auf die Ableitungsmechanismen behandelt: Außer den primären Ableitungen (Umkehrung, Krebs und Krebs der Umkehrung) lassen sich aus den Reihen durch symmetrische Auswahl bestimmter Töne ›Ableitungen‹ bilden, die neue, selbständige und gleichwohl auf die Grundreihe bezogene Reihen ergeben«[38]. In einem Brief an Arnold Schönberg schreibt Berg: »Ich glaube, ihm (dem Werk, der Oper) damit gerecht zu werden, daß ich mich insofern nicht auf eine einzige Reihe beschränke, indem ich von dieser von vornherein eine Anzahl von anderen Formen ableite (Skalenform, Chromatische, Quart- und Terzformen, Akkordfolgen von 3–4 Klängen etc.etc.etc.), die ich dann (eine jede) als eine selbständige Reihe auffasse und wie eine solche (mit allen ihren Umkehrungen u. Krebsformen) behandle«[39].

Die Zwölftongestalten haben eine doppelte leitmotivische Funktion. Als Struktur repräsentieren sie die Personen oder Sachverhalte, denen sie zugeordnet sind. Als thematisierte Gestalt symbolisieren sie charakteristische Merkmale von Personen, Sachverhalten oder Handlungen. Diese »formal-thematische Assoziationstechnik [...] versucht nicht nur, Elemente des Melodischen, sondern auch solchen des Harmonischen, Rhythmischen, Klanglichen und Formalen die Aufgabe von Leitelementen zu übertragen«[40]. So werden aus den Zwölftoneinheiten Motive oder Themen herausgelöst, die in anderen Zusammenhängen als nicht zwölftönige Leitmotive assoziativ wirken. Die ›Lulu-Reihe‹, die aus den Bildharmonien (welche das Porträt Lulus symbolisieren), entwickelt wurde, bildet die Grundgestalt für Lulus 1. Thema (z.B. I. T 156 oder im Prolog T 46). Die Entwicklung dieses Themas, Transposition um einen Ganzton tiefer und stärkere Rhythmisierung im zweiten Akt (z.B. T 153–156) deutet auf Lulus ›Veränderung‹ dramatisch wie musikalisch hin. Noch weiter verändert wird es im zweiten Akt T 961–965, wo das Thema zu den

---

[36] Eckhard John: *Musikbolschewismus. Die Politisierung der Musik in Deutschland 1918–1938*, Stuttgart/Weimar 1994, S. 342.

[37] Sigfried Schibli: »Auf dem Weg in die künstlerische Vereinsamung. Vierundzwanzig unbekannte Briefe und Postkartentexte Alban Bergs«, in: *Neue Zeitschrift für Musik*, 46 (1985), H. 4.

[38] Vgl. Reiter: Die Zwölftontechnik in Alban Bergs Oper ›Lulu‹, S. 134.

[39] Vgl. Holland: Lulu: Opfer der Männergesellschaft, S. 226

[40] Klaus Schweizer: *Die Sonatensatzform im Schaffen Alban Bergs*, Stuttgart 1970, S. 172.

Worten Lulus – »Langsam, ich kann nicht so schnell« – gedehnt in der 1. Flöte, von den Streichern grundiert, erscheint. Der Charakter der Musik, oft als ›zeitlupenartig‹ bezeichnet, zeigt eine weitere Ebene der dramatischen Entwicklung, die sich aus dem Text allein, so nicht erschließen würde.

Berg verwendet in seiner Komposition Formtypen der traditionellen Musik (Sonate, Kanon, Choral, Gavotte, Rondo, Kammermusiken), Elemente von Jazz-Musik (Ragtime) und ein Bänkellied, als Zitat des von Wedekind im *Drehorgellied / Lautenlied* erfundenen Themas (Konfession: »Freudig schwör ich es mit jedem Schwure ...«). Auch in den vokalen Formen zeigt sich eine Vielgestaltigkeit: Rezitativ, Melodram, Arioso, Arie, Arietta, Canzonetta, Kavatine, Lied, Duett, Sextett, Hymne; auf die besondere Stimmgestaltung wurde schon oben hingewiesen (ungebundene Rede, rhythmisiertes Sprechen, Halbgesang, Parlandogesang usw.). Besondere rhythmische Muster charakterisieren den musikalischen wie den dramatischen Ablauf: der Hauptrhythmus (Monorhythmus, oft auch Todesrhythmus/Schicksalsrhythmus genannt), der in T 9 im Prolog und dann im Verlauf der Oper jeweils einen Verweis auf den besonderen dramatischen Bezug gibt; die »Mono-ritmica« (I. Akt, T 666–957), ein eigens von Berg erdachtes rhythmisches Muster, einen »insistierenden, manisch festgehaltenen Rhythmus«[41], der in gewisser Weise an Isorhythmen der Ars-nova-Zeit erinnert;[42] der Ragtime (I. Akt, T 992–1020), der sich aus dem Ende der ›Verwandlung‹ zwischen zweiter und dritter Szene im ersten Akt und innerhalb der dritten Szene (T 1155–1168) entwickelt, und der »English Waltz« (1040–1093); das »Tumultoso« und das »Ostinato« in der ersten Szene des zweiten Akts sind »höchst phantasievolle Inventionen über den Leitrhythmus der Oper«[43].

Ein weiteres besonderes Element der Komposition ist neben den Leitmotiven die Wiederholung der gleichen Melodieform mit verschiedenen Texten[44]: »Eine Seele, die sich im Jenseits den Schlaf aus den Augen reibt« (II. Akt, T 319–323); »In Deinen Augen schimmert es, wie der Wasserspiegel in einem tiefen Brunnen« (II. Akt, T 1037–1041); »Wenn Deine beiden großen Kinderaugen nicht wären« (II. Akt, T 1076–1079). Eine Variation davon, die gleiche Melodie und der Text von verschiedenen Personen: Alwa: »Ich versichere Dir ...« (II. Akt, T 281–284), Lulu: »Was meintest Du früher ...« (II. Akt, T 298–301). ; Maler: »Ich finde Du siehst heute reizend aus« (I. Akt, T 416–418), Lulu: »Ich finde Sie sind ja ein hübscher Mann« (III. Akt, T 1070–1071).

Im Orchesterzwischenspiel des zweiten Akts (T 656–721) komponiert Berg eine »Filmmusik«, die den Schnittpunkt für die Spiegelsymmetrie der Oper bildet. Mit dem Medium Film in der Oper nimmt Berg durchaus Elemente des Zeitgeists auf. Es gab Begleitmusik im Sinne von Untermalung für Stummfilme, aber auch spezielle Kompositionsaufträge für Filme. Schönberg komponierte 1929/30 seine

---

[41] Vgl. Holland und Csampai: Alban Berg Lulu, S. 25.

[42] Rudolph Stephan: »Zur Sprachmelodie in Alban Bergs Lulu-Musik«, in: R. Damm und A. Traub (Hg): *Vom musikalischen Denken*, Darmstadt 1985, S. 207–219, hier S. 208.

[43] Vgl. Floros: Alban Berg. Musik als Autobiographie, S. 367.

[44] Vgl. Stephan: Zur Sprachmelodie in Alban Bergs Lulu-Musik,, S. 216.

Begleitmusik zu einer Lichtspielszene, ohne daß diese einem bestimmten Film zugeordnet wurde. Nach Perle[45] sind im Orchesterzwischenspiel »Aktion und Musik [...] mit einer Präzision synchronisiert, welche die Synchronisation einer Tonspur im modernen Film vorwegnimmt.« Im Particell hat Berg die visuellen Details in ihrer Relation zu den musikalischen Details genau aufgezeichnet. Neben der Filmbeschreibung findet sich in Bergs Aufzeichnungen außerdem ein detailliertes Szenarium, in welchem mit Taktziffern die musikalischen Bezüge angegeben werden. Das Zwischenspiel (T 656–721) hat zwei musikalisch sich symmetrisch entsprechende Teile; die Achse liegt bei T 687 (Klavierarpeggio), Berg vermerkt hier in der Partitur »Ein Jahr Haft (vollständiger Stillstand)«[46]. Der dramatische Höhepunkt – Mord an Dr. Schön –, bei Wedekind im vierten Akt *Erdgeist*, wird auf eine musik-dramatische Ausdrucksform, das Orchesterzwischenspiel verlegt.[47] Die beiden Szenen des zweiten Akts sind durch eine Vielzahl von musikalischen Strukturen aufeinander bezogen, z. B. das Largo in der ersten Szene (T 94), (Auftritt Schigolch: »Gott sei Dank, daß wir endlich zuhause sind ...«) hat seine Entsprechung in der zweiten Szene (T 788, als Schigolch auf der Bühne erscheint), wobei Berg auch die Anmerkung macht: »quasi Zeitlupe des entsprechenden Teiles in der 1. Szene dieses Aktes«[48]. Die Relationen, die in den korrespondierenden Abschnitten entwickelt werden, zeichnen sich aber gerade durch eine musikalische Weiterentwicklung aus und geben so dem ganzen Ablauf eine innere Dynamik.

Betrachtet und hört man die Oper in ihrer Gesamtgestalt, so findet sich, ähnlich wie in den Einzelelementen (z. B. Prolog, Verwandlung), die ich schon beschrieben habe, eine Ebene der Symmetrie. Die dramatische Form des von Berg eingerichteten Textes gibt bereits diesen Hinweis. Er hat zwei Dramen zu einem dramatischen Ablauf zusammengefügt, »...was bei Wedekind getrennt ist – es sind ja zwei Stücke – [ist] bei mir mit Absicht vereinigt (durch meinen II. Akt). Das Zwischenspiel, das bei mir die Kluft, die zwischen dem letzten Akt des ›Erdgeist‹ und dem ersten der ›Büchse der Pandora‹ liegt, überbrückt, ist ja auch der zentrale Punkt der ganzen Tragödie, in dem – nach dem Aufstieg der vorhergehenden Akte (bzw. Bilder) der Abstieg der folgenden Bilder – die Umkehr einsetzt«[49]. Da, wie zuvor dargestellt wurde, der kompositorische Prozeß eng an den Text gebunden war, entwickelte sich auch in der musikalischen Formgestaltung eine entsprechende Symmetrie. Diesen Aspekt beleuchten die verschiedenen musikwissenschaftlichen Untersuchungen.[50] Die Symmetrie verweist auf Lulus Auf- und Abstieg, musikalisch verbindet die sogenannte ›Zirkusmusik‹ den Beginn der Oper mit dem dritten Akt, wie auch, wie bereits erwähnt, die Hauptstimme im T 73–74 im Prolog in Beziehung zu T 1–2 zu

---

[45] George Perle: »Das Film-Zwischenspiel in Bergs Oper ›Lulu‹«, in: *Österreichische Musikzeitschrift* 36 (1981), H. 12.

[46] Vgl. Berg: Lulu I. und II. Akt, S. 512.

[47] Pierre Boulez: »›Lulu‹ – Die zweite Oper«, in: CD-Text zur Oper »Lulu«, CD 415 489–2 GH 3, 1979.

[48] Vgl. Berg: Lulu I. und II. Akt, S. 546.

[49] Vgl. Holland und Csampai: Alban Berg Lulu, S. 208.

[50] Vgl. Massow: Halbwelt, Kultur und Natur in Alban Bergs »Lulu«; vgl. Floros: Alban Berg. Musik als Autobiographie; vgl. Fuß: Musikalisch-dramatische Prozesse in den Opern Alban Bergs.

Beginn des dritten Akts steht. Ein weiteres symmetrisches Moment gestaltet Berg, indem er die drei toten Männer der Lulu (der Medizinalrat, der Maler, Dr. Schön) gleichsam wie musikalische ›Wiedergänger‹ als die drei ›letzten Kunden‹ in der zweiten Szene des dritten Akts auftreten läßt (der stumme Professor, der Neger, Jack). Auch wenn die Symmetrie nicht immer für den Hörer unmittelbar wahrzunehmen ist, stellt sie doch latent einen Bedeutungszusammenhang her.

Neben der Symmetrieebene läßt sich in Korrespondenz zur Textdramatik auch musikalisch eine finale Formgestaltung aufzeigen.[51] Finden sich im ersten und zweiten Akt (bis zur ersten Szene) sehr differenziert auskomponierte Formkomplexe wie Sonate, Rondo, Variation, so löst sich die musikalische Gestaltung, die ›strenge Form‹ im finalen Teil der Oper auf. Es finden mehr Dialoge statt, die musikalischen Elemente sind einfacher (2. Kammermusik, Melodram, Rondorekapitulation, Musette, Hymne, Variation über das *Lautenlied*). Die musikalische Gestaltung der ›Ensembles‹, von Berg als »Rhabarber-Ensembles« bezeichnet, werden nur noch in der äußeren Form (Rhythmus, Tempovorschrift) zusammengehalten. Es findet eine Deformation statt, »durch penetrante, stupide Wiederholungen [...] eine Konversationsmusik – flach, laut, geschwätzig« und Berg erreicht damit »einen ähnlichen Kontrast wie bei der Verwendung der Musik in der Theatergarderobe«[52]. Viele Elemente der ersten beiden Akte tauchen im dritten Akt auf, charakteristisch sind jedoch auch neue ›Formen‹. Zwölf Choralvariationen (Szene Lulu/Marquis), entwickelt über den Choral aus den Schlußakkorden der einzelnen Sektionen des Chorals des ersten Akts (T 1113).[53] Das Choralthema findet sich in der 1. Variation in der Cellostimme (T 83–88), in der 2. Variation in den Akkorden der Hörner (T 99–102). Auch die »Verwandlungsmusik« (T 693–740) zwischen erster und zweiter Szene des dritten Akts, in Form von vier Variationen über die Melodie des *Lautenlieds* von Wedekind (auch 4. Satz der *Lulu-Suite*), entwickelt sich als ein neues musikalisches Element. Die vier Variationen führen bei Beginn der zweiten Szene des dritten Akts in das eigentliche Thema – das tonale Drehorgelzitat. Das *Lautenlied* erklingt zum ersten Mal in der Solovioline im Lied des Mädchenhändlers (III./1, T 103, »Von den unzähligen Abenteuerinnen ...«) auf der Basis der Struktur der 1. Variation und später, als der Mädchenhändler von Lulus Bild spricht – in der Melodie variiert – zu den Bildharmonien (T 172). Auch wenn vom dritten Akt der Oper nur ›Fragmente‹ vorhanden waren, so zeigen doch die vielen Skizzen und detaillierten Angaben zur Instrumentation, die Berg hinterlassen hat, daß es sich um ein sehr komplexes Gebilde handelte, in dem jedes Detail seinen Sinn in Hinblick auf das Ganze hat. Werden nur Teile, z. B. erster, zweiter Akt, die Variationen und das Adagio aus der *Lulu-Suite* aufgeführt, was teilweise noch heute an manchen Opernhäusern stattfindet, so kann sich die dramaturgische und die musikalische Gestalt, die Berg konzipiert hat, nicht entwickeln, die »geometrischen

---

[51] Vgl. Massow: Halbwelt, Kultur und Natur in Alban Bergs »Lulu«.

[52] Eberhard Kloke: Brief an Prof. G. Friedrich, (vom Verfasser zur Verfügung gestellt) 1987.

[53] Friedrich Cerha: *Arbeitsbericht zur Herstellung des 3. Aktes der Oper ›Lulu‹ von Alban Berg*, Wien 1979.

Proportionen«[54] werden zerstört. Die Begründungen, die Arnold Schönberg, Ernst Krenek, Anton Webern und Alexander Zemlinsky in ihrer Absage, den dritten Akt in seiner Instrumentation fertigzustellen, geben, können in vielfältiger Weise interpretiert werden. Sicher aber ist, daß es Friedrich Cerha – und darüber sind sich Musikwissenschaftler, manche Musikinterpreten und viele ›Hörer‹ einig – sehr gut gelungen ist, das Bergsche Idiom zu rekonstruieren und der Oper die für sie entwickelte Gesamtgestalt zu geben.

Die Vielfältigkeit des musikalischen Materials, die hier nur im Überblick dargestellt werden konnte, ergänzt und ersetzt den Text auf einer anderen Ebene. Die Bearbeitung des Textes kann durchaus als eigene literarische Leistung gesehen werden, wenngleich sie auch in ihrer Deutungsebene von Karl Kraus beeinflußt war.[55] Es fand ein Form der Verdichtung statt, die zu einer Umgestaltung der Handlung führte. Der Schwerpunkt liegt mehr auf der Bedeutsamkeit der unbewußten Beziehungsebenen der einzelnen Personen, die in der dramatischen Handlung miteinander verwoben sind. Die musikalische Form – Adorno spricht von einer empathischen musikalischen Gestaltung – ergänzt dieses in einer besonderen Weise. Berg »durchsetzte den lückenlosen musikalischen Zusammenhang mit einer bislang unbekannten Vielfalt von auskomponierten Parenthesen und spannte zugleich den Bogen über mehrere Szenen, ja Akte hinweg, bis schließlich sogar der dritte Akt zu einem nicht geringen Teil als Reprise der beiden vorangegangenen angelegt werden konnte«.[56]

Der Versuch, Musik, musikalische Strukturen in ihrer Vielfältigkeit und Komplexität zu erläutern, gerät oft zu einer Formalisierung und Abstraktion, wobei die Gefühlshaftigkeit und Sinnlichkeit – Barthes spricht von »Begierde« – verloren zu gehen scheinen. Das kreative Potential des Komponisten und die sinnlich-rezeptive Gestalt des Hörens entziehen sich der Sprache. »Was die Musik ihrem Ursprung, ihrem Wesen und ihrer Wirkung nach letztlich sei, ist bisher ebenso offengeblieben wie die Frage nach dem Grund und Wesen des Ästhetischen überhaupt«[57]. Musik kann als eine symbolische Sprache verstanden werden, die sich in eine konnotative Beziehung mit dem subjektiven Erleben und Fühlen bringt. Sich auf dem Hintergrund psychoanalytischer Theorie, eben wieder in Sprache, der musikalischen Wahrnehmung und dem schöpferischen Prozeß des Komponierens zu nähern, bleibt problematisch. Trotzdem soll hier der Versuch unternommen werden, über die Modalitäten, wie sie für vorbewußte und unbewußte Denkabläufe typisch sind, einen Zugang zu finden. Die Begrifflichkeit unbewußter Vorgänge ist äußerst vielschichtig. Freud unterschied zwischen dem »deskriptiv Unbewußten« oder »Vorbewußten« und dem »dynamisch Unbewußten«.[58] Im Vorbewußten finden sich psychische

---

[54] Vgl. Reich: Zur Oper »Lulu«.

[55] Vgl. Rode: Alban Berg und Karl Kraus.

[56] Vgl. Holland: Lulu: Opfer der Männergesellschaft, S. 117.

[57] Ludwig Haesler: »Psychoanalyse und Musik«, in: *Zeitschrift für psychoanalytische Theorie und Praxis* XII (1997), H. 3, S. 227–252, hier S. 229.

[58] Sigmund Freud: *Das Unbewußte*, in: GW Bd. 10, Frankfurt a. M. ³1961; ders.: *Neue Folge der Vorlesungen zur Einführung in die Psychoanalyse*, in: GW Bd. 15, Frankfurt a. M. ³1961.

Inhalte, die momentan nicht bewußt sind, aber durch Aufmerksamkeitsfokussierung bewußt gemacht werden können (Gedächtnisinhalte werden in verschiedenen Gedächtnisrepräsentationen und unterschiedlichen Kodierungsformaten erfaßt[59]). Das dynamisch Unbewußte beinhaltet die »Triebrepräsentanzen, die ihre Besetzung abführen wollen« und »Wunschregungen«.[60] Die Inhalte stellen sich ›primärprozeß-haft‹ dar in Form von: Verdichtung, Verschiebung, Umkehrung, Vergrößerung, Verkleinerung, Abspaltung und Veränderung der Zeitstruktur.[61] Die unbewußte Logik kann als symmetrische Logik beschrieben werden, im Gegensatz zur asymmetrischen, »zweiwertigen Logik der täglichen Vernunft«[62]. Die innere Welt wird gestaltet durch unbewußte Phantasien, die sich in Gedanken, Vorstellungen, Imaginationen, Träumen und Gefühlen ausdrücken können. Stanley Friedman[63] versuchte eine Analogie herzustellen zwischen musikalischen Formabläufen und unbewußten psychischen Prozessen. Er stellt die Hypothese auf, wonach die Verwendung primärprozeßhafter Modalitäten, so wie sie oben beschrieben werden, in einem proportionalen Verhältnis zur künstlerischen Wirkung von Musik stehen. Seine Überlegungen könnte man dahingehend erweitern, daß eine solche primär-prozeßhafte Formgestaltung sich beim Hören und Empfinden von Musik, an ähnlich Primärprozeßhaftes im ›psychischen Denken‹ wendet und so eine Form des ›Genießens‹ (im Sinne von Lacan), der ›Wunscherfüllung‹ (im Sinne von Freud) möglich machen. Nietzsche, der den Unterschied zwischen dionysischer und apollinischer Musik beschreibt, deutet dabei auf zwei Formen des ›Genießens‹ hin, den bacchantischen Taumel und die Kontemplation und Erhabenheit.

In der Beschreibung der Kompositionstechnik werden z. T. die gleichen Worte verwendet, wie sie sich auch in der Beschreibung unbewußter Funktionsabläufe finden. Allein die sprachliche Analogie würde noch nicht viel aussagen. Betrachtet man aber die Inhalte dieser Begriffe, so finden sich Übereinstimmungen und Ergän-zungen. Verschiebung und Umkehrung bezieht sich im psychoanalytischen Sinne auf Intensitäten; Verdichtung, Abspaltung, Vergrößerung und Verkleinerung auf Bedeutungen. Die eher an formalen Elementen entwickelten Begriffe der Komposi-tionstechnik wie Umkehrung, Krebs, Verkleinerung, Vergrößerung beziehen sich auf die Variationsmöglichkeiten des Tonmaterials. Waren sie seit der Barockzeit auf den Kontrapunkt bezogen, so findet in der Zwölftontechnik die Beziehung auf die Reihe statt. Weitere Elemente sind rhythmische Verwandlungen und Umlegungen der horizontalen Tonreihe in vertikale Akkordschichtungen, kontinuierliche Klang-verstärkungen oder Abschwächungen, Lagedispositionen, d. h. Ausweitung, Ver-

---

[59] Wolfgang Mertens: »Aspekte der Psychoanalytischen Gedächtnistheorie«, in: M. Koukkou, M. Leuzinger-Bohleber, W. Mertens (Hg.): *Erinnerung von Wirklichkeiten. Psychoanalyse und Neurowissenschaften im Dialog,* Stuttgart 1998.

[60] Vgl. Freud: Das Unbewußte.

[61] Jean Laplanche und Jean-Bertrand Pontalis: *Das Vokabular der Psychoanalyse,* Frankfurt a. M. 1972.

[62] Hermann Beland: »Im Acheron baden? Hundert Jahre Psychoanalyse des Traums«, in: *Kursbuch* 138: *Träume,* Berlin 1999, S.49–71, hier S. 56

[63] Stanley Friedman: »One aspect of the structure of music. A study of regressive transformation of musical themes«, in: *Journal of the American Psychoanal. Association,* 8 (1960), S. 427–449.

größerung des Klangraums und Akkumulierungen in Form von Schichtung von Themen und Motiven und imitatorischer Verflechtung. Die Wirkung dieser formalen Elemente, von denen ich nur einige ausgewählt habe, zielt ebenfalls auf die Intensität und Bedeutung ab, die in den künstlerischen Prozeß des Komponierens neben dem rein Konstruktiven einfließen müssen. Man könnte auch von ›Gedanken‹ der Musik neben der ›Technik‹ der Musik sprechen. Die symbolische Bedeutsamkeit der ›Gedanken‹ kann durchaus mit der ›Technik‹, die sich auch auf eine Arithmetik beziehen kann, zusammenfallen. In einem seiner Briefe schreibt Leibniz: »Die Musik ist für die Seele eine verborgene arithmetische Übung, wobei die Seele zählt, ohne sich dessen bewußt zu sein. [...] Obschon die Seele es nicht bemerkt, daß sie zählt, sie fühlt dennoch die Wirkung dieses unbewußten Zählens [...] Vergnügen [...] (oder) [...] Mißfallen«[64].

Die Verbindung, die hier zwischen psychischen Prozessen – in der Diktion Freuds ist das eigentlich Psychische das Unbewußt-Psychische – und der Wirkung musikalischer Prozesse in ihrer dynamischen Prozeßhaftigkeit hergestellt wurde, verbindet sich so mit der Metaphorik – Musik ist sprachähnlich ... aber Musik ist nicht Sprache: »Ihre Sprachähnlichkeit erfüllt sich, indem sie von der Sprache sich entfernt«[65]. Das Unsagbare ist das Material des Unbewußten, und so kann die Musiksprache sich dann voll entwickeln, wenn sie die Inhalte zum Ausdruck bringt, die sich nicht in Sprache ausdrücken können. Jeder Versuch der Interpretation von Musik kann nur Teilaspekte in Sprache bringen, die Ebene des individuellen ›Erhörens‹ bleibt unbestimmt. Versucht die Psychoanalyse das unbewußte Material z. B. von Träumen mit Hilfe der ›freien Assoziationstechnik‹ zu erschließen, so findet man ein ähnliches Vorgehen in musikwissenschaftlichen Experimenten.[66] In einer bestimmten Versuchsanordnung werden Probanden (musikerfahrene und musikunerfahrene) aufgefordert, ihr Empfinden beim Hören von bestimmten musikalischen Werken oder von einzelnen musikalischen Elementen, frei assoziativ in Sprache zu bringen und aufzuschreiben. Die Protokolle können kategorisiert werden und so zu einem erweiterten Verstehen von musikalischen Strukturen führen. Es zeigt sich, daß sich mit der Fokussierung der Aufmerksamkeit, zusammen mit einem Vorwissen, d. h. bestimmten Kenntnissen und ›Ahnungen‹, kategoriale Elemente einer musikalischen Semantik und einer Semantik der Affekte beschreiben lassen. In der Sprache der Psychoanalyse könnte man von dem Übergang von Vorbewußtem zu Bewußtem sprechen, wobei auch primärprozeßhafte Modalitäten einfließen. Akustisches erreicht die menschliche Wahrnehmung direkter und komplexer und hat seine Wirkung entwicklungsgeschichtlich schon in ›vorsprachlicher‹ Zeit. Ähnlich wie bei anderen Wahrnehmungsfunktionen eröffnet sich der Raum für einen Dialog. Roland

---

[64] Erich Haisch: »Psychoanalytische Deutung der Musik«, in: *Psyche* 7 (1953), S. 83–88, hier S. 83.

[65] Theodor W. Adorno: »Fragmente über Musik und Sprache«, in: *Ges. Schriften* Bd. 16, Frankfurt a. M. 1978, S. 251.

[66] Vgl. Karbusicky: Grundriß der musikalischen Semantik; Michael Hurte: *Musik, Bild Bewegung*, Darmstadt 1982; Ernst Krenek: *Zur Sprache gebracht*, Berlin/Darmstadt/Wien 1958.

Barthes[67] findet dafür den sehr poetischen Ausdruck: »Was singt mir, der ich höre in meinem Körper das Lied.«

Die Generierung von Bedeutung ist etwas Dynamisches und Individuelles und steht in direkter Beziehung zu unbewußten und vorbewußten Elementen des Psychischen. Diese sind, selbst wenn sie assoziativ zur Sprache gebracht oder handelnd zum Ausdruck kommen, nie eindeutig, sondern zeichnen sich durch eine Vielschichtigkeit aus, die, versucht man sie zu fassen, sich schon wieder verändert und in anderer Gestalt zeigt. Ähnliches geschieht in der Musik: Verändert sich die Betonung und die klangliche Gestalt, wird ein und dieselbe Note zu gänzlich verschiedener Musik; über Lesart und Hörweise kommt ein weiterer Bedeutungswandel hinzu. Die vielen Möglichkeiten der Artikulation schaffen ein »flimmernd vibrierendes musikalisches Feld«[68], in dem es keine Eindeutigkeit gibt. Musik hat eine »bedeutungsoffene Struktur«, die geeignet ist, sich immer wieder neu »aufzuladen«.[69]

Ich möchte nun einzelne Elemente der musikalischen Gestaltung aus einer Vielzahl herauszugreifen und unter den oben erläuterten Aspekten beschreiben. Die Strukturelemente der Symmetrie, wie sie sich sehr deutlich in der musikalischen Gestalt von Bergs Oper aufzeigen lassen, erschließen sich im Hören und Erleben, indem sie sich an die »symmetrische Logik des Unbewußten«[70] wenden. Über die Partitur kann diese Form auch in ihrer ›vernünftigen‹ Gestalt begriffen werden. Wiederholtes Hören wird dann, mit dem ›Wissen‹ um die Gestalt, ein erweitertes, erlebnishafteres Hören möglich machen. Neben dem Bezug zur Bedeutung kommt die Erinnerung hinzu. Die Erinnerung zeigt sich in Form einer Erwartung, Vorwegnahme und Voraus-Erinnerung.[71] Die Wiederholung wird vor allem dann ›aufregend‹ und ›erregend‹, wenn die musikalische Textur eine bestimmte komplexe Qualität, eine bedeutungsoffene Struktur besitzt. Bei Mozart wird die Erinnerung eine größere Rolle spielen als bei einer Zufallskomposition von John Cage. Das Wiedererkennen in beide Zeitrichtungen ist nach Konrad Boehmer auch ein Grund für die »Zählebigkeit der Tonalität«, die, wenn sie erwartet und erinnert wird, auch sehr rasch abrufbar ist.

Die klanglich-dynamische Entwicklung, die sich im musikalischen Prozeß der Oper *Lulu* zeigt, verweist auf die primärprozeßhaften Phänomene der Verdichtung, Verschiebung und Veränderung der Zeitstruktur. Es gibt kontinuierliche Klangverstärkungen und Abschwächungen, z. B. die extrem verlangsamte Wiederkehr von ›Lulus Auftrittsmusik‹ (eingeführt im Prolog T 44–60) in der zweiten Szene des zweiten Akts ab T 953, (»Lulu auf Schigolchs Arm gestützt, schleppt sich langsam die Treppe herunter« – Niedergang), oder kontinuierliche Übergänge zwischen den Klangfarben, z. B. Monoritmica zweite Szene des ersten Akts T 748–786 ist

---

[67] Vgl. Barthes: Der entgegenkommende und der stumpfe Sinn.

[68] Wolfgang Rihm: »Was »sagt« Musik«, in: *Riss. Zeitschrift für Psychoanalyse* 7 (1992), H. 19, S. 5–14, hier S. 10.

[69] Sebastian Leikert: *Die Metapher der Musik,* in: *Riss. Zeitschrift für Psychoanalyse* 7 (1992), H. 19, S. 34–45, hier S. 44.

[70] Vgl. Beland: Im Acheron baden? Hundert Jahre Psychoanalyse des Traums, S. 57.

[71] Vgl. Boehmer: Wie die Zeit vergeht.

eingefügt in eine klangfarbliche Entwicklung mit einer Reduzierung auf geräusch-
hafte Klänge (kl.Tr., Gong, Jazztr., Tam-Tam, gr.Tr.), um dann wieder zu Instru-
mentalklängen zu gelangen.[72] Im dramatischen Verlauf kündigt sich der Tod des
Malers zu den Worten Dr. Schöns an: »Das war ein Stück Arbeit« (der gleiche Text
erscheint in der zweiten Szene des dritten Akts, von Jack).

Berg hat seine Inspiration für formale, rhythmische und melodische Elemente
immer wieder aus dem Text bezogen. Umgekehrt hat er aber auch musikalische
Skizzen entworfen oder aus anderen Kompositionen ›erinnert‹ und mit Textfragmenten versehen. Die musikalisch-dramatischen Prozesse, die sich oft von Text und
Handlung loslösen, entwickeln so eine erweiterte Deutung des Geschehens auf einer
nichtsprachlichen Bewußtseinsebene. Adorno interpretiert dies als das Undeutliche,
das zum Movens der Deutlichkeit wird.[73] So erklingt in der dritten Szene erster Akt
das 2. Thema von Dr. Schön (T 1252–1253), welches für seine gefühlshafte Ebene
und die Abhängigkeit zu Lulu steht, während im Text – es findet eine heftige
Auseinandersetzung mit Lulu statt – sich nichts von dieser Ebene mitteilt. Das
Orchester deutet auf eine Bewußtseinsschicht hin, die im Dialog nicht verbalisiert
wird, aber trotzdem den weiteren dramatischen Verlauf mitbestimmt und so auf die
enge emotionale Bindung von Dr. Schön zu Lulu verweist. Text und Musik über-
lagern sich in einer Form der Verdichtung, der Text fließt weiter, während das
Orchestergeschehen Motive zum Ausdruck bringt, die Hinweisfunktion auf andere
Schichten des Bewußtseins der handelnden Personen haben. Die bewußte Schicht,
die sich über Sprache und dramatischen Inhalt äußert, wird durch das musikalische
Geschehen mit anderen, den Personen unbewußten Phantasien, grundiert.

Literatur

Adorno, Theodor W.: *Die musikalischen Monographien,* Frankfurt a. M. 1986.

Adorno, Theodor W.: »Fragmente über Musik und Sprache«, in: ders.: *Gesammelte
Schriften* Bd. 16, Frankfurt 1978.

Adorno, Theodor W.: *Musikalische Schriften V,* Bd. 18, Frankfurt a. M. 1984.

Barthes, Roland: *Der entgegenkommende und der stumpfe Sinn,* Frankfurt a. M.
1990.

Beland, Hermann: »Im Acheron baden? Hundert Jahre Psychoanalyse des Traums«,
in: *Kursbuch* 138: *Träume,* Berlin 1999, S. 49–71.

Berg, Alban: *Lulu. Partitur I. und II. Akt,* hg. v. H. E. Apostel, 1963, rev. F. Cerha,
Wien 1985.

---

[72] Vgl. Fuß: Musikalisch-dramatische Prozesse in den Opern Alban Bergs.
[73] Vgl. Adorno: Die musikalischen Monographien.

Berg, Alban: *Lulu. Partitur III. Akt,* Hergestellt F.Cerha, 1978, korr. 1995 Wien 1978.

Boehmer, Konrad: »Wie die Zeit vergeht«, in: Manuskript: *Vom Innen und Außen der Klänge. Die Hörgeschichte der Musik des 20. Jahrhunderts,* SWR 2 »Musik Spezial«, Baden-Baden 1999.

Boulez, Pierre: »›Lulu‹ – Die zweite Oper«, in: CD-Text zur Oper Lulu, übersetzt von J. Häusler, CD 415 489–2 GH 3, 1979.

Cerha, Friedrich: *Arbeitsbericht zur Herstellung des 3. Aktes der Oper ›Lulu‹ von Alban Berg,* Wien 1979.

Ertelt, Thomas F.: *Alban Bergs »Lulu« Quellenstudien und Beiträge zur Analyse,* Wien 1993.

Floros, Constantin: *Alban Berg. Musik als Autobiographie,* Wiesbaden/Leipzig/Paris 1992.

Freud, Sigmund: *Die Traumdeutung* (1900), in: *Gesammelte Werke (GW)* Bd. 2/3, Frankfurt a. M. ³1961, S. 1–635.

Freud, Sigmund: *Das Unbewußte* (1915), in: *GW* Bd. 10, Frankfurt a. M. ³1961, S. 264–303.

Freud, Sigmund: *Neue Folge der Vorlesungen zur Einführung in die Psychoanalyse* (1933), in: *GW* Bd. 15, Frankfurt a. M. ³1961, S. 6–170.

Friedman, Stanley: »One aspect of the structure of music. A study of regressive transformation of musical themes«, in: *Journal of the American Psychoanalytical Association* 8 (1960), S. 427–449.

Fuß, Hans-Ulrich: *Musikalisch-dramatische Prozesse in den Opern Alban Bergs* (Hamburger Beiträge zur Musikwissenschaft Bd. 40), Hamburg/Eisenach 1991.

Haesler, Ludwig: »Psychoanalyse und Musik«, in: *Zeitschrift für psychoanalytische Theorie und Praxis* XII (1997), H. 3, S. 227–252.

Haesler, Ludwig: *Psychoanalyse – Therapeutische Methode und Wissenschaft vom Menschen,* Stuttgart/Berlin/Köln 1994.

Haesler, Ludwig: »Zur Psychoanalyse der Musik und ihre psychodynamischen und historischen Ursprünge«, in: *Jahrbuch der Psychoanalyse,* Bd. 27, Stuttgart-Bad Cannstadt 1991, S. 203–223.

Haisch, Erich: »Psychoanalytische Deutung der Musik«, in: *Psyche* 7 (1953/54), S. 83–88.

Hilmar, Rosemary: »Die Bedeutung der Textvorlagen für die Komposition der Oper ›Lulu‹ von Alban Berg«, in: Manfred Angerer u. a.(Hg.): *Festschrift Othmar Wessely zum 60. Geburtstag,* Tutzing 1982, S. 265–294.

Holland, Dietmar: »Lulu: Opfer der Männergesellschaft. Wedekinds Lulu als Opernfigur«, Beitrag in: *Offizielles Programm der Salzburger Festspiele 1995*. Salzburg/ Wien 1995, S. 115–119.

Holland, Dietmar u. Csampai, Attila: *Alban Berg Lulu. Texte, Materialien, Kommentare*, Reinbek 1985.

Hurte, Michael: *Musik, Bild, Bewegung*, Bonn-Bad Godesberg 1982.

John, Eckhard: *Musikbolschewismus. Die Politisierung der Musik in Deutschland 1918–1938*, Stuttgart/Weimar 1994.

Karbusicky, Vladimir: *Grundriß der musikalischen Semantik*, Darmstadt 1986.

Kloke, Eberhard: Brief an Prof. G. Friedrich. (vom Verf. zur Verfügung gestellt) 1987.

Krenek, Ernst: »Alban Bergs ›Lulu‹«, in: *Zur Sprache gebracht. Essays über Musik*. Berlin/Darmstadt/Wien 1958, S. 241–250.

Laplanche, Jean, und Pontalis, Jean-Bertrand: *Das Vokabular der Psychoanalyse*, Frankfurt a. M. 1972.

Leikert, Sebastian: »Die Metapher der Musik«, in: *Riss. Zeitschrift für Psychoanalyse* 7 (1992), S. 34–45.

Massow, Albrecht von: *Halbwelt, Kultur und Natur in Alban Bergs »Lulu«*, Stuttgart 1992.

Matt, Peter von: *Die verdächtige Pracht. Über Dichter und Gedichte*, München/ Wien 1998.

Mertens, Wolfgang.: »Aspekte der Psychoanalytischen Gedächtnistheorie«, in: M. Koukkou, M. Leuzinger-Bohleber, W. Mertens (Hg.): *Erinnerung von Wirklichkeiten Psychoanalyse und Neurowissenschaften im Dialog*, Stuttgart 1998, S. 48–130.

Morgenstern, Soma: *Alban Berg und seine Idole. Erinnerungen und Briefe*, Berlin 1999.

Moser, Ulrich: »Heftklammern und schwarze Kühe. Zu Poesie und Traum«, in: *Psyche* 54 (2000), H. 1, S. 28–50.

Perle, George: »Das Film-Zwischenspiel in Bergs Oper ›Lulu‹«, in: *Österreichische Musikzeitschrift* 36 (1981), H. 12.

Perle, George: »Inhaltliche und formale Strukturen in Alban Bergs Oper »Lulu««, in: *Österreichische Musikzeitschrift*, 32 (1977) H. 10, S. 633.

Pople, Anthony: *Alban Berg und seine Zeit*, Laaber 2000.

Reich, Willi: *Alban Berg*, Wien 1937.

Reich, Willi: »Zur Oper ›Lulu‹«, in: *Österreichische Musikzeitschrift* 17 (1962), S. 49.

Reiter, Manfred: *Die Zwölftontechnik in Alban Bergs Oper ›Lulu‹*, Regensburg 1973.

Rihm, Wolfgang: »Was ›sagt‹ Musik?«, in: *Riss. Zeitschrift für Psychoanalyse* 7 (1992), S. 5–14.

Rode, Susanne: *Alban Berg und Karl Kraus: zur geistigen Biographie der Komponisten der »Lulu«,* Frankfurt a. M. 1988.

Schibli, Sigfried: »Auf dem Weg in die künstlerische Vereinsamung. Vierundzwanzig unbekannte Briefe und Postkartentexte Alban Bergs«, in: *Neue Zeitschrift für Musik* 46 (1985), H. 4, S. 15.

Schweizer, Klaus: *Die Sonatensatzfom im Schaffen Alban Bergs*, Stuttgart 1970.

Stenzl, Jürg: »Lulus ›Welt‹«, in: *Alban Berg – Studien*, Wien 1981, S. 32.

Stephan, Rudolf: *Vom musikalischen Denken. Gesammmelte Vorträge*, hg. v. Rainer Damm und Andreas Traub, Mainz u. a. 1985, S. 207–219.

Taibon, Mateo: *Luigi Nono und sein Musiktheater*, Wien/Köln/Weimar 1993.

Wedekind, Frank: *Kritische Studienausgabe Bd. 3/I; Bd. 3/II* , hg. v. Hartmut Vincon, Darmstadt 1996.

Whittall, Arnold: »Berg und das 20. Jahrhundert«, in: Anthony Pople (Hg.): *Alban Berg und seine Zeit*, Laaber 2000, S. 310–322.

Reimut Reiche

DER ANFANG DER ERZÄHLUNG
DIE SCHUTZIMPFUNG VON FRANK WEDEKIND
Rekonstruiert mit Hilfe der Bildung einer Strukturhomologie
von Traumarbeit und Erzählarbeit

Regeln

Material zu analysieren, das man nicht selbst ausgesucht hat, ist für einen Psychoanalytiker der gewöhnliche Fall. Diesen gewöhnlichen Fall simuliere ich hier, indem
ich die erste Seite einer Erzählung betrachte, deren weiteren Verlauf ich nicht kenne
und die ich auch nicht selbst ausgewählt, sondern ausgelost habe. Überhaupt kann
ich mich nicht an den Inhalt eines Werkes von Wedekind erinnern. Ich erinnere
mich dunkel, als Schüler *Frühlings Erwachen* gesehen zu haben, und gewiss kenne
ich auch Titel wie *Lulu*, verbunden mit den üblichen Assoziationen. Diese Unkennt-
nis erleichtert mir die Anwendung der Methode, mit der ich hier arbeiten möchte; zu
ihr gehört es, sich von Kontextwissen möglichst frei zu halten.

Ein Kunstwerk ist kein Traum. Dennoch kann man ein Kunstwerk über eine
gewisse Strecke hinweg so betrachten *wie* eine unbewusste psychische Produktion,
also *wie* einen Traum, *wie* ein Symptom, *wie* die Sukzession von Assoziationen im
Verlauf einer Analysestunde. Wenn man dies tut, muss man gewisse methodische
Regeln beachten, die nach dem internen Verständnis der Psychoanalyse erfüllt sein
müssen:

1) *Es muss ein Rahmen geschaffen werden. Nur innerhalb dieses Rahmens wird
gedeutet.* Ich muss mich z.B. entscheiden, ob ich ein Bild oder mehrere Bilder oder
alle Bilder dieses einen Künstlers analysieren will. Wenn ich sage: Dieses eine Bild
Heilige Anna Selbdritt soll mein Rahmen sein – dann muss ich, will ich mich nicht
schon vor Spielbeginn ins Abseits meiner eigenen Methode begeben, *das ganze Bild*
betrachten und analysieren, und nicht nur einen Bildausschnitt oder nur einen
Faltenwurf oder die Farbwerte. Wenn ich dann einen Faltenwurf oder einen Farb-
wert analysiere, muss ich ihn nämlich in Beziehung zu anderen Faltenwürfen und
anderen Farbwerten setzen. Wir gehen also methodisch zunächst genauso vor, wie
wir es auch tun, wenn wir etwa eine psychoanalytische Behandlungsstunde betrachten; hier greifen wir auch nicht einen einzelnen Einfall des Analysanden oder eine
einzelne Deutung heraus, sondern versuchen einen Verlauf, einen Prozess, eine

Gestalt *dieser einen Stunde* zu erfassen. In diesem strikten Sinn ist die erste Seite der dtv-Ausgabe von *Die Schutzimpfung* mein Rahmen.[1]

2) *Es wird von der Oberfläche zur Tiefe fortgeschritten.* Halten wir uns nicht an der Frage auf, was tief ist, ob und wie diese Tiefe zu erreichen sei, sondern halten wir uns an die Oberfläche: Die Oberfläche des Bildes oder des Textes erfassen heißt zunächst: alles beschreiben, was *im Rahmen* ist, also *das ganze Bild*. Bei einem Tafelbild heißt das: Positionen der Figuren zu einander, der Farben, des Farbauftrags, Relationen von deutlich/überdeutlich/verschwimmend, von hell/dunkel usw.

3) *In der Beschreibung werden alle Text-Bild-Elemente im ersten Durchgang prinzipiell gleich behandelt.* Das ist eine Adaptation der Regel der gleichschwebenden Aufmerksamkeit. Wir behandeln also eine Wolke zunächst nicht anders als einen Menschen – ebenso wie wir in einer Analysestunde einen Einfall über eine Wolke zunächst nicht anders behandeln als einen Einfall über einen Menschen. Diese Regel des »Alles«-Beschreiben und »Alles als gleich gültig«-Behandeln wird besonders rein entwickelt und eingehalten von der Methode der *objektiven Hermeneutik* (Ulrich Oevermann).[2] Diese Methode ist ebenso sehr der Psychoanalyse wie dem Strukturalismus verpflichtet.

4) »Zur Tiefe« gelangt man nicht über privilegiertes tiefes Wissen, weder psychoanalytisches noch anderes, sondern über methodische Regeln der Verknüpfung. Genealogisches Vorbild hierfür sind die drei Mechanismen der Traumarbeit aus der Traumdeutung von Freud und ihre Stellung in dem bekannten Schema der Traumentstehung, das ich der Überschaubarkeit halber in 6 Stufen gliedere:

(6) geträumter Traum
(5) manifester Traum (erinnerter und erzählter Traum)
(4) (unbewusste) Traumarbeit
(3) latenter Traumgedanke (zusammengesetzt aus:)
(2) Tagrest und
(1) sich mit diesem verbindender unbewusster Wunsch

Wenn ich im folgenden versuche, analog zur *Traumarbeit* die Regel der unbewussten schriftstellerischen Arbeit zu finden, folge ich dem methodischen Vorbild dieser sechs Stufen. Freud hat in *Der Witz und seine Beziehung zum Unbewussten* eine Homologie von »Witzarbeit und Traumarbeit«[3] entdeckt. In Anlehnung an diese Übertragung kann man von unbewusster *Erzählarbeit* sprechen und gelangt dann zu folgender Strukturhomologie von Traumarbeit und Erzählarbeit:

---

[1] Frank Wedekind: »Die Schutzimpfung«, in ders.: *Werke*, 2. Bde., hg. v. E. Weidl, München 1996, Bd. I, S. 307.

[2] Vgl. Ulrich Oevermann: »Die objektive Hermeneutik als unverzichtbare methodologische Grundlage für die Analyse von Subjektivität. Zugleich eine Kritik der Tiefenhermeneutik«, in: Th. Jung und St. Müller-Dohm: *»Wirklichkeit« im Deutungsprozeß*, Frankfurt a. M., 1993, S. 106–189.

[3] Sigmund Freud: *Der Witz und seine Beziehung zum Unbewussten* (1905), in ders.: *Gesammelte Werke* (= GW) VI, S. 188.

Strukturhomologie
von Traumarbeit und Erzählarbeit[4]

Geträumter Traum	Erzählung/Dichtung/Bild
Manifester Traum	Nacherzählung durch den Bearbeiter (das je meinige Protokoll der Ausdrucksgestalt »Erzählung«, »Bild« usw.)
Traumarbeit (Verdichtung, Verschiebung, Rücksicht auf Darstellbarkeit)	Erzählarbeit. Entschlüsselt: Form-Analyse mit Hilfe der Regeln der Traumarbeit
Latenter Traumgedanke (Trieb-Wunsch-Konflikt)	Latente Sinnstruktur (unbewusste Dimension des Textes, des Bildes usw.)

Die hier skizzierte Homologie wird natürlich durch die Tatsache gebrochen, dass wir im Traum immer eine Sukzession, in Form einer Diachronie von Bildern oder Szenen, vorfinden. Der Text, den wir mit dem Traum methodisch »gleichsetzen«, hat diese Diachronie zu einem einzigen synchronen Bild verdichtet. In diesem sind alle latenten oder unbewussten Bildregister der diachronen Erzählarbeit enthalten.

Der Traum des Analysanden ist immer der *erzählte Traum*, niemals der *geträumte Traum*. Der erzählte Traum ist definitionsgemäß immer ein Fragment – auch ohne den notorischen Zusatz: Von diesem Traum weiß ich nur noch ein Bruchstück. In diesem Sinne behandle ich die erste Seite der hier zu analysierenden Geschichte wie die Äußerung: Von diesem Traum weiß ich nur noch den Anfang. Diese künstliche Beschränkung geschieht aus drei Gründen. Einmal zur Komplexitätsreduktion: Ich möchte nicht zu viel Gestalt-Elemente auf einmal in Beziehung zueinander bringen müssen. Zweitens folge ich der Grundannahme: Auch in der nur fragmentarisch vorliegenden Ausdrucksgestalt ist die »Fallstruktur« verborgen/enthalten. Drittens ist bei der Beurteilung einer Gesamtgestalt die Gefahr größer, diese ex post unter ein bereitliegendes psychoanalytisches Modell zu subsumieren. Diese methodische Anforderung zwingt zu Ex-ante-Festlegungen mit einem entsprechend hohen Irrtumsrisiko.

Der Titel und der Rahmen

Der Titel *Die Schutzimpfung* führt einen Zeitindex mit. Wollte ein Dichter heute Begriffe aus dem medizinischen Bereich als literarische Metaphern verwenden, so würde er eher zu Organtransplantation oder Genmanipulation greifen. Die große Zeit

---

[4] Diese Strukturhomologie habe ich ausführlich dargestellt in Reimut Reiche: »»Mutterseelenallein‹ von Reinhard Mucha – eine Formalanalyse«, in: G. Schneider (Hg.): *Psychoanalyse und bildende Kunst*, Tübingen 1999, S. 337–366.

der Impfmetapher ist die erstmalige Anwendung des Impfschutzes im Massen-maßstab – die Einführung der Pocken-Impfpflicht mit dem Reichsimpfgesetz von 1874. Der Wortbildung Schutzimpfung eignet ein gewisser Pleonasmus. Es gibt, außer im chemischen Labor (zur Kristallisationserzeugung), keine Impfung, die nicht zum Schutz vor einer Krankheit angewendet würde. Das Prinzip der Impfung besteht darin, in den gesunden, noch nicht von der Krankheit A befallen gewesenen Körper in verträglicher Dosis Erreger dieser Krankheit A einzubringen (imputare = einschneiden) und den Körper dadurch zum Aufbau einer schützenden Antigen-Antikörperreaktion aufzufordern.

Die Geschichte tritt als psychologische Lehrfabel in Liebesdingen auf, in die der Leser als »Freund« eingerahmt wird. Sie beginnt mit der konventionellen Deca-merone-Figur: »Wenn ich euch, ihr lieben Freunde, diese Geschichte erzähle, so [...]«. Dieses »so« wird mit einer Reihe von Verneinungen (und von Positionen, die an die Stelle dieser Verneinungen treten) spezifiziert. Der Autor erzählt die Geschichte: 1) »keinesfalls um ein Beispiel von der Durchtriebenheit des Weibes oder von der Dummheit der Männer zu geben« und weist 2) die ihm etwa vom Leser unterstellte Absicht zurück, »als wollte ich mich meiner Übeltaten aus vergangenen Zeiten rühmen.« An die Stelle dieser Verneinungen tritt eine Bejahung: »[...] weil sie gewisse psychologische Kuriositäten enthält, die euch und jedermann interessie-ren werden und aus denen der Mensch, wenn er sich ihrer bewusst ist, großen Vorteil im Leben zu ziehen vermag«. Durch die Steigerung der »Übeltaten aus ver-gangenen Zeiten« zu Wendungen wie »heute aus tiefster Seele bereue« wird auch derjenige Leser auf einen ironischen Ton eingestimmt, der diesen Ton ohne solche Verstärkung noch nicht wahrgenommen haben sollte.

Die Rahmung führt weiterhin eine Unterscheidung von *heute* (Rahmen eins, R-1) und *damals* (Rahmen zwei, R-2) ein. *Damals,* zum Zeitpunkt des Stattfindens der zu erzählenden Geschichte war der Erzähler jung, leichtsinnig, angeberisch, ein Übeltäter. »Heute [...] sind meine Haare grau und meine Knie schlottrig geworden.« (13 Zeilen).

Die Personen und ihre Stellung im Raum

Mit dem zweiten Absatz werden wir in direkter Rede in dies derart angeklungene Damals geführt: »»Du hast nichts zu befürchten, mein lieber, süßer Junge‹, sagte Fanny eines schönen Abends zu mir, als ihr Mann eben nach Hause gekommen war [...]«. Dieser zweite Anfang funktioniert, wie wir nach weiteren 18 Zeilen wissen werden, als zweiter Rahmen, nämlich als Rahmen für die jetzt folgende Explikation des Verfahrens, das der Geschichte den Titel gab. Damit sind wir am Ende der ersten Seite einer Geschichte angelangt, von der ich bis jetzt nur weiß, dass sie sechs Seiten lang ist, aber nicht, wie sie weitergeht. Die Frau hebt jetzt an, ihrem »lieben, süßen Jungen« zu erklären, wie sie ihren Ehemann durch »eine Art von Schutz-impfung [...] gegen jede Eifersucht zu feien« verstanden hat.

Bis hierher finden wir im manifesten Text folgende Personen und Objektbezie-hungen:

Die Frau mit den Eigenschaften: Sie hat einen jungen Liebhaber; sie kann Angst nehmen; sie verfügt über einen Impfstoff (»jenes von mir erfundenen Mittels«); sie kann ihren Ehemann für dumm verkaufen. Sie verneint also die Verneinung aus der ersten Rahmung und zeigt die »Durchtriebenheit des Weibes«. Sie nimmt dem jungen Liebhaber gegenüber eine beschützende, versorgende, Angst lösende Position ein und depotenziert zugleich den abwesenden, gerade zur Tür herein gekommenen Ehemann. »Selbst sein Gesichtsausdruck ist nur das Ergebnis des von mir erfundenen Mittels.« Zum Leser nimmt sie indirekt eine Beziehung auf, sie erklärt ihm, dass sie mit dem jungen Mann gerade etwas getan habe, was ihrem Ehemann »wirklich Grund zur Eifersucht gegeben« hat. Latent depotenziert sie auch den jungen Mann, ihren Liebhaber, indem sie dauernd für ihn und statt seiner spricht. Zusammenfassend: Sie ist omnipotent. Sie hat, bisher, als einzige einen Namen: Fanny.

Der junge Mann des zweiten Rahmens – das ist zugleich der Erzähler des ersten Rahmens, der *heute* auf die Zeit von *damals* zurückblickt. Er hat es bereits der Frau überlassen, dem Leser von dem sexuellen (?) Erlebnis zur berichten. Er ist der »liebe, süße Junge« der omnipotenten Frau. Dieser junge Mann ist gar nicht so draufgängerisch, wie sich der alte Mann (der Erzähler von heute), im ersten Rahmen auf seine Jugend zurückblickend, geschildert hat. Er ist verängstigt und »kleinlaut« bei dem Gedanken, der Ehemann könnte »schon etwas gemerkt haben«. Er verhält sich genau so, wie sich der alte Mann *heute* sieht: »Knie schlottrig geworden«. Auch dieser junge Mann verneint also im zweiten Rahmen die Verneinung des ersten Rahmens – und zeigt die »Dummheit der Männer«.

Der Erzähler, zugleich der alte Mann, nimmt zu uns als »ihr lieben Freunde« eine belehrende Beziehung auf. Wenn wir uns der »psychologischen Kuriositäten bewusst« werden, die die Geschichte enthält, werden wir »großen Vorteil im Leben ziehen«. Durch das Adjektiv »lieb« werden wir in eine assoziative Nähe zum jungen Liebhaber gebracht, der von der Frau einmal als »lieber, süßer Junge« und einmal als »lieber Junge« angesprochen wird. Der Erzähler verspricht uns Lesern etwas, das dem gleicht, was die Frau besitzt: Macht. So wie diese ein besonderes »Mittel erfunden« hat, mit dem man im Liebesleben großen Vorteil erzielen kann, so ist seine Erzählung gleichsam eine Erfindung, um aus »psychologischen Kuriositäten« einen großen Vorteil im Leben zu ziehen.

Der gehörnte Ehemann ist »eben nach hause gekommen«. Es bleibt offen, ob ihn eben jemand zu Gesicht bekommen hat. Der junge Mann hat Angst, die Frau beruhigt ihn, denn sie weiß, dass »sein Gesichtsausdruck nur das Ergebnis des von mir erfundenen Mittels ist«. Dieser Mann hat überhaupt keine eigenen Eigenschaften, außer der, nach Hause zu kommen. Im Unterschied zum jungen Mann hat er noch nicht einmal eigene Affekte, sondern nur einen ihm von der omnipotenten Frau verpassten Gesichtsausdruck.

Die Leser. Mit »ihr lieben Freunde« spricht der Autor eine (latent männlich konnotierte?) psychologisch zu belehrende Zuhörerschaft an. Die psychologischen Enthüllungen werden als »Kuriositäten« bezeichnet und damit in die Nähe des anatomischen Kabinetts, des Jahrmarkts und der Moritat gebracht.

Dominante bewusste Objektbeziehung: Die Frau tritt als Zentralgestirn im Singular auf und ist umgeben von den Satelliten junger Mann, Ehemann, Erzähler. Dieser Singular-Plural- und Herrscher-Hofstaat-Kontrast hatte schon den Auftakt der initialen Verneinung gebildet: Durchtriebenheit *des* Weibes, Dummheit *der* Männer. Die Frau ist nicht nur durchtrieben, sondern auch mächtig und gütig. Die Männer sind schwach. Soll auch der Leser in dieser Reihe der schwachen, dummen, ängstlichen Objekte Platz nehmen? Das wäre bereits eine Frage nach der dominanten unbewussten Objektbeziehung, die dieser Text ausspielt und die diesen Text demzufolge strukturieren würde.

Bevor wir diese Frage stellen, müssen wir das manifeste Bild möglichst vollständig nacherzählen. Wenden wir uns also dem Raum von R-2 und seiner Möblierung zu. Festzuhalten ist hier, dass wir (noch) gar nichts über diesen Raum wissen, außer, dass wir uns in einem Innenraum befinden: Der Ehemann ist »eben nach Hause gekommen«. Handelt es sich um eine Villa oder eine große Wohnung, lagen Fanny und ihr Süßer eben noch im Bett, tritt der Ehegatte in ein Foyer oder von draußen direkt in die Wohnküche? Wer kann wen sehen und wer wen nicht? Gibt es eine privilegierte Blickposition? Nun könnte es ja theoretisch so sein, dass wir auf der nächsten Seite eine genaue Beschreibung des Hauses, der Treppe zu den oberen Gemächern oder dergleichen erhalten. Aber theoretisch kann auf der nächsten Seite auch ein Walfisch erscheinen und den jungen Mann nach Ninive entführen. Halten wir also fest: Wir haben bis hierher ein starkes Unbestimmtheitsgefälle von Handlungsbestimmung zu Ortsbestimmung. Wir wissen über das, *was* jetzt weiter passieren wird, viel mehr, als darüber, *wo* es passiert. Sicher, die Konstellation Frau/ Liebhaber (?) / heimkommender Ehemann spricht eher für ein bürgerliches als für ein Unterschichtmilieu, und mehr für das ausgehende 19. als für das 21. oder 18. Jahrhundert. Aber das bleibt alles sehr vage. Die Unbestimmtheit des Lokals könnte darauf hinweisen, dass wir in eine überzeitliche Parabel eingeführt werden sollen. Oder aber: dass wir noch nicht wissen sollen, was Fanny und ihr »lieber Junge« wirklich getan haben. Waren sie im Bett – oder ist das Bett die falsche Fährte – und es gibt gar keinen Liebhaber?

Plot 1

Fanny wird auf der nächsten Seite ihrem lieben, süßen Jungen verraten, mit welcher Art von Schutzimpfung sie ihren Ehemann gegen Eifersucht gefeit hat. Und dies mit einer Feiung, die nicht aufgefrischt werden muss, sondern lebenslangen Impfschutz bietet. Wir kennen eine interessante Komposit-Eigenschaft des Impfschutzes. Er wird den Ehemann »für immer« (= 1) »davor bewahren, dass er je« (=Verstärkung von 1) »von einem ihn beunruhigenden Verdacht gegen dich« (= 2) »befallen wird«. Der Impfschutz wirkt lebenslang und er wirkt (nur?) spezifisch gegen Eifersucht auf diesen einen Liebhaber Fannys. Damit könnte ausgedrückt sein, dass Fanny die Absicht hat, ihren lieben Jungen für immer für sich zu behalten. Eine weitere Wirkung der *Schutzimpfung*: Fanny hat ihrem Mann durch das von ihr verabreichte Mittel sekundär einen bestimmen Gesichtsausdruck verpasst. Wir wissen nicht,

welchen Ausdruck, wir wissen nur, dass der junge Liebhaber diesem Gesichtsausdruck misstraut. Der Ehemann könnte zum Beispiel versonnen oder schafsköpfig
dreinblicken oder, falls sie sich doch gerade beim Hereinkommen des Ehemanns im
Flur begegnet sind, könnte er den jungen Liebhaber sogar aufmunternd oder bewun-
dernd angeblickt haben. Der in diesem Blick, den wir nicht kennen, geronnene
Gefühlszustand ist als Nebenwirkung der Verzauberung (Schutzimpfung) zu entziffern. Allerdings taucht die kurz nacheinander wiederholte Trope »Gesichtsausdruck«, »Ausdruck seines Gesichts« im direkten Zusammenhang mit »Blindheit«
auf: Wenn »Ehemänner« wirklich Grund zur Eifersucht haben, sind sie »wie mit
unheilbarer Blindheit geschlagen«. Es ist anzunehmen: Der Ehemann schaut irgendwie blind aus. Und vielleicht: Das »angewandte Mittel« wirkt über die Augen. Wenn
wir hier fortfahren würden, würden wir zu Hypothesen kommen, die das angewandte
Mittel in Verbindung mit dem Schautrieb bringen. Das wollen wir nicht fortsetzen;
die Gefahr wilder Deutungen ist an dieser Stelle noch zu groß. Wenn der Dichter
seine titelgebende Metapher ernst nimmt, dann muss Fanny das Eifersucht erzeu-
gende Mittel in geringer Dosis in den noch nicht von der Krankheit Eifersucht
befallen gewesenen Organismus des Ehemannes eingeimpft haben. Sie hatte ihn
gewissermaßen künstlich eifersüchtig gemacht und dadurch gegen »echte« Eifersucht für immer gefeit.

Plot 2

Ein Traum kann versuchen, in immer neuen Anläufen und Schleifen eine Lösung in
dem Konflikt (inklusive: Wunsch) zu finden, den wir dann in der Analyse als
latenten Traumgedanken (Freud) entschlüsseln. Hier haben wir aber keinen Traum
vor uns, sondern eine Geschichte, von der wir wissen, dass sie knapp sechs Seiten
lang ist. Der Autor hat jetzt noch 5 Seiten zur Verfügung, um eine in sich abgeschlossene Gestalt zu bilden, die seinen literarischen Idealen und ästhetischen
Kriterien entspricht. Dennoch geht die strukturelle Homologie zum Traum noch
etwas weiter. Der Träumer oder das als ausführendes Organ zu denkende *Traum-Ich*
möchte den Traum zu Ende bringen, ebenso wie der Dichter seine Geschichte zu
Ende bringen möchte, und muss darum, wie der Dichter, jede neue Sequenz, jeden
neuen Konfliktlösungs-Wunscherfüllungs-Anlauf, an die schon vorliegende Gesamt-
sequenz anschließen. Die Brüche von einer Sequenzstelle zur nächsten hat Freud in
den drei *Mechanismen der Traumarbeit* formal zusammengefasst: Verschiebung,
Verdichtung, Rücksicht auf Darstellbarkeit. Es ließen sich noch weitere solcher
Mechanismen aufführen – Wiederholung (Reihenbildung), Verkehrung ins Gegenteil, Verdopplung, das ganze Arsenal der Verfahren, das auch die Dichter und Maler
verwenden, um ein Narrativ zu gestalten. Diese methodische Frage will ich hier
nicht weiterverfolgen.

Jedenfalls muss der Dichter auf den nächsten 5 Seiten folgendes Programm
unterbringen: den Plot 1 explizieren (P-1) und den Plot 2 (P-2) so gestalten, dass er
in Interaktion mit P-1 tritt. Die Begegnung von Ehemann und Liebhaber in P-2 ist
die Probe aufs Exempel, dass P-1 wirkt. Es muss jetzt, nach den beiden Eröffnungen

R-1 und R-2, etwas geschehen, was a) die literarische Spannung weiter aufbaut und woraus sich b) die versprochene psychologische Belehrung extrahieren lässt, die zu R-1 zurückführt und dann die Gestalt schließt. Der Prototyp für P-1 wäre: Fanny lässt ihren Mann ein verräterisches »männliches« Indiz entdecken: ein Haar, ein Billett, ein Zigarettenetui. Der Ehemann denkt: «Das ist von dem anderen Mann!« und macht eine Szene. Dann stellt sich aber heraus: Es stammt von ihm selbst. Das wäre Vakzination durch Imputation lebender (i. U. zu: toter) Krankheitserreger. Der Ehemann erkennt reumütig seinen Irrtum und ist für immer gefeit. Der Prototyp für P-2 wäre der Illustriertenwitz: der gehörnte Ehemann sucht im Schlafzimmerschrank seinen Zylinder, entdeckt dort den versteckten Liebhaber, begrüßt ihn freundlich: »Das ist doch kurios«.

Für die Formbildung dieser Geschichte hat die Sukzession keine großen Spielräume. Der Dichter kann sein narratives Muster – im Unterschied zum Traum oder zu längeren Erzählungen – nicht lange mäandern lassen. Er kann auch nicht ganz auf die Explikation eines P-2 verzichten, denn dann bliebe er uns die psychologische Belehrung schuldig, die sich nicht völlig aus P-1 ergeben kann. Oder, im negativen Modus ausgedrückt: Ergäbe sich die Belehrung einzig aus P-1, dann handelte es sich um eine ziemlich plumpe Geschichte. Für die angedeuteten Formprobleme kommt am ehesten die Satire in Frage.

Literarische Formbildung und Traumbildung

Wie sehr werden P-1/P-2 vom oben skizzierten Prototyp abweichen? Und, in welche Richtung werden sie abweichen? Werden sie relativ zum Prototyp komplexer, kreativer, komplizierter, überraschender oder aber moralischer, kitschiger, redundanter ... ausfallen? Solche und andere Prädikate verwenden wir üblicherweise, um in der Kunst- und Literaturkritik die Güte eines Werkes zu charakterisieren. Das Substrat für diese Prädikate muss strukturlogisch in der bis hierher explizierten literarischen Ausdrucksgestalt *Der Anfang der Erzählung ...* enthalten sein. Wir müssen also noch einmal diese Ausdrucksgestalt befragen, nicht so sehr, um zu erfahren, *wie* es auf der manifesten Ebene weitergeht, ob mit oder ohne Zylinderhut und Kleiderschrank, sondern um diese Strukturlogik so gut wie möglich zu erfassen.

Der Dichter verwendet die von ihm eingeführten literarischen Figuren ziemlich stereotyp; die Bühne wirkt ebenso bekannt wie das Personal. Wir sind gleichsam die Zuschauer vor einem Kasperletheater, mit einem Unterschied: Wir haben das Bühnenbild noch nicht gesehen. Auf den ersten Blick bleiben dem Dichter nur die beiden Möglichkeiten: die Fabel nach Lafontaine-Manier, allerdings mit ein paar Literaturepochen Verspätung, mit einer »psychologischen« Moral zu Ende zu bringen. Oder P-1/P-2 so aufzubauen, dass überraschend das ganze Gebäude dekonstruiert wird. Für die zweite Möglichkeit gibt es keinen Hinweis.

Wenn wir die vorliegende Sequenz noch einmal wie einen manifesten Traum betrachten: Wir finden zunächst keine Verschiebungen, Verdichtungen oder andere verräterische Hinweise auf ein etwa darunter liegendes X, das wir mit dem Unbewussten in Verbindung bringen könnten, nach dem wir naturgemäß suchen, wenn wir einen Schnittpunkt von *Literatur und Psychoanalyse* finden wollen. Das Ganze präsentiert sich als konventionell geschlossenes Stereotyp, also in unserer Terminologie: als Abwehrgestalt. Die Abwehr deckt das Abgewehrte so vollkommen zu, dass wir zu ihm – immer: auf den ersten Blick – keinen Zugang haben. Wir kennen das von Träumen, die konventionelle Symbole demonstrativ konventionell verwenden, etwa: *Ich bin die Treppe hinaufgegangen, oben rechts war eine Tür.* Zu dieser Tür haben wir keinen Zutritt. Ganz anders wäre es, wenn der Traum so ginge: *Ich bin die Treppe hinaufgegangen, auf dem Treppenabsatz lag eine Schlange, oben rechts war eine Tür.* Hier haben wir einen Bruch, die Tür ist gleichsam einen Spalt weit offen, und wir können zwanglos fragen: Wie kommt das, im allgemeinen liegen Schlangen nicht auf Treppenstufen, sondern auf der Erde, im Freien oder im Terrarium? Oder wir können fragen: Warum treten hier zwei derart populäre, ja abgegriffene sogenannte sexuelle Traumsymbole direkt nacheinander auf? Ein Zutritt zum ersten Traum ergäbe sich vielleicht, wenn man den Modus der Selbstverständlichkeit thematisiert: In Häusern befinden sich am Ende von Treppen regelhaft Türen. Wäre das nicht so, würde die Treppe ins Nichts oder an eine Mauer führen – und wir befänden uns plötzlich in einer existentiellen Situation von Angst oder Sinnlosigkeit, die offenbar vermieden werden soll – und so weiter.

Wir finden jedoch im Schnittpunkt von *Eifersucht* und *Impfung* eine ganze Reihe von sprachlich unschönen und auffälligen Reihungen und parapleonastischen Verdopplungen:

- *wie mit unheilbarer Blindheit geschlagen*: Die stehende Redewendung heißt: mit Blindheit geschlagen;
- *von einem ihn beunruhigenden Verdacht befallen*: Es ist eine Struktureigenschaft des Verdachtes, dass er beunruhigt;
- *um ihn ein für allemal gegen jede Eifersucht zu feien und ihn für immer davor zu bewahren, dass er je von einem ihn beunruhigenden Verdacht gegen dich befallen wird*: Hier wird das »immer« sinngemäß viermal wiederholt; das klingt eher nach der Ausführungsbestimmung einer Verordnung als nach wörtlicher Rede in Foyer oder Boudoir.

Wenn wir weiter nach den Formeigentümlichkeiten dieses stereotypen Narrativs suchen, werden wir eine Neigung zu gleichmäßig geglätteter Übertreibung feststellen: Alle Charaktere sind gleichermaßen überzeichnet: Fanny ist zu mächtig, der Erzähler zu schlottrig, der Ehemann zu schafsköpfig, der Liebhaber zu weich und der Leser – also ich? – zu dumm. Die Referenzlinie für die Feststellung der Übertreibung ist eine angenommene Durchschnittsrealität, die ihrerseits Fiktion ist. In der Wirklichkeit ist alles noch viel schlimmer, aber das »schlimmer« ist nicht so gleichmäßig auf alle in der Szene vorkommenden Charaktere verteilt wie in dieser Erzählung. Nun ist Übertreibung/Überzeichnung *das* universelle Stilmittel – in der Literatur wie im Traum. Wir müssen also die Form der Übertreibung/Überzeichnung näher bestimmen. Die Überzeichnung führt nicht in Richtung des Unheimlichen oder Verbrecherischen – das würde nicht zur gleichmäßigen Überzeichnung der Charaktere passen. Wir haben es nicht mit einer gewöhnlichen Liebesgeschichte, nicht mit einem Liebeskrimi und nicht mit dem Genre des Surreal-Unheimlichen zu tun.

Es ist Zeit für eine Festlegung: Wir haben eine Satire vor uns, die sich in das Gewand eines Lehrstücks, einer Fabel hüllt. Und diese protrahierte Erkenntnis entlockt mir zunächst ein Stöhnen: Eine Satire zu analysieren, das ist das letzte was ich mir gewünscht habe. Mit keiner Kunstgattung tut sich die Psychoanalyse so schwer wie mit Witz und Satire – trotz Freuds Monografie über den *Witz und seine Beziehung zum Unbewussten*. Wie bringt der Dichter P-1 und P-2, eingerahmt in R-2 und schließlich noch in R-1, zu einem guten Ende? Und das heißt, zu einem Ende, das literarisch auch heute noch bestehen kann, also den historischen Index ›Pockenschutzimpfung‹ überdauert? Nun nährt sich die Satire zwar immer von den Indices ihrer Zeit. Aber wie es wirklich gute Witze gibt, über die man auch nach hundert Jahren noch lachen kann, so verlangen wir auch von einer wirklich guten Komödie, dass wir sie, auch ohne nähere Kenntnis des historischen Kontextes, nach hundert oder zweitausend Jahren noch genießen können. Warum? Weil sie für universelle psychische Konflikte und Dispositionen (z. B. exhibitorische Wünsche und die zu ihnen gehörenden Schamkonflikte) überraschende Lösungen bereithält, von denen wir auch hundert oder tausend Jahre später noch angezogen werden.

Freud hat als den gemeinsamen Schnittpunkt von Traum und Witz die Lust benannt: »Der Traum dient vorwiegend der Unlustersparnis, der Witz dem Lusterwerb.«[5] Da ich nicht weiß, wie die Geschichte von der *Schutzimpfung* weitergeht, will ich ersatzweise einige Bedingungen zu benennen, die sie erfüllen muss, um als *Werk* auch heute noch zu überzeugen. Der Lusterwerb, von dem Freud spricht, ist mehrfach zusammengesetzt:

1) P-1 und P-2 müssen einen zeitlosen Kern enthalten – so wie die *Kalendergeschichten* von Hebel oder die *Frösche* von Aristophanes es tun. Denn nur durch diesen hindurch werden wir unsere aktuellen Impfprobleme auf die historischen Impfprobleme abbilden und jene in diesen erkennen können. Dieses Wiedererkennen schafft Lust.

2) In einer guten Satire – nehmen wir als aktuelles Beispiel den als »Gesellschaftssatire«[6] titulierten Film *American Beauty* – sind die dominanten Charaktereigentümlichkeiten aller Figuren gleichermaßen überzeichnet und alle Figuren bewahren durch diese Überzeichnung hindurch einen unzerstörbaren Fundus an Sympathie. Die »gute« Satire arbeitet nicht mit Gut und Böse und lässt keinen Typus auf Kosten eines Gewinners verlieren. D. h. der Sadismus darf nicht so unsublimiert ausgespielt werden wie im Witz. Denn im Witz entschuldigt der Überrumpelungseffekt das Lachen über das Opfer: Wir sind überrumpelt (= masochistische Position) und darum dürfen wird lachen (= sadistische Position). Wenn der in der Realität Schwache in der Geschichte noch einmal verliert, ist das vielleicht für den Moment ganz lustig, aber dann setzt der Einspruch des Über-Ichs ein .... Und wenn der Schwache gewinnt, werden wir für einen Moment Triumph

---

[5] Freud: GW VI, S. 205.
[6] FAZ v. 28.3.2000.

oder Schadenfreude empfinden, aber dann meldet sich der Einspruch der Realität und die Sache wird peinlich ....

3) Wir erwarten eine Verdichtung. Sie muss nicht buchstäblich operieren, wie im Witz, also nicht unbedingt familiär und Millionär zu *famillionär* verdichten, wie im ersten Beispiel von Freuds Essay. Die ökonomische Beherrschung der Knappheit der Mittel wird als Lust empfunden, weil sie ein Derivat der körperlichen Funktionslust ist. In den großen Sportarten der Körperbeherrschung (Kunstspringen, Eiskunstlauf) wird nicht die Menge und Höhe der Saltos und Pirouetten prämiert, sondern deren möglichst knappe »punktgenaue« Ausführung (Vermeiden jeder »überflüssigen« Bewegung). Auch in der Verknappung ist das Element der Überrumpelung enthalten, das für den Witz konstitutiv ist und das wir in ihm ungestraft genießen dürfen.

4) Die Belehrung auf der manifesten Textebene darf nicht die vom Dichter wirklich intendierte Belehrung sein. Sonst geht die Satire kaputt. Wenn die Belehrung auf der manifesten Ebene z.B. mit moralischen Übertreibungen operiert, dann muss darunter noch eine andere Belehrung stattfinden, die wir als Überich-Entlastung empfinden und in dieser Form genießen können.

Wie will der Dichter das alles erreichen? Es darf auf jeden Fall nicht bis zum Ende 1:1 gradlinig weitergehen. Zwar besteht die Satire, vergleichbar einer Untergattung des Witzes, in der »Darstellung durchs Gegenteil«[7]. Aber der Witz an der Satire ist: Sie ist kein Witz. Sie muss die ihrer Form eigene Darstellung durchs Gegenteil finden. Sie darf nicht 1:1 ins Gegenteil verkehren. Sie darf nicht andauernd *Liebe* sagen und andauernd *Sünde* meinen. Sonst wird dem Leser die gesamte *Erzählarbeit* aufgebürdet; auch das geht immer schief. Ich sehe im vorliegenden Material keinen Anhaltspunkt für die Einführung der Darstellung durchs Gegenteil.

Wo auf die Trias *Manifester Traum / Traumarbeit / latenter Traumgedanke* Bezug genommen wird, wird leicht vergessen, dass der Tagesrest konstitutionell und nicht nur peripher zum Traumgedanken gehört. Der Traumgedanke formt sich nämlich – immer in der Lehre Freuds – aus Tagesrest plus unbewusstem Wunsch, der zum Tagesrest passt: »Um der Traumarbeit einen Angriffspunkt zu bieten, muss der Tagesrest wunschbildungsfähig sein, eine nicht eben schwer zu erfüllende Bedingung. Der aus dem Traumgedanken hervorgehende Wunsch bildet die Vorstufe und später den Kern des Traumes.«[8] Meine Lesart Freuds: Der Tagesrest muss wunschbildungsfähig gemacht werden, er muss sich mit einem sowieso bereit liegenden unbewussten Wunsch verbinden, der irgendwie zum Tagesrest passt.

Vor dieser Folie können wir eine Hypothese über die *Erzählarbeit* der ersten Seite dieser Erzählung bilden: Im Zentrum des Narrativs steht eine Verdichtung von Liebe und Impfung. Diese Verdichtung läuft über den gemeinsamen Nenner der Dauer: »für immer«. Die Einheit von »für immer gefeit« und »für immer vereint« ist formal ableitbar über die auffällige vierfache Reihung auf zwei Zeilen (27, 28): *ein*

---

[7] Freud: GW VI, S. 196.
[8] Freud: GW VI, S. 183.

für allemal / gegen jede Eifersucht / für immer davor bewahren / je befallen wird.
Diese Hypothese können wir in das Schema der Traumbildung einsetzen:

Tagesrest:	Einführung der Impfpflicht 1874
Unbewusster Wunsch:	Eine Triebbefriedigung X soll nie vergehen, ewig dauern ...
Latenter Sinn:	(in Anlehnung an den »latenten Traumgedanken«:) ewige Dauer des unbewussten X wird erreicht, indem der ödipale Rivale via Impfung ausgeschaltet wird. Gemeinsamer Nenner von Impfen/Impfschutz und Koitus/Liebe: ewige Dauer.
Erzählarbeit:	P-1 und P-2 erfinden und so ineinander verflechten, dass X in der Satire verborgen und zugleich dargestellt wird.

Wir können die Anforderung an den Fortgang der Geschichte auch auf der psychosexuellen Entwicklungsachse darstellen, indem wir an die oben (S. 4) herausgear-
beitete dominante Objektbeziehung anschließen:
- Der liebe süße Junge
- wird von Fanny verführt; er ist leichtsinnig (phallische Omnipotenz), bekommt
  aber beim ersten Anzeichen von Gefahr Angst und wird kleinlaut (Kastra-
  tionsangst).
- Fanny beruhigt ihn omnipotent mit dem Herzeigen ihres Phallus P-1, aber er
  glaubt ihr nicht so richtig.
- P-1 und P-2 verdichten sich im Ödipuskomplex (Konfrontation von süßem
  Jungen und Ehemann).
- Jetzt ist der frühere süße Junge ein alter Mann: reumütig, grau und schlottrig.

Fanny verneint aggressiv die Existenz von Scham. Sie reißt die phallische Omnipotenz an sich. Dadurch bürdet sie dem Jungen im Ödipuskomplex eine große Last auf.
Es konstelliert sich eine Situation, die typisch ist für die Psychogenese der Perversion: Die Mutter stellt mit ihrem Sohn eine sexualisierte »blissful union« (R. Stoller)
her; infolgedessen lebt dieser »in der Illusion, dass er mit seiner prägenitalen
Sexualität, seinem unreifen und sterilen Penis, ein adäquater Sexualpartner für seine
Mutter wäre und seinen Vater um nichts zu beneiden hätte«[9]. In diesem Narrativ
fehlt das Erwachsenenalter. Dieses ist als abwesender Anwesender enthalten in der
uns versprochenen Nutzanwendung – *großen Vorteil im Leben zu ziehen.* In diesem
Sinn haben wir *lieben Leser* die Position des Erwachsenen zu besetzen.

---

[9] J. Chasseguet-Smirgel: *Kreativität und Perversion*, Frankfurt a. M. 1986, S. 134.

Prognose

Wie wird der Dichter dieses protoperverse Narrativ zu P-1/P-2 ausgestalten? Er hat dem Leser »psychologische Kuriositäten« und »großen Vorteil im Leben« versprochen. Mit der Erfüllung dieses Versprechens muss er zu R-1 zurückkehren und die Gestalt abschließen. Diese Erfüllung kann grundsätzlich auch die Form einer Nichterfüllung, also einer Dekonstruktion des Narrativs annehmen. Im manifesten Text zieht Fanny großen Vorteil aus ihrer Erfindung; der Erzähler verspricht uns lieben Lesern großen Vorteil aus dem Lesen seiner Geschichte, also aus seiner Erfindung. Das ist ein Anhalt für die Identifizierung von Dichter und Fanny, von Wirkung der Impfung und Wirkung der Erzählung. Ich sehe keine Anzeichen, dass der Dichter dieses Stereotyp transzendieren oder dekonstruieren, sondern nur Anzeichen, dass er auf den folgenden Seiten bei seiner Identifizierung bleiben wird. Die dominante unbewusste Objektbeziehung, die der Text installiert, wäre dann: der Leser wird als *lieber Junge* von einem *Fanny-Dichter* mit einem protoperversen Stoff (der Erzählung) geimpft. Und dies in einer ziemlich konventionellen literarischen Form.

Und wie geht die Geschichte weiter?

Als ich einige Wochen nach der Formulierung dieser Prognose den Text weiterlas, war ich doch überrascht, wie sehr Plot 1 und Plot 2 dem von mir skizzierten Stereotyp entsprachen. Es drängt sich also sogleich die Frage auf, die auch Ruth Florack (in diesem Band) beschäftigt: Stellt die Geschichte dieses Stereotyp dar – oder stellt sie es aus? Agiert Wedekind das Geschlechter-Stereotyp oder führt er es vor? Erzählt er einen obszönen Witz oder dekonstruiert er den Automatismus des Obszönen? Fanny enthüllt auf der nächsten Seite ihrem süßen Jungen, wie sie die Schutzimpfung angelegt hat: indem sie ihrem Ehemann täglich zweimal einimpfte, dass sie in den süßen Jungen verliebt sei: »... ich habe ihn wirklich von Herzen gern, und weder dein noch mein Verdienst ist es, wenn ich mich nicht gegen meine Pflichten versündige, sondern es liegt nur an ihm selber, dass ich dir so unerschütterlich treu bleibe.« Jetzt wird unserem Helden klar, warum ihn der Ehemann, »wenn er sich von mir nicht beobachtet glaubte, mit einem so eigentümlich mitleidig verächtlichen Lächeln ansah.« Hier haben wir also die Bestätigung der Depotenzierung/Kastration des süßen Jungen durch die omnipotente Frau. Soviel zu Plot 1.

Plot 2 beginnt tatsächlich mit dem Kleiderschrank-Stereotyp: Am nächsten Vormittag erhält der süße Junge Besuch von Fanny, und wie sie miteinander im Bett liegen, tritt der Ehemann herein, um seinen Freund zu einer Radtour mit Freunden einzuladen. Der Ehemann sieht sofort, dass bei seinem Freund im Bett unter dem Laken eine Frau liegt, denn über dem Stuhl liegen ihre Kleider, samt Unterwäsche und deutlich sichtbarem Monogramm. Natürlich schöpft er keinen Verdacht. Der süße Junge befürchtet dennoch die Entdeckung und tritt die Flucht nach vorn an: Er entblößt den Körper die Frau vor den Augen des Mannes: »Und nun kommt das Ungeheuerliche, das Nochniedagewesene. Ich ergriff die Decke an ihrem untersten Ende und schlug sie bis an den Hals empor, so dass nur ihr Kopf noch verhüllt war. – ›Hast du je in deinem Leben eine solche Pracht gesehen?‹ fragte ich ihn?« Der

Ehemann wird ganz gierig, erkennt seine Frau aber auch jetzt noch nicht. »Seelisch wie aus den Fugen gegangen«, voller Hass und Verachtung verlässt die gedemütigte Frau ihren Liebhaber – für immer – und wird in der Nacht, nach der Heimkehr von der Radtour, von ihrem Mann ein weiteres Mal gedemütigt. Er erzählt ihr seine Version der Geschichte vom Vormittag: » ... Freilich ist mir jetzt auch völlig klar geworden, warum er sich nichts aus dir macht ... seine Geliebte ist ein Weib von so berückender, so überwältigender Körperschönheit, dass du mit deinen wenigen verblühten Reizen allerdings nicht mit ihr wetteifern kannst.«

Das von mir als proto-pervers bezeichnete Kastrationsnarrativ nimmt demnach folgende Gestalt an: Der süße Junge rächt sich für die ihm zugefügte Kastration (»verächtliches Lächeln«). Sie hatte ihn symbolisch entblößt, er entblößt sie wirklich. Damit überbietet er sie und wird zum *bisexuell-omnipotenten Fanny-Dichter*. Nicht nur einfach, sondern dreifach kastriert ist freilich der Ehemann: Betrogen von seinem Freund und betrogen von seiner Frau weiß er noch nicht einmal etwas vom Betrug und wähnt sich in der Position des Wissenden. Psychische Arbeit leistet in diesem Narrativ allein die Frau. Der frühere süße Junge macht keinerlei Anstalten, die Frau zurückzugewinnen oder seine etwaige Perspektive des Geschehens darzulegen. Er bleibt allein und ohne besonderen Affekt zurück. Abgepaust auf die Folie der psychoanalytischen Diagnostik, verkörperte Fanny die Hysterie, der Ehemann die Charakterneurose und der Liebhaber den pathologischen Narzissmus.

Nicht aufrechterhalten lässt sich die Zuordnung dieser Geschichte zur Gattung der Satire. Eher handelt es sich um einen gut durchgehaltenen Grenzgang zwischen Groteske und Realismus.

Ortrud Gutjahr hat ebenso wie Ruth Florack und Johanna Bossinade die Position vertreten, *Lulu* oder *Mine-Haha* seien keine psychologischen Texte – und ihrem Personal sei mit Figurenpsychologie nicht beizukommen.[10] Nun sind literarische Texte niemals psychologische Texte. Auch *Madame Bovary* oder *Der Zauberberg* sind keine psychologischen Texte und man sollte ihnen so wenig mit Figurenpsychologie zuleibe rücken wie dem *Endspiel*. Aber alle Texte haben eine latente Sinnstruktur – und diese lässt sich psychoanalytisch ein Stück weit erschließen. Was nun *Die Schutzimpfung* betrifft, so lässt sie gewiss die Zumutung der Form vermissen, die den *Lulu*-Dramen eigen ist. Verglichen mit deren künstlerischer Form darf man wohl von einer Rekonventionalisierung sprechen. Gerade wenn es sich bei dieser Geschichte um einen eher beiläufigen Text handeln sollte, gilt: Für das Unbewusste gibt es das Beiläufige nicht, im Gegenteil erschließt sich das Unbewusste nur über die »beiläufigen« Derivate wie Fehlleistungen, kleine Bruchstellen und andere Formeigentümlichkeiten.

Der Konventionalisierung der Form entspricht eine des Inhalts. Als dominante unbewusste Objektbeziehung konstelliert sich in dieser Geschichte der Modus *Überbietung einer aggressiven Zurschaustellung der Kastriertheit des Anderen*. Damit ist das unbewusste X der Erzählung (vgl. S. 226) benannt: die Zurschaustellung der Kastration des Anderen wird auf Dauer gestellt. Dabei wird der Schautrieb (vgl. meine Vermutung auf S. 221) aktiv zur *Vorführung* ausgestaltet, in des Wortes

---

[10] Vgl. die Aufsätze von Ortrud Gutjahr, Ruth Florack und Johanna Bossinade in diesem Band.

doppelter Bedeutung. Zwar wird dieses Vorführen seinerseits literarisch vorgeführt, dennoch bedarf es eines Schönlesens des Autors Wedekind, um hierin eine Dekonstruktion des bürgerlich-patriarchalischen Sexualdispositivs seiner Zeit zu entdecken. *Die Schutzimpfung* stellt dieses Dispositiv zwar auch aus, vor allem jedoch stellt sie es selbst dar.

Und wie kehrt der süße Junge als alter Mann und Dichter zu R-1 zurück? Worin besteht auf der manifesten Ebene der uns versprochene psychologische Vorteil im Leben? Der Dichter bleibt die Erfüllung dieses Versprechens schuldig. Im direkten Anschluss an den zuletzt zitierten Satz, in dem die ambivalente Idealisierung/Fäkalisierung der Frau ausgespielt wird (»überwältigende Körperschönheit«, »verblühte Reize«), stolpert er mit einem missglückten Schluss aus der Geschichte: »Das, meine lieben Freunde, war die Wirkung der Schutzimpfung. Ich habe sie euch nur geschildert, damit ihr euch vor diesem Zaubermittel bewahren könnt.« *Das* war die Wirkung? Was war die Wirkung? Dass eine Frau, die fremd geht, in ihre eigene Falle tritt? Das wussten wir schon. Dass der Ehemann immer der Trottel ist? Das wussten wir auch. Der Clou der Geschichte ist doch, dass der süße Junge die volle Entfaltung der Wirkung des weiblichen Zaubermittels gar nicht zulässt. Im entscheidenden Moment misstraut er der Wirkung der Schutzimpfung und setzt gegen das Verfahren der Frau sein eigenes, männliches Verfahren ein – das aggressive Vorführen ihres Körpers.

Literatur

Bossinade, Johanna: »Wedekinds *Monstretragödie* und die Frage der Separation (Lacan)«, in diesem Band.

Chasseguet-Smirgel, J.: *Kreativität und Perversion*, Frankfurt a. M. 1986.

Florack, Ruth: »Aggression und Lust. Anmerkungen zur *Monstretragödie*«, in diesem Band.

Freud, Sigmund: *Der Witz und seine Beziehung zum Unbewussten*, GW VI.

Gutjahr, Ortrud: »Erziehung zur Schamlosigkeit. Frank Wedekinds *Mine-Haha oder Über die körperliche Erziehung der jungen Mädchen* und der intertextuelle Bezug zu *Frühlings Erwachen*«, in diesem Band

Oevermann, Ulrich: »Die objektive Hermeneutik als unverzichtbare methodologische Grundlage für die Analyse von Subjektivität. Zugleich eine Kritik der Tiefenhermeneutik«, in: Th. Jung und St. Müller-Dohm: *»Wirklichkeit« im Deutungsprozeß*, Frankfurt a. M. 1993, S. 106–189.

Reiche, Reimut: »›Mutterseelenallein‹ von Reinhard Mucha – eine Formanalyse«, in: G. Schneider (Hg.): »Psychoanalyse und bildende Kunst«, Tübingen 1999, S. 337–366.

Wedekind, Frank: »Die Schutzimpfung«, in: ders.: *Werke*, 2 Bde., hg. v. E. Weidl, München 1996, Bd. I, S. 307.

Hartmut Vinçon

SCHAMLOSIGKEIT

Frank Wedekinds Einakter *Die Zensur*: ein Vexierbild

1. Zensur

1.1. Die staatliche Zensur

Den Einakter *Zensur* verfaßte Wedekind von September bis Dezember 1907, ein gutes Jahr nach seiner Heirat mit Tilly Newes. Äußerer Anlaß für das Stück war zunächst, wie aus den ersten Entwürfen hervorgeht, das permanente Verbot einer öffentlichen Aufführung des 1905 entstandenen Einakters *Totentanz* (*Tod und Teufel*). 1905 gerät Wedekind auch wegen der Buchpublikation der Tragödie *Die Büchse der Pandora* (1903) durch die Polizeibehörden massiv unter Druck. Der Vorwurf der Staatsanwaltschaft lautet auf Verbreitung unzüchtiger Schriften. Die im Verlag Bruno Cassirer noch vorhandenen Exemplare werden beschlagnahmt. Nach Vorverhandlung in München (August 1904) wird der Prozeß gegen Wedekind und seinen Verleger 1905 in Berlin eröffnet. Das Berliner Landgericht II fällt in dritter Instanz 1906 einen – merkwürdigen – Urteilsspruch: Die Angeklagten werden zwar freigesprochen, aber wegen »objektiver Unzüchtigkeit der Druckschrift« wird die »Unbrauchmachung der Druckschrift und der zu deren Herstellung bestimmten Formen und Platten« angeordnet[1]. Die ›Horde‹, das Kollektiv, hat zugeschlagen. Folge ist, daß zu Lebzeiten Wedekinds in den Theatermetropolen München, Berlin und Wien eine öffentliche Aufführung der *Büchse der Pandora* polizeilich nicht erlaubt wird. Während der Niederschrift (1907) des Einakters *Zensur* (1908) tauscht Wedekind daher als das gravierendere Fallbeispiel für die Zensurthematisierung *Totentanz* durch die *Büchse der Pandora* aus.

Staatliche Theaterzensur läßt sich als institutionalisiertes generelles Theater-verbot verstehen, als Nichttheater, wogegen das Theater als Thea, als ein Ort des Zeigens und Schauens, verstößt. Aus dem begrenzten Spielfeld, auf dem der Autor spielen lassen will, wird sein Stück ausgegrenzt. Offensichtlich ist das Feld, wie der staatliche Zensureingriff demonstriert, bereits besetzt. Natürlich ist damit, so die weltliche Position, letztlich nicht die Theaterbühne gemeint, nicht der *Mundus theatri* (das Theater, das die Welt deutet), sondern die *gesellschaftliche Inszenierung von Realität* (das Theatrum mundi). Dieses Feld ist vom (wilhelminischen) Staat besetzt, durch eine bestimmte Ordnung, die er repräsentiert, durch ein bestimmtes *Skript*, das er vor- und fortschreibt, Rituale und Regularien, die zu regulieren und zu

---

[1] *Kommentar*, in: Frank Wedekind: *Werke*. Kritische Studienausgabe, Bd. 3/II, hg. von Hartmut Vinçon, Darmstadt 1996, S. 1180.

deregulieren er als sein Privileg beansprucht. Selbstverständlich kann es, worauf der Untertitel zu *Zensur* verweist, Wedekind nicht um deren Rechtfertigung gehen, sondern um *Theatralität*, d.h. um Grenzziehungen zwischen Sittlichkeit und Kunst. Die Themen schließlich, die Wedekind mit seinem Stück *Die Zensur* trotz Zensur thematisieren will, heißen, eine Wedekindsche Voraussetzung, Religion und Sexus, ihr entfremdetes Verhältnis zueinander, sofern Religion durch den Sexus konstituiert wird und Religion in der Konstruktion und Regulierung des Sexus, des Geschlechterverhältnisses, ihren Ursprung nimmt.

1.2. Ich-Zensur als Funktion der Theaterkritik

»*Die Zensur* ist«, notierte Wedekind 1911, »zur Überraschung sämmtlicher Theaterleute ein Einakter von absolut sicherer starker dramatischer Wirkung, was sich in bald 100 Aufführungen in Berlin, Wien, München, Frankfurt, Nürnberg, Düsseldorf bestätigt hat.«[2] Bei den genannten Aufführungen übernahmen Frank und Tilly Wedekind die Rollen des Schriftstellers Buridan und dessen Lebensgefährtin Kadidja. Die Theaterkritik allerdings verhielt sich zum Stück ablehnend – außer Erwin Loewensohn, der in seinem glänzenden Essay *Buridan* als auffällig markierte:

> Über *Wedekind* war die Kritik zum ersten Mal in einem Punkt einig; daß seine *Theodizee Die Zensur* eine persönliche Beichte sei; daß in Buridan Wedekind selbst sich gekrümmt habe. So ungefähr selbst Kerr; selbst Ferdinand Hardekopf: ›Er entblößte, zerlegte sich vor allem Volke und zeigte, wer er war: ein Heiliger.‹ Andere meinten einfach, er krieche zu Kreuze ... Und grinsten.[3]

Arthur Eloesser faßte die Irritationen, die das »Phantom Buridan«[4] bei der zeitgenössischen Kritik auslöste, in seinem Urteil zusammen:

> Es ist eine große Konfession mit noch größeren Indiskretionen, vergrößert dadurch, daß Herr und Frau Wedekind selbst das Liebespaar spielen. Er hat immerhin zu seinen Gunsten die Sensation, daß er im eigenen Stück die eigene Sache führt [...]. Ich wollte sagen, daß diese Sensation nicht ganz appetitlich ist. Sophokles, Shakespeare, Molière sind allerdings auch in ihren eigenen Stücken aufgetreten, aber sie haben die Bühnen nicht als Beichtstuhl benutzt, um sich leibhaft vor dem Publikum zu erleichtern und ihm zuzureden, wie sie verstanden sein wollten und wie ernst sie genommen sein müßten. Diesen Zuspruch können nur die Werke selbst besorgen, und wenn Wedekind

---

[2] *Was ich mir dabei dachte* (Wedekind-Nachlaß der Aargauischen Kantonsbibliothek; Aa B, Nr. 171).
[3] Gangi, Golo [d.i. Erwin Loewensohn]: »Buridan. Nachwort zu Wedekinds Theodizee ›Die Zensur‹«, in: *Der Demokrat* 3 (1911), H. 2, Sp. 49–53, hier Sp. 50.
[4] Hofmiller, Josef: »Wedekinds autobiographische Dramen«, in: *Süddeutsche Monatshefte* 6 (1909), S. 116–125, hier S. 119.

sich dauernd beklagt, daß man ihm Unrecht tut, so ist er es zuerst, der seinen Werken Unrecht tut.[5]

Die überwiegend negativen Urteile der Theater- und Buchkritik zu Wedekinds Lebzeiten bestimmten bis heute hauptsächlich die weitere Rezeptionsgeschichte des Werkes. Die kulturgeschichtlich interessante ›kollektive‹ Ablehnung des Einakters, die mit der Diskussion darüber, was öffentlich bzw. privat erlaubt sei, die Brisanz und Fragwürdigkeit der Schamkultur des Viktorianismus und Wilhelminismus anzeigt, läßt auf eine massive Abwehr schließen, die begrifflich mit Stichwörtern wie Selbstentblößung, Sensation, Unappetitlichkeit, Selbstbeschauung[6] und Schamlosigkeit[7] belegt ist. Es ist, als ob ein innerer Zensor gegen einen Regeln verletzenden Autor aufstünde. Wenigstens sollte doch das Werk vor dem Autor geschützt sein und nicht von der Privatheit des Autors überschattet und getrübt werden!? Halten wir zunächst einmal fest, wie eng hier Ich-Abwehr und ästhetisches Urteil miteinander verknüpft sind.

2. Der Einakter als literarisches Zeichensystem

Zensur ist vielleicht eines der »aufschlußreichsten Dramen Wedekinds« und bietet möglicherweise einen Schlüssel zum Verständnis dichterischer Erfahrung und dichterischer Verfahrensweise Wedekinds und ist doch – ärgerlicherweise – »eines der wenig beachteten«[8] geblieben. Dies stellt eine reizvolle Herausforderung dar. In der Tat hat auch mich das Stück emotional stark berührt und ansatzweise wiederholt analytisch beschäftigt. Dennoch bin ich immer wieder vor einer entschiedenen Auseinandersetzung mit ihm zurückgewichen. So deutungsbedürftig die Reaktion der Zeitgenossen sich darstellt, so also auch die eigene. Und so aufklärungsbedürftig das Verhältnis des Autors zu seinem Text zu sein scheint, so auch das *Verhältnis* der Rezeption zur Rezeptionsvorlage.

Zunächst möchte ich assoziativ rekonstruieren, was mir vom Handlungsverlauf der *Zensur* in Erinnerung geblieben ist, um dann zur Textlektüre neu anzusetzen. Ein Schriftsteller und seine Lebensgefährtin, eine Schauspielerin. Er fühlt sich durch sie in seiner literarischen Produktion gestört, sie sich durch seine schriftstellerische Tätigkeit vernachlässigt. Behindert sieht sich der Schriftsteller auch durch die Theaterzensur, welche die öffentliche Aufführung seines Stückes, es heißt »Pandora«, verbietet. In einem Streitgespräch versucht er, den Zensor zu einer Freigabe seines

---

[5] A.[rthur] E.[loesser]: »Kleines Theater«, in: *Vossische Zeitung* (Berlin), Nr. 471 v. 7.X.1910. – Zur Inszenierung am Kleinen Theater, Berlin, 6.X.1910.

[6] So E. [d.i. Richard Elchinger]: »Schauspielhaus Zensur [...]«, in: *Münchner Neueste Nachrichten*, Nr. 325 v. 15.VII.1910. – Zur Inszenierung zusammen mit *Der Kammersänger* am Münchner Schauspielhaus, 13.VII.1910.

[7] So V.[iktor] A.[uburtin]: »Im Kleinen Theater [...]«, in: *Berliner Börsen-Zeitung*, Nr. 469 v. 7.X.1910. – Zur Inszenierung am Kleinen Theater, Berlin, 6.X.1910.

[8] Vgl. Leroy R. Shaw: »Bekenntnis und Erkenntnis in Wedekinds ›Die Zensur‹«, in: Stadtbibliothek München (Hg.): *Frank Wedekind zum 100. Geburtstag.* [München 1964], S. 20–36, hier S. 20.

Werkes zu bewegen. Der Versuch scheitert. Die Lebensgefährtin will den Schriftsteller, um ihm seine Freiheit zurückzugeben, verlassen. Er dagegen will sie nicht
verlieren. Um dies zu verhindern, sucht er, sie und ihre künstlerische Profession
seiner Zensur zu unterstellen. Sein Versuch scheitert. Der intellektuelle Gegenspieler, Dr. Prantl, hat sich zurückgezogen. Die künstlerische Partnerin zieht sich
zurück. Zensur auf verschiedenen Ebenen: am Lebensgefährten, an der Lebensgefährtin, am Autor, an der Künstlerin, an der Kunst. Eine Beziehungskatastrophe.
Eine Berufskatastrophe. Der Schriftsteller Buridan ist in jeder Beziehung ein
›looser‹. Eine ganz triviale Geschichte! – über einen, der alles falsch macht?

2.1. Die autobiographische Inszenierung

Fraglos ist Buridan ein Deckname für Wedekind, Kadidja für Tilly und Prantl für
den Berliner Polizeipräsidenten von Glasenapp, verantwortlich für das zu Lebzeiten
Wedekinds aufrechterhaltene Verbot einer öffentlichen Aufführung der »Büchse der
Pandora« – nicht nur in Preußen. Übrigens zählte von Glasenapp zu den wenigen
geladenen Hochzeitsgästen der Wedekinds Anfang Mai 1906[9]. Wedekinds Zeitgenossen hatten so Unrecht nicht, wenn sie zumindest in Buridan und Kadidja Frank
und Tilly Wedekind wiederzuerkennen meinten. Allerdings konnten sie nicht
wissen, wie weitgehend biographische Details Wedekind in seinen Text eingewoben
hatte. Einige Beispiele seien angeführt:

- »Wir sind jetzt achtzehn Monate beisammen, ohne während der ganzen Zeit
   mehr als fünf Tage voneinander getrennt gewesen zu sein.«[10] Wedekind datierte
   sein Zusammenleben mit Tilly auf Oktober 1905. Im Mai 1907 entwirft er das
   erste Konzept zur *Zensur*.
- »Als der Winter begann, hast du mir wenigstens noch manchmal deine Lieder
   einstudiert.«[11] Sie werden als bekannte Lieder Wedekinds angezeigt: *Der blinde
   Knabe, Franziskas Abendlied, Ilse* usf.
- »Du hast sie mir mit der Reitpeitsche einstudiert, damit ich, sobald ich auf dem
   Podium erscheine, das Publikum durch meine Leidenschaftlichkeit überwältige.«[12] – Mit der Reitpeitsche?!
- »Und schließlich hast du doch auch noch deine Kinderspielzeuge, die du
   erfunden hast! Die hätte ich beinahe vergessen. Der deutsche Diskus, die Fahr-
   radschaukel, das Kinderdrahtseil, die Lauftrommel.«[13] Gegenstände, die Wedekind z. T. für die Dresdner Werkstätten entworfen hatte.

---

[9] Tilly und Frank ließen sich standesamtlich trauen. – In der *Zensur* wünscht Buridan u.a. eine
Unterredung mit Dr. Prantl wegen einer beabsichtigten – kirchlichen – Trauung.

[10] Frank Wedekind: »Die Zensur«, in: *Gesammelte Werke (= GW)*, Bd. 5, München 1913, S. 103–
140, hier S. 110.

[11] Wedekind: *GW 5*, S. 111.

[12] Ebd.

[13] Ebd., S. 116.

- »Was mich über das Geländer ins Wasser trieb, war einzig die Empfindung, daß für dich das wertvollste von dem, was ich bin, allen Wert verloren hatte.«[14] Tilly beging im Februar 1906 einen Selbstmordversuch.
- »Erinnerst du dich noch an die endlose Reihe von Särgen, die du in dein Notizbuch gezeichnet hattest? [...] Auf jeden einzelnen Sarg hattest du die Worte geschrieben: Endlich allein.«[15]
- »Ich trage mich seit geraumer Zeit mit dem Gedanken, ein Freudenhaus als moralische Erziehungsanstalt ins Leben zu rufen.«[16] Anspielung auf ein von Wedekind unter dem Titel *Mine-Haha* begonnenes und unter dem Arbeitstitel »Die große Liebe« nicht zu Ende geführtes Projekt einer literarischen Utopie.

Ein früher Entwurf (September 1907) zur szenischen Gliederung des Einakters lautet:
»1. Scene: Tilli gegen mich
 2. Scene: Ich gegen den Pater.
 3. Szene: Ich gegen sie.«[17]
Halten wir zunächst einmal fest: Der Autor Wedekind praktiziert ein offenkundiges Enthüllen; er zeigt an, was man – nicht nur in eingeweihten Kreisen – über ihn weiß. Zugleich schreibt er einen ›verborgenen Text‹, über dessen biographischen Kontext außer ihm und Tilly niemand – zumindest zu jener Zeit – Bescheid wissen konnte.

3. Die Kerngeschichte als TheaterTheater

Der ursprüngliche Titel des Einakters lautete »Das Kostüm«. Unter ihm ist eine Erzählung subsumiert, die für die Genese des Werkes das früheste Zeugnis darstellt (Mai/Juni 1907), also bereits fertig vorlag, bevor Wedekind an die Ausarbeitung der *Zensur* ging. Ihren Platz erhielt sie in der 3. Szene des Einakters. Die als Impression in der ersten Fassung vorgestellte Erzählung wird in der Endfassung, mit Affekt vorgetragen, als eine Phantasie Buridans gekennzeichnet. Da die Erzählung von zentraler Bedeutung für das Verständnis des Werkes ist, wird sie hier vollständig zitiert:

> BURIDAN Kadidja! In Palermo sah ich einmal eine Seiltänzerin. Aber die Tänzerin tanzte auf einem *elastischen* Seil. Mitten unter dem Seil war ein viereckiges Brett mit aufrecht stehenden fußhohen blitzenden Messern aufgestellt. Über diesen Messern tanzend, entkleidete sich das Mädchen, indem es sich dabei nach rechts und links um sich selber drehte. Darauf setzte sie das Seil in schaukelnde Bewegung, kniete auf dem schaukelnden Seil nieder, trieb es rascher und rascher an, daß es unter ihren Knien wie eine Bogensehne schwirrte; und als es wieder in ruhiger Lage war, sprang sie auf die Füße,

---

[14] Ebd., S. 119.

[15] Die genannten Aufzeichnungen liegen in Wedekinds unveröffentlichtem Notizbuch 41, S. 11ᵛ vor (= Nb; Wedekind-Nachlaß, Handschriftenabteilung der Stadtbibliothek München, Mü L 3501/41).

[16] Wedekind: *GW 5*, S. 136.

[17] Wedekind: Nb 44 (Mü L 3501/44), S. 5ᵛ.

überschlug ihren Körper dreimal hoch in der Luft und stand dann ebenso harmlos ruhig lächelnd über den blitzenden Messern auf dem elastischen Seil, wie – wie du hier vor mir stehst. [...] *(keuchend, mit geschlossenen Augen)* Darauf ließ sie sich einen langen Mantel heraufreichen, in den sie sich bis auf die Fußspitzen einhüllte, ging mit geschlossenen Augen zum Ende des Seiles hin, stieg herab und verschwand hinter dem Vorhang. *(Die Fassung verlierend)* Kadidja, deine Eitelkeit ist mir eine Folterqual.[18]

Im Vergleich dazu lautet die frühe Fassung:

Das Kostüm.
Warum nicht in enganliegendem Tricot. Ich habe nichts dagegen einzuwenden, daß du dem Publikum jede Linie deines Körpers zeigst alles [auf] in einem Trapez oder auf einem Seil, von dem man nicht herabfällt, ohne das Genick zu brechen.
In [Italien] Neapel sah ich einst eine Seiltänzerin, unter deren Seil {sich} in der Mitte des Circus ein Brett mit aufrechtstehenden Messern befand. Über diesen Messern entkleidete [sie] sich {die Künstlerin} so weit wie es ihr die Polizeibehörde erlaubte. [Aber] dann wurde das Seil an einem Ende [soweit] locker gelassen, {so} daß es nicht mehr straffgespannt war | sondern als [Schlepp] sogenanntes Schleppseil tief herunter hing. Auf diesem Schleppseil schaukelte die Tänzerin ihren halbnackten Körper dicht über den Messern hin und her während das Seil allmählich wieder straff gespannt wurde. In dem Augenblick aber wo es wieder eine gerade Linie bildete, ließ sich die Künstlerin einen langherabwallenden Mantel hinaufreichen, in den sie sich einhüllte und in dem sie dann mit niedergeschlagenen Augen das Ende des Seiles erreichte.[19]

Kleiden – Entkleiden, Verbergen – Enthüllen ist das Grundmotiv der Erzählung. Die erste Fassung präsentiert uns deutlich äußere Zensurinstanzen, die Polizei und den Ehemann. Die letzte Fassung akzentuiert ausschließlich den Akt einer inneren Zensur. Mit geschlossenen Augen verläßt die Künstlerin das Seil. Sie verschließt sich dem Augenkontakt der Menge und zieht mit dieser Geste eine Grenze zwischen der künstlerischen und der äußeren Wirklichkeit. Nicht zu übersehen ist dabei eine motivische Parallele: Auch Buridan agiert mit geschlossenen Augen. Er phantasiert, er produziert ein Wunschbild. Seine geschlossenen Augen kündigen an, daß es von einem Verbot und der Schauende mit Blendung bedroht wird. Die Symbolik der Erzählung bezeichnet freilich noch mehr: den Seiltanz als lustvollen, aber auch als bedrohlichen Akt.

---

[18] Wedekind: *GW 5*, S. 138.
[19] Wedekind: Nb 41 (Mü L 3501/41), S. 11^r–10^v.

4. Der Kommentar des Autors

In dem zur Veröffentlichung vorgesehenen, jedoch schließlich unverwertet gebliebenen Kommentar zu seinen Werken *Was ich mir dabei dachte* (1911) äußert sich Wedekind auch zu *Die Zensur*:

> Da der Einakter aus nichts als Theorien besteht, ist es überflüssig, darüber zu theoretisieren. [...].
> Hätte ich das Kind beim rechten Namen nennen wollen, dann hätte ich den Einakter: 'Exhibitionismus' nennen müssen oder Selbstporträt. Die Kritik hatte mir vielfach den Vorwurf gemacht, daß sich meine Dramen mit meiner eigenen Person beschäftigen. Ich wollte dartun, daß es sich der Mühe lohnt, meine Person auf die Bühne zu bringen.[20]

In der Tat: Sollte, was dem bildenden Künstler als Sujet erlaubt ist, dem Dramatiker verboten sein, sich in einem Selbstporträt auf die Bühne zu bringen? Eine klassische Forderung des Naturalismus, authentische Abbildung von Realität, wäre damit erfüllt – durch einen Autor, der den ästhetischen Postulaten des Naturalismus absolut ablehnend gegenüberstand. Es wird deutlich, Wedekind greift mit seinem Einakter einen Vorwurf der Kritik auf und er greift, wie wir gesehen haben, in der Zeichnung Buridans auf, was die Öffentlichkeit über ihn weiß bzw. zu wissen meint: er sei ein schamloser Exhibitionist. Eigensinnig beharrt die Kritik auf dem wirklichen Wedekind. Aber wie im Fall van Goghs das Publikum sich nicht darüber aufregte, daß der Künstler Sonnenblumen malte, sondern darüber, wie er sie malte, darf auch hier der Kritik unterstellt werden, daß es Motive für sie gab, sich dem Kommunikationsangebot des Künstlers zu verweigern. Freilich kann es sinnvollerweise kaum das strategische Ziel des Autors gewesen sein, primär eine Kommunikationsverweigerung zu provozieren. Oder schätzte er die Reaktionsmöglichkeiten der Kritik falsch ein? Schließlich: Ein Autor, der so strikt in der Erzählung »Das Kostüm« zwischen der Sphäre der Kunst und der äußeren Realität unterschied, der sollte und wollte nun ausgerechnet (biographische) Realität und die der Kunst zur Deckung bringen? Bevor auf diese Fragen zu antworten versucht wird, sei ein letztes Zeugnis des Autors angeführt. An Georg Brandes schreibt er am 10.I.1909:

> Das Thema, das ich in *Zensur* behandeln wollte, war der Exhibitionismus oder die Schamlosigkeit, natürlich nicht die Schamlosigkeit der Tänzerin sondern meine eigene. Dabei war es mir darum zu thun, dem Publicum einen Stoff mundgerecht zu machen, der mir seit langer Zeit vorschwebt, den ich aber bis jetzt noch nicht zu behandeln wagte: Die Wiedervereinigung von Kirche und Freudenhaus im socialistischen Zukunftsstaate.[21]

---

[20] Wedekind: »12. Die Zensur«, in: *Was ich mir dabei dachte* [1911/12], *GW 9*, S. 435.

[21] Klaus Bohnen: »Frank Wedekind und Georg Brandes. Unveröffentlichte Briefe«, in: *Euphorion* 72 (1978), S. 106–119, hier S. 113 (an Georg Brandes. München, 10.I.1909).

5. Selbstzensur

5.1. Scham

Damit ist ein thematisches Stichwort gefallen, das für mich letztlich den Anstoß, diesen Aufsatz zu schreiben, gab: die Scham. Läßt sich in einer Epoche, welche die Phrase »vom Ende der Scham« geprägt hat, über den Affekt der Scham noch reden, wenn er – weitgehend – der Verdrängung anheimgefallen ist? Wurde und wird Scham nicht als etwas Unangenehmes erfahren, die es besser zu verbergen gilt. Ist z. B. das Zeichen des Errötens nicht ein Vorgang, der bloßstellt? Freud rechnete die Scham zu den Affekten, wie man sie gerne nicht erlebt haben möchte.[22] Scham ist ein Akt der Zensur durch das Ich, als Affekt aber auch z. T. ein unwillkürlicher Vorgang. Ich will mich schützen, ich will mich verbergen; es soll etwas geschützt werden, es soll etwas verborgen werden, aber es drängt zugleich zur Veröffentlichung. Insofern erfüllt die Scham, wie Freud formulierte, die Funktion einer Hemmung[23] und gerinnt zur Angst gewordenen Libido[24], Schamangst und Angst vor der Scham; sie gehört damit zu den den Sexualtrieb einschränkenden Mächten. Sie bildet sich heran und heraus in der Latenzzeit, um voll in der Pubertät zu erwachen. Kinder zeigen Exhibitionsgelüste. Entkleidung wirkt auf sie wie berauschend. Die der Scham entbehrende Kindheit erscheint wie ein Paradies: das Paradies – eine Massenphantasie von der Kindheit des einzelnen[25]. Nun aber bildet die Scham einen Damm gegen Schau- und Zeigelust. Die Schamkontrolle und die Kontrolle über die Scham zu verlieren, würde bedeuten, die Kontrolle über den Sexualtrieb zu verlieren. Scham stellt also eine Reaktionsbildung dar.

5.2. Scham versus Schamlosigkeit

Kulturgeschichtlich gesehen hat sich in der Moderne, wird behauptet, eine »forcierte *Schamlosigkeit*«[26] durchgesetzt. Über die Zunahme des Schamdiskurses zu Beginn des 20. Jahrhunderts informiert ausführlich Johannes Pankau[27]. Psychogenetisch

---

[22] Sigmund Freud: »Zur Psychotherapie der Hysterie«, in: *Schriften zur Behandlungstechnik. Freud-Studienausgabe (= FS)*, Frankfurt, [5]1975, Ergänzungsband, S. 37–97, hier S. 63.

[23] Sigmund Freud: »Drei Abhandlungen zur Sexualtheorie«, *FS 5*, S. 37–145, vgl. S. 134 ff., u. »Der Witz und seine Beziehung zum Unbewußten«, *FS 4*, S. 9–219, vgl. S. 126 f. u. passim.

[24] Sigmund Freud: »Analyse der Phobie eines fünfjährigen Knaben«, *FS 8*, S. 99 ff.

[25] Sigmund Freud: »Die Traumdeutung«, *FS 2*, vgl. S. 250 f.

[26] Till Bastian: *Der Blick, die Scham, das Gefühl. Eine Anthropologie des Verkannten*. Göttingen 1998, S. 62.

[27] In seiner unveröffentlichten Habil.Schrift, *Sexualität und Modernität. Studien zum deutschen Drama des Fin de Siècle*, auf die ich dankenswerter Weise zugreifen durfte, unter dem Kapitel »Wedekinds Begriff der Scham«, S.110–117 (teilweise identisch mit J.P.: »Exhibitionismus und Scham. Zur Problematik der Ich-Konstitution in Wedekinds *Die Zensur*«, in: Elke Austermühl, Alfred Kessler, Hartmut Vinçon (Hg.): *Pharus I. Kein Funke mehr, kein Stern aus früh'rer Welt. Frank Wedekind. Texte, Interviews, Studien*, Darmstadt 1989, S. 289–310). – Zur kulturgeschichtlichen Kontroverse über Scham s. Hans Peter Duerr: *Nacktheit und Scham. Der Mythos vom Zivilisationsprozeß*, Bd. 1: *Nacktheit und*

gesehen ist jedoch der Weg zurück in die infantile Schamlosigkeit versperrt. Schamlosigkeit stellt somit grundsätzlich eine Reaktionsbildung zu bzw. gegen eine Reaktionsbildung dar.[28] Sie kann dem Abbau von Schamwiderstand (Aufwertung des Ich) wie der Verdrängung von Scham (der verletzte Verletzer) dienen: Ich brauche mich meiner nicht zu schämen – Ich werde mich gegen jede Art von Scham, insbesondere die der anderen verschließen. Im bereits erwähnten Brief an Georg Brandes benennt Wedekind einleitend die »sexuelle Schamlosigkeit« als »die auffallendste Seite meiner Produktion«, und merkt dazu an: »Vielleicht bin ich selber nur durch das Verlangen, diese Absonderlichkeit zu begreifen, vorwärts getrieben worden.«[29]

5.3. Zensur als Theaterzensur

Sicherlich ist der Einakter *Zensur* zunächst einmal eine »direkte Auseinandersetzung mit der Zensur«[30]. Auch dazu läßt sich Wedekind als Zeuge aufrufen. Den Waschzettel zur Buchveröffentlichung schrieb er selbst:

> In seinem neuesten Einakter wagt sich Fr. W. an die kühne Aufgabe, die Institution der Theaterzensur, die den deutschen Dramatikern schon so manche schwere Stunde bereitet hat, leibhaftig auf die Bühne zu bringen. Man darf daher aufs höchste darauf gespannt sein, wie sich die Zensur selber, mit der Wedekind so endlose, bis heute noch nicht abgeschlossene Kämpfe durchzukämpfen hatte, zu der Frage der öffentlichen Aufführung dieses neuen Einakters stellt. [...] Wie sich die Zensur [...] zu der Art und Weise stellen wird, wie die Institution der Theaterzensur als solche in den Scenen von den verschiedensten Standpunkten aus effektvoll beleuchtet und in ihrer ganzen Existenzberechtigung in Frage gestellt wird, das dürfte ein durch das Schauspiel hervorgerufenes amüsantes Schauspiel werden, auf das ein künstlerisch empfindendes Publicum wohl aufs höchste gespannt sein kann.[31]

Ein ausdrückliches Schreibziel des Autors war es also, die Institution der Theaterzensur ad absurdum zu führen. In der Erzählung »Das Kostüm« wird strikt zwischen Kunst und Sittlichkeit unterschieden. Die künstlerische Gestaltung zieht eine Grenze zwischen sich und der äußeren Wirklichkeit. Was in der Sphäre der Kunst enthüllt und gezeigt wird, das Zeigen als künstlerischer Exhibitionismus, rechtfertigt sich als sublimer Akt. Im symbolischen Ausdruck sind alle externen Forderungen einer

---

Scham, München 1994, u. Norbert Elias: *Über den Prozeß der Zivilisation* (1939), 2 Bde., Frankfurt 1976.

[28] Ich verweise dazu insbesondere auf die Ausführungen über »Scham als Reaktionsbildung« in Léon Wurmser: *Die Maske der Scham. Die Psychoanalyse von Schamaffekten und Schamkonflikten*, Berlin/Heidelberg/New York ³1997, S. 147 ff.

[29] Bohnen: Frank Wedekind und Georg Brandes, S. 112.

[30] Pankau: *Sexualität und Modernität. Studien zum deutschen Drama des Fin de Siècle*, Habil.-Schrift (unveröff.), S. 119.

[31] Waschzettel zu *Zensur* [28.VIII.1908], in: Nb 54 (Mü 3501/54), S. 28ᵛ–29ᵛ; in leicht veränderter Fassung abgedruckt in: *Berliner Börsen-Zeitung*, Nr. 447 v. 23.IX.1908.

Zensur, auch die der Scham, erloschen. Der symbolische Ausdruck bedeutet ein Bergen und Verbergen. Der Gestus des Zeigens selbst fordert zur Deutung auf. Die Sphäre der Kunst, so die Wirklichkeitskonstruktion, ist der sittlichen Weltordnung übergeordnet. Buridan dagegen, zwischen Leben und Kunst hin- und hergerissen, wirft sich zu deren Zensor auf, schreckt auch nicht vor Selbstzensur zurück und scheint so an die Erkenntnis der Kunst nicht heranzureichen. Der die Kritik irritierende Untertitel *Eine Theodizee* findet damit eine erste Aufklärung. Selbstverständlich geht es nicht um eine Rechtfertigung der Zensur, sondern um eine Theodizee der Kunst.

5.4. Biographische versus künstlerische Exhibition

Der Einakter setzt bewußt ein doppeltes Rollenspiel in Gang: biographische Rolle – literarische Rolle. Pointiert wird dies zunächst durch einen offenen Brief zum Ausdruck gebracht, der nur dem Bucherstdruck (1908) beigegeben war:

> Meine liebe Tilly!
> Besorgte Gemüter lasen aus diesen Szenen, du hättest je einmal zwischen meiner Arbeit und mir gestanden, und beschwerten dir durch ihre Besorgnisse das Herz. Wem die Szenen gefallen, dem liegt der Argwohn fern, aber den besorgten Lesern schulde ich eine Beruhigung. In den langen Jahren, die ich allein verlebte, war es mir jedes dritte Jahr einmal vergönnt, eine Arbeit erscheinen zu lassen; die zwei Jahre unseres Zusammenseins trugen mir drei fertige Stücke *Musik, Zensur* und *Oaha* ein, an die ich vorher nie mit einem Gedanken gedacht hatte. Ich bin natürlich gewärtig, diese Aufzählung als Marktgeschrei gedeutet zu sehen. Aber ich bitte Dich jedenfalls, zu verzeihen, daß ich an Deiner Seite soviel Zeit zu selbständiger Betätigung fand.
>
> Frank.[32]

In der überarbeitete Buchfassung von 1912 wie auch in der Ausgabe letzter Hand wird diese Einleitung durch ein Motto ersetzt:

> Wenn sich der Wedekind einbildet, daß wir ihm seines Einakters *Die Zensur* wegen *Die Büchse der Pandora* freigeben, dann täuscht er sich gewaltig.
>
> Oberregierungsrat von Glasenapp.
> (Zu Direktor Barnowsky gelegentlich der Berliner Aufführung von *Die Zensur*.)[33]

Der offene Brief scheint inhaltlich der Deutung des Stückes als einer »dramatisierten Autobiographie«[34] zu widersprechen. Zugleich wird jedoch mit der Form des offe-

---

[32] *Die Zensur. Theodizee in einem Akt von Frank Wedekind*. Berlin 1908, S. 5. – Eine editorische Glanzleistung vollbrachte Fritz Strich in seiner Ausgabe der Briefe Wedekinds (Gesammelte Briefe (= GB), Bd. 2, München, S. 211 u. Anm. 180, S. 365): Kurzerhand verlieh er dem in der Erstausgabe gedruckten ›offenen Brief‹ den Status eines Privatbriefes.

[33] Wedekind: *GW 5*, S. 105.

nen Briefes ein Anspruch auf biographische Authentizität erhoben. Sie erscheint aber wiederum als fragwürdig, denn inwiefern bedürfte es eines offenen Briefes für eine Aussprache innerhalb einer Beziehung ...? Dagegen wird im späteren Motto das Thema der Theaterzensur angeschnitten. Freilich auch hier in Form einer angeblich verbürgten Aussage, die tatsächlich aber fingiert ist und aus dem fiktionalen Kontext kopiert wurde: »DR. PRANTL Wenn Sie hoffen, uns mit derartigen zweideutigen Zugeständnissen die Freigabe Ihrer Theatervorstellung abdisputieren zu können, dann täuschen Sie sich gewaltig!«[35] Unterstellt wird, der Einakter habe die ›biographische‹ Funktion eines Mittels zum Zweck, nämlich die Freigabe der Stücke des Autors durchzusetzen. Auch hier wird ein Fragezeichen gesetzt. Ist damit die – naive – Intention des Autors erfaßt? Oder ist er wirklich so naiv, daß er an diese Illusion glaubt? Deutlich wird, Wedekind verweist auf außerliterarische Ereignisse, auf Zensurvorgänge, thematisiert sie aber in einem fiktionalen Kontext. Biographische und dramatische Rollen werden so enggeführt, daß ein Rückkopplungseffekt entsteht. In der Tat, die »Dramatik Wedekinds erinnert an den Maler, der einen Maler malt, der einen Maler malt usw.«[36]. Damit sei zunächst einmal die Komponente einer narzißtischen Einstellung benannt. Wedekind entwirft ein riskantes Spiel, bei dem es sich zugleich um ein risikoreiches Spielangebot für ein Theaterpublikum handelt, um ein Vexierspiel, dessen Spielregeln der Geste eines ständigen Verweisens unterworfen sind: Verkleiden – Entkleiden, angetrieben von Schau- und Zeigelust. Damit wird auch das Publikum einer Doppelrolle ausgesetzt: schaulustiges Theater- und/oder voyeuristisches Publikum oder beides zu sein. In der Rolle Buridans weisen überdies Buridan/Wedekind dem Publikum eine phantasmatische Rolle zu, die zu der des Autors komplementär ist. Auf dem Prüfstand ist: Wie groß ist meine Schau- und Zeigelust, wie groß ist mein Schamwiderstand? Gelernt habe ich, mich meiner Blöße zu bedecken und mich vor Bloßstellungen zu schützen. Buridan/Wedekind erinnern mich an meine eigene Scham, aber auch an meine Wünsche, mich zu zeigen und gesehen zu werden. Wieviele narzißtische Kränkungen habe ich erlitten? Wie groß ist meine Angst, verletzt, gedemütigt, lächerlich gemacht, nicht geliebt und verlassen zu werden? Und dieser Buridan/Wedekind ist so unverschämt, sich zu ›outen‹! Was würde mir geschehen, wenn ich dies täte? Habe ich nicht gelernt, meine Partialtriebe, Schau- und Zeigelust, durch Scham zu zügeln? Recht geschieht Buridan/Wedekind, wenn sie wegen ihres maßlosen Narzißmus von allen verlassen werden. Dies würde auch mir geschehen. Buridan ist blind, blind, blind gegenüber allem, was außerhalb seines Selbst liegt. Somit fungiert die Figur Buridan als ein Katalysator, an dem gemessen werden kann, wie groß, wie klein die Affektabwehr, wie hoch, wie niedrig der Schamdruck individuell und gesellschaftlich verankert sein kann. Groß und hoch offensichtlich bei der zeitgenössischen Kritik, wovon bereits die Rede war, was ihre auffällige weitgehend uniforme Reaktion auf Wedekinds Theaterstück erklärt. Soviel zur massiven Realität von Affekten und zu ihrer massiven Abwehr! Inwieweit wir uns mit der Figur

---

[34] Vgl. dazu auch Pankau: Sexualität und Modernität, S. 121.

[35] Wedekind: *GW 5*, S. 128; so auch schon in der überlieferten Handschrift (1907).

[36] Hofmiller: Wedekinds autobiographische Dramen, S. 120.

Buridan identifizieren oder sie ablehnen, darin entscheidet sich das Schicksal der dramatischen Kommunikation des Autors mit seinem Publikum als geglückt oder mißglückt. Parallel ist dazu formulierbar: Es handelt sich um einen besonders riskanten Kommunikationsakt – für den Autor, wenn Buridan als Buridan/Wedekind gelesen wird.

5.5. Zensur als eine ›Krankheitsgeschichte‹ Buridans

Unter der Überschrift »Der gebrochene Narzißmus des Mannes« schlägt Pankau[37] eine Interpretation vor, die ins Zentrum der Konstruktion der Buridan-Figur führt und ihre ambivalente Qualität deutlich macht. Ich referiere: Der Schriftsteller Buridan gehöre zum ›exhibitionistischen Typus‹. Wedekind präsentiere ihn in divergierenden Rollen: als Bekenner und als Verräter. Furcht vor Überwältigung bestimme die Konversation mit dem Pater, Verlustangst die Konversation mit Kadidja. Der Typus Buridan sei vor allem defizitär definiert. Er gehe auf in Ansprüchen und Erwartungen, die er real nicht zu erfüllen vermag. Der defizitäre Mann der *Zensur* könne mit der psychoanalytischen Kategorie des ›fragmentierten Selbst‹ umrissen werden. Die Annahme einer narzißtischen Grundstörung deute nicht allein auf individuelle Pathologie, sie beschreibe einen Sozialcharakter, der in Literatur und Theorie der Jahrhundertwende immer wieder auftrete. Und mit Bezug auf Heinz Kohuts Narzißmus-Studie[38]: Der fragmentierte, narzißtisch gestörte Charakter empfinde intensive »Gefühle der Leere und Depression«, er meine, »er sei nicht im vollen Sinne wirklich, oder zumindest seien seine Gefühle abgestumpft«. Er sei bestimmt von »Ängsten vor Objektverlust, vor dem Verlust der Liebe des Objekts und vor der Kastration.« Vorzufinden sei eine »Entleerung des Ichs, das sich gegen die unwirklichen Ansprüche eines archaischen Größenselbst oder gegen das intensive Bedürfnis nach einem mächtigen äußeren Spender von Selbstachtung oder anderer Formen narzißtischer Zufuhr abschirmen muß.« Vom Ich-Zerfall sei der Buridan des Stücks akut bedroht, in Hinsicht auf die persönlich-intime wie die öffentlich-künstlerische Sphäre. Sein Protest gegen den autoritären Eingriff der Zensur habe indirekten, defensiven Charakter. Buridan stehe unter dem Zwang, Bestätigung bei äußeren Autoritäten zu suchen. Gegenüber der Lebensgefährtin versuche er, letztlich erfolglos, das archaische Größen-Selbst durchzusetzen – um den Preis der Zerstörung des Gegenüber und den des eigenen Unglücks.

Trifft diese Typisierung Buridans zu, so ließe sich zu dessen Krankheitsgeschichte Wedekinds *Zensur* als Epikrise lesen – oder als eine Selbstanalyse des Autors? Pankau entscheidet sich für folgende Deutung: »*Die Zensur* ist Auseinandersetzung mit der eigenen Persönlichkeit, ist dramatische Gestaltung der modernen Künstlerproblematik.« Im defizitären Mann der *Zensur* gestalte er »wie sonst nirgends einen Wiedergänger seiner selbst«[39]. Letztlich wird damit wieder Buridan

---

[37] Pankau: Sexualität und Modernität, S. 117–132.

[38] Heinz Kohut: *Narzißmus. Eine Theorie der psychoanalytischen Behandlung narzißtischer Persönlichkeitsstörungen*, Frankfurt 1976.

[39] Pankau: Sexualität und Modernität, S. 130 u. S. 127.

mit Wedekind identifiziert. Verblüffend, daß in dieser Deutung die mythische Figur des Wiedergängers aufgerufen wird, Repräsentant eines nach des Rätsels Auflösung heischenden Vorfalls. Auch eine Form der Gegenübertragung. Was wäre des Rätsels Auflösung – falls es eine gibt? – Auf jeden Fall aber bietet uns Wedekind eine »psychologisch komplex angelegte Charakterstudie«[40] an, ausgestattet mit komplexen affektiven und kognitiven Reaktionsmustern. Hervorzuheben aber ist: Kadidja und der Pater sind letztlich keine Gegenfiguren zu Buridan, sondern Ergänzungsfiguren, komplementär zu Buridans fragmentiertem Ich.[41]

5.6. Drei Szenen

Es sei jetzt erneut daran erinnert, daß einer der ersten Entwürfe zum Einakter hieß:
»1. Scene: Tilli gegen mich.
  2. Scene: Ich gegen den Pater.
  3. Scene: Ich gegen sie.«

Er ließe sich nun in verschiedene Varianten übersetzen:
A)
1. Szene: Die Geburt des Kunstwerkes.
2. Szene: Die Verteidigung des Kunstwerkes.
3. Szene: Die Verletzung des Kunstwerkes

B)
1. Narzißmus
2. Zensur
3. Zerstörung

C)
1. Das Kostüm
2. Das Hochzeitskleid
3. Das Reformkleid.

Kommentar: Daß die Erzählung »Das Kostüm« den Kern des Einakters darstellt, wurde bereits erwähnt. Der künstlerische Akt wird in der 1. Szene als ein Akt der Verkleidung vorgestellt: Es handelt sich um das Phantasiekostüm für ein Hochzeitsballett, in dem Kadidja als Schauspielerin auftreten soll. In diesem auf Enthüllung, auf das Evakostüm anspielenden Hochzeitskleid erscheint zum Schluß der

---

[40] Ebd., S. 132.

[41] Fragmentiertes Ich: Außer auf Kohut (Narzißmus) sei hier auf die Ausführungen Wurmsers (Die Maske der Scham), S. 176 ff. und S. 417 ff. hingewiesen. Auch Shaws Beobachtung ist aufschlußreich: »Das Ich, Buridan, steht zwischen zwei Personen (eigentlich repräsentieren sie [...] die Hauptsphären seines Daseins), die sich nicht nur voneinander unterscheiden, sondern auch eine unterschiedliche Haltung in ihm erwecken, je nachdem, wie er der einen oder anderen gegenübersteht.«, Shaw: Bekenntnis und Erkenntnis, S. 24.

zweiten Szene Kadidja in der mythologischen Rolle der Versucherin. In der dritten
Szene wird der künstlerische Akt in der Erzählung »Das Kostüm« als ein Akt der
Entkleidung vorgestellt. Kadidjas Reaktion darauf: »Nun? Und? – Du fürchtest
wirklich ernstlich, ich könnte des Hochzeitsgewandes, das ich trage, nicht würdig
sein?« Daraufhin verliert Buridan die Fassung. Ihn dürstet nach Verhüllung. Kadidja
soll ein ihren Körper ganz verhüllendes Reformkleid tragen. Scham, Ekel, Mitleid,
Moral, Autorität, alle Mächte, die Freud zu den die Richtung des Sexualtriebes
einschränkenden Mächten zählte, werden von Buridan gegen Kadidja aufgerufen.

D)
1. Szene: Sexuelle Erregung
2. Szene: Zensur
3. Szene: Scham-Angst.

Kommentar: In der ersten Szene erinnert Kadidja Buridan daran, mit ihr – wie früher
– seine Lieder einzustudieren. Mit der Reitpeitsche! Kadidja: »Du hast sie mir mit
der Reitpeitsche einstudiert, damit ich, sobald ich auf dem Podium erscheine, das
Publikum durch meine Leidenschaftlichkeit überwältige.« Mit der Reitpeitsche:
»Abends mit Tilli in der Wildente, dann mit Ihr und Iduschka Orlov in der Traube.
Tilli u. Iduschka kommen zu mir ich liebe Tilli vor Iduschka. Tilli läßt sich von mir
mit der Reitpeitsche schlagen. Ich bringe Iduschka nach Hause.«[42] Zweite Szene:
Diskurs über Zensur im Namen der Sittlichkeit. Es werden Postulate einer Sexual-
ethik entwickelt: Trennung von Religion und Sexus (so der Pater) – Wiederver-
einigung von »Heiligkeit und Schönheit« (so Buridan) – »Wiedervereinigung von
Kirche und Freudenhaus im sozialistischen Zukunftsstaat« (so Wedekind[43]). Dritte
Szene: Sexualangst, Buridan kann, wie Kadidja mutmaßt, »der nackten Wirklichkeit«, sie sieht dabei in den Spiegel, »nicht in die Augen blicken«[44]. Buridans
Sinnlichkeitsabwehr steht in Korrespondenz zu seiner Kostümphantasie, deren
Phantasmen er offenen Auges kaum standhalten kann. Seine Abwehr wirft ein
fragwürdiges Licht auf seine Kunstauffassung. Scheint er nicht doch zu denen zu
gehören, die Körperlichkeit, Sinnlichkeit, Sexualität »nur noch in sublimiertester
Form«[45] den Künsten zu thematisieren gestatten? – Die Kleider der Kunst: Masken
der Scham. Schamangst und Sexualangst sind, wie an Buridan demonstriert wird,
sich ineinander spiegelnde, als Sexualscham aneinander gekoppelte Affekte. Ein
Verbot lastet darauf, den Sexualakt zu schauen, sexueller Neugier zu folgen, die
Urszene zu erforschen, Scham der Eltern wegen, und Sexualität zu bejahen, Scham
vor sexueller Aktivität. Wedekind: Die »sexuelle Schamlosigkeit« ist die auffallendste Seite meiner Produktion. Vielleicht bin ich selber nur durch das Verlangen, diese

---

[42] Agenden, 10.XII.1905 (uv. Tagebuch Wedekinds, 1905: die Namen sind dort mit hebräischen
Schriftzeichen geschrieben; Wedekind-Nachlaß der Handschriftenabteilung der Stadtbibliothek München,
Mü L 3511).

[43] Bohnen: Frank Wedekind und Georg Brandes, S. 113.

[44] Wedekind: *GW 5*, S. 136.

[45] Pankau: Sexualität und Modernität, S. 126.

Absonderlichkeit zu begreifen, vorwärts getrieben worden.«[46] Wedekinds Formulierung läßt sich auch so lesen: Sexuelle Scham, vielleicht bin ich durch das Verlangen,
diese Absonderlichkeit zu begreifen, vorwärts getrieben worden.

5.7. Die Schlußsequenz

> Die Theodizee ist wie ein Aphorismus gebaut; eine abstrakte Exstase von
> Arabesken-Verschlingungen; freilich mit einer Psychologie im Blut, die an
> Unglaubwürdigkeit grenzt. Aber der Schluß ist eine Halluzination, daß sich
> einem vor Sehen die Haare sträuben.
> Ein albhaftes Nachtgesicht:
> Kadidja, im Ballettkostüm, reitend auf der Balkonbrüstung, sich hinab-
> zustürzen (plötzlich, keiner hat es erwartet, eben hat sie sich noch sanft
> rezensieren lassen); vor ihr der brüllende Buridan: aber sie – schrecklich
> befehlend: ›Keinen Schritt näher! Oder ich liege unten‹ [...]
> – Wer hat noch nie so einen furchtbaren Traum geträumt? Nicht einen Schritt
> näher oder ich stürze hinab ... Warum nicht einen Schritt näher? Er kommt
> nicht näher und sie stürzt sich hinab – Wie hängt das zusammen? Was ist das
> für ein Zwischenraum, dieser eine Schritt? Was ist das für eine schreiende
> Ewigkeit? Was ist dieses sich krümmende Gebanntsein? Was sind das für fol-
> ternde Augen, diese ruhigen Augen, diese süßen Augen, diese entsetzlichen?
> Was ist das für eine Unabwendbarkeit, was ist das für ein schrecklicher Befehl
> ...?[47]

Aber die Schlußszene ist so noch nicht genau genug beschrieben. Richtig ist schon,
daß Kadidja Buridan, ihn anblickend, von sich fernhält, ihm droht, sich hinabzu-
stürzen und daß so seine Verlustangst aufs höchste gesteigert wird. Buridan gerät in
einen Zustand tiefer traumatischer Hilflosigkeit: Er bricht in die Knie, »ringt die
Hände ineinander und betet, ohne noch einen Blick nach dem Balkon zu werfen«:
»Herr! Herr! Vater des Himmels und der Erde! Hilf uns! Hilf mir! Hilf! Wenn sie
hinabfährt, ist ein Menschenleben hin! Welch ein Menschenleben! Ich habe gespot-
tet! Herr im Himmel, ist das die Rache?!« Buridan, der, wie es ausdrücklich heißt,
nicht hinsieht, »*horcht nach rückwärts und ruft mit röchelnder Stimme*«:
»Kadidja...! Kadidja...! *(Nach einer Pause sich in Krämpfen vornüberwerfend.)* Er
läßt seiner nicht spotten! – Er läßt sich nicht versuchen! – O Gott! – O Gott, wie
unergründlich bist du ...«[48].
Die Schlußszene als Angstszene: Ein Verbot, ein Nichtanschauendürfen, ein
Nichtanschauenkönnen – ein geblendeter, ein blinder, ein ohnmächtiger Buridan.
Die Schlußszene als Angstszene: Buridan schwebt in Todesangst vor der (weiblichen) Sexualität. Ausgelöscht ist die ganze Schaulust: die phantasmagorische und
die reale. So gesehen liest sich Wedekinds *Zensur* sowohl als eine positive Theodizee der Kunst als auch als eine Theodizee ex negativo der Sexualität, der Scham-

---

[46] Bohnen: Frank Wedekind und Georg Brandes, S. 112.
[47] Gangi: Buridan, Sp. 53.
[48] Wedekind: *GW 5*, S. 140.

losigkeit, deren Ethos als Kritik der sexuellen Scham, als Kritik repressiver Sexual-macht und -moral bestimmbar ist[49].

6. Anmerkungen zur literarischen Form

Der Kern der *Zensur* ist die in sich geschlossene Geschichte »Das Kostüm«, eine Exhibitions-, eine Nacktheitsphantasie. Zeige- und Schaulust werden symbolisch vorgestellt. An diese Kerngeschichte ist eine komplexe dramatische Struktur ange-schlossen, deren Konstruktion dem Prinzip szenischer Spiegelung folgt und deren Mittelstück, die Debatte über öffentliche Zensur, das Pendant zu den Seitenstücken privater Zensur bildet. Beschrieben wird Zensur als ein Produkt miteinander ver-knüpfter sozialer und psychischer Prozesse. Die Hauptfigur Buridan wiederum ist nach dem Prinzip des zerbrochenen Spiegels komponiert, aus Bruchstücken sowohl eines idealen als auch eines realen Ichs, das an und in den dramatischen Ergän-zungsfiguren sich spiegelt. Buridan stellt somit einen komplexen Charakter vor, dessen Komposition und Dekomposition gleichsam in ihn eingeschrieben sind. Figurales und szenisches Modell, episodenhaft gestaltet, bilden eine strukturale Einheit, entwickelt im Sinn einer formalen Reihung: Aufspaltung, Zerlegung, Verkehrung, Verschränkung, Rückführung, Abstoßung, Auflösung. Motivik und Metaphorik sind dadurch affiziert. Das sowohl thematisch als auch formal durch-gehaltene Prinzip wechselseitiger Spiegelungen, verleiht dem Einakter enigmati-schen Charakter. Der formalen Rätselstruktur entspricht das Rätsel der Scham als Deckaffekt. Der Autor entwirft, uns zur Deutung herausfordernd, ein Suchbild, ein Versteck- und Schau-Spiel, dem bekanntlich ein humoristisches Moment nicht fremd ist, dessen Formiertheit die zeitgenössische Kritik überwiegend aber als eine Aneinanderreihung von Paradoxien verstand und mit dem Begriff der Groteske belegte und beschwerte. Der glückliche Begriff einer aphoristischen Arabeske, den ich Löwensohn verdanke, leitet dagegen ins Zentrum der formalen Gestaltung des Einakters *Zensur*.

Literatur

A.[uburtin], V.[iktor]: »Im Kleinen Theater [...]«, in: *Berliner Börsen-Zeitung*, Nr. 469 v. 7.X.1910.

---

[49] John Hibberd: »Die Wiedervereinigung von Kirche und Freudenhaus. Wedekind's *Die Zensur* and his ideas on religion«, in: *Colloquia Germania* 19 (1986), S. 47–67, interpretiert den Einakter geistes-geschichtlich mit Hilfe der Leitbegriffe ›Fleisch‹, ›Geist‹ und ›Leben‹: »*Die Zensur* was certainly intended as a ›theodicy‹ or justification of life despite its apparent evils.«, S. 51.

Austermühl, Elke; Kessler, Alfred; Vinçon, Hartmut (Hg.): *Pharus I. Kein Funke mehr, kein Stern aus früh'rer Welt. Frank Wedekind. Texte, Interviews, Studien*, Darmstadt 1989.

Bastian, Till: *Der Blick, die Scham, das Gefühl. Eine Anthropologie des Verkannten.* Göttingen 1998.

Bohnen, Klaus: »Frank Wedekind und Georg Brandes. Unveröffentlichte Briefe«, in: *Euphorion* 72 (1978), S. 106–119.

Duerr, Hans Peter: *Nacktheit und Scham. Der Mythos vom Zivilisationsprozeß*, Bd. 1: *Nacktheit und Scham*, München 1994.

E. [d.i. Richard Elchinger]: »Schauspielhaus Zensur [...]«, in: *Münchner Neueste Nachrichten*, Nr. 325 v. 15.VII.1910.

E.[loesser], A.[rthur]: »Kleines Theater«, in: *Vossische Zeitung* (Berlin), Nr. 471 v. 7.X.1910.

Elias, Norbert: *Über den Prozeß der Zivilisation* (1939), 2 Bde., Frankfurt 1976.

Freud, Sigmund: *Studienausgabe*, 10 Bde. mit Erg.Bd., Frankfurt 1975.

Gangi, Golo [d.i. Erwin Loewensohn]: »Buridan. Nachwort zu Wedekinds Theodizee ›Die Zensur‹«, in: *Der Demokrat* 3 (1911), H. 2, Sp. 49–53.

Hibberd, John: »Die Wiedervereinigung von Kirche und Freudenhaus. Wedekind's *Die Zensur* and his ideas on religion«, in: *Colloquia Germania* 19 (1986), S. 47–67.

Hofmiller, Josef: »Wedekinds autobiographische Dramen«, in: *Süddeutsche Monatshefte* 6 (1909), S. 116–125.

Kohut, Heinz: *Narzißmus. Eine Theorie der psychoanalytischen Behandlung narzißtischer Persönlichkeitsstörungen*, Frankfurt 1976.

Pankau, Johannes: »Exhibitionismus und Scham. Zur Problematik der Ich-Konstitution in Wedekinds *Die Zensur*«, in: Elke Austermühl, Alfred Kessler, Hartmut Vinçon (Hg.): *Pharus I. Kein Funke mehr, kein Stern aus früh'rer Welt. Frank Wedekind. Texte, Interviews, Studien*, Darmstadt 1989, S. 289–310.

Pankau, Johannes: *Sexualität und Modernität. Studien zum deutschen Drama des Fin de Siècle*, Habil. Schrift (uv.).

Shaw, Leroy R.: »Bekenntnis und Erkenntnis in Wedekinds ›Die Zensur‹«, in: Stadtbibliothek München (Hg.): *Frank Wedekind zum 100. Geburtstag.* [München 1964], S. 20–36.

Wedekind, Frank: *Die Zensur. Theodizee in einem Akt von Frank Wedekind.* Berlin 1908.

Wedekind, Frank: *Gesammelte Briefe*, hg. v. Fritz Strich, 2 Bde., München 1924.

Wedekind, Frank: *Gesammelte Werke*, 9 Bde., München/Leipzig 1912–1921.

Wedekind, Frank: *Kritische Studienausgabe in acht Bänden mit drei Doppelbänden,*
    hg. unter der Leitung von Elke Austermühl, Rolf Kieser und Hartmut Vinçon.
    Darmstadt 1994ff.

Wurmser, Léon: *Die Maske der Scham. Die Psychoanalyse von Schamaffekten und*
    Schamkonflikten, Berlin/Heidelberg/New York [3]1997.

Rezensionen

Redaktion: Astrid Lange-Kirchheim

Johann August Schülein: *Die Logik der Psychoanalyse. Eine erkenntnistheoretische Studie,* Gießen: Psychosozial-Verlag 1999 (Bibliothek der Psychoanalyse). – 419 S., 78,00 DM.

Johann August Schülein, von Haus aus Soziologe und derzeit Präsident der Sigmund-Freud-Gesellschaft in Wien, möchte einer Lage abhelfen, die er dadurch gekennzeichnet sieht, daß es keine systematische, sondern nur »strukturell amateurhafte« (S. 403) Theoriearbeit innerhalb der analytischen Zunft gibt. Damit sich unter Psychoanalytikern jener florierende, transparente, streitfähige, auch gegenüber anderen Wissenschaften aufgeschlossene, Diskurs über ihre eigenen Theorien, den Schülein vermißt, entwickeln kann und damit dieser Diskurs nicht mehr, wie derzeit noch, in der Theorieumwelt weit unter Wert gehandelt wird, muß die Psychoanalyse, so Schülein, in einem ersten Schritt ihr Theorieverständnis verändern. Nicht im vermehrten Import der jeweils neuesten Wissenschaftstheorie liege der Schlüssel, sondern in einer Neubestimmung ihrer eigenen Theorienatur. Die Psychoanalyse brauche ein Theorieverständnis, daß sowohl ihrem psychologischen Objekt, unbewußter psychischer Realität, wie auch zweitens ihrer Praxis, der institutionellen Realität der analytischen Zunft, gerecht wird.

Damit korrigiert Schülein die im (Neo-)Positivismus und überhaupt in der analytischen Wissenschaftstheorie ganz entschieden betriebene Reduktion auf Methodenlehre, derzufolge weder von der Eigenart der zu erkennenden Realität (»Objekt«) noch von der Eigenart der subjektiven und intersubjektiven Beziehungen der Personen, die die Träger eines Erkenntnisunternehmens sind (»Subjekt«), entscheidendes abhängen sollte. Wissenschaftliches Wissen wurde mit völlig aus seinen Gewinnungskontexten loslösbarem Wissen fälschlich gleichgesetzt. Freud selber hat diese positivistische Auffassung aus professionssoziologisch nachvollziehbaren Gründen zwar vertreten, aber auch unterlaufen. Deshalb verwendet Schülein die ersten 150 Seiten seines Buchs für ein faszinierendes Portrait der »Entwicklung von Freuds Wissenschaftstheorie« sowie der verwickelten Entwicklung nach Freud, über Heinz Hartmann, Rapaport, die angelsächsische Diskussion inklusive Grünbaum, die hermeneutische Richtung, die von Ricoeur, Habermas und Lorenzer repräsentiert wird, bis hin zu neuesten Versuchen, die alte Metapsychologie gegen etwas vermeintlich Besseres einzutauschen (Neurobiologie, artificial intelligence, Konnektionismus etc.).

Es ist kein Zufall, daß Schülein seine Untersuchung im Untertitel nicht der Wissenschafts-, sondern der Erkenntnistheorie zuordnet. Denn die Pointe seiner anregenden und kenntnisreichen Studie liegt gerade darin, nicht noch einmal eine neue wissenschaftstheoretische »Untermauerung« für die analytische Theorie und Praxis zu empfehlen, sondern durch eine Reflexion auf den möglichen Sinn solcher

Begründungsversuche ein neues Verständnis psychoanalysespezifischer Erkenntnisansprüche überhaupt zu gewinnen. Auf den ersten Blick mißverständlich ist
allerdings der Haupttitel des Buchs, denn nicht um *Logik* im Sinne analytischer
Deutungslogik geht es dem Autor, sondern um die bestimmte *Realität*, das unbewußte Seelenleben, dem alle Erkenntnisbemühungen der Psychoanalyse gelten.
Theorien sind für Schülein nicht einfach Systeme von Aussagen über Realität,
sondern Systeme von Aussagen »über die Logik von Realität« (S. 304). Was ist mit
dieser hegelianisch anmutenden Verschränkung von Logik und Realität gemeint?

Im dritten Kapitel über »Erkenntnis und Realitätsstruktur« läßt Schülein die
Katze aus dem Sack. Zuerst unterscheidet er zwei Realitätstypen und dann, in ideal-
typischer Zuspitzung, auch zwei zugeordnete Theorieverständnisse. »Nomologische
Realität« (S. 185) ist Wirklichkeit, die invariant bestimmt ist und von daher Erkennt-
nisansprüche erlaubt, die auf abstrakte und kontextunabhängige Gültigkeit abzielen.
Modelliert wird sie von »deduktiver« Theorie (z. B. Physik). »Autopoietische
Realität« (S. 192) hingegen ist eine Wirklichkeit, die aus vielen irreduzibel verschie-
denartigen Prozessen besteht, die ganz wesentlich durch kontextgebundene
Wechselwirkungen zusammengehalten werden und sich deshalb auch nur in den
Erkenntnisansprüchen »konnotativer« (d. h. zusammendenkender) Theorie erfassen
lassen (z. B. Gesellschaftswissenschaft).

Der Plausibilisierung der Idee einer »konnotativen Theorie« widmet Schülein
große begriffliche Anstrengungen. Hierzu setzt er sich nicht nur intensiv mit der
neueren soziologischen Systemtheorie Luhmannscher Provenienz auseinander, die
über die Autopoiesis (d. h. kontinuierliche Selbsterzeugung) sozialer Systeme einige
spekulative Denkfiguren entwickelt hat, sondern auch mit diversen psychoanalytischen Einsichten in den unersetzlichen kognitiven Wert von Metaphern, Analo-
gien und Erzählungen. Die besondere Leistung dieser und weiterer »konnotativer
Symbolsysteme« sieht Schülein darin, daß ihre theoretisch kontrollierte Verwendung »aus vielen Möglichkeiten der Verbindung von und zwischen Entitäten und
Ebenen die für die jeweiligen Wirklichkeitskonfigurationen passenden hervorhebt;
daß sie untersucht, warum diese und keine andere wirklich ist und welche zukünf-
tigen Möglichkeiten sich aus dem (heterogenen, dynamischen) Status Quo ergeben.
Dies ist ein theoretischer Balanceakt zwischen Realität und Alternative, zwischen
Determination und Kontingenz, zwischen Allgemeinem und Besonderem« (S. 213).

Schüleins Gedanken über die vielfältigen Unterschiede zwischen beiden Theo-
riefamilien sind gewiß nicht immer einfach zu lesen, aber inspiriert. Seiner trei-
benden Intuition, daß es einen praxisgebundenen, in die Wirklichkeit selber, auf die
sie sich bezieht, eingebetteten, »engagierten« und zugleich »selbstreflexiven« Typus
der Forschung und Theoriebildung gibt, wird man sich schwerlich verschließen
können (vgl. bes. S. 251). Schülein erneuert hier ein Verständnis von Psychoanalyse
als einer Form *kritischer Theorie*. Und diese Erneuerung erfolgt auf einem sehr
hohen begrifflichen und theoriesynthetischen Niveau.

Die Forschung und Theoriebildung der Psychoanalyse beschreibt Schülein als
einen *Sonderfall* konnotativer Theorie, »weil sie eine latente Realität thematisiert,
die nicht nur in ihrer Logik eigen-artig ist, sondern die sich gegen diese Themati-

sierung auch noch sträubt« (S. 337). Gewiß, mit dem vorgeschlagenen Schritt hin zu einem »konnotativen« Theorieverständnis würden einige der Beweislasten, die zum »denotativen« Erkenntnismodell gehören, zu unnötigem Ballast. Aber auch konnotative Theorie beansprucht die korrekte, aufschlußkräftige, richtige Modellierung wirklicher Prozesse und bedarf daher kognitiver oder zumindest rationaler Gütekriterien. Schülein hält übliche kognitive Kriterien, etwa die empirische Überprüfbarkeit am Einzelfall oder die begriffliche Sparsamkeit, für »wenig geeignet« (S. 237). Vielmehr gehe es »um eine passende Mischung von Anregung, Anleitung und Kontrolle der Begriffspraxis, die naturgemäß nicht vollständig fixierbar ist« (ebd.). Leider werden diese programmatischen Hinweise auch dort nicht viel konkreter, wo Schülein – ab S. 303, endlich! – die »Psychoanalyse als konnotative Theorie« in den Mittelpunkt der Diskussion rückt. Die heikle Frage nach ihren rationalen Gütekriterien beantwortet Schülein nur mit einer Liste von sehr allgemeinen Kontrollfragen, mit deren Hilfe sich die Leistungen und Risiken konnotativer Theorien gewissermaßen bilanzieren lassen sollen (vgl. S. 400 f.). Z. B. sei positiv danach zu fragen, wieweit sich die betreffende Theorie auf »Einzelfälle hinreichend einstellen kann, ohne ihren Theoriecharakter zu verlieren«, negativ z. B. danach, ob die betreffende Theorie es vermeidet, »zu viel und zu wenig Abstand zur Umgangssprache zu entwickeln«.

Mit diesem vagen Antwortformat kann man m. E. noch nicht zufrieden sein, wenn mit der Frage soviel auf dem Spiel steht. Weiteren Präzisierungs- und Konkretisierungsversuchen steht freilich auch nichts im Weg. Nur wird jeder solche Versuch sich in die Schwierigkeit verwickeln, daß die Begründung und Rechtfertigung rationaler Gütekriterien für konnotative Theorien ihrerseits wiederum die Form einer konnotativen Theorie hat, was Schülein zufolge u. a. heißt, daß mit einer unauflösbaren Pluralität von Paradigmen zu rechnen ist. Überdies sind Schüleins eigene Beschreibungen von Ziel, Kontext und Gegenstand psychoanalytischer Forschung selber ein Stück konnotativer Theorie. Schülein sieht dieses mehrfache Selbstanwendungsproblem seines Ansatzes (S. 251, 398), zeigt aber keinen Ausweg auf. Mag sein, daß dieses Problem gar nicht so gravierend ist, wie man zunächst meint. Ob es wirklich schwerwiegend oder unbedeutend ist, wird man allerdings erst dann ermessen können, wenn konkretere Erkenntnisansprüche der Psychoanalyse, etwa bestimmte Deutungen innerhalb einer Therapie oder klinische Hypothesen über bestimmte Störungsbilder, in dem neuen Verständnis von autopoietischer Realität und konnotativer Theorie neu beschrieben, bewertet und mit alternativen Verständnisweisen verglichen werden. Für diese noch ausstehende Arbeit der Konkretisierung ist Schülein viel Entgegenkommen seitens interessierter Psychoanalytiker zu wünschen.

Matthias Kettner

Wolfgang Mertens: *Psychoanalytische Grundbegriffe. Ein Kompendium*, 2., über-
arbeitete Aufl., Weinheim: Psychologie Verlags Union, 1998. – 339 S., 78,00 DM.
Wolfgang Mertens und Bruno Waldvogel (Hg.): *Handbuch psychoanalytischer
Grundbegriffe*, Stuttgart/Berlin/Köln: W. Kohlhammer, 2000. – 854 S., 146,50 DM.

Das von Wolfgang Mertens, Professor für Klinische Psychologie und Psychoanalyse
an der Ludwig-Maximilians-Universität München, verfaßte *Kompendium psychoanalytischer Grundbegriffe* (München: Quintessenz Verlag, 1992) liegt in zweiter,
aktualisierter Auflage vor, die um einige neue Stichwörter ergänzt worden ist (der
Autor schreibt »Stichworte«, S. VI, eine der wenigen sprachlichen Unsicherheiten
dieses angenehm zu lesenden Buches). Den Schwerpunkt der typographisch anspre-
chend eingerichteten Artikel bildet auch in der Vielzahl der weiterführenden biblio-
graphischen Hinweise die Klinik. Literatur- oder sprachwissenschaftliches Interesse
beanspruchen selbst einschlägige Artikel wie »Phantasie« oder »Handlungssprache«
nur am Rande; der lange Artikel »Ödipuskomplex« (S. 155–163) etwa berücksichtigt Jean Bollacks literaturwissenschaftliche Kritik von Freuds Sophokles-
Rezeption, die ganz im Banne der zeitgenössischen »Schicksalstragödie« stand und
folgerichtig den antiken Gehalt der Tragödie verkennen mußte, nicht. Ohnehin wird
»nur vereinzelt auf die Ausführungen von Freud Bezug genommen, um Raum für
Weiterentwicklungen und gegenwärtige Theoriekontroversen zu schaffen« (S. V).
Überraschenderweise bleibt Jacques Lacan dabei gänzlich ausgespart (sein Name
taucht nur am Rande des Artikels über die »Verführungstheorie« auf, doch ohne daß
er im Personenregister geführt würde), was etwa im Artikel über »Hysterie«
besonders augenfällig wird, bei Lacan immerhin eines der vier Diskursmatheme;
selbst das Stichwort »Spiegeln« kommt ohne Hinweis auf Lacan aus. Darüber
hinaus fehlt jede historische Verankerung der Psychoanalyse in ihrem Entstehungskontext. So zuverlässig dieses Kompendium über die klinischen Aspekte der
Psychoanalyse unterrichtet, kulturwissenschaftlichen Fragen verschließt es sich.
    Diese Lücken werden im Kontrast zu dem von Wolfgang Mertens zusammen
mit dem Münchner Psychoanalytiker Bruno Waldvogel herausgegebenen *Handbuch
psychoanalytischer Grundbegriffe* noch augenfälliger. 129 Autorinnen und Autoren,
vorwiegend aus den Disziplinen Psychoanalyse und Psychotherapie, widmen sich in
186 analog aufgebauten Artikeln, die sich aufschlußreich miteinander vergleichen
lassen, jeweils der *Definition* eines Begriffs, seiner *klassischen Auffassung*, die in
der Regel aus dem Werk von Sigmund Freud herausgearbeitet wird, seinem
ideengeschichtlichen Hintergrund, seinen *wesentlichen Erweiterungen, Differen-
zierungen und Modifikationen*, der *Entwicklung des Begriffs in den verschiedenen
psychoanalytischen Schulrichtungen* und der *interdisziplinären Diskussion* dieses
Begriffs in und mit den Nachbarfächern. Die im Vergleich zum Kompendium
Psychoanalytischer Grundbegriffe erweiterte Anlage kommt nicht nur in der
größeren Zahl spezifisch psychoanalytischer Termini wie »Fehlleistung«,
»Fixierung«, »Freie Assoziation«, »Grundstörung«, »Haltung, psychoanalytische«,
»Kinderanalyse«, »Nachträglichkeit«, »Reizschutz«, »Technik«, »Überdeterminie-

rung« oder »Widerstand« zum Ausdruck. Innerhalb der Klinik wird in Artikeln zu Stichwörtern wie »Depersonalisierung«, »Dissozialität«, »Delinquenz«, »Dissoziation«, »Exhibitionismus«, »Halluzination«, »Haß«, »Hypochondrie«, »Inzest«, »Melancholie«, »Psychose«, »Sadismus«, »Schizophrenie«, »Voyeurismus« oder »Wut« gleichzeitig der psychiatrische und forensische Aspekt akzentuiert. Darüber hinaus verweisen eine ganze Reihe von Stichwörtern, die im Kompendium *Psychoanalytischer Grundbegriffe* fehlen, auf die kulturhistorische, -kritische und -wissenschaftliche Bedeutung der Psychoanalyse, allen voran »Bewußtsein«, »Denken«, »Deutung«, »Entwicklung«, »Erotik, Erotisierung«, »Es«, »Gedächtnis«, »Geschlechterdifferenz«, »Hermeneutik«, »Humor«, »Identität«, »Integration«, »Konstruktion/Rekonstruktion«, »Kreativität«, «Kultur(theorie, -kritik)«, »Kunst«, »Liebe«, »Macht«, »Masse«, »Mythos«, »Persönlichkeit«, »Religion« (erstaunlicherweise ohne Hinweis auf Freuds Konflikt mit Jung), »Repräsentation«, »Sprache, Sprachentwicklung«, »Vorstellung«, »Wahrheit« oder »Zeitgefühl, Zeiterleben«. Für Sprach- und Literaturwissenschaftlerinnen und -wissenschaftler besonders aufschlußreich sind die Artikel zu den Stichwörtern »Fallgeschichte«, »Metapher« und »Verschiebung, Verdichtung«. Auffällig ist bei den beiden letzteren eine gewisse Berührungsscheu gegenüber der Semiotik, die auch in den Artikeln »Bedeutung«, »Indikation« und »Symbol, Symbolisierung« zum Ausdruck kommt; eine Ausnahme bildet lediglich der Artikel »Oberfläche (psychische)«, der die identitätsstiftende Wirkung des Detektiv-Paradigmas für Psychoanalytiker aus der Perspektive zeitgenössischer psychoanalytischer Konzepte kritisiert. Roman Jakobsons Zwei-Achsen-Modell der Sprache fehlt selbst dort, wo Jacques Lacan, der selbst gebührend berücksichtigt worden ist, daran erinnert hat, wie sehr es, vermittelt durch die antike Rhetorik, der Freudschen Traumdeutung verpflichtet ist. Charles Sanders Peirces Unterscheidung zwischen »Ikon«, »Index« und »Symbol« ist ebensowenig berücksichtigt wie Charles William Morris' grundlegende Unterscheidung zwischen Semantik, Pragmatik und Syntaktik; beide würden helfen, den psychoanalytischen Deutungsprozeß von Symptomen zu klären. Doch dieser Berührungsscheu steht insbesondere in den Abschnitten zu den interdisziplinären Beiträgen und Befunden, der Evolutionsbiologie, der Kognitionswissenschaften, der (Psycho-) Linguistik, der Neurobiologie und -physiologie, der sprachanalytischen Philosophie und der Soziologie eine große und vielfältige Vermittlungsfreude gegenüber. Hier ist auch der Ort für Kontroversen, an dem etwa der wissenschaftliche Status der psychoanalytischen Deutungstheorie zwischen Naturwissenschaft und Hermeneutik diskutiert wird.

Fazit: Der Beweis, den Wolfgang Mertens bewundernswert konsequent gegen sich selbst geführt hat, ist mustergültig: Im Grad der Bestimmtheit, mit der ein Kompendium *Psychoanalytischer Grundbegriffe* aus einer spezifischen Perspektive verfaßt wird (im Fall von Mertens die klinische), läßt es sich noch immer alleine erarbeiten, zumal der Vorzug prägnanter Kürze der einzelnen Artikel durch die Vielzahl weiterführender bibliographischer Hinweise noch unterstrichen wird; doch das *Handbuch psychoanalytischer Grundbegriffe* zeugt in der von den Herausgebern nicht weniger bestimmt dirigierten Vielfalt der Stimmen gegen diesen Versuch: Es ist, unabhängig vom größeren Umfang der einzelnen Beiträge, offener, lebendiger, streitbarer und in seinem Perspektivenreichtum, in dem sich viele Beiträge gegenseitig unvermutet erhellen, anschlußfreudiger und für interessierte Sprach- und Literaturwissenschaftlerinnen und -wissenschaftler einladender.

Martin Stingelin

Lilli Gast und Jürgen Körner (Hg.): *Psychoanalytische Anthropologie I. Über die verborgenen anthropologischen Entwürfe der Psychoanalyse*, Tübingen: edition diskord, 1997. – 154 S., 28,00 DM.
Dies.: *Psychoanalytische Anthropologie II. Ödipales Denken in der Psychoanalyse*, Tübingen: edition diskord, 1999. – 190 S., 28,00 DM.

Alle zwei Jahre findet seit 1996 in Berlin ein Symposion zur *Psychoanalytischen Anthropologie* statt. Die Veranstalter der Tagung, Lilli Gast und Jürgen Körner, richten ihren Blick auf die Schnittstellen zweier Wissenschaften – die Psychoanalyse und die Anthropologie. Umfaßt die Anthropologie in der wissenschaftlichen Diskussion zwei Disziplinen: die philosophische Lehre vom Wesen des Menschen (die auf eine lange Tradition bis in die griechische Philosophie zurückreicht) und die empirische Kulturwissenschaft, eine Kulturanthropologie, so verfügt auch die Psychoanalyse neben einer Erkenntnistheorie über ›Seelisches‹ über eine Kulturtheorie.

Das erste Symposion zur *Psychoanalytischen Anthropologie* (1996) befaßt sich mit den verborgenen anthropologischen Entwürfen der Psychoanalyse, und zwar bezogen auf drei wesentliche Themen der Psychoanalyse: die unbewußte Phantasie, das Postulat der Unvermeidbarkeit von Schuld und der Wahrheitsbegriff der psychoanalytischen Erkenntnis.

Hanna Geckle entwickelt in ihrem Beitrag, »Die unbewußte Phantasie – zu Struktur und Genese«, einen philosophiegeschichtlichen Abriß über Entstehung und Definition der philosophischen Anthropologie von Kant bis zum Ende des 19. Jahrhunderts als Folie, um daran das Spezifische der Psychoanalyse Freuds aufzuzeigen. Die Entwicklung der Psychoanalyse von der Verführungstheorie zur ›eigentlichen‹ Psychoanalyse wird als Übergang einer historischen Theorie in eine anthropologische Theorie verstanden. Die ödipal und prädipal strukturierte unbewußte Phantasie bewältigt ein reales Trauma, erklärt sich aber nicht aus diesem. Sie wird als ›Scharnier‹ betrachtet zwischen der psychischen Entwicklung der frühen Kinderjahre und der überdauernden Bedeutung, die sie für den Menschen als Unbewußtes behält. Die Abfolge der Entwicklungsstufen ist anthropologisch universell, die Inhalte jedoch sind Einschreibungen der historischen, sozialen und kulturellen Differenzen. Die Einschreibungen folgen dem Konzept der Umschichtung und der Nachträglichkeit und verbinden so Vergangenes mit Gegenwärtigem und Zukünftigem.

Hermann Beland betrachtet unbewußte Phantasien als strukturierende Beziehungsgeschichten, die mit der Methode der Psychoanalyse sprachbewußt gemacht werden können. Als anthropologische Grundannahmen der Psychoanalyse entwickelt er fünf Thesen: 1. Das Unbewußte ist das eigentlich Seelische; 2. Die Strukturen entwickeln sich aus Beziehungserfahrungen; 3. Unerträgliche oder unverstandene emotionale Erfahrungen lösen psychische Reaktionen aus, die schädigen können; 4. Nachträgliches Verstehen wirkt therapeutisch; 5. Es gibt einen permanent arbeitenden Basisprozeß des problemerfassenden und problemlösenden unbewußten Denkens, welcher sich im Schlaf in der Traumarbeit und im Wachen im symbolischen Verständnis zeigt.

Zum Verständnis und zur Differenzierung der unbewußten Phantasien beschreibt er vier Achsen. Die normale unbewußte Phantasie und die realitätsverleugnende Phantasie; zweitens eine Achse, die Befriedigungsphantasien oder Mangelphantasien von jenen Phantasien, die Abwehren einsetzen, unterscheidet; drittens die Unterscheidung zwischen den herrschenden bzw. verbindenden unbewußten Phantasien, die als Strukturen unbewußter psychischer Organisationen fungieren, und den momentanen Phantasien, die zu allen vorübergehenden Zuständen gehören; und viertens die Unterscheidung zwischen den Phantasien im Modus der paranoid-schizoiden Position und denen im Modus der depressiven Position.

Für die emotionale Erfahrung sind Symbolbildung, Bedeutungsgenerierung, Emotionsverständnis und Emotionstoleranz entscheidend. Der Mensch wird als interpretiertes und interpretierendes Wesen verstanden.

Dem Thema der Schuld nähern sich Christina von Braun und Klaus Winkler aus kulturgeschichtlicher und religionsphilosophischer Perspektive. Jede Kultur entwickelt einen je spezifischen Umgang mit dem Begriff der Schuld.

Schuld bezeichnet nach von Braun immer eine Form der Auseinandersetzung mit der ›Versehrtheit‹ oder dem ›Mangel‹, der dem menschlichen Sein eigen ist. In einer vergleichenden Analyse des Schuldbegriffs stellt sie die Ontologisierung der Schuld im Christentum dem handlungsorientierten Schuldbegriff im Judentum gegenüber. In der christlichen Heilsbotschaft sieht sie eine Struktur eingeschrieben, die es unmöglich macht, der Schuld zu begegnen. An Hand des *Hamlet*stoffs wird der Begriff des Schuldgefühls diskutiert. Das Subjekt spürt die Last der Schuld, ist in ihr ›gefühlig‹ geworden, ohne daß es moralische Schuld auf sich geladen hat. Das Ich, das zum Subjekt wird, schreibt sich selbst eine Schuld ein, und das Ich wird zum Subjekt, indem es zum Täter wird. In diesem Konzept zeigt sich ein Schuldbegriff, der sich nicht nur aus der Erfahrung des Mangels ableiten läßt, sondern der auch eine Darstellung der Allmacht bedeutet, ein ›Behagen in der Schuld‹.

Klaus Winkler thematisiert in seinem Beitrag Schuld und Schuldgefühl als Möglichkeit der Daseinsverfehlung. Schuld wird als ›beziehungsgefährdendes und damit selbsthemmendes Verhalten‹ verstanden. Er differenziert an Hand von kasuistischen Beispielen ›Schuldgedanken‹, ›Schuldbedürfnis‹ und ›Schuldgeständnis‹ auf dem Hintergrund einer ›differenzierten Schuld‹, einer ›akzeptierten Schuld‹ und einer ›aufgehobenen Schuld‹. Schuldverarbeitung, individuelle und kollektive, steht so im Spannungsfeld von Daseinsverwirklichung und Daseinsverfehlung.

»Ist die Wahrheit der psychoanalytischen Erkenntnis nicht in großen Stücken diese, daß bislang ungefragt gültige Wahrheiten fraglich werden?« Mit dieser von Skepsis getragenen Frage entwickelt Hermann Lang eine Diskussion über den Wahrheitsbegriff in der Psychoanalyse. Es gibt keine letzten Wahrheiten über sich und die Welt; es sind immer bestimmte Perspektiven und Interpretationen, die sich jeweils neu aus der Vergegenwärtigung entwickeln. Entlang der Entwicklungsgeschichte des Realitätsbegriffs im Freudschen Denken wird diese These diskutiert. Biographie wird als eine spezifische Verarbeitungsleistung, als eine Sinnsetzung verstanden und damit Wahrheit als eine Kategorie des Verstehens. Im phänomenologischen Denken wird Sinn nicht als Basis, sondern als Emergenz, als etwas, das entsteht, definiert. Im therapeutischen Prozeß erhalten vergangene Ereignisse, die in der Gegenwart, in der therapeutischen Beziehung, im Feuer der Übertragung, erinnert werden, eine neue, andere oder erweiterte Bedeutung, und so kann es nach Lang auch keine Urschrift geben, welche die Wahrheit selbst anzeigen würde oder wäre. Der Wahrheitsbegriff, der hier diskutiert wird, orientiert sich an der Kohärenztheorie.

Eher der Korrespondenztheorie verpflichtet fühlt sich Alfred Schöpf mit seinem Beitrag zu diesem Thema. Das Wahrheitsproblem der Psychoanalyse besteht nach ihm darin, »daß es eine Gegeninstanz zum eigenen, nämlich das Anderssein des Patienten zum Thema macht« und eine Überprüfung dieser ›Andersheit‹ auf dem Hintergrund einer psychosozialen Realität stattfinden muß. Psychoanalytische Aussagen in Form von Interventionen, Deutungen und emotionalen Einstellungen müssen auf der Ebene der Beziehungswirklichkeit verstanden werden, die über die Dyade hinausgeht, indem die Funktion des Dritten personalisiert wird durch Supervision, Therapeutengruppen, Veröffentlichungen und Datenbanken.

Die Themen des Symposions werden von den Referenten, die bis auf Christina von Braun alle als Psychoanalytiker tätig sind, durchaus im interdisziplinären Kontext aufgenommen. Besonders bei den Themen Schuld und Wahrheit, die auch eine lange philosophische Tradition in der Anthropologie haben, zeigt sich, daß es nicht nur um eine fachpsychoanalytische Auseinandersetzung gehen kann, sondern daß plausible Erweiterungen und Ergänzungen im Sinne einer Neubefragung entstehen.

Die Psychoanalyse kann sich in ihrem disziplinären Selbstverständnis nicht auf sich selbst zurückziehen, der fachübergreifende Dialog muß gepflegt werden. So versteht sich auch die Thematik des zweiten Symposions (1998), welches dem Thema ›Ödipales Denken in der Psychoanalyse‹ gewidmet ist. Befragt wird die Bedeutung, die Tragweite und der Erkenntniswert des ödipalen Paradigmas. Zwei Beiträge (Vera King, Carl Nedelmann) setzen sich mit der immanent psychoanalytischen Perspektive innerhalb des psychoanalytischen Diskurses auseinander. Ludwig Haesler und Elisabeth Bronfen nähern sich dem Thema aus der geistes- und kulturwissenschaftlichen Perspektive; und Ursula Dreher und André Green diskutieren die wissenschaftstheoretische und erkenntnistheoretische Bedeutung des Begriffs. Sehr differenziert unterscheidet Ursula Dreher zwischen dem Inhalt, der Methode und der methodologischen Position. ›Ödipales Denken‹ kann sich auf den

Mythos beziehen und dabei, je nach Interpretation, einen verborgenen anthropologischen Grundkonflikt beleuchten, wie dieses in sehr ausführlicher Form auch von Rolf Vogt in seinem Buch *Psychoanalyse zwischen Mythos und Aufklärung oder das Rätsel der Sphinx* dargestellt worden ist. Als entwicklungspsychologisches Stadium dient das Konzept als Folie für die Genese der Phantasien des Kindes (wobei in der heutigen psychoanalytischen Theorie Präödipales von Ödipalem unterschieden wird), und im weiteren erfährt es Anwendung auf die familiäre Dreiecksituation bis hin zu dem doch sehr fragwürdigen Analogieschluß auf die analytische Situation oder gar auf den analytischen Erkenntnisprozeß als Ganzen. »Der Mythos von Ödipus mag ein gutes Bild für eine Entwicklungsaufgabe sein, für Inhalt und Struktur – eine gute Geschichte, die Freud fasziniert hat. Aber – lassen Sie es mich einmal übertreiben – wenn irgendwann Psychoanalytiker auf einem ödipalen Erkenntnisweg ödipal denken und mit einer ödipalen Methode in einer ödipalen analytischen Situation ungelöste ödipale Konflikte von Patienten mit ödipaler Pathologie analysieren – was ist dann eigentlich noch ödipal ...«.

Eine ›Überdehnung‹ des Konzepts auf die verschiedensten Bereiche kann es also insgesamt als beliebig erscheinen lassen, aber nur eine deutliche Differenzierung eröffnet auch Wege für einen weiteren Erkenntnisprozeß.

In diesem Sinne kann das Anliegen der Symposien als ein Forum zur Überprüfung und Befragung der erkenntnistheoretischen Voraussetzungen der Psychoanalyse in seiner weiteren Fortführung nur begrüßt werden.

Petra Strasser

Otto F. Kernberg: *Ideologie, Konflikt und Führung. Psychoanalyse von Gruppenprozessen und Persönlichkeitsstruktur.* Aus dem Amerikanischen von Elisabeth Vorspohl, Stuttgart: Klett-Cotta, 2000. – 365 S., 68,00 DM.

Die vom Klett-Cotta Verlag erfreulich schnell auf Deutsch vorgelegte Sammlung von Aufsätzen Otto Kernbergs zur Massenpsychologie umfaßt 17 Arbeiten aus dem Zeitraum von 1975 bis 1997. So können Leser in chronologischer Abfolge die Entwicklung des Kernbergschen Denkens in fünf Themenbereichen, in die sich die Sammlung gliedert, verfolgen. Den Vorteilen dieser Anordnung, die offensichtlich dem Wunsch nach Vollständigkeit und Überblick entspringt, steht der Nachteil häufiger Wiederholungen, manchmal ganzer Textpassagen, gegenüber.

Der erste Themenbereich rekapituliert die Grundlagen der »psychoanalytischen Untersuchung von Gruppenprozessen«. Den Auftakt macht ein breit angelegtes Referat diverser psychoanalytischer Theorien der Gruppenpsychologie in jenem für Kernberg charakteristischen, an Begriffswörtern überreichen und anschaulichen Beispielen armen Stil, den man, je nachdem, bewundernswert synthetisch oder aber baukastenhaft und abstrakt finden kann. In diesem Text wird der rote Faden entwickelt, der sich auch durch die übrigen Themengruppen zieht:

Unter Rückgriff insbesondere auf die Kleingruppenbeobachtungen von Bion in den 50er Jahren, auf Beobachtungen in größeren unstrukturierten Gruppen, die Rice und Turquet in den 60er und 70er Jahren gemacht haben, sowie auf Hypothesen über präodipale Verschmelzungsillusionen, die auf Anzieu und Chasseguet-Smirgel zurückgehen, formuliert Kernberg sein eigenes, objektbeziehungstheoretisches Verständnis der Gruppenpsychologie. Wie die gesamte massenpsychologische Tradition, von Le Bon über Freud bis zu den genannten Autoren, interessiert sich Kernberg ausschließlich für die auffallend *regressiven* Merkmale von kleinen Gruppen, Großgruppen und Massen. Daß die sozialpsychologische Tradition des amerikanischen Pragmatismus (John Dewey, Herbert Mead u. a.) umgekehrt auch eine progressive »soziale Intelligenz«, eine die Fähigkeiten von Einzelpersonen übersteigende Seite, an Gruppenprozessen herausgearbeitet hat, gerät so leider aus dem Blick. Dafür entschädigt Kernbergs luzide und kritische Darstellung von Freuds Massenpsychologie (im dritten Aufsatz), an der Kernberg kritisiert, daß Freud die Dynamik der Massenbildung komplex *beschreibt,* nämlich mit Blick auf die Bedeutsamkeit sowohl von Aggression wie Libido, aber unterkomplex theoretisch *erklärt,* nämlich unter Vernachlässigung der Rolle der Aggression.

Kernberg möchte im Licht internalisierter Objektbeziehungen, die der Objektkonstanz und der Festigung des Ichs, des Über-Ichs und des Es zeitlich vorausgehen, unser Verständnis von gruppeninduzierten Regressionsphänomenen vertiefen. Sein theoretisches Modell läßt sich so zusammenfassen (S. 19, 21, 24, 39, 50, 56, 118 u. ö.): Gruppenprozesse als solche bedrohen die persönliche Identität, weil »primitive psychische Ebenen – einschließlich primitiver Objektbeziehungen, primitiver Abwehroperationen und primitiver Aggression mit vorwiegend prägenitalen Merkmalen – in Gruppensituationen leichter aktiviert werden.« Je nach Art der Gruppenbeziehung kann der in diesen Beziehungen selbst gründende Regressionsdruck in verschiedenen Formen verschleiert, kontrolliert, abgewehrt oder bewältigt werden, z. B. durch eine starre soziale Strukturierung, durch Bürokratisierung, Ritualisierung, Menschlichkeit, Demokratie und – das betont Kernberg immer wieder – durch »funktionale« bzw. »rationale« bzw. »erfordernisgerechte« (statt dysfunktionale) Aufgabenbewältigung, d. h. durch eine angemessene Abstimmung der vorhandenen sozialen Organisationsstruktur auf die expliziten Ziele und Zwecke in allen Gruppen, die ihre Existenz von solchen Zielen und Zwecken her legitimieren (z. B. Firmen, Universitäten, Kliniken, Therapiegruppen, analytische Ausbildungsinstitute). Gruppenspezifisch bestimmte Regressionstendenzen ihrerseits stehen in Wechselwirkungsbeziehungen mit pathologischen Dispositionen ihrer Mitglieder, ihrer Angehörigen, besonders ihres Führungspersonals. So lassen sich gewisse Wahlverwandtschaften erklären, die offenbar bestehen können zwischen *institutionellen Pathologien* einer Gruppe oder Organisation, *Führungsstilen,* die geeignet sind, solche Pathologien entweder zu verstärken oder aber in Schach zu halten, und *persönlichen Pathologien* ihrer Führungskräfte und des übrigen Personals.

Der Untersuchung solcher Wahlverwandtschaften widmen sich die sechs Aufsätze über »Institutionelle Dynamik und Führung«, dem zweiten Themenbereich des

Buches. Hier definiert Kernberg fünf Führungsstile (S. 168–178), fünf Führungstugenden (S. 122, 153), zu denen interessanterweise auch ein »gesunder Narzißmus« sowie wachsame, »berechtigte antizipatorische Paranoia« gehören, und einige häufig anzutreffende pathologische Charakterstrukturen von Führungskräften (S. 96–108).

»Therapeutische Anwendungen« und »Anwendungen auf die psychoanalytische Ausbildung« bilden den dritten und vierten Themenbereich des Buches.

Es liegt in der Konsequenz des Kernbergschen Modells (S. 185 f.), daß mit demselben theoretischen Vokabular, zugeschnitten auf das Bezugsproblem der Aufrechterhaltung von Kontinuität und Identität in Beziehungen gegen diverse bedrohliche Regressionen, gewissermaßen eine Aufschichtung von ganz verschiedenartig verfassten »Systemen« beschrieben werden soll. Internalisierte Objektbeziehungen bilden das einfachste oder basale psychische »System«, die Strukturen von Über-Ich, Ich und Es stellen ein einbettendes komplexeres psychisches »System« dar, das seinerseits von der Gesamtpersönlichkeit als »System« eingebettet wird; jede soziale Gruppe, in der sich die Person betätigt, ist ein umfassenderes soziales »System«, und die umgreifende soziale Organisation, innerhalb derer Gruppen funktionieren, z. B. eine epochenspezifische bestimmte Kultur, kann ihrerseits als ein (Super-) »System« analysiert werden. Das Zoom-Objektiv der Objektbeziehungstheorie kann gleichsam auf jeder Systemebene scharf gestellt werden und bekommt immer etwas Interessantes in den Sucher.

Kernberg nimmt hier Anregungen der »Organisationstheorie offener Systeme« von E. Jaques und K. Rice auf (S. 145). Obwohl in dieser Hinsicht Kernbergs theoretische Formulierungen eher vage bleiben und im Vergleich etwa mit der von Niklas Luhmann bekannten soziologischen Systemtheorie allzu simpel wirken, gelingt Kernberg das Kunststück, ganze Institutionen auf die Couch zu legen, ihre »Symptome« zu diagnostizieren und aufschlußreich zu analysieren. Seine kritischen Betrachtungen über »Institutionelle Probleme der psychoanalytischen Ausbildung« (1986), ergänzt durch den Sarkasmus der »Dreißig Methoden zur Unterdrückung der Kreativität von Kandidaten der Psychoanalyse« (1996), gelten zurecht als Meilensteine auf dem mühsamen und gewundenen Weg der Selbstreflexion der Psychoanalyse als Institution. In seiner Deutung dramatischer Diskrepanzen, die oft zwischen den erklärten Ausbildungszielen und dem tatsächlichen Erleben und Verhalten der Lehrenden und Lernenden in analytischen Instituten bestehen, zieht Kernberg folgenden Schluß: »Wenn psychoanalytische Lehrer glauben, eine Kunst und Wissenschaft zu lehren, haben sie ihre Institute so strukturiert, daß diese vor allem einer Kombination von Gewerbeschule und theologischem Seminar ähneln« (S. 244). Kuriert würde die Institution durch die Umstellung auf die charakteristischen Merkmale von Kunstakademien und Universitätsinstituten.

»Ideologie, Moral und der politische Prozeß« sind die Themen des letzten Teils. Kernberg erprobt hier seine objektbeziehungstheoretisch und systemisch erneuerte Massenpsychologie an der Realität der Massenmedien und interpretiert Ideologie und Bürokratie als soziale Abwehr gegen Aggression. Zuletzt beschreibt er typische Regressionsphänomene im politischen Prozeß, wobei der Einsichtsgewinn durch Verfremdung allerdings eher gering bleibt, z. B.: »Indem er die

Massenpsychologie aktiviert, erzeugt der politische Prozeß die paradoxe Situation, daß eine maximale Beteiligung das Niveau und die Qualität des für den demokratischen Prozeß unabdingbaren individuellen Urteils herabsetzt« (S. 327). Gewiß, Kernbergs Aussagen sind vorsichtiger als die übliche konservative Demokratiekritik, derzufolge der demokratische Souverän, eben weil es sich um das *Staatsvolk* handelt, zur *Souveränität* unfähig sei. Seine politikbezogenen Überlegungen leiden aber unübersehbar an der Reduktion von Politik auf Wahlkämpfe sowie an einem Ideologiebegriff, der entweder zu wenig besagt – »ein System von Glaubenssätzen, Überzeugungen, Phantasien und Mythen, das von allen Mitgliedern einer sozialen Gruppe geteilt wird« (S. 141) – oder umgekehrt, mit Louis Althusser, den Mund einfach zu voll nimmt – »ein unbewußt determiniertes System illusionärer Repräsentationen der Realität, ein System, das sich von der Internalisierung der dominanten Illusion herleitet, die eine soziale Klasse über die Bedingungen ihrer eigenen Existenz hegt« (S. 295). Sorgfältiger und mit deutlich größerem Erkenntnisgewinn ist Kernbergs Studie zu den »Versuchungen der Konventionalität«, die die Massenkultur, wie sie die Massenmedien verbreiten, auszeichnen. Die Attraktivität konventioneller Unterhaltung, die weltweit zu beobachten ist, erklärt Kernberg aus ihrer Resonanz auf die Bedürfnisse des Latenzkindes im Erwachsenen. Sind die Massenmedien gefährlich? Hier kommt Kernberg zu einer ambivalenten Einschätzung: »Konventionalität kann der Preis für soziale Stabilität sein, sie kann aber auch die stets gegenwärtige Gefahr einer schweren Gruppenregression zu erkennen geben [...]. Die meisten Menschen lassen sich zu Erholungszwecken vorübergehend auf die Konventionalität der Massenkultur ein; manche aber hält sie dauerhaft gefangen« (S. 307).

                                                                        Matthias Kettner

Marina Tichy und Sylvia Zwettler-Otte: *Freud in der Presse. Rezeption Sigmund Freuds und der Psychoanalyse in Österreich 1895–1938*, Wien: Sonderzahl Verlagsgesellschaft, 1999. – 407 S., 68,00 DM.

Unter den Forschungsprojekten zur Geschichte der Psychoanalyse, die Kurt Robert Eissler neben Ernest Jones' dreibändiger Freud-Biographie (1953–1957) aus den Mitteln der American Foundation förderte, wurde eines der aufschlußreichsten bald eingestellt: »Leider mußten wir unsere Arbeit unterbrechen, da Dr. Eissler schrieb, er habe für die Untersuchung der Wiener Zeitungen bis 1914 nicht genügend Mittel«, schrieb Alfred Winterstein am 13. Januar 1954 an Jones. »Mein Mitarbeiter (Dr. Beer) hat bisher die Jahrgänge 1900 bis 1901 durchgesehen.«[1] So konnte der von Sigmund Freud 1914 in seiner Streitschrift »Zur Geschichte der psychoana-

---

[1] Zit. nach Riccardo Steiner: »Die Zukunft als Nostalgie: Biographien von Mythen und Helden...? Bemerkungen über Jones' Freud-Biographie«, in: *Psyche. Zeitschrift für Psychoanalyse und ihre Anwendungen* 54. Jg., Heft 2 und 3 (Februar und März 2000), S. 99–142 und S. 242–282, hier S. 112, Anm. 9.

lytischen Bewegung« geprägte Mythos der »*splendid isolation*«[2] unwidersprochen von Jones kolportiert werden: »In den ersten Jahren des Jahrhunderts wurden Freud und seine Schriften entweder einfach totgeschwiegen oder mit ein, zwei verächtlichen Sätzen erwähnt, als seien sie ernsthafter Beachtung überhaupt nicht wert.«[3] Verräterisch ist allerdings die Zahl von fünf Zeitungsrezensionen und verschiedenen Besprechungen von *Die Traumdeutung* in psychologischen Fachzeitschriften, die schon Jones aufgrund der Recherchen von Winterstein und Beer mit dem widersprüchlichen Fazit auflisten konnte: »Selten hat ein wichtiges Buch so wenig Widerhall gefunden.«[4] Tatsächlich sind nach der Zählung von Tilman Elliger allein bis zum Jahresende 1901 wenigstens zehn, bis zur Zweitauflage 1909 mindestens 16 Rezensionen im deutschen Sprachraum erschienen; Norman Kiell zählt zwischen 1899 und 1902 sogar 21 Besprechungen.[5]

Grund genug, das »Bedürfnis« der Historiographen »nach einem Heldenmythos« (S. 34) nicht zu teilen[6] und das Aufklärungsprojekt von Winterstein und Beer fortzusetzen. Die Kulturhistorikerin Marina Tichy und die Psychoanalytikerin Sylvia Zwettler-Otte zerstreuen – wohl ohne Wissen um ihre beiden Vorgänger – den Mythos von der »*splendid isolation*« durch eine akribische Dokumentation des direkten und indirekten Echos auf die Freudsche Psychoanalyse in der *Wiener Klinischen Wochenschrift* und in der *Wiener Medizinischen Wochenschrift* (jeweils 1895 bis 1938), in der *Neuen Freien Presse* (1895 bis 1910 in Auswahl, 1920 bis 1938 vollständig), in den Wochenschriften *Die Wage* (1898 bis 1925) und *Die Zeit* (1895 bis 1904), in den Zeitschriften des Allgemeinen Österreichischen Frauenvereins *Dokumente der Frauen* und *Neues Frauenleben* (1902 bis 1918) und in der von Karl Kraus herausgegebenen Zeitschrift *Die Fackel* (1899 bis 1936). Ihre durch ein Schlagwort- und ein Autorenverzeichnis (S. 389–406) vorbildlich erschlossene Quellensammlung (S. 289–387) – deren Benützbarkeit, insbesondere im bibliothekarischen Fernleihverkehr, nur durch den Umstand eingeschränkt wird, daß die Seiten-

---

[2] Sigmund Freud: „Zur Geschichte der psychoanalytischen Bewegung„ (1914), in ders.: *Gesammelte Werke*, Bd. X, S. 43–113, hier S. 60.

[3] Ernest Jones: *Sigmund Freud. Leben und Werk* (1953–1957), aus dem Englischen übersetzt von Katherine Jones und Gertrud Meili-Dworetzki, München 1984 (3 Bde.), Bd. 2, S. 137.

[4] Jones: *Freud*, Bd. 1, S. 417–418, Zitat auf S. 418.

[5] Vgl. Tilman Elliger: »Sigmund Freuds ›splendid isolation‹. Materialien zur Kritik der psychoanalytischen Geschichtsschreibung«, in: *Psyche. Zeitschrift für Psychoanalyse und ihre Anwendungen* 44. Jg., Heft 7 (Juli 1990), S. 612–627, hier S. 620; vgl. auch Norman Kiell: *Freud Without Hindsight. Reviews of His Work (1893–1939)*, Madison, Connecticut 1988, S. 716–719. Gerd Kimmerle (Hg.): *Freuds Traumdeutung. Frühe Rezensionen 1899–1903*, Tübingen 1986, hat den Großteil dieser Besprechungen in seiner weder von Elliger noch von Tichy und Zwettler-Otte berücksichtigten Anthologie gesammelt. August Ruhs: »Zur Rezeption der *Traumdeutung* im deutschsprachigen Raum«, in: *RISS. Zeitschrift für Psychoanalyse – Freud – Lacan* 14. Jg., Heft 46 (1999/III), S. 11–33, hat Freuds Reaktionen auf diese Rezensionen dokumentiert und die Beweggründe für die Konstruktion des Mythos von der »splendid isolation« analysiert.

[6] Zur Bedeutung und Funktion von Mythen in der Frühgeschichte und in der Historiographie der Psychoanalyse vgl. Mikkel Borch-Jacobsen: *Anna O. zum Gedächtnis. Eine hundertjährige Irreführung* (1995), aus dem Französischen übersetzt und mit einem Nachwort von Martin Stingelin, München 1997, S. 12–24 (»Unser Mythos«).

zahlen nicht vollständig angeführt, sondern durch »ff.« ersetzt sind – listet als Frucht eines zweijährigen Wiener Forschungsprojektes unter der Leitung von Harald Leupold-Löwenthal insgesamt 1450 Titel auf, wenn auch mit beträchtlicher Verspätung, lag der Endbericht doch schon 1991 vor. Das Versprechen im Vorwort, daß die Texte »unter Einbeziehung der aktuellen Sekundärliteratur grundlegend überarbeitet und auf den neuesten Forschungsstand gebracht« (S. 14, Anm. 6) worden seien, wurde dabei nur zum Teil erfüllt. Der lückenlosen Dokumentation des zeitgenössischen Presseechos in den ausgewählten Publikationsorganen stehen schmerzliche Lücken in der berücksichtigten Forschungsliteratur etwa zur Affäre rund um Georg Groddecks psychoanalytischen Roman *Der Seelensucher* (1921)[7], zur Film-Affäre rund um *Die Geheimnisse einer Seele* (1925) von Georg Wilhelm Pabst[8], zum Verhältnis zwischen Sigmund Freud und Karl Kraus[9] oder zur Debatte um die Laienanalyse[10] gegenüber, in denen sich jeweils weitere Primärquellen finden. Diese Lücken werden allerdings aufgewogen durch die Vielzahl bislang kaum bekannter Aspekte, welche die beiden Autorinnen nach ihrer gemeinsam verfaßten Einleitung (S. 15–29) in ihrem panoramatischen Überblick über die inhaltliche Auseinandersetzung mit Sigmund Freud und der psychoanalytischen Bewegung dokumentieren.

Sylvia Zwettler-Otte widmet sich eingehend der »Rezeption der Psychoanalyse unter den Ärzten« (S. 31–104). Als Fazit tritt in diesem ersten Hauptteil an die Stelle des Mythos von der »*splendid isolation*« zumindest eine Ambivalenz, in der die von Freud einseitig betonten Widerstände durchaus einer wachsenden »Faszination, Neugier und Evidenz der therapeutischen Erfolge« (S. 35) begegnen. Zwettler-Otte, die dann doch in einem ausführlichen Katalog vorwiegend Dokumente für die wichtigsten Vorbehalte gegen die Psychoanalyse sammelt – Überbewertung des sexuellen Moments und der kindlichen Sexualität in der Ätiologie der Neurosen; Vernachlässigung hereditärer und konstitutioneller Faktoren; Vorwurf der Unwis-

---

[7] Nicht berücksichtigt worden ist Jaap C. Bos: »Die ›Seelensucher‹-Diskussion in den Rundbriefen des Geheimen Komitees. Mit einem Brief von Freud und Rank«, in: *Psyche. Zeitschrift für Psychoanalyse und ihre Anwendungen* 48. Jg., Heft 5 (Mai 1994), S. 396–424.

[8] Es fehlen etwa Patrick Lacoste: *L'étrange cas du Professeur M. Psychanalyse à l'écran*, Paris 1990, oder Paul Ries: »Popularise and/or be damned: Psychoanalysis and Film at the Crossroads in 1925«, in: *The International Journal of Psycho-Analysis* Vol. 76, Part 4 (August 1995), S. 759–791.

[9] Unabhängig von Edward Timms hat schon Leo A. Lensing: »›Geistige Väter‹ & ›Das Kindweib‹. Sigmund Freud, Karl Kraus & Irma Karczewska in der Autobiographie von Fritz Wittels«, in: *FORVM. Kulturelle Freiheit, politische Gleichheit, solidarische Arbeit* XXXVI. Jg., Nummer 430/431 (Oktober/ November 1989), S. 62–71, die Affäre dokumentiert, die zur Entfremdung zwischen Kraus und Freud führte; vgl. etwa auch die nicht berücksichtige Dokumentation von Albin Waldvogel: »Karl Kraus und die Psychoanalyse. Eine historisch-dokumentarische Untersuchung«, in: *Psyche. Zeitschrift für Psychoanalyse und ihre Anwendungen* 44. Jg., Heft 5 (Mai 1990), S. 412–444. Man gestatte mir bei dieser Gelegenheit den Hinweis auf meine Studie »Der katholische Aufstand gegen die (Erb-)Sünden der Väter. Karl Kraus' kritische Polemik gegen die Psychoanalyse zwischen 1908 und 1913«, in: Günter Meuter, Henrique Ricardo Otten (Hg.): *Der Aufstand gegen den Bürger. Antibürgerliches Denken im 20. Jahrhundert*, Würzburg 1999, S. 65–83, die weiterführende bibliographische Hinweise enthält.

[10] Nicht berücksichtigt worden ist Michael Schröter: »Zur Frühgeschichte der Laienanalyse. Strukturen eines Kernkonflikts der Freud-Schule«, in: *Psyche. Zeitschrift für Psychoanalyse und ihre Anwendungen* 50. Jg., Heft 12 (Dezember 1996), S. 1127–1175.

senschaftlichkeit; Schwierigkeit, die psychoanalytische Technik zu erlernen; Exklusivität der Psychoanalytiker; Infragestellung herkömmlicher moralischer Werte; Fragwürdigkeit der psychotherapeutischen Erfolge der Psychoanalyse; Uneinigkeiten und Streitigkeiten unter Freuds Schülern –, wird dabei nicht müde, den hohen Anteil an Emotionalität zu betonen, der die »*Dynamik der Auseinandersetzung*« auszeichnete, die »oft den Charakter eines Machtkampfes« (S. 98) hatte.

Der deutlich lebhafter komponierte zweite Hauptteil von Marina Tichy über »Die Rezeption der Psychoanalyse im liberalen Bürgertum« (S. 105–286) porträtiert vorab Sigmund Freud nicht nur als Gegenstand, sondern auch als Autor von Rezensionen und Artikeln für die *Neue Freie Presse*. Diese liest sich in der Folge beinahe wie eine gut informierte Chronik der psychoanalytischen Bewegung, ihrer Veranstaltungen und Publikationen. Insbesondere dort, wo sich die Psychoanalyse mit der Literatur und der Kunst, mit Fragen der Kriminalität und der Justiz – die *Neue Freie Presse* berichtete 1926 über »Die Freudsche Theorie als Mordmotiv« gleichzeitig unter dem nietzscheanisch anmutenden Titel »Psychoanalyse mit dem Hammer« (S. 154), räumte aber auch psychoanalytischen Gerichtsgutachten immer wieder Platz ein – oder mit der Parapsychologie berührte, konnte sie sich der Aufmerksamkeit des liberalen Publikums, vor allem in den Jahren 1928 und 1929, sicher sein, ehe die *Neue Freie Presse* 1933 gleichgeschaltet und Ende 1939 eingestellt wurde. Dieser Befund gilt allerdings weniger uneingeschränkt für die Wochenschriften *Die Wage* und *Die Zeit*, die sich durch eine deutlich punktuellere Freud-Rezeption auszeichnen. Für den Allgemeinen Österreichischen Frauenverein scheint Freud, trotz vielfältiger persönlicher Verflechtungen, weniger prägend gewesen zu sein als Nietzsche für den Bund Deutscher Frauenvereine[11]. Das abschließende Kapitel über Karl Kraus und Sigmund Freud fügt der bisherigen Forschung zwar nichts Neues hinzu, unterstreicht aber, wie verdienstvoll der von Zwettler-Otte und Tichy gebotene bibliographische und inhaltliche Überblick über die Freud-Rezeption in der österreichischen Presse ist.

Leider sind die beiden Hauptteile – im Gegensatz zur Quellensammlung – weder durch ein Schlagwort- noch durch ein Autorenverzeichnis erschlossen; die klare, durch zahlreiche Titel und Untertitel veranschaulichte Gliederung erleichtert allerdings den Überblick und trägt dazu bei, dieses Buch zu einem unverzichtbaren Arbeitsinstrument der Freud-Forschung zu machen. Da sich der Anspruch der Studie darauf beschränkt, »ausschließlich über das Rezeptionsverhalten der Ärzteschaft und des liberalen Bürgertums Gültiges« (S. 27) auszusagen, weist sie darüber hinaus den Weg zur Erweiterung der Quellenbasis.

Martin Stingelin

---

[11] Vgl. dazu Carol Diethe: *Nietzsche's Women: Beyond the Whip*, Berlin-New York 1996, S. 137–158 (»Nietzsche and the Feminists«).

Wolfgang Maderthaner/ Lutz Musner: *Die Anarchie der Vorstadt. Das andere Wien um 1900*, 2. Aufl., Frankfurt am Main/ New York: Campus, 2000. – 238 S., kt., mit 21 Abb., 48,00 DM.

Maderthaners und Musners erste umfassende Darstellung des »anderen« Wien, nach einem Jahr in zweiter Auflage erschienen, ist faktengesättigt und anschaulich. Man könnte das Buch als seltenes Beispiel unterhaltsamer Wissenschaftsvermittlung loben, suchten die Autoren nicht ab und zu, Lücken in der Darstellung ihrer Voraussetzungen und ihres Vorgehens mit prätentiöser Sprache zuzudecken.

Die Autoren lesen das kartographische und architektonische Stadtbild als Symbol eines komplexen Gemenges aus ökonomischen, sozialen und politischen Machtverhältnissen. So gelesen, signalisieren die Veränderungen des Stadtbildes nicht nur den Übergang von spätfeudaler zu bürgerlich-kapitalistischer Kultur, also von dörflichen zu städtischen Normen, von Oralität zu Schriftlichkeit, von Hierarchie zu Gleichheit, von Statik zu Dynamik; sie lassen darüber hinaus erkennen, wie soziale Gruppen sich im Wandel der Machtverhältnisse einerseits trennen, andererseits vereinheitlichen, wie sie durch widersprüchliches Handeln, das ebenso nach vorwärts wie nach rückwärts weist, ihre Identität für eine Weile zu stabilisieren suchen. Die Spannung zwischen elitärem Zentrum und populärer Peripherie nimmt an dieser Bewegung teil und wird von ihr aus als wechselseitige Konstituierung verständlich.

Dieses eher implizite als explizite Programm wird weder in seinem inneren Zusammenhang dargestellt noch systematisch verfolgt, sondern anhand einzelner Ereignisse und Stadtviertelbeschreibungen entfaltet, jeweils in weiterer sozialhistorischer Perspektive. So entsteht ein buntes Panorama: von der Hungerrevolte 1911 in Ottakring und der Immigrationsgeschichte zur Spannung zwischen Ringstraßenviertel und Vorstädten, gesehen vor der Folie der Stadterweiterung, wiederholt als Spannung zwischen dem Bild der Vorstadt in der schönen und in der sozialkritischen Literatur – diesmal steht die Entwicklung vom »Feudal-Populären« zur modernen Massenkultur im Hintergrund –, dann zur Spannung zwischen öffentlichem Protest und privatem Festhalten an hergebrachter Ordnung, gefolgt von einer kleinen Sozialgeschichte der Wiener Kriminalität, die in die Lebensbeschreibung von Johann Breitwieser, des »Robin Hood von Wien« mündet, schließlich zum Streik der Tramway-Bediensteten Ostern 1888 und zwei festlichen Begräbnissen, demjenigen des Sozialdemokraten Franz Schuhmeiers 1913 und demjenigen Karl Luegers 1910, Ereignisse, an denen sich die Auflösung des Liberalismus und die Formierung einer sozialdemokratischen Arbeiterklasse einerseits, eines christlich-sozialen Kleinbürgertums andererseits ablesen läßt

Mögen die Autoren vielleicht auch die Wiener Besonderheit etwas überschätzen – soziales Elend hinter pompösen Fassaden kennzeichnet das zeitgenössische München ebenso wie Wien –, so liegt die Stärke des Buches gerade im Herausarbeiten eines komplexen, detailgenauen Bildes der Stadt, so wie sie sich im Modernisierungsprozeß verändert. Abgewertete Räume werden sozialhistorisch wiederbelebt, besonders Neulerchenfeld, die Schmelz (das Brachland in der Nähe des

Zentralfriedhofs), der Wurstlprater. Unbekanntes wird nicht einfach zusammenge-
tragen, sondern durch eine Fülle von Aspekten, nicht zuletzt auch sozialpsychologischen, anregend aufbereitet.

Doch hier machen die Autoren gelegentlich etwas großartige Armbewegungen.
Muß man das »Feudal-Populare«, auch wenn die österreichische Seele sich danach
zurücksehnt, dadurch aufwerten, daß man gleich die Wunschmetaphern von Deleuze
und Guattari fließen läßt, wenn man sagen will, daß die Volksfeste in die
Feudalordnung eingegliedert waren, während die moderne Massenkultur zugleich
Bestehendes bestätigt und vage Unzufriedenheit weckt? Auch die bekannte Tatsache, daß die Vorstadt, in welcher das Es wohnt, für die Intellektuellen zur Projektionsfläche des Verdrängten wird, soll auf diese Weise metaphorische Dignität
gewinnen. An anderer Stelle sind die Autoren hingegen merkwürdig wortkarg.
Während die Sündenbock-Funktion von Luegers Antisemitismus zutreffend beschrieben wird, soll der Antisemitismus Schuhmeiers ganz anders gewesen sein,
weil die Sozialdemokratie nicht ausgrenzen wollte, sondern das »Stadtganze« im
Blick hatte. Diese Behauptung wünschte man sich doch näher ausgeführt und belegt.

Mehr Reflexion der Voraussetzungen, des Vorgehens, der Begriffe, vor allem
des Zusammenhangs, bei geringerem Anspruch hätte dem Buch gut getan. Dennoch
ist es überaus lehrreich, anregend und stellenweise unterhaltsam zu lesen.

Wolf Wucherpfennig

Bernd Nitzschke: *Das Ich als Experiment. Essays über Sigmund Freud und die
Psychoanalyse im 20. Jahrhundert*, Göttingen: Vandenhoeck & Ruprecht, 2000. –
255 S., 44,00 DM.

Der erste Teil von Bernd Nitzschkes Buch – einer Zusammenstellung von überarbeiteten Publikationen aus den Jahren 1985 bis 1999 – ist eine kritische Auseinandersetzung mit den Psychoanalytikern Herbert Silberer und Otto Gross, der
Psychoanalytikerin Sabina Spielrein sowie der Beziehung zwischen den Links-
freudianern Otto Fenichel und Wilhelm Reich im Lichte der Rundbriefe des Ersteren
(1998). Im zweiten Teil untersucht Nitzschke in sechs kürzeren Essays die Psychoanalyse im Exil während der Herrschaft des Nationalsozialismus in Deutschland und
ihre Entwicklung in den sich verändernden soziopolitischen Verhältnissen danach
bis heute. Nitzschke wendet sich dem Unangenehmen, Verdrängten, Verleugneten in
der Psychoanalyse zu – in echter Tradition mit Sigmund Freud, der auf der Wahr-
heitssuche die Auseinandersetzung mit dem Unzeitgemäßen nicht gescheut hatte.
Nitzschke deckt dort historische Fakten auf, wo die unbequeme Wahrheit durch
Moralisieren abgewehrt wird. Es macht Freude, Nitzschke in seiner sachlichen,
spannenden und zugleich humorvollen Argumentation zu folgen. Auf die drei größeren Essays zu Silberer, Gross und Spielrein, die die wissenschaftliche Diskussion

zur Geschichte der Psychoanalyse besonders bereichern, soll im Folgenden näher eingegangen werden.

»Wer ist Herbert Silberer?« schrieb Carl Gustav Jung 1909 fragend an Freud. – Antwort: »Silberer ist ein unbekannter junger Mensch [...] seine Sache ist gut und macht ein Stück Traumarbeit greifbar.« Nitzschke – Jungs Frage nachgehend – zeigt auf, daß Silberer vorerst als Mitarbeiter geschätzt, später aber zur *persona non grata* geworden war. In Versuchen an sich selbst und an einer Freundin erforschte Silberer den Traum und das Erleben im Übergang vom Wachen zum Schlafen. Zusätzlich zur Symbolisierung unbewußter Inhalte weise der Traum – so Silberer – eine »funktionale Kategorie« auf, welche die Mechanismen der Traumarbeit sowie die Zustände des Bewußtseins mittels einer primitiven Symbolsprache darstelle. Dazu schrieb Freud 1911 an Jung: »[...] das funktionale Phänomen scheint mir erst jetzt sichergestellt, und ich werde es fortan bei der Deutung von Träumen in Betracht ziehen.« Einen weiteren Aspekt von Silberers Traumverständnis – eine in die Zukunft weisende Bedeutung der Symbole und des Traumes – habe sich Jung für seine Subjekt- und Objektstufendeutung der Träume zunutze gemacht. Nitzschke vermutet, daß die daraus entstandene Verwandtschaft zwischen Silberers und Jungs Traumverständnis einer der Gründe für das spätere »Vergessen« Silberers in der Psychoanalyse ist. Nitzschkes spannende Spurensuche zu Silberers Lebensdaten zeigt, daß dieser im Leben wenig Anerkennung und Halt gefunden hat. Seine innere Zerrissenheit geht aus zitierten Träumen und aus einer nach seinem Tod veröffentlichten Falldarstellung hervor, die vermutlich seine eigene Lebensdarstellung ist. Silberer sei mit dem Erforschen der unter der Realitätswahrnehmung verborgenen Fantasiewelten immer mehr in die eigene Seele versunken und habe damit seine seelische Gesundheit gefährdet. Freud seinerseits habe ebenfalls in vernünftiger Sprache die »Unvernunft« zu Wort kommen lassen und sich mit gefährlichen Zwischenbereichen beschäftigt, den Triebansprüchen, dem Es und schließlich dem Todestrieb. Freud habe sich – Dank der Psychoanalyse als theoretischer Richtschnur – in diesen Abgründen nicht verloren; im Gegensatz zu Silberer, der 1922 Selbstmord beging. Nitzschkes Essay weckt Interesse für Silberers im Anhang angegebene psychoanalytische Arbeiten, 55 an der Zahl!

Die Gedanken von Otto Gross kreisten um die Frage der Entstehung des Psychischen. Aus eigener Erfahrung heraus habe Gross gefolgert, ein Kind könne nur durch Anpassung und Unterwerfung psychisch überleben und nehme damit Fremdes in seine Psyche auf. Trotz brillanter Selbstanalyse habe Gross mit sexueller Haltlosigkeit, Vagantentum und Rauschgiftsucht seine Ambivalenz zur Mutter und den Gegensatz zum Vater – einem auf die »Reinigung« der bürgerlichen Gesellschaft ausgerichteten Professor für Kriminologie – ausgelebt. Faszinierend zu lesen, wie Otto Gross trotz der Verstrickung in seine Kindheitsgeschichte, ja gerade aus ihr heraus bedeutende theoretische psychoanalytische Konzepte entwickelte, die in Vielem unserem heutigen Wissen von der Interaktion zwischen Mutter und Kind nahe kommen.

Im Essay zu Sabina Spielrein begibt sich Nitzschke auf heikles Terrain, da er der Frage nachgeht, ob das Verhältnis zwischen Jung und seiner ehemaligen Patientin Spielrein lediglich eine Täter-Opfer-Situation darstellte oder eine echte Liebesbeziehung war. Nitzschke entgeht dem möglichen Vorwurf, er wolle Jung entschuldigen, indem er sich auf Spielreins Aufzeichnungen, in denen sie Kopien ihrer Briefe an Jung niederschrieb, und auf ihr psychoanalytisches Werk insgesamt bezieht. Nitzschke vertritt die Auffassung, Johannes Cremerius (1986) habe in seinen Ausführungen zu Spielrein, Jung und Freud gegen Jung moralisiert und damit einen Selbstzweck verfolgt – die Abwehr der Irritation durch die Tatsache, daß Jung und Spielrein ein leidenschaftlich ineinander verstricktes liebendes Paar gewesen sind. Weiterhin zeigt Nitzschke auf, daß Spielrein auch als Psychoanalytikerin zu wenig ernst genommen wurde. Sie sei beispielsweise nicht – wie Cremerius schrieb – eine von Freud verschwiegene Vorläuferin der Dualität der Triebe Eros und Thanatos gewesen, sondern habe vertreten, daß die Sexualität neben der schöpferischen auch eine zerstörerische Komponente enthalte. Nitzschkes Essay ist ein überzeugender Beitrag zur Anerkennung von Sabina Spielrein als faszinierender Frau, beeindruckender Persönlichkeit und großer Psychoanalytikerin.

Literatur:
Cremerius, Johannes: »Vorwort«, in: Aldo Carotenuto (Hg.), *Tagebuch einer heimlichen Symmetrie. Sabina Spielrein zwischen Jung und Freud*, Freiburg i. Br. 1986, S. 9-28.
Fenichel, Otto: *119 Rundbriefe* [Medienkombination], Bd. I: *Europa (1934–1938)*, hg. von Johannes Reichmayr und Elke Mühlleitner, Bd. II: *Amerika (1938-1945)*, hg. von Elke Mühlleitner und Johannes Reichmayr, CD-ROM, Frankfurt am Main und Basel 1998.

Arnold Frauenfelder

Georges-Arthur Goldschmidt: *Als Freud das Meer sah. Freud und die deutsche Sprache* (1988). Aus dem Französischen von Brigitte Große, Zürich: Ammann, 1999. – 192 S., 38,00 DM.

Dieses Buch des im Deutschen wie im Französischen gleichermaßen beheimateten Romanciers, Essayisten und Übersetzers Georges-Arthur Goldschmidt wurde erstmals 1988 publiziert – auf französisch, unter dem Titel *Quand Freud voit la mer. Freud et la langue allemande.* Eine deutsche Übersetzung ließ elf Jahre lang auf sich warten, und das lag gewiß nicht an verlagspolitischem Kalkül, sondern an dem Buch selbst, an seiner Sprache und an seinem Thema, das ja auch die Sprache ist. Es lag wohl an der Sprache überhaupt.
Bereits der Titel deutet Spannung an, schafft durch seine Formulierung eine Spannung zwischen Poesie (*Als Freud das Meer sah*) und Wissenschaft (*Freud und die deutsche Sprache*), zwischen Phantasie und Sachlichkeit, Assoziationen und Analysen: ohne Zweifel ein Essay par excellence. Gattungsgrenzen zu überschreiten

hat – zumal wenn es, wie hier, so virtuos zelebriert wird – zwar seinen Reiz, birgt aber auch Gefahren. Wenn Literatur und wissenschaftlicher Anschein allzu nahe beieinanderliegen, dann droht nicht nur, von der suggestiven Führung der Leser einmal ganz abgesehen, der Autonomieverlust zweier unterschiedlicher Erkenntnisformen, sondern auch die Verwischung des Erkenntnisobjekts. Goldschmidts Erkenntnisobjekt ist die Sprache, die deutsche und die französische, ihre Differenz in den tieferen semantischen Schichten. Sein Ausgangspunkt war die Frage, *wie*, ja vielleicht sogar *ob* sich ein Text Sigmund Freuds (*Die Verneinung*) ins Französische übersetzen lasse. Es entstand, und dieses Wort Goldschmidts sollte wörtlich genommen werden, ein »Vergleichsspiel« (S. 11) zwischen dem Deutschen und Französischen, ein Spiel zunächst mit deren Signifikanten, dann mit den Signifikaten, schließlich mit dem, was hinter oder unter oder vor den Zeichen liegt: dem Assoziationsgeflecht des Unbewußten in der Sprache.

Mit der – spielerischen – Suche nach dem Unbewußten in der Sprache ist Goldschmidt offenbar auch im Zentrum der Psychoanalyse angelangt, denn, so stellt er lakonisch fest, »die Psychoanalyse ist doch nichts anderes als eine Frage nach der Sprache, eine Aufdeckung dessen, was sie (sich) selber verschweigt oder im Gegenteil hervorhebt, im Gegensatz zu einer anderen Sprache« (S. 9). Genau mit dieser Setzung gleich zu Beginn des Buches aber fangen die Probleme schon an, die psychoanalytischen wie die linguistischen.

Gewiß kann man Freuds Psychoanalyse als eine ›linguistische Archäologie‹ begreifen, als eine Rekonstruktion, vielleicht gar als eine Dekonstruktion der psychischen Wirkung von Wörtern, insbesondere ihrer Wirkung im Unbewußten und auf das Unbewußte. Doch läßt sich daraus auch schon folgern, daß die ›Sprache des Unbewußten‹ mit dem ›Unbewußten in der Sprache‹ identisch gedacht werden muß? Die Psychoanalyse ist, nicht nur, aber in erster Linie, eine Individualpsychologie. Goldschmidt aber macht sie zu einer Massenpsychologie, wenn er die kollektive Sprache – eine Einzelsprache zwar, aber immer noch *die* Einzelsprache und nicht die individuelle ›Sprache‹, das Sprechen oder den Sprachbesitz eines Individuums – in den Mittelpunkt psychoanalytischer Methodik stellt. Vermutlich ist jedoch genau das beabsichtigt.

Zu diesem psychoanalytischen Problem, gewiß nicht dem einzigen, kommt ein, ebenfalls nicht das einzige, linguistisches Problem. Goldschmidt stilisiert die Sprache zu einem selbsttätigen Subjekt, ja er anthropomorphisiert die Sprachen zu handelnden Individuen: »Warum schweigt die eine Sprache, wo die andere spricht und umgekehrt?« (S. 9). Daneben steht die Metapher von der Sprache als einem Meer. Ist der Sprung in die Metapher einmal getan, ergeben sich ungeahnte Denk- und, scheinbar, auch Erkenntniswege:

> Alles ist Meer, nirgends ein Bruch; vom höchsten Norden bis zum tiefsten Süden erlauben dieselben Fluten eine stetige Fahrt.
> So ist es auch mit den Sprachen: Dasselbe Gewässer, von anderen Ufern gesehen, erlaubt die unendliche Reise rund um die Welt, ohne das Schiff zu verlassen, die Reise von Sprache zu Sprache. Abends auf See ein Wolkenband, weit entfernt, der Gipfel einer Insel, die sich eines Morgens aus den

Fluten erhebt, und doch ist man immer auf See. Sprache ist, was zwischen den
Sprachen auftaucht, und ist doch die See selbst, die uns trägt (S. 15).

Keineswegs soll solchen Sätzen, auch dieser Metaphorik nicht, die literarische
Qualität abgesprochen werden. Aber gefragt werden muß, was in ihrer Folge über
Sprache und Sprachen zu ›erfahren‹ ist, was aus diesem ›Sprachenmeer‹ an Erkenntnissen ›herausgefischt‹ wird oder von selbst ›auftaucht‹. Am einleuchtendsten
scheint noch der Gedanke zu sein, daß ein aus dem Deutschen ins Französische
übertragener Freud klarer, deutlicher wird, besser verstanden werden kann, eben
weil seine Konturen von einem anderen »Sprachufer« aus anders wahrzunehmen
sind.

Goldschmidts poetische Verklärung der Sprache wurzelt einerseits im Sprach-
denken des 19. Jahrhunderts, andererseits im dekonstruktivistischen Assoziations-
raum Lacanscher Prägung. Wilhelm von Humboldt hatte 1820 davon gesprochen,
daß die Verschiedenheit der Sprachen eine »Verschiedenheit der Weltansichten
selbst« sei; nur wenige Jahre später, 1828, bezeichnete der Sprachkritiker Carl
Gustav Jochmann Sprachen als »geistige Völkergesichtsbildungen«. Aus derartigen
Prämissen hat man im 19. Jahrhundert – ergänzt durch eine historische Dimension –
die Vorstellung von der Sprache als einem lebendigen, selbsttätigen Organismus
entwickelt; später, in der ersten Hälfte des 20. Jahrhunderts, gelangte man zur
Theorie der sprachlichen Relativität, ja des sprachlichen Determinismus: Nicht der
Mensch ›verfügt‹ über die Sprache, sondern die Sprache ›verfügt‹ über den
Menschen – »Sprache, die für dich dichtet und denkt ...«, formulierte Victor Klem-
perer. Irgendwo steckt ein einleuchtender Kern in dieser Auffassung. Jeder
Sprachenvergleich – und Goldschmidt führt ihn ja ebenso intensiv durch wie
extensiv vor – vermag Belege für semantische Differenzen zwischen den Sprachen
zu erbringen. »Fast immer«, heißt es bei Goldschmidt (S. 68) beispielsweise,
»könnte man *Trieb* durch *désir* (Wunsch, Begehren) ersetzen.« Und dennoch spürt
er beim Übersetzen jene Differenz:

> *Le désir* ist etwas ganz anderes als *der Trieb*, *le désir* drängt nicht, zieht
> vielmehr an sich, umfängt gewissermaßen seinen Gegenstand; *der Trieb*
> dagegen ist eine von seinem Gegenstand unabhängige Kraft, er treibt an, was
> ihm in die Quere kommt. *Le désir* kann sich verstellen, Ausflüchte suchen, um
> Zeit zu gewinnen und dann desto plötzlicher hervorzubrechen, *le désir* läßt
> sich beherrschen, man ist sein Subjekt, während man zum Objekt des *Triebes*
> wird, der einem in den Rücken fällt.

Im Bildfeld der Meeres-Metapher interpretiert bedeutet das: »es ist, als dienten die
Gezeiten, das Hin und Her von Ebbe und Flut, den Sprachen zum Ausgleich,
während sie sich in der Tiefe mischen.« Das ist der Humboldtsche Gedanke von der
»Totalität der Weltansichten«, der hier im Sprachenvergleich noch einmal mit allem
Nachdruck ausgebreitet wird. Mit jedem Übersetzen setzt man über zu einem neuen
Ufer, von dem aus das ewig gleiche Meer neu und anders betrachtet werden kann. In
jener Tiefe, in der die Sprachen sich mischen wie die Wasser des Meeres, ist das
Unbewußte verborgen. Das Übersetzen – von einer Sprache in die andere, von

einem Ufer zum anderen – kommt diesem Unbewußten näher, vermag das auf-
zufinden, was die eine Sprache verschweigt, weil die andere Sprache es sagt.

So weit, so gut – vorausgesetzt, die Etymologien stimmen, lassen sich belegen
und beruhen nicht nur auf assoziativen Spielen. Linguistisch gesehen nämlich ist
jenes Unbewußte in der Sprache nichts anderes als die Summe der Ursprungsbedeu-
tungen der Wörter, als die (zeitlich gesehen) *vor* den Wörtern abgelagerte Semantik.
Für die Psychoanalyse wird man – eben was die Etymologien angeht – großzügiger
sein dürfen, denn hier ist ja nicht Philologie, sondern Phantasie im Spiel.

Nun bleibt Goldschmidt aber nicht beim konkreten Sprachenvergleich auf den
Ebenen des Unbewußten in der Sprache und der Sprache des Unbewußten stehen.
Aus dem ewig Gleichen *der Sprache* in der Tiefe des Unbewußten und den Ver-
schiedenheiten *der Sprachen* in ihren oberflächlichen Bewegungen konstruiert er
Typologien. Aufschlußreich ist, wie Goldschmidt das Deutsche, jene vermeintliche
Sprache der Dichter und Denker, zurechtrückt: »das Deutsche ist, genaugenommen,
unfähig zu jeder Abstraktion« (S. 17), es ist eine durch und durch sinnliche, »im
Grunde volkstümliche Sprache« (S. 27), ja mit seinem ständigen *Hin :und Her, Auf
und Ab*, wird es zur Sprache der Onanie (S. 22):

> Diese Bewegung von Ebbe und Flut, das Hin und Her, der zweitaktige
> Rhythmus – man denkt an gewisse unzüchtige Handlungen, die deutsche
> Jugendliche in ihrer verzögerten Pubertät später als andere entdecken und
> wahrscheinlich viel länger ausüben – ist eigentlich die Basis der deutschen
> Sprache, welche im Grunde und von Natur aus nur solche Dinge im Sinn hat.
> Gründet das Deutsche nicht im Rhythmus der kindlichen Praktik?

An solchen Stellen zögere ich als Linguist, nicht angesichts der Vorstellung, die,
zumal sie Lustgewinn verspricht, noch hingehen mag, wohl aber davor, derart
plakativen Typologien irgendeinen Erkenntniswert abgewinnen zu wollen. Das
Fragwürdige an diesem Buch beruht auf dem Umstand, daß Goldschmidt seine
Thesen auf einen innerhalb der Linguistik mit guten Gründen längst abgelegten
Sprachbegriff – eben den eines Organismus – baut und daß er diesen Organismen
›Charaktereigenschaften‹ zuschreibt, die einen Bezug, ja eine Parallele zu einem
kollektiven unbewußten Charakter der die jeweilige Sprache sprechenden
Menschen, der Völker, und ihrem Handeln zumindest nahelegen.

Für das Deutsche und die Deutschen gelangt Goldschmidt nämlich zu einer
bezeichnenden Konstruktion. Seine These, die erste, besagt, daß Freud gezeigt habe,
»was die Sprache sagen wollte, wenn sie sprach« – nicht irgendeine Sprache,
sondern das Deutsche, denn »die deutsche Sprache weiß alles vom Unbewußten; sie
hat es Freud gleichsam vorgesagt« (S. 30). Eben jene Nähe zum Unbewußten
bedeutet ja auch eine Nähe zum Verdrängten, und gerade dieses Verdrängte kehrte
im Nationalsozialismus wieder, trieb, so Goldschmidt, »sein Unwesen in der
Sprache«, und, wie wir wissen, nicht nur dort, sondern auch in Auschwitz. Goldschmidt unternimmt, wie er selbst sagt (S. 31), in seinem Essay den Versuch, »die
Sprache Freuds im Lichte jenes Verdrängten zu analysieren, das im Nationalsozialismus wirksam wurde.« Und daraus folgt die zweite These: »Womöglich war das

ganze Freudsche Werk ein Warnruf angesichts der bedrohlichen Vorzeichen, die damals am Horizont des deutschen Sprachgebiets auftauchten.«

Darüber, ob jener Versuch geglückt ist, soll letztlich nicht geurteilt werden. Festzustellen jedoch ist, daß das Schlußkapitel »Der Diskurs über die Juden« (S. 155–179) – ein bereits 1984 publizierter Essay – sich dieser These zwar wieder zuwendet, insgesamt gesehen aber weitgehend isoliert neben dem sprachvergleichenden Hauptteil des Buches steht. So überläßt es Goldschmidt weitgehend seinen Leserinnen und Lesern, die Verbindung herzustellen zwischen dem Unbewußten in der Sprache, gerade auch dem Unbewußten im Deutschen und Französischen, und dem in diesem letzten Abschnitt beleuchteten antisemitischen Diskurs, dem bezeichnenderweise die Frage »Wie soll man es loswerden?« übergeordnet ist. Nimmt man aber einige Stichworte über Deutschland zusammen – die verspätete Nation (S. 167 f.), die verdrängte latente Homosexualität (S. 168 ff.), die verzögerte Pubertät (S. 170) –, dann läßt sich die Denkrichtung wohl doch bestimmen. Bewußt soll sie hier nur in Fragen angedeutet werden: Brach 1933 in Deutschland nicht das über Jahrhunderte hinweg Verdrängte hervor? Ist dieses Verdrängte nicht im Unbewußten der deutschen Sprache aufgehoben? Hat Freud nicht eben dieses – kollektiv – Verdrängte geahnt und zum Gegenstand seiner Psychoanalyse gemacht? Zwangsläufig münden diese Fragen in einen dem »Diskurs über die Juden« implizit eingeschriebenen »Diskurs über die Schuld der Deutschen«.

Wie gesagt, klare Antworten gibt der Essay Goldschmidts nicht. Er spielt mit Fragen, mit Antworten, wie er mit der Sprache und den Sprachen spielt. Mag sein, daß man im Spiel der Wahrheit näher kommt – jener Wahrheit, die die Dichter suchen und aussprechen. Diese Wahrheit muß mit einer historischen, einer politischen zumal, nicht immer zur Deckung kommen. Goldschmidt hat Freud den Dichtern, Hölderlin zumal, an die Seite gestellt. Dieser Essay zeigt, daß auch Goldschmidt selbst zuallererst ein Dichter ist.

Jürgen Schiewe

Melanie Klein: *Gesammelte Schriften*, hg. von Ruth Cycon unter Mitarbeit von Hermann Erb, Band III: *Schriften 1946–1963*. Aus dem Englischen von Elisabeth Vorspohl, Stuttgart (Bad Canstatt): frommann-holzboog, 1999. – 542 S., 98,00 DM.

> »Es gab nie Zeichen von Unsicherheit.
> Sie wusste es einfach.«
> Joseph Sandler (1982)

Nun liegt auch der dritte Band von vieren dieser schönen und verdienstvollen Gesamtausgabe vor. Wie schon die beiden ersten (vgl. meine Rezension im vorigen *Jahrbuch*)[1] wurde er von Ruth Cycon und Hermann Erb herausgegeben und von Elisabeth Vorspohl zum Teil neu übersetzt. Die Arbeiten aus den Jahren 1946 bis 1963, also auch die posthum nach ihrem Tod 1960 veröffentlichten, sind hier gesammelt.

Mit dem Ende der »controversial discussions« 1944 lagen Melanie Kleins schwerste Kämpfe um ihre Anerkennung in London hinter ihr. Sie war dort nun die dominierende Analytikerin, und ihre Gruppe der »Kleinianer« konsolidierte sich. In diese Jahre fällt ihr Bruch mit Paula Heimann über den Begriff der Gegenübertragung (laut Melanie Klein eine Störung des analytischen Prozesses, bei Heimann der Schlüssel zum Unbewussten des frühgestörten Patienten) und die Distanzierung von Winnicott. Er hatte anstelle ihres relativ konkret gefassten Begriffs der »guten Brust« allgemeiner das »good mothering« gesetzt und war überhaupt mit seinem Konzept der »transitional objects« zu eigenständig geworden. Hanna Segal stieg in diesen Jahren mit ihren Arbeiten über Symbolisierung zur »Kronprinzessin« auf, und im weiteren fügten sich Wilfried Bion mit seinen Abhandlungen über den »psychotischen Kern« und Herbert Rosenfeld durch seine psychoanalytische Behandlung Schizophrener in ihre Theorie der frühen Objektbeziehungen.

Melanie Klein fühlt sich jetzt imstande, das psychische Leben des Säuglings von der Geburt an zu beschreiben. Es ist für sie selbstverständlich, dass er das Trauma der Geburt mit Verfolgungsangst beantwortet, und sie entwickelt ihr endgültiges Konzept der Spaltung, der Spaltung nicht nur der Objekte und der Gefühle, sondern auch des Ichs, später auch des Unbewussten. In »Bemerkungen über einige schizoide Mechanismen« (1948) verwendet sie erstmals den Begriff der »paranoid-schizoiden Position« und verbindet ihn mit dem der projektiven Identifizierung als ihrem wichtigsten Abwehrmechanismus. Das Konzept der projektiven Identifizierung hat sich bis heute als fruchtbar für das Verständnis der frühen Störungen erhalten. In ihm vereinigen sich verschiedene Mechanismen der Angstabwehr, die mit Spaltung und Projektion einhergehen, so dass sich das Ich in einer unauflöslichen Beziehung an das derart manipulierte Objekt gebunden fühlt. Paradoxerweise hat sich gerade Paula Heimanns Verständnis der Gegenübertragung als entscheidend für den technischen Umgang mit dieser Form der Identifizierung herausgestellt.

---

[1] Siehe Helmut Reiff, in: *Jahrbuch für Literatur und Psychoanalyse. Freiburger literaturpsychologische Gespräche* 19 (2000), Bandtitel: *Trauma*, S. 247–250.

Melanie Klein klärt auch weiter ihre Haltung zu Freud, nicht nur in der Frage der Über-Ich-Bildung in den ersten Lebensmonaten. Im Gegensatz zu ihm sieht sie Todesangst als eine psychische Realität (Freud: im Unbewussten gibt es keine Verneinung, also auch keine Vorstellung vom Tod) und als die Urform jeder Angst überhaupt. Lebens- und Todestrieb sind nach ihr auch nicht biologische, sondern psychische Phänomene und damit in Liebe und Haß übersetzbar; sie bewahrt die Begriffe Freuds, verändert aber ihren Inhalt.

Ein anderes wichtiges Theoriestück, das sie in den fünfziger Jahren ausarbeitet, ist das über die Interaktion von Neid und Dankbarkeit (1957). Sie folgt und widerspricht auch darin auf ihre typisch ambivalente Weise Freud. Wie in den dreißiger Jahren aus seinem ödipalen Über-Ich bei ihr das frühe Über-Ich bzw. die depressive Position der ersten Lebensmonate wurde, wird jetzt aus seinem Konzept des primären Penis-Neids bei ihr der Neid des Säuglings auf die nährende Brust. Sie findet von hier aus, einem Übermaß an Neid – darin wieder vergleichbar dem späten Freud – auch zu einer skeptischen Betrachtung über die Chancen der psychoanalytischen Behandlung, zu ihrer Sichtweise der negativen therapeutischen Reaktion. Diese Arbeit liegt hier erstmals in vollständiger deutscher Übersetzung vor, einschließlich des klinischen Materials. Einiges spricht dafür, dass sie in diesem Material auch ihre Analyse mit Paula Heimann beschreibt – also ein durchaus etwas späteres Drama von Neid und Dankbarkeit. Mit dieser Arbeit trennen sich wohl auch endgültig ihre Wege von Winnicott, der darin den Einfluß der Mutter in extremer Weise unberücksichtigt sieht.

Was den Nicht-Kleinianer schon früher störte, ist auch im Spätwerk nicht anders: die wenig reflektierten Schlüsse von der klinischen Praxis auf die Theorie bzw. die bloße Illustration der fertigen Theorie mit klinischen Befunden (Beispiel: »Beobachtung des Säuglingsverhaltens«, 1952). Schon John Bowlby bezeichnete Melanie Klein im Hinblick auf wissenschaftliche Methodik als »ahnungslos«. Die Kleinianer seien nicht auf die Diskussion abweichender Befunde und Meinungen, sondern auf die »Zerstörung« der Dissidenten aus.

Ihr Werk, in seinen klinischen Anteilen kreativ und mutig, in der Theorie mehr kämpferisch als wissenschaftlich abwägend, ist bis heute so einflussreich wie abschreckend zugleich geblieben. Jetzt ist uns erstmals eine chronologische Lektüre möglich, die hoffentlich auch die Diskussion neu stimuliert.

Helmut Reiff

Robert Heim: *Utopie und Melancholie der vaterlosen Gesellschaft*, Gießen: Psychosozial-Verlag, 1999 (Bibliothek der Psychoanalyse). – 450 S., 68,00 DM.
Rainer J. Kaus: *Psychoanalyse und Sozialpsychologie. Sigmund Freud und Erich Fromm*, Heidelberg: Winter, 1999 (Beiträge zur neueren Literaturgeschichte; Bd. 166). – 255 S., 68,00 DM.

Es gehört nicht zu den üblichen Bewertungen einer wissenschaftlichen Publikation, sie als sympathisch zu charakterisieren. Im Fall des neuen Buches von Robert Heim ist es angeraten. Blitzgescheite Unbefangenheit nenne ich die Haltung, mit der Heim zu Werke geht, und sie zur Kenntnis zu nehmen fordert dem Lesepublikum zumindest die Bereitschaft ab, die gegenwärtig angesagte Agonie-Mode abzustreifen, in die viele Urteile über den Zustand und die Perspektiven der Gesellschaft am Ende des zweiten Jahrtausends gekleidet werden. Mit »Utopie«, »Melancholie« und »vaterlose Gesellschaft« versammelt der Autor drei Stichworte gleich im Titel, die für den Zeitgeist kaum schriller klingen können. Doch haut Heim sie den Lesern und Leserinnen nicht um die Ohren, eher ist er ein charmanter Verführer, der höflich und unbekümmert Vorurteile zu bedenken gibt.

Kein Zufall also, dass der Verfasser eine charakteristische Verballhornung des Begriffs »vaterlose Gesellschaft« als Einstieg wählt. Wenn ein *Spiegel*-Redakteur vor nunmehr vier Jahren unter diesem Titel Nachteile von Vätern in Scheidungsprozessen beklagen zu müssen meinte, dann zeigt dies einerseits, wie sehr Begriffe der Psychoanalyse als Metaphern der Alltagssprache integriert sind, andererseits wird erkennbar, wie sehr sie bei diesem Mutationsvorgang ihren Sinn (ihre Intension) verlieren konnten. An diesem Einstieg ist zudem Heims Darstellungsverfahren zu studieren: Er greift die seit einem Jahrhundert kumulierten und weit verbreiteten (Vor-)Urteile über die Psychoanalyse auf und unterzieht das hierbei sedimentierte sozialanalytische Potenzial einer erneuten Prüfung. Sein Ziel ist es, in Zeiten, in denen »die moderne Utopie einer vernünftigen Welt unter schweren Illusionsverdacht« (S. 11) geraten ist, in denen »die Unausweichlichkeit einer nihilistischen Ethik« als unabweisbar hingestellt wird, »ein Konzept angewandter, sozial- und kulturwissenschaftlich ambitionierter Psychoanalyse zu erproben« (S. 12) und an ihren »herausforderndsten Hypothesen« die produktivsten »Innovationspotentiale« zu demonstrieren.

Das Vorurteil vom »Veralten der Psychoanalyse« (S. 13), das in Heims Text die Qualität eines Leitmotivs gewinnt und bei dem die Psychoanalyse-KritikerInnen sich besonders gern auf Freuds Triebtheorie berufen, kommt dem Verfasser gerade recht, dieser umstrittenen Grundlage nicht nur historische Gerechtigkeit angedeihen zu lassen, sondern nach ihrer »utopischen Funktion« (S. 390 ff.) zu fragen. Die »lange Tradition utopischer Konstruktionen von Platon bis zu den Frühsozialisten« (S. 394) mache auf eine Konsequenz aufmerksam, die bereits Freuds frühe Trieblehre impliziert: So wenig »der drängende Trieb ein letztes Objekt der Erfüllung kennt«, so wenig ist es geboten, eine »Utopie« haben zu wollen als »etwas, das positiv ausgemalt werden kann«; »Utopie ist allein negativ denkbar, als bestimmte

Negation dessen, was ist« (ebd.). Diese Abbildlosigkeit teilt die Utopie mit der »härtesten Gegenutopie« (Ernst Bloch), dem Tod – eine Tatsache, die selbst wiederum unabschließbares utopisches Denken provoziert. Für Heim ist dies ein starkes »Argument gegen die Auffassung, Utopie sei mitnichten in die anthropologische Struktur des Menschen eingelassen, sondern historisch hinfällig gewordener ideologischer Tand« (S. 395). Ob man gleich von einem Element der anthropologischen Struktur des Menschen sprechen muss, sei dahingestellt. Dass jedoch nach dem vermeintlichen »Ende der Geschichte« (Fukuyama; vgl. S. 397 f.) eher mit intensiven Suchbewegungen als mit dem großen Stillstand zu rechnen ist, dürfte feststehen. Genauer veranschaulicht Heim diese in seinem Sinne utopisch angestachelte Motilität, indem er den »Herausforderungen der Informationsgesellschaft« (S. 403–434) nachgeht. Die wichtigsten Schlüsselbegriffe in diesem Zusammenhang sind »Oberfläche« und »Grenze«. Was an den Phänomenen der Informationsgesellschaft sofort nachvollziehbar ist – Stichworte wie »digitale Revolution«, »Vernetzung« und »Virtualität« mögen da genügen –, hat Folgen für die psychoanalytische Beobachtung und Theoriebildung. Weder das Interesse etwa an der Borderline-Pathologie noch die Anerkennung von Anzieus »Haut-Ich« als eine der »fruchtbarsten Begriffsschöpfungen in der neueren klinischen Theorie« (S. 421) sind zufällig. Sie sind Ausdruck für den in der Psychoanalyse erkennbaren Willen, die Herausforderungen der Informationsgesellschaft anzunehmen.

Im Zentrum des Buches befindet sich jedoch die Diskussion des Begriffs der »vaterlosen Gesellschaft« und ihrem »Januskopf von Utopie und Melancholie« (S. 11). Nach einer Darstellung der »Geburt der Psychoanalyse aus dem Geist des Vaters« (S. 17–43) im Kontext von Freuds Familiengeschichte werden an oft beschriebenen Texten des Expressionismus (vor allem Bronnen und Hasenclever) sowie an Philip Roths *Mein Leben als Sohn* (S. 69–80) und Hanns-Josef Ortheils *Abschied von den Kriegsteilnehmern* (S. 81–106) – also an eher willkürlich ausgewähltem Material und theoretisch nicht sonderlich ertragreich – »zwei Lösungsmodelle des ödipalen Grundkonflikts« (S. 12) vorgeführt. Heim fasst sie in die Bezeichnungen »geglückte Filiation« und »gescheiterte Versöhnung«, wobei letztere Formulierung vermutlich ein ironisches Verständnis zur Etymologie von Ver-Söhnung artikulieren soll. Bemerkenswert an dieser Untersuchung ist die These, dass der »Weg zur vaterlosen Gesellschaft [...] mit den Steinen des Antisemitismus geradezu gepflastert« (S. 80, vgl. auch S. 241 ff.) ist, sowie Heims Versuch, Ödipalität sozialpsychologisch zu verstehen. Mehr noch: Mit Mitscherlichs Begriff der »vaterlosen Gesellschaft« ist nicht nur die historische Bewegung eines sozialen Phänomens zu beobachten, sondern Heim demonstriert an ihm eine methodologische Qualität, an der sich zukünftige psychoanalytisch-sozialpsychologische Forschungen messen lassen müssen. Das Hauptkapitel, »Kleine Denkschrift zur Lage der psychoanalytischen Sozialpsychologie und Kulturwissenschaft in Deutschland« (S. 107–313), nutzt der Autor, um am Beispiel der »vaterlosen Gesellschaft« aufzuzeigen, inwiefern es sich hierbei um einen »Idealtypus« (nach Max Weber) bzw. um eine »basic metaphor« (nach Thomas Kuhn) handelt und worin ihre unabweisbare wissenschaftsstrategische Produktivität liegt. Hervorzuheben ist, dass angesichts hermetischer Tendenzen der psychoanalytischen Theorieentfaltung – Heim nennt sie gelassener »eine eigentümliche Arbeitsteilung« (S. 136) – der Verfasser den theorie-integrativen Willen zu stärken sucht und dabei vor allem die Lacan-Schule (u. a. S. 241 ff.) im Auge hat.

In Anknüpfung an Freud und Mitscherlich zeigt Heim, wie sich deren sozial-psychologische Positionen für die Analyse aktueller gesellschaftlicher Phänomene und Konflikte nutzen lassen. In einzelnen Abschnitten werden Themen behandelt, die Heim als Folgen sozialer Vaterlosigkeit sieht: die »Oralisierung der Kultur« (S. 149 ff.), der »Gotteskomplex« (S. 191–210), Frauen- und Fremdenfeindlichkeit als »Sündenbock-Bedürfnisse« und als Folgen der »Neid-Kultur« (S. 211–240), »jugendliche Gewalt« und »Resomatisierung der Gegenwartskultur« (S. 263–293) u. a. Was sich in einer solchen Überschau trocken anhört, erscheint bei Heim in einer flüssigen, auch ironisch-humorvollen Sprache. In ihr artikuliert sich eine Zuversicht, die allerdings nichts mit der Hybris des *Titanic*-Kapitäns zu tun hat, weil Heim die »Lecks und Löcher« (S. 434) kennt, die dem »Psychoanalytiker als Wissenschaftler« zu schaffen machen. So mag der Untergang der *Psychoanalyse* als einer unter schwerem Beschuss liegenden Fähre zwischen Individuum und Gesellschaft verhinderbar sein.

Wenn es Heim insgesamt überzeugend gelingt, die sozialpsychologische Relevanz der Psychoanalyse im Anschluss an Freud, Federn, Mitscherlich u. a. darzustellen, sieht sich **Rainer J. Kaus** veranlasst, dies prinzipiell in Zweifel zu ziehen. Das zeitgleiche Erscheinen der beiden Bücher machte die gegenseitige Berücksichtigung unmöglich – allerdings ist der Nachteil dieser Überschneidung sehr ungleich verteilt. Sie drückt vor allem Kaus die schlechteren Karten in die Hand. Die konfrontative Lektüre verführt dazu, Kaus' Skepsis mit Heims Ergebnissen zu erledigen. Zumal Kaus am Ende seiner Untersuchung ein Unbehagen zu signalisieren scheint, sein Thema »Psychoanalyse und Sozialpsychologie« mittels des Vergleichs der hierfür bei Freud und Fromm gegebenen theoretischen Grundlagen abhandeln zu können. Er fragt sich, ob nicht »der sozialpsychologische Beitrag von Alexander Mitscherlich [...] näher zu sichten (wäre)« (S. 209), und er entscheidet sich dagegen, weil Mitscherlich »nicht zu denen« zu rechnen sei, »die umfassende soziale System-kritik mit psychoanalytischen Mitteln betrieben« (ebd.). Um zu solch einem Befund kommen zu können, muss man entweder *Auf dem Weg zur vaterlosen Gesellschaft* und *Die Unfähigkeit zu trauern* nur flüchtig gelesen oder einen sehr engen Begriff von »umfassende[r] soziale[r] Systemkritik mit psychoanalytischen Mitteln« haben. Dass Fromm und Mitscherlich sich darin wesentlich unterschieden, müsste erst noch nachgewiesen werden.

Ebenso kritisch ist anzumerken, dass Kaus' Urteile über die sozialpsychologischen Aspekte der Theorie Freuds überzogen sind. Da heißt es beispielsweise noch im Kapitel: »Vermittlung der Kontroverse auf neuer Ebene«, welches die Kritik Fromms an Freuds Triebtheorie und die Auseinandersetzung zwischen Fromm und der Frankfurter Schule thematisiert: »Nur um der im Individuum wirkenden Trieb-verwandlungen willen hat er [Freud] sich überhaupt auf Gesellschaftliches eingelassen« (S. 197). Mit solchen Bemerkungen ist dem sozialpsychologischen Potenzial der sog. kulturkritischen Schriften Freuds bis hin zum *Abriss der Psychoanalyse* (1938) nicht gerecht zu werden. Ein Blick in den dritten Teil des letztgenannten, Fragment gebliebenen Textes belehrt über das geradezu stetig gewachsene Interesse Freuds an »Gesellschaftlichem«. Auch solch ein Begriff wie »Kultur-Über-Ich« aus *Das Unbehagen in der Kultur* (1930) unterminiert Kaus' Behauptung: »Nirgends handelt Freud von der historischen Verwandlung oder gar grundlegenden gesellschaftlichen Bedingtheit seiner psychodynamischen Grundbegriffe« (S. 102).

Solche Pauschalurteile sind zwar keine zu vernachlässigenden Ausnahmen, aber sie sind für Kaus' Untersuchung eigentlich nicht charakteristisch. Eher ist es die genaue Begriffsarbeit – von der Kaus sich nur entfernt, wenn er glaubt, Fromm gegen Freud und die Frankfurter Schule verteidigen zu müssen. Trotzdem kann man dem Verfasser nicht vorwerfen, Fromm unkritisch zu lesen. Sein nützliches Referat von »Fromms Texte[n] über Freud«, dem 2. Kapitel des Buches, enthüllt die Grenzen der Theorie Fromms, die in einem »zusammenfassenden Schiedsspruch zu Fromms Freud-Kritik« dargestellt werden. Kaus kritisiert in diesem Zusammenhang »Fromm als Dualist von biologischen [eigentlich biotischen – W.G.] Kräften einerseits und humanistisch-sozialen Kräften andererseits« (S. 210), er markiert die Grenzen seines »sozialtheoretischen Denken[s]« (S. 212) sowie das damit verbundene Unvermögen, die »Vermittlung von Triebansprüchen und Gesellschaft« (S. 212) zu bewerkstelligen.

An diesem nach wie vor schwer zu lösenden Problem der psychologisch-theoretischen Vermittlung von Individuellem und Sozialem setzen Kaus' neue Vorschläge an. Seinen zentralen theoretischen Zugriff findet der Autor im Begriff der »Sublimation«, die er als eine »gelungene symbolische Vermittlung« (vgl. S. 151 ff.) versteht. Damit der Sublimationsbegriff jedoch aus dem verdächtigen Kontext von Freuds »Kulturpessimismus« (u. a. S. 12, 66, 99 f.) gelöst werden kann, bedarf es seiner Befreiung von den Konnotationen »Verdrängung« und »Konservatismus«. Kaus schlägt zu diesem Zweck eine »handlungstheoretisch« formulierte Triebtheorie vor. Im Anschluss an Johannes Heinrichs fächert er den Triebbegriff vierfach als Nahrungs-, Bewegungs-, Sexual- und Orientierungs- oder Sicherheitstrieb (vgl. S. 178) auf und nimmt eine interne Hierarchie an; so setze »Sexualität [...] als spezifisch sozialer Bewegungstrieb [...] die eigene Subjekt-Bewegung voraus« (vgl. S. 179). Auf diese Weise gelingt es Kaus, Sozialität und Somatisches begrifflich bereits auf der Ebene der so verstandenen Triebe zu vereinigen. Dies hat zur Konsequenz, dass Triebsublimation nicht notwendig »Verdrängung« implizieren muss, sondern dass durch »Transformation« des nun nicht mehr a-sozialen Triebes »soziale Leidenschaften« (vgl. S. 182 ff.) als Metamorphosen desselben erscheinen. Und damit sei ein Weg aus Freuds »Kulturpessimismus« gefunden. Kaus' Argumentation ist in sich schlüssig, dennoch wird sie prinzipielle Fragen zum Triebbegriff nicht verstummen lassen. Ein Triebbegriff, wie ihn Kaus verwendet, entbehrt beispielsweise der »utopischen Funktion«, wie sie Heim versteht. Mir scheint außerdem, dass Kaus Freuds Begriffe wie »Trieb« und »Verdrängung« zu stark moralisch besetzt. Möglicherweise ist seine Sublimationstheorie gar nicht darauf angewiesen, Freuds Basisaxiome zu revidieren, also nicht am Primär-, sondern am Sekundärvorgang anzusetzen.

Bemerkenswert ist jedoch, dass die Bücher von Heim und Kaus die lange Zeit aus der Diskussion gehaltene Triebtheorie Freuds wieder offensiv ins Gespräch bringen. Das in beiden Büchern zitierte »Veralten der Psychoanalyse« scheint zu radikaleren intradisziplinären Fragen zu führen.

Wolfgang Gabler

Thomas Anz (Hg. in Zusammenarbeit mit Christine Kanz): *Psychoanalyse in der modernen Literatur. Kooperation und Konkurrenz*, Würzburg: Königshausen & Neumann, 1999. – 231 S., 58,00 DM.
Raimund Dehmlow/ Gottfried Heuer: *Otto Gross. Werkverzeichnis und Sekundärschrifttum*, Hannover: Laurentius, 1999 (Kleine bibliographische Reihe; Bd. 5). – 108 S., 35,00 DM.

Der Titel der von Thomas Anz herausgegebenen Aufsatz-Sammlung irritiert. *Psychoanalyse in der modernen Literatur* legt nahe, es handele sich um die Darstellung eines aktuellen Zusammenhangs. Der Titel des Symposiums, das 1998 an der Universität Bamberg stattfand und auf dessen Vorträgen die Aufsätze basieren, war da bescheidener, vor allem genauer: *Psychoanalyse in der literarischen Moderne*. Der etwas laute Ton, in dem die Aktualität und wissenschaftliche Relevanz der Publikation verkündet wird, findet sich häufiger und macht skeptisch: »Die Literaturgeschichte des 20. Jahrhunderts ist ohne die Rezeptionsgeschichte der Psychoanalyse nicht angemessen zu begreifen«, heißt es etwa im *Vorwort* des Herausgebers. In solchen Wertungen gibt sich unnötigerweise ein Autoritätsbedürfnis zu erkennen und zudem ein verengter Blick auf die »Literaturgeschichte des 20. Jahrhunderts«. Selbst wenn man lediglich die deutsche Literaturgeschichte dieses Zeitraums betrachtet, zeigt sich in einer solchen Aussage eine spezifische Form von Betriebsblindheit. Die DDR-Literaturgeschichte beispielsweise ist sehr wohl »ohne die Rezeptionsgeschichte der Psychoanalyse« angemessen zu begreifen. Diese These kann man zwar mit Verweis auf das Werk Brechts, Fühmanns oder Christa Wolfs relativieren, aber sie zeigt geschichtliche Bewegungen im Verhältnis von Psychoanalyse und Literatur an, die in Anz' Behauptung verschwinden.

Für die deutschsprachige Literatur der sogenannten Frühen oder Klassischen Moderne – zentraler Gegenstand der meisten Texte – trifft indessen zu, was der Untertitel als widersprüchliches Verhältnis beschreibt. Damit steht der Band in einer inzwischen langen Reihe von Arbeiten zu diesem Problemfeld. Viele der AutorInnen des Bandes trugen oft seit Jahren zu diesem Ergebnis bei, nicht zuletzt der Herausgeber selbst mit seinen Studien zur Psychoanalyse-Rezeption der Autoren des Expressionismus. Es dominieren insgesamt Zusammenfassungen und Fortschreibungen bekannter Positionen zu relativ oft analysierten Texten einschlägiger

AutorInnen: zu Hugo von Hofmannsthals *Elektra* (Michael Worbs), zum Verhältnis zwischen Lou Andreas-Salomé und Rainer Maria Rilke (Ortrud Gutjahr), zum Anteil von Frauen an der frühen psychoanalytischen Theoriebildung (Christiane Kanz), zur Kriegs- und Kampf-Metapher im Expressionismus und der nachfolgenden Literatur (Thomas Anz), zu Arthur Schnitzlers *Fräulein Else* (Astrid Lange-Kirchheim), zu Franz Kafkas *Der Prozeß* (Claudia Liebrand) und zu Elias Canettis Auseinandersetzung mit Freuds Massen- oder Sozialpsychologie (Michael Rohrwasser).

Die Aufsätze sind in vier »Themenkomplexen« untergebracht, denen ein systematischer Zusammenhang nicht ohne Weiteres abzulesen ist: »Hysterie und Geschlechterdifferenz«, »Wertkonflikte«, »Fallbeispiele« und »Erzählprozesse«. Vor allem die letzte Rubrik ist erklärungsbedürftig. Während Sabine Kyora im Wesentlichen bekannte Erscheinungen (vgl. ihren Band *Psychoanalyse und Prosa im 20. Jahrhundert*, 1992) der literarischen Auseinandersetzung mit der Psychoanalyse an den Beispielen Louis Aragon, Djuna Barnes, James Joyce und Virginia Woolf als ein Phänomen der westeuropäischen Literatur ab 1910 beschreibt, begibt sich Michael Titzmann auf die Meta-Ebene. Sein Beitrag hätte den theoretisch-methodischen Rahmen für die Einzeluntersuchungen abgeben können und deshalb an den Anfang des Bandes gehört. Die kompositorische Entscheidung, ihn zum vorletzten Beitrag zu machen, wird nicht kommentiert, und wir müssen mutmaßen. Erstaunlich sind in jedem Fall Titzmanns normative Ausgangsthesen. Statt die wirklichen Verfahren psychoanalytischer Textinterpretation methodisch zu analysieren, gibt er im bewussten Dissens mit der Praxis (vgl. Anm. 3, S. 184) Handlungsanweisungen. Der psychologisch orientierte »Umgang mit Texten« könne »zwei grundsätzlich verschiedene Intentionen verfolgen«, entweder »die Textbedeutung zu rekonstruieren, oder [...] aus dem Text auf die Psyche des Autors zu schließen; ich interessiere mich hier ausschließlich für den ersten Fall; denn nur dieser ist ein literaturwissenschaftlicher« (ebd.).

Angenommen, es handelt sich bei dieser Aussage nicht um eine ironische Floskel, ist dies ein typischer Fall von unproduktiver Reglementierung. Selbst wenn man den immer wieder erhobenen Vorwurf der Pathologisierung von AutorInnen durch die psychoanalytische Literaturwissenschaft teilt, bleibt die Rekonstruktion psychischer Dispositionen von Schreibenden ein (historisch sich wandelndes) Erkenntnisziel psychoanalytischer Textinterpretation, das zunächst hinzunehmen ist. Die Kritik an fragwürdigen methodischen Implikationen ist etwas ganz anderes; dies als nicht-literaturwissenschaftlich zu bewerten, ist wirklichkeitsfremdes Gutdünken. Zudem blendet Titzmanns Text-Begriff u. a. auch dessen Struktur und Funktion als Rezeptionspotenzial aus – eine Konsequenz seines Begriffs von »Textbedeutung«. Diese Bedeutung sei an das bei der Textproduktion zeitgenössische »kulturelle Wissen« (im weiten Sinne) gebunden. Damit schließt Titzmann an eine Konzeption an, die Horst Thomé in seinem Buch *Autonomes Ich und »Inneres Ausland«* (1993)[1]

---

[1] Vgl. zu den betreffenden theoretischen Implikationen meine Besprechung in: *Jahrbuch für Literatur und Psychoanalyse. Freiburger literaturpsychologische Gespräche* 18 (1999), Bandtitel: *Größenphantasien*, S. 371–374.

entfaltete. Thomés in sich schlüssigen Ansatz verlässt Titzmann, wenn er meint, dass die Psychoanalyse zwar auf Texte »angewendet« werden könne, die vor Freuds systematischer Theoriebildung entstanden, dass aber Aussagen im Ergebnis dieser Konfrontation »nicht solche zur Textbedeutung« seien, »sondern über anderes« (S. 215). Fraglich ist nur, wie dies logisch mit der These vereinbar sein soll, dass die »historisch relevante Textbedeutung nicht über die Autorenintention, sondern über den Rezeptionsprozeß« sich bilde. Dieser Rezeptionsprozess sei jedoch nur vorstellbar als historisch-genetischer und unter der Voraussetzung des im zeitlichen Umfeld der Textproduktion existierenden »kulturellen Wissens«. Dass Texte ihre »Bedeutung« in der Konfrontation mit dem »kulturellen Wissen« späterer Rezipienten erweisen, ist somit ausgeschlossen, selbst wenn das reale Leseverhalten genau deshalb sichert, dass Texte bis weit nach ihrer Entstehung Bedeutung haben können.

Gewissermaßen wie ein Kontrapunkt wissenschaftlicher Haltung wirkt der letzte Beitrag des Bandes, Walter Schönaus Aufsatz »Die Bedeutung psychoanalytischen Wissens für den kreativen Prozess literarischen Schreibens«. Ernüchtert wendet sich Schönau gegen die »Neigung zur Überschätzung der Bedeutung psychoanalytischen Wissens« für den literarischen Schaffensprozeß« (S. 229); eine Neigung, die es sowohl bei belletristischen AutorInnen als auch bei LiteraturwissenschaftlerInnen gibt. Über seinen eigentlichen Gegenstand hinaus empfiehlt Schönau als einer der erfahrensten Forscher auf diesem Gebiet die stets wach zu haltende kritische Distanz zu den Verfahren und Theoremen der psychoanalytischen Literaturwissenschaft.

Neben der Darstellung einer gewissermaßen feministischen Wende in der Psychoanalyse in den Beiträgen zum 1. Themenkomplex (vgl. Elisabeth Bronfens Untersuchung zu Pabsts »psychoanalytischem Film« *Geheimnisse einer Seele* von 1926) widerspiegelt der Band psychoanalytische Diskussionen der letzten Jahre insofern, als in mehreren Beiträgen der Blick auf die frühen Rebellen gerichtet wird (vgl. besonders die Beiträge von Christine Kanz und Giusi Zanasi). Otto Gross, von dem der starke Spruch stammt: »Die Psychologie des Unbewußten ist die Philosophie der Revolution!« gerät dabei als »der erste Dissident der psychoanalytischen Bewegung« (M. Rohrwasser, S. 147) gegenwärtig besonders ins Licht der Aufmerksamkeit.

Deshalb ist es eine willkommene Ergänzung, dass zeitgleich die von **Raimund Dehmlow** und **Gottfried Heuer** herausgegebene Bibliographie *Otto Gross. Werkverzeichnis und Sekundärschrifttum* erschien. Mit knapp 900 Eintragungen ist sie die bislang vollständigste Aufzeichnung; unter »www.ottogross.org« findet man sie auch im Internet. Dort wird die Bibliographie laufend ergänzt und bietet sogar den Zugriff auf einige Texte der Primär- und Sekundärliteratur, teilweise in Kopien der Originalausgaben. Wie zur Bestätigung des von Dehmlow und Heuer konstatierten gewachsenen Interesses an Otto Gross publizierte die Berliner Monatsschrift *Gegner* im Heft 3 (Dezember 1999–Februar 2000) »Befund und Gutachten über den Geisteszustand des am 15. Dezember 1913 über Auftrag des k.k. Bezirksgericht Tulln untersuchten Dr. Otto Gross«, das die psychiatrische Internierung Gross' rechtfertigte und an der Jahreswende 1913/14 für öffentlichen Widerstand in Berlin und

München sorgte. Diese Rückbesinnung kennzeichnet ein verbreitetes Bedürfnis, das sozial- und wissenschaftskritische Potenzial der Psychoanalyse neu anzueignen.

Wolfgang Gabler

Manfred Dierks: *Das dunkle Gesicht. Eine literarische Phantasie über C. G. Jung.* Roman, Düsseldorf/ Zürich: Artemis & Winkler, 1999. – 310 S., 39,80 DM.

Von Manfred Dierks, dem Oldenburger Germanisten, Thomas-Mann-Kenner und Literaturpsychologen, erschien 1997 die »fast wahre Erzählung aus dem Leben Thomas Manns« unter dem beziehungsreichen Titel *Der Wahn und die Träume* (von mir besprochen in diesem *Jahrbuch*)[1]. Mit diesem Buch hatte Dierks die Grenze zwischen Wissenschaft und Fiktion überschritten, ohne allerdings der Wissenschaft gänzlich untreu zu werden. Er hatte eine Beziehung zwischen Thomas Mann und Wilhelm Jensen, die es in Wirklichkeit nicht gegeben hat, die jedenfalls nicht dokumentarisch belegt ist, aber durchaus möglich gewesen wäre, erzählerisch phantasiert. Zugleich hatte er sich damit die Freiheit erobert, schlüssiger und treffender als eine rein germanistische Studie dies je vermocht hätte, einen Thomas Mann – seinen Thomas Mann – ›von innen‹ darzustellen, sein Bild von der psychischen Konstitution und dem davon bestimmten Schöpfertum des großen Schriftstellers zu zeichnen. Dieses postmoderne Experiment im Grenzbereich zwischen Biographie, Roman und Literaturgeschichte hat dem Leserpublikum – und wohl auch dem Autor selbst – so gut gefallen, daß er nun einen weiteren Schritt in dieses Neuland getan hat, indem er eine nicht mehr »fast wahre«, sondern streckenweise schlicht »unwahre« Phantasie über die Adoleszenz Carl Gustav Jungs vorgelegt hat. Unwahr ist sein neues Buch aber nur und nur teilweise im Sinne der historischen Tatsachen. Es beansprucht eine eigene, narrative Wahrheit, die sich in der Lektüre entfaltet.

Sein Roman aus der Entstehungszeit der Tiefenpsychologie zeichnet die prägenden Erfahrungen Jungs nach, ohne sich allerdings streng an die überlieferten Fakten zu halten und unter Hinzufügung erfundener Figuren und Episoden. Der Autor, der damit gewissermaßen die *biographie romancée* neu belebte, wollte jedoch jegliche Assoziation mit dieser Gattung unbedingt vermeiden und hat denn auch seinen Helden vorsorglich Alt statt Jung getauft. Er hat sich, einmal an der Arbeit, noch viele andere dichterische Freiheiten gegönnt. So schenkte er Alt, dem Basler Studenten der Psychiatrie, eine faszinierende Geliebte aus dem Wallis, das Schankmädchen Zoia, das ihn in die Geheimnisse der Erotik einführt, sowie eine ganz andere Ehefrau als die wirkliche Emma Rauschenbach aus Schaffhausen, nämlich die reiche Patrizierstochter Meret Kaegi aus guter Zürcher Familie. Und

---

[1]   Siehe Walter Schönau, in: *Jahrbuch für Literatur und Psychoanalyse. Freiburger literatur-psychologische Gespräche* Bd. 17 (1998), Bandtitel: *Widersprüche geschlechtlicher Identität*, S. 217–219.

doch vermittelt diese literarische Phantasie ein durchaus ›wahres‹ und auch den Kenner überzeugendes Bild von den Elementen, aus denen sich Jungs intime Gedankenwelt zusammensetzte. Und doch versteht man nach der Lektüre vieles besser von den Quellen und Einflüssen, die Jungs genialische Veranlagung in seinen Lehrjahren gespeist haben. Das von Dierks gewählte Verfahren, im Medium der romanhaften Fiktion die ›mögliche‹ intellektuelle Entwicklung einer historischen Person zu schildern, hat natürlich seinen Preis. So verbietet sich uns Lesern etwa die Berufung auf dieses Buch in einer wissenschaftlichen Auseinandersetzung. Sicher, es hat seine eigene Überzeugungskraft, man wird aber nicht in einer Fachdiskussion daraus zitieren können. Denn anders als bei seinem Thomas-Mann-Buch hat der Autor diesmal darauf verzichtet, seine Quellen anzugeben und die Nahtstellen zwischen biographischer Recherche und freier Erfindung in einem Nachwort zu erwähnen.

Die Handlung des Romans beschränkt sich auf den Abschnitt zwischen dem Tod des Vaters (1896) und der ersten intensiven Freud-Lektüre (1906). Sie spielt sich zunächst in den Jahren 1898/99 in Basel ab, wo Jung damals sein Medizinstudium beendete, danach ist der Schauplatz hauptsächlich Zürich, genauer das Burghölzli, die psychiatrische Klinik der Universität unter der Leitung Eugen Bleulers, wo Jung in den Jahren 1900 bis 1905 als Assistenzarzt arbeitete und promovierte. Diese Lehrzeit umfaßt auch einen Aufenthalt in Paris, wo Jung/Alt in der Salpêtrière bei Janet arbeitet. Die Romanhandlung gipfelt in einem spannenden Kriminalfall mit Mord und Selbstmord, der im Zusammenhang mit einer jener fragwürdigen rassistischen und okkultistischen Sekten steht, die damals in Europa die Geister verwirrten. Die Reformbewegung in all ihren Spielarten, sozusagen das New-Age-Denken der vorigen Jahrhundertwende, bildete eine der Wurzeln, aus denen die Analytische Psychologie hervorging. Das Buch endet mit einem kurzen Epilog, in dem wir Jung am Ende des Ersten Weltkriegs als Militärarzt in einem Feldlazarett tätig sehen.

Der rote Faden, der sich durch die Biographie des jungen Alt zieht, ist die allmähliche Entfaltung seiner Überzeugung von der Existenz des Unbewußten, das er als das »Nachtgebiet« zu umschreiben anfängt, das sich als die Vorstellung eines inneren Schattenreiches oder einer Zweiten Person, die mit einer zweiten Stimme sprechen kann, manifestiert, und auf das mehrere Weggenossen den psychologischen Neuling auf verschiedene Weise aufmerksam machen. Auch die jüdische Mystik, die Hypnose, die Liebesekstase, die Wahnvorstellungen der Patienten und Nietzsches prophetische Verkündigungen im *Zarathustra* gehören dazu. Die Begegnung mit Freud steht noch bevor; er taucht aber im Hintergrund schon auf, da ein Kollege und Gesprächspartner in der Klinik sich für seine Ideen begeistert. Jung legt aber, wie Freud selbst, viel Wert auf innere Autonomie, er hütet sich, sich allzu früh auf eine bestimmte Doktrin festzulegen. Diejenigen, die ihn beeinflussen, empfindet er auch immer als seine Rivalen. So lesen wir – nicht *die*, sondern eine *mögliche* Frühgeschichte der biographischen Wurzeln der Lehre von den Archetypen und vom kollektiven Unbewußten, noch ehe diese Worte gefunden sind. Wir können die allmähliche Entfaltung einer Weltanschauung und einer psychologischen Doktrin aus den verschiedenartigsten Erlebnissen und Eindrücken von innen her miterleben. Vieles stimmt dabei mit den historischen Quellen, etwa mit Jungs eigenem Werk über *Erinnerungen, Träume, Gedanken* (1963) überein, so etwa die Figuren der Lehrmeister Bleuler, Janet und Freud. Anderes weicht von der überlieferten Wirklichkeit ab, so wird aus dem somnambulen spiritistischen Medium, Jungs Kusine Helly Preiswerk, eine Vally, die Alt später noch einmal in Paris trifft, als ihre spiritistische Gabe schon sehr nachgelassen hat. Die Ehefrau ist – wie gesagt – eine völlig andere (und im Grunde viel ›interessantere‹ und anziehendere) als die reale Gattin geworden, und die Führerin *in sexualibus* Zoia, eine biographische Konjektur, bekommt in Dierks' Schilderung eine der Hauptrollen. Damit scheint der Autor Jungs spätere Verleugnung der Bedeutung der Sexualität im Konflikt mit Freud im nachhinein korrigieren zu wollen und als eine Verdrängung darzustellen. In der Tat erweist sich bei Dierks die Liebespassion, in die Zoia Alt einweiht, als eine *via regia* zum Unbewußten.

Wie ist dieses erzählerische Experiment, diese Mischung aus Biographie, Konjektur und freier Erfindung, aus Ahnungen, Träumen, Gedanken, nun zu beurteilen? Als ein Zeichen dafür, daß die Zeit der strikten Trennung zwischen Wissenschaft und Dichtung vorüber ist? Als Versuch, die etwas in Verruf geratene romanhafte Biographie eines Emil Ludwig, Stefan Zweig oder Jakob Wassermann zu neuem Leben zu erwecken, unter Preisgabe der heutzutage sowieso nicht mehr aufrecht zu erhaltenden Prätention der historischen Wahrheit? Oder haben wir es – im engeren Bereich der Literaturpsychologie – mit dem Versuch zu tun, jenes Neidgefühl der Forscher, das Freud angesichts der großen Dichtungen immer wieder überfiel, endlich zu überwinden, indem man den Sprung von der Wissenschaft in die literarische Fiktion wagt? Wenn es stimmt, daß psychische Zusammenhänge sich besser in erzählerischer Form als in gelehrten Abhandlungen darstellen lassen – man denke nur an Freuds novellistische Krankengeschichten! –, so hat Dierks daraus seine Konsequenz gezogen. Es versteht sich, daß dieses Wagnis ohne Erzähltalent gescheitert wäre. Vielleicht ist es der Geist der Postmoderne, der solche bisher undenkbaren Verstöße gegen das Gesetz der scharfen Trennung von Geschichtsschreibung und erzählerischer Phantasie, von faktischer und fiktionaler Repräsentation, nun nicht nur als erlaubt, sondern auch als neue Erkenntnismöglichkeit erscheinen läßt? Dierks steht jedenfalls mit seinem Übergang in das Medium der Fiktion, mit dem er sein wissenschaftliches Gewissen nicht so sehr verleugnet, sondern eher erweitert, durchaus nicht allein.

Von den vergleichbaren Experimenten möchte ich nur dasjenige von Irvin D. Yalom erwähnen, dem amerikanischen Psychiater, der mit seinem Buch *When Nietzsche Wept. A Novel of Obsession* (1992, deutsche Übersetzung *Und Nietzsche weinte*) auch in Deutschland Aufsehen und Bewunderung erregte. Yalom schrieb eine konjekturalbiographische Erzählung von einer Begegnung zwischen Breuer und Nietzsche, die durch Vermittlung von Lou Andreas-Salomé zustande kam und bei der sich beide gegenseitig in einer Art Proto-Psychoanalyse von einer schweren Depression heilten. Gewiß, eine solche psychotherapeutische Behandlung *avant la lettre* hat nicht stattgefunden – und doch hat auch diese literarische Phantasie ihre eigene Wahrheit und sogar ihre psychiatriegeschichtliche Relevanz. Denn sie zeigt in der Darstellung der Gesprächssitzungen, in denen Breuer zunächst die Rolle des Arztes zu spielen hat, bis er durch Nietzsches Interventionen – und von Freud hypnotisiert! – seine eigene *midlife crisis* durchlebt und überwindet, wie die Grundgedanken der Psychoanalyse damals in der Luft lagen und wie verwandt Nietzsches Einsichten in mancher Hinsicht denjenigen Freuds waren.Yaloms Roman rehabilitiert nicht nur die auf authentischen Quellen beruhende Figur Josef Breuers, sondern zeichnet auch ein manchmal ergreifendes Bild von der inneren Einsamkeit Nietzsches. Der Autor hat, genauso wie Dierks, ein *literarisches* Experiment veranstaltet, um sein Bild von Nietzsche, Breuer und Freud ohne die Beschränkungen objektiver Forschung einmal dichterisch zu gestalten, um einen Nietzsche ›von innen‹ zeigen zu können. Beide Romane behandeln eine Phase aus der Vor- und Frühgeschichte der Tiefenpsychologie und bereichern auf ihre eigene Weise unser Wissen davon.

                                                                        Walter Schönau

Winfried Menninghaus: *Ekel. Theorie und Geschichte einer starken Empfindung*, Frankfurt am Main: Suhrkamp, 1999. – 591 S., 58,00 DM.

Die Bedeutung eines einzelnen Wortes erschließt sich nur in Relation zu anderen Wortbedeutungen. Sprachlich gestifteter Sinn ist ein Ereignis, das nur im beweglichen Netzwerk signifikanter Beziehungen hervortritt. Diese Kontextgebundenheit gilt auch für jene eigentümlichen körpernahen Mechanismen zur Regulation von Wahrnehmen und Verhalten, über die Menschen verfügen, um das für sie Zuträgliche und Gedeihliche vom Störenden und Gefährlichen zu trennen. Muß also ein Buch über den Ekel nicht zugleich auch verwandte Affekte wie Angst, Haß und Scham oder kontrastierende Affekte wie Begehren, Gier und Sucht thematisieren? Worin liegt die Sonderstellung des Ekels, daß er eine voluminöse Monographie verdient? Und weshalb folgt hier ein Autor so besessen ausgerechnet denjenigen Textspuren, die der Abscheu in den Produkten einiger Dichter und Denker hinterlassen hat?

Menninghaus liefert keine Theorie und Geschichte des ›wirklichen‹ Ekels, die ein anthropologisches Phänomen in seinen verschiedenen kulturellen und historischen Ausprägungen darstellt. Er rekonstruiert allein den okzidentalen Diskurs über den Ekel in den letzten 250 Jahren. Wer wissen möchte, welche Gestalt der Ekel in Asien, Afrika oder Lateinamerika annimmt, muß nach anderen Informationsquellen suchen und sieht sich mit der Tatsache konfrontiert, daß die Ekelempfindung und die unterschiedlichen Objekte, die sie auslösen, »nur zu einem verschwindenden Teil ins kulturelle Archiv eingegangen« sind (S. 9). Sicher, es gibt die aufschlußreichen ethnographischen Texte von John Bourke über den Unrat, von Marvin Harris über Wohlgeschmack und Widerwillen, von Mary Douglas über Reinheit und Gefährdung oder gar die Essays von Octavio Paz über die Beziehung von Nahrungsmittelekel und Erotik bei Süd- und Nordamerikanern. Doch all diese Arbeiten geben uns nicht zu verstehen, warum das Sprechen und Schreiben über den Ekel stets in Gefahr ist, sich durch die heikle Nähe zum Gegenstand zu infizieren. Während die Darstellung des Bösen, Tragischen, Schrecklichen, Schaurigen sich problemlos mit ästhetischem Genuß paaren und therapeutische Wirkung (z. B. die berühmte Katharsis) haben kann, scheint die symbolische Repräsentation des Ekels selbst ekelhaft zu sein. Offenbar läßt der Ekel die Differenz von Wort und Gegenstand kollabieren. Das Wort Brot kann man (mit der schönen und selbst für Kinder leicht durchschaubaren Ausnahme des ›russischen Brotes‹) nicht essen. Wer aber die Signifikanten des Ekels in den Mund nimmt, erbricht Gedanken über das ganz Andere, das in uns eingedrungen ist und mit aller Gewalt wieder heraus will. Bei dieser dramatischen Diagnose, die die Kunsttheorie des 18. Jahrhunderts stellt, um mit ihrer Hilfe eine Grenze zwischen dem ästhetisch Zugänglichen und Unzugänglichen, zwischen Kunst und Nicht-Kunst zu ziehen, beginnt Menninghaus' Rekonstruktion. Das vermeintliche Defizit des Ansatzes, den ›wirklichen‹ Ekel aufgrund fehlender Daten auszusparen, erweist sich plötzlich als Stärke: denn gerade im ästhetischen Diskurs über den Ekel wird die Grenze des Diskursiven selbst zum Kernthema gemacht. Menninghaus hat es also gar nicht nötig, auf modische Erkenntnistheorien zurückzugreifen, um sein Vorgehen zu rechtfertigen. Er muß nicht behaupten, daß der ›wirkliche‹ Ekel bloß ein diskursiv erzeugtes Ereignis ist oder daß kulturell gepflegte Semantiken mit den Gesellschaftsstrukturen letztlich korrelieren. Er muß nur dem Verlauf des Diskurses und seinen spektakulären Wendungen folgen, und alsbald manifestiert sich der Bezug zum ›Realen‹ auf nachdrückliche Manier. Von der klassischen Ästhetik, die den Ekel als Grenzposten zur Sicherung schöner und sittlicher Verhältnisse funktionalisierte, über die schwarze Romantik, die die Grenzübertritte in die Sphäre des Widerlichen als notwendige stimulierende Akte des Lebens verstand, bis hin zum spätmodernen Zeitgeist, der den Ekel als unwiderleglichen Indikator einer längst verloren geglaubten Echtheit und Eigentlichkeit verherrlicht, führt der Hauptpfad der semantischen Evolution aller westlichen Ekeldiskurse. Bevor der Ekel aber zum Zeichen für den endlich wiedererlangten Boden der Wirklichkeit promovieren kann, muß er sich gegen sich selbst wenden, also reflexiv werden. Nietzsches Projekt der Verekelung des Ekels liefert hier die Programmformel und Kafka gibt ihr die erstaunlichste poetische Fassung. Während die meisten Interpreten dessen Werke als ingeniöse Beschreibungen der modernen Machttechniken oder der vergeblichen Suche nach Gott verstehen, führt Menninghaus Kafka als misogynen Zauberkünstler vor, der das Widerliche ins Engelhafte verwandelt. Die artistische Rede vom Ekelhaften infiziert nicht die Sprache und das sprechende Subjekt, vielmehr bahnt sie den Weg zu einer Reinheit und Unschuld jenseits von Religion und Metaphysik. Damit gelangt der Prager Jude zu Ansichten, die Parallelen zu den Befunden des Wiener Juden Freud aufweisen.

Kein anderes Phänomen macht nämlich in Freuds Augen die intrikate Dialektik des Zivilisationsprozesses so deutlich wie der Ekel. Mit der Aufrichtung des menschlichen Ganges und der daraus resultierenden Entwertung jener intensiven Gerüche, die den analen und genitalen Zonen anhaften, bilden sich hohe Ekelschwellen. Diese sichern zwar kollektive Errungenschaften, gefährden zugleich aber auch Bestand und Wohlbefinden der Gattung. Je erfolgreicher der kulturelle und technische Fortschritt ist, desto problematischer wird der Akt der Fortpflanzung. Die optimistischen und selbstbewußten Kulturmenschen beurteilen Sexualität als etwas Erniedrigendes, das sie befleckt und verunreinigt. Doch die archaischen Kräfte lassen sich nicht vollständig unterwerfen. Sie kehren maskiert zurück und melden ihre Ansprüche an. Neurosen und Perversionen sind Signale dafür, daß die gelungene Domestizierung von Instinkten und Trieben mit der Erzeugung »abjekter Gegen- und Unterwelten« bezahlt wird (S. 282). Abhilfe verspricht – wie Freud meint – allein eine ästhetische Praxis, die sich dem Verworfenen widmet, um den »neurotisierenden Ekel in eine schuld- und schamlose Lust« zu verwandeln (S. 328). Damit profanisiert Freud seine eigene »Redekur« zur nützlichen Ersatzbehandlung, die auf ästhetisch spröde Klienten zugeschnitten ist, und huldigt den kühnen Artisten von Kafkas Kaliber, weil sie die unvermeidlichen Verdrängungsleistungen der Kultur immer wieder für kurze Zeit aufs Spiel setzen.

Eine ähnlich herausragende Position besitzt die Kunst in Julia Kristevas Versuch über die Verwerfung (*Pouvoirs de l'Horreur. Essai sur l'Abjection*, Paris 1980). Kristeva manövriert theoretisch im Kielwasser von Freud und nimmt gleichwohl entscheidende Korrekturen an dessen Grundmodell vor. Auch sie sieht im Ekel ein Indiz für die Urverdrängung, die die soziale Ordnung konstituiert. Aber dieser basale Akt richtet sich nicht auf bestimmte Triebregungen oder auf den »perversen Vater der Urhorde« (S. 525), der getötet und dann symbolisch revitalisiert werden muß, sondern auf die Mutter, die mit dem Neugeborenen eine präreflexive Einheit bildet. Erst wenn die »mütterliche Autorität«, die »an Macht der Vaterfunktion mindestens ebenbürtig ist« (S. 525), in einem schmerzhaften Trennungsprozeß überwunden wird, erlangt das Kind Zutritt zur differentiellen Sprachwelt, die die soziale Interaktion reguliert. Große Kunst läßt sich freilich von dieser ehernen Entwicklungslogik nicht beeindrucken, sie wendet sich zurück und evoziert durch die Turbulenz der Zeichen, die sie hervorruft, den verworfenen mütterlichen Körper. So wird die symbolische Ordnung mit ihren paternalistischen Verkrustungen ästhetisch untergraben, jedoch nicht vollends zerstört oder widerrufen. Bei aller subversiven Aggressivität wahrt das gelungene künstlerische Tun immer eine ludische Distanz. Die opferreiche Genese der Kultur wird vor Augen geführt und die stets drohende Regressionen ins Vorsymbolische (seien es psychische Krankheiten, Gewaltexzesse oder nur die allgegenwärtige abgründige ›jouissance‹) spürbar gemacht, mehr nicht. Kunst erfüllt ihre Funktion, wenn sie – in Kristevas Worten – »alle Laster durchstreift und sich gleichwohl keinem hingibt« (S. 537).[1]

---

[1] Eine etwas schlichtere Variante der psychoanalytisch inspirierten Ekeltheorie präsentiert der Neo-Lacanianer Slavoj Zizek. Die Filmkunst (vornehmlich der Film) spielt auch hier eine Schlüsselrolle. Mit ihrer Hilfe läßt sich audiovisuell demonstrieren, daß die Lust in Ekel umschlägt, wenn sich der phantasmatische Rahmen, der das »Reale der häßlichen Lebenssubstanz« normalerweise dem Blick entzieht, auflöst. »Was vorher faszinierend schön erschien, erweist sich plötzlich als eiterndes, madiges Fleisch, als ekelerregende Substanz des Lebens«. Das Subjekt erlebt in solchen Augenblicken einen »›Realitätsverlust‹ und beginnt die Realität als ›irreales‹ alptraumhaftes Universum zu empfinden, das kein stabiles

Dies und noch manch anderes referiert und interpretiert Menninghaus mit viel Sinn für Pointen und Nuancen. Mitunter stört das sichtliche Behagen, das der Autor bekundet, sobald er frauenfeindliche Fundstellen darbieten und mit tiefsinnigen Kommentaren versehen kann. Der Schluß des umfangreichen Buch fällt allerdings merkwürdig matt aus. Menninghaus wirft einen kritischen Blick auf die aktuelle *abject art* und spricht ihr die Kraft zur Verwindung des Ekels ab. Denn hier suhlen sich junge Leute, die sich nicht selten auf Kristeva berufen, angestrengt konzeptuell im Widerwärtigen. Eine selbsternannte Avantgarde genießt es, ihr snobistisches Publikum mit artifiziell arrangierten Ekelexperimenten zu traktieren.

Soll es mit diesem Fazit schon sein Bewenden haben? – fragen sich Leser und Leserin verwundert. Denn Menninghaus bricht seine Studie genau dort ab, wo es wirklich spannend wird und die gegenwärtige Verquickung von Ästhetik und Politik zur Debatte steht. Warum wird William Millers provokanter Versuch über Demokratie und Ekel (*Anatomy of Disgust*, Harvard 1997) so rasch bei Seite geschoben? Warum bleiben die Gedanken des bekannten amerikanischen Moralphilosophen John Kekes über Ekel und moralische Tabus unbeachtet? Warum wird Mario Perniolas Buch *Disgusti* (Milano 1998) nicht registriert, obschon sich gerade hier interessante Bemerkungen über den Zusammenhang von entfesselter Ästhetik, zerfallender Demokratie und aktuellem Ekelboom finden lassen. Perniola thematisiert die gegenwärtige Transformation kollektiver Affektlagen: auf dem Boden der Mediengesellschaft, die uns alle mehr oder minder vereinnahmt, gedeiht der Sex-Appeal des Anorganischen. Einer solchen Diagnose muß man nicht folgen, aber man kann sich von ihr sensibilisieren lassen für neuartige Phänomene wie z. B. den seltsamen Maschinen-Ekel, der manche Computerfans in Krisensituationen erfaßt. Auch diesen Aspekt der heute herrschenden Verwerfungs- und Faszinations-Szenarien, den Robert R. Wilson in Kommentaren zum *Cyberkörper* betont hat, nimmt Menninghaus nicht in den Blick. Er verweilt stattdessen im Sperrkreis der ästhetischen Debatten um die sog. *abject art*, die derzeit in den USA die Gemüter bewegen. Der erforderliche Schritt von der Ästhetischen Theorie zur Gesellschaftstheorie unterbleibt.

Nun sollen diese kritischen Anmerkungen keineswegs das große Verdienst schmälern, das sich Menninghaus mit seinem Buch erworben hat. Es erteilt der Fachphilosophie, die die eigentümliche Verschränkung kognitiver, emotionaler und physiologischer Aspekte in der Ekel-Empfindung nur ansatzweise zur Kenntnis genommen hat, mit souveräner Geste eine Lektion. Und dieser Unterricht findet zur rechten Zeit statt. Denn die menschlichen Körper (und daher auch die körpernahen Affekte) gewinnen heute eine neue soziale Bedeutung. Normen und Werte haben ihre handlungsorientierende Funktion in vieler Hinsicht eingebüßt. Es kommen andere Steuerungspotentiale ins Spiel. Der Ekel zeigt uns die abschüssige Bahn des Genießens und die Grenzen einer Lust, die sich selbst als unbegrenzte fingiert. Er sagt uns in seiner luziden, unbeherrschbaren Körpersprache, was wir nicht mehr aus-

---

ontologisches Fundament besitzt. Dieses alptraumhafte Universum ist keine ›reine Phantasie‹, sondern im Gegenteil, das, was von der Realität übrigbleibt, wenn sie ihrer Stütze in der Phantasie beraubt wird« (*Liebe Deinen Nächsten? Nein Danke!* Berlin 1999).

halten, schlucken und verdauen können. Aber er erteilt diese Lehre nicht etwa, indem er uns verkleinert und erniedrigt, sondern vielmehr die Stoffe und Bezirke, die uns anlocken oder lasziv bedrängen, in Phänomene verwandelt, die wir ausstoßen und verwerfen können. Der Ekel stiftet im Grausen, das er auslöst, eine Souveränität, die ihresgleichen sucht. Eben noch waren wir Gefangene unseres Körpers, der sich schüttelte und erbrach; und kaum ist der heikle Stoff entfernt, gewinnen wir eine fast unanfechtbare Haltung. Wir erreichen einen Standpunkt, auf dessen Kammhöhe wir sogar mit der Vorstellung spielen, welcher Reiz darin liegen könnte, sich dem verworfenen Objekt wieder anzunähern. Anders als der Haß, der das Objekt, dem er gilt, zu vernichten sucht, läßt der Ekel sich den Genuß nicht rauben, der darin liegt, das widrige Objekt bestehen zu lassen und bei Gelegenheit erneut ins Visier zu nehmen. So kann sich eine enorme Spannung zwischen dem Distanzreflex und der Verlockung zur Nähe aufbauen, die viele Möglichkeiten der Steigerung und schockartigen Auflösung in sich birgt.

Der Ekel hat ein gutes Gedächtnis, er merkt sich die Objekte, die er einmal verworfen hat. Er weicht ihnen aus, umkreist sie, behält sie im Blick, aber verfällt ihnen nicht. Ohne die Register des Ekels könnten wir keine Ökonomie des Genusses entwickeln. Wir wären nicht nur haltlos ohne seine energischen Interventionen, sondern hätten auch keine Chance, raffinierte Prozeduren zur Steigerung der Lust zu ersinnen. Der Genuß, den der Ekel in seine Schranken weist, um ihn am Leben zu erhalten, hat etwas sehr Irdisches an sich, denn er läßt sich nicht an die Kandare des Begehrens legen, das die Erfüllung meidet, weil es die Enttäuschung fürchtet. In einer Welt, in der alles unter Verdacht steht, den Regeln der imaginären Verkennungen zu gehorchen oder auf die symbolischen Kniffe des ewigen Aufschubs hereinzufallen, will der Genuß ohne Unterlaß das Reale erreichen. Aber er verfügt über keine Sensoren, die ihm darüber Auskunft erteilen können, ob er nicht am Ende doch ein Opfer bloßer Simulationen wird. Einzig der Ekel ist stark genug, um dem Genuß das ersehnte Echtheitssiegel aufzudrücken. Dies ist ein hoher Preis. Denn der Spaß ist vorbei, wenn das günstige Urteil fällt.

Am Diskurs über den Ekel läßt sich ablesen, wie Gesellschaften, die in eine Krise geraten sind, an und mit den menschlichen Körpern arbeiten und wie diese Körper gegenüber den kulturellen, medialen Codes, die auf sie wirken, ihren Eigensinn zur Geltung bringen. Der Kampf zwischen den medialen Prägungen und den körperlichen Impulsen ist noch offen. Klar ist einstweilen nur, daß uns nach dem *linguistic turn*, der die sprachwissenschaftliche Überwindung der Bewußtseinsphilosophie vollzog, jetzt eine körpertheoretische Korrektur ins Haus steht. Es geht in diesem Projekt allerdings nicht um eine Rückkehr zur unverstellten Natur oder zum Ursprünglichen, sondern um leib-haftige Sozialität. Menninghaus hat mit seinem Buch über den Ekel hierzu einen gewichtigen Beitrag geleistet.

Lutz Ellrich

Walter Scherf: *Das Märchenlexikon.* Bd. 1: A–K, Bd. 2: L–Z, München: C. H. Beck, 1995. – 1621 S., 148,00 DM.

Im Wintersemester 1980/81 wurde ich von einem Hamburger Germanisten – Hartmut Böhme – eingeladen, mit ihm zusammen ein Märchenseminar für Hörer aller Fakultäten zu bestreiten. Die etwa 60 Teilnehmer lasen pro Sitzung eines der Grimmschen Märchen in der uns allen geläufigen Fassung »letzter Hand« und in unmittelbarem Anschluß daran das gleiche Märchen in der Erstdruckfassung von 1812 bzw. 1815 (zwei rasch hintereinander erschienene Bände, die aber den Siegeszug der Märchen zunächst noch nicht einleiteten). Spontanes und befreiendes Gelächter beim Lesen der Erstfassung zeigte an, warum Wilhelm Grimm – als der schon bald alleinige Verwalter der Texte – die einzelnen Märchen kleineren (stilistischen) und auch größeren Veränderungen unterzogen hatte: insofern bedurfte es des hinzugezogenen psychoanalytischen Interpreten im Grunde gar nicht. Da wurden Mütter, die zunächst eines waren – wenn auch mit plötzlich wechselndem, von »gut« in »böse« umschlagendem Ausdruck –, von Wilhelm Grimm in gute und böse Mutterfiguren zerlegt; da verrichteten Kinder, die vor den Nachstellungen der bösen Stiefmutter in den Wald flohen, vor dem Einschlafen ihr Abendgebet. Manche textliche Zusammenhänge wurden zerrissen, und ganze Märchen, obwohl sie bereits populär geworden waren, wurden ihres hugenottischen Ursprungs wegen eliminiert. Alles das geschah zwischen 1819 und 1857 – von Auflage zu Auflage – unter den Augen, man müßte besser sagen: unter dem Wegschauen des älteren Bruders Jacob, der mit anderen Aufgaben beschäftigt war.[1] Scharfblickende außen stehende Beobachter wie Achim von Arnim sahen freilich, was da unter dem Vorwand poetischer Ausarbeitung und Verfeinerung vor sich ging: ein an Wilhelm gerichteter Brief Arnims enthält den Satz: »Du hast glücklich gesammelt, hast manchmal recht glücklich nachgeholfen, was Du dem Jacob freilich nicht sagst«. Diese Äußerung zeigt zur Genüge, daß Wilhelm – aus Gründen, die wir nur vermuten können – mit seinem Tun eine im Bruder verkörperte Gewissensinstanz umging: sehr zum Schaden der Texte, die dadurch an Lebendigkeit, Stimmigkeit und Authentizität verloren. Immerhin haben sich die Erstdruckfassungen und sogar deren handschriftliche Vorläufer erhalten und sind in Buchform zugänglich; freilich meist in sehr teuren, bibliophilen Ausgaben. Auch ist die Tendenz, es bei den herkömmlichen Märchenversionen zu belassen und nicht an den »Schlaf der Welt« zu rühren, unverkennbar, was wohl mit der Idolisierung und Mythisierung des Brüderpaares Grimm im öffentlichen Bewußtsein zusammenhängt: wer sie zu trennen und nachträglich wieder in Individuen zu zerlegen unternimmt, stört einen kollektiven Grundkonsens.

Ich schicke diese Bemerkungen voraus, um zu begründen, warum ich die hier vorzustellende Veröffentlichung für wichtig halte, auch wenn sie sich nicht psychoanalytisch versteht und psychoanalytische Interpretationen nur ganz gelegentlich

---

[1] Siehe auch meine ausführliche Darstellung in der Einleitung zu: *Die Kinder- und Hausmärchen der Brüder Grimm.* Erstdruckfassung 1812/1815, Eschborn 1997.

zuläßt. Märchen haben einen zu wichtigen Platz in der deutschen Kulturgeschichte und der deutschen pädagogischen Tradition, als daß sie außen vor bleiben dürften, wenn es um das literarische, in diesem Fall auch soziologische Ergründen von Texten geht. Ausländer haben dafür oft ein feineres Gespür als die Deutschen selbst, erkennbar daran, daß einige von ihnen – nach Kriegsende – ihren Kindern das Lesen deutscher Märchen verboten. Auch die Einstellung deutscher Lehrer und Lehrerinnen schwankte sehr stark, vor allem seit der Aufklärungsbewegung von 1968; es gab eine Fraktion, die Märchen ganz eliminierte, sowie eine andere, die an traditioneller Märchenpflege festhielt: wenn aber nicht alles täuscht, war der Vergleich von Textfassungen und das Aufrollen der Editionsgeschichte das Letzte, was diese zweite Fraktion zugelassen hätte. Selbst in dem von mir zitierten Seminar von 1980/81 hielt sich eine kleine Gruppe, die unserem Vorgehen kritisch, ablehnend und mißtrauisch gegenüberstand: sie bestand darauf, dieses oder jenes Detail so und nicht anders gehört zu haben; wenn Allerleihrauh sich schon drei Tage im Wald aufhielt, mußte sie doch dem inzestuösen Zugriff ihres Vaters längst entzogen sein! Prüften wir jedoch den Text nach, so stand nichts dergleichen darin (neues Gelächter). Solche Erfahrungen haben mich gelehrt, auch die konservativen Züge der offiziellen Märchenforscher anders zu sehen: immerhin gilt es nicht mehr und nicht weniger als die Aufrechterhaltung der Abwehr – einer tiefen Abwehr, da sie sich aus sehr frühen Eindrücken speist und sich in der Regel – ähnlich wie religiöse Überzeugungen – auf etwas der Person Heiliges, ja »Allerheiligstes« beruft.

Von diesem Typus des deutschen Märchenforschers ist nun der Verfasser des *Märchenlexikons* weit entfernt. Er gehört gewissermaßen zu den »Stillen im Lande«; wenn er hier nach seinem *Lexikon der Zaubermärchen* (1982) eine noch wesentlich umfangreichere Dokumentation seines langjährigen Wissens vorlegt, so ist das zunächst einmal das Ergebnis einer ungewöhnlichen Ausdauer und eines ungeheuren Fleißes. Er berücksichtigt nicht nur die deutschen Zaubermärchen – in deren Zentrum eine »Identifikationsgestalt« steht, die »auf rational nicht begründbare Weise über sich hinaus und über alle Gefährdungen hinweg[weist]« –, sondern auch die Texte anderer Kulturkreise, etwa die bekannteren Märchen aus *Tausendundeine Nacht*. Der Leser erfährt hier einiges darüber, wer das Märchen wann in den deutschen Kulturkreis einbrachte und wie die verschiedenen Abweichungen und Variationen zustande kamen. Scherf bezieht aber auch die Abwandlungen des jeweiligen Märchenstoffes in seine Dokumentation mit ein, also etwa die Verarbeitung der Märchen in Schauspiel, Oper oder Buchillustration. Mir, dem Märchenillustrationen von früh an ein Greuel waren, weil ich mich dabei in der Entfaltung eigener Phantasien behindert fühlte, leuchtet natürlich trotzdem ein, welch wichtige Rolle ihnen als Quelle von Phantasien zufällt. Scherf bekennt sich sogar dazu, daß ihm bei der Arbeit an seinem Werk solche bildhaften, pantomimischen und dramatischen Ausgestaltungen als Anregung vorschwebten: wenn er von »psychodramatische[n] Spielmaterialien« mit »charakteristischen Aufbaustrukturen« spricht, welche die »individuellen Ablösungs-, Selbst- und Partnerfindungskonflikte« bei den Lesenden begleiten könnten, so läßt er erkennen, wie weit seine Zielsetzung von der anderer

Märchenforscher abweicht, die ein solches Lesepublikum fast ganz aus den Augen verloren zu haben scheinen.

Wenn ich – durchaus entgegen meinen persönlichen Wünschen – trotzdem eine gewisse Scheu hege, mich den Hoffnungen Walter Scherfs auf eine mitphantasierende Leserschaft anzuschließen, so hat das folgenden Grund. Man kann schon seit geraumer Zeit innerhalb der psychoanalytischen Bewegung eine Tendenz beobachten, die Einbeziehung von Traummaterial (trotz Freuds bahnbrechender Traumforschung) eher zu vernachlässigen und diese Domäne – zusammen mit den Märchen! – der Tiefenpsychologie C. G. Jungs zu überlassen. Hier mögen Computerwesen und Internet eine Rolle spielen, aber die Tendenz ist sehr viel älter: ich erinnere mich aus der Zeit meiner Ausbildung daran, daß eine im übrigen recht gute Analytikerin den Rat gab, bestimmte, im analytischen Traummaterial immer wieder vorkommende, »regressive« Motive am besten nicht zu beachten (ein ähnlicher Hinweis findet sich in einer seinerzeit vielgelesenen Arbeit Kuipers). Solche Vernachlässigung des Traummaterials geht nun nach meiner Erfahrung Hand in Hand mit einer tiefen Scheu der Analytikerschaft vor Regression und einem nahezu phobisch anmutenden Umgang mit diesem Phänomen. »Ich lasse meine Patienten nicht regredieren«, äußerte ein bekannter deutscher Analytiker (Lehrstuhlinhaber) in privatem Kreis und erntete damit wohl Heiterkeit, aber nicht das Befremden, das – in Anbetracht von Freuds Arbeit über »Märchenstoffe in Träumen« – eher zu erwarten gewesen wäre. Es gibt eine Abneigung gegen die Trias von Traum, Regression, Märchen, die man abwehrpsychologisch als gleichzeitige Dämonisierung und Verharmlosung beschreiben könnte. (Was sonst leitete Wilhelm Grimm bei seiner Überarbeitung der vorgefundenen Texte?) Vielleicht wäre es einmal an der Zeit, ein literaturanalytisches Kolloquium unter dem Thema »Traum, Regression, Märchen« einzuberufen? Bis dahin kann ich nur versichern, daß die Frage nach den Märchen der Kindheit – nicht unbedingt nur nach dem »Lieblingsmärchen« – ebenso wie die obligatorische Erkundigung nach dem bevorzugten Übergangsobjekt, wie Teddy, Kissen oder Stofftier, die Therapie erheblich zu bereichern vermag: daher mein nachdrücklicher Hinweis auf diese Publikation, der auch analytisch orientierte Leserinnen und Leser manche Anregung entnehmen können, sofern sie überhaupt gewillt sind, sich auf Märchen und Märchenforschung einzulassen.

Peter Dettmering

William Shakespeare: *Hamlet.* A Norton Critical Edition. An Authoritative Text, Intellectual Backgrounds, Extracts from the Sources, Essays in Criticism. Hg. v. Cyrus Hoy [1991]. 2. Aufl., New York/ London: W. W. Norton & Company, 1992. – 297 S., $ 9.25, 19,40 DM.

Auf einer USA-Reise 1999 stieß ich auf dieses Buch, dessen Besprechung zu diesem späten Zeitpunkt sich durch seine Bedeutung rechtfertigt. Es enthält eine neu durchgesehene und im einzelnen hier und da überraschende Textfassung, die auf der sogenannten zweiten Quarto beruht, darüber hinaus aber eine Fülle anregender Essays. Was die Textfassung angeht, so läßt sie Hamlets ersten Monolog nicht mit den uns vertrauten Worten

              O, that this too too solid flesh would melt

sondern mit

              O, that this too too sallied flesh would melt

beginnen.[1] Wenn man so lange an die andere Fassung gewöhnt war, ist ein Umdenken erforderlich, und man erinnert sich unwillkürlich an frühere Gelegenheiten, bei denen man etwas Wesentliches zum besseren Verständnis des *Hamlet*-Textes erfuhr, etwa über »He is fat and scant of breath«, das nichts über den Leibesumfang, sondern den verschwitzten, kurzatmigen Zustand des vom Gefecht erhitzten Hamlet aussagt. Äußerst brauchbar sind auch die Verständnishilfen der Fußnoten; wenn Hamlet Horatio kurz vor seinem Ende bittet, noch auf der Welt zu bleiben und seine Geschichte zu bezeugen, ist es nützlich zu wissen, daß »more and less« im Sinne von »groß und klein« zu verstehen ist. Was die Entstehungsgeschichte von Shakespeares *Hamlet* angeht, so hebt der Herausgeber Cyrus Hoy als die entscheidende Wissenslücke hervor, daß es nicht lange vorher einen *Hamlet* aus der Feder Thomas Kyds gab, der jedoch verschollen ist. Wir werden also nie erfahren, wieviel Shakespeare aus dem Rachedrama seines Vorgängers übernahm. Es ging bei Kyd offensichtlich in erster Linie – das läßt sich aus anderen Rachedramen der elisabethanischen Epoche erschließen – um die Schwierigkeit, einen von seinen Wachleuten umgebenen Usurpator zu übertölpeln und zu töten. Das hat eine Reihe von Forschern dazu geführt, Shakespeares *Hamlet* als eine Art Überbau zu verstehen, der sich auf dem älteren Drama erhebt und eine Reihe von Unstimmigkeiten erklärt – falls er sie erklärt –, die sie an dem Stück wahrnahmen. Der wohl berühmteste Essay über den *Hamlet* – T. S. Eliots *Hamlet* von 1919, der auch in dem hier vorliegenden Band vertreten ist[2] – arbeitet mit genau dieser Hypothese; indem er Shakespeares *Hamlet* als Werkganzem das künstlerische Gelingen absprach, leitete er eine Wende der *Hamlet*-Interpretationen ein, die bis heute nachwirkt.

---

[1] I. Akt, 2. Szene, V. 129: »sallied« ist Variante zu »sullied« (= schmutzig).
[2] T. S. Eliot: »Hamlet and His Problems«, S. 180–184.

Das entscheidend Neue an Eliots Aufsatz war die Aufforderung, das Augenmerk weniger auf Hamlet den Charakter als auf *Hamlet* das Stück zu richten: »Wahrscheinlich hielten mehr Leute *Hamlet* für ein Kunstwerk, weil sie ihn interessant fanden, als daß sie ihn interessant fanden, weil er ein Kunstwerk ist. Es ist die MONA LISA der Literatur« (S. 182).[3]

Eliot sah das Mißlingen oder vermeintliche Mißlingen des *Hamlet* in dem Ungleichgewicht begründet, das er zwischen der Charakterzeichnung der Königin – Gertrude – und Hamlets innerem Aufruhr empfand. Gertrude sei als dramatische Figur keine überzeugende Entsprechung (»objective correlative«) zu diesem Aufruhr; gerade weil ihr Charakter so negativ und unbedeutend sei, ziele Hamlets Außer-sich-Sein ins Leere. Unter dem Druck welcher Erfahrung Shakespeare versucht habe, das »unausdrückbar Grausige« darzustellen, würden wir nie in Erfahrung bringen; wir seien auf Vermutungen angewiesen, denn mit Augen sehen – »verständlich, in sich geschlossen, gleichmäßig belichtet« – könnten wir es nicht. Dieser Leseeindruck Eliots hat weitreichende Folgen gehabt: ein neues Modell künstlerischer Wirkung war mit ihm etabliert, das dem Konzept einer auf Literatur ausgeweiteten »Gegenübertragung« nicht allzu fern steht; indem dieses Modell dann zum Kernstück des *New Criticism* wurde, war ein strenges literarisches Über-Ich in Kraft getreten. Außerdem aber haben Eliots Argumente im Sinne eines fruchtbaren Mißverständnisses weitergewirkt und unter anderem einen der in diesem Band enthaltenen Essays angeregt: Jacqueline Roses »Sexuality in the Reading of Shakespeare« (S. 262–283), den ich gleich beim ersten Lesen so spannend fand, daß ich ihn einer deutschsprachigen psychoanalytischen Zeitschrift zur Veröffentlichung empfahl.

Die Autorin nimmt Eliots Vergleich des *Hamlet* mit der Mona Lisa zum Anlaß, die Selbstverständlichkeit zu hinterfragen, mit der Eliot seinerzeit das von ihm angeschnittene Problem künstlerisch stimmiger Darstellung mit weiblichen Figuren in Zusammenhang brachte. Eliot richtete seine Kritik ja nicht nur gegen *Hamlet*, sondern auch gegen *Measure for Measure*, das etwa zur gleichen Zeit entstanden ist; und in beiden Stücken erregt eine weibliche Hauptfigur durch ihr sexuelles Verhalten Anstoß. Sündigt die Gertrude des *Hamlet*-Dramas durch Übermaß, so die Isabella in *Measure for Measure* durch zu geringe sexuelle Ansprechbarkeit (indem sie sich nämlich weigert, das Leben ihres Bruders dadurch zu retten, daß sie auf die sexuellen Avancen des Machthabers eingeht). Das angebliche künstlerische Mißlingen beider Stücke wird nun von den Kritikern – von Eliot und anderen – mit der problematischen Charakterzeichnung der beiden Frauen in einen Topf geworfen, die »fehlerhafte« Darstellung der weiblichen Figur für das Mißlingen des Kunstwerks verantwortlich gemacht. Jacqueline Rose wendet sich gegen dieses naive und unreflektierte Vorgehen und hofft, durch die Aufdeckung dieser unkritischen Gleichsetzung zu neuen psychologischen Aufschlüssen über das Verhältnis von Sprache und Sexualität, zugleich aber auch über die Rolle des Weiblichen in Literatur und Psychoanalyse zu gelangen: »Indem wir unsere Aufmerksamkeit auf die Überlappung der beiden Anklagen richten, der gegen die Frau und der gegen das

---

[3] Übersetzungen hier und im folgenden von mir, P.D..

Stück, könnten wir in den Stand gesetzt werden zu sehen, wie die Frage der ästhetischen Form und die Frage der Sexualität einander implizieren« (S. 263).

Das Rätselhafte, das für den männlichen Betrachter mit der Person der Frau verknüpft ist und sich, für Eliots Gefühl, der Formgebung und der literarischen Ordnung entzieht, ist der unruhestiftende Faktor, der zur Aufrichtung jenes überaus strengen literarischen Über-Ichs führte, das bis heute mit dem Namen Eliots verbunden geblieben ist. Was dieses strenge Über-Ich betrifft, so nimmt Jacqueline Rose die Psychoanalyse keineswegs aus. Sie läßt die geläufigsten psychoanalytischen *Hamlet*-Deutungen Revue passieren (mit Ausnahme allerdings von K. R. Eisslers *Hamlet*-Monographie von 1971) und kommt auch hier zu überraschenden Ergebnissen. Bekanntlich stellte Ernest Jones die Deutung zur Diskussion, Hamlet könne die Rache an Claudius nicht vollziehen, weil dessen Verbrechen Hamlets eigenen (in verdrängter Form vorhandenen) Ödipus-Wünschen zu ähnlich sei. Aber Hamlet wütet ja nicht nur gegen Claudius, er wütet auch gegen seine Mutter und – über die Identifikation mit ihr – gegen die eigene, verdrängte Femininität: das Opfer ist Ophelia. So stehe Weiblichkeit auch hier im Wege, das ödipale Drama aufzulösen, Normalität an seine Stelle zu setzen und den Ödipuskomplex, wie es bei Freud einmal heißt, »zerschellen« zu lassen. Männliche Komponente und weibliche Komponente (im Innern Hamlets) bleiben dissoziiert, aber die Darstellung dieser Dissoziation wiederum – so André Green in einer Winnicott verpflichteten *Hamlet*-Deutung von 1982 – sei ein triumphaler Beweis für Shakespeares Kreativität, die von Green auf das Paradigma der guten Mutter zurückgeführt wird.[4] Der innere Mann »tut«, und die innere gute Mutter »ist«; aber dieses »Sein« bezieht sich – laut Green – auf sehr frühe Stadien seelischer Entwicklung, in denen von Symbolisierung, Sprache und Form noch nicht die Rede sein kann. Hinsichtlich der Konzeptualisierung der Frau in Literaturkritik und Psychoanalyse trifft Jacqueline Rose schließlich folgende Feststellung: »Es ist der Erwähnung wert, daß die Frau entweder an dem Punkt angesiedelt wird, wo Sprache und ästhetische Form zu bröckeln anfangen, oder aber dort, wo diese noch gar nicht existieren« (S. 279).

> [The] fact that *Hamlet* constantly unleashes an anxiety which returns to the question of femininity tells us above all something about the relationship of aesthetic form and sexual difference, about the fantasies they share – fantasies of coherence and identity in which the woman appears repeatedly as both wager and threat (S. 279).

Ein weiterer ähnlich anregender, ja tiefschürfender Aufsatz findet sich in dieser *Hamlet*-Edition, auch er von einer Autorin verfaßt: Margaret W. Fergusons »*Hamlet*: Letter and Spirits« (S. 246–262). Diese Autorin arbeitet zunächst das ständige Schwanken zwischen wörtlicher und übertragener (figurativer) Sprache heraus, die sich im ersten Teil des *Hamlet* – am markantesten in Hamlets Wortspielen – beobachten läßt. Indem Hamlet in solchen Wortspielen die falsche Rhetorik eines Claudius oder Polonius entlarvt, geht er in die Offensive und greift die

---

[4] André Green: *Hamlet et HAMLET, une interprétation psychoanalytique de la représentation*, Paris 1982.

Verbindung von Claudius und Gertrude in einem ersten Schritt rein sprachlich an. Bis zur 3. Szene des III. Aktes gelingt es Hamlet so, Dolche zu »sprechen« (statt sie konkret zu gebrauchen): ein Oszillieren zwischen »abstrakt« und »konkret«, wie es etwa auch an Kleist – z. B. in Penthesileas Schlußmonolog – beobachtet werden kann. Dann freilich schlägt die figurative Bedeutung ins Handgreifliche um, und Hamlet nähert sich seinem Gegner, Claudius (bei dem der böse Gedanke ohne Verzug zur bösen Tat führt), um ein Beträchtliches an. »Mother« und »matter« – beide Worte auf »materia« zurückgehend und letzteres in dem Stück 26 Mal verwendet – sorgen immerfort für Doppeldeutigkeit. Und zum Schluß macht Ferguson die aufregende Entdeckung, daß »Tod« in Shakespeares Stück nicht nur figurativ, sondern ganz wörtlich vorkommt: Claudius empfiehlt in seinem Geheimgespräch mit Laertes einen Normannen namens Lamord (»La mort«) als sportlich-fechterisches Vorbild, womit er, gleichsam ohne es zu merken, den »Tod« als Herren der Schlußszene einsetzt. Doppelbedeutungen innerhalb der Sprache, Doppelbedeutungen zwischen den Sprachen: dieser »Klassiker«, den wir so gut zu kennen meinten, ist, wie Margaret W. Fergusons Entdeckung zeigt, unerschöpflich und unendlich scheinender Auslegung fähig.

Peter Dettmering

Elisabeth Auer: *»Selbstmord begehen zu wollen ist wie ein Gedicht zu schreiben«. Eine psychoanalytische Studie zu Goethes Briefroman »Die Leiden des jungen Werther«*, Stockholm: Almquist & Wiksell International, 1999 (Stockholmer germanistische Forschungen, Bd. 56). – 274 S., 313,60 SEK, ca. 77,00 DM.

Diese Stockholmer Dissertation nähert sich den Leiden des jungen Werther aus objektbeziehungstheoretischer Perspektive; sie fragt, wie Phantasien und deren Abwehr, wie Übergangsphänomene, Objektbeziehungen, Beziehungskonflikte und Traumata dort inszeniert und verarbeitet werden. Dazu legt sie ihr Verfahren und dessen Voraussetzungen offen. Der 1. Teil ist propädeutisch, begründet das Verfahren, macht mit dem Werther bekannt, der Forschung zu ihm und mit Goethes Biographie. Der 2. Teil führt in die Psychoanalyse literarischer Werke ein und erläutert die psychoanalytischen Konstrukte, die nachher beigezogen werden: Abwehrmechanismen, Objektbeziehungstheorie und Borderline-Konzept. Die psychoanalytische Deutung des Romans bildet dann als Teil 3 den Schwerpunkt. Kenner der Materie begegnen bis zum dritten Teil häufig also bereits Bekanntem. Wie aber läßt sich anders verfahren, wenn diese Spezialkenntnisse bei vielen Lesern nicht selbstverständlich vorauszusetzen sind?

Die Verfasserin vermutet, daß für die erste Fassung des Werther Charlotte Buffs Schwangerschaft und Maximiliane la Roches Mutterschaft den Anlaß gaben, während in der zweiten Fassung dann das Verhältnis zu Frau von Stein seinen Einfluß geltend machte. In beiden Fällen jedoch bleibe die unterschwellige Sehnsucht nach der Mutter zentrales strukturierendes Phantasma, und das im Kontext einer latenten Borderline-Problematik. So sei es möglich, sich bei der Analyse auf eine der Fassungen zu beschränken. Sie wählt die zweite.

Die Suizidforschung nimmt im Fall von Borderline-Persönlichkeiten an, daß der Selbstmord meist begangen wird, wenn die Abwehrmechanismen nicht mehr ausreichen, Angst zu bewältigen, die durch Trennungserlebnisse oder Kränkungen ausgelöst wurde. Dies und das Selbstbild des Suizidanten, das, wie Henseler gezeigt hat, zwischen Größenphantasien und völliger Selbstabwertung pendelt, führt die Verfasserin zu der These, daß der Roman vor allem in seiner ersten Fassung und nicht nur in der Figur des Werther suizidale Phantasien inszeniere. Sie diskutiert die Rolle des Herausgebers, die in der ersten Fassung noch von präsuizidalen Phantasien geprägt sei und hierin auch auf den impliziten präsuizidalen Autor verweise, während die zweite Fassung diese unterschwellige suizidale Problematik so nicht mehr kenne. Auch der implizite Autor wandle sich. Insbesondere die Bauerbursch-episode, die in die zweite Fassung eingefügt wurde, mache deutlich, daß der implizite Autor dieser zweiten Fassung zu größerer Distanz gegenüber seiner Werther-Gestalt gekommen sei, daß Goethe also nicht mehr wie in der ersten Fassung unbewußt ein frühes Trauma seiner Kindheit neu inszeniere, sondern sich dieser Inszenierung gegenüber nun kritisch verhalte. Jetzt erst wendet die Verfasserin sich Werther selbst zu; zunächst seinem Selbstbild, das auf der Figurenebene dem einer Borderline-Persönlichkeit gleiche. Hierfür sprächen sein Schwanken zwischen Omnipotenzgefühlen und Geringschätzung seiner selbst, zwischen Kummer und Ausschweifung, aber auch seine unbestimmbare Sehnsucht und sein Projizieren eigner Eigenschaften auf andere. Sie arbeitet heraus, wie Werther sich in einer Wunschphantasie der Geborgenheit und Verantwortungslosigkeit als ein Kind im Kreis von Kindern durch Lotte gespiegelt sehen will, wie sein Selbstbild je nach Lottes Aufmerksamkeit pendelt, ganz so wie bei dem Kind, dem es in der Wieder-annäherungsphase darum gehe, gesehen zu werden. Sie zeigt, wie Werther nach Alberts Ankunft Lottes Rollen als Frau und als Mutter und seine eigenen Rollen als Liebhaber und als Kind nicht mehr auseinanderhalten kann, wie er verstärkt projiziert, Inneres als Äußeres behandelt und im zweiten Buch sein negatives Selbstbild dadurch abwehrt, daß er anderen die Schuld zuschiebt, zunächst dem Gesandten. Die Verfasserin findet an ihm die Sehnsucht eines kranken Kindes nach einem fühlenden spiegelnden Primärobjekt, aber auch nach einem positiven Identifi-kationsobjekt, wie es ihm z. .B. mit dem Minister begegnet.

Sie wendet sich nun Werthers Objektbeziehungen und damit auch den Über-gangsphänomenen zu. Werther versteht sie als Repräsentant der Objektbeziehungen seines Autors, die jetzt jedoch literarisch phantasiert erscheinen. Er regediere in der fiktiven Welt auf ein Stadium, in dem sein Autor ein Trauma erlitten hatte; es verweise auf eine latente Borderline-Problematik. These ist, daß Sehnsucht und Suche nach einer Mutter die Gesamtphantasie des Romans ausmachen und beide ihren Grund in einem Trauma des Autors haben, das dieser mit dem Roman neu inszeniere. Diese Gesamtphantasie komme am deutlichsten in den Objektbeziehun-gen zum Ausdruck, vor allem in denen der Werther-Gestalt zu Lotte. Sie entsprä-chen denen von Borderline-Patienten, die dekompensieren und vergeblich das

Primärobjekt suchen. Lotte, für Werther zunächst Bild der guten Mutter, verwandle sich, als Albert erscheine, in die Mutter der Trennung; das führe zur Depression, schließlich zum ödipalen Konflikt und zu borderline-spezifischen Abwehrmechanismen, bei deren Versagen Fragmentierung drohe. Das zeigt die Verfasserin im Detail und differenzierend an verschiedenen Objektbeziehungen Werthers, zunächst an denen zu Muttergestalten. Der Roman inszeniere die Spaltung der Mutterimago, wie sie Borderliner aus Angst vor Verlust der Ich-Grenzen vollziehen, indem er die abgespaltene zurückweisende Mutter auf Werthers »wirkliche« Mutter verlagere und in der literarischen Phantasie den Kontakt Werthers mit ihr abwehre. Lotte dagegen werde auf Figurenebene zum Sehnsuchtsziel als jene idealisierte Mutterimago, die das Kind zum Gefühl seiner Existenz benötigt. Das führe bei Werther jedoch bald zu narzisstischer Enttäuschung, zum Gefühl seiner Nichtexistenz und zum Bedürfnis, das Gefühl von Verschmelzung und Grenzenlosigkeit wieder zu erlangen. Als dies unmöglich werde, stelle sich bei Werther das von der Forschung beschriebene präsuizidale Syndrom ein: er enge seine ganze Wahrnehmung auf Lotte ein. – Der nächste Schritt gilt den Vatergestalten. Albert analysiert die Verfasserin auf Figurenebene als stellvertretenden Vater, mit dem Werther sich zu identifizieren versuche, was in dieser präödipalen Gesamtphantasie ja mißlingen müsse. Sie zeigt, wie Werther abgewertetes Eigenes auf Albert projiziert, z. B. seine Vorstellung, Liebe sei Besitz, und wie der Roman ödipale Vatertötungsphantasien zu erkennen gibt, die sich gegen Albert erheben. In Wilhelm sieht die Verfasserin, soweit sie ihn als Objektbeziehung Werthers betrachtet, einen Container seiner Gefühle; von ihm grenze Werther sich kaum ab. Sie sieht Wilhelm aber auch als Verkörperung einer Über-Ich-Funktion des Textes.

Nun die Übergangsphänomene, Werthers Homer-Lektüre, Lottes Melodie und zentral: die Natur. Die Homer-Lektüre versteht die Verfasserin als Brücke zwischen Innen und Außen, als einen Wiegengesang, den Werther in Homer hineinlese, einen Übergangsraum zwischen innerer und von ihm getrennter Mutter. Hier im Übergangsobjekt könne er vorläufig das Pendeln zwischen Nähe und Distanz bewältigen, das der Wiederannäherungsphase entspreche. Auch Lottes Melodie sei ihm, vor allem in Situationen heftiger Erregung, ein Wiegengesang. In der als Übergangsphänomen betrachteten Natur suche Werther Einheit mit dem primären Objekt. Er lade sie mit Muttergefühlen auf, schreibe seinen Naturbildern Selbstauflösung ein und wehre so den drohenden eigenen Zusammenbruch ab: mit der Vorstellung von der Natur würden Inszestphantasien vermieden und mit dem Bild des Abgrunds die Gefahr, sich in der ersehnten Einheit zu verlieren. Als die Natur ihre Übergangsfunktion verloren hat, kenne Werther ihr gegenüber nur noch das Gefühl der Leere. Aus ihrer Analyse der Objektbeziehungen und Übergangsphänomene schließt die Verfasserin, daß die ersehnte Ganzheit im Text nicht erreicht wird, was sich u. a. daran zeige, daß Werther in seiner fiktiven Welt entweder ständig nach Grenzen, Abgrenzungen und Eingrenzungen suche oder sich stattdessen in die unendliche Weite sehne. Der Roman erweist sich für die Verfasserin als in seiner Tiefenstruktur auf die Dialektik der Grenzen hin konzipiert; diese dürften nicht überschritten werden, wenn auch das ozeanische Gefühl, d. h. die unbestimmbare Sehnsucht nach Unendlichkeit danach verlange (S. 252).

Das lange Schlußkapitel gilt Werthers Krankheit zum Tode. Sie führe nach Borderline-Muster über Trennungserlebnisse, narzisstische Kränkungen, Angst, Depression und Psychose zum Suizid. Im Text selbst sei sie strukturiert aufgebaut; der Selbstmord erweise sich als Kulminationspunkt eines langen Prozesses. Er sei in der ersten Fassung eingebettet in präsuizidale Phantasien des impliziten Autors, nicht nur der Figur Werther.

Diese Dissertation bietet anfangs viel Bekanntes; neu sind jedoch die Analyseergebnisse, die sie aus objektbeziehungstheoretischer Perspektive gewinnt.

Carl Pietzcker

Elisabeth Bronfen: *Heimweh. Illusionsspiele in Hollywood,* Berlin: Verlag Volk und Welt, 1999. – 559 S., 56,00 DM.

Schon in ihren beiden vieldiskutierten Monographien *Nur über ihre Leiche. Tod, Weiblichkeit und Ästhetik* und *Das verknotete Subjekt. Hysterie in der Moderne* hat Elisabeth Bronfen, von Hause aus anglistische Literaturwissenschaftlerin, sich einem Textbegriff verpflichtet gezeigt, der den *cultural studies* entlehnt ist, die alle kulturellen Objektivationen und Repräsentationen als ›Texte‹ begreifen: auch die komplexen hybriden Zeichensysteme von Filmen. Ihr jüngstes Buch nun *Heimweh. Illusionsspiele in Hollywood* (das sicher nicht lange das jüngste bleiben wird: Bronfen ist eine erstaunliche Vielschreiberin) ist ganz ausdrücklich (und ausschließlich) *Film*lektüren gewidmet. Das Spektrum der in den Blick genommenen Produktionen ist breit (und beschränkt sich, insofern ist der Buchtitel irreführend, keineswegs nur auf Hollywoodproduktionen): in je einzelnen Kapiteln behandelt werden (als Prolog) David Fichers *Seven*, Georg Wilhelm Pabsts *Geheimnisse einer Seele*, Josef von Sternbergs *Der blaue Engel*, Alfred Hitchcocks *Rebecca*, Victor Flemings *The Wizard of Oz*, Douglas Sirks *La Habanera* und *Imitation of Life*, John Fords *The Searchers* und John Sayles *Lone Star*, Fritz Langs *Secret Beyond the Door*, Tim Burtons *Batmans Returns* und (als Epilog) Larry und Andy Wachowskis *Matrix*.

Anschließend an Freuds Ausführungen zum Unheimlichen, das für diesen jenes Schreckliche darstellt, welches auf ein altbekanntes, längstvertrautes, jedoch verdrängtes Wissen zurückgeht, entwickelt Bronfen ihre These (und spielt sie an den von ihr fokussierten Filmen durch), daß die Vorstellung von ›Heimat‹, um die die filmischen Phantasmagorien kreisen, immer schon ›durchsetzt‹ sei mit dem »verborgene[n] Wissen um das eigene Fremdsein, um die Lücke im glücklichen Heim« (S. 94). Inszeniert werde in den Filmen ein ›Ursprung‹, der immer schon als entorteter gekennzeichnet ist, in den das Wissen über die – nur durch nachträgliche Repräsentationen und nie endgültig zu füllende – ›Lücke‹ (den ›Mangel‹, den ›Riß‹) im heimatlichen Glück eingeschrieben sei: mithin bezeichne die Vorstellung von *home* (das zeigt Bronfen in einer brillanten Lektüre des *Wizard of Oz*, in der sie den changierenden Sinn des – von der Protagonistin Dorothy immer wieder formulierten Satzes – *There is no place like home* aus-schreibt) »einen unmöglichen Ort, eine Utopie, aber auch einen extimen Ort, einen Fremdkörper, den man in sich trägt, weil er als verbotenes Wissen verdrängt werden muß, damit das Kind erwachsen werden kann, der gleichzeitig aber auch nie ganz aufgegeben wird« (S. 213). Genuß bereite dieses mediale *home* – so Bronfen – dem Zuschauer, weil es als Illusion inszeniert werde, »die sich explizit von dem Wissen um die radikale Entortung und um das untilgbare Unbehagen, das dem menschlichen Dasein« innewohne, absetze (S. 213). Verpflichtet ist Bronfen nicht einer (planen) Ideologiekritik, die jenes Begehren nach einem verläßlichen *home* zu entlarven und zu kritisieren hätte: sie begreift das Begehren nach dem sicheren *home* als ein Symptom das (im Sinne von Zizeks *Liebe Dein Symptom wie Dich selbst*) als *Schutzdichtung* fungiere, das dem Ich die Bildung sinnstiftender Illusionen erlaube, es vor dem Einbruch des Wahnsinns bewahre. »Schutzdichtungen« – so Bronfen – seien verdichtete Bilder, die die Protagonisten der Filme wie die Zuschauer »vor einem traumatischen Wissen schützen, indem sie [...] erlauben, dieses bedrohliche Wissen auf verschlüsselte und somit erträgliche Weise zum Ausdruck zu bringen, aber auch Bilder, die wie Zwischenstücke an Verbindungsstellen innerhalb des psychischen Apparates zum Schutz des Subjekts eingesetzt werden, um dieses gefährliche traumatische Wissen fernzuhalten« (S. 434f.). Wir alle brauchen – so Bronfen – eben diese Schutzdichtungen, Geschichten, die uns das Weiterleben ermöglichen und uns vor dem Chaos des Realen, dem traumatischen Wissen von Mangel, Sterblichkeit, Versehrung retten.

Solche Geschichten liefere das Kino – und Bronfen wird nicht müde darin, uns die Verfaßtheit dieser kinematographischen ›Schutzdichtungen‹ wieder und wieder vorzuführen. Eigenartigerweise vermißt man bei der Lektüre ihres Buches nicht, daß nicht zumindest einige der von der Autorin referierten Filmsequenzen (etwa als CD-ROM) der Darstellung beigegeben sind. Bronfen verfügt über ein eminentes erzählerisches Talent; sie überführt ihren Filmtext in eine kongeniale Filmlektüre. Nichtsdestotrotz: der spezifische *mediale* Status ihres Untersuchungsgegenstandes, bei dem es sich eben um Film (und nicht um Roman, Drama etc.) handelt, geht ein wenig verloren. Nicht wirklich gelöst hat die Autorin ein zweites Dilemma: Bronfen beteiligt sich an dem Unternehmen, die Trennlinie zwischen *high culture* und *low culture* zu subvertieren: sie wendet sich Manifestationen der Populärkultur mit derselben Skrupulösität zu, die Phänomenen der *high art* ganz selbstverständlich zuteil wird. Wie produktiv ihre Suspension der ›Wertfrage‹ ist, macht jeder noch so kurze Blick auf ihre stupenden Lektüren deutlich. Allerdings – auch das ist zu konstatieren – erscheinen durch Bronfens Verfahrensweise alle Katzen / Filme grau. Unterschiede, nicht nur ästhetische, auch etwa solche des *genres*, fallen ihrer Konzeption von Filmlektüre, die iterativ ein (zugegeben: spannendes und aufschlußreiches, zugleich aber ›ubiquitär‹ applizierbares: auf welchen Film ließe es sich nicht anwenden?) Theorem an einer Reihe von Filmen durchspielt, zum Opfer.

Claudia Liebrand

Joachim Pfeiffer

LITERATURPSYCHOLOGIE 1997–1999

Eine systematische und annotierte Bibliographie
Vierte Fortsetzung und Nachträge
Hg. in Verbindung mit Wolfram Mauser und Bernd Urban

Vorwort

Die vorliegende Bibliographie setzt die Nachträge von 1991, 1994 und 1998 fort. Auch diesmal wurden neben der Literatur zum angegebenen Berichtszeitraum wieder Nachträge zu früheren Jahren aufgenommen. Die Titel sind chronologisch angeordnet, innerhalb desselben Erscheinungsjahres nach dem Autorenalphabet. Die systematische Einteilung bleibt unverändert, die Richtlinien der Bibliographie von 1989 sind weiterhin gültig.

Daniel Komeyli danke ich für die Materialbeschaffung, Autorinnen und Autoren für ihre Hinweise. Bibliographische Hinweise sind auch in Zukunft willkommen.

J.P.

Symbole und Abkürzungen

*	ohne Autopsie aufgenommen
PsA	Psychoanalyse
psa.	psychoanalytisch
s.	siehe
s.a.	siehe auch
ubw.	unbewusst
FLG	Freiburger literaturpsychologische Gespräche
ZDP	Zeitschrift für deutsche Philologie

3.1.1 Theorie, Hermeneutik, Interpretation, Methode

1   Zur Nieden, Birgit: Mythos und Literaturkritik. Zur literaturwissenschaft-
        lichen Mythendeutung der Moderne. Münster, New York 1993. 237 S.
        • *Darin: Psycholog. und psa. Mythostheorie (Freud, Jung). Kritik psa.*
        Textinterpretation. Psychologie der lit. Form

2   Kutter, Peter: Psychoanalyse interdisziplinär. Frankfurt a.M. 1997. 221 S.
        • *Künstler. Kreativität. Beziehung Autor-Werk-Leser. E.T.A. Hoffmann*
        (›Der Sandmann‹)

3   Bittner, Günther: Metaphern des Unbewußten. Eine kritische Einführung in
        die Psychoanalyse. Stuttgart 1998. 341 S.
        • *Kap. 5: PsA und Geisteswissenschaften. Theologie (psa. Religionskritik),*
        Literaturwissenschaft (Text auf der Couch?), Pädagogik

4   Laplanche, Jean: Die Psychoanalyse als Anti-Hermeneutik. In: Psyche 52
        (1998), 605–618.
        • *Plädoyer für PsA als primär analytische Methode, die den freien Asso-*
        ziationen ihr Eigengewicht belässt (ohne einen vorgängingen Verstehens-
        code vorauszusetzen)

5   Raguse, Hartmut: Psychoanalytische Hermeneutik – Weltanschauung oder
        Regelcorpus? In: Psyche 52 (1998), 648–703.
        • *Histor. Abriss. Psa. Hermeneutik als »Kunstlehre« sprachlichen Verste-*
        hens. Rückgriff auf die Semiotik. Ort des naturwissenschaftlichen Denkens

6   Rohde-Dachser, Christa: Über Widersprüche geschlechtlicher Identität in
        der weiblichen Entwicklung aus der Sicht der Psychoanalyse. In: FLG 17
        (1998), 19–33.
        • *Problematischer Begriff der Geschlechtsidentität von Stoller. Ubw.*
        Infragestellung der bew. akzeptierten Geschlechtsidentität. Verleugnung
        der Geschlechts- und Generationenunterschiede, Wiederherstellung einer
        omnipotent-narzisst. Einheit mit der Mutter

3.1.2 Diskussion psychoanalytischer und literatur-psychologischer Theorien (Autoren)

Butler, Judith → 45

Freud, Sigmund

a) Zu einzelnen Werken

- Der Wahn und die Träume in W. Jensens ›Gradiva‹ → 114

b) Einzelaspekte

7   Held, Heinz-Georg: Die Zukunft einer Illusion. Zur Geschichte und Epistemologie der Psychoanalyse. In: Avantgarde, Modernität, Katastrophe. Letteratura, arte e scienza fra Germania e Italia nel primo '900. Hg. von Eberhard Lämmert u. Giorgio Cusatelli. Florenz 1995, 31–45.
• *Kritik der Aufklärung durch die PsA. Entwurf einer zeitadäquaten Anthropologie. Geisteswissenschaften und PsA*

8   Klenke, Claus-Volker: Bedingte Referenz. Mythos und Ethik des Gesetzes im Freudschen Denken. In: Übertragung und Gesetz. Gründungsmythen, Kriegstheater und Unterwerfungstechniken von Institutionen. Hg. von Armin Adam und Martin Stingelin. Berlin 1995, 255–266.
• *Psycho-Analyse von Institutionen? Sozialpsychol. Institutionstheorien, ›Massenpsychologie und Ich-Analyse‹*

9   Kornbichler, Thomas: Freuds Problem und das Problem Freud. Von der patriarchalischen Geschlechtermoral zur androgynen Lebensgestaltung. In: Variationen der Liebe. Historische Psychologie der Geschlechterbeziehung. Hg. von Thomas Kornbichler und Wolfgang Maaz. Tübingen 1995, 343–362.
• *Patriarchal. Ordnung der modernen Geschlechterbeziehung. Freuds Geschlechtermodell. Androgyne Lebensgestaltung als Lebensform der Zukunft?*

d) Beziehungen und Vergleiche

10   Lorenz, Dagmar: Freud, der Erzähler. Die Geburt der Psychoanalyse aus dem Geist der Literatur. In: Psychologie heute 23 (1996) 10, 58–65.
• *Wechselseitige Inspiration von Psychologie und Literatur seit dem 18. Jh. (K. Ph. Moritz). Vorläufer Freuds. Hysterie u. Inszenierung. Fallgeschichten als Novellen. Bedeutung des Ödipus-Stoffes*

11   Keilson, H[ans]: Freud und die Kunst. In: Psyche 52 (1998), 731–750.
• *Bedeutung der PsA für die Beurteilung des künstlerischen Schaffensprozesses (Winnicott, Eissler). Kunstverständnis Freuds: klassizist. Prägung und traditioneller ästhet. Standpunkt*

→ 18, 26, 61, 83, 126, 129, 154, 163, 164, 169

Gross, Otto

12   Das Fremde und das Glück. Otto Gross im Expressionismus. In: Psycho-
      analyse in der modernen Literatur. Kooperation und Konkurrenz. Hg. von
      Thomas Anz. Würzburg 1999, 85–96.
      • *G's Schicksal als expressionist. Interpretationsschema (Kampf gegen die
      Väterwelt, antinomische Form des Denkens, Radikalimus)*

Jung, Carl Gustav → 1, 18, 159, 175, 178

Kernberg, Otto

→ 40, 180

Kohut, Heinz

→ 40, 130, 179

Kristeva, Julia → 137

Lacan, Jacques

13   Hofmann, Roger: Beschreibungen des Abwesenden. Lektüren nach Lacan.
      Ffm. u.a. 1996. 302 S.
      • *Begriffl. Ausarbeitung der Theorie des Signifikanten. Subversion der
      Sprache. Mechanismen des Primärprozesses, Rhetorizität des Traums.
      Lacansche Lektüren: Shakespeare (›Hamlet‹), Chr. Wolf (›Blickwechsel‹,
      ›Juninachmittag‹, ›Nachdenken über Christa T.‹), P. Weiß (›Die Ästhetik
      des Widerstands‹)*

→ 20

Miller, Alice

14   Bögels, Gertie: Psychoanalyse in der Sprache Alice Millers. Würzburg 1997. 141 S.
    • *Entwicklung M's (von der Fachwissenschaft zur Interpretation von Literatur und zur Kunst- und Ideengeschichte). M's Kritik an der psa. Behandlungsform*

3.2   Literarische Formen und Gattungen

3.2.1 Verschiedenes

15   Kleewein, Hermine: I tua wohl, als wann ma nix war. Psychologische Deutungsversuche zum Kärntner Volksliedgut. Klagenfurt/Celovec u.a. 1996. 174 S.
    • *Psa.-sexuelle Komponente des Symbols, Schwierigkeit psa. Symboldeutung. Verdrängungsmechanismen, psychol. Traumata durch Erfahrung im Grenzland (Trennungs- und Verlustängste, Depressionen, Größenideen u.a.)*

3.2.3.4 Kinder- und Jugendliteratur

16   *Guenin, Jacqueline; Niedermann, Albin: Die Lernstörung und Lernbehinderung im Kinder- und Jugendbuch. Eine Bewältigungshilfe? In: Vierteljahresschrift für Heilpädagogik und ihre Nachbargebiete 65 (1996) 4, 462–480.

3.2.3.7 Lyrik
    → 37

3.2.3.8 Märchen

17   Mazenauer, Beat; Perrig, Severin: Wie Dornröschen seine Unschuld gewann. Archäologie der Märchen. Leipzig 1995. 367 S.
    • *Mentalitätsgeschichtl. und kultursoziol. Untersuchung. Stoffe, Motive und Erzählhaltungen werden im Kontext des abendländ. Zivilisationsprozesses untersucht am Beisp. von ›Dornröschen‹, ›Blaubart‹, ›Rotkäppchen‹, ›Aschenputtel‹, ›Dummling‹ (nur bedingt literaturpsychol.)*

18   Derungs, Kurt: Der psychologische Mythos. Frauen, Märchen & Sexismus.
       Manipulation und Indoktrination durch populärpsychologische Märchen-
       interpretation: Freud, Jung & Co. Bern 1996. 206 S.
       • *Ideologiekrit. Auflösung der (populär)psychol. Deutungen und der patri-
       archalen Denknormen*

3.2.3.9   Mythologie

→ 20, 8, 10, 20, 43, 108, 128, 142, 151

3.2.3.12   Trivialliteratur

19   *John, Matthias: Denken in Szenen. Comics + Psychodrama. In: Soziale
       Wirklichkeit 1 (1997) 2, 177–182.

3.3   Stoffe, Motive, Themen

20   Eder, Annemarie: Der verhinderte Eros als Anabiose in der Gralssage. In:
       Sprachspiele und Lachkultur. Beiträge zur Literatur- und Sprachgeschichte.
       Rolf Bräuer zum 60. Geburtstag. Hg. von Angela Bader u.a. Stuttgart 1994,
       88–129.
       • *Lacan – Gralsmythos als Wunsch- und Angstprojektion. Unsterblich-
       keitssehnsucht und die damit verbundenen Opfer. Geschlechterrollen*

21   Keilson, Hans: Rekonstruktion der Verfolgung in Literatur und Psychothe-
       rapie. In: Fünfzig Jahre danach. Zur Nachgeschichte des Nationalsozialis-
       mus (Interdisziplinäre Vortragsreihe der Eidgenössischen Technischen
       Hochschule Zürich und der Universität Zürich Wintersemester 1994/95).
       Hg. von Sigrid Weigel und Birgit Erdle. Zürich 1996, 69–89.
       • *Therapieerfahrungen. Verhältnis von Fiktion und Wirklichkeit. Literatur
       als Gedächtniskunst*

22   Dinzelbacher, Peter: Die Gottesgeburt in der Seele und im Körper. Von der
       somatischen Konsequenz einer theologischen Metapher. In: Variationen der
       Liebe. Historische Psychologie der Geschlechterbeziehung. Hg. von
       Thomas Kornbichler und Wolfgang Maaz. Tübingen 1995, 94–128.
       • *Generierung einer psycho-somatischen Erlebenswirklichkeit durch Lite-
       ratur (im Mittelalter). Von der Metapher (Schwangerschaft der Seele) über
       ihre Dramatisierung zur Realisierung im Körper*

23   Matt, Peter von: Verkommene Söhne, mißratene Töchter. Familiendesaster
       in der Literatur. München 1995. 392 S.
       • *Ordnung der Eltern (des Vaters) gegen die elementare Un-Ordnung oder
       Gegen-Ordnung der Söhne und Töchter. Konfliktfelder (Bibel, Kinderverse,*

Schillers ›Räuber‹, Shakespeares ›King Lear‹, Kellers ›Meretlein‹,
›Struwwelpeter‹, Kleist, Brecht, H. Müller u.a.). Frauen im 19. Jh., Mütter
und Söhne (nur bedingt literaturpsychol.)

24   Radkau, Joachim: Die Männer als schwaches Geschlecht. Die wilhelmini-
     sche Nervosität, die Politisierung der Therapie und der mißglückte Ge-
     schlechterrollentausch. In: Variationen der Liebe. Historische Psychologie
     der Geschlechterbeziehung. Hg. von Thomas Kornbichler und Wolfgang
     Maaz. Tübingen 1995, 249–293.
     • *Patientengeschichten im wilhelmin. Kaiserreich, Nervendiskurs der Zeit.*
     Medikalisierung der Sexualität, Neurasthenie und Hysterie. Geschlechter-
     übergreifende Eigendynamik des Neurastheniekonzepts

25   Röcke, Werner: Liebe und Melancholie. Formen sozialer Kommunikation
     in der ›Historie von Florio und Bianceforra‹ (1587). In: Variationen der
     Liebe. Historische Psychologie der Geschlechterbeziehung. Hg. von
     Thomas Kornbichler und Wolfgang Maaz. Tübingen 1995, 129–148. Auch
     in: GRM N.F. 45 (1995), 177–191 (s. Bibliographie 1998, Nr. 154).

26   Turk, Horst: Kulturgeschichtliche und anthropologische Bedingungen des
     Lachens. In: Differente Lachkulturen? Fremde Komik und ihre Überset-
     zung. Hg. von Thorsten Unger u.a. Tübingen 1995, 299–317.
     • *Lachtheorien (Bergson, Freud, Nash, Gutwirth). Kennzeichen humorist.*
     Einstellung und komisierender Darstellung auf der Grundlage von Freuds
     Witz- und Humortheorie. Aspekte der Lachkultur, Alterität differenter
     Lachkulturen

27   *Balzani, Alberta; Banatelli, Stefania: Abtreibung und Kindesmord in
     antiken Kulturen – interpretiert im Licht der individualpsychologischen
     Theorie. In: Zeitschrift für Individualpsychologie. 21 (1996) 1, 63–68.

28   *Kiper, Hanna: Der Schülerselbstmord als Diskursfigur in literarischen
     Texten. In: PaedForum 24 (1996) 1, 80–88.

29   Kraus, Wolfgang: Das erzählte Selbst. Die narrative Konstruktion von
     Identität in der Spätmoderne. Pfaffenweiler 1996. 264 S.
     • *Konzepte der Identitätsforschung (Kontinuität, Kohärenz). Narration als*
     nicht hintergehbarer konstruktivist. Bezug des Subjekts zur Welt (Prozess
     des ständigen Um- und Neuerzählens)

30   Lehnert, Gertrud: Zur Dämonisierung von Kindern in der Literatur der
     Moderne. In: Bücher haben ihre Geschichte: Kinder- und Jugendliteratur,
     Literatur und Nationalsozialismus, Deutschdidaktik. Norbert Hopster zum

60. Geburtstag. Hg. von Josting, Petra und Jan Wirrer. Hildesheim 1996, 246–258.
• *Wahrnehmung des kindlichen »Bösen« in der Persepktive von Kindheits-ideologien. Dämonisierung in didaktischer Absicht. Ausgrenzung des »bösen Anderen«. Sozialhistor. u. psychohistor. Kontexte. Bes. H. James ()The Turn of the Screw()*

31   Vorderer, Peter: Toward a psychological theory of suspense. In: Suspense. Conceptualizations, theoretical analyses, and empirical explorations. Hg. von Peter Vorderer, Hans J. Wulff und Mike Friedrichsen. Mahwah, N.J. 1996, 233–254.
• *Spannung als Rezeptionsphänomen (psychol. Konzept). Verbindung ver-schiedener Ansätze im Hinblick auf eine psychol. Theorie der Spannung*

32   Webber, Andrew J.: The Doppelgänger. Double visions in German litera-ture. Oxford 1996. XI, 379 S.
• *»Fallgeschichte« der Subjektivität im 19. Jh. Motiv des gespaltenen Subjekts und des Identitätsverlusts. Doppelgänger-Theorien (u.a. Fichte, Schubert, Rank). Doppelgänger-Motiv bei Jean Paul, E.T.A. Hoffmann, Kleist (v.a.)Findling(,)Amphitryon(), in Novellen des poet. Realismus und in der klass. Moderne*

33   Auteri, Laura: Von der Verhaltenslehre zur Seelenforschung. Edition von Dokumenten des XVII. Jahrhunderts. In: Editionsdesiderate zur Frühen Neuzeit. Beiträge zur Tagung der Kommission für die Edition von Texten der Frühen Neuzeit, Bd. 1. Hg. von Hans-Gert Roloff. Amsterdam, Atlanta, GA 1997, 349–370.
• *Übergang zur individ. Bildung des Menschen. Wichtige Marksteine und Wendepunkte. Verhaltenslehre für emporstrebende Schichten. Neuer Begriff der »Selbsterkenntnis«, Entdeckung des Einzelnen*

34   Böschenstein, Renate: Berufsfindung als psychisches Problem, untersucht an ihrer Darstellung in literarischen Texten. In: FLG 16 (1997), 45–68.
• *Ich-Konzeption (Bewusstsein einer spezif. geistig-seel. Struktur) und Berufsfindung. Frage der »freien« Berufswahl. Jung-Stilling ()Lebens-geschichte(), Goethe ()Wilhelm Meisters Lehrjahre(,)Wilhelm Meisters Wanderjahre(), R. Walser ()Geschwister Tanner(), M. Zschokke ()Max()*

35   Erdheim, Mario: Weibliche Größenphantasien in Adoleszenz und gesell-schaftlichen Umbrüchen. In: FLG 16 (1997), 27–43.
• *Genese von Omnipotenzphantasien. Vergesellschaftung der Omnipotenz in der Adoleszenz. Sophokles')Antigone(und Antigonekomplex. Kultur und weibl. Omnipotenzphantasie*

36   Gutjahr, Ortrud: Jugend als Epochenthema um 1900. In: FLG 16 (1997), 117–143.
• *Jugend als programmatischer Begriff. Jugendkultur und Jugendstil. Jugend im Spannungsfeld von Widerstand und Anpassung. Selbstreflexion der Kunst der Moderne. Wedekind (›Frühlingserwachen‹), Hesse (›Unterm Rad‹), Th. Mann (›Tonio Kröger‹), Musil (›Törleß‹). Weibl. Adoleszenzproblematik bei Elsa Asenijeff, L. Andreas-Salomé, Hedwig Dohm, Franziska von Reventlow*

37   Moser, Ulrich: »Wunderangstmacht« und »Abschiedsgrat« – lyrische Mikrowelten. In: Psyche 51 (1997), 739–762.
• *Anwendung der Traumtheorie v. Moser/Zeppelin auf die Poesie. Übergänge von der vorsprachl. zur sprachl. Innenwelt. Verhältnis von kognit. Strukturen und affektiven Informationen. Regulierung von Sicherheit durch die inneren »Mikrowelten« (bei Autisten, in der Poesie). Celan, Mallarmé, D. Grünbein*

38   *Schoene, Anja Elisabeth: »Ach, wäre fern, was ich liebe!« Studien zur Inzestthematik in der Literatur der Jahrhundertwende (von Ibsen bis Musil). Würzburg 1997. 265 S.

39   Bronfen, Elisabeth: Das verknotete Subjekt. Hysterie in der Moderne. Berlin 1998. 784 S.
• *Medizin. Diskurse, kulturelle Hysterieformationen. U.a Radcliffe (›The Romance of the Forest‹), Stoker (›Dracula‹), Wagner (›Parsifal‹)*

40   Dettmering, Peter: Formen des Grandiosen. Literaturanalytische Arbeiten 1985–1995. Eschborn 1998. 180 S.
• *Kohut (Selbstpsychologie), Kernberg (»negative Grandiosität«). Goethe, Shakespeare, Dostojewski, Kafka, Doderer, Kleist*

41   Ebrecht, Angelika: Jenseits des Spiegels – Das Verhältnis von Freundschaft, Geschlecht und Moral aus psychoanalytischer Sicht. In: Querelles. Jb. für Frauenforschung 3 (1998), 75–88.
• *Psa. Freundschaftskonzepte (Freud). Antike und moderne Freundschaftsmodelle, Anthropologie des 18. und 19. Jhs. Freundschaft als Übergangsraum zwischen den Geschlechtern*

42   Green, André: Der moralische Narzißmus. In: Psyche 52 (1998), 415–449.
• *Vergleich von ›Aias‹ und ›Ödipus‹. Unterschiede zwischen Kulturen der Scham (moral. Narzissmus) und Kulturen der Schuld. Typusbeschreibung des moral. Narzissmus (Sieg des Triebverzichts über die Befriedigungen der Illusion)*

43   Haas, Eberhard: Rituale des Abschieds: Anthropologische und psycho-
      analytische Aspekte der Trauerarbeit. In: Psyche 52 (1998), 450–471.
      • *Trauerrituale alter und neuer Kulturen, gemeinsame Strukturen aller*
      Totenrituale. Zerreißprobe zwischen Diesseits und Jenseits, ausgehend vom
      Orpheus-Mythos und von analogen mythischen Erzählungen

44   Sanna, Simonetta: Im gesprungenen Spiegel des Wahnsinns: die Moderne
      und ihre Bewußtseinskrise. In: Ästhetische Moderne in Europa. Grundzüge
      und Problemzusammenhänge seit der Romantik. Hg. von Silvio Vietta und
      Dirk Kemper. München 1998, 287–319.
      • *Exemplar. Texte aus dem zeitl. Umfeld der Franz. Revolution. Kritisch-*
      rationalist. (Lichtenberg, Heine, Wieland, Lessing), subjektiv-rationalist.
      (Goethe, Wagner, Schiller, Tieck), romantisch-subjektivist. Wahnsinns-
      konzeptionen (Arnim, Hoffmann, Kleist)

45   Funk, Julia: Die melancholische (Un-)Ordnung der Geschlechter in der
      Moderne und die Androgynie-Utopie. In: Quer*elles*. Jb. für Frauen-
      forschung 4 (1999), 35–54.
      • *Vielfalt der Androgynie-Konzepte. Differenztheorie. Sozio-kulturelle und*
      diskursive Konstruktion von Geschlechterdifferenz. Androgynie auf dem
      Hintergrund der Theorien J. Butlers

46   Heim, Robert: Utopie und Melancholie der vaterlosen Gesellschaft. Gießen
      1999. 450 S.
      • *Geburt der PsA aus dem Geist des Vaters. Das Erbe von A. Mitscherlichs*
      ›Auf dem Weg zur vaterlosen Gesellschaft‹. Vatermord, Gotteskomplex,
      Instanzen- und Triebtheorie. Ph. Roth (›Mein Leben als Sohn‹), H.-J.
      Ortheil (›Abschied von den Kriegsteilnehmern‹)

47   Roebling, Irmgard: »Denn lieb ist dirs von je / Wenn größer die Söhne sind,
      / Denn ihre Mutter.« Maria als Medium für Größenphantasien in Texten der
      Nachaufklärung. In: FLG 18 (1999), 175–192.
      • *Marien-Phantasien von Ganzheit, Einheit, geschlechtl. Omnipotenz. Bsp.*
      Keller ›Sieben Legenden‹

48   Wucherpfennig, Wolf: Das Ich und das All und das Weibliche. Größen-
      phantasien in der naturalistischen Subkultur. In: FLG 18 (1999), 272–289.
      • *Naturalist. Kulturrevolutionäre (von Depression bedroht, von Größen-*
      phantasien geschützt). Ambivalenzen gegenüber dem Modernisierungs-
      prozeß, ästhetisierende Distanzierung

49   *Holm-Hadulla, Rainer: The creative aspect of dynamic psychotherapy: Parallels between the construction of experienced reality in the literary and the psychotherapeutic process. In: American Journal of Psychotherapy 50 (1996) 3, 360–369.

3.4   Epochen und Stilrichtungen

→ 12, 24, 36, 44, 48, 143, 160, 161

3.5   Kreativität und Produktion (Autor)

50   *Koch, Helmut; Keßler, Nicola (Hg.): Schreiben und Lesen in psychischen Krisen. Gespräche zwischen Wissenschaft und Praxis. Bonn 1998.

51   Kraft, Hartmut: Größenphantasien im kreativen Prozeß. In: FLG 18 (1999), 45–61.
      • *Konstruktive Rolle der Größenphantasien für den kreativen Prozess (Motivation, Durchsetzung des kreativen Produkts gegenüber anderen)*

52   Maier, T.: Über Psychose, Sprache und Literatur. In: Der Nervenarzt 70 (1999), 438–443.
      • *Zusammenhang von Literaturproduktion und Psychose. Lockerung der semant. Stabilität, Unterlaufen des konventionellen Sprachgebrauchs. Fehlende kommunikative Basis*

53   Schönau, Walter: Die Bedeutung psychoanalytischen Wissens für den kreativen Prozeß literarischen Schreibens. In: Psychoanalyse in der modernen Literatur. Kooperation und Konkurrenz. Hg. von Thomas Anz. Würzburg 1999, 219–231.
      • *Modelle des kreativen Prozesses (bew./ubw. Verarbeitung von Wissen bzw. Phantasiestrukturen). Überschätzung der Bedeutung psa. Wissens für den lit. Schaffensprozess*

3.6   Rezeption und Wirkung (Leser)

54   Holland, Norman N.: The critical I. New York 1992. 262 S.
      • *Lit. Rezeptionstheorie. Zuschauerreaktionen auf Film, Leserreaktionen auf literaturwissenschaftliche Interpretationen. Kritik poststrukturalist. Schulen*

55   Kramer, Susanne: Lesen im Alltag. Persönliche Mitteilungen über Erlebnisse und Erfahrungen mit Literatur. Diss. Hamburg 1996. 310 S.
      • *Leseforschung. Empir. Untersuchung an 50 Personen (25 Männern, 25 Frauen). Lesesozialisation und Lesewirkung*

56   Garbe, Christine: Weibliche Adoleszenzromane in der Rezeptionsperspektive jugendlicher Leserinnen. In: FLG 16 (1997), 215–230.
        • *Rezeption emanzipatorischer Mädchenbücher: Harry Mazer (›Cleos Insel‹) u. Inger Edelfeldt (›Kamalas Buch‹). Ängste und Wünsche jugendlicher Leserinnen. Literar. und psychol. Rezeptionskompetenzen der Leserinnen. Notwendigkeit didaktisch angeleiteter Gespräche*

57   Schmalohr, Emil: Das Erlebnis des Lesens. Grundlagen einer erzählenden Lesepsychologie. Stuttgart 1997. 434 S.
        • *Quantifizierende und erzählende Lesepsychologie im Erstleseunterricht. Lesen bei Anfängern, Fortgeschrittenen und Experten. Leseweisen und Dekonstruktion, Lesen mit Computern. Legasthenie*

58   Anz, Thomas: Literatur und Lust. Glück und Unglück beim Lesen. München 1998. 286 S.
        • *Lust am Schönen, Gründe für die Faszination des Schrecklichen. Spannung und Lachlust, erotische und pornographische Lust*

        → 99

3.7   Einflüsse und Wechselwirkungen

59   Groeben, Norbert; Wolff, Reinhold: Literaturpsychologie und Pädagogik. In: Logik der Pädagogik, Pädagogik als interdisziplinäres Aufgabengebiet. Bd. 2: Der Beitrag der Geisteswissenschaften zur Pädagogik, Teil 2. Hg. von Bernhard Möller. Oldenburg 1992, 59–82.
        • *Autor-, Werk- und Leserpsychologie und deren Relevanz für pädagogische Fragestellungen. Bedeutung für die Literaturdidaktik, für wissenschaftlich-methodische und anthropologische Aspekte der Pädagogischen Psychologie*

60   Erlacher-Farkas, Barbara; Jorda, Christan (Hg.): Monodrama. Heilende Begegnung. Vom Psychodrama zur Einzeltherapie. Wien, New York 1996. XVII, 254 S.
        • *Monodrama (in der Nachfolge von Morenos klassischem Psychodrama): kulturhistor. Voraussetzungen, theoret. Grundlagen, Methodik, Anwendungsbeispiele (Kinder, Studenten, Justizanstalt, Alkoholabhängige, sex. Störungen)*

61   Rattner, Josef; Danzer, Gerhard: Österreichische Literatur und Psychoanalyse. Literaturpsychologische Essays über Nestroy, Ebner-Eschenbach, Schnitzler, Kraus, Rilke, Musil, Zweig, Kafka, Horvath, Canetti. Mit Beitr. von Irmgard Fuchs und Alfred Lévy. Würzburg 1998. 325 S.

• *Wurzeln der PsA in der österr. Literatur, Einfluss der PsA auf Autoren und Werke. U.a. Schnitzler (Freuds »Doppelgänger«), Kraus (Revolte als Sprachkritik), Rilke (Schwermut und Don Juanismus), Musil (Literatur des Als-Ob), St. Zweig (Beziehung zu Freud, Humanismus), Kafka (Grenzgängertum, Väterwelt, bes. ›Brief an den Vater‹, Frauenbeziehungen), Horváth, Canetti (Verwandlung als Humanisierung des Menschen)*

62   Anz, Thomas: Die Seele als Kriegsschauplatz. Psychoanalytische und literarische Beschreibungen eines Kampfes. In: Psychoanalyse in der modernen Literatur. Kooperation und Konkurrenz. Hg. von Thomas Anz. Würzburg 1999, 97–108.
• *Begriffe und Bilder des Kampfes und Krieges in lit. Texten der Moderne, auch im Sinn von »intrapersonalen« Konflikten (Th. Mann, Jensen, Döblin, Musil, Kafka, Weininger, Rilke)*

63   Kanz, Christine: Schriftstellerinnen um Freud und Gross. Literatur, Psychoanalyse und Geschlechterdifferenz. In: Psychoanalyse in der modernen Literatur. Kooperation und Konkurrenz. Hg. von Thomas Anz. Würzburg 1999, 42–60.
• *Freuds Geschlechterkonzeption. Rezeption der PsA bei Andreas-Salomé, Margarete Susmann, Regina Ullmann (›Konsultation‹)*

64   Kyora, Sabine: »Das ganze Unterbewußtsein läuft einem davon ...« Ästhetische Verfahren und psychoanalytische Theorie in der westlichen Literatur. In: Psychoanalyse in der modernen Literatur. Kooperation und Konkurrenz. Hg. von Thomas Anz. Würzburg 1999, 169–181.
• *Künstlerische Rezeption der PsA bei den Surrealisten (Breton, Aragon), Beckett, Joyce, Barnes, Woolf*

65   Titzmann, Michael: Psychoanalytisches Wissen und literarische Darstellungsformen des Unbewußten in der frühen Moderne. In: Psychoanalyse in der modernen Literatur. Kooperation und Konkurrenz. Hg. von Thomas Anz. Würzburg 1999, 183–217.
• *Relationen zwischen literarischer und nicht-literarischer Anthropologie. Pränalyt. Phase um 1890 (Hauptmann, Sudermann), PsA auf dem Weg zum kulturellen Wissen 1910–1915 (Th. Mann: ›Der Tod in Venedig‹)*

66   Wurmser, Léon; Gidion, Heidi: Die eigenen verborgensten Dunkelgänge. Narrative, psychische und historische Wahrheit in der Weltliteratur. Göttingen 1999. 215 S.
• *»Narrative Wahrheit« (Spence). Analogie literarischer Werke und psa. Arbeit. Vielschichtigkeit des Psychischen / des Erzählerischen. U. a. Dostojewski, J. Conrad, Kafka, Ovid, Ibsen, Andreas-Salomé, S. Plath, Chr. Wolf*

3.8   Didaktik

67   Steitz-Kallenbach, Jörg: Die ich rief, die Geister ... Zur Psychodynamik von
      Spielprozessen im Unterricht. In: Imaginative und emotionale Lernprozesse
      im Deutschunterricht. Hg. von Kaspar H. Spinner. Ffm. 1995, 29–54.
      • *Ganzheitl. Unterrichtsmethoden. Aufgaben des Literaturunterrichts. Bsp.*
      Frisch (›Andorra‹) und Horváth (›Glaube Hoffnung Liebe‹)

68   Belgrad, Jürgen: Detektivische Spurensuche und archäologische Sinnkon-
      struktion. Tiefenhermeneutische Textinterpretation als literaturdidaktisches
      Verfahren. In: Literarisches Verstehen – Literarisches Schreiben. Positio-
      nen und Modelle zur Literaturdidaktik. Hg. von Jürgen Belgrad und
      Hartmut Melenk. Hohengehren 1996, 133–148.
      • *Methoden der Tiefenhermeneutik (freie Assoziation, szenisches Verstehen*
      u.a.), Anwendung in der Literaturdidaktik

4.   Einzelne Autoren (Buchstaben R und S teilweise vertauscht)

Andreas-Salomé, Lou

a) Zu einzelnen Werken

- Eine Ausschweifung

69   Haines, Brigid: Masochism and femininity in Lou Andreas-Salomé's ›Eine
      Ausschweifung‹. In: Women in German Yearbook 13 (1997), 81–99.
      • *Begriff des Masochismus um 1900. Widersprüchliche Gestaltung des*
      weibl. Masochismus im Text. Widerstand gegen ödipale Unterdrückung (im
      Licht von Deleuzes Theorie)

- Im Zwischenland

70   Roebling, Irmgard: Die Darstellung weiblicher Jugend in Lou Andreas-
      Salomés Erzählzyklus ›Im Zwischenland‹. In: FLG 16 (1997), 149–169.
      • *Symbolsprache (Raummetaphern, Figurenkonstellationen) und ihr*
      Beitrag zur Darstellung von Adoleszenz, v.a. in ›Die Schwester‹

- Lebensrückblick

71   Michaud, Stéphane: Zensur und Selbstzensur in Lou Andreas-Salomés
      autobiographischen Schriften. Zur dichterischen Gestaltung des Lebens

rückblicks. In: Zensur und Selbstzensur in der Literatur. Hg. von Peter Brockmeier und Gerhard R. Kaiser. Würzburg 1996, 157–171.
• *Bew. und ubw. Selbstzensur. Zusammenfall von Kaschierung und Bekenntnis. A.-S's Beitrag zur PsA*

b) Einzelaspekte

72   Haines, Brigid: ›Ja, so würde ich es auch heute noch sagen‹: reading Lou Andreas-Salomé in the 1990s. In: Publications of the English Goethe Society 62 (1993), 77–95.
• *Aktuelle Bedeutung ihres lit. und essayistischen (psa.) Werks. Problematik der Weiblichkeits-Auffassung im Licht moderner feminist. Theorie. Offene Form der Erzähltexte*

d) Beziehungen und Vergleiche

73   Gutjahr, Ortrud: Die Hysterie des Anderen. Lou Andreas-Salomé und Rainer Maria Rilke. In: Psychoanalyse in der modernen Literatur. Kooperation und Konkurrenz. Hg. von Thomas Anz. Würzburg 1999, 17–39.
• *Psycho-literarische Beziehung. Entbindung einer Poetik der Moderne aus dem Geist selbst-analytischen Verfahrens in Rilkes ›Malte Laurids Brigge‹. Problematik einer Künstler-PsA*

→ 63

Asenijeff, Elsa → 36

Bachmann, Ingeborg

a) Zu einzelnen Werken

- Der Fall Franza

74   Grant, Alyth F.: »Kränkung« and »Verdrängung«: the metaphor of hysteria in Marlen Haushofer's ›Die Mansarde‹ and Ingeborg Bachmann's ›Der Fall Franza‹. In: 1000 Jahre Österreich im Spiegel seiner Literatur. Hg. von August Obermayer. Dunedin 1997, 171–189.
• *Figurenpsychologie. Hysteriebegriff Freuds. Kongruenzen zwischen den beiden Werken (Symptomatologie)*

- Todesarten

75   Lubkoll, Christine: »Dies ist der Friedhof der ermordeten Töchter.«
      Geschlechterdifferenz und Psychoanalyse in Ingeborg Bachmanns ›Todes-
      arten‹. In: Studien zur Kinderpsychoanalyse 10 (1998), 74–96.
      • *B's produktiv-kritische Auseinandersetzung mit Freud. Traumanalyse als*
      Schreibverfahren

Ball, Hugo

b) Einzelaspekte

76   Wacker, Bernd: »Man muß den Teufel wieder an die Wand malen...«
      Anmerkungen zu Hugo Balls Projekt »Exorzismus und Psychoanalyse«. In:
      Hugo Ball Almanach 21/22 (1997/98), 121–166.
      • *Projekt einer Reformulierung der Tiefenpsychologie in theol. Kategorien.*
      Interesse an Joseph Görres (›Christliche Mystik‹) und dessen »Dämono-
      logie«. Geschichte der Besessenheit (Fallsammlung). B's Einwände gegen
      die PsA. Hoffnung auf ein neues Urchristentum und Kampf gegen eine
      besessene Welt

Bernd, Adam

a) Zu einzelnen Werken

- Eigene Lebensbeschreibung

77   Schindler, Stephan K.: »Selbstbeschmutzung«: Der Gelehrte und sein
      Leib/Körper in Adam Bernds ›Eigene Lebens-Beschreibung‹ (1738). In:
      Knowledge, science, and literature in early modern Germany. Hg. von
      Gerhild Scholz Williams und Stephan K. Schindler. Chapel Hill, London
      1996, 285–303.
      • *Fragmentierter Körper, Selbstdiagnose der »Melancholie«, Leib-Seele-*
      Konzeption. Experimentelle Leibesinspektion und Leibes-Kontrolle

      → 177

Bernhard, Thomas

b) Einzelaspekte

78   Judex, Bernhard: »Wild wächst die Blume meines Zorns ...« Die Vater-
      Sohn-Problematik bei Thomas Bernhard. Biographische und werkbezogene
      Aspekte. (Dipl. Salzburg 1995) Ffm. 1997. 137 S.

• *Mehrdeutigkeit des Vaterbegriffs bei B. Literarische Genealogie und strukturelle Bedeutung der Vater-Sohn-Behziehung in B's Werk. Paradigma der Vaterlosigkeit*

Brun, Friederike

- Idas ästhetische Entwicklung

79   Hoff, Dagmar von: »Und wenn die Seele ›den Körper in ihrer Mitte‹ enthielte ...?« Die Bedeutung der Gebärden als Vertiefung eines Seelenzustandes. Eine Mutter/Tochter-Beziehung Anfang des 19. Jahrhunderts. In: FLG 16 (1997), 103–115.
      • *Vorstellung von Kindheit und von Geschlechterdifferenz im 18. Jh. (Rousseau, Schiller). Erziehungskonzept B's, unter Einbeziehung der »Attitüdenkunst«. Mutter-Tochter-Beziehung. Zeugnis einer gescheiterten Entwicklung*

Büchner, Georg

- Lenz

80   Schmidt, Harald: Die Apokalypse des melancholischen Bewußtseins im Gebirge. Zur Verschränkung psychotischen Weltuntergangserlebens und katastrophischer Natur in Georg Büchners ›Lenz‹. In: Apokalyptische Visionen in der deutschen Literatur. Hg. von Joanna Jablkowska. Lódz 1996, 152–169.
      • *Melancholische Psychose und Schizophrenie. Psychotisches Apokalypsemodell (als Prozessfigur und Bildreservoir). Derealisationserlebnisse. Melancholiediskurs*

81   Schmidt, Harald: Schizophrenie oder Melancholie? Zur problematischen Differentialdiagnostik in Georg Büchners ›Lenz‹. In: ZDP 117 (1998), 516–542.
      • *Diskursgeschichtl. Analyse. Zeitgenössische Diagnostik. Nosographisches Erfassungsraster der Melancholie (statt Schizophrenie), aufgezeigt an den Symptomkomplexen des Versündigungs- und Verneinungswahns*

Canetti, Elias

a) Zu einzelnen Werken

- Die Blendung

82   Goldnau, Rainer: Pathopsychologie in der Belletristik, am Beispiel ›Die
      Blendung‹ von Elias Canetti. Aachen 1996. 139 S.
      • *Fachpsychol. Aspekte des Kunstwerks. Konzepte der »Anforderungs-
      situation« und »Handlungsregulation«, Regulationsstruktur der Persön-
      lichkeit. Figurenpsychologie*

      b) Einzelaspekte → 61, 117

      d) Beziehungen und Vergleiche

83   Rohrwasser, Michael: Schreibstrategien. Canettis Beschreibungen von
      Freud. In: Psychoanalyse in der modernen Literatur. Kooperation und
      Konkurrenz. Hg. von Thomas Anz. Würzburg 1999, 145–16.
      • *Distanzierung von Freud (u.a. von der Theorie des Todestriebs), heimli-
      cher Dialog mit Freud*

Doderer, Heimito von

84   Kerscher, Hubert: Zweite Wirklichkeit. Formen der grotesken Bewußt-
      seinsverengung im Werk Heimito von Doderers. (Diss. Regensburg 1997)
      Ffm. 1998. 557 S.
      • *Erlebnis der ideolog. Verblendung durch den Nationalsozialismus.
      Phänomenologie des Faschismus (nur bedingt literaturpsychol.)*

Dostojewski, Fjodor M.

a) Zu einzelnen Werken

- Der Spieler

85   Walter, Christiane: Zum Begriff der Spielsucht am Beispiel von Dosto-
      jewskis ›Der Spieler‹. In: Zeitschrift für klinische Psychologie, Psychiatrie
      und Psychotherapie. 45 (1997), 279–290.
      • *Entwicklung pathol. Glücksspielverhaltens (Suchtentwicklung) auf dem
      Hintergrund beziehungsdynam. Aspekte und biogr. Bezüge zum Autor.
      Glücksspiel als narzisst. Restitutionsversuch. Tiefenpsychol. und lerntheo-
      retische Erklärungsmodelle*

      b) Einzelaspekte → 66

Droste-Hülshoff, Annette von

- Des Arztes Vermächtnis

86   Lange-Kirchheim, Astrid: Annette von Droste-Hülshoff ›Des Arztes Ver-
      mächtnis‹ und Franz Kafka ›Ein Landarzt‹. In: Proceedings of the 12th
      International Conference on Literature and Psychology. Freiburg i. Br.
      (Germany). June 1995. Hg. von Frederico Pereira. Lissabon 1996, 245–256.
      • *Entidealisierung ärztl. Kompetenz, Krise der Identität des »großen
      Mannes«. Ort der Dichterin. Patriarchatskritische Betrachtung weibl. und
      männl. Autorschaft*

Edelfeldt, Inger

- Kamalas Buch → 56, 155

Fichte, Hubert

- Versuch über die Pubertät

87   Dettmering, Peter: Hubert Fichtes ›Versuch über die Pubertät‹. In: FLG 17
      (1998), 173–180.
      • *Konflikt von fiktivem »Normal-Ich« und pathologischer Selbststruktur.
      Ambivalenz und Ambitendenz der Homosexualität*

88   Mahler-Bungers, Annegret: Widersprüche geschlechtlicher Identität. Zu
      Hubert Fichtes ›Versuch über die Pubertät‹. In: FLG 17 (1998), 173–180.
      • *Dekonstruktion bürgerl. sexueller Identität. Ethnoanalytische Vivisektion
      der Identität (verstanden als rituelle Maske aus Imitationen und Identifi-
      kationen). Angriff auf das weibl. Begehren*

Fischart, Johann

- Geschichtklitterung

89   Bachorski, Hans-Jürgen: ›Der Treu Eckart in Venusberg‹. Namenspiele und
      Triebverdrängung in Fischarts ›Geschichtklitterung‹. In: Variationen der
      Liebe. Historische Psychologie der Geschlechterbeziehung. Hg. von
      Thomas Kornbichler und Wolfgang Maaz. Tübingen 1995, 202–233.

• Rekonstruktion histor. Individualität. Untersuchung des Namenmaterials. Ordnung der Fehlleistungen. Geschlechterbeziehung im 16. Jh. Einblick (über das sprachl. Material) in das Ubw. historischer Subjekte. Abwehr der allgegenwärtigen Triebhaftigkeit

Flaubert, Gustave

- Madame Bovary → 39

Fleißer, Marieluise

- Stunde der Magd

90   Ölke, Martina; Pfeiffer, Elke; Zillessen, Anke: Widersprüche geschlecht-licher Identität und künstlerischer Kreativität in Marieluise Fleißers ›Stunde der Magd‹. In: FLG 17 (1998), 143–160.
• Vergleich der unterschiedlichen Fassungen. Widersprüche geschlechtl. und sozialer Identität. Begehren der Kreativität. Blickmotiv

91   Prokop, Ulrike: Wie viele Geschichten in einer? Zu der Erzählung ›Stunde der Magd‹ von MarieLuise Fleißer. In: FLG 17 (1998), 121–141.
• Offenheit der Metaphern, unterschiedliche (zum Teil verdeckte) Lesarten. Tiefenhermeneutische Analyse (Opfer-Thematik, Autonomie, Autorschaft)

Fontane, Theodor

- Effi Briest

92   Rohse, Heide: »Arme Effi«. Widersprüche geschlechtlicher Identität in Fontanes ›Effi Briest‹. In: FLG 17 (1998), 203–216.
• Weibl. Figur im Widerspruch zur Gesellschaft und zum Frauenbild im 19. Jh. Regression auf die Ebene primärer Liebe

- Meine Kinderjahre

93   Dierks, Manfred: Reisen in die eigene Tiefe – nach Kessin, Altershausen und Pompeji. In: Theodor Fontane und Thomas Mann. Die Vorträge des

Internationalen Kolloquiums in Lübeck 1997. Hg. von Eckhard Heftrich u.a. Ffm. 1998, 169–186.
• *Fontane (›Meine Kinderjahre‹), Raabe (›Altershausen‹), Jensen (›Gradiva‹). Abstieg ins Unbewusste, Verhältnis zur gerade entstehenden PsA*

Fortunatus, Venantius

94   Epp, Verena: Männerfreundschaft und Frauendienst bei Venantius Fortunatus. In: Variationen der Liebe. Historische Psychologie der Geschlechterbeziehung. Hg. von Thomas Kornbichler und Wolfgang Maaz. Tübingen 1995, 9–26.
• *Biogr. Aspekte. Begriff der »amicitia«, Frage nach dem homoerotischen Gehalt. Vergleich der Männer- mit der Frauenfreundschaft (nur bedingt literaturpsychol.)*

Frank, Leonhard

- Die Ursache

95   *Schild, Wolfgang: Schuld und Unfreiheit. Gedanken zur Strafjustiz und Psychoanalyse in Leonhard Franks ›Die Ursache‹. Baden-Baden 1996. 50 S.

Führmann, Franz

96   *Tate, Dennis: Delusions of grandeur and oedipal guilt. Franz Führmann's Greek experience as the focus of his war stories. In: Von Böll bis Buchheim. Deutsche Kriegsprosa nach 1945. Hg. von Hans Wagener. Amsterdam 1997, 389–405.

Gessner, Salomon

- Idyllen → 103

Goethe, Johann Wolfgang von

a) Zu einzelnen Werken

- Dichtung und Wahrheit

97   Gärtner, Michael: Zur Psychoanalyse der literarischen Kommunikation:
      ›Dichtung und Wahrheit‹ von Goethe. Würzburg 1998. 228 S.
      • *Interpretation als szenisches Verfahren (u.a. Modell der Gegenübertra-*
      gung). Kommunikationstheoretisches Gattungskonzept (Autobiographie).
      Kommunikationsorientierte Analyse von G's Text

      - Die Leiden des jungen Werthers

98   Auer, Elisabeth: »Selbstmord begehen zu wollen ist wie ein Gedicht zu
      schreiben.« Eine psychoanalytische Studie zu Goethes Briefroman ›Die
      Leiden des jungen Werther‹. (Diss. Stockholm) Stockholm 1999.
      • *Objektbeziehungstheorie (Winnicott), Gegenübertragungsanalyse.*
      Erkenntnis des latenten Textsinns (Phantasien, Konflikte, Gefühle). Objekt-
      beziehungsanalyse im Text (Mutter- und Vatergestalten), Übergangs-
      phänomene

      → 102

      - Wilhelm Meisters Lehrjahre / Wanderjahre → 34

      b) Einzelaspekte

99   *Reibestein, Christiane: Bibliotherapeutische Aspekte in ausgewählten
      Werken Goethes. ›Novelle‹, ›Wilhelm Meisters Lehrjahre‹. (Diss. Dort-
      mund) Aachen 1996. 228 S.

100   *Zander, Ernst: Personalführung aus der Sicht Goethes. In: Personal 48
      (1996) 5, 264–269.

101   *Rattner, Josef: Goethe. Leben, Werk und Wirkung in tiefenpsychologi-
      scher Sicht. Würzburg 1999. 322 S.

      c) Autorpsychologie

102   Wilkes, Johannes: Mitschuldig am Suizid? Bewältigung von Trauer und
      Schuld durch Johann Wolfgang von Goethe. In: Psychotherapie, Psycho-
      somatik, Medizinische Psychologie. 48 (1998), 139–141.
      • *Trauer und Schuldgefühle nach Selbstmord (Christiane von Laßberg)*
      infolge der ›Werther‹-Lektüre. G's persönliche Verarbeitung (handelnd und
      schreibend)

      d) Beziehungen und Vergleiche

103 Ehrich-Haefeli, Verena: Die Kreativität des ›Genies‹ (Goethes ›Wandrer‹).
Psychohistorische Studie zur Genese der modernen Individualtiät. In: FLG
18 (1999), 105–134.
• *Omnipotenzphantasien als Antrieb für das neue Projekt individ. Selbst-
verwirklichung. Gessner (›Idyllen‹), Goethe (›Der Wandrer‹)*

104 Wild, Reiner: Goethes und Schillers gemeinsamer Tagtraum. In: FLG 18
(1999), 136–152.
• *Kreative Zusammenarbeit über wechselseitige Identifizierung (bes.
›Xenien‹). Gemeinsamer Tagtraum (einer Ebenbürtigkeit mit der Antike)*

→ 158

Grimm, Brüder

- Hänsel und Gretel

105 Drewermann, Eugen: Grimms Märchen tiefenpsychologisch gedeutet.
Hänsel und Gretel. Märchen Nr. 15 aus der Grimmschen Sammlung.
Zürich, Düsseldorf 1997. 72 S.
• *Zwei Welten (Entbehrung und Überfluss), Elternfiguren, Verstoßung,
Heimatsuche und Fremde, Suchtverhalten, Aufbruch zur Freiheit*

- Schneewittchen

106 Drewermann, Eugen: Grimms Märchen tiefenpsychologisch gedeutet.
Schneewittchen. Märchen Nr. 53 aus der Grimmschen Sammlung. Zürich,
Düsseldorf 1997. 104 S.
• *Spiegelmotiv. Neid auf die Jugend. Verschlingende, vergiftende Liebe.
Leben unter Glas, Stillstand und Reifung (Parallelen zum Leben von
Joan/Christina Crawford)*

Haushofer, Marlen

- Die Mansarde → 74

Hesse, Hermann

- Unterm Rad → 36

Hölderlin, Friedrich

107   Weilnböck, Harald: Zur Philosophie von deutscher Größe. Suizidale Gran-
       diosität in Hölderlins ›Empedokles‹ mit Blick auf ›Germanien‹ und Martin
       Heidegger. In: FLG 18 (1999), 194–214.
       • *Destruktive Dynamik im ›Empedokles‹ (depressive und Abwehrfunktion).*
       Narzisst. Wut und deren Abwehr

Hoffmann, E.T.A. → 2, 32

Hofmannstahl, Hugo von

- Elektra

108   Worbs, Michael: Mythos und Psychoanalyse von Hofmannsthals ›Elektra‹.
       In: Psychoanalyse in der modernen Literatur. Kooperation und Konkurrenz.
       Hg. von Thomas Anz. Würzburg 1999, 5–16.
       • *Veränderungen gegenüber Sophokles. Bedeutung Freuds für die Abfas-*
       sung des Dramas (v. a. Hysteriestudien). Psychologisierung des Mythos

Huber, Therese

- Luise → 136

Jackson, Peter

- Heavenly Creatures

109   Lange-Kirchheim, Astrid: Die vereitelte zweite Chance: Weibliche Ado-
       leszenz in Peter Jacksons Film ›Heavenly Creatures‹. In: FLG 16 (1997),
       231–253.
       • *Verstoß gegen (weibl.) Tabuthemen. Bedrohlichkeit weiblicher Aggressi-*
       vität. Traumatisierte frühe Kindheit, Behinderung der Adoleszenz,
       Problematik der Selbstfindung

Jahnn, Hans Henny

a) Zu einzelnen Werken

- Die Nacht aus Blei

110 Pfeiffer, Joachim: Adoleszente Selbstbegegnung. Zu Hans Henny Jahnn und seiner Erzählung ›Die Nacht aus Blei‹. In: FLG 16 (1997), 171–185.
• *Jugend und Adoleszenz als Themen der Jahrhundertwende. Topographie psychischer Entwicklungsstufen. Rückläufige Psychogenese des Helden. Stadt als narzisstische Spiegelwelt. Triangulierung und »Wunde«*

b) Einzelaspekte

111 Reemtsma, Jan Philipp: Die Blutkur oder Die Angst vor den Ansprüchen der Oberfläche und warum alles immer wieder auf den Mord hinausläuft. In: Archaische Moderne. Der Dichter, Architekt und Orgelbauer Hans Henny Jahnn. Hg. von Hartmut Böhme und Uwe Schweikert. Stuttgart 1996, 43–60.
• *J's Liebe zur Unversehrtheit, Abscheu vor Verletzungen. Verschmelzungswünsche, Trennungsängste*

James, Henry

- The Turn of the Screw (Die Drehung der Schraube) → 30

- The Wings of the Dove (Die Flügel der Taube)

112 Dettmering, Peter: Ein Roman in Rätselform. Zu Henry James' ›The Wings of the Dove‹. In: Psyche 51 (1997), 727–738.
• *Rätselhafte Formulierungen und Passagen: die Figur des Lionel Croy (destruktiver Gegenspieler von Milly) und seine Tochter Kate. Unausweichlichkeit des Opfers (Opfertod des kleinen Kindes)*

Jean Paul → 32

Jelinek, Elfriede

- Lust

113 Hoff, Dagmar von; Leuzinger-Bohleber, Marianne: Versuch einer Begegnung. Psychoanalytische und textanalytische Verständigungen zu Elfriede Jelineks ›Lust‹. In: Psyche 51 (1997), 763–800.

• *Psa. und literaturwiss. Perspektive. a) Übertragungskonzept. Zentrales Thema der Kindsmordphantasie als todbringender Form weibl. Sexualität b) postmoderner Text, Vielzahl von Lesarten*

Jensen, Wilhelm

- Gradiva

114   Rohrwasser, Michael; Steinlechner, Gisela; Vogel, Juliane; Zintzen, Christiane: Freuds pompejanische Muse. Beiträge zu Wilhelm Jensens Novelle ›Gradiva‹. Wien 1996. 155 S.
• *Freuds Lesestrategien. Kontext des archäologischen Diskurses im 19. Jh. Literarische Vorläufer der ›Gradiva‹. Grundmuster der klass. Pompeji-Erzählung. Archäolog.-erotische Stereotypen. Umdeutungen der Gradiva im Rahmen ihrer surrealist. Rezeption*

→ 93

Jung-Stilling, Johann Heinrich

- Lebensgeschichte → 34

Kästner, Erich

115   Wild, Inge: Die Phantasie vom vollkommenen Sohn. Erich Kästners Familiengeschichte/Familiengeschichten in psychoanalytischer Sicht. In: Kinder- und Jugendliteraturforschung 1998/99. Mit e. Gesamtbibl. der Veröffentlichungen des Jahres 1998. Hg. von Hans-Heino Ewers u.a. Stuttgart 1999, 50–69.
• *Ursprung von K's Kreativität, sein Kindheitsmythos und die Überführung in ästhetische Figurationen. Biogr. Familiengeschichte und literarische Familiengeschichten (als Beziehungsdramen der bürgerlichen Kleinfamilie)*

Kafka, Franz

a) Zu einzelnen Werken

- Blumfeld, ein älterer Junggeselle

116 Schmid Blumer, Helen: Das Spiel der Bälle. Notizen zu Kafkas Geschichte ›Blumfeld, ein älterer Junggeselle‹. In: Psyche 53 (1999), 611–633.
• *Psa., inhaltlich-semantische und erzähltechnische Zugänge. Gegenübertragung als Grundlage der analytischen Deutung. Verhältnis von PsA und Literaturkritik (Bearbeitung der Figuralität in Verknüpfung mit den Affekten)*

- Briefe an Felice

117 Neumann, Gerhard: Lektüren der Macht. Elias Canetti als Leser Daniel Paul Schrebers und Franz Kafkas. In: Canetti als Leser. Hg. von Gerhard Neumann. Freiburg 1996, 139–159.
• *Canettis Lektüren der Macht: Schrebers ›Denkwürdigkeiten eines Nervenkranken‹, K's ›Briefe an Felice‹ (»poetisches Sehertum«). Ichbildung und Sprache, Identitätsaporien*

- Ein Hungerkünstler

118 Lange-Kirchheim, Astrid: Franz Kafka ›Ein Hungerkünstler‹ – Zum Zusammenhang von Eßstörung, Größenphantasie und Geschlechterdifferenz (mit e. Blick auf neues Quellenmaterial). In: FLG 18 (1999), 291–313.
• *Kleinheits- und Größenphantasie, Subversion der abendländischen Grunddualismen, Hungerkünstler als »femme fragile/fatale«*

119 Lange-Kirchheim, Astrid: Nachrichten vom italienischen Hungerkünstler Giovanni Succi. Neue Materialien zu Kafkas ›Hungerkünstler‹. In: FLG 18 (1999), 315–340.
• *Fasten-Experiment des Hungerkünstlers Succi als Modell für K's Text (Archiv-Material). Medialisierung des Körpers und ihre Widerrufung*

- Ein Landarzt → 86

- Der Proceß

120 Liebrand, Claudia: ›Deconstructing Freud‹. Franz Kafkas ›Proceß‹. In: Psychoanalyse in der modernen Literatur. Kooperation und Konkurrenz. Hg. von Thomas Anz. Würzburg 1999, 135–144.
• *Signifikantenlogik (des Traums) im Text, Dekonstruktion der Freudschen Theoreme im Proceß-Roman (Ironisierung von Freuds Symboldeutungspraxis, Subversion der psa. Weiblichkeitskonstruktion)*

- Das Schloß

121   Lange-Kirchheim, Astrid: Topographische und semantische Räume des
        Männlichen – Franz Kafkas ›Das Schloß‹. In: Saval conference papers »A
        sense of space« 1998. Johannesburg 1998, 311–323.
        • *Raumvorstellungen und Geschlechterdualismus (Patriarchat/Matriarchat)*
        und deren entlarvende Exponierung und Dekonstruktion

122   *Liebrand, Claudia: Die Herren im »Schloß«. Zur De-Figuration des
        Männlichen in Kafkas Roman. In: Jb. der Deutschen Schillergesellschaft 42
        (1998), 309–327.

        - Das Urteil

123   Kaus, Rainer J.: Erzählte Psychoanalyse bei Franz Kafka. Eine Deutung
        von Kafkas Erzählung ›Das Urteil‹. Heidelberg 1998. 78 S.
        • *Kongenialität von K's Erzählung und PsA. Textimmanente Deutung und*
        psa. Vertiefung. Gleichgeschlechtl. Dyade und negativer Ödipuskomplex.
        Zusammenhang von Paranoia und Homosexualität. Gegenübertragungs-
        analyse

        - Der Verschollene

124   Lange-Kirchheim, Astrid: Franz Kafka ›Der Verschollene‹ (›America‹) –
        Gender Trouble. In: Proceedings of the 14th International Conference on
        Literature and Psychology. Las Navas, July 1997. Hg. von Frederico
        Pereira. Lissabon 1998, 215–220.
        • *Verbindung von poststrukturalistisch-feministischem und psa. Ansatz.*
        »Gender Trouble« (im Hinblick auf Figuren, Begegnung der Geschlechter,
        Rhetorik, Verwendung von Metapher/Allegorie)

        b) Einzelaspekte

125   Gilman, Sander L.: Franz Kafka. The Jewish Patient. New York, London
        1995. XII, 328 S.
        • *K's Verarbeitung von Stereotypen des »Juden«. Drei Diskursformationen,*
        aus denen K. schöpft (Rasse, Krankheit, Geschlecht) als historischer
        Ausdruck psychischer Kategorien

126   Peyer, Beatrix: Die Rolle von Körper und Körperlichkeit bei Franz Kafka.
        In: Symbolik des menschlichen Leibes. Hg. von Paul Michel. Bern u.a.
        1995, 329–347.
        • *Der eigene Körper, seine Funktionen und Veränderungen als Objekt*
        ängstlicher Beobachtung. Sicht des Autors, Darstellung im Werk. Konver-
        sionshysterie (Freud, Szász). Körpersprache als »Protosprache«. Körper
        und Psychotechnik. Poetische Funktion des Körpers

127   Schwarz, Sandra: »Verbannung« als Lebensform. Koordinaten eines lite-
       rarischen Exils in Franz Kafkas ›Trilogie der Einsamkeit‹. Tübingen 1996.
       275 S.
       • *Exil als Lebens- und Schreiberfahrung. Exil-Dimensionen bei K.
       (Judentum, Sprache, »Grundstörung«). Exilmotivik in den drei Romanen
       (nur bedingt literaturpsychol.)*

128   Hiebel, Hans: Psychoanalyse von Kafkas Texten oder Psychoanalyse in
       Kafkas Texten? In: ders.: Franz Kafka: Form und Bedeutung. Formanalyse
       und Interpretationen von ›Vor dem Gesetz‹, ›Das Urteil‹, ›Bericht für eine
       Akademie‹, ›Ein Landarzt‹, ›Der Bau‹, ›Der Steuermann‹, ›Prometheus‹,
       ›Der Verschollene‹, ›Der Proceß‹ und ausgewählte Aphorismen. Würzburg
       1999, 247–279.
       •*K's Theorie des Symptoms. Die »Wunde« im ›Landarzt‹. Individueller und
       kollektiver Mythos. K's Simulation psychischer Prozesse*

       → 66

       c) Autorpsychologie → 61, 127

       d) Beziehungen und Vergleiche

128a   Rudloff, Holger: Gregor Samsa und seine Brüder. Kafka – Sacher-Masoch
       – Thomas Mann. Würzburg 1997. 101 S.
       • *Intertextuelle Bezüge zu Sacher-Masochs ›Venus im Pelz‹ und zu Texten
       von Th. Mann*

129   *Kaus, Rainer J.: Kafka und Freud. Schuld in den Augen des Dichters und
       des Analytikers. Heidelberg 1999. 58 S.

Keller, Gottfried

- Sieben Legenden → 47

Kleist, Heinrich von

a) Zu einzelnen Werken

- Michael Kohlhaas

130   Seiler, Klaus: Michael Kohlhaas und die narzißtische Wut. In: Analytische
       Kinder- und Jugendlichen-Psychotherapie. 29 (1998) 2, 133–153.
       • *Selbstpsychologie und Literatur. Kohuts Konzept der narzisst. Wut.
       Kohlhaas-Interpretation vor dem Hintergrund selbstpsychol. Konzepte
       (Zustände des Selbst, Genese der Rachewünsche)*

       - Penthesilea

131   Groeben, Norbert: Interpretationsansätze zur ›Penthesilea‹ und Gender-
       Sozialisation – eine dialogisch-hermeneutische Rezeptionsstudie. In: FLG
       17 (1998), 101–120.
       • *3 Interpretationsansätze (feministisch, existentialist.-anthropologisch,
       psa.), gelesen von 38 Leser/innen. Interpretationspräferenzen (unter Ein-
       beziehung der Variablen des sozialen Geschlechts)*

132   Pfeiffer, Joachim: Widersprüche geschlechtlicher Identität in Heinrich von
       Kleists ›Penthesilea‹. In: FLG 17 (1998), 89–99.
       • *Mehrdeutigkeit und Widersprüchlichkeit der Welt und der Konstruktion
       der Geschlechter. Subversion der Geschlechtsidentitäten und der symbol.
       Ordnung*

133   Poluda, Eva S.: Widersprüche geschlechtlicher Identität in Heinrich von
       Kleists ›Penthesilea‹. In: FLG 17 (1998), 73–88.
       • *Scheitern der Liebesutopie an der Angst vor dem anderen Geschlecht.
       Bezug zu den ›Bakchen‹ des Euripides und zu den Existentialien des Reli-
       giösen (Kreuzigung)*

       b) Einzelaspekte

134   Vogel, Anke: Unordentliche Familien. Über einige Dramen Kleists. Heil-
       bronn 1996. 190 S.
       • *Histor. Familien- und Frauenforschung. Familie als kulturelles Kon-
       strukt. Strukturwandel der Familie (in variierenden Diskursformationen),
       differentieller Diskurs in K's Dramen (›Schroffenstein‹, ›Penthesilea‹,
       ›Käthchen‹)*

       → 32

Kraus, Karl → 61

Lagerlöf, Selma

- Wunderbare Reise des kleinen Nils Holgersson mit den Wildgänsen

135 Klausmeier, Ruth-Gisela: Die wunderbare Reise des Nils Holgersson. Oder: Abschied von der Kindheit. In: Psyche 53 (1999), 634–650.
• *Subtext der Abenteuergeschichte (innerpsychische Konflikte an der Schwelle der Adoleszenz). Väterliches Verbot, Protest gegen den Vater, Schmerz der Trennung*

La Roche, Sophie von

- Fanny und Julia

136 Götz, Bärbel: Weibliche Adoleszenz in Sophie von La Roches Roman ›Fanny und Julia‹ und in Romanen anderer Antorinnen um 1800. In: FLG 16 (1997), 69–85.
• *Geschlechterdiskurs um 1800. Alternative Lebensentwürfe bei Caroline Fischer (›Die Honigmonate‹). Mutter-Tochter-Konflikt bei Therese Huber (›Luise‹)*

Lessing, Gotthold Ephraim

a) Zu einzelnen Werken

- Philotas

137 Gustafson, Susan: Abject fathers and suicidal sons: G. E. Lessing's ›Philotas‹ and Kristeva's ›Black Sun‹. In: Lessing Yearbook 29 (1997), 1–29.
• *Kristevas Begriff des »präödipalen« Vaters, Korrektur von Kristevas psa. Modell*

b) Einzelaspekte

138 Bell, Matthew: Psychological conceptions in Lessing's dramas. In. Lessing Yearbook 28 (1996), 53–81.
• *L's anhaltendes psychol. Interesse. Einfluss des Leibnizschen Rationalismus (Vermögenspsychologie) und dessen Überschreitung*

Levinas, Emmanuel

139   Walter, Armin: Der Andere, das Begehren und die Zeit. Ein Denken des
       Bezuges im Grenzgang zwischen Emmanuel Levinas und der Dichtung.
       (Diss. Freiburg 1995) Cuxhaven, Dartford 1996. 342 S.
       • *Phänomenologie des Begehrens und des zwischenmenschlichen Bezugs.*
       Begehren und Sprache. Sterblichkeit und der Bezug zum Anderen (nur am
       Rande literaturpsychol.)

Lichtenberg, Georg Christoph

140   Mauser, Wolfram: Die Temperatur der Vernunft. Körpergefühl und
       Erkenntnis bei Lichtenberg. In: Lichtenberg-Jb. 1997, 149–162.
       • *Thermische Metaphorik im 18. Jh. Übertragung von Körperempfindungen*
       auf Geist und Seele, Zusammenhang Körper-Seele

Lichtenstein, Ulrich

141   Müller, Ulrich: Männerphantasien eines mittelalterlichen Herren: Ulrich
       von Lichtenstein und sein »Frauendienst«. In: Variationen der Liebe.
       Historische Psychologie der Geschlechterbeziehung. Hg. von Thomas
       Kornbichler und Wolfgang Maaz. Tübingen 1995, 27–50.
       • *Das Ubw. und Halbbewusste im Text. Die spektakulären Einzelepisoden.*
       Aggression und Allmachtsphantasien

Lovecraft, Howard Phillips → 177

Mahmoody, Betty

142   Garbe, Christine: Weibliche Größenphantasien in Rezeptionsprozessen. Ein
       Erklärungsversuch zum Erfolg des Bestsellers ›Nicht ohne meine Tochter‹
       (von Betty Mahmoody) beim weiblichen Lesepublikum. In: FLG 18 (1999),
       63–81.
       • *Spezif. weibl. Größenphantasien, Bedeutung der Mutterschaft*
       (Patriarchatskritik, Matriarchatsmythos)

Mann, Thomas

a) Zu einzelnen Werken

- Buddenbrooks

143 Furst, Lilian R.: Realistic pathologies and romantic psychosomatics in
Thomas Mann's ›Buddenbrooks‹. In: Romanticism and beyond. A Festschrift for John F. Fetzer. Hg. von Clifford A. Bernd u.a. New York u.a.
1996, 231–245.
• *Krankheitssymptome, Krankheitsverläufe. Romantische Auffassung von
der Leib-Seele-Einheit. Dyadische Krankheitsdarstellung (realistisch und
symbolisch)*

- Der kleine Herr Friedemann

144 Parkes-Perret, Ford B.: »Myth plus psychology« in Thomas Mann's ›Der
kleine Herr Friedemann‹. In: Neophilologus 80 (1996), 275–296.
• *Bezüge zur griech. Mythologie (Aphrodite, Hephaestus, Ares). Masken
der Sexuliatät (und Homosexualität)*

- Tonio Kröger → 36

- Der Zauberberg

145 Rüttimann, Beat: Die Lungentuberkulose im Zauberberg. In: Auf dem Weg
zum ›Zauberberg‹. Die Davoser Literaturtage 1996. Hg. von Thomas
Sprecher. Ffm. 1997, 95–109.
• *Krankheitsbild, klin. Untersuchung, therapeut. Maßnahmen (Pneumo-
thorax, Rippenresektionen u.a.) im Roman*

146 Schott, Heinz: Krankheit und Magie. Der Zauberberg im medizinhistori-
schen Kontext. In: Auf dem Weg zum ›Zauberberg‹. Die Davoser Literaturtage 1996. Hg. von Thomas Sprecher. Ffm. 1997, 33–48.
• *Synthese heterogener (medizin., psa. u.a.) Strömungen als Faszinosum des
Romans. Organmedizin, Psychosmomatik, Magie, Alchimie, Naturmystik*

b) Einzelaspekte

147 Dierks, Manfred: Krankheit und Tod im frühen Werk Thomas Manns. In:
Auf dem Weg zum ›Zauberberg‹. Die Davoser Literaturtage 1996. Hg. von
Thomas Sprecher. Ffm. 1997, 11–32.
• *Biogr. Aspekte (Fragmentierung des Selbst, Neurasthenie). Krankheits-
philosophie. Neurasthenie und Krankheitssymbolik im Frühwerk. Auflösung
und Bewahrung des Selbst. Kulturelle Bedeutung der Symbole*

Maupassant, Guy de

- Le Horla (Der Horla)

148   Andriopoulos, Stefan: Besessene Körper. ›Criminelle Suggestion‹ und
       ›Körperschaftsverbrechen‹ in Literatur, Medizin und Rechtswissenschaft
       des späten 19. Jahrhunderts. In: Scientia poetica 2 (1998), 129–150.
       • *Hypnotische Verbrechen. Fallgeschichte Mollinier und M's Erzählung*
       (kultureller Kontext)

May, Karl

c) Autorpsychologie

149   Graf, Andreas: Lektüre und Onanie. Das Beispiel des jungen Karl May,
       sein Aufenthalt auf dem Seminar in Plauen (1860/61) – und die Früchte der
       Phantasie. In: Jb. der Karl-May-Gesellschaft 1998, 84–151.
       • *Artikel des Dr. Pfaff, anschl. Untersuchung am Schullehrer-Seminar in*
       Plauen zu Onanie-Vorkommnissen. Niederschlag der Plauener Episode in
       zwei Texten M's (Beginn von ›Weihnacht‹ und ›Ein wohlgemeintes Wort‹)

Moritz, Karl Philipp

150   Rohse, Heide: Die Perspektive des leidenden Kindes und »strategische«
       Adoleszenz in K.Ph. Moritz' ›Anton Reiser‹. In: FLG 16 (1997), 87–101.
       • *Spaltung und Brüchigkeit des Selbst. Narzissmus und Selbststabilisierung.*
       Bezug leidendes Kind / Erzähler

Muschg, Adolf

151   Gölz, Peter: Mythen als Therapie? Adolf Muschgs Illustrationen der
       Psychoanalyse. In: Neophilologus 78 (1994), 437–461.
       • *Ergänzung von Ödipus- und Orpheus-Mythos bei M. Abkehr von der*
       »ödipalen« PsA, Hinwendung zu Orpheus

Musil, Robert

a) Zu einzelnen Werken

- Die Verwirrungen des Zöglings Törleß

152 Györffy, Miklós: Die Darstellung von Triebleben und Sexualität bei Musil und Csáth. Österreichisch-ungarische literarische Parallelen an der Jahrhundertwende. In: Die Unzulänglichkeit aller philosophischen Engel. Festschrift für Zsuzsa Széll. Hg. von Imre Kurdi und Péter Zálán. Budapest 1996, 117–125.
• *PsA als Leitfaden des lit. Schaffens. Irrationalität des Sexualtriebes. Parallelität zwischen Musil (›Törleß‹) und Csáth (Erzählungen)*

→ 36

b) Einzelaspekte

→ 61

Nietzsche, Friedrich

a) Zu einzelnen Werken

- Also sprach Zarathustra

153 Pietzcker, Carl: »Aber ich lebe in meinem eigenen Lichte; ich trinke die Flammen in mich zurück, die aus mir brechen.« ›Das Nachtlied‹ in F. Nietzsches ›Also sprach Zarathustra‹. In: FLG 18 (1999), 233–252.
• *Erfahrung früher Verlassenheit und darauf antwortende Größenphantasien. Bild eines Selbst, das sich ganz aus sich selbst nährt*

d) Beziehungen und Vergleiche

154 Gasser, Reinhard: Nietzsche und Freud [mit Namen- und Sachreg.). Berlin 1997. 746 S.
• *Freuds Begegnung mit Denken und Wirkung N's. Lustprinzip und Wille zur Macht. PsA als Instrument der Metaphysikkritik. Ödipuskomplex und Sittlichkeit der Sitte. Gesundheit und Krankheit. Therapeutik N's und Freuds. Trieblehre und Realitätsbegriff*

Nöstlinger, Christine

- Pfui Spinne

155   Wild, Inge: Neue Bilder weiblicher Adoleszenz. Wandel eines kulturellen
        Musters in Jugendromanen von Christine Nöstlinger und Inger Edelfeldt.
        In: FLG 16 (1997), 187–214.
        • *Backfischbuch und neues Mädchenbuch. Jugendliterarische Bildung
        weiblicher Adoleszenz. Suche nach neuen Mustern weiblicher Identität*

Ortheil, Hanns-Josef

- Abschied von den Kriegsteilnehmern → 46

Raabe, Wilhelm

- Altershausen → 93

Roth, Philip

- Patrimony (Mein Leben als Sohn) → 46

Sacher-Masoch, Leopold von

- Venus im Pelz

156   Werlen, Hans-Jakob: From Geschlechtscharakter to Geschlecht und
        Charakter: the »nature« of »woman« debate in Sacher-Masoch's ›Venus in
        Furs‹. In: Neophilologus 80 (1996), 1–10.
        • *Diskursiver Wechsel in der Erzählung (von der idealist. Polarität der
        Geschlechter zur biologist. Geschlechterauffassung)*

        → 128a

Sacher-Masoch, Wanda von

157   *Gerstenberger, Katharina: Her (per)version: The confessions of Wanda
        von Sacher-Masoch. In: Women in German Yearbook 13 (1997), 81–99.

Schiller, Friedrich

d) Beziehungen und Vergleiche

158   Poluda, Eva S.: »Arm in Arm mit dir, so fordr' ich mein Jahrhundert in die
        Schranken!« (Schiller: ›Don Carlos‹). Größenphantasien zu zweit –
        regressive und progressive Aspekte. In: FLG 18 (1999), 154–173.
        • *Scheiternde Größenphantasie zu zweit im ›Don Carlos‹ – gelingende*
        Größenphantasie mit Goethe

159   Bishop, Paul: Über die Rolle des Ästhetischen in der Tiefenpsychologie.
        Zur Schillerrezeption in der analytischen Psychologie C.G. Jungs. In: Jb.
        der Deutschen Schillergesellschaft 42 (1998), 358–400.
        • *C. G. Jungs Auseinandersetzung mit Schiller (Libido und Zivilisations-*
        prozess). Triebaspekt (v.a. ›Über die ästhetische Erziehung des Men-
        schen‹), Übereinstimmungen von Jungs Begriff des Ubw. mit Sch's Begriff
        des Ästhetischen

        → 104

        Schlegel, Dorothea

        - Florentin

160   Erdheim, Mario: Die Veränderung der psychischen Dramatik durch histo-
        rische Prozesse am Beispiel von Dorothea Schlegels ›Florentin‹. In: Psyche
        51 (1997), 905–925.
        • *Psychohistorie – Aufbruch und Rückkehr der Romantiker zur Anpassung*
        an die herrschende Ordnung. Sehnsucht nach beruhigender Unbewusstheit.
        Umstrukturierung der Psyche, Zusammenbruch des Antagonismus von
        Familie und Kultur, Restauration der Geschlechtergrenzen

161   Erdheim, Mario: Widersprüche geschlechtlicher Identität in Dorothea
        Schlegels ›Florentin‹. In: FLG 17 (1998), 193–201.
        • *Idealisierung des Familienlebens und des Adels, Widerspruch zu den*
        romant. Idealen von Liebe und Selbstverwirklichung

162   Hoff, Dagmar von: Irrungen und Wirrungen. Konversion und Geschlecht in
        Dorothea Schlegels ›Florentin‹. In: FLG 17 (1998), 193–201.
        • *Geschlechterkonzeption im Text. Bedeutung des Konversionserlebnisses*
        am Ende. »Analytische Geheimnisstruktur«

        Schnitzler, Arthur

        a) Zu einzelnen Werken

- Fräulein Else

163   Lange-Kirchheim, Astrid: Hysteria and female adolescene: The case of
       Arthur Schnitzler's ›Fräulein Else‹. In: Proceedings of the 13th Interna-
       tional Conference on Literature and Psychology, Boston (USA), July 1996.
       Hg. von Frederico Pereira. Lissabon 1997, 157–162.
       • *Vergleich von Sch's »sprechender« literarischer Figur und Freuds spre-
       chenden Patientinnen. Männerphantasien*

164   Lange-Kirchheim, Astrid: Adoleszenz, Hysterie und Autorschaft in Arthur
       Schnitzlers Novelle ›Fräulein Else‹. In: Jb. der Deutschen Schillergesell-
       schaft 42 (1998), 265–300.
       • *Tod als Telos der weibl. Entwicklung. Beziehung Vater-Tochter,
       »töchterliche Existenzweise«, Reflexion der (weibl.) Todeszentriertheit
       durch den Text. Freuds Beziehung zu adoleszenten Patientinnen*

165   Lersch-Schumacher, Barbara: »Ich bin nicht mütterlich«. Zur Psychopoetik
       der Hysterie in Schnitzlers ›Fräulein Else‹. In: Text + Kritik 138/139
       (1998), 76–88.
       • *Sprache des Weiblichen als Sprache des Begehrens. Elses Disposition zur
       Hysterie. Ästhetisierung des Pathologischen. Epochales Phantasma der
       Frau als »Mythos der Differenz«*

166   Lange-Kirchheim, Astrid: Die Hysterikerin und ihr Autor. Arthur
       Schnitzlers Novelle ›Fräulein Else‹ im Kontext von Freuds Schriften zur
       Hysterie. In: Psychoanalyse in der modernen Literatur. Kooperation und
       Konkurrenz. Hg. von Thomas Anz. Würzburg 1999, 111–134.
       • *Einfluss der frühen Hysteriestudien (statt Theorie des Ödipuskomplexes)
       als »Intertext«. Gender-spezif. Lektüre. Todeszentriertheit der weibl.
       Existenz*

- Frau Berta Garlan

167   Neymeyr, Barbara: Libido und Konvention. Zur Problematik weiblicher
       Identität in Arthur Schnitzlers Erzählung ›Frau Berta Garlan‹. In: Jb. der
       Deutschen Schillergesellschaft 41 (1997), 329–368.
       • *Sch's psychol. Tiefenschärfe. Tiefgreifende psychische Konflikte der
       Hauptfigur aufgrund ihrer Ambivalenz (libidinöse Impulse vs. bürg.
       Moral). Problematik weibl. Identität im Wien der Jahrhundertwende*

Schopenhauer, Johanna

- Meine Großtante

168   Götz, Bärbel: Weibliche Größenphantasie in Johanna Schopenhauers Text
›Meine Großtante‹. In: FLG 18 (1999), 216–231.
• *Widerstand gegen die Konvenienzehe, Verweigerung der weibl. Anpas-
sungsleistung. Infragestellung aller (bürgerlichen) Ordnungssysteme*

Shakespeare, William

- Hamlet → 13

Sloterdijk, Peter

- Der Zauberbaum

169   Noyes, John K.: Das moderne Ich: seine Fiktion und seine Geschichte.
Peter Sloterdijks ›Der Zauberbaum‹. In: Deutschsprachige Gegenwartsliteratur. Hg. von Hans-Jörg Knobloch und Helmut Koopmann. Tübingen
1997, 181–191.
• *Entstehung der PsA aus den Widersprüchen der Aufklärung. Wurzeln von
Freuds mechanistischem Modell. Verwandtschaft von Literaturwissenschaft
und PsA*

Süskind, Patrick

- Das Parfum

170   Pfeiffer, Joachim: Vom Größenwahn zum Totalitarismus. Die Konstruktion
des Genies in Patrick Süskinds Roman ›Das Parfum‹. In: FLG 18 (1999),
342–354.
• *Konfiguration narzisst. Persönlichkeit. Politische und sozialpsychol.
Implikationen dieses Psychogramms (kosmische Zerstörungswut, totalitäre
Gewaltbereitschaft)*

Stoker, Bram

- Dracula → 39

Storm, Theodor

- Gedichte

171   Poluda, Eva S.: Sie war doch sonst ein wildes Blut ... Einbruch und Auf-
       bruch in der weiblichen Adoleszenz. In: FLG 16 (1997), 9–25.
       • *Krisenphase: vom beschützten Kinderkörper zum eigenständigen sexu-
       ellen Körper. Ödipuskomplex beim Mädchen. St's Gedicht ›Die Nachtigall‹*

Strauß, Botho

172   Schärer, Hans-Rudolf; Schärer, Peter: Das »Haut-Ich« und die Schrift.
       Narzissmus, Schreiben und literarische Form in Botho Strauß' Erzählungen
       ›Die Widmung‹, ›Marlenes Schwester‹ und ›Theorie der Drohung‹. In: Jb.
       für Internationale Germanistik 31 (2000), 8–77.
       • *PsA der literarischen Form. Narzissmustheoret. Lektüre von St's frühen
       Erzählungen. Narzisstische Störung und deren Verarbeitung, Entspre-
       chungen auf der Ebene der literarischen Form*

Susmann, Margarete → 63

Raabe, Wilhelm

173   Heine, Ulla: Psychopathologische Phänomene im Kunstspiegel der Lite-
       ratur des Realismus. Dargestellt an Werken von Wilhelm Raabe. Marburg
       1996. 216 S., Ill.
       • *Literarische Darstellung psychisch kranker Figuren. Tiefere Bedeutung
       der Krankheitsbilder (Melancholie, Wahnsinn u.a.)*

Reventlow, Franziska zu

- Ellen Olestjerne

174   Gutjahr, Ortrud: Franziska zu Reventlows ›Ellen Olestjerne‹. Größen-
       phantasien im Bohème-Roman. In: FLG 18 (1999), 254–270.
       • *Psychodynamischer Grundkonflikt, durch Diskurs der Größenphantasie
       abgestützt. Bohème als Gegenmodell zur Familie (im »Familienroman«!)*

Rilke, Rainer Maria

a) Zu einzelnen Werken

- Die Aufzeichnungen des Malte Laurids Brigge → 73

- Gedichte

175   Roelands, C.: Rilkes ›Neue Gedichte‹ im Lichte der Archetypenlehre C. G. Jungs. Versuch einer Interpretation. In: Neophilologus 78 (1994), 599–612.
• *Symbolbegriff als Interpretament des Dingbegriffs. Analyse von ›Die Erblindende‹, ›In einem fremden Park‹ und ›Die Gazelle‹*

b) Einzelaspekte

176   Ritmeester, Tineke: Rilke und die »namenlose Liebe«. Eine vorläufige Bestandsaufnahme. In: Rilke-Rezeptionen. Rilke reconsidered. Neunzehntes Amherster Kolloquium zur deutschen Literatur. Hg. von Sigrid Bauschinger und Susan L. Cocalis. Tübingen 1995, 201–213.
• *Perspektive der Gay and Lesbian Studies. Homosexualität und Transsexualität bei R. »Deheterosexualisierung« von Autor und Werk*

177   Priskil, Peter: Freuds Schlüssel zur Dichtung. Drei Beispiele: Rilke, Lovecraft, Bernd. Freiburg 1996. 283 S.
• *Infantiler Sexualkonflikt und Regression in R's Werk. Grauen und Schauerromantik bei Howard Ph. Lovecraft. Relig. Melancholie in Adam Bernds Lebensbeschreibung*

c) Autorpsychologie → 61, 73

d) Beziehungen und Vergleiche

178   Oswald, David: Rilke's importance to Jungian psychology. In: Rilke-Rezeptionen. Rilke reconsidered. Neunzehntes Amherster Kolloquium zur deutschen Literatur. Hg. von Sigrid Bauschinger und Susan L. Cocalis. Tübingen 1995, 137–147.
• *»Symbol« bei R. und Symbolbegriff bei Jung. Öffnung zum Ubw. Archetypische Bilder bei R. (v. a. ›Duineser Elegien‹, ›Sonette an Orpheus‹)*

Sophokles

- Antigone → 35

d) Beziehungen und Vergleiche → 42

Tolstoi, Lev N.

- Anna Karenina

179   Dettmering, Peter: »Vertikale Spaltung« und »mischbildhafte Psychose«. Zu Tolstojs Roman ›Anna Karenina‹. In: Psyche 53 (1999), 651–664.
• *Klinische Konzepte von Mentzos und Kohut. Ausprägungen im Roman (Aufspaltung und Konstellation der Romanfiguren). Prozess psychotischer Störung*

Ullmann, Regina → 63

Walser, Robert

- Geschwister Tanner → 34

Wedekind, Frank

- Frühlingserwachen → 36

Weiß, Peter

- Die Ästhetik des Widerstands → 13

Wolf, Christa

a) Zu einzelnen Werken

- Nachdenken über Christa T. → 13

b) Einzelaspekte → 66

Xenophon

180 Reichel, Michael: Größenphantasien im literarischen Werk Xenophons. In: FLG 18 (1999), 83–103.
• *Kernberg – Kyros als Projektionsfläche für narzisstische Größenphantasien des Verf.*

Zschokke, Matthias

- Max → 34

Zweig, Stefan → 61

Namensregister zur Bibliographie

(Die Ziffern verweisen auf die Titelnummern)

Schlagwortregister zur Bibliographie
(Die Ziffern verweisen auf die Titelnummern)

Kurzangaben zu den Autorinnen und Autoren dieses Bandes

Johanna Bossinade
Publikationen: »Entstellte Rede. Ödön von Horvaths: ›Kasimir und Karoline‹«, in: *Interpretationen. Dramen des 20. Jahrhunderts*, Band 1, Stuttgart 1996, S. 399–423. – »Poetik des Geschlechts«, in: dies.: *Moderne Textpoetik. Entfaltung eines Verfahrens. Mit dem Beispiel Peter Handke*, Würzburg 1999, S. 108–136. – »Verneinung als Prinzip. Über den Roman ›Eine Zierde für den Verein‹ von Marieluise Fleißer«, in: *Reflexive Narrativität. Zum Werk Marieluise Fleißers*, hg. von Maria E. Müller und Ulrike Vedder, Berlin 2000, S. 175–194. – »Textkonzepte: Text als symptomales Gedächtnis«, in: dies.: *Poststrukturalistische Literaturtheorie*, Stuttgart/Weimar 2000, S. 53–94.

Ruth Florack
Jg. 1960. Studium der Germanistik und der Romanistik in Münster und Toulouse. 1989–1993 DAAD-Lektorin an der Université de Rouen. 1994 Promotion (Universität Stuttgart). 1995–1998 Forschungsprojekt der Volkswagen-Stiftung. Seit 1998 Wissenschaftliche Assistentin am Institut für Literaturwissenschaft in Stuttgart. Buchpublikationen: *Wedekinds ›Lulu‹. Zerrbild der Sinnlichkeit*, Tübingen 1995; (Gastred.) *Frank Wedekind*, Text+Kritik 131/132 (1996); (Hg.) *Nation als Stereotyp. Fremdwahrnehmung und Identität in deutscher und französischer Literatur*, Tübingen 2000. Aufsätze zum deutschsprachigen Drama, zur Literatur um 1900, zum Sexualdiskurs und zum Thema Nation.

Sibylle Grüner
Dr. phil., Dipl.-Psych., Jg. 1952. Nach dem Studium der Psychologie klinische Tätigkeit als Therapeutin und Weiterbildung zur Psychoanalytikerin (DPG/DGPT). Die wissenschaftlichen Interessen zentrieren sich um die Geschichte der Psychoanalyse in Deutschland, Probleme psychoanalytischer Weiterbildung, spätadoleszente Entwicklungskonflikte. Seit 1990 in freier Praxis tätig.

Ortrud Gutjahr
Professorin für Neuere deutsche Literatur und Interkulturelle Literaturwissenschaft an der Universität Hamburg. Forschungsschwerpunkte/Publikationen: Literatur des 18. Jahrhunderts, der Zeit um 1900 und des 20. Jahrhunderts; Theorien der literarischen Moderne, Kulturtheorien und Theorien der Interkulturalität; Literatur und Psychoanalyse. Seit 1985 Mitglied der Freiburger Arbeitsgruppe *Literatur & Psychoanalyse*.

Andreas Hamburger
Jg. 1954, Psychoanalytiker (DGPT) in freier Praxis. Veröffentlichungen zur Entwicklungspsychoanalyse und Paardynamik des Traums, zur Psychoanalyse der Sprachentwicklung, zum narrativen Gedächtnis und zur Literaturpsychoanalyse.

Claudia Liebrand
Professorin für Allgemeine Literaturwissenschaft/Medientheorie am Institut für deutsche Sprache und Literatur an der Universität zu Köln; Studium der Germanistik und Geschichte an der Albert-Ludwigs-Universität in Freiburg; Promotion 1989; Habilitation 1995; 1997–1999 Heisenberg-Stipendiatin; Publikationen: *Das Ich und die andern. Fontanes Figuren und ihre Selbstbilder* (1990); *Aporie des Kunstmythos. Die Texte E T. A. Hoffmanns* (1996); zahlreiche Aufsätze zur europäischen Literatur des 18.–20. Jahrhunderts, zu Geschlechterdifferenz und Kulturtheorie; Filmlektüren.

Johannes G. Pankau
geboren 1946; Studium der Germanistik, Anglistik und Philosophie in Münster und Freiburg i. Br.; Promotion 1982 an der Universität Freiburg i. Br.; Assistant Professor an der University of Waterloo, Kanada (1983-87), lehrt seit 1987 Literaturwissenschaft und Rhetorik an der Universität Oldenburg (FB 11), Habilitation 1993 mit einer Arbeit zum Thema »Sexualität und Modernität. Studien zum deutschen Drama des Fin de Siècle«. Beiträge zu Kultur und Literatur des Fin de Siècle, der Romantik, Rhetorik, Exil- und Gegenwartsliteratur sowie Medientheorie.

Reimut Reiche
PD Dr., Psychoanalytiker in eigener Praxis in Frankfurt a. M., Lehranalytiker der DPV/IPA, habilitiert für das Fach Sexualwissenschaft. Veröffentlichungen vor allem zu Fragen der Geschlechtsidentität und ihrer Störungen, zur psychoanalytischen Kulturtheorie und zum Verständnis moderner Kunst.

Petra Strasser
Dr. med., geb. 1943. Studium der Medizin, Ausbildung zur Psychoanalytikerin (DPG), Lehranalytikerin und Dozentin am Institut für Psychoanalyse und Psychotherapie Freiburg. Analytikerin in freier Praxis. Veröffentlichungen: *Zur Auffassung des Weiblichen in der Psychoanalyse,* 1974; *Fünf Jahre klinische Psychotherapie und Psychosomatik,* 1975; (Hg. zs. mit F. Strasser): *Schriften zur Psychoanalyse der Neurosen und Psychosomatischen Medizin von Werner Schwidder,* 1975; (zs. mit F. Strasser) *Der Schwindel am oberen Ende der Leiter,* Programmheft ›Jakobsleiter‹ Material, Bochum 1991; *Der feurige Engel, Das extreme Opfer - Die Inszenierung der Entkörperung, Geschichte der Hysterie - Legende der Hysterie,* Programmheft,

Nürnberg, 1994; *Das Libretto zu »Hoffmanns Erzählungen« gelesen als Narration einer Schöpfungskrise*, Programmheft, Bremen, 1994;

Hartmut Vinçon
Professor für Kommunikationswissenschaften (Literatur, Theater, Film und Fernsehen) an der FH Darmstadt. Publikationen zu Jean Paul, Theodor Storm, zur Literatur der deutschen Arbeiterbewegung und zur literarischen Moderne sowie zur Theorie und Geschichte der Gestaltung (»Industrielle Ästhetik«). Leiter der 1987 gegründeten Editions- und Forschungsstelle Frank Wedekind.

Anschriften der Verfasser/innen, Rezensent/inn/en und Herausgeber/innen

Prof. Dr. Johanna BOSSINADE
Tauroggenstr. 16
10589 Berlin

Prof. Dr. Peter DETTMERING
Reepschlägerstr. 26
22880 Wedel

PD Dr. Lutz ELLRICH
Erwinstr. 21
79102 Freiburg i. Br.

Dr. Ruth FLORACK
Institut für Literaturwissenschaft
Neuere deutsche Literatur I
Universität Stuttgart
Keplerstr. 17
70174 Stuttgart

Lic. Phil. Arnold FRAUENFELDER
Psychiatriezentrum Schaffhausen
Breitenaustr. 124
8200 Schaffhausen
SCHWEIZ

Dr. Wolfgang GABLER
Pastow
Am Beistensoll 44
18184 Broderstorf

Dr. Sibylle GRÜNER
Bayernstr. 6
79100 Freiburg i. Br.

Prof. Dr. Ortrud GUTJAHR
Institut für Germanistik II: Neuere
deutsche Literatur und Medienkultur
Universität Hamburg
Von-Melle-Park 6
20146 Hamburg

Dr. Andreas HAMBURGER
Weißenburger Platz 8
81667 München

PD Dr. Matthias KETTNER
Dipl.-Psych.
Jordanstr. 17
60486 Frankfurt am Main

Prof. Dr. Claudia LIEBRAND
Institut für deutsche Sprache und
Literatur
Universität zu Köln
Albertus-Magnus-Platz
50923 Köln

Dr. Johannes PANKAU
Carl v. Ossietzky Universität
Oldenburg
FB 11: Germanistik
Postfach 2503
26111 Oldenburg

Prof. Dr. Carl PIETZCKER
Deutsches Seminar II
Institut für Neuere deutsche Literatur
Werthmannplatz
79085 Freiburg i. Br.

PD Dr. Reimut REICHE
Schweizer Platz 56
60594 Frankfurt am Main

Dr. Helmut REIFF
Mercystr. 27
79100 Freiburg i. Br.

PD Dr. Jürgen SCHIEWE
Deutsches Seminar I
Institut für deutsche Sprache und
ältere Literatur
Universität Freiburg
79085 Freiburg i. Br.

Prof. Dr. Walter SCHÖNAU
van Moerkerkenlaan 26
9721 TB Groningen
NIEDERLANDE

Dr. Martin STINGELIN
Deutsches Seminar
Universität Basel
Engelhof, Nadelberg 4
4051 Basel
SCHWEIZ

Dr. Petra STRASSER
Richard-Strauß-Str. 7
79104 Frankfurt am Main

Prof. Dr. Hartmut VINÇON
Editions- und Forschungsstelle
Frank Wedekind
Fachhochschule Darmstadt
Haardtring 100
64295 Darmstadt

Prof. Dr. Wolf WUCHERPFENNIG
Carinaparken 35
3416 Birkerød
DÄNEMARK

In eigener Sache:

Jahrbuch für Literatur und Psychoanalyse

Herausgegeben von

JOHANNES CREMERIUS, GOTTFRIED FISCHER,
ORTRUD GUTJAHR, WOLFRAM MAUSER, CARL PIETZCKER

Das *Jahrbuch für Literatur und Psychoanalyse* versteht sich als interdisziplinäres Forum mit dem Ziel, den Dialog zwischen Psychoanalyse und Literatur zu fördern. Offen für alle Fragen, die sich in der kritischen Nachfolge der Theorie Freuds ergeben, sollen methodische Ansätze und Erkenntnisse aus beiden Disziplinen zur wechselseitig produktiven Rezeption zusammengeführt werden. Gegenstand der Gespräche ist das gesamte Feld des Literarischen, von den Strukturen, Motiven und Strategien eines literarischen Textes bis hin zum Produktions- und Rezeptionsprozeß einzelner Werke. Dem Ästhetischen gilt hierbei besondere Aufmerksamkeit. Die Untersuchung unbewußter Vorgänge und deren Zusammenwirken mit vorbewußten und bewußten Vorstellungen und Verhaltensweisen erfordern aber auch die Berücksichtigung des politisch-gesellschaftlichen Orts der Texte und der dort wirksamen Traditionen. Der Austausch von Erfahrungen und Meinungen wird als wechselseitige Herausforderung verstanden, psychoanalytische und literaturwissenschaftliche Fragestellungen zu präzisieren sowie literarische Texte als Vergegenwärtigung individuellen und kollektiven Gedächtnisses besser zu begreifen.

Die *Freiburger literaturpsychologischen Gespräche* bestehen seit 1981. Sie gingen aus dem Arbeitskreis *Literatur und Psychoanalyse* hervor, den die Psychoanalytiker Johannes Cremerius und Frederick Wyatt und die Literaturwissenschaftler Wolfram Mauser und Carl Pietzcker in Freiburg i. Br. gründeten und der von 1974 an regelmäßig literaturpsychologische Arbeitstagungen abhielt. Diese Tagungen wurden bald zu einer festen Einrichtung und fanden Jahr um Jahr mehr Zuspruch. Hier war es möglich, die theoretischen Erkenntnisse und die klinischen Erfahrungen der Psychoanalyse am Beispiel von Dichtung als einer Form imaginativer Vergegenwärtigung psychischer Phänomene zu erproben, aber auch bislang wenig beachtete Dimensionen des Literarischen zu erschließen. Das geschah bewußt auf einem ureigenen Gebiet der Psychoanalyse. Durch gemeinsame Forschungen konnte darüber hinaus ein Beitrag dazu geleistet werden, der Psychoanalyse als wissenschaftlicher Disziplin nach Jahren der Verfehmung und des Verbots wieder Geltung zu verschaffen.

Zunächst erschienen die *Freiburger literaturpsychologischen Gespräche* im Peter Lang Verlag (Folge 1 bis 3), von 1985 an (Folge 4) im Verlag Königshausen & Neumann in Würzburg. Zusätzlich brachte der Arbeitskreis eine umfassende systematische und annotierte Bibliographie heraus, die erste dieser Art: Joachim Pfeiffer (Hg.): *Literaturpsychologie 1945-1987.* Würzburg 1989. Sie wird im Rahmen des Jahrbuchs fortgeführt. In Ergänzung zu den *Gesprächen* erscheint seit 1992 die von Wolfram Mauser und Carl Pietzcker herausgegebene Reihe *Freiburger literaturpsychologische Studien*, eine Folge von Monographien.

*

Um das interdisziplinäre Gespräch zu intensivieren, bieten wir die Möglichkeit, die *Freiburger literaturpsychologischen Gespräche. Jahrbuch für Literatur und Psychoanalyse* zu abonnieren.

Umfang ca. 250 Seiten/Jahr,
Ladenpreis ca. DM 58,-
Abo-Preis DM 38,-

Jeder Band des Jahrbuchs ist einem thematischen Schwerpunkt gewidmet. Unter diesem Thema werden die Vorträge der jährlich stattfindenden Freiburger Arbeitstagungen *Literatur und Psychoanalyse* versammelt. Darüber hinaus soll denjenigen, die zum jeweiligen Thema arbeiten, die Möglichkeit geboten werden, ihre Ergebnisse im Jahrbuch vorzustellen. Die Tagungsthemen werden spätestens ein Jahr im voraus im Jahrbuch bekanntgegeben.

Das Jahrbuch verfolgt außerdem das Ziel, in verstärktem Maße zu informieren, den Meinungsaustausch zu fördern und der Diskussion von Fachfragen zu dienen. Aus diesem Grunde werden zukünftig neben den Tagungs-**Vorträgen** und den zusätzlich aufgenommenen **Aufsätzen** sowie den im Zweijahresrhythmus vorgesehenen Fortsetzungen der **Bibliographie** auch **Informationen** über Tagungen und Forschungsschwerpunkte, **Rezensionen, Ankündigungen** und **Hinweise** verschiedener Art, z.B. auf **Neuerscheinungen** in das Jahrbuch aufgenommen; auch **Selbstanzeigen** von etwa einer halben Seite können nach Zustimmung der Herausgeber erscheinen.

Das Thema des nächsten Bandes der *Freiburger literaturpsychologischen Gespräche. Jahrbuch für Literatur und Psychoanalyse* lautet:

Fremde

Manuskripte und Mitteilungen senden Sie bitte an:

Freiburger Arbeitsgruppe
Literatur und Psychoanalyse
Deutsches Seminar II
Universität Freiburg i. Br.
D-79085 Freiburg

Abonnementsbestellungen und Bestellungen von Einzelbänden richten Sie bitte an Ihre Buchhandlung oder an:

Verlag Königshausen & Neumann GmbH
Postfach 6007
D - 97010 Würzburg
Telefax (0931) 83620

Freiburger literaturpsychologische Gespräche

BAND 1, Frankfurt a.M. 1981 (Literatur & Psychologie, Bd. 6)

Frederick Wyatt: Möglichkeiten und Grenzen der psychoanalytischen Deutung der Literatur. – **Johannes Cremerius**: Die Konstruktion der biographischen Wirklichkeit im analytischen Prozeß. – **Roland Galle**: Sozialpsychologische Überlegungen zu Rousseaus Autobiographie. – **Emil Grütter**: Faschistoide Sozialisation und Gesellschaftskritik in Bernward Vespers Autobiographie *Die Reise*. – **Wolfram Mauser**: Max Frischs *Homo Faber*. – **Dieter Ohlmeier**: Karl May: Psychoanalytische Bemerkungen über kollektive Phantasie-tätigkeit. – **Manfred Schneider**: »Ich zahle für jeden Literarhistoriker dreizehn Heller ...«. Die Beziehung Autor-Leser als Medium der Interpretation – dargestellt am Beispiel Karl Kraus. – **Walter Schönau**: Günter Kunerts *Tagträume*. Zum Motiv der Versteinerung und dem Mechanismus der Umkehrung. – **Gabriele Schwab**: Das augenlose Schweigen. Zur Subjektivität in Virginia Woolfs *The Waves*. – **Wolf Wucherpfennig**: Versuch über einen aufgeklärten Melancholiker: zum *Anton Reiser* von Karl Philipp Moritz. – Anhang: Die Freiburger Arbeitstagungen über *Psychoanalyse und Literaturwissenschaft* 1975-1980.

BAND 2, Frankfurt a.M. 1982 (Literatur & Psychologie, Bd. 10)

Erich Köhler: Urszene – phantasiert und nachgeholt. Zu Ernest Feydeaus Roman *Fanny*. – **Johannes Cremerius**: Die ödipal verkleidete präödipale Liebe oder Feydeaus professionelles Mißverständnis. **Carl Pietzcker**: »Mutter«, sagt' er zu seiner Frau, »... ich fress'mich aber noch vor Liebe, Mutter!« Oder: Jean Paul bereitet uns mit seinem *Leben des vergnügten Schulmeisterlein Maria Wutz* ein bekömmliches Mahl. Wir dürfen uns selbst genießen. – **Peter Dettmering**: Narzißtische Konfigurationen in Robert Musils *Der Mann ohne Eigenschaften*. – **Johannes Cremerius**: Robert Musil. Das Dilemma eines Schriftstellers vom Typus >poeta doctus< nach Freud. – **Hans-Martin Gauger**: Sprache und Sprechen im Werk Sigmund Freuds. – **S. O. Hoffmann**: Vor lauter Bäumen sieht man den Wald nicht. Oder: Das konzeptuelle Chaos in der zeitgenössischen Narzißmustheorie.

BAND 3, Frankfurt a.M. 1984 (Literatur und Psychologie, Bd. 12)

Peter Fischer: Bruder Hitler, Faustus und der Doktor in Wien. – **Waltraud Gölter**: Zukunftssüchtige Erinnerung. Aspekte weiblichen Schreibens. – **Wolfgang Hildesheimer**: Die Subjektivität des Biographen. Zum Entstehungsprozeß der Mozart-Biographie. – **Tilmann Moser**: Der Vater im Dritten Reich. Zu Christoph Meckels Roman *Suchbild*. – **Hans Müller-Braunschweig**: Unbewußter Prozeß und Objektivierung. Gedanken zum kreativen Schreiben. – **Oskar Sahlberg**: Die Wiedergeburt Gottfried Benns aus dem Geiste des Faschismus. – **Frederick Wyatt**: Zur Themenwahl in der Literatur: Gefahren und Gewinne. Ein Vergleich von André Gides *Der Immoralist* und Thomas Manns *Der Tod in Venedig*. – **Manfred Züfle**: Peter Weiss – oder: Auf dem Weg zu einer Ästhetik des Widerstands.

BAND 4, Würzburg 1985

192 Seiten, DM 34,- / SFr 34,- / ÖS 262,- / ISBN 3-88479-207-5

Walter Schönau: Literarisches Lesen in psychoanalytischer Sicht. – **Oskar Sahlberg**: Die Selbsterschaffung des Genies. Elemente einer Grammatik der künstlerischen Phantasie. – **Helga Gallas**:

Der Hunger nach Sinn. Notizen zum Schreiben. – **Bernd Urban**: »Neuschöpfung und Krypto-mnesie«: Zur hermeneutischen Tradition der psychoanalytischen Gesprächstechnik und -praxis. – **Martin Stern**: Georg Trakls redendes Schweigen. Versuch einer Wiederaufnahme des Gesprächs über Inhalte seiner Dichtung. – **Andrea Köhler / Christine Adam / Horst Hamm / Joachim Pfeiffer**: Bekenntnis und Abwehr. Eine Analyse von Robert Musils Schreibprozeß am Beispiel seiner Novelle *Die Versuchung der stillen Veronika*. – **Renate Fueß**: »Tu felix Austria, juble und jodle!« Aspekte des Double-bind in der zeitgenössischen Lyrik Österreichs. – **Wolfram Mauser**: Das >dunkle Tier< und die Seherin. Zu Christa Wolfs *Kassandra*-Phantasie. – **Oskar Sahlberg**: Picassos *Guernica*: Dionysos und die Sphinx.

BAND 5, Würzburg 1986

198 Seiten, DM 36,- / SFr 36,- / ÖS 277,- / ISBN 3-88479-243-1

Walter Schönau: Auf dem Wege zu einer psychoanalytischen Rezeptionstheorie. – **Frederick Wyatt**: Literatur in der Psychoanalyse. – **Ina Frier**: Begegnungen mit Fremdem. Produktion und Rezeption in der Beziehung zwischen Text und Leser. – **Peter Schneider**: Alltag und Exotik. Ethnopsychoanalytische Überlegungen zu Aspekten ästhetischer Rezeption. – **Helmut Schmiedt**: Was ist so lustvoll am Tragischen? Psychoanalytische Bemerkungen zu Rezeptionsvorgaben in Schillers *Don Karlos*. – **Wolfgang Beutin**: Ein »Familienroman der Erniedrigung«: die mittelalter-liche Alexiuslegende. – **Irmgard Roebling**: »Sey gefühllos ...« – Identifikation und Abwehr im Prozeß einer produktiven Rezeptionskette: Goethe – Raabe – Wandervögel. – **Joachim Pfeiffer**: Kleists *Penthesilea*. Gedanken über die Widerstände des Lesers und die Phantasiearbeit des Dichters. – **Gunther Kleefeld**: Ein Zeichen, deutungslos? Poetik und Hermeneutik der lyrischen Chiffre bei Georg Trakl: Untersuchungen am Beispiel des Mondes.

BAND 6, Würzburg 1987

Rahmenthema: LITERATUR UND AGGRESSION
128 Seiten, DM 34,- / SFr 34,- / ÖS 262,- / ISBN 3-88479-275-X

Gaetano Benedetti: Psychose und Aggressivität. – **Stavros Mentzos**: Neue psychoanalytische Aggressionskonzepte. – **Wolfgang Beutin**: Aggression als Kastration in Erzähltexten der Renais-sance. – **Gunther Kleefeld**: Jakobinermütze und Totenkopf. Die Ambivalenz der destruktiven Phantasien Georg Heyms. – **Ortrud Gutjahr**: Faschismus in der Geschlechterbeziehung? Die Angst vor dem anderen und die geschlechtsspezifische Aggression in Ingeborg Bachmanns *Der Fall Franza*. – **Franz Wellendorf**: »da habe ich den kompletten Wortuntergang erlitten« – Sprache, Schreiben und Aggression. Überlegungen zu Texten Friederike Mayröckers. – **Peter Schneider**: Abwehr, Entwirklichung und Faszination. Über die Implikationen eines »neuen« Diskurses über den Faschismus und die Ästhetisierung von Politik.

BAND 7, Würzburg 1988

Rahmenthema: MASOCHISMUS IN DER LITERATUR
128 Seiten, DM 28,- / SFr 28,- / ÖS 215,- / ISBN 3-88479-330-6

Helm Stierlin: Überlegungen zum Thema Aggression, Selbstdestruktivität und Krankheit unter Berücksichtigung Franz Kafkas und Adolf Hitlers. – **Wolfgang Kaempfer**: Masochismus in der Literatur. Zum Thema Liebe im Zeitalter ihrer technischen Reproduzierbarkeit. – **Renate Böschen-stein**: Die Ehre als Instrument des Masochismus in der deutschen Literatur des 18. und 19. Jahrhunderts. – **Ulrike Prokop** und **Alfred Lorenzer**: Sadismus und Masochismus in der Literatur, oder: der Kampf gegen die übermächtige Mutterimago. – **Frederick Wyatt**: Der Triumph des Masochismus, oder das Alpha in der Geschichte der O. – **Annegret Mahler-Bungert**: Der Trauer auf der Spur. Zu Elfriede Jelineks *Die Klavierspielerin*. – **Ludwig Janus**: Die Funktion von Phantasien des Schreckens, des Grauens und der Qual in der Psychodynamik der Bewußtseinsentwicklung der Menschheit.

BAND 8, Würzburg 1989

Rahmenthema: UNTERGANGSPHANTASIEN
108 Seiten, DM 24,- / ISBN 3-88479-406-X

Hartmut Böhme: Vergangenheit und Gegenwart der Apokalypse. -**Heinz Henseler**: Untergangsphantasien – Psychoanalytische Überlegungen. – **Edward Timms**: Weltuntergangsphantasien in kulturkritischer Perspektive: Freud, Kraus und der Fall Schreber. – **Hartmut Kraft**: »Der Demiurg ist ein Zwitter« – Aspekte der Initiation im Roman. *Die andere Seite* von Alfred Kubin. – **Irmgard Roebling**: Arche ohne Noah. Untergangsdiskurs und Diskursuntergang in Marlen Haushofers Roman *Die Wand*. – **Herrmann Beland**: Der abgefangene Untergang. Tristam Shandys Traumen.

BAND 9, Würzburg 1990

Rahmenthema: DIE PSYCHOANALYSE DER LITERARISCHEN FORM(EN)
320 Seiten, DM 28,- / SFr 28,- / ÖS 215,- / ISBN 3-88479-500-7

Carl Pietzcker: Überblick über die psychoanalytische Forschung zur literarischen Form. – **Fritz Gesing**: Annäherungen an eine psychoanalytische Theorie der literarischen Form. – **Carl Pietzcker**: Literarische Form – eine durchlässige Grenze. – **Walter Schönau**: Die heuristische Funktion der literarischen Form. – **Frederick Wyatt**: Über die Eigenart des Formbegriffs. Erkenntniskritische und psychoanalytische Erwägungen. – **Franz Wellendorf**: Einige Gedanken zur Psychoanalyse der literarischen Form. – **Hartmut Kraft**: »Seite eins« – ein Beitrag zur inhaltsbezogenen Formanalyse von Romananfängen. – **Renate Böschenstein**: Die Lotosesser. Beobachtungen zu den psychischen Implikationen der Gattung Idylle. – **Maria Deppermann**: »Durch die Freudsche Tiefenlinse«. Zum Verhältnis von Ideologie und Psychoanalyse im Filmstil Sergej Eisensteins. Psychologische Aspekte der ästhetischen Kommunikation im Film. – **Joachim Pfeiffer**: Form als Provokation. Kleists *Penthesilea*. – **Fritz Gesing**: Symbolisierung. Voraussetzungen und Strategien. Ein Versuch am Beispiel von Thomas Manns *Der Tod in Venedig*. – **Hendrik Birus**: Freuds *Der Witz und seine Beziehung zum Unbewußten* als Modell einer Textsortenanalyse.

BAND 10, Würzburg 1991

Rahmenthema: LITERATUR UND SEXUALITÄT
BIBLIOGRAPHIE: Literaturpsychologie, erste Fortsetzung, 1987-1990
320 Seiten, DM 36,- / SFr 36,- / ÖS 277,- / ISBN 3-88479-585-6

Johannes Cremerius: Neue Themen – alte Hemmungen? – **Tobias H. Brocher**: Sexualität: Neue Themen – alte Hemmungen? Wandlungen der Darstellung von Sexualität in der Literatur (vor und nach 1945). – **Frederick Wyatt**: Warum Frauen und Männer einander so oft mißverstehen. – **Reimut Reiche**: Triebkonflikte, sexuelle Konflikte – und ihre Masken. – **Christina von Braun**: Nada Dada Ada – Oder die Liebe nach dem Jüngsten Gericht. – **Matthias Kettner**: Kontingente Intimität. Über *Die unerträgliche Leichtigkeit des Seins*. – **Ingeborg Fulde**: Sprache ohne Leidenschaft. Die sexuellen Beziehungen in Peter Handkes *Der kurze Brief zum langen Abschied*. – **Ludger Lütkehaus**: »O Wollust, o Hölle« – in der Onanie-Literatur. – **Christina von Braun / Tobias H. Brocher / Matthias Kettner**: Literatur und Sexualität: Neue Themen, alte

Hemmungen? Sendereihe *Forum im Zweiten, Regional.* Hörfunkgespräch des Südwestfunks. Moderator: Thomas Nesseler.

Joachim Pfeiffer: Literaturpsychologie 1987–1990. Eine systematische und annotierte Bibliographie. Erste Fortsetzung und Nachträge.

BAND 11, Würzburg 1992

Rahmenthema: ÜBER SICH SELBER REDEN. ZUR PSYCHOANALYSE AUTOBIOGRAPHISCHEN SCHREIBENS
164 Seiten, DM 34,- /SFr 34,- / ÖS 262,- / ISBN 3-88479-678-X

Jörg Drews: Selbststilisierung, Selbstbetrug oder Leserbetrug? Johann Gottfried Seumes Bericht vom Wendepunkt seiner Italienreise im Jahr 1802. – **Anita Eckstaedt**: Wie Patienten erzählen. Psychoanalytische Dialogstrukturen. – **Gottfried Fischer**: Sartre's *Die Wörter*: zwischen Selbstanalyse und persönlichem Mythos. – **Fritz Gesing**: Offen oder ehrlich? Strategien der Abwehr und Anpassung in drei autobiographischen Werken der Gegenwart. – **Bernhard Greiner**: Dialogisches Wort als Medium des Über-Sich-Redens: Goethes *Bekenntnisse einer Schönen Seele* im *Wilhelm Meister* und die Friederiken-Episode in *Dichtung und Wahrheit*. – **Annegret Mahler-Bungers**: Die Anti-Autobiographie. Thomas Bernhard als >Antibiograph<? – **Tilmann Moser**: Von den Schwierigkeiten der DDR-Bürger, über sich selbst zu sprechen. – **Hartmut Raguse**: Autobiographie als Prozeß der Selbstanalyse. Karl Philipp Moritz' *Anton Reiser* und die Erfahrungsseelenkunde.

BAND 12, Würzburg 1993

Rahmenthema: LITERARISCHE ENTWÜRFE WEIBLICHER SEXUALITÄT
334 Seiten, DM 39,80 / SFr 39,80 / ÖS 306,-/ ISBN 3-88479-776-X

Christa Rohde-Dachser: Über weibliche Sexualität – ein Streifzug durch psychoanalytische Theorien. – **Irmgard Roebling**: Die Rolle der Sexualität in der Neuen Frauenbewegung und der feministischen Literaturwissenschaft. Versuch einer Bestandsaufnahme. – **Matthias Kettner**: Geschlechtsspezifischer Neid. – **Claudia Schmölders**: Der Liebe ins Gesicht. Zur Physiognomik des Begehrens. – **Verena Ehrich-Haefeli**: Zur Genese der bürgerlichen Konzeption der Frau: der psychohistorische Stellenwert von Rousseaus Sophie. – **Monika Becker-Fischer** und **Gottfried Fischer**: Emma Bovary – eine Männerphantasie. – **Renate Böschenstein**: Fessel und Flügel. Zur Darstellung eines Typus von erotischen Vater-Tochter-Beziehungen vor und nach Freud. – **Irmgard Roebling**: Grete Meisel-Hess: Sexualreform zwischen Nietzschekult, Freudrezeption und Rassenhygiene. – **Astrid Lange-Kirchheim**: Gesang und Geschlecht. Die Figur der Brunelda in Franz Kafkas Amerika-Roman *Der Verschollene*. – **Eva-Maria Alves**: Djuna Barnes' *Nachtgewächs*. Versuch einer endopoetischen Interpretation. – **Ortrud Gutjahr**: Immigration in den imaginären Körper. Die Frauenliteratur der siebziger Jahre. – **Brigitte Boothe**: Gewalt und Sexualität: Privatsache. Das Kriminalhörspiel *Privatsache* und die Phantasie von der weiblichen Rache. – **Hartmut Kraft**: War es nur die sexuelle Leidenschaft? Eine Interpretation des Romans *Salz auf unserer Haut* von Benoîte Groult als Darstellung eines Nähe-Distanz-Konflikts.

Band 13, Würzburg 1994

Rahmenthema: TRENNUNGEN
BIBLIOGRAPHIE: Literaturpsychologie, zweite Fortsetzung und Nachträge. 1990-1992
332 Seiten, DM 39,80 / SFr 39,80 / ÖS 306,-/ ISBN 3-88479-938-X

Wolfram Mauser: Frederick Wyatt. 25. August 1911 – 3. September 1993. – **Thomas Anz**: Spannung durch Trennung. Über die literarische Stimulation von Unlust und Lust. – **Peter Dettmering**: Zur Trennungsthematik in Marcel Prousts *La Prisonnière*. – **Wolfgang Gabler**: Trennung bindet – Bindung trennt. Sozialpsychologische Überlegungen zu Auseinandersetzungen zwischen AutorInnen aus der DDR im »vereinigten« Deutschland. – **Ortrud Gutjahr**: Vom Unheimlichen in der Trennung: E.T.A. Hoffmanns Erzählung und Bodo Kirchhoffs Roman *Der Sandmann*. – **Ludwig Haesler**: Trennung zum Leben – Trennung zum Tod. Zur Psychoanalyse menschlicher Trennungsprozesse. – **Bernd Nitzschke**: »Ein Liebender, dem alle Geliebten entgleiten«. Über Trennungen in Jens Peter Jacobsens Roman *Niels Lyhne* und in Sigmund Freuds Leben. – **Carl Pietzcker**: Nachgeholter Abschied. Johann Peter Hebels *Unverhofftes Wiedersehen*. – **Irmgard Roebling**: Weiblichkeit als Maskerade zur Besänftigung der Dämonen. Einheit und Trennung in Marlen Haushofers Roman *Die Mansarde*. – **Franz Wellendorf**: Abschied vom Bruder. Zu Dieter Wellershoffs *Blick auf einen fernen Berg*.

Joachim Pfeiffer: Bibliographie: Literaturpsychologie. Eine systematische und annotierte Bibliographie. Zweite Fortsetzung und Nachträge. 1990-1992.

BAND 14, Würzburg 1995

Rahmenthema: PSYCHOANALYSE UND DIE GESCHICHTLICHKEIT VON TEXTEN
320 Seiten, DM 39,80 / SFr 39,80 / ÖS 306,- / ISBN 3-8260-1045-0

I. Zur Theorie
Walter Schönau: Zum Problem der Unterscheidung variabler und konstanter Elemente in der psychoanalytischen Interpretation. – **Reiner Wild**: Psychoanalyse – Zivilisationstheorie – Literatur. – **Reimut Reiche**: Von innen nach außen? Sackgassen im Diskurs über Psychoanalyse und Gesellschaft. – **Rudolf Heinz**: Ideen zu einer (mehr - als -)Psychoanalyse literarischer Texte als Texte. – **Wolfgang Gabler**: Überich-Analysen als Voraussetzungen psychoanalytischer Literaturgeschichtsschreibung. Thesen zu einem Projekt.
II. Zur Geschichte
Walter Blank: Psychoanalytische Interpretation mittelalterlicher Erzähltexte? – **Renate Böschenstein**: Medea und die Frage nach der Überzeitlichkeit der Mutterliebe. – **Carl Pietzcker**: Herakles und Kameraden. Zum Wandel einer Phantasie. – **Joachim Pfeiffer**: Narr und Narziß. Zur psychoanalytischen Rekonstruktion der Till Eulenspiegel-Gestalt. – **Verena Ehrich-Haefeli**: Zur Genese von >Mütterlichkeit< 1750-1800. Brentanos *Chronika des fahrenden Schülers* im psychohistorischen Kontext. – **Bärbel Götz**: Bruder, Freund, Geliebter, Verführer. Die Geschwisterinzest-Phantasie in Therese Hubers Roman *Die Familie Seldorf*. – **Hannelore Breuer / Horst Breuer**: Jane Austens *Emma* in psychoanalytischer und psychohistorischer Sicht. – **Matthias Kettner**: »Frankenstein«. Über das Unheimliche im Lauf der Zeit. – **Ortrud Gutjahr**: Das *sanfte Gesetz* als psychohistorische Erzählstrategie in Adalbert Stifters *Brigitta*. – **Thomas Anz**: Psychoanalyse der literarischen Moderne. Überlegungen zu einem Problem.

BAND 15, Würzburg 1996

Rahmenthema: METHODEN IN DER DISKUSSION
242 Seiten, DM 39,80 /SFr 37,- / ÖS 290,- / ISBN 3-8260-1236-4

I. Zu Theorie und Methode
Gottfried Fischer: Die beziehungstheoretische Revolution. Gedanken zur Methodik der modernen psychoanalytischen Literaturwissenschaft. – **Walter Schönau**: Methoden der psychoanalytischen Interpretation aus literaturwissenschaftlicher Perspektive.

II. Interpretationen

1. Johann Wolfgang Goethe *Auf dem See* (1775):
Andreas Hamburger: Goldne Träume kommt ihr wieder. Bericht über eine Lektüre. – **Wolfram Mauser**: Szenarium eines Größenselbst. – **Verena Ehrich-Haefeli**: Unterwegs zwischen Narzißmus und Weltbezug.

2. Arthur Schnitzler *Der einsame Weg* (1904):
Achim Würker: Grandiosität und Einsamkeit. Facetten einer psychoanalytisch-tiefenhermeneutischen Interpretation. – **Astrid Lange-Kirchheim**: Die Verklärung des Sohnes und die Tötung der Frauen. – **Rudolf Heinz**: Von der Grausamkeit der Künste.

3. Elfriede Jelinek *Lust* (1989):
Helga Gallas: Sexualität und Begehren. – **Thomas Anz**: Über die Lust und Unlust am Text. – **Marianne Leuzinger-Bohleber**: Psychoanalytische Überlegungen zu Elfriede Jelineks Roman.

BAND 16, Jahrbuch für Literatur und Psychoanalyse 1997, Würzburg 1997

Rahmenthema: ADOLESZENZ
263 Seiten, DM 48,- / SFr 44,60 / ÖS 350,- / ISBN 3-8260-1352-2

Eva S. Poluda: »Sie war doch sonst ein wildes Blut ...« Einbruch und Aufbruch in der weiblichen Adoleszenz. – **Mario Erdheim**: Weibliche Grössenphantasien in Adoleszenz und gesellschaftlichen Umbrüchen. – **Renate Böschenstein**: Berufsfindung als psychisches Problem untersucht an ihrer Darstellung in literarischen Texten. – **Bärbel Götz**: Weibliche Adoleszenz in Sophie von La Roches Roman *Fanny und Julia* und in Romanen anderer Autorinnen um 1800. – **Heide Rohse**: Abgespaltene Trauer. Die Perspektive des leidenden Kindes und »strategische« Adoleszenz in K.Ph. Moritz' *Anton Reiser*. – **Ortrud Gutjahr**: Jugend als Epochenthema um 1900. – **Irmgard Roebling**: Die Darstellung weiblicher Jugend in Lou Andreas-Salomés Erzählzyklus *Im Zwischenland*. – **Joachim Pfeiffer**: Adoleszente Selbsbegegnung. Zu Hans Henny Jahnn und seiner Erzählung *Die Nacht aus Blei*. – **Inge Wild**: Neue Bilder weiblicher Adoleszenz. Wandel eines kulturellen Musters in Jugendromanen von Christine Nöstlinger und Inger Edelfeldt. – **Christine Garbe**: Weibliche Adoleszenzromane in der Rezeptionsperspektive jugendlicher Leserinnen. – **Astrid Lange-Kirchheim**: Die vereitelte zweite Chance: Weibliche Adolszenz in Peter Jacksons Film *Heavenly Creatures*.

BAND 17, Jahrbuch für Literatur und Psychoanalyse 1998, Würzburg 1998

Rahmenthema: WIDERSPRÜCHE GESCHLECHTLICHER IDENTITÄT
BIBLIOGRAPHIE: Literaturpsychologie 1992–1996. Eine systematische und annotierte Bibliographie. Dritte Fortsetzung und Nachträge.
375 Seiten, DM 58,- / SFr 52,60 / ÖS 423,- / ISBN 3-8260-1509-6

• Zu Theorie und Methode:
Christa Rohde-Dachser: Über Widersprüche geschlechtlicher Identität in der weiblichen Entwicklung aus der Sicht der Psychoanalyse. – **Wolfgang Mertens**: Widersprüche männlicher Geschlechtsidentität aus psychoanalytischer Sicht. – **Jan Philipp Reemtsma**: »Forsche nicht nach, wenn die Freiheit dir lieb ist; denn mein Gesicht ist ein Kerker der Liebe«. Philologische Anmerkungen zu Sigmund Freuds und Kurt Eisslers *Leonardo*.
• Interpretationen:
1. Zu Heinrich von Kleists *Penthesilea*:
Eva S. Poluda: Widersprüche geschlechtlicher Identität in Heinrich von Kleists *Penthesilea*. – **Joachim Pfeiffer**: Widersprüche geschlechtlicher Identität in Heinrich von Kleists *Penthesilea*. – **Norbert Groeben**: Interpretationsansätze zur *Penthesilea* und Gender-Sozialisation – eine dialoghermeneutische Rezeptionsstudie.

2. Zu Marieluises Fleißers *Stunde der Magd*:
Ulrike Prokop: Wie viele Geschichten in einer? Zu der Erzählung *Stunde der Magd* von Marieluise Fleißer. – **Martina Ölke, Elke Pfeiffer, Anke Zillessen**: Widersprüche geschlechtlicher Identität und künstlerischer Kreativität in Marieluise Fleißers *Stunde der Magd*.
3. Zu Hubert Fichtes *Versuch über die Pubertät*:
Annegret Mahler-Bungers: Widersprüche geschlechtlicher Identität. Zu Hubert Fichtes *Versuch über die Pubertät*. – **Peter Dettmering**: Hubert Fichtes *Versuch über die Pubertät*.
4. Zu Dorothea Schlegels *Florentin*
Dagmar von Hoff: Irrungen und Wirrungen. Konversion und Geschlecht in Dorothea Schlegels *Florentin*. – **Mario Erdheim**: Widersprüche geschlechtlicher Identität in Dorothea Schlegels *Florentin*.
5. Zu Theodor Fontanes *Effi Briest*:
Heide Rohse: *Arme Effi*. Widersprüche geschlechtlicher Identität in Fontanes *Effi Briest*.

Rezensionen. – **Joachim Pfeiffer**: Literaturpsychologie 1992–1996. Eine systematische und annotierte Bibliographie. Dritte Fortsetzung und Nachträge.

BAND 18, Jahrbuch für Literatur und Psychoanalyse 1999, Würzburg 1999

Rahmenthema: GRÖßENPHANTASIEN
401 Seiten, DM 58,-- (Abo DM 38,--) / SFr 52,60 / ÖS 423,-- / ISBN 3-8260-1672-6

• Zu Theorie und Methode:
Peter Passett: Streiflichter auf das Konzept der Größenphantasie in der psychoanalytischen Theorie. – **Hartmut Krafft**: Größenphantasien im kreativen Prozeß.
• Interpretationen
Christine Garbe: Weibliche Größenphantasien in Rezeptionsprozessen. Ein Erklärungsversuch zum Erfolg des Bestsellers *Nicht ohne meine Tochter* (von Betty Mahmoody) beim weiblichen Lesepublikum. – **Michael Reichel**: Größenphantasien im literarischen Werk Xenophons. – **Verena Ehrich-Haefeli**: Die Kreativität des ›Genies‹ (Goethes *Wandrer*). Psychohistorische Studie zur Genese der modernen Individualität. – **Reiner Wild**: Goethes und Schillers gemeinsamer Tagtraum. – **Eva S. Poluda**: »Arm in Arm mit dir, so fordr' ich mein Jahrhundert in die Schranken!« (Schiller: *Don Carlos*). Größenphantasien zu zweit – regressive und progressive Aspekte. – **Irmgard Roebling**: »Denn lieb ist dirs von je / Wenn größer die Söhne sind, / denn ihre Mutter«. Maria als Medium für Größenphantasien in Texten der Nachaufklärung. – **Harald Weilnböck**: Zur Philosophie von deutscher Größe. Suizidale Grandiosität in Hölderlins *Empedokles* mit Blick auf *Germanien* und Martin Heidegger. – **Bärbel Goetz**: Weibliche Größenphantasie in Johanna Schopenhauers Text *Meine Großtante*. – **Carl Pietzcker**: »Aber ich lebe in meinem eignen Lichte; ich trinke die Flammen in mich zurück, die aus mir brechen«. *Das Nachtlied* in F. Nietzsches *Also sprach Zarathustra*. – **Ortrud Gutjahr**: Franziska zu Reventlows *Ellen Olestjerne*. Größenphantasien im Bohème-Roman. – **Wolf Wucherpfennig**: Das Ich und das All und das Weibliche. Größenphantasien in der naturalistischen Subkultur. – **Astrid Lange-Kirchheim**: Franz Kafka »Ein Hungerkünstler«. Zum Zusammenhang von Eßstörung, Größenphantasie und Geschlechterdifferenz (mit einem Blick auf neues Quellenmaterial). – **Astrid Lange-Kirchheim**: Nachrichten vom italienischen Hungerkünstler Giovanni Succi. Neue Materialien zu Kafkas »Hungerkünstler«. – **Joachim Pfeiffer**: Vom Größenwahn zum Totalitarismus. Die Konstruktion des Genies in Patrick Süskinds Roman *Das Parfum*. – **Rezensionen**.

Band 19, Jahrbuch für Literatur und Psychoanalyse 2000, Würzburg 2000

Rahmenthema: TRAUMA
284 S., DM 58,-- (Abo 38,--) / SFr 52,70 / ÖS 423,--; ISBN 3-8260-1878-8

Gottfried Fischer: Psychoanalyse und Psychotraumatologie. – **Annegret Mahler-Bungers**: »Das Wort entschlief, als jene Welt erwachte.« Zur Literatur des Holocaust. – **Jan Philipp Reemtsma**: Überleben als erzwungenes Einverständnis. Gedanken bei der Lektüre von Imre Kertész' *Roman eines Schicksallosen*. – **Günter Jerouschek**: Hexenangst und Hexenverfolgung. Zu Traumatisierung und Kriminalisierung in der frühen Neuzeit. – **Hans Holderegger**: Die Überwindung des Traumas in der lyrischen Darstellung. *Die Giftmischerin* von Adalbert von Chamisso – **Astrid Lange-Kirchheim**: Trauma bei Arthur Schnitzler- Zu seiner Monolognovelle *Fräulein Else*. – **Bernhard Wutka, Peter Riedesser**: Ernst Jünger: Heroisierung und Traumasucht. – **Dieter Nitzgen**: Ein schrecklich langes Wochenende. Trauma & Theorie im Werk von W. R. Bion. – **Johannes Cremerius**: Brief an den Verfasser. Anmerkungen zum Aufsatz von Dieter Nitzgen. – **Rosemarie Barwinski-Fäh**: Die Angst des Abwesenden vor der Abwesenheit: Ausdrucksformen der An- und Abwesenheit in Wolfgang Hilbigs Prosatexten. – **Ludger Lütkehaus**: Müttermorde. Wechselseitige Traumatisierungen bei Müttern und Söhnen. – **Rezensionen**.